Tratado de Direito Internacional

Direito Internacional Além do Paradigma Vestfaliano

Tratado de Direito Internacional

Direito Internacional Além do Paradigma Vestfaliano

TOMO 8

2024 · 2ª Edição · Revista, Ampliada e Atualizada

Paulo Borba Casella

ALMEDINA

TRATADO DE DIREITO INTERNACIONAL
DIREITO INTERNACIONAL ALÉM DO PARADIGMA VESTFALIANO
TOMO 8: 2ª EDIÇÃO, REVISTA, AMPLIADA E ATUALIZADA

AUTOR: Paulo Borba Casella

DIRETOR ALMEDINA BRASIL: Rodrigo Mentz
EDITORA-CHEFE: Manuella Santos de Castro
EDITOR PLENO: Aurélio Cesar Nogueira
PRODUTORA EDITORIAL: Erika Alonso
ASSISTENTES EDITORIAIS: Laura Roberti, Tacila da Silva Souza e Patícia Romer
DIAGRAMAÇÃO: Almedina
DESIGN DE CAPA: Roberta Bassanetto

ISBN: 9788584936830
Abril, 2024

Dados Internacionais de Catalogação na Publicação (CIP)
(Câmara Brasileira do Livro, SP, Brasil)

Casella, Paulo Borba
Tratado de direito internacional: direito internacional além do paradigma vestfaliano: tomo 8 / Paulo Borba Casella. – 2. ed. rev., ampl. e atual. – São Paulo : Almedina, 2024.

Bibliografia.
ISBN 978-85-8493-683-0

1. Direito internacional 2. Direito internacional – História 3. Tratado de Vestfália I. Título.

24-192451 CDU-341

Índices para catálogo sistemático:
1. Direito internacional 341
Eliane de Freitas Leite – Bibliotecária – CRB 8/8415

Este livro segue as regras do novo Acordo Ortográfico da Língua Portuguesa (1990).

EDITORA: Almedina Brasil
Rua José Maria Lisboa, 860, Conj.131 e 132, Jardim Paulista | 01423-001 São Paulo | Brasil
www.almedina.com.br

A paz universal não deve a sua origem a qualquer convenção. O estado de natureza, mesmo em relação àqueles que vivem fora de qualquer sociedade humana, não é a guerra, mas a paz [...] Pertencem igualmente à natureza humana a preferência pela verdade e pela boa-fé

PUFENDORF, **Direito natural e das gentes** (1672)[1]

Existem máximas fundamentais, que embasam o próprio direito, e às quais se contrapõem as exceções, as queixas e as réplicas. Máximas que, quando ensinadas através da razão, e não provenientes do poder voluntário do estado, constroem o direito natural.

LEIBNIZ, **Novos ensaios sobre o entendimento humano** (1704, ed. 1765, 1915 e 1971)[2]

Em temas tão distantes das formas comuns de pensar, e que por sua novidade são sempre um tanto suspeitas de visionismo e paralogismo, é difícil ao espírito acostumar-se rapidamente, mesmo após diversas leituras, às novas ideias encontradas.

Abade de SAINT PIERRE, **Projeto para tornar perpétua a paz na Europa** (1713-17, ed. 2003)[3]

[1] Samuel PUFENDORF (1632-1694), **De jure naturae et gentium** (1672, II.II, § 11 e tb. II.II, § 9). Ver **Tratado** (tomo 9 – **Direito internacional no tempo de Samuel Pufendorf**, cap. 20).
[2] Gottfried Wilhelm LEIBNIZ (1646-1716), **Nouveaux essais sur l'entendement humain** (escritos em 1704, publicados originalmente em francês, em 1765, **Neue Abhandlungen über den menschlichen Verstand**, übersetzt, eingeleitert und erläutert von Ernst CASSIRER, © 1915, Hamburg: Felix Meiner, reimpressão, 1971, p. 507). Ver **Tratado** (tomo 10 – **Direito internacional no tempo de C. van Bynkershoek e Christian Wolff**, item 22.1 – *direito segundo LEIBNIZ*).
[3] Charles 'Irénée' CHASTEL, Abbé de SAINT-PIERRE (1658-1743), **Projeto para tornar perpétua a paz na Europa** (orig publ. em Utrecht, por Antoine Schouten, em três tomos: os

Em qualquer controvérsia, que surja sobre o direito das gentes, devemos ter o cuidado de seguir os costumes das nações, e não considerar as nossas mentes como a única fonte da sabedoria.

BYNKERSHOEK, **De foro legatorum** (1721)[4]

Cumpre esclarecer a história pelas leis e as leis pela história.

MONTESQUIEU, **Espírito das leis** (1748, ed. 1994)[5]

dois primeiros, em 1713, e o terceiro, em 1717; trad. Sérgio DUARTE, pref. R. SEITENFUS, Brasília: Ed. UnB / IPRI, São Paulo: IOE, 1ª ed. bras., 2003, *Prefácio – ideia geral do projeto*, p. 3-13, cit. p. 10, e a seguir, p. 13): "Confesso que o título induz à desconfiança a respeito desta obra. Estou porém convencido de não é impossível encontrar meios suficientes e praticáveis de tornar a paz perpétua entre os cristãos, e creio mesmo que os meios com que me deparei são adequados".

[4] Cornelius van BYNKERSHOEK, (1673-1743), **De foro legatorum tam in causa civili quam criminali liber singularis** (originalmente publicada em Leiden, 1721; "a monograph on the jurisdiction over Ambassadors in both civil and criminal cases", "a photographic reproduction of the text of 1744", with an English translation by Gordon J. LAING, introduction by Jan de LOUTER, datada de 1922, com menção "imprimatur" 1929, The Classics of International Law, vol. XXI, ed. by James B. SCOTT, Oxford: at the Clarendon Press / London: Geoffrey Cumberlege, 1946; *"ad lectorem"*) prosseguia: *"Quid ipse sentiam, leges, si commodum est, in hoc exiguae molis libello, si non est, heic loci non audies"* – e qual seja a minha opinião lerá neste pequeno livro, se for de sua conveniência fazê-lo; e se não for, não será aqui que eu a direi.

[5] Charles de Secondat, Barão de La Brède et de MONTESQUIEU (1689-1755), **De l'esprit des lois** (texte présenté et annoté par Roger CAILLOIS, Paris: Gallimard-NRF-Pléiade, © 1951, impr. 1994); ou tb. na ed. brasileira, MONTESQUIEU, **Espírito das leis** (intr. e notas de Gonzague TRUC, trad. Fernando Henrique CARDOSO e Leôncio Martins RODRIGUES, São Paulo: Abril – Os pensadores, vol. XXI, 1973, cit. livro XXXI, cap. II).

ABREVIATURAS

a. C. – antes de Cristo
A.D. – anno Domini, para designar a cronologia a partir do nascimento (presumido) de Jesus Cristo, também designado como "d.C."
AFDI – *Annuaire Français de Droit International* (publicação do C.N.R.S., Paris)
AIEA – Agência Internacional de Energia Atômica (IAEA, em inglês)
AJIL – *American Journal of International Law.*
ARSI – *Archivum Romanum Societatis Jesu* – *Arquivo romano da Companhia de Jesus*
Bol. SBDI ou *Boletim* – *Boletim da Sociedade Brasileira de Direito Internacional*
BYBL – *British Yearbook of International Law*
© – copyright = indica a data de publicação original da obra citada
ca. – *circa*, por volta de
CBN – Comunidade Britânica de Nações (*British Commonwealth of Nations*)
CDI ou ILC – Comissão de Direito Internacional da Nações Unidas – International Law Commission of the United Nations
CEDIN – Centro de estudos de direito internacional, seguido de indicação da Universidade (Paris e outras)
cf. – conforme
cfr. – confira-se
CIJ – Corte Internacional de Justiça, Haia (1946-)
CPJI – Corte Permanente de Justiça Internacional
C.T.S. – Consolidated Treaty Series (1648-1918) (ed. by Clive Parry, 1969–, New York: Oceana) com indicação do volume e página
d. C. – depois de Cristo, para designar o calendário da era cristã (tb. AD)
DI – Direito internacional (público)
Difel – Editora Difusão Européia do Livro, São Paulo
DIPr – Direito internacional privado
DTV – Deutscher Taschenbuch Verlag, Munique
Edusp – Editora da Universidade de São Paulo, São Paulo
EJIL – European Journal of International Law
Encyclopedia of International Law – The Max Planck Encyclopedia of public international law (ed. by R. WOLFRUM, Oxford: Univ. Press, 2012, 11 vols.), com indicação do tomo e das páginas – edição anterior da Enclyclopedia coordenada por R. BERNHARDT (Dordrecht, 1981-1990, 12 vols.)
FAO – *Food and Agriculture Organization* (Organização para a Agricultura e Alimentação das Nações Unidas), Roma
FCE – *Fondo de cultura economica*, Cidade do México e outras cidades
FUNAG – Fundação Alexandre de Gusmão, Brasília

Fundamentos – P. B. CASELLA, Fundamentos do direito internacional pós-moderno (prólogo Hugo CAMINOS, São Paulo: Quartier Latin, 2008)
GYIL – German Yearbook of International Law i.a. – inter alia – dentre outros
ICLQ – *International and Comparative Law Quarterly*
IDI – Instituto de Direito internacional – *Institut de droit international*
IHLADI – Instituto Hispano-Luso-Americano de Direito Internacional
ISIAO – Istituto Italiano per l'Africa e l'Oriente, Roma
LCL – Loeb Classical Library (Greek and Latin series), Cambridge, Ma. / London, England: Harvard Univ. Press
Manual – H. ACCIOLY – G. E. do NASCIMENTO E SILVA – P. B. CASELLA, Manual de direito internacional público (com a colaboração de Arthur R. CAPELLA GIANNATTASIO, São Paulo: Saraiva, 26ª ed., 2023)
op. cit. – opus cit. – obra citada
orig. publ. – originalmente publicado em
PU – Presses Universitaires (com indicação da universidade / cidade)
SBDI – Sociedade brasileira para o direito internacional
SdN – Sociedade das Nações
SFDI – Sociedade francesa para o direito internacional
OESP – jornal "O Estado de São Paulo"
ONU – Organização das Nações Unidas
PUF – Presses Universitaires de France, Paris
RCADI – Recueil des Cours de l'Académie de Droit International de La Haye – Collected courses of the Hague Academy of International Law (Haia) – publicados desde 1923, com indicação do ano, volume e páginas
RDILC – Revue de droit international et de législation comparée
Restatement – American Law Institute, *Restatement of the law – The foreign relations law of the United States*, St. Paul, Minn., 1987, 2 v.)
RGDIP – Révue Générale de Droit International Public, Paris
tb. – também
Tratado / P. B. CASELLA, Tratado de direito internacional (São Paulo: Almedina, 2022-) com indicação do tomo e do capítulo ao qual se remete
Tratado ACCIOLY – Tratado de direito internacional de H. ACCIOLY (terceira edição, histórica, com pref. P. B. Casella, Brasília: FUNAG / São Paulo: Quartier Latin, 2009, 3 vols.)
UNTS – United Nations Treaty Series – com indicação do volume e página
Univ. – Universidade / University / Université
UP – ou Univ. Press – University Press (seguido da indicação do nome e/ou local da Universidade)
VRBEI – Vorträge, Reden und Berichte aus dem Europa-Institut – Sektion Rechtswissenschaft – Universität des Saarlandes, Saarbrücken
v. – vide – ver
v. tb. – ver também
YILC – *Yearbook of the International Law Commission*
ZEE – Zona Econômica Exclusiva

SUMÁRIO

INTRODUÇÃO

Tenham como certo que, embora a vida do homem seja breve, contudo a quem sabe dele fazer capital, e não o consumir de maneira vã, bastante avança o tempo: porque a natureza do homem é capaz, e a quem é solícito e resoluto muito avança o fazer.

Francesco GUICCIARDINI (1530, ed. 1990)[6]

Nada é mais precioso do que o tempo, dada a pouca duração da vida humana, e a necessidade de nada adiar, que se deva mais tarde lamentar, por se ter deixado para depois.

memorial de LEIBNIZ ao czar PEDRO da Rússia (1711)[7]

Hoje em dia, as pessoas no mundo pensam a respeito de todos os aspectos da vida em espaço epistemológico e discursivo basicamente configurado pelos intelectuais dos Estados Unidos e da Europa ocidental. Grande número de ideias e de instituições, que se originaram na Europa, são compartilhadas ou usadas por povos em todo o mundo: o calendário cristão, o meridiano, o sistema métrico, a língua inglesa, o sistema de estados soberanos, a economia

[6] Francesco GUICCIARDINI, **Ricordi** (1512-1530, ed. a cura di Vincenzo DI CAPRIO, Roma: Salerno Editrice, 1990, n. 145, p. 104): "Abbiate per certo che, benchè la vita degli uomini sia breve, pure a chi sa fare capitale del tempo e non lo consumare vanamente, avanza tempo assai: perchè la natura dell'uomo è capace, e chi è sollecito e risoluto gli comparisce mirabilmente el fare".

[7] LEIBNIZ, *Entretien avec le Tzar à Torgau* (1711) (in **Le droit de la raison**, textes réunis et présentés par René SÈVE, Paris: Vrin, 1994, p. 247-251).

capitalista e outros. Isso, contudo, não significa que estes sejam universais de maneira inerente. Antes eles se tornaram globalmente compartilhados, como resultado do jugo colonial mundial e da hegemonia das potências europeias, até a metade do século XX, e da hegemonia econômica, cultural, militar e da informação pelos Estados Unidos, durante o pós-guerra.

Yasuaki ONUMA (2010)[8]

A necessidade de chegar a uma figuração global é baseada na pressuposição fundamental na antropologia moderna de interação social e cultural. [...] Mesmo se a heterogeneidade de uma sociedade for tão pronunciada que ela possa ser designada como uma sociedade 'múltipla', haverá ainda unidade em algum nível. Cada sociedade é um todo mais ou menos organizado, a não ser que haja uma revolução ativa que ameaça destruí-la. A maneira de viver de cada sociedade tende mais ou menos a ser coerente, contínua e distinta, quando contrastada com a de uma outra.

Francis L. K. HSU (1974)[9]

Após o exame das contribuições para o direito internacional de Francisco de VITÓRIA e Francisco SUAREZ, de Alberico GENTILI e Richard ZOUCH, bem como de Hugo GRÓCIO,[10] no presente tomo se trata de examinar as grandes linhas da evolução histórica, no período que se abre a partir da segunda metade do século XVII, com os tratados da paz de Vestfália (1648) e outros instrumentos internacionais relevantes da época – tais como a paz dos Pirineus (1659), a paz de Oliva (1660), a paz de Utre-

[8] ONUMA Yasuaki, **A Transcivilizational Perspective on International Law** (RCADI, 2009, vol. 342; tb. publ. Haia: Pocketbooks of the Hague Academy of International Law, 2010, chap. V – *Human rights in a multi-polar and multi-civilizational world*, p. 370-462, cit. p. 384).

[9] Francis L. K. HSU (1909-1999), **O estudo das civilizações letradas** (do original **The study of literate civilizations**, trad. Sonia M. Bibe LUYTEN, São Paulo: E.P.U.-EDUSP, 1974, item – *delineando o padrão cultural*, cit. p. 59). Nascido em 1909, bacharelou-se em sociologia pela Universidade de Shangai, em 1933, e doutorou-se em antropologia pela Universidade de Londres, em 1941. Lecionou antropologia na Universidade nacional de Yunan, de 1941 a 1944; na Columbia University, em 1944 a 1945; na Cornell University, de 1945 a 1947; e a seguir na Northwestern University, onde lecionou até se aposentar. Ao longo de sua trajetória acadêmica realizou diversas e extensas pesquisas de campo na China, na Índia e no Japão.

[10] Cf. **Tratado** (tomos 5 – **Direito internacional no tempo de Francisco de Vitória**, 6 – **Direito internacional no tempo de Suarez, Gentili e Zouch**, e 7 – **Direito internacional no tempo de Hugo Grócio**).

cht (1713), a paz de Rastatt (1714), a paz de Aquisgrana (1748), a paz de Paris (1763), dentre outras – para deduzir alguns dos aspectos principais do desenvolvimento do direito internacional moderno, rumo ao direito internacional clássico.

Trata-se de lançar elementos para 'situar o direito internacional no contexto do século XVII', apontando alguns dos notáveis desenvolvimentos ocorridos no período. Relacionados ao contexto da época, depois das guerras, tratava-se de ordenar a paz e a futura convivência, como mostram 'algumas coletâneas de atos internacionais'.

Em meio às contribuições dos autores e das práticas, há de se tentar um 'ensaio de balanço do direito internacional no século XVII'. Como conjunto que progressivamente toma forma mais semelhante ao que hoje se conhece e se pratica como direito internacional.

No espírito do tempo, se inscrevem reflexões, por exemplo, 'sobre dignidade e precedência entre estados e povos' – matéria que assumiria contornos mais técnicos, com a codificação da prática, que viria a ocorrer somente por ocasião do Congresso de Viena, de 1814-1815, e se completaria com as Convenções de Viena sobre relações diplomáticas, de 1961, e sobre relações consulares, de 1963.

Outro tema, que se apresentava então, como se coloca até os nossos tempos pós-modernos, é a 'construção da neutralidade no direito internacional moderno', tal como é apresentada por exemplo, nos 'tratados de NEWMAYR VON RAMSLA' de 1620 e outros.

O contexto pode ser colocado 'sob o signo do Leviatã', para ilustrar a relação humana com os 'monstros' da natureza e a não menos complexa relação com os 'monstros' criados pelos seres humanos, na vida em sociedade e na vida entre sociedades. A reflexão sobre a guerra e a paz está diuturnamente presente.

O foco central do presente tomo – 'além do paradigma vestfaliano' – apresenta os elementos de encadeamento e de continuidade, característicos do sistema internacional, que não fazem sentido, destacados de seu tempo histórico e contexto cultural, somente em torno de um par de tratados: estes, inegavelmente tem relevância histórica, mas não podem ser isolados, como se fossem únicos e irrepetíveis. São, simplesmente, elos do tempo histórico e do contexto cultural no qual estão insertos. Antes, durante e depois dos tratados de Münster e de Osnabrück, que compõem a assim chamada 'paz de Vestfália', pode e deve ser feita uma lista dos principais outros instrumentos internacionais, tais como, desde a paz religiosa de Augsburgo, em 1555, até o tratado de paz de Paris, de 1763, após a guerra dos sete anos.

Entre o barroco e o iluminismo, dado característico desse tempo 'clássico', se conclui uma época e se prepara outra. Também nas artes e na cultura ocorrem elementos para situar essa mutação de paradigma que acontece, e também se reflete no conjunto deste trabalho, dedicado ao exame da evolução do direito internacional no tempo. Podem ser colocadas sob a égide das reflexões de GUICCIARDINI e de LEIBNIZ, referidas em epígrafe, quanto a ser breve a vida dos homens, e nada ser mais precioso do que o tempo, mas este se pode 'capitalizar' – *fare capitale* –, e produzir resultados.[11] Todos precisamos ter consciência da passagem da pouca duração da vida humana, e da necessidade de nada adiar, que se deva mais tarde lamentar, por se ter deixado para depois.[12] E, cabe completar:

> Extraí dos afazeres esta máxima: que não basta dar às coisas o princípio, o endereçamento, o mote, mas é preciso dar-lhes seguimento e delas não se destacar, até o final; e quem as acompanha assim pouco falta para conduzi-las à perfeição. Mas quem atua de outro modo, os pressupostos, por vezes, apenas começados, são dificultados: tanta é a negligência, a incapacidade – *dapocaggine* –, a tristeza dos homens, tantos são os impedimentos e as dificuldades que por sua natureza tem as coisas. Usai desta reflexão – *ricordo*: fez-me por vezes grande honra, como faz vergonha grande a quem age contrariamente.[13]

A seguir, se considera 'o que é e como é o 'clássico'?' Para assinalar a passagem do contexto 'moderno' – concentrados nos séculos XV a XVII – para outra fase histórica, onde as artes evidenciam a mesma mutação de

[11] Francesco GUICCIARDINI, **Ricordi** (1512-1530, ed. a cura di Vincenzo DI CAPRIO, Roma: Salerno Editrice, 1990, n. 145, p. 104), ja referido em epígrafe.

[12] LEIBNIZ, *Entretien avec le Tzar à Torgau* (1711) (in **Le droit de la raison**, textes réunis et présentés par René SÈVE, Paris: Vrin, 1994, p. 247-251), já referido em epígrafe.

[13] GUICCIARDINI (op. cit., 1530, ed. 1990, n. 192, p. 124): "Pigliate nelle faccende questa massima: che non basti dare loro el principio, lo indirizzo, el moto, ma bisogna seguitarle e non le staccare ma insino al fine; e chi le accompagna così non fa anche poco a conducerle a perfezione. Ma chi negocia altrimenti, le presupposte talvolta finite che a pena sono comminciate o difficultate: tanta à la negligenza, la dapocaggine, la tristizia degli uomini, tanti gli impedimenti e le difficoltà che di sua natura hanno le cose. Usate questo ricordo: m'ha fatto talvolta grande onore, come fa vergogna grande a chi usa el contrario".

paradigma, do 'barroco' para a busca, mais ou menos idealizada e adaptada, de modelos 'clássicos' e 'neoclássicos'. O que permite situar o 'direito internacional e o padrão clássico na cultura'.

Com o direito internacional 'clássico' se instaura outra fase da evolução do sistema institucional e normativo internacional. Se chega mais um passo, rumo a terreno mais familiar. Este é direito internacional, mais facilmente reconhecido e reconhecível, como tal. O direito internacional a respeito do qual todos falam, e que todos percebem, o modelo interestatal por excelência: parece ser este o 'modelo' do direito internacional, e para muitos, até hoje, parece ainda ser o único modelo existente e viável. Ante as resistências que suscitam as mutações conceituais mais recentes, ainda existe quem se aferre a um velho e bom direito internacional 'clássico', construído, operado e dominado por estados. Sobretudo por alguns estados.

Considerar 'o que é e como é o clássico' permite voltar o olhar para o direito internacional 'clássico', este que se fixa, a partir do legado dos 'modernos' – de VITÓRIA a SUAREZ, de GENTILI a ZOUCH, com destaque para GRÓCIO –[14] e se instaura como o regulador da convivência entre estados soberanos e independentes, muito conscientes de suas particularidades e interesses nacionais. Para muitos, até hoje, o direito internacional clássico parece ser o 'modelo' por excelência da disciplina, e teve longo fôlego histórico. Desde seu tempo, até esta parte.

Esse direito internacional assim se viu e se expõe, muito além do tempo histórico 'clássico', propriamente dito. Como período histórico,[15] pode ser a

[14] Ver **Tratado** (tomos 5 – **Direito internacional no tempo de Francisco de Vitória**, 6 – **Direito internacional no tempo de Suarez, Gentili e Zouch** e 7 – **Direito internacional no tempo de Hugo Grócio**); P. AVRIL, *Pufendorf* (in **Les fondateurs du droit international public**: leurs œuvres, leurs doctrines, introduction de A. PILLET, Paris: V. Giard & E. Brière, 1904, p. 331-383, cit. p. 331) enfatiza que o reconhecimento da extensão dos empréstimos feitos por GRÓCIO aos teólogos talvez ajudasse a reformular algumas opiniões correntes da crítica sobre a frequente inobservância da distinção entre iniciadores e compiladores: "il arrive souvent qu'on tienne pour initiateurs de simples compilateurs, heureux ou habiles, et qu'on oublie les véritables précurseus".

[15] Como examinam, por exemplo: François DOSSE, **L'histoire en miettes** (orig. publ. 1987, Paris: La Découverte, Préface inédite de l'auteur, 2010); Egon FRIEDELL, **Kulturgeschichte der Neuzeit** (orig. publ. 1927-1931, Munique: Beck, "Um ein Nachwort ergänzte Sonderausgabe", 2007); Peter GAY, **O estilo na História** – GIBBON, RANKE, MACAULAY, BURCKHARDT (orig. publ. **Style in History**, 1974, trad. Denise BOTTMANN, São Paulo: Companhia das Letras, 1990); Francis L. K. HSU (1909-1999), **O estudo das civilizações letradas** (orig. publ. **The study of literate civilizations**, trad. Sonia M. Bibe LUYTEN, São Paulo: E.P.U.-EDUSP,

fase de 1648 até a guerra dos sete anos, de 1756 a 1763 – considerada como a primeira guerra de dimensão e repercussões mundiais, cujos efeitos se refletiram em três continentes: além da Europa, também no continente americano e na Ásia. Outros talvez prefiram manter como divisor o marco do Congresso de Viena, em 1814-1815, depois de mais de duas décadas das guerras revolucionárias e imperiais francesas.

Com alguns ajustes, e outras tantas precisões, que serão consideradas no presente volume. Porque, a partir da guerra dos sete anos, a hegemonia francesa, que destronara a hegemonia espanhola um século antes – a partir de 1648 – dá sinais de enfraquecimento, diante da ascensão da hegemonia britânica, não somente pela perda de parte considerável das zonas de influência colonial francesa, da América do norte à Índia, como pela nova configuração do equilíbrio entre as potências, nas relações intereuropeias.

O modelo dito 'clássico' do direito internacional, estende-se a partir da metade do século XVII, e permanece, como tal, dominante, até meados do século XVIII – guerra dos sete anos – ou o início do século XIX – o Congresso de Viena. Daí o sentido – ainda que aproximativo – dos marcos '1648' e '1815'. Estes, ao menos, tem a virtude da concisão. Permitem situar o fenômeno institucional e jurídico internacional dentro de parâmetros correntes de periodização da história. Mesmo se exigem alguns reparos – quanto ao conteúdo do 'clássico' e quanto ao método para determinar quando e como este surge e se instaura como modelo dominante.

Problemas e incompreensões surgem porque muitos ainda veem e querem continuar a aplicar esse direito internacional 'clássico', o que se faz, em alguns autores, ao menos até meados do século passado, ou mesmo mais além, quando internacionalistas ainda vivos parecem conceber e operar somente o modelo interestatal 'clássico', como o único modo possível de ser para o direito internacional. E daí aumentam as distorções.

1974); Reinhart KOSELLECK, **Vergangenge Zukunft** – Zur Semantik geschichtlicher Zeiten (orig. publ. 1979, Frankfurt: Suhrkamp, 1989); Jacques Le GOFF e Pierre NORA (dir.), **Faire de l'histoire** – nouveaux problèmes, nouvelles approches, nouveaux objets (orig. publ. 1974, Paris: Gallimard-Histoire, 2011); Fernando A. NOVAIS e Rogério F. da SILVA (org.), **A nova História em perspectiva** (São Paulo: Cosac & Naify, 2011); Philippe POIRIER, **Les enjeux de l'histoire culturelle** (Paris: Seuil, 2004); Salvatore SETTIS, **Il futuro del classico** (Torino: Einaudi, 2004, 8ª ristampa, 2008); Alfred WEBER, **História de la cultura** (orig. publ. **Kulturgeschichte als Kultursoziologie**, 1935, sem nome do trad., México: Fondo de cultura económica, 13ª reimpr., 1991); Federico ZERI, **Renaissance et pseudo-Renaissance** (orig. publ. **Rinascimento e pseudo-Rinascimento**, 1983, trad. Christian PAOLONI, Paris: Payot, 2001).

É simplesmente inexorável levar em conta as mudanças em curso no mundo. E a necessidade de constante mutação no direito internacional pós-moderno.[16]

O tempo e o contexto são relevantes para a compreensão do direito internacional, como de qualquer fenômeno cultural. Por esse motivo, cabe apontar a dicotomia central do direito internacional em nossos tempos, entre o *status quo* e as forças em mutação, onde "qualquer solução de problemas intertemporais no campo internacional tem de levar em conta essa dupla exigência do desenvolvimento e da estabilidade".[17] Lição que merece ser meditada.

Por sua vez, também cabe apontar a necessidade de refazer, de maneira criativa, o direito internacional, para enfrentar condições societárias, em mudança muito rápida, bem como necessidades e expectativas da comunidade internacional, e a necessidade de "responder a todas as pressões por mutação jurídica fundamental, em comunidade mundial que claramente vive uma era de transição",[18] desde o 'velho' e 'clássico' sistema de ordem pública, de base ocidental, para um sistema 'novo', cujos exatos contornos e direções nem sempre são claros.[19]

[16] Como se considera nos **Fundamentos** (2008) e no **Tratado** (tomo 20 – **Direito internacional, história e cultura**).

[17] INSTITUT DE DROIT INTERNATIONAL, Session de Wiesbaden, 1975, **Le problème intertemporel en droit international public** *(Onzième Commission, Rapporteur: Max SORENSEN) (Le texte français fait foi. Le texte anglais est une traduction.)* na qual o IDI situa a matéria nos *Consideranda*: '*Considérant* que le problème intertemporel général, dans l'ordre juridique international comme en droit national, concerne la délimitation du domaine d'application des normes dans le temps'; '*Considérant* le besoin de favoriser l'évolution de l'ordre juridique international tout en sauvegardant le principe de la sécurité juridique, élément essentiel de tout système de droit'; '*Considérant* que toute solution d'un problème intertemporel dans le domaine international doit tenir compte de ce double impératif de l'evolution et de la sécurité'; '*Considérant* qu'un problème comparable se pose quand une règle se réfère à une notion dont la portée ou la signification a varié dans le temps'.

[18] Edward McWHINNEY, *The time dimension in international law, historical relativism and intertemporal law* (in **Essays in international law in honour of judge Manfred LACHS / Études de droit international en l'honneur du juge Manfred LACHS**, ed. by Jerzy MAKARCZYK, The Hague: Martinus Nijhoff / Institute of State and Law of the Polish Academy of Sciences-Institut de l'état et de droit de l'Académie polonaise des sciences, p. 179-199, cit. p. 179) mencionava "the imaginative remaking of international law to meet rapidly changing societal conditions and needs and also community expectations".

[19] P. B. CASELLA, **Fundamentos do direito internacional pós-moderno** (op. cit., 2008); E. McWHINNEY (art. cit., 1984 in **Essays in international law in honour of judge Manfred**

A perspectiva histórica pode ser modo útil de contribuir para a compreensão da essência e das mutações vividas pelo direito internacional, desde os tempos 'moderno' e 'clássico' até os nossos tempos pós-modernos. Essa é a convicção norteadora do presente trabalho: mostrar a capacidade do direito internacional de se reinventar e de se recriar, a cada fase histórica, e como este tem missão fundamental a cumprir, para manter alguma forma de convivência institucionalmente ordenada no mundo.

A missão do direito internacional prossegue, e tem de ser sempre renovada, para fazer frente aos desafios que traz cada época, com as suas especificidades. Aqui se considera a transição do modelo moderno para o modelo 'clássico' de direito internacional no contexto de seu tempo.

No título II, se considera 'a construção de sistemas coesos', com foco no período que se estende durante pouco mais de cem anos, 'de Vestfália (1648) até a guerra dos sete anos (1756-1763)'.

O direito internacional não pode ser visto somente como material de ensino e pesquisa, que se aplica tanto em cursos de direito internacional, como em relações internacionais, em história moderna, e disciplinas afins, como a ciência política. Ele também é legado cultural importante, para o conjunto da humanidade, e para a continuidade da existência de vida inteligente no planeta.

O exame do direito internacional no tempo mostra como este é parte da grande aventura da civilização, por meio da qual se constroem instituições e normas de convivência pacífica e ordenada entre estados.

O direito internacional é e tem de ser visto como dado relevante, na luta da civilização contra a força bruta e a barbárie. Como exemplo da força do direito, em contraposição ao direito da força. Essa necessidade se renova e se retoma em todos os tempos.

A compreensão histórica do fenômeno jurídico internacional enfatiza justamente essa dimensão. E que ora se passa a considerar, na perspectiva do direito internacional clássico. Cuja caracterização exige o exame de algumas premissas.

LACHS / Études de droit international en l'honneur du juge Manfred LACHS, p. 181) onde se põe a necessidade de "responding to all pressures for fundamental legal change in a world community clearly in an era of transition from the 'old', 'classical', Western-based, public order system to a 'new' one whose exact contours and directions are not always clear".

SITUAR O DIREITO INTERNACIONAL NO CONTEXTO DO SÉCULO XVII

Nada existe em todo o estudo do direito (*Jurisprudenz*) que possa ser tratado menos legalmente do que os próprios princípios. Pois todos os que escrevem sobre os contratos ou sobre outras questões legais podem se reportar simplesmente à lei, e lhes basta provar o que dizem seja por meio de textos, seja por meio da razão e do espírito da lei. Mas todas as vezes que alguém se reporta à lei, ou parte da hipótese que a lei é um preceito ao qual todo mundo reconhece dever obedecer sem repugnância, pela única razão do bem e da autoridade daquele que comanda. E é esse ponto de partida, essa hipótese que serve de base para todas as leis, que devemos demonstrar nos princípios do direito. Pois coloca-se em dúvida precisamente a natureza e a própria autoridade da lei quando perguntamos: Que é a lei? Qual a sua origem, a sua essência? Por que devemos observá-la e de onde vem seu poder para conduzir mesmo os recalcitrantes à obediência ou à punição? A razão logo nos sugere que as leis não podem, nas controvérsias sobre seu estado, pronunciar sentenças sobre si mesmas, ou servir a si mesmas como testemunhas, e por conseguinte, devemos buscar as provas em outro lugar que não na mesma lei: o que é igualmente conforme ao axioma dos filósofos, que dizem que nenhuma arte demonstra seus princípios.

Ben. WINKLER, **Principiorum juris** libri quinque (1615)[20]

[20] Benedictus WINKLER, **Principiorum juris** libri quinque (1615); a respeito, ver Carl Baron KALTENBORN von STACHAU, **Kritik des Völkerrechts nach dem jetzigen Standpunkte der Wissenschaft** (orig. publ. Ed. Mayer, 1847, reprinted by Nabu Press, 2011, online: books.google.com.br); tb. KALTENBORN, **Die Vorläufer des Hugo Grotius** – auf dem Gebiete des *ius naturae et gentium* sowie der Politik im Reformationszeitalter (Leipzig: G. Mayer, 1848, t. II, p. 50).

Ao se buscar avaliação de conjunto do século XVII em relação ao direito internacional, alguns tópicos podem ser destacados. Um dos principais é a caracterização de direito internacional moderno, como disciplina independente: se isso ainda poderia parecer pouco claro, no início do período, por volta de 1600, quando escreviam GENTILI e SUAREZ, as suas respectivas obras e pareceres, sem dúvida alguma estaria plenamente configurado, quando termina esse século XVII, depois de terem sido agregadas ao direito internacional as contribuições de GRÓCIO, de ZOUCH, de Samuel RACHEL e de Samuel PUFENDORF.[21]

Não menos relevantes e sintomáticas as discussões a respeito da importância respectiva dos elementos de direito natural e de direito positivo, de direito 'necessário' e 'voluntário', bem como de elementos 'absolutos' e 'hipotéticos', na configuração do direito internacional moderno. Estas são grandes questões, que se colocam até nossos tempos, quando se discute por exemplo a existência, o conteúdo e a extensão da aplicação de 'normas cogentes' de direito internacional geral, trazidas ao direito internacional positivo pela Convenção de Viena sobre direito dos tratados, de 1969.

No curso do século XVII, ao mesmo tempo em que se institucionaliza, se vê acontecer, em certa medida, a perda do caráter de universalidade, que ainda poderia ter pautado o direito internacional, no final da era medieval – com a concepção da *Respublica christiana*, mas esta admitia a possibilidade de estabelecer e de manter relações com comunidades não-cristãs –[22] ao início dessa fase de sua evolução na era 'moderna'. Baseado na herança 'medieval' a configuração do direito internacional moderno – *jus inter gentes* –, mediada por VITÓRIA, foi um momento luminoso e específico do 'renascimento' – esse fenômeno que até hoje suscita indagações e interpretações –[23] especificamente no direito internacional moderno.

[21] Cf. **Tratado** (tomos 5 – **Direito internacional no tempo de Francisco de Vitória**, 6- **Direito internacional no tempo de Suarez, Gentili e Zouch**, 7 – **Direito internacional no tempo de Hugo Grócio** e 9 – **Direito internacional no tempo de Samuel Pufendorf**).

[22] Cf. **Tratado** (o conjunto do tomo 4 – **Direito internacional no tempo medieval**, bem como do tomo 5 – **Direito internacional no tempo de Francisco de Vitória**, esp. cap. 12 – *jus gentium, jus commune, jus europaeum*: entre a teoria e a prática, tb. o item – *relação entre comunidades cristãs e não-cristãs no contexto medieval*).

[23] Como se considera no **Tratado** (tomo 5 – **Direito internacional no tempo de Francisco de Vitória**, Introdução) b/c os já mencionados estudos de André CHASTEL, **Arte e humanismo em Florença na época de Lourenço, o magnífico** – estudos sobre o Renascimento e o humanismo platônico (orig. publ. **Art et humanisme à Florence au temps de Laurent le**

O direito internacional terá mudado de orientação e de tendência predominante ao cabo desse mesmo século. O direito internacional, ao final do século XVII está configurado como disciplina autônoma, mas perdeu o seu caráter, ou ao menos o seu anseio, de ser universal.

magnifique – études sur la Renaissance et l'humanisme platonicien, 1959, trad. Dorothée de BRUCHARD, São Paulo: Cosac & Naify, 2012); Margaret ASTON (ed. by), **The Panorama of the Renaissance** (Londres: Thames & Hudson, 1996); C. F. BLACK, Mark GREENGRASS, David HOWARTH, Jeremy LAWRANCE, Richard MACKENNEY, Martin RADY e Evelyn WELCH, **Cultural Atlas of the Renaissance** (New York: Prentice-Hall, 1993); Fernand BRAUDEL, **O modelo italiano** (orig. publ. **Le modèle italien**, 1989, trad. Franklin de MATTOS, São Paulo: Companhia das Letras, 2007); F. BRAUDEL, **La méditerranée et le monde méditerranéen à l'époque de Philippe II** (orig. publ. 1949, Paris: Armand Colin, © 1966, impr. 1987, 2 vols.); F. BRAUDEL, **Écrits sur l'histoire** (Paris: Flammarion / Champs, © 1969, impr. 1984); F. BRAUDEL (coord.), **La méditerranée**: espace et histoire (Paris: Flammarion/Champs, 1ª ed., 1977, impr. 1985); F. BRAUDEL e Georges DUBY (coord.), **La méditerranée**: les hommes et l'héritage (Paris: Flammarion/Champs, 1ª ed., 1977, impr. 1986); F. BRAUDEL, **Les ambitions de l'Histoire** (préf. de Maurice AYMARD, éd. établie et présentée par Roselyne de AYALA et Paule BRAUDEL, Paris: Éd. de Fallois, 1997); F. BRAUDEL, **Civilisation matérielle, économie et capitalisme XVe-XVIIIe siècle** vol. I – **Les structures du quotidien: le possible et l'impossible** (Paris: Armand Colin 1979); vol. II – **Les jeux de l'échange** (Paris: Armand Colin, 1979); vol. III – **Le temps du monde**, (Paris: Armand Colin, 1979), tb. em inglês, F. BRAUDEL, **Civilization and capitalism (15th-18th century)** vol. I – **The structures of everyday life** – the limits of the possible (© 1979, translation from the French, revised by Sián REYNOLDS, New York: Harper & Row, 1981); vol. II – **The wheels of commerce** (© 1979, transl. by Sián REYNOLDS, New York: Harper & Row, 1982); vol. III – **The perspective of the world** (© 1979, transl. by Sián REYNOLDS, New York: Harper & Row, 1984); Jacob BURCKHARDT, **The civilization of the Renaissance in Italy**: an essay (orig. publ. **Die Kultur der Renaissance in Italien**: ein Versuch, 1860, trad. C. S. G. MIDDLEMORE, de 1878, da segunda edição em alemão, "introduction" by Hajo HOLBORN, New York: The Modern Library, © 1954, reimpressão sem data); É. CROUZET-PAVAN, **Renaissances italiennes 1380-1500** (Paris: Albin Michel, 2007); Wallace K. FERGUSON, **La Renaissance dans la pensée historique** (orig. publ. **The Renaissance in historical thought**, 1950, trad. Jacques MARTY, préf. Élisabeth CROUZET-PAVAN, Paris: Payot, 2009); Joscelyn GODWIN, **The Pagan Dream of the Renaissance** (Londres: Thames & Hudson, 2002); John R. HALE, **The civilization of Europe in the Renaissance** (New York: Athenaeum, 1994); Federico ZERI, **Renaissance et pseudo-Renaissance** (orig. publ. **Rinascimento e pseudo-Rinascimento**, 1983, trad. Christian PAOLONI, Paris: Payot, 2001). Este também pode ser considerado na perspectiva da história cultural: Philippe POIRIER, **Les enjeux de l'histoire culturelle** (Paris: Seuil, 2004), Reinhart KOSELLECK, **Vergangenge Zukunft** – Zur Semantik geschichtlicher Zeiten (orig. publ. 1979, Frankfurt: Suhrkamp, 1989, esp. – *Vergangene Zukunft der frühen Neuzeit*, p. 17-37, e *Historia Magistra Vitae*, p. 38-66); Egon FRIEDELL, **Kulturgeschichte der Neuzeit** (1927-1931, Munique: Beck, "Um ein Nachwort ergänzte Sonderausgabe", 2007, esp. livro I – *Renaissance und Reformation*, p. 57-408).

Do final desse tempo 'moderno' se podem destacar elementos variados: seja da crise da consciência europeia (1680-1715).[24] Como também falar a respeito da configuração do espírito, como 'produto de exportação'.[25]

Multiplicam-se os indícios de ruptura do sistema anteriormente vigente, no que se denominou a passagem do 'mundo fechado ao universo infinito'.[26] Ampliam-se várias áreas do conhecimento, mas perde-se esse sentido ou, ao menos, o anseio de universalidade. Paradoxalmente, em campo como o direito internacional moderno da Europa, se alcança a maturidade institucional da disciplina, mas se exaure a perspectiva universalista, que pautara autores de tempos precedentes.

Esse tempo, que se pauta pela clara perda da universalidade do direito internacional, na medida em que este se faz, no curso desse século XVII, mais e mais europeu, cristão e ocidental, traz, assim, avanços institucionais e retrocessos conceituais. Este se projeta a partir desse modelo – europeu, cristão e ocidental – sobre outros continentes e outras civilizações. Desde VICO, com seus "princípios de ciência nova, em torno da natureza comum das nações" (1725).[27]

Indispensável para o direito internacional, como para a história a percepção da internacionalidade. E a necessidade de afastar enfoques excessivamente 'nacionais' quer de um como de outro. Isso sem falar da patologia do 'nacionalismo', que deve ser afastada de qualquer ramo do conhecimento.[28]

[24] Paul HAZARD, **La crise de la conscience européenne 1680-1715** (Paris: Boivin et Cie., 1935; nova ed. Paris: Fayard, © 1961, impr. 1994).

[25] Marc FUMAROLI, **La diplomatie de l'esprit** – de Montaigne à La Fontaine (Paris: Gallimard, © 1998, impr. 2001).

[26] Como se examina no **Tratado** (tomo 20 – **Direito internacional, história e cultura**, item 1.3 – *do mundo fechado ao universo infinito*); Alexandre KOYRÉ denominou a passagem do 'mundo fechado ao universo infinito', em seu clássico ensaio, **Do mundo fechado ao universo infinito** (orig. publ. **From the closed world to the infinite universe**, 1957, trad. bras. de Donald M. GARSCHAGEN, Rio de Janeiro: Forense Univ. / São Paulo: Edusp, 1979).

[27] Giambattista VICO, **Principi d'una scienza nuova d'intorno alla commune natura delle nazioni** (1725, ed. definitiva 1744, in G. VICO, **Opere**, a cura di A. BATTISTINI, Milano: Mondadori, 1990, 2 vols., t. I, p. 409-971 e t. II, p. 975-1229).

[28] Ver **Tratado** (tomo 13 – **Direito internacional no tempo do concerto europeu**, item – *do universalismo da razão para os nacionailismos*, bem como o item – *J. G. FICHTE (1762-1814) – racionalismo, direito natural e nacionalismo?*).

Em relação à história e o papel desta, ao considerar as premissas de "uma história comparada das sociedades europeias":[29]

> Cessemos de conversar eternamente de história nacional para história nacional, sem nos compreender. Um diálogo de surdos, no qual cada um responde atravessado às questões do outro, velho artifício de comédia, apto a suscitar as risadas de público, pronto para se divertir; mas este não é exercício intelectual recomendável.[30]

Nessa tentativa de caracterização do direito internacional como disciplina independente, se vê ressurgir a controvérsia entre dados universais e locais. Indícios eloquentes disso são, de um lado a obsessão com a paz de Vestfália como marco fundador do direito internacional, *tout court*, bem como a velha controvérsia a respeito da paternidade do direito internacional – o que, em si, representa distorção e contém erro, como se este não tivesse existido anteriormente.[31] Pode variar essa atribuição de paternidade – mesmo quando circunscrita a fase determinada do direito internacional, por exemplo, moderno – mas, sem dúvida, no curso do século XVII, em considerável extensão, se faz a 'institucionalização' do direito internacional 'moderno', como disciplina independente. Na esteira do que acontece com várias áreas do conhecimento, que se ordenam como ciências autônomas, entre os séculos XVII a XIX.

Cabe acompanhar a ponderação,[32] e a relevância da reflexão justifica a extensão da citação:

[29] Marc BLOCH, *Pour une histoire comparée des sociétés européennes* (conferência apresentada em Oslo, no Congresso internacional das ciências históricas, em agosto de 1928, orig. publ. na Revue de Synthèse Historique, dez. 1928, coligido no volume **Mélanges historiques**, este orig. publ. em 1963, préface de Yann POTIN, Paris: Ed. CNRS, 2011, p. 16-40).

[30] M. BLOCH (art. cit., 1928, ed 2011, cit. p. 40).

[31] Como se considerou no **Tratado** (tomo 7 – **Direito internacional no tempo de Hugo Grócio**, cap. 18), a respeito de Hugo GRÓCIO; tb. Oscar PRZEWODOWSKI, **O século XVII no seu sentido jurídico internacional** – o advento do direito das gentes GROTIUS (Rio de Janeiro: Jornal do Commercio / Rodrigues & Cia., 1941, cit. p. 4): "Se o 'direito' da força foi o lema que por tantos séculos ensanguentou a terra, a força do direito começou a ser, pelo menos, o ideal de uma sociedade semicivilizada, que já anseia conscientemente por uma vida melhor."

[32] Yasuaki ONUMA (edited by) **A normative approach to war**: peace, war and justice in Hugo Grotius (Oxford: Clarendon Press, 1993).

> Mesmo depois da Europa se ter 'secularizado' a partir do século XVII [...] a ideia do direito internacional como basicamente a lei das nações cristãs se manteve, ao menos até o começo do século XIX, e traços desta concepção podem ainda ser encontrados muito mais tarde. Especialmente o conceito de civilização, tal como geralmente aceito na Europa, a partir do século XVIII, permaneceu predominante até a metade do século XX, como padrão fundamental no direito internacional. Esse conceito de civilização era, de certa forma, versão secularizada da ideia da supremacia cristã. Na Europa do final do século XIX não havia conceito de coexistência de várias civilizações. A civilização ocidental era considerada, em última análise, como a única civilização. Povos da África e da Ásia deveriam ser guiados de estágios mais primitivos para estágios mais avançados de desenvolvimento. Dessa forma, as potências europeias se convenceram de estarem desempenhando missão sagrada, mais do que se engajando em exploração inescrupulosa em escala global.[33]

A definição do direito internacional como 'direito das nações civilizadas', que prevalece no período do século XIX até a primeira metade do século XX, é manifestação eloquente desse conceito de 'civilização'. Traços disso ainda podem ser encontrados nos 'princípios gerais de direito reconhecidos pelas nações civilizadas'.[34] Assim, apesar de mudar o conteúdo de 'cristianismo' para 'civilização' – para denotar a civilização europeia moderna – o princípio discriminatório contido na assertiva de VITÓRIA quanto a ser o cristianismo superior a todas as demais religiões foi frequentemente adotado, de maneiras mais ou menos disfarçadas, em subsequen-

[33] Y. ONUMA, *Eurocentrism in the History of International Law* (in **A normative approach to war**, op. cit., 1993, *Appendix*, p. 371-386, cit. p. 385): "This ideological structure was parallel to that of Spaniards convincing themselves that they were carrying out the sacred mission of proselytizing Christianity to drive salvation to the 'barbarians." Compare-se: Arnulf BECKER LORCA, **Mestizo international law** – a global intellectual history 1842-1933 (orig. publ. 2014, Cambridge: Univ. Press, 2016); deste também, *Eurocentrism in the history of international law* (in **The Oxford Handbook of the History of International Law**, ed. by Bardo FASSBENDER e Anne PETERS, Oxford: Univ. Press, 2012, chap. 43, p. 1034-1057); e C. G. F. CASTAÑON, **Les problèmes coloniaux et les classiques espagnols du droit des gens** (RCADI, 1954, t. 86, p. 557-700).

[34] Conforme a redação do art. 38, inc. I, letra "c" do **Estatuto** da C.I.J. Para interpretação das 'nações civilizadas' como categoria vinculada à rejeição e à luta contra a escravidão, ver Michel ERPELDING, **Le droit international antiesclavagiste des 'nations civilisées'** (1815-1945) (Paris: Institut universitaire Varenne, 2017).

tes teorias do direito internacional. O que se vê levado ao paroxismo, no contexto do colonialismo.[35]

> A ilusão da universalidade não se limita à civilização europeia. Na verdade, a moderna civilização europeia em parte se redime por ter formulado a noção de igualdade, não somente aplicável aos indivíduos, mas igualmente aplicável aos estados. [...] A crítica decorre do fato de que as potências europeias dominaram o mundo. [...] E qualquer teoria que se associe com potência dominante não pode escapar de tal papel ideológico. Isso é simultaneamente parte da grandeza e da miséria da Europa, que são predominantemente responsáveis pela condição do mundo moderno, mundo no qual vivemos, com mescla de esperança e de desespero. E o direito internacional moderno constitui parte integrante dessa grande e miserável modernidade.[36]

Igualmente, quanto a se ter em GRÓCIO patamar de regulação que inevitavelmente se terá de tomar como parâmetro por autores subsequentes.[37] Mas cumpre assinalar,[38] a obra de GRÓCIO, como qualquer outra tem de ser contextualizada, em relação ao tempo histórico e meio cultu-

[35] Cf. **Tratado** (tomo 5 – **Direito internacional no tempo de Francisco de Vitória**, esp. cap. 14 e tomos 14 a 17 – **Direito internacional no tempo do colonialismo**, esp. o item – *colonialismo e hipocrisia da suposta 'missão civilizadora do homem branco'*).

[36] ONUMA (op. cit., 1993, p. 385-386). Vale fazer contraponto com a situação da Espanha, como potência dominante na primeira fase da era moderna, a figura de don Gaspar de GUZMÁN, o conde-duque de Olivares (1587-1645), do qual há um magnífico retrato, pintado por VELASQUEZ, na coleção do MASP, em São Paulo. Por exemplo: John H. ELLIOTT, **The Count-Duke of Olivares** – the Statesman in an age of decline (New Haven and London: Yale Univ. Press, 1986); Gregorio MARAÑON, **Olivares** – der Niedergang Spaniens als Weltmacht (do original **El Conde-Duque de Olivares – La pasión de mandar**, s/d, übersetzt und eingeleitet von Ludwig PFANDL, München: Hermann Rinn, s/d, *Published under Military Government Information Control License Nr. US-E-161*); Jérôme HÉLIE, **Les relations internationales dans l'Europe moderne** 1453-1789 (Paris: Armand Colin, 2008, esp. chap. 4 – *L'Espagne de Philippe II première puissance européenne*, p. 66-78, chap. 5 – *Philippe II face aux réformés de l'Europe du Nord*, p. 79-95, e chap. 6 – *L'impossible* ***Pax hispanica*** *(1598-1618)*, p. 96-111).

[37] Y. ONUMA, *War* (in **A normative approach to war**, op. cit., 1993, chap. 3, p. 57-121).

[38] Ver **Tratado** (tomo 7 – **Direito internacional no tempo de Hugo Grócio**, cap. 18) sobre Hugo GRÓCIO. Debate já referido, que me parece oportuno mencionar outra vez. Y. ONUMA, *Introduction* (in Y. ONUMA, **A normative approach to war**, op. cit., 1993, p. 1-10, cit. p. 1): "The fundamental problem is not whether GROTIUS is the father of international law. Such expressions are misleading and inappropriate. The significance of inquiring into the work of a certain figure lies not only in understanding the fruitfulness, depth and universality of his (or

ral, no qual se inscreve; e também avaliada em relação à repercussão que possa ter encontrado em seu tempo, bem como em épocas posteriores.

O 'etnocentrismo' é mal a ser combatido, em qualquer área do conhecimento humano, e também – ou mesmo, diria, especialmente – no direito internacional. Infelizmente, desse mal não padeceu somente o 'Ocidente'. Preconceitos e barreiras culturais existiram e existem – por vezes, com força enorme – em outros continentes. Como tristemente ilustravam as bravatas de WANG Fuzhi (1619-1692), a respeito da "guerra justa" que os chineses deveriam fazer contra os bárbaros.[39] A alusão era flagrante em relação à dinastia *manchu*, então reinante. Ou seja, o 'etnocentrismo' pode se revestir das formas as mais variadas – sempre pode servir para estigmatizar o 'outro'.

Entendo ser igualmente necessário evitar distorções quanto à própria existência de distintas escolas 'nacionais' de direito internacional – o que em si já é uma paradoxal contradição em termos –[40] e ainda mais quando cada uma se empenha, por vezes, mesmo atropelando a história e a busca da verdade, em se atribuir, respectivamente, a paternidade do direito internacional, e não por coincidência, sempre a um seu nacional: os autores espanhóis, em relação sobretudo a VITÓRIA e SUAREZ, ao lado dos demais teólogos e autores dos séculos XVI e XVII, no assim chamado 'século de ouro espanhol', como VAZQUEZ DE MENCHACA e outros;[41] obviamente,

her) thought, but also in clarifying its limitations in terms of the period, region, and culture in which it was framed, and assessing its enduring value as well as its influence in its own time."

[39] WANG Fuzhi (1619-1692), **Chunqiu jiashuo** (*Interprétation des 'Annales des printemps et des automnes' dans la tradition familiale*, de 1646, *juan 3*, in **Chuanshan yishu quanji**, ou Recueil complet des œuvres encore existantes de Wang Fuzhi, 22 vols., Taipei: Zhongguo Chuanshan xuehui et Ziyou chubanshe, 1972, t. 7, p. 3648-3649) *apud* A. CHENG, **Histoire de la pensée chinoise** (op. cit., 1997, ed. 2002, p. 575): "um conflito entre o País do meio (*Zhongguo*) e os bárbaros não pode ser chamado de guerra. [...] Aniquilá-los não deve ser considerado desumano, enganá-los não pode ser desleal, ocupar seus territórios e confiscar seus bens não pode ser injusto. [...] Aniquilá-los, a fim de preservar a integridade de nosso povo, é questão de humanidade; enganá-los, a fim de infligir o que eles detestam, com certeza não é deslealdade; ocupar seus territórios, para os fazer aprimorar seus costumes, por meio da nossa cultura e dos nossos valores, e confiscar seus bens, para aumentar os recursos de nosso povo, é questão de justiça."

[40] A respeito, ver **Tratado** (tomo 13 – **Direito internacional no tempo do concerto europeu**, item – *do universalismo da razão para os nacionalismos*).

[41] Ver **Tratado** (tomo 6 – **Direito internacional no tempo de Suarez, Gentili e Zouch**, itens – *do direito internacional moderno ao clássico* e *outras vozes no direito internacional: Domingo de SOTO e VAZQUEZ DE MENCHACA*, cap. 15 – Francisco SUAREZ (1548-1617), bem como tomo 5 – **Direito internacional no tempo de Francisco de Vitória**, cap. 14); tb. C. BARCIA

os neerlandeses com GRÓCIO, e por que não também, BYNKERSHOEK; por sua vez, autores franceses chegam a pretender inscrever Jean BODIN dentre os fundadores do direito internacional,[42] ou ir a ponto de afirmar que WOLFF teria sido mais influenciado por DESCARTES, do que por LEIBNIZ – e isso não obstante o fato de que o próprio WOLFF apontava LEIBNIZ como o seu mestre;[43] ou a ênfase dos internacionalistas italianos, lembrando o papel – efetivo, aliás – de autores como Alberico GENTILI, ou dentre os tratadistas da guerra, a obra de Pierino BELLI,[44] ou da doutrina do século XIX, sobretudo Pasquale MANCINI;[45] isso para não se falar da doutrina de língua inglesa, que acha que o mundo do direito internacional somente começa com eles, e seriam assim John SELDEN e Richard ZOUCH os marcos referenciais, a partir dos quais se há de nortear todo o conjunto da matéria, no mundo.

Sem falar nas igualmente graves e distorcivas rivalidades entre visões 'protestantes' e 'católica' do direito internacional e das respectivas contribuições, para a construção de seus fundamentos, e a ilustração de sua

TRELLES, em cursos na Haia, sobre: **Fernando Vazquez de Menchaca (1512-1569) – L'école espagnole du droit international du XVIe siècle** (RCADI, 1939, t. 67, p. 429-534); **Francisco Suárez (1548-1617) – Les théologiens espagnols du XVIe siècle et l'école moderne du droit international** (RCADI, 1933, t. 43, p. 385-554) e **Francisco de Vitória et l'école moderne du droit international** (RCADI, 1927, t. 17, p. 109-342).

42 Ver **Tratado** (tomo 5 – **Direito internacional no tempo de Francisco de Vitória**, cap. 13 – *estado como sujeito de direito internacional – a contribuição de MAQUIAVEL e BODIN*); tb. A. GARDOT, em dois cursos na Haia, **Le droit de la guerre dans l'oeuvre des capitaines français du XVIe siècle** (RCADI, 1948, t. 72, p. 393-540) e **Jean Bodin: sa place parmi les fondateurs du droit international** (RCADI, 1934, t. 50, p. 545-748) – o subtítulo já traz todo um programa.

43 Ver **Tratado** (tomo 10 – **Direito internacional no tempo de C. van Bynkershoek e Christian Wolff**, cap. 22 sobre Christian WOLFF (1679-1754), e neste, o item 22.1 – *o direito segundo LEIBNIZ*); de L. OLIVE, seu estudo sobre *Wolff* (in **Les fondateurs du droit international**: leurs œuvres, leurs doctrines, introduction de A. PILLET, Paris: V. Giard & E. Brière, 1904, p. 447-479), no qual OLIVE sustentava a alegada influência de DESCARTES sobre WOLFF.

44 Sobre Alberico GENTILI, ver **Tratado** (tomo 6 – **Direito internacional no tempo de Suarez, Gentili e Zouch**, cap. 16). Sobre Pierino BELLI – como também Balthazar AYALA, ver **Tratado** (tomo 4 – **Direito internacional no tempo medieval**, cap. 11 – *tratadistas da guerra*).

45 Por exemplo, E. CATELLANI, **Les maîtres de l'école italienne du droit international au XIXe siècle** (RCADI, 1933, t. 46, p. 704-826); tb. Erik JAYME, **Pasquale Stanislao Mancini**: il diritto internazionale privato tra Risorgimento e attività forense (orig. publ. **Pasquale Stanislao Mancini**: Internationales Privatrecht zwischen Risorgimento und praktischer Jurisprudenz, 1980, Ebersbach: Verlag Rolf Gremer, trad. Antonio RUINI, Padova: CEDAM, 1988).

galeria de ancestrais fundadores.[46] Tudo isso é pequeno, é desnecessário, não contribui para adequada compreensão do conjunto da disciplina. Ademais, tende a distorções, tais como o 'etnocentrismo', no sentido de ser menos do que o 'eurocentrismo' – é ainda menor este, como perspectiva do mundo. Tais miopias intelectuais nos fazem esquecer, se não completamente, ao menos negligenciar profundamente, toda e qualquer contribuição emanada de outras civilizações – que não sejam as 'politicamente corretas' – como se produz em relação a qualquer dado, proveniente de fora do contexto europeu, cristão e ocidental – para ver-se como sistema fechado e voltado para si mesmo. Mesmo partes consideráveis da própria Europa, além de outros continentes inteiros, tendem a ficar alijados desse quadro que vê a civilização – e o direito internacional, como conjunto de normas e como sistema institucional – se não exclusivamente, ao menos predominantemente centrado na história europeia moderna.

O mundo é mais vasto e mais complexo. E o direito internacional, enquanto conjunto institucional e normativo, não pode se limitar somente a determinada corrente cultural ou contexto específico de civilização, sob pena de perder a sua universalidade.

Essa divisão do mundo, entre dois campos em conflito, infelizmente, não se produziu somente durante as guerras de religião, nos séculos XVI e XVII, ou no período de exacerbação das nacionalidades, característica dos séculos seguintes.[47] Mas, vê-se que o fenômeno se repete. Isso se deu de modo acintoso, durante as quatro décadas da assim chamada "guerra fria", de 1949 a 1989, quando os 'mocinhos' e os 'bandidos' estavam necessariamente pré-determinados: entre o bloco soviético e o bloco ocidental.

Não foi fácil a iniciativa – tal como então feita por Iosip B. TITO e J. NEHRU – de estabelecer o 'movimento dos não-alinhados', como terceira

[46] Tão somente dois exemplos, mas muitas outras referências poderiam ser trazidas: G. GOYAU, **L'église catholique et le droit des gens** (RCADI, 1925, t. 6, p. 123-240); o pastor M. BOEGNER, **L'influence de la Réforme sur le développement du droit international** (RCADI, 1925, t. 6, p. 241-324) reconhecia que "no tocante à elaboração de mecanismo político, afirmando a solidariedade entre as nações, SUAREZ e VITÓRIA parecem ter formulado visões mais ousados que os reformadores."

[47] Como se considera no **Tratado** (tomos 6 – **Direito internacional no tempo de Suarez, Gentili e Zouch** e 7 – **Direito internacional no tempo de Hugo Grócio clássico**) e a seguir, no **Tratado** (tomos 11 – **Direito internacional no tempo do Iluminismo**, 12 – **Direito internacional no tempo de Vattel e von Martens** e 13 – **Direito internacional no tempo do concerto europeu**, esp. itens – *do universalismo da razão para os nacionalismos* e *J. G. FICHTE (1762-1814) – racionalismo, direito natural e nacionalismo?*).

via neutra, entre essas duas visões de mundo, de caráter confrontacional, durante a guerra fria. Mas este é somente paralelo com outra época. Para não falar das incertas configurações do mundo pós-moderno, nas décadas subsequentes à guerra fria, onde 'mocinhos' e 'bandidos' estão mais conturbados e mesclados do que nunca...

A visão distorcida, na Europa 'moderna' – sobretudo nos séculos XVII a XIX – faz que o 'resto do mundo' apareça nas análises europeias somente em função de repercussão que tenha o 'resto do mundo', sobre a Europa, ou das projeções e influência da Europa sobre estas outras regiões do planeta: como se faz, até hoje, ao falarmos em 'Oriente médio' e 'Extremo oriente' – o que somente faz sentido do ponto de vista extra asiático. Ou como se deu, em decorrência das grandes navegações, quando a globalização moderna insere os fluxos de ouro, prata e outros produtos provenientes das Américas sobre o mercado europeu –[48] e aí essas regiões não-europeias entram no mapa mental dos europeus, e passam a ser consideradas – mesmo que seja para serem vistas como dependências coloniais.[49]

Que a assim chamada 'globalização' não seja fenômeno restrito à segunda metade do século XX em diante, serve para ilustrar o fato de que existem quadros de REMBRANDT pintados em placas de madeira brasileira, tiradas de caixas de açúcar, levadas para a Europa – e o fluxo de homens e ideias, que acompanham as mercadorias, não somente entre a Europa e a América, entre a Europa e a Ásia, como também entre a Ásia e as Américas. Ou o comércio triangular entre África, Europa e as Américas – que inclui um dos maiores crimes contra a humanidade da história moderna, o tráfico de escravos africanos para as Américas, negócio tão lucrativo quanto nefando, cuja prática se estende dos séculos XVI ao XIX.[50]

[48] Ver **Tratado** (tomo 5 – **Direito internacional no tempo de Francisco de Vitória**, cap. 12 – *jus gentium, jus commune, jus europaeum*: entre a teoria e a prática', e cap. 14 – Francisco de VITÓRIA (1480-1546)) e o contexto da sua época.

[49] Embora as "colônias" alemãs tenham sido perdidas depois da primeira guerra mundial – a respeito ver **Tratado** (tomos 14 a 17 – **Direito internacional no tempo do colonialismo**, cap. 5 – a colonização alemã); tb. P. B. CASELLA, **Tratado de Versalhes na história do direito internacional** (São Paulo: Quartier Latin, 2007) – é curioso observar que até hoje grande e pretensiosa loja de departamentos em Berlim tenha uma seção identificada como "produtos coloniais" (*Kolonialwaren*), com café e outros itens provenientes de climas tropicais. Faz um século que essa realidade não mais existe, mas a denominação continua a ter uso corrente.

[50] Como se examina no **Tratado** (tomos 14 a 17 – **Direito internacional no tempo do colonialismo**).

No início da era moderna, a globalização, ou *mundialização*, da economia e do direito são dados de fato: o mundo mudou de modo irreversível, no sentido da fluidez e da permeabilidade.[51] Entre o final do século XV até meados do XVII, impõe-se a *pax hispanica*. Assim se exprimia o *ius inter gentes*, como "ordenamento jurídico internacional da era hispânica", dentre os dados característicos do período (1494-1648).[52]

Após a Paz de Vestfália (1648) mas, sobretudo a Paz dos Pirineus, em 1659, e a Paz de Oliva, em 1660, fica marcada a ascensão da França e a decadência da Espanha como potência central, no cenário europeu ocidental. Embora seja a preponderância francesa no continente de curta duração: prevaleceu entre 1661 e 1685. E como se observou,[53] ainda durante o longo reinado de LUIS XIV – com 72 anos de duração –, essa preponderância da França já se tinha quebrado, antes da morte do "rei sol", em 1715. Outra fase estava iniciada.[54]

E nessa mudança de fase, se alteram as relações internacionais e institucionais, na história da Europa, em geral, e especificamente na história do Sacro Império romano germânico (1648-1806). Este passa a ser regido como conjunto institucional de convivência internacional.[55]

Como modo de tentar ordenar e compreender os acontecimentos, pode ser interessante apontar algumas coletâneas de atos internacionais, na era moderna, rumando para o contexto clássico.

[51] Como ilustram o argentino Aldo FERRER, **Historia de la globalización** – Orígenes del orden económico mundial (Buenos Aires: FCE de Argentina, 1996) e **Historia de la globalización II** – La Revolución industrial y el segundo orden mundial (Buenos Aires: FCE de Argentina, 1999), e o mexicano Serge GRUZINSKI, **Las cuatro partes del mundo** – Historia de una mundialización (México: FCE, 2010).

[52] Wilhelm GREWE, **Epochen der Völkerrechtsgeschichte** (Baden-Baden: Nomos, 1984, segunda parte: *Ius inter gentes*: Die Völkerrechtsordnung des spanischen Zeitalters 1491-1648, p. 163-322).

[53] Heinz Dieter KITTSTEINER (1942-2008), **Die Stabilisierungsmoderne** – Deutschland und Europa 1618-1715 (Munique: Carl Hanser, 2010, esp. *Ausklang: Ludwig XIV. und das Ende einer Epoche*, p. 335-355, cit. p. 335).

[54] Dentre outros, ver Lucien BÉLY, **L'art de la paix en Europe** – naissance de la diplomatie moderne XVIe – XVIIIe siècle (Paris: PUF, 2023); ___, **Les relations internationales de l'Europe** – XVIIe – XVIIIe siècles (orig. publ. 1992, Paris: PUF, 4e éd., 2013); ___, **La France au XVIIe siècle** – puissance de l'état, contrôle de la société (Paris: PUF, 2009).

[55] François FEJTÖ, **Réquiem pour un Empire défunt**: Histoire de la destruction de l'Autriche-Hongrie (Paris: Lieu commun, 1988); Béatrice NICOLLIER, **Le Saint Empire romain germanique (1495-1648)** (Paris: Ellipses, 2012); Francis RAPP, **Le Saint Empire romain germanique**: d'Otton le grand à Charles Quint (Paris: Tallandier, 2000, impr. 2003); Peter WILSON, **The Holy Roman Empire** – a thousand years of Europe's History (orig. publ. 2016, Londres: Penguin, 2017).

ALGUMAS COLETÂNEAS DE ATOS INTERNACIONAIS

Também na vida dos povos, as coisas não se passam sem preparação, ou acontecem por acaso, de modo que uma geração sempre está colocada sobre os ombros da outra, e se beneficia por suas realizações e paga por seus erros.

Ludwig PFANDL (s/d, década de 1940)[56]

A aceitação contemporânea da relevância da dimensão temporal no direito internacional decorre da crescente percepção do relativismo histórico de muitas, dentre as normas do assim chamado direito internacional 'clássico'. Estas normas surgiram em épocas precisas da história do mundo, em resposta a condições societais, necessidades e expectativas específicas, tal como foram percebidas e registradas pelas forças políticas dominantes daqueles tempos. E é sobre essa base que muito do direito internacional 'clássico' – tanto nos velhos tratados, como nas velhas normas de direito internacional costumeiro – que agora são rejeitadas ou questionadas pelos 'novos' estados do Terceiro mundo, como 'ocidentais' ou 'eurocêntricas' quanto ao seu conteúdo e são tidas como não representativas nem vinculantes, na comunidade mundial de hoje, mais ricamente pluralista e abrangente, e que ultrapassou a sua estreita base política ocidental do passado, com as bem sucedidas realizações jurídi-

[56] Ludwig PFANDL, *Einleitung des Übersetzers* (in **Olivares** – der Niedergang Spaniens als Weltmacht, von Gregorio MARAÑON, übersetzt und eingeleitet von Ludwig PFANDL, München: Hermann Rinn, *s/d, Published under Military Government Information Control License Nr. US-E-161,* cit. p. 6): auch im Leben der Völker nichts ohne Vorbereitung oder – was auch eine Art der Vorbereitung ist – ohne Versäumnis geschieht, dass immer eine Generation auf den Schultern der anderen steht und an ihren Leistungen order Fehlern mitgeniesst oder mitbüsst.

cas da autodeterminação dos povos, da descolonização e da independência, no que agora é uma escala quase universal.

Edward McWHINNEY (1984)[57]

Coletâneas antigas de atos internacionais mostram, por seu caráter específico, a intenção de ordenar informações e permitir visão de conjunto, do que acontecia na época. Estas nos interessam, sobretudo em relação aos meios, então disponíveis, para coleta e sistematização de dados.[58] Merecem ser lembradas algumas, dentre as principais coletâneas organizadas com relação a determinada época, ou a tratado de paz específico:

- Christopher PELLER von und zu SCHEPPERSHOF (1630-1711), coleção dos principais tratados de paz dos anos 1647 até 1666, ou **Collectio praecipuorum tractatuum pacis ab anno 1647 ad annum 1666** (Nuremberg, 1666, nova ed., 1684);[59]

[57] Edward McWHINNEY, *The time dimension in international law, historical relativism and intertemporal law* (in **Essays in international law in honour of judge Manfred LACHS / Études de droit international en l'honneur du juge Manfred LACHS**, ed. by Jerzy MAKARCZYK, The Hague: Martinus Nijhoff / Institute of State and Law of the Polish Academy of Sciences-Institut de l'état et de droit de l'Académie polonaise des sciences, p. 179-199, *Conclusions*, p. 195-199): "The contemporary acceptance of the relevance of the time dimension in international law stems from the increasing latter-day recognition of the historical relativism of so many of the rules of 'classical' international law. These rules arose, of course, in particular eras in World history, in response to particular societal conditions, needs and expectations, as perceived and recorded by the dominant political forces of those times. It is on this basis that so much of 'classical' international law – both old treaties and old rules of customary international law – is now rejected or questioned by the 'new' countries of the Third World as 'Western' or 'Eurocentric' in character and chance as no longer authoritative and binding in the new, more richly pluralistic and inclusive World community of today that has transcended its original narrowly Western political base with the successful legal achievement of national self-determination, decolonization and independence, on a by now nearly universal scale".

[58] Como ensaiava sistematizar Von OMPTEDA (op. cit., 1785, reed., 1963, § 84, p. 312, e também, § 168-190, p. 449-483).

[59] Christopher PELLER von und zu SCHEPPERSHOF (1630-1711), **Collectio praecipuorum tractatuum pacis ab anno 1647 ad annum 1666 utpote Hispanorum et Belgarum, Osnabrugensis, Monasteriensis, Cromwellio-Holandicus, Dano-Suedicus, Pyrenaicus, Polono-Suecicus** (Norib., 1666, nova ed., em dois tomos, 1684) – esta coleção continha os principais tratados de paz dos anos 1647 até 1666, abrangendo: a paz entre Espanha e os antigos revoltosos das províncias flamengas outrora ocupadas, nos atuais Países Baixos-Bélgica; os

- o livreiro e editor Frederic LEONARD, de Paris, fez coletânea dos tratados recentes celebrados entre potências da Europa, relativos à paz de Nijmegen, ou **Recueil de tous les Traités modernes conclus entre les Potentats de l'Europe** (1683);[60]
- o teatro da paz, ou tratados e instrumentos principais, de 1647 a 1660, **Theatrum Pacis** (Nuremberg, 1663);[61]
- o teatro da paz, nova edição, **Theatrum Pacis pars altera** ou tratados e instrumentos principais, de 1640 a 1685 – característicos da fase de hegemonia francesa no conjunto da Europa central;[62]
- Johann Christian LÜNIG (1662-1740), publicou várias coletâneas, de interesse sobretudo para o direito do estado, no contexto alemão, mas duas, dentre as suas obras de compilação e sistematização de fontes, teriam interesse para o direito internacional, sobre negociações públicas – **Publicorum Negotiorum** (Frankfurt e Leipzig, 1694)[63] e a complementação, relativa ao período de 1674 até 1702, **Publicorum Negotiorum – Supplementum et Continuatio** (1702);[64]

tratados de Osnabrück e de Münster – que compõem a assim chamada "paz de Vestfália"; bem como os tratados da assim chamada "paz dos Pirineus"; da paz entre a Polônia e a Suécia, etc.

60 **Recueil de tous les Traités modernes conclus entre les Potentats de l'Europe; de tous les Mémoires qui ont servi à faire la paix de Nimegue; et de tous les arrêts de la Chambre royale de Metz, relatifs aux Traités de Nimegue et de Münster** (à Paris, chez Frederic Leonard, II vol., 1683).

61 **Theatrum Pacis, hoc est, Tractatuum atque instrumentorum praecipuorum ab anno inde MDCXLVII ad MDCLX usque in Europa initorum et conclusorum collectio** (Norimb., 1663).

62 **Theatrum Pacis Pars Altera, hoc est, tractatuum atque instrumentorum pacis praecipuorum ab anno inde MDCXL ad annum MDCLXXXV inter Europaeos atque aliis cum nationibus initorum et conclusorum Collectio secunda. Cum Indicibus.** (Norimb., s/d).

63 Johann Christian LÜNIG (1662-1740), **Publicorum Negotiorum ad Aug. Rom. Imperatore, universis Europae Regibus, S. R. I. Electoribus Principibus et statibus, intra vicennium latina quidem lingua tractatorum sylloge, continens litteras cuiuscumque fere generis, varia item decreta, salvos conductus, plenipotentias, Memorialia, Propositiones, Resolutiones, Observationes, Declarationes, Protestationes, Reservationes, Vota, Pacta, Foedera, Instrumenta Pacis, Armistitia atque Manifesta etc. etc. iuxta serie annorum disposita, rubricisque ac indice locupletissimo instructa et in lucem edita** (Frcf. et Lips., 1694).

64 Johann Christian LÜNIG (1662-1740), **Publicorum Negotiorum – sylloges Supplementum et Continuatio ab anno MDCLXXIV usque ad annum MDCCII** (Frcf. et Lips., 1702).

Ainda a respeito da paz de Vestfália, vários autores da época fizeram coletâneas e estudos, dentre os quais ao menos alguns poderiam ser lembrados:

- as memórias sobre as negociações do tratado de paz de Münster, ou **Mémoires de M. D.** [Claude du MESME D'AVAUX] **touchant les négociations du traité de paix fait à Münster en 1648** (Grenoble, 1674);[65]
- as atas e memórias da negociação da paz de Münster, ou **Actes et Mémoires de la négociation de la paix de Münster** (em quatro tomos, Amsterdã, 1680);[66]
- sobre as garantias nos tratados de paz da Vestfália:
  Sal. NIGARDI, **Disquisitio iurium et obligationum, quae circa pacem Westphalicam in Imperio Rom. Germ. competunt regi ac regno Galliarum** (Leiden, 1750);[67]
  Ioh. Chr. Wilh. von STECK, **Von den Rechten und Pflichten der Garants des Westphälischen Friedens** (1757);[68]
  Joh. Jac. MOSER, **Von der Garantie des Westphälischen Friedens, nach dem Buchstaben und Sinn desselben** (1767);[69]
- a relação histórica dos segredos da paz de Vestfália, ou **Arcana pacis Westphalice seu plenior et ex Secretioribus Actis et congressibus depromta relatio historica de S. R. Imperii pacificatione Osnabrugo Monasteriensi, auctore A. A.** [Adamo ADAMI] (Frankfurt, 1698),[70] foi a seguir publicada com mudança de título;

[65] **Mémoires de M. D.** [Claude du MESME D'AVAUX] **touchant les négociations du traité de paix fait à Münster en 1648.** (Col. 1674. Grenoble. 1674).

[66] **Actes et Mémoires de la négociation de la paix de Münster** (Tom. IV. Amst. 1680).

[67] Sal. NIGARDI, **Disquisitio iurium et obligationum, quae circa pacem Westphalicam in Imperio Rom. Germ. competunt regi ac regno Galliarum** (Lugd. Bat., 1750).

[68] Ioh. Chr. Wilh. von STECK, *Von den Rechten und Pflichten der Garants des Westphälischen Friedens* (in J. C. W. von STECK, **Abhandlungen aus dem teutschen Staats- und Lehnrechts**, 1757, n. 6).

[69] Joh. Jac. MOSER, **Von der Garantie des Westphälischen Friedens, nach dem Buchstaben und Sinn desselben** (1767). Sobre J. J. MOSER e o conjunto de sua obra, ver **Tratado** (tomo 12 – **Direito internacional no tempo de Vattel e von Martens**, item 25.1 – *de von MARTENS ao 'direito público externo' de J. J. MOSER*).

[70] **Arcana pacis Westphalice seu plenior et ex Secretioribus Actis et congressibus depromta relatio historica de S. R. Imperii pacificatione Osnabrugo Monasteriensi, auctore A. A.** [Adamo ADAMI] (Frft. 1698).

- a relação histórica, ou breve e sucinta narração da conferência de paz, da qual resultaram os tratados de paz de Münster e de Osnabrück, ou **Relatio historica sive brevis atque succinta narratio eorum, quae in pacificatione Osnabrugo-Monasteriensi ex arcana ratione status inter paciscentes gesta fuere** (Frankfurt, 1707);[71] a seguir, publicada em edição revista;
- Adamo ADAMI, **Episcopi Hieropolitani et ad Tractatus pacis Westphalicae quondan legati, Relatio historica de pacificatione Osnabrugo-Monasteriensi, ex autographo autoris restituta atque Actorum pacis Westphalicae testimoniis aucta et corroborata, accurante** Ioh. Godofr. de MEIERN (Leipzig, 1737) –[72] mesma obra, publicada em 1698 e 1707, em nova edição, revista por Johann G. MEYER;
- as meditações sobre o instrumento de paz entre o Sacro Império e a Suécia, de [Henri de HENNIGES], **Meditationes ad Instrumentum Pacis Caesareo-Suecicum. Specimina** (1706-1712);[73]
- as memórias e negociações secretas da Corte da França sobre a paz de Münster **Memoires et negotiations Sécretes de la Cour de France touchant la paix de Münster** [par Jean AYMOND] (Amsterdam, 1710, três tomos em grande formato '*folio*', mais suplemento '*in octavo*'); foram a seguir republicados;[74]
- as negociações secretas sobre a paz de Münster e de Osnabrück – desde o início em 1642, até a sua conclusão em 1648 – ou **Négociations secrètes touchant la paix de Münster et d'Osnabrug** (em quatro tomos, Haia, 1725-1726) –[75] o autor dessa obra não é conhe-

[71] **Relatio historica sive brevis atque succinta narratio eorum, quae in pacificatione Osnabrugo-Monasteriensi ex arcana ratione status inter paciscentes gesta fuere** (Frcf. 1707).

[72] Adamo ADAMI, **Episcopi Hieropolitani et ad Tractatus pacis Westphalicae quondan legati, Relatio historica de pacificatione Osnabrugo-Monasteriensi, ex autographo autoris restituta atque Actorum pacis Westphalicae testimoniis aucta et corroborata, accurante** Ioh. Godofr. de MEIERN (Lips. 1737).

[73] [Henri de HENNIGES], **Meditationes ad Instrumentum Pacis Caesareo-Suecicum. Specimina X.** (1706-1712).

[74] **Memoires et négociations secrètes de la Cour de France touchant la paix de Münster** [par Iean AYMOND] (Tom. III. Amsterdam. 1710. fol. Tom IV. 8).

[75] **Négociations secrètes touchant la paix de Münster et d'Osnabrug; ou Recueil general des Preliminaires, Instructions, Lettres, Memoires &c. concernant ces Negotiations,**

cido; nesta edição, foram inseridos dois estudos introdutórios: um chamado *Préface historique*, no qual se faz histórico da guerra dos trinta anos e dos daí resultantes tratados da paz de Vestfália, e outro, de Jean LECLERC, *Sur l'origine du droit de la nature, du celui des gens, et de celui qu'on nomme publice*;

- a história dos tratados de paz de Vestfália, ou **Histoire des Traités de Paix de Westphalie** (1727) – antes publicada anexa à história dos tratados de paz e outras negociações do século XVII, desde a paz de Vervins até a paz de Nijmegen (Amsterdã e Haia, 1725);[76]
- a chancelaria da paz de Vestfália, de Carl Wilhelm GÄRTNER, **Westphällische Friedenscanzley** (em 9 volumes, Leipzig, 1731-1737);[77]
- as atas da paz de Vestfália, **Acta Pacis Westphalicae publica**, oder Westphälische Friedenshandlungen und Geschichte; in einer mit wichtigen Urkunden bestärkten historischen Zusammenhang verfasset und beschrieben von Joh. Gottfr. von MEIERN (7 tomos, Hannover, 1734-1740) –[78] que OMPTEDA (1785) avaliava ser "sem

depuis leur commencement en 1642 iusqu'à leur conclusion en 1648. Avec les Depéches de Mr. de VAUTORTE, et autres Pièces au suiet du même Traité iusqu'en 1654 inclusivement, le tout tiré des manuscrits les plus authentiques. Ouvrage absolumment necessaire à tous ceux, qui se pourvoiront du Corps Diplomatique ou grand Recueil des Traités de paix, et d'autant plus utile aux Politiques et Negotiateurs, qu'il renferme le fondement du Droit public (tomes IV. à la Haye chez Iean Neaulme, 1725-1726) – nesta edição constam dois estudos introdutórios: *Préface historique* e outro, assinado por Iean LECLERC, *Sur l'origine du droit de la nature, du celui des gens, et de celui qu'on nomme publice.*

[76] **Histoire des Traités de paix et autres négotiations du dix-septième siècle depuis la paix de Vervins iusqu'à la paix de Nimègue**; où l'on donne l'origine des prétentions anciennes et modernes de toutes les puissances de l'Europe et une Analyse exacte de leurs négociations tant publiques que particulières. Ouvrage nécessaire aux Ministres publics et aux autres négociateurs, et qui peut servir d'Introduction au *Corps diplomatique* ou *Recueil des Traités de Paix* T. I.II. (à Amsterdam chez I. F. BERNARD et à la Haye, chez les Frères Vailland et Prevost, 1725) – mencionada infra, no **Tratado** (tomo 12 – **Direito internacional no tempo de Vattel e von Martens**, item – *ensaio de balanço do direito internacional no século XVIII*).

[77] Carl Wilhelm GÄRTNER, **Westphällische Friedenscanzley**, darinnen die von a. 1643 bis 1648 bey denen Münster- und Osnabruggischen Friedenstractate geführte geheime Correspondenzen, ertheilte Instructiones, erstattete *Relationes* und besondere Nachrichten enthalten, nebst einer vollständigen Historie des Westphälischen Friedens (em 9 volumes, Leipzig, 1731-1737).

[78] **Acta Pacis Westphalicae publica**, oder Westphälische Friedenshandlungen und Geschichte; in einer mit wichtigen Urkunden bestärkten historischen Zusammenhang verfasset und beschrieben von Joh. Gottfr. von MEIERN (VI Theile, welchen J. F. WALTHERS

discussão a melhor e a mais completa obra, que temos sobre a paz de Vestfália";[79] e a

- também apontada como "a mais importante e a mais interessante obra sobre a paz de Vestfália",[80] do Abade MABLY, adiante referida, sobre o direito púlbico da Europa, com base nos tratados, ou **Droit public de l'Europe, fondé sur les Traités** (Paris, 1747; com numerosas edições posteriores, Amsterdam 1748, 1761, 1766; Frankfurt, 1749; Genebra – na verdade, Paris, 1764, 1768; Leipzig, 1773),[81] e circulou amplamente na época.[82]

A respeito da Paz dos Pirineus poderiam ser referidas as obras:

- **Il Trattato della Pace fra le due corone nel anno 1659** scritto del conte Galeazzo GUALDO (Priorato Brem., 1664); também publicada nas edições francesa e latina;
- **Acta Pacis inter duas coronas in S. Ioann. Lucensis sano anno 1659 factae** (Colonia, 1665; e Leipzig, 1667);[83] e

Universalregister als der VIIte. hinzukommt, Hannover, 1734-1740). O mesmo Johann G. von MEIER ou MEYER tinha sido o responsável pela edição revista da obra de A. ADAMI (1737), cit. supra, neste mesmo item.

[79] Von OMPTEDA (op. cit., 1785, reed., 1963, § 180, cit. p. 477) sobre a obra de GÄRTNER: "Dieses ist unstreitig das beste und vollständigste Werk, das wir über den Westphälischen Frieden besitzen".

[80] Von OMPTEDA (op. cit., 1785, reed., 1963, § 178, cit. p. 470) observava a respeito da obra do Abade DE MABLY: "esta obra útil, como mostram as numerosas edições, encontrou grande aceitação" – *grossen Beyfall gefunden hat.*

[81] **Droit public de l'Europe, fondé sur les Traités** par l'Abbé de MABLY (dois tomos, Paris, 1747) e edições posteriores: a segunda edição tem os comentários de ROUSSET (dois tomos, Amsterdam, 1748; reimpressa em 1761); a terceira edição foi revista, melhorada e atualizada pelo próprio autor, indo até a Paz de Hubertusburger, e sem as notas de ROUSSET (três tomos, Genebra – na verdade, Paris – 1764); a quarta edição (idem, 1768); há também outras edições (em Amsterdam, em 1761, e em 1766); a quinta edição reúne as notas de ROUSSET e a obra de MABLY, com o título **Principes des Négociations** (em três tomos, Amsterdam et Leipzig, 1773); e também, da mesma obra, tradução para o alemão, com o título **Das Staatsrecht von Europa** (Frankfurt, 1749).

[82] A respeito da obra do Abade MABLY (1747 e edições posteriores) ver **Tratado** (tomo 12 – **Direito internacional no tempo de Vattel e von Martens**, item – *ensaio de balanço do direito internacional no século XVIII*).

[83] **Acta Pacis inter duas coronas in S. Ioann. Lucensis sano anno 1659 factae** (Colon. 1665 et Lips. 1667).

- **Histoire des Négociations et du Traité de paix des Pyrénées** (em dois tomos, Amsterdam, 1750).[84]

A respeito da paz de Oliva, cabe mencionar:

- as atas inéditas da paz de Oliva, de Ioh. Gottl. BOEHMII, **Acta Pacis Olivensis inedita** (1763 e 1766).[85]

Sobre a paz de Nijmegen:

- atas e memórias das negociações de paz de Nijmegen, ou **Actes et Memoires des Négociations de la paix de Nimwegue** (com edições em Amsterdam, 1678, na Haia, em 1697 e tradução para o alemão, publicada em Leipzig, em 1680);[86] e
- história da negociação da paz de Nijmegen, ou **Histoire de la Négociation de la paix de Nimegue depuis l'an 1676 iusqu'en 1679**, par le Sieur de SAINT DISDIER (Paris, 1680; Colônia, 1684; Haia, 1697, também publicada em tradução para o inglês, Londres, 1680).[87]

Sobre a paz de Ryswick:

- atas e memórias das negociações da paz de Ryswick, ou **Actes et Memoires des Négociations de la paix de Ryswick** (em quatro tomos, Haia, 1699);[88] e

[84] **Histoire des Négociations et du Traité de paix des Pyrénées** (II. Tomes. Amsterdam. 1750).

[85] Ioh. Gottl. BOEHMII, **Acta Pacis Olivensis inedita** (T. I. Vratiff. 1763. T. II. ibid. 1766).

[86] **Actes et Memoires des Négociations de la paix de Nimwegue** (III. Tom. Amsterd. 1678. IV. Tomes à la Haye 1697), e a tradução de Leonhard SAUTER para o alemão, com o título: ***Acta* und *Memorialia* über alles, was zu Nimwegen von 1674 bis 1679 unter denen paciscirenden Theilen tractiret, geschlossen und vollzogen worden** (Leipzig, 1680).

[87] **Histoire de la Négociation de la paix de Nimegue depuis l'an 1676 iusqu'en 1679**, par le Sieur de SAINT DISDIER (Paris, 1680; Cologne, 1684;. à La Haye, 1697), b/c tradução para o inglês, publicada em Londres, em 1680.

[88] **Actes et Memoires des Négociations de la paix de Ryswick** (Tom. IV. à la Haye. 1699).

- memórias políticas para servir ao entendimento da paz de Ryswick, ou **Memoires politiques pour servir à l'intelligence de la paix de Ryswick** par Franc DU MONT (Haia, 1699). [89]

Depois destas referências se pode voltar à questão central da ordenação de sistema internacional no curso do século XVII. Tanto em relação à prática, como às concepções teóricas norteadoras desta construção.

Saber a quem pode ser atribuída a paternidade do direito internacional interessa menos do que assegurar a qualidade dos seus mecanismos de implementação. E a difusão do conhecimento a respeito desse sistema institucional e normativo internacional.[90]

[89] **Mémoires politiques pour servir à l'intelligence de la paix de Ryswick** par Franc DU MONT (à la Haye, 1699).

[90] Como mencionado, a respeito, ver **Tratado** (tomo 13 – **Direito internacional no tempo do concerto europeu**, item – *do universalismo da razão para os nacionalismos*). Na perspectiva do Brasil e do conjunto das Américas, visto não termos marcos fundadores comparáveis no direito das gentes, a questão não se põe em tais termos, mas antes, quanto a existir ou não, um direito internacional americano, propriamente dito? Em linha geral, autores brasileiros, na linha de SÁ VIANNA (1912) tendiam a dizer não, enquanto autores de outras nacionalidades latino-americanas, com algumas nuances, seriam antes tendentes ao sim. Parece-me adequada a linha brasileira de entendimento quanto a não se tratar de direito internacional especificamente americano, mas de alguns desenvolvimentos, que ocorrem no continente. Dentre estes se contam institutos, tais como o *uti possidetis*, ou o moderno direito de asilo, que a partir de prática regional específica, depois encontraram acolhida e ulterior tratamento no direito internacional geral.

ENSAIO DE BALANÇO DO DIREITO INTERNACIONAL NO SÉCULO XVII

No direito internacional, como em qualquer outro direito, um duplo elemento, natural e positivo, deve ser considerado como a base, insubstituível e inabalável, de qualquer teoria sobre o fundamento do direito. Importa, sobretudo, conservar, como soube fazer GRÓCIO, a justa medida. Não é somente a virtude, mas também a verdade, especialmente nas ciências morais e políticas, que odeia os extremos.
Mais tarde, PUFENDORF deixa absorver todo o direito internacional pelo direito natural. BYNKERSHOEK e MOSER farão exatamente o oposto. Aos três faltará, sobretudo a MOSER, o sentido da medida, tão admirável em GRÓCIO.

Louis LE FUR (1927)[91]

Somente em data relativamente tardia uma ciência se separa definitivamente dos campos contíguos de conhecimento, para assumir uma forma independente. [...] Nós passamos em revista os esforços tentados durante muitos séculos visando assegurar nas relações entre os povos o domínio do direito.

Ernest NYS (1894)[92]

[91] Louis Érasme LE FUR, **La théorie du droit naturel depuis le XVIIe siècle et la doctrine moderne** (RCADI, 1927, t. 18, p. 259-442, cit. p. 324).
[92] Ernest NYS, **Les origines du droit international** (Bruxelles: Alfred Chastaigne / Paris: Thorin & Fils, 1894, *Conclusion*, p. 400-405).

> A necessidade de chegar a uma figuração global é baseada na pressuposição fundamental na antropologia moderna de interação social e cultural. [...] Mesmo se a heterogeneidade de uma sociedade for tão pronunciada que ela possa ser designada como uma sociedade 'múltipla', haverá ainda unidade em algum nível. Cada sociedade é um todo mais ou menos organizado, a não ser que haja uma revolução ativa que a ameaça destruir. A maneira de viver de cada sociedade tende mais ou menos a ser coerente, contínua e distinta, quando contrastada com a de uma outra.
>
> Francis L. K. HSU (1974)[93]

Não é possível compreender o conjunto da evolução do direito internacional moderno enquanto permanecer a obsessão com a paz de Vestfália, de 1648, como o principal se não o único marco fundador do sistema internacional moderno. O conjunto é muito mais variado e mais rico – tanto do ponto de vista de tratados de paz, depois de sucessivos conflitos – como visto em relação a algumas coletâneas de atos internacionais – bem como em relação aos autores e suas obras – de GENTILI, passando por SUAREZ e ZOUCH, bem como de GRÓCIO a Samuel RACHEL e Samuel PUFENDORF – para nos atermos tão somente a alguns dos principais expoentes do século XVII.[94]

No tempo histórico e contexto cultural têm de ser situadas as premissas do direito internacional em relação à época.[95] Sob pena de distorcer conteúdos e cometer anacronismos.

Não menor a deformação ocorrida com o direito internacional da época do apogeu colonialista, digamos de 1870 até 1960, tal como caracterizado,

[93] Francis L. K. HSU (1909-1999), **O estudo das civilizações letradas** (orig. publ. **The study of literate civilizations**, 1969, trad. Sonia M. Bib e LUYTEN, São Paulo: E.P.U.-EDUSP, 1974, cit. '*delineando o padrão cultural*', p. 59). Nascido em 1909, bacharelou-se em sociologia pela Universidade de Shangai, em 1933, e doutorou-se em antropologia pela Universidade de Londres, em 1941. Lecionou antropologia na Universidade nacional de Yunan, de 1941 a 1944; na Columbia University, em 1944 a 1945; na Cornell University, de 1945 a 1947; e a seguir na Northwestern University, até se aposentar. Ao longo de sua trajetória acadêmica realizou diversas e extensas pesquisas de campo na China, na Índia e no Japão.

[94] Como se examina, neste tomo, item – *algumas coletâneas de atos internacionais*, bem como no **Tratado** (tomo 6 – **Direito internacional no tempo de Suarez, Gentili e Zouch**, caps. 15, 16 e 17, tomo 7 – **Direito internacional no tempo de Hugo Grócio**, cap. 18 e tomo 9 – **Direito internacional no tempo de Samuel Pufendorf**, caps. 19 e 20).

[95] Cf. **Tratado** (tomo 20 – **Direito internacional, história e cultura**).

não sem certa dose de sarcasmo, como o 'gentil civilizador das nações' – *the gentle civilizer of nations*.[96] A descolonização justamente assinala marco simbólico, em torno do ano de 1960, quando ingressam dezenas de novos estados independentes na Organização das Nações Unidas, e sinal de mudança de uma época e do modo de construir o equilíbrio e a operacionalidade do sistema institucional e normativo internacional.[97]

A mudança do modelo,[98] em curso desde então, leva a um direito internacional, mais consentâneo com o contexto pós-moderno: mas, a mutação histórica precisa se fazer acompanhar de correspondente mutação de modelo institucional.[99] E esta será a fase seguinte da evolução histórica do sistema,[100] pautada pelo reconhecimento da diversidade e da multiculturalidade.

A mudança de modelo histórico e cultural acarreta a correspondente mutação no sistema institucional e normativo, por meio do qual se tenta

[96] Martti KOSKENNIEMI, **The gentle civilizer of nations**: the rise and fall of international law (1870-1960) ("Hersch Lauterpacht Memorial Lectures", Cambridge: University Press, 1st publ. 2001, reprinted 2005).

[97] Ver **Tratado** (tomos 14 a 17 – **Direito internacional no tempo do colonialismo**); nesse sentido **Le droit des peuples à disposer d'eux-mêmes**: méthodes d'analyse du droit international – Mélanges offerts à Charles CHAUMONT (Paris: Pedone, 1984), esp. Jean CHARPENTIER, *Autodétermination et décolonisation* (in **Le droit des peuples à disposer d'eux-mêmes**, op. cit., 1984, p. 117-133).

[98] Cfr. **Tratado** (tomo 20 – **Direito internacional, história e cultura**, cap. 3 – *impacto do colonialismo sobre o direito internacional, a descolonização e o desenvolvimento do direito de autodeterminação dos povos*); C. Wilfred JENKS, **Economic and social change and the law of nations** (RCADI, 1973, t. 138, p. 455-502); tb. Robert CHARVIN, *Le droit international tel qu'il a été enseigné: notes critiques de lecture des traités et manuels (1850-1950)* (in **Le droit des peuples à disposer d'eux-mêmes**, op. cit., 1984, p. 135-159).

[99] Charles CHAUMONT, **Cours général de droit international public** (RCADI, 1970, t. 129, p. 333-528, cit. p. 345): "Si le droit classique est en voie de disparition comme phase historique, il n'est pas aboli comme méthode et vision."

[100] Como se considera nos **Fundamentos do direito internacional pós-moderno** (2008), bem como no **Tratado** (tomo 20 – **Direito internacional, história e cultura**, cap. 5 – *desafios e desenvolvimentos do direito internacional no contexto pós-moderno*); R.-J. DUPUY (coord.), **The future of international law in a multicultural world / L'avenir du droit international dans un monde multiculturel** (Haia: Académie de Droit International, colloque 1983, publ. 1984); e já apontava Adda Bruemmer BOZEMAN, **The future of law in a multicultural world** (orig. publ. 1971, Princeton: Univ. Press – Princeton Legacy Library, 2016) examinando os elementos mais marcantes e específicos de culturas do Oriente médio islâmico, da África subsaariana, da zona de influência indiana na Ásia, bem como da China, para atacar o pressuposto de que a unidade mundial possa ser alcançada mediante aplicação dos ideais ocidentais de direito e de organização internacional.

fazer a regulação da convivência internacional organizada. E se essas transições são interessantes, justamente por permitir ver o esgotamento de um modelo, que prepara o caminho para o surgimento de outro, não deixam de ser problemáticas, por se assistir a espécie de vácuo normativo e institucional, entre a falência do modelo anterior e a expectativa, todavia não alcançada, do novo patamar institucional e normativo internacional.

Em suma, o paradoxo a ser assinalado, na tentativa de visão de conjunto do direito internacional no século XVII – o que se acentua nos seguintes séculos XVIII e XIX, e mais ainda nos séculos XX e XXI – é o paradoxo de o desenvolvimento institucional do direito internacional, e sua caracterização como disciplina autônoma, se fazerem acompanhar da perda da universalidade deste, que se volta para as assim chamadas escolas nacionais de direito internacional, o que são contradições em seus próprios termos. Muitas vezes pautadas por questões internas, em suas projeções internacionais – como foi a escandalosa regulação jurídica internacional do sistema de exploração colonial.[101]

Esse movimento se exprime também pelas manifestações negativas do eurocentrismo, modalidade específica de etnocentrismo, que circulou durante tempo considerável como se fosse se não o único, ou ao menos o principal padrão civilizacional adequado – para o mundo. E isso teve peso considerável e consequências nefastas sobre o conjunto do mundo, ao menos durante o período de apogeu da presença e da influência europeias.

É também dado característico desse período 'moderno' – aqui considerado o século XVII –, a discussão sobre a extensão das componentes – quanto de direito natural e quanto de direito positivo – continha ou deveria compor o direito internacional. O mesmo debate que, guardadas as proporções, e com alguns ajustes terminológicos, se prolonga até nós – se pensarmos em 'realistas' e 'idealistas' no exame do direito e das relações internacionais.

Nesse sentido, em 1785, Dietrich Heinrich Ludwig von OMPTEDA chamava de "medieval",[102] tudo o que tinha existido até GRÓCIO, e assinalava,

[101] Ver **Tratado** (tomos 14 a 17 – **Direito internacional no tempo do colonialismo**).

[102] Dietrich Heinrich Ludwig von OMPTEDA, **Literatur des gesamten natürlichen und positiven Völkerrechts** ("Neudruck der Ausgabe Regensburg 1785", Aalen: Scientia Verlag, 1963).

como marco inicial do direito internacional,[103] a publicação da obra-prima deste, em 1625. E, a partir daí, tinha a delimitação de sucessivas fases da evolução da disciplina,[104] como propunha OMPTEDA:

- a primeira, de GRÓCIO[105] a PUFENDORF,[106] iria de 1625 até 1673;[107]
- a segunda, de PUFENDORF a WOLFF e MOSER,[108] iria de 1673 até 1740 – considerava que WOLFF teria tentado construir todo o sistema do direito internacional a partir do direito natural, enquanto MOSER teria feito exatamente o oposto, e tentado edificar o direito internacional a partir do direito positivo. E com este, se formou uma ciência do direito internacional até então não existente;[109]

[103] Sobre Hugo GRÓCIO, ver **Tratado** (tomo 7 – **Direito internacional no tempo de Hugo Grócio** e tb. tomo 3 A – **Direito internacional no tempo antigo**, item 2.1 – *a controvérsia entre Hugo GRÓCIO e Serafim de FREITAS*).

[104] D. von OMPTEDA (op. cit., 1785, reed., 1963, I. Teil, III. Abschnitt, § 51, p. 171-173).

[105] D. von OMPTEDA (op. cit., 1785, reed., 1963, p. 172) expõe as razões para a divisão: "GRÓCIO, o criador, tanto da doutrina do direito natural como do direito internacional, separou claramente as duas ciências, uma da outra, e instaurou importantes linhas divisórias entre ambas, e teve, até o tempo de PUFENDORF, diversos seguidores, que fazem do direito internacional o objeto de uma ciência autônoma".

[106] D. von OMPTEDA (op. cit., 1785, reed., 1963, p. 172) lamenta: "PUFENDORF, grande homem e autor de importante compreensão, cometeu o erro de ver o direito internacional somente como o direito natural praticado entre povos inteiros, e como direito natural aplicado, e não o queria, assim distinguir, em divisão, separada". O que, de certo modo, considerava, teria quase levado para trás, os esforços de GRÓCIO e de outros, para a sistematização do direito natural e do direito internacional como categorias jurídicas distintas.

[107] D. von OMPTEDA (op. cit., 1785, reed., 1963, p. 173): "Esse destino comum [do direito natural e do direito internacional] permaneceu até meados do século presente" [século XVIII]. "Até que esta ciência levantasse a sua cabeça afundada, com forças redobradas – *diese Wissenschaft ihr gesunkenes Haupt mit verdoppelten Kräfte wieder empor hob* – e graças ao trabalho, dentre numerosos outros, em nosso século, notadamente de WOLFF e J. J. MOSER."

[108] Ver **Tratado**: a respeito de Samuel PUFENDORF (tomo 9 – **Direito internacional no tempo de Samuel Pufendorf**, cap. 20); sobre Christian WOLFF (tomo 10 – **Direito internacional no tempo de C. van Bynkershoek e Christian Wolff**, cap. 22); e sobre J. J. MOSER (tomo 12 – **Direito internacional no tempo de Vattel e von Martens**, item 25.1 – *de VON MARTENS ao 'direito público externo' de J. J. MOSER*).

[109] D. von OMPTEDA (op. cit., 1785, reed., 1963, I. Teil, III. Abschnitt, § 51, p. 171-173)"WOLF ein vollständiges Lehrgebäude des natürlichen Völkerrechts aufführte, MOSER aber das positive Völkerrecht zu bearbeiten unternahm, und daraus eine bisher noch gänzlich unbekannt gewesene Wissenschaft formierte". Ambos, WOLFF e MOSER, atuando quase

- a terceira, de 1740 até 1784, iria das primeiras obras publicadas por MOSER, de 1732,[110] até 1780 – ou seja,[111] internacionalista que, para OMPTEDA, era parte do "tempo presente".[112]

ao mesmo tempo, na década de "reconstituição do direito internacional" – *Wiederherstellung der Völkerrechtswissenschaft* – que OMPTEDA situava entre 1740 e 1750. E por esse motivo, colocava como marco do início de nova fase da evolução do direito internacional – *das positive oder so genannte praktisch Völkerrecht betrifft, einen ungemeinen Fortgang gewonnen hat* –, na qual justamente se teria alcançado a síntese e o equilíbrio entre os dois elementos, e levado à maturidade, na configuração do sistema de direito internacional, simultaneamente natural e positivo – *nun noch gerade zu derjenigen Reife gekommen ist, dass ein System des gesammten sowohl natürlichen als positiven Völkerrechts.* Com isso, augurava OMPTEDA, poderia prosseguir a construção do direito internacional no futuro, com o resultado dos esforços e do trabalho dos novos especialistas.

110 Ver **Tratado** (tomo 12 – **Direito internacional no tempo de Vattel e von Martens**, item 25.1 – *de von MARTENS ao 'direito público externo' de J. J. MOSER*). A contribuição de J. J. MOSER se estendeu por várias décadas, na história do direito internacional do século XVIII: desde a obra sobre o direito do estado e o direito internacional nas constituições dos estados da Europa, J. J. MOSER, **Anfangsgründe der Wissenschaft von der gegenwärtigen Staatsverfassung von Europa, und dem unter denen europäischen Potenzien üblichen Völker- oder allgemeinen Staatsrechte 1ter. Theil** (Tübingen, 1732), passando pelas seguintes: **Entwurf einer Einleitung zu dem allerneuesten europäischen Völkerrecht in Friedens- und Kriegszeiten** (1736); **Grundsätze des jetzt üblichen europäischen Völkerrechts in Friedenszeiten** (Hanau, 1750); **Grundsätze des jetzt üblichen europäischen Völkerrechts in Kriegszeiten** (Tübingen, 1752); **Grundlehren des jetzigen europäisches Völkerrechts in Friedens- und Kriegszeiten** (Nuremberg, 1778).

111 J. J. MOSER, **Versuch des neuesten europäischen Völkerrechts in Friedens- und Kriegszeiten, vornehmlich aus denen Staatshandlungen derer europäischen Mächten, auch andere Begebenheiten, so sich seit dem Tode Kaiser Carls VI. im Jahre 1740 zugetragen haben** (1780).

112 A evolução do direito internacional no século XVIII será considerada, em rubrica específica, no **Tratado** (tomo 12 – **Direito internacional no tempo de Vattel e von Martens**). Aqui, interessa, assim, apontar a contraposição entre os elementos, respectivamente de direito natural e de direito positivo, para a configuração do direito internacional. De um lado, D. von OMPTEDA (op. cit., 1785, reed., 1963, p. 171-173) considerava ter sido fundamental a contribuição de MOSER, para o desenvolvimento da disciplina, pela ênfase por este colocada no direito positivo, como elemento de base para o direito internacional. Por outro lado, exatamente o oposto afirmava Louis LE FUR, na Haia, sobre **La théorie du droit naturel depuis le XVIIe siècle et la doctrine moderne** (RCADI, 1927, t. 18, p. 259-442, p. 324), citado em epígrafe deste item, e também mencionado a seguir, atribuindo muitos dos males do direito internacional contemporâneo às sementes então plantadas por autores como MOSER. Bem como pelos desdobramentos posteriores de outros autores, na linha deste. Como a seguir considerados.

Em rubrica específica, OMPTEDA mencionava, ainda, a existência de todo um conjunto de "obras desta época sobre o direito natural, que ao mesmo tempo contém apresentação do direito internacional", e em relação às quais, expressivamente, afirmava:

> Não faltam nessa época manuais de direito natural, que simultaneamente, em maior ou menor extensão, em sua grande maioria, contenham também tratamento bastante extenso do direito internacional natural, tal como este se destaca do direito natural geral.[113]

Nessa época, mais e mais, se punha, nos manuais dedicados ao estudo do assim chamado direito natural, habitualmente, a divisão entre os assim chamados direitos naturais do indivíduo, e os direitos naturais sociais. Dentre os direitos naturais sociais, fazia-se ulterior divisão, para distinguir entre o direito natural das sociedades civis privadas – *ius naturale sociale privatum* ou em alemão, *das Naturrecht der bürgerlichen Staatsgesellschaft* –, ou o direito geral do estado – *ius publicum naturale*, ou em alemão, *das allgemeine Staatsrecht* –, relativo à vida de cada sociedade politicamente organizada, em relação ao direito natural, que vigia entre os povos, nas suas relações recíprocas – *ius naturale gentium*, ou em alemão, *das Naturrecht, das zwischen ganzen Völkern unter einander eintritt*.

Nessa configuração se atribuía também ao direito internacional natural – *natürlichen Völkerrecht* – uma rubrica específica, dedicada ao tema, nos manuais de direito natural, o que, sobretudo nas obras do final do século XVII, para o seguinte século XVIII, tendiam a se tornar mais e mais extensamente desenvolvidas. Dada a quantidade de manuais sobre o direito natural, considerava OMPTEDA que "iria longe demais" pretender resenhar todos os livros, dedicados ao exame do direito natural, na medida em que estes também trataram de direito internacional.[114] Entendia, contudo,

[113] Von OMPTEDA (op. cit., 1785, reed. 1963, § 102 – *Werke dieser Epoche über das Naturrecht, welche zugleich eine Ausführung des Völkerrechts enthalten*, p. 350-351): "fehlet es nun aber auch in dieser Epoche nicht an solchen Lehrbüchern des Rechts der Natur, welche zugleich eine bald kürzere bald weitläufigere größten Theils aber ziemlich ausführliche von den allgemeinen Naturrechte abgesonderte Abhandlung des natürlichen Völkerrechts enthalten".

[114] Von OMPTEDA (op. cit., 1785, reed. 1963, § 102, cit. p. 351): "es würde mich zu weit führen, die ungeheure Menge der Lehrbücher des Naturrechts, die solchergestalt das Völkerrecht absonderungsweise mit berühren, hier namhaft zu machen".

que alguns autores, contemporâneos seus, mereceriam menção específica, tais como: as obras de Gottfried ACHENWALL, de 1750 e várias edições, bem como 1775,[115] a obra de J.-J. BURLAMAQUI,[116] o vasto conjunto da obra de J. J. MOSER,[117] e a obra de Joseph NEYRON, de 1783,[118] para citar tão somente alguns.

Em linha semelhante se inscreve o primeiro manual brasileiro, **Princípios de direito natural**, publicado em 1829, por José Maria Avelar BROTERO.[119]

115 Gottfried ACHENWALL, foi professor da Universidade de Göttingen, Sua obra, sobre elementos do direito natural, **Elementa iuris naturae** (Göttingen, 1750 e tb. na edição de 1752, publicada conjuntamente, com os nomes de ACHENWALL e PÜTTERS; a partir de 1757, somente com o nome de ACHENWALL; e edições posteriores, em 1758, 1763, 1767, 1774, 1781; a partir da quarta edição e também nas seguintes, **Prolegomena iuris naturalis**, publicados em volume separado). Depois da morte de Gottfried ACHENWALL, foram publicados os fragmentos da sua obra sobre os lineamentos da prática do direito das gentes na Europa, ou **Iuris gentium Europaerarum practici primae lineae, fragmentum libelli ob b. auctoris mortem adiecti nunc tandem in lucem editum** (Göttingen, 1775).

116 Sobre J. J. BURLAMAQUI (1694-1748) e a sua obra, ver **Tratado** (tomo 10 – **Direito internacional no tempo de C. van Bynkershoek e Christian Wolff**, cap. 23).

117 Desde a primeira obra de J. J. MOSER, **Anfangsgründe der Wissenschaft von der gegenwärtigen Staatsverfassung von Europa, und dem unter denen europäischen Potenzien üblichen Völker – oder allgemeinen Staatsrechte Iter. Theil** (Tübingen, 1732), até abranger o conjunto de várias décadas de produção intelectual deste, como se considera no **Tratado** (tomo 12 – **Direito internacional no tempo de Vattel e von Martens**, item 25.1).

118 **Principes du droit des gens européen conventionnel et coutumier, ou bien Précis historique politique et juridique des droits et obligations, que les États de l'Europe se sont acquis et imposes par des conventions et des usages reçus, que l'intérêt commun a rendu nécessaires** par Pierre Ioseph NEYRON, D.(octeur) en Droits, Instituteur de Msgr. le Prince hered. de Bronsu. Luneb. Prof. ord. du droit civil et publ. Syndic du College Carolin. Bronsuic. (Brunswick, 1783).

119 J. M. Avelar BROTERO (1798-1873), **Princípios de direito natural** – compilados por José Maria Avelar Brotero, lente do primeiro anno do curso jurídico de São Paulo (Rio de Janeiro: Typographia Imperial Nacional, 1829); ver **Tratado** (tomo 3 A – **Direito internacional no tempo antigo**, cap. 2 – *tempo e discurso no direito internacional*, cit. p. 311-312); P. B. CASELLA, *International Law – the Post-modern approach to the Classics and the new challenges* (course given in Rio de Janeiro, August 2009, publ. XXXVI Curso de derecho internacional, Washington: Organization of American States – Interamerican Legal Committee, 2010, vol. XXXVI, p. 3-46 – online – https://www.oas.org>docs PAULO BORBA CASELLA) menciona – BROTERO – **Questões sobre presas marítimas**, da qual se tiraram duas edições, a primeira em 1836, e uma segunda em 1863); ___, *Direito internacional nas Arcadas – a aula inaugural de 16 de fevereiro de 2009* (Revista da Faculdade de Direito da Universidade de São Paulo, 2009, vol. 104, p. 931-966, cit. p. 937): "O Conselheiro Dr. José Maria de Avelar Brotero foi o primeiro professor de direito no país, nomeado pelo imperador PEDRO I. Coube a BROTERO proferir a lição

Este publica também, em 1836, **Questões sobre presas marítimas**, com segunda edição, em 1863.[120]

Algumas das matérias da ciência do direito das gentes da época contemporânea, sobre as quais os mestres do direito são tributários das concepções "definidas com relevo e propagadas a seu tempo por VITÓRIA e SUAREZ", eram enumeradas por Yves de la BRIÈRE, em 1939.[121] Temas que continuam presentes e relevantes no direito internacional:

- a **ideia da comunidade internacional**, como *civitas maxima*, comunidade de direito público, cujo bem comum é finalidade superior, em virtude da qual devem ser medidas as justas atividades de cada uma das demais comunidades humanas;
- da unidade humana, resultante da natureza desta, quanto à sua origem e o seu destino, quanto aos direitos e deveres essenciais de cada pessoa, resulta o **princípio de direito** (inicial) **à igualdade de tratamento respectivo**, entre as comunidades similares, exceto se desigualdade positiva seja reconhecida como razoável e justificada – e sobre esta base de igualdade repousará o estudo das diversas manifestações do direito natural e do direito positivo, com o papel da justa razão, do costume, da convenção e das instituições;
- a doutrina dos deveres internacionais dos estados, em relação aos estrangeiros, no sentido da liberdade de comunicação – *jus communicationis* – e da **universalidade do comércio internacional**, onde aos direitos que é preciso respeitar junto aos estrangeiros, correspondem os deveres que os mesmos devem observar em relação ao estado, que os recebe: o papel de direito comum entre os povos humanos deverá ser o de solucionar tais problemas e de fazer frente a discriminações abusivas e injustas;

inaugural desta Faculdade, em março de 1828. Regeu a nossa cadeira, alternando-a com o (também) Conselheiro Dr. Manuel Joaquim do AMARAL GURGEL."

[120] J. M. de Avelar BROTERO, **Questões sobre presas marítimas** ("oferecidas ao cidadão Rafael Tobias de AGUIAR", São Paulo: Typographia de Costa Silveira, 1836); ___, ___ ("segunda edição augmentada", São Paulo: Typographia – imparcial – de J. R. de Azevedo Marques, 1863).

[121] Yves de la BRIÈRE, *Introduction* (in VITORIA et SUAREZ, **Contribution des théologiens au droit international moderne**, préface par James Brown SCOTT, Paris: Pedone, 1939, p. 1-16).

- o **problema moral e jurídico da dominação colonial** se põe à luz da dignidade humana, e se mostra não menos exigente para reclamar justificações racionais para o direito de colonização;[122]
- o mesmo dado da legitimidade moral e jurídica, mas também de limites circunscritos e necessários se põe em relação ao **direito de intervenção por causa superior da humanidade**, com particular atenção à facilidade em estender, quando se tem os meios eficazes para a exercer, o papel de justiceiro e de saneador de ilícitos, como tentação perigosa e pretensão exorbitante, para imiscuir-se impunemente, abusivamente e injustamente sobre bens e direitos de outrem;
- a doutrina da **responsabilidade do estado**, por atos cometidos por órgãos e agentes deste, como também por denegação de justiça – *déni de justice* –, quando os mesmos órgãos tivessem obrigação de agir, e ainda a responsabilidade do estado, quando por livre omissão de normas legais e administrativas, que exijam as condições gerais da civilização humana, dano grave, determinado e durável seja causado às nações vizinhas;
- na perspectiva das controvérsias internacionais, o dever de recorrer a **métodos pacíficos de solução**, fazendo compreender que o recurso à força das armas, para impedir ou para reprimir violação grave, certa e obstinada do direito, somente pode ser tolerável e justificável em razão da ausência de instituição que teria competência e meios eficazes para julgar a controvérsia e exercer a justa coerção contra os recalcitrantes;
- as doutrinas relativas à **solidariedade entre os estados**, na tutela do direito, bem como as explicações quanto às responsabilidades da consciência, na declaração da guerra, na participação eficaz em operações de guerra, e também quanto à escolha em recorrer ao uso de meios coercitivos;
- não somente no tocante à **determinação das causas** que podem ser consideradas justas, para a guerra, como também no tocante à **condução das hostilidades**, fizeram progredir a doutrina jurídica, esclarecendo mais o princípio da distinção entre meios lícitos e ilícitos de causar dano ao inimigo, entre o que se justifica e o que não se justifica

[122] Como se examina no **Tratado** (tomos 14 a 17 – **Direito internacional no tempo do colonialismo**).

perante as necessidades da guerra, e ainda como deve ser a **celebração da paz**, quando a vitória favorece o beligerante que conduziu guerra justa, que realize equitativa e eficazmente o propósito de restauração da ordem, que foi a razão essencial para a guerra justa.[123]

Esse período característico do século XVII, na verdade, vem de Francisco SUAREZ e Alberico GENTILI, passa por Hugo GRÓCIO e Richard ZOUCH, para chegar a Samuel RACHEL e Samuel PUFENDORF. Entre estes expoentes do direito internacional, existe linha de encadeamento intelectual e histórico, ao longo desse mesmo século.[124] Como entre os predecessores, e ocorre igualmente entre os pósteros.

Também ocorrem menções ao direito internacional, em autores como Thomas HOBBES (1588-1679) e Baruch ESPINOZA (1632-1677). Aqui, no presente trabalho, ambos incidentalmente referidos, por suas respectivas ligações com o direito internacional.

Mencione-se, ainda, John SELDEN, sempre lembrado por seu **Mare clausum**, trabalho de cunho prático, escrito em oposição à tese da liberdade de navegação, defendida por GRÓCIO. Mas, frequentemente fica[125] esquecido o importante estudo de SELDEN sobre o direito natural e das gentes entre os hebreus, **De iure naturali et gentium iuxta disciplina Ebraeorum**, de 1650, no qual este, além dos fundamentos do direito natural e alguns elementos do direito internacional, entre os antigos hebreus, também considera o conjunto da disciplina, e estende as suas apreciações também aos antigos gregos e romanos e à Patrística.

[123] Y. de la BRIÈRE, *Introduction* (cit., 1939, p. 5-8): "Malgré les diversités résultant inévitablement, pour nous, de la différence des temps, des mœurs et habitudes sociales, on doit reconnaître que sur l'ensemble des problèmes de la paix et de la guerre, et, plus généralement, des rapports de droit entre les peuples et les peuples, les textes de VITORIA et SUAREZ donnent des réponses indubitablement solides et sagement motivées à la plupart des questions qui préoccupent ou qui émeuvent les hommes de notre temps."

[124] Como se examina no **Tratado** (tomo 6 – **Direito internacional no tempo de Suarez, Gentili e Zouch**, caps. 15, 16 e 17, tomo 7 – **Direito internacional no tempo de Hugo Grócio**, cap. 18 e tomo 9 – **Direito internacional no tempo de Samuel Pufendorf**, caps. 19 e 20).

[125] John SELDEN, **De iure naturali et gentium iuxta disciplina Ebraeorum** (1650), como mencionado no **Tratado** (tomo 3 A – **Direito internacional no tempo antigo**, item 2.1 – *a controvérsia entre Hugo GRÓCIO e Serafim de FREITAS* e item 3.1 – *uso da força e convivência pacífica no Antigo Testamento*, e tomo 7 – **Direito internacional no tempo de Hugo Grócio**, item 18.4 – *o* **Mare liberum**).

A divisão, feita por SELDEN, entre direito das gentes imperativo – *ius gentium imperativum* – e direito das gentes interveniente – *ius gentium interveniens* – é criticada por Samuel RACHEL, em sua obra **De iure naturae et gentium dissertationes duae**, publicada em 1676.[126] Ponderava Samuel RACHEL, a distinção, feita por SELDEN, somente se aplicaria ao povo judeu, ao qual Deus outorgou leis, algumas das quais dizem respeito ao direito internacional, e estipulou a sua aplicação.[127]

E, mesmo que brevemente, vale lembrar o também já mencionado Robert SCHARROCK (1640-1684), bem como, ainda, Gottfried VOGEL (1668)[128] e David MEVIUS (1609-1670).

Erudito jurista, originário da Pomerânia, David MEVIUS, nasceu em Greifswald, em 1609, lá se tornou professor, veio a ser nomeado *Syndicus* em Stralsund, e finalmente Vice-presidente do Tribunal de Wismar, antes de falecer em 1670. MEVIUS desenvolveu extenso exame em vista de sistema da jurisprudência comum dos povos, **Systemate iuris prudentiae gentium communis**, cuja conclusão foi, contudo, interrompida por sua morte. E cujos originais manuscritos “ainda deveriam se encontrar em alguma parte”, reportava OMPTEDA, em 1785.[129]

Obra preparatória a esta obra maior, que ficou inacabada, MEVIUS tinha antes escrito uma propedêutica à jurisprudência comum dos povos – **Prodromum iurisprudentiae gentium communis** – publicada em 1671,

[126] Samuel RACHEL, **De jure naturae et gentium dissertationes** (orig. publ. Kiel, 1676, ed. by Ludwig von BAR, transl. into English by John Pawley BATE, Washington: publ. by the Carnegie Institution, 1916, 2 vols., “Dissertatio prima” e “Dissertatio altera”). Ver **Tratado** (tomo 9 – **Direito internacional no tempo de Samuel Pufendorf**, cap. 19 – *Samuel RACHEL (1628-1691)*).

[127] S. RACHEL (op. cit., 1676, ed. 1916, Dissertatio altera, ns. 17-22) admite, contudo, que se divida o direito das gentes, em geral e específico – *ius gentium commune et proprium*. O direito internacional geral é aquele que a maioria dos povos observa em suas relações entre si; o específico aquele poucos ou mesmo somente dois povos observem entre si, para sua utilidade e aplicação, e que somente entre estes tem caráter vinculante (II. 23).

[128] D. Von OMPTEDA (op. cit., 1785, reed. 1963, § 67, p. 267) menciona a obra de Gottfried VOGEL, **Allgemeines Völkerrecht**, publicada em Frankfurt, em 1668, à qual admite não ter tido acesso, e a respeito não teria conseguido obter maiores informações, e daí conclui poder considerar a obra como sem maior expressão: “das Werk jedoch, da in folgenden Zeiten durchaus keine Rücksicht darauf genommen worden, für ziemlich unbedeutend halten muss.”

[129] D. Von OMPTEDA (op. cit., 1785, reed. 1961, § 68, p. 267-269): “JÖCHER behauptet in seinen gelehrten Lexicon irrig dass ENGELBRECHT [...] es wirklich herausgegeben habe.”

um ano depois de sua morte. "Nesta obra não devemos nos deixar levar pelo título, e crer que se vá tratar propriamente de direito internacional".[130]

MEVIUS entende como "jurisprudência comum dos povos" – *iurisprudentiae gentium communis* – simplesmente o direito natural. Este o divide, segundo os conceitos dos antigos filósofos, em direito das gentes primário ou primevo, e secundário – *ius gentium primaevum et secundarium* –, e inscreve no direito das gentes primário as formulações, deduzidas da razão, nas quais se reconhece o direito natural, e no secundário as suas aplicações à sociedade dos homens, segundo as necessidades, e em conformidade com os costumes dos povos:

> o direito internacional geral – *ius gentium commune* – ou decorre da natureza e emana da mente divina – *divinitus mentibus inditum* –, ou foi constituído, pela invenção humana, para regular os costumes – *usibus vitae humanae* – da vida em sociedade. O primeiro, assim, é primário – *primaevum* –, e o outro se diz secundário – *hoc secundarium est dictum*.[131]

A este último, MEVIUS dedica parte específica de sua obra de 1671, e no capítulo V, justamente, aborda o que não seria o direito das gentes, propriamente dito, visto que restringe seu exame da matéria ao assim chamado "direito das gentes voluntário" – *iure gentium voluntario*:

> Frequentemente se suscita em relação aos costumes internacionais – *consuetudinem gentium inter gentes* – o argumento a respeito de sua necessidade. Assim seria possível deduzir, da existência de tais convenções tácitas, a aceitação de tais conteúdos como [expressão do] direito das gentes. Como podemos ler na história, povos e príncipes, de diversas comunidades políticas, agem, se acusam, se indignam, como indício entre estes de vínculos comuns – *indicium est inter illos vinculi communis*.[132]

[130] D. Von OMPTEDA (op. cit., 1785, reed. 1961, § 68, p. 268): "man sich sehr irren würde, wenn man sich durch den Titel verführen lassen wollte, zu glauben, daβ hier von den eigentlichen Völkerrechte die Rede sey."

[131] David MEVIUS, **Prodromum iurisprudentiae gentium communis** (publicado em 1671, *Inspect.* I. n. 24): "Ius gentium commune vel ex natura est divinitus mentibus inditum, vel ex humano invento pro usibus vitae humanae constitutum. Ex quo illud primaevum, hoc secundarium est dictum."

[132] D. MEVIUS (op. cit., 1671, *Inspect.* 5, n. 54): "Frequens ad consuetudinem gentium inter gentes provocatio argumentum est, huius necessitudinis. Unde non inepte colliges, tacita

Contemporâneo destes foi o filósofo Baruch ou Benedito ESPINOZA (1632-1677). Que merece menção específica.

Dentre seus paradoxos teológicos e filosóficos, B. ESPINOZA – segundo OMPTEDA – teria "escrito vergonhosos pensamentos a respeito do direito internacional".[133] A crítica pode parecer dura, mas OMPTEDA não deixa de ter certa razão.

Eu sempre procurei defender o filósofo.[134] Mas, vale, assim, reportar a redação original de ESPINOZA.[135] E daí tirar a conclusão.

quadam illarum conventione ius gentium niti. Quod multoties in historiis legimus, populos et principes diversarum civitatum de iis, quae iuri gentium assignamus, se invicem reos agere, accusare, indignari, indicium est inter illos vinculi communis."

133 D. Von OMPTEDA (op. cit., 1785, reed. 1961, § 66, p. 265-267): "ganz verabscheuungswürdige Gedanken von Völkerrechte."

134 Como considerado nos **Fundamentos do direito internacional pós-moderno** (2008, item III – *direito internacional entre técnica, espírito e utopia*, p. 297-379, cit p. 379) a respeito de contextualizar ESPINOZA, para "evitar repetir a crítica todavia frequentemente veiculada, na esteira da formulação de ESPINOZA, quanto ao caráter primário do direito internacional". E desse modo: "A crítica de ESPINOZA se faz no sentido de ser primário o direito internacional, em razão da pouca vinculação que consegue exercer sobre a conduta dos estados, no plano internacional: a realidade do que existe, e não se deseja. Não nega o direito internacional, mas questiona a juridicidade deste, em razão do baixo nível de efetividade, em sua implementação. São patamares de efetividade e implantação, que estarão em discussão." E fazia paralelo com a resposta ao anseio utópico de Thomas MORUS, a respeito das 'coisas que eu aspiro ver estabelecidas em nossas cidades' – e completava: 'aspiro, mais do que espero'. Eu propunha: "Aí justamente se inscreverá a especificidade do direito internacional pós-moderno: na perspectiva histórica e culturalmente mais abrangente que adote, para permitir a instauração de patamar mais adequado para o humanamente desejável, mais elevado e mais completo. Por ser primário enquanto sistema institucional e normativo, não haverá o direito internacional de ser rejeitado, mas sim aperfeiçoado, respondendo à crítica de ESPINOZA, com a elevação do patamar de implementação."

135 Baruch de ESPINOZA, também referido como DESPINOZA e Benedictus de SPINOZA, filósofo holandês, considerado um dos mais expressivos representantes do panteísmo e do racionalismo da era moderna. Nascido em família judia, estudou além das escrituras também obras filosóficas, dentre as quais as de René DESCARTES (1596-1650) exerceram sobre ele grande influência – enfatizado não somente por fontes francesas, mas também Wolfgang HILBER, **Lexikon der Philosophie** (Königswinter: Tandem, 2009, p. 369-370): "seine unorthodoxe Weltanschaauung führte 1656 zu seiner Auschluss aus der jüdischen Gemeinde" – sua visão de mundo pouco ortodoxa levou-o a ser desligado da comunidade judaica, em 1656. A seguir ESPINOZA trabalhou como polidor de lentes, bem como recebeu ajuda de alguns amigos, para se manter. Recusou ESPINOZA uma cátedra de filosofia na Universidade de Heidelberg, para poder manter a sua liberdade de pensamento. Morreu na idade de 45 anos, de doença pulmonar. Durante a vida do autor, somente duas obras de ESPINOZA foram publicadas: **Princípios filosóficos** (1663) e o **Tratado teológico**

Sobretudo no tratado teológico-político ou **Tractatum theologicum politicum**, ESPINOZA faz considerações a respeito do direito natural e do direito internacional. Sobre o primeiro afirma, segundo o direito natural, tudo ser permitido aos homens, na medida em que esteja ao alcance de suas forças. O que se torna ainda mais arriscado, quando transposto para o plano dos estados: não hesitava em deduzir que um estado, quando se sinta forte o bastante, em relação a outro, e venha a dominá-lo, segundo a sua vontade, mesmo que existam acordos de paz e alianças, quando o seu interesse assim indicar, rompendo tais vínculos, anteriormente pactuados. E para o comprovar, este, em outros campos, sutil e complexo filósofo, afirma sem maior constrangimento:

> Se uma comunidade política – *civitas* – quiser fazer guerra a outra, e para tanto utilizar meios extremos, que o faça segundo o seu direito, e tem a prerrogativa de licitamente assim o tentar. Pois para desencadear a guerra – *ut bellum geratur* –, basta ter vontade para tanto – *sufficit, eius rei habere voluntatem*. A respeito da paz, nada se pode estatuir, exceto se contar com a conivência da outra comunidade política – *nisi connivente alterius civitatis voluntate*.
> Daí decorre que o direito da guerra dependa de uma, enquanto a paz não pode ser sem ao menos exista o consenso de duas comunidades políticas, que são assim chamadas confederadas – *quae propterea confoederata dicuntur*. Tal pacto permanece enquanto se mantiver a razão pela qual o acordo foi celebrado. [...] Se uma comunidade política se considerar decepcionada – *decepta* –, esta não pode razoavelmente atribuir tal motivo ao acordo celebrado – *ea sane non confoederatae civitatis fidem* –, mas somente pode responsabilizar a sua própria estupi-

político (1670), que veio a ser proibido e impediu a publicação de sua obra principal, **Ética** demonstrada geometricamente (1674). ESPINOZA relacionava a felicidade e a virtude com o desenvolvimento da razão, e seu pensamento teve enorme repercussão sobre o mundo moderno. Ver tb. Yirmiyahu YOVEL, **Spinoza et autres hérétiques** (orig. publ. **Spinoza and other heretics**, 1989, trad. Éric BEAUMATIN et Jacqueline LAGRÉE, Paris: Seuil, 1991). B. de SPINOZA, **Éthique démontrée selon la méthode géométrique** (notice, trad., prés. et annotée par R. CAILLOIS, in **Œuvres complètes**, Paris: Gallimard-Pléiade, © 1954, impr. 1992, p. 301/596); B. de SPINOZA, **Traité des autorités théologique et politique** (do original latino **Tractatus theologico-politicus** publ. 1670, notice par Madeleine FRANCÈS e Raymond MISRAHI, in **Œuvres complètes**, Paris: Gallimard-Pléiade, © 1954, impr. 1992, p. 597/908); B. de SPINOZA, **Traité de l'autorité politique** (notices par Madeleine FRANCÈS, in **Œuvres complètes**, Paris: Gallimard-Pléiade, © 1954, impr. 1992, p. 909/1044). Ver tb. **Tratado** (tomo 7 – **Direito internacional no tempo de Hugo Grócio**).

dez – *stultitiam damnare potest* –, por atribuir a outrem a sua salvação, que está no seu direito, e o direito à existência é a lei suprema – *imperii salus summa lex est.*[136]

À luz de tais considerações, pouco parecem ter inovado os assim chamados 'falcões' realistas das relações internacionais.[137]

Ainda que sucintamente, pode ser útil reportar alguns desses autores, para mostrar o encadeamento histórico entre temas e pessoas. E como a evolução da disciplina não se fez por saltos, grandes e repentinos, mas antes pela lenta e progressiva agregação de pequenas contribuições.

Já antes de Samuel RACHEL,[138] tinha Conrad DÜRR, professor de teologia e filosofia em Altorf, em sua obra "sobre o consenso entre o direito das gentes e o direito natural" – **De iuris gentium cum iure naturae consenso** –, procurado delimitar a distinção entre direito natural e direito das gentes. DÜRR segue GRÓCIO, em sua definição do direito internacional:

> o direito das gentes é o direito estabelecido mediante o consenso comum dos povos 'civilizados' – *populorum non barbarorum* –, introduzido por tácita promulgação, para a conservação entre estes das obrigações e acordos, necessários para manter a comunhão e a tranquilidade públicas comuns.[139]

[136] B. ESPINOZA, **Tract. Theol. Polit.** (cap. 3): "Si altera civitas alteri bellum inferre et extrema adhibere media velit, quo eam sui iuris faciat, id de iure tentare licet; quandoquidem ut bellum geratur, ei sufficit, eius rei habere voluntatem. At de pace nihil statuere potest, nisi connivente alterius civitatis voluntate. Ex quo sequitur, iura belli uniuscuiusque civitatis esse, pacis autem non unius, sed duarum minimum civitatum esse iura, quae propterea confoederata dicuntur. Hoc foedus tam diu fixum manet, quamdiu causa foederis pangendi, nempe metus damni, seu lucri spes, in medio est; hoc autem aut illum civitatum alterutri ademto manet ipsa sui iuris, et vinculum, quo civitatis invicem adstrictae erant, sponte solvitur, ac proinde unicuique civitati ius integrum est solvendi foedus, quandocunque vult, nec dici potest, quod dolo vel perfídia agat, propterea quod fidem solvit, simulatque metus vel spei causa sublata est. Si quae ergo civitas se deceptam esse quaeritur, ea sane non confoederatae civitatis fidem, sed suam tantummodo stultitiam damnare potest, quod scilicet salutem suam alteri, quid sui iuris, et cui sui imperii salus summa lex est, crediderit. Ceterum fides, quam sana ratio et religio servandam docet, hic minime tollitur. Nam cum scriptura non nisi in genere doceat fidem servare, et casus singulares, qui excipiendi sunt, uniuscuiusque iudicio relinquat, nihil ergo docet, quod iis, quae modo ostendimus, repugnat."

[137] Cfr. **Fundamentos do direito internacional pós-moderno** (2008, item XII – *direito e relações internacionais: coexistência pacífica?*, p. 877-958).

[138] Sobre a contribuição de Samuel RACHEL (1628-1691) ao direito internacional, ver **Tratado** (tomo 9 – **Direito internacional no tempo de Samuel Pufendorf**, cap. 19).

[139] Conrad DÜRR, **De iuris gentium cum iure naturae consensu** (citado por Von OMPTEDA, op. cit., 1785, reed., 1963, § 74, p. 283-289, cit. p. 285, sem referências adicionais): "*ius gentium*

Somente o direito internacional costumeiro – *ius gentium voluntarium* – parece ser, aqui considerado. E, também, que Conrad DÜRR tampouco tinha intenção de excluir o direito natural. Como este deixava claro, em várias passagens de sua dissertação:

> Não poderia ser dito de forma mais clara do que aparece ao sol do meio dia, nada ser o direito internacional, que não flua do direito natural – *nullum esse ius gentium, quod non fluat e iure naturae* –, e que nem neste, nem qualquer lei positiva seja justa, se discrepar da lei natural – *lege naturae discederet.* Sustento que a razão do direito internacional surge e consiste em que os preceitos do direito natural alcancem o consenso comum dos povos – *consensus communis populorum non semper expressus* –, embora este nem sempre esteja expresso, mas pode também ser tácito, ou deduzido mediante interpretação – *faltem tamen tacitus et interpretativus* –, e que, mediante seu uso continuado – *repetitur quasi ius naturae* –, se assemelha ao direito natural, e permite a convivência e a celebração de acordos entre os povos – *ad commodius felicisusque ineundos mutuos populorum congressus et contractus attemperantur.*[140]

Depois de PUFENDORF ter exprimido a sua concepção do direito internacional,[141] manifestou-se o professor de teologia de Helmstadt, Heinrich UFFELMANN, em sua obra sobre o direito natural, internacional e civil – **De iure naturae, gentium et civili**, de 1674 –, na qual procura mostrar que o direito das gentes decorre do direito natural, mas assume

est ius ex communi consensu populorum non barbarorum et tacita promulgatione introductum, ad conservandam inter illos naturam officiorum et contractuum necessariorum communionem et tranquilitatem publicam".

[140] Conrad DÜRR, **De iuris gentium cum iure naturae consensu** (citado por Von OMPTEDA, op. cit., 1785, reed., 1963, § 74, p. 283-289, cit. p. 285, sem referências adicionais): "*Ex hactenus dictis sole meridiano clarius apparet, nullum esse ius gentium, quod non fluat e iure naturae, cum et in genere nulla lex positiva sit iusta, si a lege naturae discederet. Porro formalis ratio iuris gentium indetur in eo consistere, quando iuris naturae praeceptis accedit consensus communis populorum non semper expressus, faltem tamen tacitus et interpretativus, quo mediante repetitur quasi ius naturae, et ad commodius felicisusque ineundos mutuos populorum congressus et contractus attemperantur.*" Conclui OMPTEDA (op. cit., 1785, reed., 1963, p. 286), depois de referir a passagem acima reproduzida não se poder ler nada mais correto, escrito a respeito do conceito de direito internacional: "Man kann nichts richtiger vom Begriffe des Völkerrechts geschrieben lesen".

[141] Sobre a contribuição de Samuel PUFENDORF (1632-1694) ao direito internacional, ver **Tratado** (tomo 9 – **Direito internacional no tempo de Samuel Pufendorf**, cap. 20)

contornos específicos, que define da seguinte forma: "direito das gentes é direito positivo, que se institui voluntariamente, mediante consenso e convenção tácita e tem força vinculante, exigida pela necessidade e pela comodidade da vida em comum".[142]

Merece, ainda, ser assinalado, outro professor de Altdorf, Nicolau André POMPEIUS, por sua obra sobre a existência do direito internacional, **De existentia iuris gentium**, de 1688. A respeito da obra de POMPEIUS, praticamente um século mais tarde, reportava OMPTEDA, "não somente faz considerável resenha do que até então se relacionava com o *ius gentium*, como aponta muitos conceitos incorretos" – na obra de outros autores.[143]

POMPEIUS apresenta boa definição do direito internacional, como conjunto resultante de tratados e do costume:

> o direito das gentes é o direito que todos os povos, não sem a centelha divina – *non sine divino numine* –, criaram, como leis naturais, para reger a sociedade humana, por sua urgente necessidade e utilidade, sob a forma de pactos – *per modum pacti* – para a tranquilidade comum do gênero humano e bom andamento dos negócios – *salutem de negotiis publicis*.[144]

[142] Heinrich UFFELMANN, **De iure naturae, gentium et civili** (1674, citado por Von OMPTEDA, op. cit., 1785, reed., 1963, § 74, p. 283-289, cit. p. 286, sem referências adicionais): "ius gentium est ius positivum, quod voluntaria multarum praecipue moratiorum gentium consensione tacitave pactione vim obligandi habet, necessitate aut commodiore vivendi ratione exigende". Observa OMPTEDA (op. cit., 1785, reed., 1963, p. 286) mais uma vez tratar-se tão somente do direito voluntário – *ius gentium voluntarium* –, cuja existência UFFELMANN tinha adequadamente sustentado, contrariamente à opinião de PUFENDORF. A respeito, ver **Tratado** (tomo 9 – **Direito internacional no tempo de Samuel Pufendorf**, cap. 20).

[143] Von OMPTEDA (op. cit., 1785, reed., 1963, § 74, p. 283-289, cit. p. 286, sem referências adicionais).

[144] Nicolau André POMPEIUS, **De existentia iuris gentium** (1688, cit por D. Von OMPTEDA, op. cit., 1785, reed., 1963, § 74, p. 283-289, cit. p. 286, sem referências adicionais): "ius gentium est ius quod gentes omnes non sine divino numine legibus cumprimis naturalibus societatem humanam regente, utilitate et necessitate urgente, per modum pacti ad communem generis humani tranquillitatem et salutem de negotiis publicis, quae gentes intercedunt, condiderunt." Pondera, criticamente, OMPTEDA (op. cit., 1785, reed., 1963, p. 286-287) – "In der Anwendung dieser Definition auf die Sache selbst hat jedoch POMPEIUS wiederum viel unrichtiges" – que na aplicação da definição ao próprio objeto desta, teria POMPEIUS cometido alguns enganos, por limitar o direito internacional somente a três campos: *imperium, dominium et praescriptionem*, e ficando tudo ordenado sob estas três rubricas, deixando fora coisas importantes como o costume, que, por exemplo, na condução da guerra e em muitos

Outro autor, a ser assinalado, é Johannes Joachim ZENTGRAV, que foi professor em Estrasburgo. Autor de obra sobre a origem, a verdade e a obrigatoriedade do direito das gentes **De origine, veritate et obligatione iuris gentium**, de 1684. ZENTGRAV segue muitas das opiniões de Samuel PUFENDORF, inclusive quanto à concepção central,[145] de não distinguir o direito das gentes do direito natural.[146]

Na mesma época viveu Johann WERLHOF, que foi professor de direito e de filosofia em Helmstadt, e este se manifestou muito acertadamente sobre conceitos do direito das gentes, afastando-se das concepções jusnaturalistas de PUFENDORF. Sua obra sobre as fontes genuínas para bem decidir controvérsias públicas e ilustres, **De genuinis fontibus rectae decidendi controversias publicas et illustres**, de 1688, traz a seguinte passagem, na qual se alinha com GRÓCIO:

> Em tudo e na prática o mais adequado consideramos Hugo GRÓCIO sobre as legações, dentre reputados mestres do direito internacional, e que o fundamento deste derive do mesmíssimo direito natural, mas que, para melhor ser vinculante cabe deduzir e interpretar o direito internacional, a partir do direito das gentes natural.[147]

aspectos do direito de legação, pelo fato de os considerar como sem importância e de caráter não vinculante, mas nem por isso deixam de ser parte do direito internacional.

145 A respeito, ver **Tratado** (tomo 9 – **Direito internacional no tempo de Samuel Pufendorf**, cap. 20).

146 Von OMPTEDA (op. cit., 1785, reed., 1963, § 74, p. 283-289, cit. p. 287, sem referências adicionais) observa a respeito de ZENTGRAV e sua obra **De origine, veritate et obligatione iuris gentium** (1684): que dada a fluidez do texto, qualquer citação teria de se estender muito, e que pela boa condução da matéria merece ser todo lido – "Selbige ist ohne grosse Weitläufigkeit keines Auszuges fähig, und verdient wegen der guten Ausführung der Sache ganz gelesen zu werden."

147 Von OMPTEDA (op. cit., 1785, reed., 1963, § 74, p. 283-289, cit. p. 286, sem referências adicionais). Cita Johann WERLHOF, **De genuinis fontibus rectae decidendi controversias publicas et illustres** (1688, § 8): "Tutius et ad praxim accomodatius arbitramur, cum Hugone GROTIO tum legationum tum complura alia inter moratiores gentes iuris nomine censeri solita, quoad fundamentum quidem ex ipsissimo naturae iurae, quoad pleniorem vero arctioremque obligandi nexum ex iure gentium naturale ius vel interpretante vel augente arcessere". Conclui OMPTEDA (op. cit.,, 1785, reed., 1963, p. 288): "Dieser ungemein richtige Ausspruch eines so einsichtigen Gelehrten giebet den Sache, wenn sie dessen anders bedürfte, ein grosses Gewicht" – Expressão tão correta como esta, ganha ainda maior peso, por vir de sábio de tão boa compreensão da matéria.

Ainda digno de ser mencionado,[148] o chanceler VON LUDEWIG: este afirmava a existência não somente de direito natural, mas também distinguia um específico direito internacional positivo.[149] VON LUDEWIG assim se manifestava na conclusão – *Corolariis* – à sua obra **Dissertatio de auspicio regnum**, de 1701:

> O direito das gentes é compreendido como fundamento último e mais alto de toda esta dissertação. O que se põe contra a doutrina de HOBBES, pois atribuímos conteúdo diverso ao que ele chama de direito natural primário. O que está de acordo com o que diz a respeito a filosofia de GRÓCIO, e foi recentemente retomado pelo ilustre HUBER. É o que nos parece deva ser o verdadeiro sistema de direito internacional, formado segundo a vontade e o costume dos povos, com apoio na razão.[150]

A institucionalização do direito internacional significa consolidar a regulação da paz e de um direito internacional além do campo da guerra. Ainda HÜBNER sustentava que, além do direito da guerra, o direito internacional se resumiria a pouco mais que questões de cerimonial e de precedência entre embaixadores e outros representantes de governos.[151]

Ao se tomar como dado característico o direito internacional moderno, quais contornos o distinguem do direito natural? Mais do que hesitar entre

[148] Von OMPTEDA (op. cit., 1785, reed., 1963, § 74, p. 283-289, cit. p. 288, sem referências adicionais).

[149] Como, antes deste, GRÓCIO afirmou um específico direito internacional positivo, como se examina no **Tratado** (tomo 7 – **Direito internacional no tempo de Hugo Grócio**, cap. 18).

[150] Von OMPTEDA (op. cit., 1785, reed., 1963, § 74, p. 283-289, cit. p. 288) cita do chanceler VON LUDEWIG sua obra **Dissertatio de auspicio regnum** (1701): "gentium iure innixi sumus omne fundamentum dissertationis. Hoc enim contra doctrinam Hobbesianam aliorumque a iure naturae primario, quod vocant, omnino existimamus distinguendum. Quae philosophia Grotiana est, quam novis rationibus firmat vir excellens, Ictus. Ulr. HUBERUS. Utinam vero systema iuris gentium nobis esset, e consuetudinibus ac voluntatibus populorum plene et rationibus adiectis contextum. Sed haec philosophia aulica hactenus fuit, quae nondum venit ad umbras scholarum. Ab homine ergo scholastico frustra iudicium expectes tantae rei congruum, BOINEBURGII, SECKENDORFII, FORSTNERI, exornare hanc spartam potuissent; in cuius rei conatu, quod ex ore habeo summi quondam viri, KULPISIUM nuper fata praevenerunt."

[151] Ver a respeito, neste tomo, o item – *sobre dignidade e precedência entre estados e povos*; v. tb. NASCIMENTO E SILVA – CASELLA – BITTENCOURT NETO, **Direito internacional diplomático** (São Paulo: Saraiva, 4ª ed., 2012).

as duplas VITORIA e SUAREZ, de um lado, e de outro, ZOUCH e GRÓCIO, pode-se assinalar como marco separatório em relação ao passado a adoção do corte metodológico, por GENTILI, para afastar os teólogos de matéria que não (mais) lhes diria respeito: "calai-vos, teólogos, a respeito de atribuição de outros" – *Silete theologi, in munere alieno.* O dado é novo, e de tal importância, que merece ser enfatizado.[152]

Esse corte metodológico radical, tal como feito por GENTILI, pode ser assinalado como dado a ser levado em conta, na mudança de orientação da matéria. E tanto mais em relação ao espírito do tempo, e a trajetória de evolução do direito internacional, porque este se inscreve cronologicamente, exatamente entre as duas duplas antes mencionadas.

O próprio GRÓCIO talvez não teria sido partidário de corte tão visceral, como este proposto por GENTILI, mas não deixa de trabalhar, com precisão e com espírito científico, para realizar a distinção entre leis naturais e leis divinas. Essa 'laicização' do direito natural o transporta do terreno religioso para o campo da ciência positiva.

Teria sido desserviço à disciplina, além de ser conceitualmente contrário ao espírito com o qual trabalhou GRÓCIO, pretender apresentá-lo como fundador do direito internacional. Considerável dano teria sido causado por seus admiradores extravagantes, em atribuir-lhe paternidade da qual o próprio muito se teria admirado.

Dado relevante, e pode ser apontado como inovador é o princípio primeiro do direito humano em GRÓCIO: a dignidade do homem. A justiça se exprime como o respeito da dignidade, inerente, a cada ser humano, pelos demais.

A ideia da dignidade humana como eixo norteador do sistema internacional será retomada, após os horrores das guerras – desde as guerras de religião, dos séculos XVI e XVII, até as guerras mundiais, do século XX – pelo processo de internacionalização da proteção dos direitos fundamentais. Como mutação essencial do eixo e do foco do direito internacional interestatal –[153] como se vê, a linha evolutiva do direito internacional se faz muito mais em sentido pendular do que linear.

[152] Sobre a contribuição de Alberico GENTILI (1552-1608) ao direito internacional, ver **Tratado** (tomo 6 – **Direito internacional no tempo de Suarez, Gentili e Zouch**, cap. 16).

[153] Como se considera no **Tratado** (tomo 20 – **Direito internacional, história e cultura**, cap. 4 – *proteção internacional dos direitos fundamentais como fator de renovação e de transformação do direito internacional*). Faz-se necessário esclarecer o óbvio, diante da assustadora circunstância de

A humanização do direito internacional, no sentido de ter a dignidade do ser humano como eixo norteador do sistema institucional e normativo internacional – o que, outrora, terá sido a suposta 'laicização' deste – se faz tanto mais necessária, quando o direito internacional passa a ser o ordenamento jurídico de sociedade cada vez mais ampla, onde a diversidade de confissões religiosas o obriga a destacar-se das religiões positivas, para se ater mais e mais a uma "perspectiva transcivilizacional para o direito internacional".[154] Podem parecer bastante vagos "os princípios essenciais de uma religião natural, comum a todos os homens"![155] Apesar de parecer bastante vago – essa formulação se inscreve em ambiente 'positivista' no sentido de A. COMTE, com o qual LE FUR dava indícios de se alinhar intelectualmente.

Essa suposta 'laicização' do direito natural leva a substituir o 'contrato' – ou a aliança – do homem com Deus, por diversas concepções de 'contrato social' – como pacto entre os homens, ainda que declaradamente hipotético, para explicar a origem das sociedades,[156] e do próprio direito internacional. Este direito é apresentado como resultado do livre consentimento dos estados.

Sem esquecer que se pode remontar aos canonistas medievais para explicar as origens das sociedades humanas como resultado de contrato, pacto ou aliança. O passo adiante será dado, no século XIX, por HEGEL, para o conjunto das relações humanas,[157] como, antes, para o direito internacional, por VATTEL e seus sucessores,[158] no século XVIII. Não por acaso, contemporaneamente ao trabalho de ROUSSEAU e dos enciclopedistas franceses.[159]

ainda haver quem relute em reconhecer o ser humano como sujeito de direitos e obrigações no direito internacional – apesar de extenso rol de tratados que estipulam a proteção internacional de direitos fundamentais, bem como tipificam crimes internacionais, tais como genocídio, crimes de guerra, crimes contra a humanidade – cujos agentes são indivíduos.

154 Y. ONUMA, **A Transcivilizational Perspective on International Law** (RCADI, 2009, vol. 342; tb. publ. Haia: Pocketbooks of the Hague Academy of International Law, 2010).

155 L. LE FUR (op. cit., 1927, p. 303, e a seguir, p. 313) fala de "um retorno a GRÓCIO, ou mesmo, antes dele, aos padres da Escolástica, cujas concepções, praticamente inalteradas, se veem transpostas do campo da moral para o do direito".

156 Cf. adiante, neste tomo, o item – *sob o signo do Leviatã*.

157 Ver **Tratado** (tomo 13 – **Direito internacional no tempo do concerto europeu**, item – *HEGEL e o direito internacional*).

158 Cfr. **Tratado** (tomo 12 – **Direito internacional no tempo Vattel e von Martens**, cap. 24 – *Emer de VATTEEL (1714-1767)* e item 24.2 – *fortuna crítica*).

159 Como se examina no **Tratado** (tomo 11 – **Direito internacional no tempo do Iluminismo**).

No encadeamento do desenvolvimento do direito internacional, GRÓCIO soube manter o equilíbrio entre os elementos de direito natural e positivo, como base, inabalável e insubstituível, de qualquer teoria sobre o fundamento do direito. Por sua vez, PUFENDORF teria "deixado absorver todo o direito internacional pelo direito natural".[160] Exatamente o oposto fariam mais tarde BYNKERSHOEK e MOSER:[161]

> Pode-se dizer que toda a história do direito internacional, da época de GRÓCIO, até os nossos tempos, se resume na luta entre dois elementos do direito: o direito natural (ou racional, ou objetivo), e o direito positivo; ambos indispensáveis, e que é preciso se empenhar em combinar entre si, em proporções adequadas, em lugar de os opor um ao outro, como frequentemente ocorre entre os partidários de tendências extremas. Qualquer tentativa de dissociar esses dois elementos essenciais do direito não é somente perigosa; ela é felizmente também impossível. Não se pode levar a termo uma disjunção que seria a tal ponto funesta para a humanidade. Assim, de século para século, assiste-se a uma série de ações e reações, frequentemente tanto menos ponderadas, cada vez que o ataque tenha sido, em si, mais violento.[162]

De tempos em tempos, ocorreriam momentos de distensão, nos quais seria possível a necessária e útil aproximação entre a escola tradicional do direito, com fundamento moral, e a concepção oposta, sucessivamente chamada de escola histórica, positiva, materialista, e mesmo antifilosófica.[163]

160 Cf. **Tratado** (tomo 7 – **Direito internacional no tempo de Hugo Grócio**, cap. 18 e tomo 9 – **Direito internacional no tempo de Samuel Pufendorf**, cap. 20); L. É. LE FUR, **La théorie du droit naturel depuis le XVIIe siècle et la doctrine moderne** (RCADI, 1927, t. 18, p. 259-442, cit. p. 324).

161 Ver **Tratado** (tomo 10 – **Direito internacional no tempo de C. van Bynkershoek e Christian Wolff**, cap. 21 sobre BYNKERSHOEK, e tomo 12 – **Direito internacional no tempo Vattel e von Martens**, item 25.1 – *de VON MARTENS ao 'direito público externo' de J. J. MOSER*).

162 L. LE FUR (op. cit., 1927, p. 325).

163 L. LE FUR (op. cit., 1927, p. 326) considerava errôneo chamar esta concepção de 'antifilosófica': "parfois même avec GANS, l'école anti-philosophique, bien à tort, d'ailleurs, car elle aussi a une philosophie très nette, mais contraire à la *philosophia perennis*, et c'est précisément le nom d'école philosophique qu'elle se donnera elle-même à un certain moment, avec les Encyclopédistes du XVIIIe siècle."

A primeira dentre as duas correntes, posteriores a GRÓCIO, é formada pelos autores da escola dita do direito natural e das gentes. Esta conta, depois dele, com duas notáveis expressões: PUFENDORF e WOLFF.[164] Alguns aí incluem VATTEL, mas a inserção deste pode ser controvertida.[165]

A oposição, representada pelas correntes positivistas, tem em comum, a rejeição do direito natural. A reação excessiva as leva a cometer erros: abandonam, totalmente, o direito natural, para se concentrarem, exclusivamente, nos tratados, ou na falta destes, no costume, como evidência da prática dos estados, considerado como resultante de acordo presumido entre estes. Bases sobre as quais não se sustenta o direito internacional.

A tendência favorável a concepção positivista do direito, que se anunciara desde o final do século XVI, com GENTILI, prossegue com o sucessor deste, na mesma cátedra de Oxford, ZOUCH. E se exprime, sobretudo, com MOSER, no século XVIII.[166]

A voga de tais concepções do direito internacional foi facilitada pelas ideias de HOBBES e de ESPINOZA, para os quais o pacto desempenharia papel para explicar a formação das sociedades. Mesmo quando admitem que tal contrato social seja hipotético. As teorias da escola positivista levam ao absolutismo do estado, desvinculado da obrigação de respeitar qualquer lei acima do homem, governante ou governado.[167] Esta virá a se cindir em dois ramos, no século XVIII.

[164] Ver **Tratado** (tomo 9 – **Direito internacional no tempo de Samuel Pufendorf**, cap. 20 e tomo 10 – **Direito internacional no tempo de C. van Bynkershoek e Christian Wolff**, cap. 22).

[165] A respeito, ver **Tratado** (tomo 12 – **Direito internacional no tempo de Vattel e von Martens**, cap. 24 – Emer de VATTEL (1714-1767)).

[166] Ver **Tratado** (tomo 6 – **Direito internacional no tempo de Suarez, Gentili e Zouch**, cap. 16 – sobre Alberico GENTILI, cap. 17 – sobre Richard ZOUCH e tomo 12 – **Direito internacional no tempo Vattel e von Martens**, item 25.1 – *de VON MARTENS ao 'direito público externo' de J. J. MOSER*).

[167] Ver D.-E. KHAN, E. LAGRANGE, S. OETER e C. WALTER (ed. by), **Democracy and sovereignty** – Rethinking the legitimacy of Public International Law (Leiden / Boston: Brill / Nijhoff, 2023, chap. 17 – *Concluding remarks* by C. TOMUSCHAT, p. 419-429, cit. p. 419) considera que o estado soberano permanece a unidade fundacional – *the fondational unit* – do direito internacional, tanto por sua consagração na **Carta** da ONU – art. 2º, inc. 1º – quanto e não por acaso, com base em duros fatos empíricos – *hard empirical facts*. A **Carta** não menciona a democracia como critério paradigmático da estatalidade – *paradigmatic criterion of statehood* – mas se limita a afirmar a 'igualdade soberana' dos estados como norma fundamental – *Grundnorm* – do direito internacional, da qual deriva a maioria dos demais princípios basilares

Ainda que brevemente pode-se considerar questão, superada pela evolução posterior, mas objeto de exame pela doutrina e de controvérsias na prática, no sentido da negação da igualdade e da afirmação da desigualdade entre os povos e os estados, e a consequente discussão de critérios para o estabelecimento de tais diferenças.

da presente ordem jurídica internacional – particularmente a proibição do uso da força e a proibição de intervenção. Contudo, está claro, desde o início, que o princípio democrático está no cerne – *it was clear from the very outset that the democratic principle belonged to its core substance.*

SOBRE DIGNIDADE E PRECEDÊNCIA ENTRE ESTADOS E POVOS

Que as pretensões jurídicas das altas coroas e estados deste mundo sejam um dos mais nobres temas da História e da ciência do direito público – *Juris publici* –, sobretudo no que diz respeito ao Império alemão ou ao Direito do estado alemão, é uma coisa que presumivelmente ninguém se recusará em reconhecer.

Johann Ehrenfried ZSCHACKWIZ (1733)[168]

O espírito do estado europeu moderno manifesta-se livremente, entregue a seus próprios impulsos. [...] um novo ser adentra a história: o estado, como criação consciente e calculada, como obra de arte. Tanto nas cidades-repúblicas, quanto nos estados tirânicos, esse ser vivente manifesta-se de centenas de maneiras, determinando-lhes a configuração interna bem como a política externa.

Jacob BURCKHARDT, O estado como forma de arte (1860, ed. 2012)[169]

[168] Johann Ehrenfried ZSCHACKWIZ, **Einleitung zu denen vornehmsten Rechts-Ansprüchen, derer Gecrönten hohen Häupter und anderer Souverainen in Europa** (Frankfurt und Leipzig: Carl Friedrich Jungnicol, tomo I, 1733; *Vorerinnerung*, p. 2): Dass die Rechtsansprüche der hoher Häupter und Staaten dieser Welt, eines der vornehmsten Stücke der *Historie*, und der Wissenschaft des *Juris publici* seyn, insonderheit was das Teutsche Reich oder das Teutsche Staatsrecht anbetrifft, ist eine Sache die hoffentlich niemand zu leugnen begehren wird.

[169] Jacob BURCKHARDT, **O estado como forma de arte** (orig. publ. *Der Staat als Kunstwerk*, capítulo do livro **Die Kultur der Renaissance in Italien**, 1860, trad. Sérgio TELLAROLI, São Paulo: Penguin Classics / Companhia das Letras – Grandes Ideias, 2012, cit. p. 6-7)

Dentre todos os campos das ações humanas, o mais proteico é a diplomacia.

Harold NICOLSON (1933, ed. 2001)[170]

Um incidente, por definição, praticamente não conta. Qualificado como 'diplomático', ele faz, ao contrário, tremer, porque suas consequências podem ser dramáticas, com tensão entre países, ou mesmo a guerra em perspectiva. Com certeza, a noção de 'incidente diplomático' faz parte da linguagem contemporânea, mas a realidade existe, a partir do momento em que se entabulam relações ou negociações entre duas soberanias.

Lucien BÉLY, Anatomia do incidente diplomático (2010)[171]

As regras relativas às precedências devem ser observadas com rigor e, como dizem as circulares, com 'discernimento', porquanto levam em conta o posicionamento das personalidades e dos corpos ou instituições que representam, por ocasião das cerimônias, banquetes e recepções públicas. [...] É preciso, hoje, zelar com tanto mais cuidado a tal ordenação, dado estarmos no que se pode chamar, segundo alguns sociólogos, em uma 'sociedade da imagem'.

J.-P. PANCRACIO e P.-H. GUIGNARD (2012)[172]

170 Harold NICOLSON (1886-1968), **Peacemaking 1919** (orig. publ. Londres: Houghton Mifflin, 1933, reprinted Safety Harbor, Fl.: Simon Publications, 2001, Book I, chap. I – *Armistice*, p. 3-29, cit. p. 3): "Of all branches of human endeavour, diplomacy is the most protean. The historian and the jurist, relying upon the protocol and the *procès verbal*, may seek to confine its lineaments within the strict outline of a science. The essayist may hope to capture its colours in the vignette of an art. The experts – and there have been many experts from CALLIÈRES to JUSSERAND, from MACHIAVELLI to Jules CAMBON – may endeavour to record their own experience in manuals for the guidance of those that come after. The journalist may give to the picture the flashes and the interpretation of the picturesque. Yet always there is some element in such accounts which escapes reality, always there is some aspect which refuses to be recorded or defined."

171 Lucien BÉLY, *Anatomie de l'incident diplomatique* (in **L'incident diplomatique** XVIe-XVIIIe siècle, dir. de Lucien BÉLY et Géraud POUMARÈDE, Paris: Pedone – Histoire de la diplomatie et des relations internationales, 2010, p. 451-458, cit p. 451): "Le verbe 'incidenter' apparaît tôt et appartient à la procédure judiciaire: il s'applique lors qu'on fait des incidents dans le cours d'un procès et, par extension, lorsqu'on fait des difficultés. / Pour l'historien, l'incident diplomatique a le mérite de laisser transparaître les relations entre le diplomate, forcément protégé par le secret et le cérémonial, bref confiné dans un univers fermé, et la société où il évolue, ou bien entre l'ambassadeur et l'état duquel il représente son pays d'origine."

172 Jean-Paul PANCRACIO e Pierre-Henri GUIGNARD, **Protocole & cérémonial** (Paris: Pedone, 2012, IV – *Le règlement des préséances – fonction première du protocole*, p. 41-61, cit. p. 41).

Em contraposição ao princípio da igualdade jurídica dos estados, posteriormente aceito como premissa ordenadora do sistema internacional, e para o qual contribuiu a formulação do princípio, feita por PUFENDORF,[173] pode ser interessante mencionar alguns estudos feitos nessa mesma época sobre a justificação da desigualdade entre os estados, e possíveis critérios, poderiam ser invocados, em defesa de 'dignidade' e de 'precedência', deste ou daquele estado, na ordenação do então vigente sistema internacional de convivência organizada.

Pode parecer curioso examinar os motivos que poderiam ser suscitados entre os estados, para respaldar as alegações de precedência. E não é por acaso que esse tema se inscreve na prática como na doutrina – nos séculos XVI e XVII, e também no século XVIII – justamente a partir de quando se estrutura um sistema internacional composto de estados soberanos e independentes.[174] A determinação de precedências, em certa medida, permanece presente, na ordenação de cerimônias oficiais –[175] porém, espera-se, sem chegar a vias de fato, como mostram exemplos históricos, por questões de precedência!

Conrad BRAUN, nos seus **Cinco livros sobre as embaixadas**, de 1548, destacava, em relação às embaixadas, três espécies de pessoas:[176] as que enviam as embaixadas, as que recebem o encargo de uma embaixada e aquelas a quem os embaixadores são enviados. Aqueles que enviam devem ser prepostos das coisas públicas – com efeito, os que são enviados por par-

[173] Ver **Tratado** (tomo 9 – **Direito internacional no tempo de Samuel Pufendorf**, cap. 20).

[174] Sobre o estado como sujeito de direito internacional, ver **Tratado** (tomo 5 – **Direito internacional no tempo de Francisco de Vitória**, cap. 13); v. tb. Verena STELLER, **Diplomatie von Angesicht zu Angesicht** – Diplomatische Handlungsformen in den deutschen-französischen Beziehungen 1870-1919 (Paderborn: Ferdinand Schöningh Verlag, 2011).

[175] J.-P. PANCRACIO e P.-H. GUIGNARD, **Protocole & cérémonial** (op. cit., 2012, IV – *Le règlement des préséances – fonction première du protocole*, p. 41-61, loc. cit.) aduzem: "C'est un signe, objectif: quand ces personnalités ont à 'jouer des coudes' pour défendre leur place protocolaire lors d'une cérémonie publique, cela signifie que ceux qui ont la responsabilité du protocole en cette occasion ne remplissent pas convenablement et efficacement leur mission."

[176] Conrad BRAUN (1491-1563), **Les cinq livres sur les ambassades** – à destination de ceux qui sont totalement appliqués à la Chose publique, ou très utiles à ceux qui remplissent une quelconque magistrature, et agréables à la lecture (orig. publ. **De Legationibus libri quinque**, Mainz, 1548, trad., introduction et notes de Dominique GAURIER, Limoges: Pulim – Presses univ. de Limoges, 2008, livre I, chap. IV – *Ce qu'est une ambassade*, p. 60-62).

ticulares não são denominados embaixadores, mas mensageiros ou administradores mandatários – então

> Os príncipes e os magistrados [i.e., governantes de repúblicas] recorrem às embaixadas quando eles mesmos não podem, ou tratar com os ausentes, ou não o querem, por outras razões. De fato, podem tratar de seus negócios, por meio de tais intermediários, quando a condição de sua dignidade, ou a maneira de tratar as questões, ou ainda a qualidade das pessoas o exige.[177]

A partir do final da Idade média,[178] "o desenvolvimento das redes diplomáticas suscita, ao mesmo tempo, inquietudes, porque o embaixador estrangeiro aparece como um mestre espião, que pode favorecer oposições ao príncipe, e tentar enfraquecê-lo, apoiando conspirações" – e a nobreza não hesita em considerar que a revolta se lhe impõe como dever, diante de soberano considerado prejudicial.

A prática diplomática a partir do final do século XVI reforça a desconfiança. ELIZABETH I da Inglaterra é vítima de ao menos três tentativas, que depois servem como exemplos, para os teóricos da negociação, para mostrar as flutuações – *les dérives* – dessa prática política:[179] depois da prisão de um embaixador de MARIA STUART, em 1571; da expulsão do embaixador espanhol, em 1584; ainda CHASTEAUNEUF, embaixador de HENRIQUE III da França, é inquietado e suspeito de ter encarregado um fidalgo, chamado STAFFORD, de matar a rainha.[180]

[177] C. BRAUN, **Les cinq livres sur les ambassades** (1548, ed. 2008, I.IV, cit. p. 61 e tb. I.VII – *Les ambassadeurs sont-ils choisis au sort et selon quel rang d'ordre?*, p. 66-70, cit. p. 70): "ce sont, non la grâce, mais les vertus et les mérites de ceux qui doivent être choisis, que l'on considère. Sont seulement pris en compte ceux qui sont tels que l'exige la qualité des affaires qui doivent être assumées dans les ambassades."

[178] Ver **Tratado** (tomo 4 – **Direito internacional no tempo medieval** e tomo 5 – **Direito internacional no tempo de Francisco de Vitória**, título I – multipolarização da Europa na era moderna e advento do direito internacional como sistema); L. BÉLY, *Anatomie* (cit., 2010, loc. cit.).

[179] Lucien BÉLY, *La place de l'étranger dans les conspirations* (in **Complots et conspirations dans l'Europe moderne** – Colloque de Rome, 30 septembre-2 octobre 1993, dir. de Y.-M. BERCÉ et E. FASANO GUARINI, École française de Rome, 1996, p. 393-410).

[180] L. BÉLY, *Anatomie* (cit., 2010, cit. p. 451-452) observa: "William STAFFORD (1554-1612) a peut-être imaginé cette conspiration pour se faire un honneur de la dénoncer et il est

> O incidente nasce, muitas vezes, de querelas em torno do cerimonial. Esse conjunto de regras precisas põe em destaque os atos que as violam, as provocações ou transgressões. Se o rei ou o príncipe aparecem como seres à parte, seus representantes utilizam as mesmas atitudes e os mesmos gestos, se circundam do mesmo aparato, para mostrar o poder de um estado. [...] As querelas de precedência se explicam pela hierarquia entre príncipes, que não é imutável e suscita entre estes verdadeira emulação. Elas tornam necessárias infinitas precauções, que pressupõem a intervenção de especialistas do cerimonial.[181]

Ocorrem incidentes diplomáticos quando uma das partes estima ter sido lesada em relação ao direito internacional. Diversas matérias contenciosas podem ser identificadas: imunidades diplomáticas; a ordem de precedência e das hierarquias principescas; o respeito dos compromissos internacionais e da fé dos tratados. Mas, também fica aparente que o incidente diplomático, mesmo quando este se justifica, por questões de princípio, é também em grande parte construído pelos soberanos, que fazem dele pretexto para reintroduzir as relações de força no seio das negociações, para criar deliberadamente uma situação de tensão, da qual esperam tirar proveito. E assim se torna expressão da rivalidade entre príncipes.[182]

difficile de savoir si CHASTEAUNEUF est coupable ou victime. Il est appelé au conseil et le principal ministre l'admoneste, le mettant en garde contre le crime de lèse-majesté. Le diplomate français ne répond à aucune accusation faite contre lui."

[181] L. BÉLY, *Anatomie* (cit., 2010, cit. p. 452-453): "lorsque les relations se renouent entre deux grandes puissances après une guerre, des ambassades solennelles marquent cette réconciliation. Confiées à des personnages de grande naissance, elles utilisent le faste. Une suite nombreuse de gentilshommes, des carrosses superbes, des cadeaux symbolisent ce dialogue nouveau. Une entrée solennelle dans la capitale et une audience privée, puis publique, de l'ambassadeur par le souverain constituent des passages obligés. La tradition fixe le détail de ces cérémonies, obligeant à de vastes mises en scène, et tout manquement peut signifier une insulte. La peinture et la gravure permettent de rappeler et de diffuser de tels événements. Si l'entrée d'un roi ou d'une reine réaffirme le lien avec des sujets, l'entrée d'un ambassadeur salue le dialogue avec un souverain étranger. Le déroulement d'une telle démarche se fixe au cours du temps et il devient dangereux de le déranger, sans courir le risque d'un incident."

[182] Lucien BÉLY et Géraud POUMARÈDE (dir. de), **L'incident diplomatique** XVIe-XVIIIe siècle (Paris: PedonHistoire de la diplomatie et des relations internationales, 2010, cit. p. 3-4) diversos autores apresentam 21 incidentes diplomáticos entre potências europeias, nos séculos XVI a XVIII: "Si le phénomène est diffus, aussi bien dans le temps que dans l'espace, des lieux ou des moments semblent néanmoins plus propices à la naissance de ces incidents. Rome apparaît ainsi comme une sorte de capitale de l'incident diplomatique durant la période

Questões de precedência por vezes se degradavam em incidentes nada diplomáticos, nem civilizados, como ilustra a 'querela de Londres':

> Teve lugar por ocasião da entrada do embaixador da Suécia, em 10 de outubro de 1661. O barão de VATTEVILLE, embaixador da Espanha, teria querido passar à frente do conde de ESTRADES, embaixador da França. Ele fez parar a carruagem por 'um grupo de canalhas armados' – *une troupe de canaille armée* – e os cavalos foram mortos com tiros de mosquete. LUÍS XIV enviou um de seus nobres para requerer reparação de Madri. O conde de FUENSALDAÑA foi encarregado de apresentar as desculpas em nome de seu mestre, que tinha chamado de volta o barão de VATTEVILLE. E LUÍS XIV pôde anunciar que o rei católico tinha dado ordem aos seus embaixadores de deixar a precedência aos da França: *'aqui parece tratar-se de homenagem de outra espécie, de rei para rei, de coroa a coroa, que não deixa dúvidas, sequer a nossos inimigos, que a nossa seja a primeira de toda a Cristandade'*.[183]

As matérias de precedência e protocolo, com determinação de categorias de representantes diplomáticos, entre os quais a precedência se daria conforme a antiguidade no posto, passam a ter regime internacionalmente regulado a partir do Congresso de Viena, de 1814-1815. Sobre esta base se consolida o regime jurídico internacional vigente, conforme as Convenções de Viena sobre relações diplomáticas, de 1961, e sobre relações consulares, de 1963, e demais instrumentos correlatos.[184]

moderne. Il faut en chercher les raisons dans le rôle particulier joué par le Saint Père sur la scène européenne. Sa position d'arbitre des souverains stimule en quelque sorte le zèle des princes et de leurs représentants qui n'hésitent pas à provoquer des incidents pour mieux se mesurer sur le théâtre du monde qu'est la cour pontificale."

183 Lucien BÉLY, **Les relations internationales en Europe** – XVIIe-XVIIIe siècle (orig. publ. 1992, Paris: PUF – Thémis – Histoire, 4e éd., 2013, Troisième partie – Le temps des initiatives françaises, chap. 7 – *L'Europe du jeune Louis XIV*, item 2 – *'Cette grande comète qui s'est levée rapidement'*, n. 1 – *Les voies de la grandeur*, p. 209-210): "Ici, c'est une espèce d'hommage véritablement d'une autre sorte, mais de roi à roi, de couronne à couronne, qui ne laisse plus douter à nos ennemis mêmes que la nôtre ne soit la première de toute la Chrétienté."

184 Ver NASCIMENTO E SILVA – CASELLA – BITTENCOURT NETO, **Direito internacional diplomático** – Convenção de Viena sobre relações diplomáticas na teoria e na prática (São Paulo: Saraiva, 4ª ed., 2012); tb. **Manual** (São Paulo: Saraiva, 26ª ed., 2023, itens 2.3 – codificação do direito internacional, 2.3.1 – Convenção de Viena sobre relações diplomáticas (1961), 2.3.2 – Convenção de Viena sobre relações consulares (1963); 2.3.5 – Convenção sobre missões especiais (1969), p. 194-206 e 3.10 – órgãos das relações entre estados, p. 350-373).

Contrariamente ao que nos parece óbvio, hoje em dia, muitos autores se dedicaram ao exame da "desigualdade dos estados" – como ilustrava a ponderação com a qual ZSCHACKWIZ, em 1733, abria o seu tratado, sobre as pretensões jurídicas, e os argumentos em favor de umas e outras, em três alentados tomos, sobre o tema. Alguns dos escritos em defesa da dignidade e da precedência dos estados, a seguir referidos, são obras inteiras sobre esta matéria, enquanto outros são escritos menores, tais como:

– Iac. Andr. CRUSII, **Tractatus politico-iuridico-historicus de praeeminentia, sessione, praecedentia et universo iure proedrias magnatum in Europa** (IV libris absolutus, Bremae, 1666);
– Zach ZWANZIG, **Theatrum praecedentiae**, oder eines Theils illustrer Rangstreit, andrer Theils illustrer Rangordnung; wie nehmlich die considerablen Potenzen und Grandes in der Welt, nach Qualität ihres Standes, Namens, Dignität und Characters sammt und sonders in der Präcedenz, in dem Rang und Tractamente streitig seynd und competiren (Francfurt, 1706, 2te. edit. id., 1709) – na primeira edição consta o pseudônimo Ehrenhart ZWEYBURG, em lugar do verdadeiro nome do autor, conforme a edição seguinte;
–Agostino PARADISI, **Ateneo dell'uomo nobile** (vol. I.-VII, Venetiae, 1731) – o inteiro quinto tomo é dedicado ao exame da matéria da dignidade e precedência entre estados e povos;
– **Mémoires sur le rang et la préséance entre les Souverains de l'Europe et entre leurs Ministres représentants suivant leurs différents caractères** par Mr. ROUSSET (à Amsterdam, 1746) – o tema ficou superado, mas este era provavelmente o melhor trabalho sobre a matéria;
– Th. LANSII, **Consultationes de Principatu et Praerogativa Provinciarum Europae inter se** (Tubingen, 1611, Argent., 1623, cum Mantissa. Tubingen, 1678);
– Bernh. ZIERITZ, **Comment. de Principum inter ipsos dignitatis praerogativa** (Ienae, 1612 et 1677);
– Chrph. RESOLD, **De sessiones praecentia** (in Chrph. RESOLD, **Spicilegiis de legatis et iure pacis et arcanis rerum publicarum**, Argent. 1624);
– Chr. GASTELS, **Tract. de praecedentia Pontificum, Imperatorum, Regum, Magnorum Ducum, Vicariorum, Electorum, Archiducum, Cardinalium, Patriarcharum, Magistrorum Teutonici Ordinis etc.** (Gubenae, 1663, id., 1669);
– Iac. GOTHOFREDI, **Diatribe de iure praecedentiae** (Geneve, 1664);
– Thom. Balth. IESSEN, **De iure praecedentiae** (Argent., 1671);

- Frid. GERDESSI, **Disp. de iure praecedentiae** (Gryphw., 1674);
- Balth. Sigism. von STOSCH, **Von dem Präeminenz – oder Vorderrecht aller Potentaten und Republiquen in Europa. Sammt einer sonderbaren Zugabe von der Hoheit des Erzherzoglichen Hauses Oesterreich** (Breslau, 1677);
- Speronis SPERONII, **Discorso della precedenza dei Principi** (Venetiae, 1680);
- Henr. COCCEII [=KOCH], **De praecedentia** (1681) – também publicado in Henr. COCCEII, **Exercit. curios.** vol. I, n. 40);
- Chr. Gottfr. HOFFMANN, **Dissertatio de fundamento decidendi controversias de praecedentia inter liberas gentes** (Lipsia, 1721);
- Lud. Mart. KAHLE, **Dissertatio de praecedentia gentium** (Goettingen, 1738);
- Ioh. Christ. Theod. HOLBACH, **Meditationes iuris proedriae moderni** (Lipsia, 1742);
- Ioh. Christ. Theod. HOLBACH, **Primitiae lexici iuris praecedentiae hodierni** (Erfort, 1748);
- Ioh. Nic. MOECKERT, **Diss. de iure praecedendi ex iure gentium** (Ienae, 1758).

Uma vez aceita a premissa de que possa existir diferença de dignidade entre estados, colocava-se a discussão dos critérios para a determinação da precedência, entre príncipes e estados, notadamente em relação a:

sobre a possível precedência do imperador romano:

- Henr. BEBELII, **Apologia pro Maiestate et praecellentia imperatores et imperii Germanici contra Leonhardum Iustinianum** (1508) (in GOLDASTI, **Polit. Imper.**, Part. 10, n. 1);
- Charles SORELL, **De la préséance de l'Empereur sur les Rois, et qu'il ne la doit point avoir sur le Roi de France** (Paris, 1666);
- Diet. Wilh. MATTHIAE, **Diss.[ertatio] de Imperatoris R.[omani] G.[ermanici] praeminentia** (Erfort, 1677);

sobre a possível precedência de um rei "romano":

- Anton. QUETTA, **Rex Romanorum et Rex Francorum uter alterum praecedat?** (Francfurt, 1614);

– Nic. MARTINI, **Rex Germaniae primus Europae Princeps, seu exercitatio de proëdria Regis Romanorum** (Kilon, 1666);
– Daniel NETTELBLADT, *Beweis dass dem Römischen Könige der Rang vor alle auswärtige regierende Oberhäupter der europäischen Nationen zustehe* (in Daniel NETTELBLADT, **Erörterungen einiger einzelnen Lehren des teutschen Staatsrechts**, 5te. Abhandlung, p. 87-114);

a favor da precedência da coroa francesa:

– Car. MOLINAEUS, **De excellentia regni et coronae Franciae** (Paris, 1561);
– Iac. Alex. TENNEURII, **De regis Christianissimi praerogativis** (Paris, 1561);
– Petr. REBUSSUS, **De praerogativis principum, imprimis de praerogativis regis Franciae** (Venetiae, 1584, Lugdunum Batavorum, 1619);
– François PITHOU, **De la grandeur, des droits et préeminences des Rois et du Royaume de France** (1598) – o autor F. PITHOU (1544-1621), assessor junto ao Parlamento de Paris, foi um irmão do famoso Pierre PITHOU;
– Nic. VEGNIER, **Roisons et causes de préséance entre la France et l'Espagne** (este texto se encontra anexo e é objeto de refutação, junto à seguinte obra de Nicolas CRAVATO, **De la raison et causes de préséance entre la France et l'Espagne**, proposées par N. C., Romain, pour l'Espagne, à Paris, 1608);
– Ierome BIGNON, **Traité de l'excellence des rois et de royaume de France, traitant de leur préséance et prérogative par-dessus les autres** (à Paris 1610) – deve servir para refutar as razões para a atribuição da precedência à coroa da Espanha, argumentadas por VALDEZ – aliás, Iac. VALDESII, infra;
– Theod. GODEFROY, **Mémoires concernant la préséance des Rois de France** (Paris, 1612, ibid. 1618, ibid. 1653) – o autor T. GODEFROY (1580-1649) foi conselheiro de estado da coroa francesa, e integrou a Embaixada francesa para a paz da Vestfália, em Münster;
– Ant. AUBERIUS, **De la prééminence des Rois de France et de leur préséance sur l'Empereur et le Roi d'Espagne** (Paris, 1650);
– M. C. S. S. D. S. [Charles SORELL], **Divers Traités sur les Droits et les Prérogatives des Rois de France** (à Paris, 1666) – dos quatro textos contidos nesta coletânea, vale ressaltar dois: o primeiro, *De la dignité et des prérogatives du Roi de France et de la préséance sur les autres Rois*; em contraposição ao texto de autor inglês, James OUREL, que sustenta a igualdade de todos os reis entre si, e o segundo, *De la préséance de l'Empereur sur les Rois; et qu'il ne la doit point avoir sur les Rois de France*);

– Cardinalis VITELLII, **Discursus de praecedentia agitata Romae inter legatos regnum Galliarum et Hispaniarum** (1678);
– Ch. BULTEAU, *Doyen des Secrétaires du Roi*, **De la préséance des Rois de France sur les Rois d'Espagne** (à Paris, 1679);

a respeito da precedência da coroa espanhola, além do já referido, acima:

– Iac. VALDESII, **Praerogativa Hispaniae, h. e. de dignitate regum regnorumque Hispaniae et honoratiori loco eis seu eorum legatis a conciliis ac Romana sede iure debito. Tractatus eximius, Reges Catholicos Christianissimis aliisque iure, regnis, sede ac titulo potiores extitisse adhuc liquido demonstrans** (Granatae, 1602, Frfort, 1625);

a precedência da coroa inglesa é defendida por:

– James HOWELL, **Of precedency of Kings** (Lond. 1664) – também publicada em latim, com o título, **De praecedentia regum Franciae, Hispaniae, Angliae** (London, 1665);

sobre a precedência da coroa dinamarquesa:

– Ivarus HERZHOLMIUS, **De praecedentia regni Daniae** (Hafn., 1562);
sobre a precedência da coroa portuguesa e napolitana:

– Bernardo de BRAGA, **De praecedentia inter legatos regnorum Portugalliae et Neapolis** (Bracharae, s/d);

sobre a precedência entre a República de Veneza, em relação ao Duque da Savóia:

– Theod. GRASWINCKEL, **De iure praecedentiae inter Venetam rem publicam et Sabaudiae Ducem** (Lugdunum Batavorum, 1644);

em sentido oposto, a precedência dos duques de Savóia é defendida no escrito seguinte:

– **Trattato del titulo regio dovuto alla serenissima Casa di Savoia, insieme con un ristretto delle rivoluzioni del Reame di Cipri appartenente alla**

Corona dell'Altezza Reale di Vittorio Amedeo Duca di Savoia, Principe di Piemonte, Re di Cipri (in Torino, 1633);

e, finalmente, se procurou afirmar a precedência da República de Gênova:

– Petr. Bapt. BURGUS, **De dignitate Genuensis rei publicae disceptatio** (Genevae, 1646).

Essa breve amostragem de escritos a respeito da possível precedência de distintas casas reinantes e diferentes estados mostra como representou evolução do sistema e do direito internacional a adoção da igualdade jurídica dos estados, como premissa ordenadora do conjunto. Basta imaginar as complicações que adviriam de sistema internacional conjugando a convivência de cerca de 200 estados soberanos em nossos tempos pós-modernos, para se ter ideia da complexidade insolúvel que representariam possíveis alegações de precedência de uns em relação a outros.

De qualquer modo, a aceitação da igualdade (formal e legal) dos estados, não exclui a aceitação da realidade da desigualdade (de fato) econômica e militar. Esses dados são incontornáveis: mas contrariamente ao que possam pretender os 'realistas' de matiz mais acirrado, a desigualdade de fato tem de ser subsumida ao princípio da igualdade jurídica dos estados, no direito internacional pós-moderno.

Já eram enxergados por Samuel PUFENDORF os motivos, para a defesa do princípio da igualdade jurídica, como critério ordenador da convivência entre os estados.[185] Embora, na segunda metade do século XVII, quando este atuou, a igualdade jurídica, que ele defendia, era princípio teórico, não amparado pela prática, que se ordenava pelas alegações de precedência, e a pretensão de primazia deste ou daquele integrante do sistema interestatal europeu da era moderna.[186]

[185] Sobre Samuel PUFENDORF ver **Tratado** (tomo 9 – **Direito internacional no tempo de Samuel Pufendorf**, cap. 20).

[186] Baste lembrar que questões de precedência foram usadas pelo Cardeal RICHELIEU, em relação a Hugo GRÓCIO, então embaixador da Suécia, junto à Corte da França, para tornar insustentável a situação deste, que termina por comprometer o bom andamento das relações entre os dois estados, e leva à chamada do embaixador de volta para casa. A notória inimizade e os desentendimentos entre estes dois grandes personagens da história do século XVII foram brevemente mencionados no cap. 18, no **Tratado** (tomo 7 – **Direito internacional no**

Por isso se justificou a breve menção aos escritos sobre a desigualdade dos estados e, em relação a quais casos, a precedência poderia ser invocada – e isso serve, também, para deixar claro que os "realistas" empedernidos não representam novidade: essa é corrente que já ficou superada, nos debates ocorridos entre autores dos séculos XVI a XVIII. Que por vezes parece querer ressurgir, travestida de novidade.

Fica, assim, o registro de que antes de se consolidar a igualdade jurídica dos estados, durante tempo considerável, no seio da Europa moderna – séculos XVI ao XVIII – foi reiteradamente afirmada e foi objeto de muitos exames, justamente, a desigualdade entre os estados e a busca do estabelecimento de critérios para a determinação de possíveis precedências.

Outro dado a ser mencionado, em relação à época é a progressiva construção, no direito internacional moderno do estatuto da neutralidade. E mesmo se este tema já era referido pelos tratadistas da guerra – como AYALA e BELLI, como seria também por GRÓCIO –[187] pode ser trazido o exemplo dos tratados sobre o tema, de autoria de J. W. NEWMAYR VON RAMSLA, **Da neutralidade e assistência ou não-alinhamento e alinhamento em tempos de guerra**, de 1620 e seus textos seguintes.[188] Ademais,

tempo de Hugo Grócio). Para se ter dimensão da envergadura do projeto político interno e internacional deste homem de estado francês, ver a edição completa dos papeis de Armand Jean du PLESSIS, cardeal de RICHELIEU, **Les papiers de Richelieu** – section politique extérieure / correspondance et papiers d'état (**Empire allemand** tome I (1616-1629), par Adolf WILD, préf. Stephan SKALWEIT, Paris: Pedone, 1982; **Empire allemand** tome II (1630-1635), par Anja Victorine HARTMANN, préfaces Hermann WEBER et Klaus MALETTKE, Paris: Pedone, 1997, **Empire allemand** tome III (1636-1642), par Anja Victorine HARTMANN, préfaces Hermann WEBER et Klaus MALETTKE, Paris: Pedone, 1999; Index des tomes I, II et III **Empire allemand** (1616-1642) par Aurélia BERGER, Paris: Pedone, 2003); bem como **Les papiers de Richelieu** – section politique intérieure / correspondance et papiers d'état (par Pierre GRILLON, préf. Roland MOUSNIER, tome I (1624-1626), Paris: Pedone, 1975; tome II (1627), Paris: Pedone, 1977, tome III (1628), Paris: Pedone, 1979; tome IV (1629), Paris: Pedone, 1980; tome V (1630), Paris: Pedone, 1982; tome VI (1631), Paris: Pedone, 1985; Index des tomes I, II et III – corrections et additions (1624-1628) par Pierre GRILLON, Paris: Pedone, 1980; Index des tomes IV, V et VI – corrections et additions (1629-1631) par Marie-Catherine VIGNAL avec la collab. d'Eric de LABRIOLLE, Paris: Pedone, 1997).

187 Ver **Tratado** (tomo 4 – **Direito internacional no tempo medieval**, cap. 11 – *tratadistas da guerra: Balthazar AYALA e Pierino BELLI* e tomo 7 – **Direito internacional no tempo de Hugo Grócio**, cap. 18).

188 J. W. NEUMAYR von RAMSLA, **Von der Neutralitet und Assitenz oder Unparteyligkeit und Parteyligkeit in KriegsZeiten sonderbarer Tractat oder Handlung** (Erfurt: J. Birckner, 1620, 183 p.) segunda edição ampliada, ___, ___ (2a. ed., 1625, 691 p.); mais dois

esse autor, contemporâneo de GRÓCIO, cuida do tema, em diversos textos, em pleno curso da guerra dos trinta anos.[189]

tratados, respectivamente sobre alianças e ligas em tempos de guerra, ___, **Von Bündnüssen und Ligen in Kriegszeiten** (Jena, 1624) e outro sobre negociações e tratados de paz, ___, **Sonderbarer Tractat von Friedenshandlungen und Verträgen** (Jena, 1624).

[189] Johan Wilhelm NEWMAYR VON RAMSLA, **Von der Neutralitet und Assistenz oder Unpartheyligkeit vnd Partheyligkeit in KriegsZeiten sonderbarer Tractat oder Handlung** (Erfurt : J. Birckner, 1620) – exemplar original da primeira edição deste singular tratado sobre a neutralidade, do início da guerra dos trinta anos, de autoria de nobre da Saxônia, que o escreveu ao lado de relatos de viagem **Itinerarium europaeum** e "mehrere Schriften staatswissenschatlichen und politischen Inhalts, die seiner Gelehrsamkeit und seinem Urtheile ein gutes Zeugnis ausstellen".

CONSTRUÇÃO DA NEUTRALIDADE NO DIREITO INTERNACIONAL MODERNO NOS TRATADOS DE NEWMAYR VON RAMSLA

Dentre todas as ações políticas uma coisa / da qual se cuide em deliberação dedicada e que se busque aconselhar / e que se cultive – *zu erwegen* –/ será, justamente, esta: quando deve decidir-se um príncipe, entre duas partes em guerra / para que se preste ajuda e assistência / ou contrariamente, permanecer neutro / ou um / ou o outro / assistir e alinhar-se com – *beyzuspringen*. Quando fizer um / ou o outro / assim poderá / à sua terra e seu povo / [causar] grande mal / e muito prejudicar – *daraus entsichen / und zu wachsen*.

J. W. NEWMAYR VON RAMSLA, **Da neutralidade e assistência ou não-alinhamento e alinhamento em tempos de guerra** (Erfurt: J. Birckner, 1620)[190]

A neutralidade dos cantões suíços não resultou de escolha, livre e deliberada, após a derrota de Marignan, em 1515. Não foi tampouco o resultado de concessão das grandes potências, reunidas no Congresso de Viena, em 1815. [...] a neutralidade foi o resultado de um processo de aprendizagem e de adapta-

[190] Johan Wilhelm NEWMAYR Von RAMSLA, **Von der Neutralitet und Assistenz oder Unpartheyligkeit vnd Partheyligkeit in KriegsZeiten sonderbarer Tractat oder Handlung** (Erfurt: J. Birckner, 1620 – exemplar original da primeira edição, *introdução*): „Ist unter allen Politischen Händeln eine Sach / welche man in fleissige deliberation und Berath-schlagung zu ziehen / und wohl zu erwegen pfleget / so ist es diese : Wann sich ein Fürst resolviren soll zwischen zweien kriegenden Partheien / so ihn umb Hülff und Assistenz anlagen / entweder sich Neutral zu halten / oder einem / oder dem andern / zu assistiren und beyzuspringen. Dann er thue eines / oder das ander / so kan ihm / unnd seinen Land und Leuten / gros Ungemach / ja wohl eusserst verderben / daraus entsichen / und zu wachsen."

ção, mais do que o efeito de um ato fundador – processo este, aliás, bastante penoso e não isento de dores. O século XVII foi a época decisiva desse processo de acomodação dos cantões à neutralidade.

André HOLLENSTEIN (2009)[191]

Enquanto concepção política, determinando o conjunto das relações exteriores de um estado, a neutralidade é um fenômeno recente. Foi somente no Congresso de Viena, que as potências europeias reconheceram e garantiram a neutralidade 'perpétua' dos cantões suíços.

Christian WINDLER (2009)[192]

A célebre fórmula hobbesiana da "guerra, e tal guerra, de todos contra todos",[193] visa justificar a origem do poder no plano interno. Também serve para explicar a origem das estruturas internas de gestão.[194] Aqui se trata de pensar se e em que medida o sistema internacional pode passar do estado de natureza hobbesiano, ou dos estágios mais elementares de

[191] André HOLLENSTEIN, *L'enjeu de la neutralité: les cantons suisses et la guerre de Trente ans* (in **Les ressources des faibles** – Neutralités, sauvegardes et accommodements en temps de guerre (XVIe-XVIIIe siècle), dir. de Jean-François CHANET e Christian WINDLER, Rennes: Presses univ. de Rennes, 2009, p. 47-61, cit. p. 59).

[192] Christian WINDLER, *Introduction* (in **Les ressources des faibles**, op. cit., 2009, p. 9-16, cit. p. 9).

[193] Thomas HOBBES, **Leviathan** (1651, ed. by Richard TUCK, Cambridge: Univ. Press – col. Cambridge Texts in the History of Political Thought, 1991) ou na ed. bras., **Leviatã** (trad. de João Paulo MONTEIRO e Maria Beatriz Nizza da SILVA, São Paulo: Abril cult. – Os pensadores vol. XIV, 1974), part I, chap. 13 – *The naturall condition of mankind* (ed. cit., 1991, p. 88-89): "during the time men live without a common Power to keep them all in awe, they are in that condition which is called Warre, and such a warre, as is of every man, against every man. For Warre consisteth not in Battell onely, or the act of fighting, but in a tract of time, wherein the Will to contend by Battell is sufficiently known; and therefore, the notion of Time, is to be considered in the nature of Warre; as it is in the nature of Weather. [...] So the nature of War, consisteth not in actual fighting; but in the known disposition thereto, during all the time there is no assurance to the contrary. All other time is Peace."

[194] Thomas HOBBES, **Leviathan** (ed. cit., 1991, *A review and conclusion*, cit. p. 491): "my discourse on Civill and Ecclesiasticall Government, occasioned by the disorders of the present time, without partiality, without application, and without other designe, than to set before mens eyes the mutuall Relation between Protection and Obedience; of which the condition of Humane Nature, and the Laws Divine, (both Natural and Positive) require an inviolable observation".

regulação da coexistência como exclusões reciprocamente policiadas, para patamares mais elevados de institucionalização da paz. Como exemplifica a construção do conceito e das práticas relacionadas com o estatuto da neutralidade no direito internacional moderno.

Aí se inclui a perspectiva histórica, para apontar amplo conjunto de práticas, em várias partes da Europa moderna – especificamente nos séculos XV a XVIII –, como tentativas de limitar o impacto das guerras, por meio de múltiplas práticas de neutralização. Nos contextos monárquicos, essas práticas mostram a utilização, por atores políticos subalternos, das margens de manobra possíveis, entre seus respectivos príncipes e as potências que os ameaçavam.[195]

Assim, mais que a história da neutralidade, no singular, cabe considerar vasto horizonte geográfico e cronológico, no qual possam ser situadas as neutralidades, no plural. Essa história de ampla gama de práticas permite esclarecer como, a partir de diferentes soluções concretas, se constituiu, muito lentamente, a neutralidade, como princípio de direito das gentes, no curso da era moderna, em época em que os estados se encontravam ainda em formação.

A neutralidade tinha inicialmente sido considerada como revestida de caráter vergonhoso: omissão em relação a tomar partido na guerra, entre outros dois ou mais poderes em confronto, significaria para o 'neutro' tornar-se presa do vencedor, uma vez terminado o conflito. Como ilustra o contexto das guerras na Itália, a partir de 1494.[196]

A invasão da Itália pelas tropas francesas de CARLOS VIII, em 1494 é marco histórico – ao lado do tratado de Tordesilhas, do mesmo ano de 1494 – por vezes apontado como início do direito internacional moderno. Também é considerada por GUICCIARDINI como marco inicial de grandes mudanças na península itálica.[197] Estas guerras trouxeram "consigo a semente de inumeráveis calamidades, de horrendos incidentes e de varia-

[195] C. WINDLER (op. cit., 2009, *Introduction*, p. 9-16, cit. p. 9).

[196] Ver tb. B. CROCE, *Recenti controversie intorno all'unità della Storia d'Italia* (orig. publ. **Proceedings of the British Academy**, London, vol. XXII, 1936, republicado no volume **La storia come pensiero e come azione**, 1938, Napoli: Bibliopolis/Edizione Nazionale delle Opere di B.C./Saggi filosofici IX, 2002, p. 325-337).

[197] Francesco GUICCIARDINI (1473-1540), **Storia d'Italia** (orig. publ. Firenze: Lorenzo Torrentino, 1561, ed. a cura di Silvana Seidl MENCHI, saggio introduttivo di Felix GILBERT Turim: Einaudi, ed. 1971, ristampa 2008, 3 vols.).

ções, em quase todas as coisas".[198] De tal passagem não somente "tiveram início mutações de estados, subversão de reinos, desolação de regiões, morticínio de cidades, crudelíssimas execuções, mas também novos hábitos, novos costumes, novos e sanguinários modos de fazer guerra".[199]

Depois da introdução dessa enfermidade – a violência da guerra moderna – que, "até aqueles dias, não se conhecia; se desordenaram de tal maneira os instrumentos da tranquilidade – *quiete* – e concórdia italiana". De tal modo que, "nunca mais tendo sido possível reordená-las, outras nações estrangeiras e exércitos bárbaros tiveram a faculdade de a espezinhar miseravelmente e devastá-la".[200] Rememora GUICCIARDINI o saque de Roma, cometido em 1527 – *anno mille cinquecento ventisette ricco di avenimenti e di sciagure* – ano cheio de acontecimentos e de desgraças.[201]

Diante dos estragos da guerra, seria a neutralidade uma resposta possível?

Nesse mesmo tempo histórico e contexto cultural, afirmava MAQUIAVEL ser a neutralidade um erro, e ressaltava que a via intermediária – *via*

[198] F. GUICCIARDINI, **Storia d'Italia** (1561, ristampa 2008, cit. livro I, cap. IX, p. 74-79 e a seguir cap. X, p. 80-82, cit. p. 81) por exemplo: "restando, parte nel combattere, parte nel fuggire, morti di loro più di cento uomini, uccisione senza dubbio non piccola secondo le maniere del guerreggiare le quali a quello tempo in Italia si esercitavano."

[199] F. GUICCIARDINI, **Storia d'Italia** (1561, ristampa 2008, I.IX, cit. p. 78): "E per maggiore infelicità, acciocché per il valore del vincitore non si diminuisseno le nostre vergogne, quello per la venuta del quale si causorno tanti mali, se bene dotato sí amplamente de'beni della fortuna, spogliato di quasi tutte le doti della natura e dell'animo."

[200] F. GUICCIARDINI, **Storia d'Italia** (1561, ristampa 2008, I.IX, cit. p. 78).

[201] Como descreve Francesco GUICCIARDINI, **Storia d'Italia** (1561, ristampa 2008, livro XVIII, cap. I – *L'anno mille cinquecento ventisette ricco di avenimenti e di sciagure [...] Vicende di guerra nello stato pontificio. Richieste di aiuti del pontefice ai collegati e al re d'Inghilterra*, p. 1815-1819, e cap. VIII – *[...] Assalto del esercito tedesco a Roma; morte del Borbone; sacco alla città*, p. 1853-1860, cit. p. 1859-1860): "Arrivò, il di medesimo che gli imperiali preseno Roma, il conte Guido coi cavalli leggieri e ottocento archibusieri al ponte di Salara, per entrare in Roma, la sera medesima; ma intesi il successo si ritirò a Otricoli, dove si congiunse seco il resto della sua gente; perchè, non ostante le lettere avute di Roma che disprezzavano il suo soccorso, egli, non volendo disprezzare la fama di essere quello che avesse soccorso Roma, aveva continuato il suo cammino. Né manco (come è natura degli uomini, benigni e mansueti estimatori delle azioni proprie ma severi censori delle azioni d'altri) chi riprendesse il conte Guido di non avere saputo conoscere una preclarissima occasione, perché gli imperiali, intentissimi tutti a sí ricca preda, a votare le case, a ritrovare le cose occultate, a fare prigioni e a ridurre in luogo salvo i fatti, erano dispersi per tutta la città, senza ordine di alloggiamenti senza riconoscere le loro bandiere senza ubbidire i segni de' capitani."

del mezzo – não traria nenhum bem: de um lado, o futuro vencedor reprovaria ao neutro não o ter apoiado, enquanto o futuro vencido não teria razão nenhuma para agradecer pela omissão do neutro. Como apontava no **Príncipe** e também nos **Discursos**.[202]

Enquanto MAQUIAVEL se reportava sobretudo à experiência de LEÃO X com a França, no ano de 1515, por sua vez, GUICCIARDINI tirava os dados para a sua argumentação sobretudo do destino da República de Florença, que em 1512 voltara a ficar sob a dominação dos MEDICI, depois de ter escolhido, entre a França e a Espanha, o partido da neutralidade.[203] Ensinava GUICCIARDINI: aquele que permanece neutro escolhe, de maneira irracional, tornar-se a presa do futuro vencedor.[204]

Segundo GUICCIARDINI, ainda, caso se desejasse absolutamente permanecer neutro, seria então necessário colocar-se de acordo com o partido em guerra, para o qual essa abstenção poderia ser de algum interesse. Assim considerada, a neutralidade assumia a condição de espécie de aliança: caso o partido favorecido viesse a ganhar a guerra, este poderia mostrar-se reconhecido e ser generoso com a parte mais fraca, que tinha permanecido neutra.

Nessa linha, algumas décadas mais tarde, tornava-se, assim possível para Francesco SANSOVINO,[205] por ocasião da confrontação com os turcos, em 1583, considerar, nos seus **conceitos políticos**, a neutralidade como meio de conservar a reputação das repúblicas, como aquela dos estados relativamente fracos e heterogêneos. Neste, a neutralidade deixava de ser desonrosa, mas tampouco se apresentava como virtude, ou como escolha permanente de orientação de política externa, de determinado estado.

[202] A respeito de MAQUIAVEL, ver **Tratado** (tomo 5 – **Direito internacional no tempo de Francisco de Vitória**, esp. cap. 13 – *estado como sujeito de direito internacional – a contribuição de MAQUIAVEL e BODIN*); Niccolò MACHIAVELLI, **Discorsi** (in **Tutte le opere**, a cura di Mario MARTELLI, Firenze: Sansoni, 1971); N. MAQUIAVEL, **O Príncipe e outros escritos políticos** (trad. Lívio XAVIER, São Paulo: Folha de São Paulo, 2010, esp. cap. XXI); N. MAQUIAVEL, **Comentários sobre a primeira década de TITO LÍVIO** (trad. Sérgio BATH, Brasília: Ed. UnB, 1979, esp. livro II.22 e livro II.23).

[203] Francesco GUICCIARDINI, **Storia d'Italia** (a cura di Silvana Seidl MENCHI, saggio introduttivo di Felix GILBERT, Turim: Einaudi, © 1971, ristampa 2008, 3 vols., cit. livro X.8).

[204] F. GUICCIARDINI (op. cit., ed. 2008); e tb. F. GUICCIARDINI, **Ricordi** (a cura di E. PASQUINI, Milão: Garzanti, 1984, n. 68, p. 89).

[205] Francesco SANSOVINO, **Concetti politici** (1583, *Propositioni*, Vinegia, 1608, n. 466, fol. 131v).

De maneira característica, Jean BODIN discute a neutralidade,[206] em capítulo no qual considera as alianças entre parceiros desiguais, ou seja, dos protetorados.[207] Nessa perspectiva, a neutralidade poderia ser vantajosa não somente para o partido militarmente mais forte, mas igualmente para o mais fraco, caso os beligerantes mais poderosos a reconhecessem e não criticassem o neutro pela postura adotada.[208]

Sinal dos tempos e mutação conceitual considerável se exprime na contraposição entre o debate medieval a respeito da guerra justa e a progressiva emancipação da neutralidade, como conceito de direito internacional moderno.

Cabe assinalar mutação conceitual relevante. A literatura da razão de estado fez assim da perspectiva moral da guerra justa – *bellum iustum* – uma questão de oportunidade e de interesse político, para continuar a rejeitar a neutralidade:[209]

> Funesta para os estados fracos, esta poderia ser considerada, na melhor das hipóteses, pelos poderosos, caso estes pudessem, depois da vitória, afirmar-se perante os vencedores, que poderia lhes recriminar a falta de apoio, durante a duração das hostilidades.[210]

Dentre os dados marcantes da primeira modernidade – séculos XV e XVI, que se estendem ao século seguinte e se precipitam na longa 'guerra dos trinta anos', de 1618-1648 –, pode-se considerar ser esta fase de estabelecimento do conceito moderno de neutralidade, em meio ao multipolari-

[206] Jean BODIN, **Les six livres de la République** (ed. orig. Paris: Jacques Du Puys, 1576, esta edição segue a 10ª ed., publicada em Lyon: Gabriel Cartier, 1593, reimpr. 1594, Corpus des œuvres de philosophie en langue française, Paris: Fayard, 1986, 6 vols.).

[207] J. BODIN (op. cit., 1576, ed. 1986, livre V, chap. VI – *De la seureté des alliances et traictez entre les princes*, vol. 5, p. 165-230).

[208] J. BODIN (op. cit., 1576, ed. 1986, livre V, chap. VI, vol. 5, p. 165-230, cit. p. 178-184) especialmente os itens: "*La neutralité utile quelquefois*", "*Neutralité souvent dangereuse*" e "*Quand on doit estre neutre*".

[209] Ver **Tratado** (tomo 4 – **Direito internacional no tempo medieval**, cap. 11, esp. item 11.2 – *guerra justa e guerra santa: entre 'jihad' e as cruzadas*); Thomas MAISSEN, *L'invention de la tradition de neutralité helvétique: une adaptation au droit des gens naissant du XVIIe siècle* (in **Les ressources des faibles**, op. cit., 2009, p. 17-46).

[210] T. MAISSEN (cap. cit., 2009, p. 21); tb. Michael ZIMMERMANN, **La crise de l'organisation internationale à la fin du Moyen âge** (RCADI, 1933, t. 44, p. 315-438).

zado sistema de estados, superando o antigo sistema medieval, ordenado segundo concepção universalista e hierarquizada, de caráter estamental, entre as várias categorias de vínculos feudais. Também é dado característico do período a crescente estatização da guerra, que será levada adiante, nos séculos seguintes.[211] No final do século XVIII as guerras revolucionárias francesas instauram e as napoleônicas exacerbam a configuração de grandes exércitos 'nacionais', mediante convocação obrigatória – e forçada, sob pena de sanções – de todos os homens jovens, em determinada faixa de idade, para 'servir a pátria', sob as 'cores nacionais'.

A opção da neutralidade pressupõe que o país interessado faça parte de comunidade de estados soberanos, cuja ordem repouse sobre o direito internacional. E seja aceita pelos demais, que se incumbem de assegurar a proteção da condição de neutro. A propósito da 'invenção da tradição de neutralidade helvética',[212] se constata ser

> essa comunidade de estados um fenômeno relativamente recente, produto da época moderna, e é somente nesse quadro que a neutralidade pode começar a ser interpretada como divisa nacional, que vá além do fenômeno até então conhecido, de simples recusa em participar de determinada guerra. Para poder falar em neutralidade de princípio, fundada no direito das gentes, e cuja validade não se limite às situações conflituais, mas perdure igualmente em tempo de paz, algumas condições conceituais tinham de ser reunidas:

[211] A respeito, neste tomo, título II – *da construção de sistemas coesos: de Vestfália (1648) até a guerra dos sete anos (1756-1763))*, e tb. referências específicas de fontes históricas e de análise do conflito, tais como os várias vezes referidos: Henry BOGDAN, **La guerre de trente ans 1618-16148** (Paris: Perrin-tempus, © 1997, ed. 2006, impr. 2010); Johannes BURKHARDT, **Der Dreissigjährige Krieg** (Frankfurt-Main: Suhrkamp, 1992); Heinz Dieter KITTSTEINER (1942-2008), **Die Stabilisierungsmoderne** – Deutschland und Europa 1618-1715 (Munique: Carl Hanser, 2010); Dietmar PIEPER e Johannes SALTZWEDEL (Hg.), **Der Dreissigjährige Krieg** – Europa im Kampf um Glaube und Macht 1618-1648 (Munique: Deutsche Verlags-Anstalt, 2012); Friedrich SCHILLER, **Geschichte des dreissigjährigen Kriegs** (orig. publ. 1792, in F. SCHILLER, **Werke in drei Bänden**, unter Mitwirkung von Gerhard FRICKE, hrsg. von Herbert G. GÖPFERT, Munique: Carl Hanser, 1966, vol. II, p. 34-320); Fred E. SCHRADER, **L'Allemagne avant l'État-nation**: le 'corps germanique' (1648-1806) (Paris: PUF, 1998).

[212] T. MAISSEN, *L'invention de la tradition de neutralité helvétique: une adaptation au droit des gens naissant du XVIIe siècle* (in **Les ressources des faibles**, op. cit. 2009, p. 17-46).

1. a neutralidade não contradizia necessariamente a prática, mas o ideal do universalismo medieval e do sistema feudal;
2. a teoria medieval relativa à guerra justa – *bellum iustum* –, estreitamente ligada a tais concepções, deveria ser abolida, ou ao menos, fortemente relativizada; e
3. a discussão sobre a neutralidade se impunha onde um sistema de estados de mesma condição começava a se estruturar, como acontece na Itália, a partir do século XV, com a alternância de alianças entre a pentarquia de Veneza, Milão, Florença, Roma e Nápoles, onde era legítimo recusar temporariamente qualquer vinculação à guerra.[213]

Durante esse período da história moderna europeia, justamente entre os primeiros a cuidar do tema, em obra integralmente dedicada à matéria, considerava Johan Wilhelm NEWMAYR von RAMSLA, a "neutralidade e assistência ou imparcialidade e parcialidade, em tempos de guerra", originalmente publicado em 1620: onde afirmava *nulla salus bello* – na guerra não há salvação![214]

Em meio à guerra dos 'trinta anos', Von RAMSLA enfatizava não se poder esperar a salvação na guerra, mas reafirmava que ainda caberia esperar que os cautos fizessem prevalecer a razão – *cautus nunc fido: pro ratione feror.*[215]

Ao mesmo tempo em que escrevia NEWMAYR VON RAMSLA, a Europa, e sobretudo os então existentes 'estados soberanos' no que hoje é a Alemanha, se matavam e se destruíam, durante décadas, desde a eclosão das primeiras vagas de reforma protestante, a partir de 1517, com apaziguamento pela paz religiosa de Augsburgo, de 1555; depois recrudesce e se aprofunda até desencadear sucessivas confrontações armadas, notadamente a guerra dos trinta anos, de 1618-1648.

[213] T. MAISSEN (cap. cit., 2009, p. 18-20).

[214] J. W. NEWMAYR Von RAMSLA (op. cit., 1620).

[215] J. W. NEWMAYR Von RAMSLA (op. cit., 1620, *Vorrede*): "Nulla falus bello: pacem cur fegniter ergò / Venando, Princeps bella mifella foves ? / Illius aut hujus tardè, vel neutra frequendo / Castra Ducis, lites cur alis ergò fatas ? / In medio virtus, mediò tutisfimus ibo, / Ilicet ; ac medius faepe rapina fuit. / Grandis amicus erit numeros hic cujus adibo, / Ilicet ; ac hostis grandior alter erit. / Sicnè vides te neutralem vixisfe, periclum / esfe, malumq´ ; sequi praelia, ficnè vides ? / Cautus nunc asto, fum fervantisfimus aequi, / Cautus nunc fido: pro ratione feror."

A respeito da primeira obra de VON RAMSLA, de 1620, assinalava Dietrich VON OMPTEDA,[216] ter sido este "famoso autor da primeira obra sobre a neutralidade, cujo nome ocorre muitas vezes, na literatura em relação a este tema".[217] Mesmo se tal primazia temporal pode ser questionada, ele se inscreve dentre os pioneiros no tratamento do tema.[218]

Depois da primeira edição de seu tratado, **Von der Neutralitet und Assitenz oder Unparteyligkeit und Parteyligkeit in KriegsZeiten sonderbarer Tractat oder Handlung**, em 1620, a temática da neutralidade é retomada por Joh. Wilhelm NEUMAYR von RAMSLA, ao publicar a segunda edição, consideravelmente ampliada, em 1625, e mais dois tratados, respectivamente sobre alianças e ligas em tempos de guerra, **Von Bündnüssen und Ligen in Kriegszeiten**, e outro sobre negociações de paz e tratados, **Sonderbarer Tractat von Friedenshandlungen und Verträgen**, ambos no mesmo ano de 1624.[219]

Na 'Dedicatória' da segunda edição do tratado sobre a neutralidade, dirigida ao duque Johan Ernst von SACHSEN-WEIMAR – nesta edição, em 1625, a obra passa de 183 para 691 páginas –, von RAMSLA se refere explicitamente aos seus dois tratados políticos – sobre alianças e ligas em tempos de guerra, e sobre negociações de paz e tratados – e esclarece a necessidade de segunda edição, de sua obra inicial, em razão de tudo o que tinha passado "diante dos olhos", naqueles anos, comportando o acréscimo de um capítulo. Justamente, o cap. VII, onde trata da avaliação que um príncipe deve fazer, a um pedido de ajuda de outro príncipe; bem como ulteriores exemplos históricos, na matéria do tratado sobre a neutralidade.

[216] Dietrich Heinrich Ludwig Von OMPTEDA, **Literatur des gesamten natürlichen und positiven Völkerrechts** ("Neudruck der Ausgabe Regensburg 1785", Aalen: Scientia Verlag, 1963).

[217] Dietrich Von OMPTEDA (op. cit., 1785, reed. 1963, § 319, p. 651-652): "Der rühmliche Verfasser dieses ersten Werks über die Neutralität, dessen Namen mehrmalen in dieser Litteratur vorkommt, war ein Sächsischer von Adel, der viele Jahre mit dem Herzog von Weimar auf Reisen zubrachte, und nachher verschiedene Werke heraus gab."

[218] Ver **Tratado** (tomo 6 – **Direito internacional no tempo de Suarez, Gentili e Zouch**, item – *existência e conteúdo do direito internacional moderno*).

[219] J. W. NEUMAYR von RAMSLA, **Von Bündnüssen und Ligen in Kriegszeiten** (Jena, 1624, 674 p.); J. W. NEUMAYR von RAMSLA, **Sonderbarer Tractat von Friedenshandlungen und Verträgen** (Jena, 1624, 667 p.).

Uma específica declinação e aplicação do princípio 'história, mestra da vida' – *historia magistra vitae* –, é praticada por Johan Wilhelm NEUMAYR von RAMSLA (1572-1641), nobre e douto saxão, que entre 1620 e 1640 – portanto, durante todas as diversas fases da guerra dos Trinta anos – escreveu ininterruptamente, fazendo precioso registro da sua experiência de viagens pela Espanha, França, Inglaterra, Países Baixos e Itália, a serviço, durante alguns anos, do duque Johan Ernst von SACHSEN-WEIMAR.[220]

A mais complexa dentre todas as questões políticas que se pode ter de enfrentar, é aconselhar um príncipe a permanecer neutro ou a fazer a guerra.[221] Poder-se-ia argumentar, hoje existirem paradigmas para a condução dos conflitos, sim, mas, igualmente, contra-argumentar: até que ponto são estes verdadeiramente seguidos?

Seria, mediante a ordenação da convivência, entre estados que se poderia passar, entre estes, do estado de natureza – de suposta guerra de todos

[220] J. W. NEUMAYR von RAMSLA, **Von der Neutralitet und Assitenz oder Unparteyligkeit und Parteyligkeit in KriegsZeiten sonderbarer Tractat oder Handlung** (Erfurt: J. Birckner, 1620, 183 p.) segunda edição, consideravelmente ampliada (2a. ed., 1625, 691 p.), e os dois tratados, respectivamente sobre alianças e ligas em tempos de guerra, ___, **Von Bündnüssen und Ligen in Kriegszeiten** (Jena, 1624) e outro sobre negociações de paz e tratados, ___, **Sonderbarer Tractat von Friedenshandlungen und Verträgen** (Jena, 1624). A docente da Università degli studi di Bologna, Angela De BENEDICTIS, *Vivere in guerra e scrivere sulla guerra, per venti anni, al tempo della guerra dei Trent'anni* (Società italiana per la storia dell'età moderna, giugno 2022 – on line: lasisem.it) comenta: "Una particolare declinazione e applicazione del principio *historia magistra vitae*, quella praticata da Johan Wilhelm NEUMAYR von RAMSLA (1572-1641), nobile e dotto sassone, che tra il 1620 e il 1640 – quindi durante tutte le diverse fasi della guerra dei Trent'anni – scrisse ininterrotamente, facendo tesoro della sua esperienza di viaggio in Spagna, Francia, Inghilterra, Paesi Bassi e Italia, a servizio per alcuni anni del duca Johan Ernst von SACHSEN-WEIMAR. / Uomo di amplissima cultura, vero e proprio poligrafo, esperto di questioni militari e finanziarie, era in grado di leggere la letteratura dei paesi che aveva conosciuto, oltre il latino. Ognuna delle sue opere è scritta sia in tedesco (naturalmente in caratteri gotici) sia nelle diverse lingue delle opere che von RAMSLA utilizzava: cronache, storie del mondo, trattatisca politica e filosofica, letteratura giurisprudenziale. Una vera e propria *summa* della cultura europea (con tutta la tradizione di cui quella cultura si allimentava) in argomento, con pochi riferimenti alla trattatistica *de iure belli* del tempo (Alberico GENTILI e Ugo GROZIO), nonostanze che i problemi della guerra giusta, della guerra ingiusta e del diritto di guerra fossero ovviamente centrali per le questioni di cui si occupava."

[221] J. W. NEWMAYR von RAMSLA, **Tractat von der Neutralitet und Assistenz** (op. cit., 1620, introdução).

contra todos, na concepção de HOBBES, ou de estado natural de paz, mas com possível ocorrência de guerras, na concepção de PUFENDORF – para patamar de convivência regulada, mediante normas e instituições internacionais. Aí já se passa do *estado de natureza* para a *utopia*. A ordenação teleologicamente humana do mundo pode ser utópica, mas se põe como a alternativa ao mundo concebido e operado somente do ponto de vista das relações interestatais. O registro deste não é dos mais positivos.

Ao menos durante bom número de séculos, a possibilidade de regulação da convivência entre estados, foi anseio antes teórico que prático. Consistiu tal anseio em expectativa formulada por pensadores e homens de estado, com especificidades ligadas ao momento histórico e contexto cultural, no qual se inscreviam, mas sempre buscando a instauração de modelo de convivência organizada, e a busca dos meios e modos de trazer este anseio para possível funcionamento na prática.

Os exemplos de J. W. NEWMAYR von RAMSLA mostram não ser exatamente novidade esse desafio: mas nem por isso, está resolvido. Permanecem controvertidas a teoria como a prática da neutralidade, no direito internacional.[222]

Antes de serem encetadas tentativas de regulação da convivência entre estados, nas experiências da Liga das Nações e das Nações Unidas, já haviam sido concebidas como projetos, mais ou menos utópicos, tendo em comum, a vontade, o anseio, a expectativa de permitir que a convivência entre estados passasse do estado de natureza, 'da guerra, e guerra tal, de todos contra todos', para modelos possíveis de convivência organizada. Que tal modelo exista e opere é conquista e realização da humanidade como todo. Mesmo com eventuais falhas e limitações.[223]

Merece ser preservado e aperfeiçoado, algum possível modelo de convivência organizada. Mesmo diante das tentativas de levar novamente a convivência entre estados ao estado de natureza. Para refrear a afirmação crua da primária lei do mais forte também foi preciso tempo considerável

[222] Ver ACCIOLY – NASCIMENTO E SILVA – CASELLA, **Manual de direito internacional público** (São Paulo: Saraiva, 26ª ed., 2023, item 3.8.1 – *neutralidade permanente*).

[223] A paz duradoura na Europa, infelizmente, nem antes nem depois de 1648, foi alcançada. Por isso, torna-se tema de indagação, em toda uma rica e variada vertente de estudos sobre a 'paz perpétua'. Cfr. P. B. CASELLA, **União europeia: instituições e ordenamento jurídico** (orig. publ. 1994, São Paulo: LTr, 2ª ed., 2002, item 1.2 – *projetos e experiências de União europeia: antecedentes históricos*, p. 54-71).

de evolução e institucionalização das relações humanas, mesmo para se chegar a regular isso no plano interno, mesmo em se tratando de sociedades democráticas e estados de direito.[224] Pautar as relações pelo uso da força nem pode ser aceitável no plano das relações interpessoais,[225] nem tampouco no plano internacional.[226]

A reciprocidade é princípio basilar das relações humanas.[227] Como também dado operacional básico do direito internacional, e normalmente se alinha pelo padrão mínimo de observância e aplicação normativa. Seria de se esperar que tais desvarios cessassem logo, ante a ameaça que representam a todo o sistema internacional vigente e a todo conceito de convivência organizada segundo instituições e normas de direito internacional.

"A reciprocidade é um dos fatores de motivação mais importantes nas relações internacionais contemporâneas" – também observava Max SORENSEN, em 1960 –[228] mas, aduzia, "esse fator joga, sem distinção, nos campos jurídicos e não-jurídicos".[229]

A relação entre estados, enquanto sujeitos de direito internacional, ainda é vista como expressão do estado de natureza – como a crítica de

[224] Como parecia defender e buscar o que se poderia chamar o 'modelo BOLTON', partindo das premissas do governo BUSH Jr., formuladas pelo então embaixador John BOLTON, sombrio e pouco edificante em termos de convivência internacionalmente organizada. É preciso ter consciência de que esse modelo e as tais premissas representam ameaça a todo o sistema institucional e normativo internacional vigente. Criam, ademais, consideráveis riscos para o futuro, para todos os estados e especificamente para os que as formulam e poderão se ver tratados por outros, de modo equivalente. Tão logo se altere o jogo e o equilíbrio de forças no planeta.

[225] Emmanuel PIERRAT, **Le sexe et la loi** (Paris: La Musardine, 2002, chap. 2 – *La loi du plus fort*, p. 33-51).

[226] Como ilustra a absurda – e imotivada – guerra de agressão da Rússia contra a Ucrânia, em curso desde fevereiro de 2022, cf. **Tratado** (tomo 2 – **Direito internacional dos espaços**, item 29.3 – *dimensão humana do território como expressão da relação entre espacialidade e direitos fundamentais*).

[227] Comenta a respeito da relação entre o *imperativo categórico* e a *Regra de ouro* em KANT, Katsutoshi KAWAMURA, *Kants Kritik and der Goldenen Regel* (in Katsutoshi Kawamura. Kant-online.ru posted by admin / on 26 Sept. 2014 / in Publications): "Reflektiert man über diese Formulierungen der Goldenen Regel, so kann man schliessen dass dieser Regel eine Art der Reziprozität zugrunde liegt. Diese Regel fordert von jedem, gegenüber jedem anderen gleichsam symetrisch zu handeln."

[228] Max SORENSEN, **Principes de droit international public** (RCADI, 1960, t. 101, p. 1-254, chap. II – *La coutume*, p. 35-51).

[229] M. SORENSEN (op. cit., 1960, p. 49).

TRUYOL Y SERRA (1995)[230] a ESPINOZA (1670 etc.)[231] –, visto neste não se ter alcançado patamar de regulação e institucionalização[232], se não equivalente ao das sociedades nacionais – na medida em que ao alcançar tal patamar 'nacional', deixaria a sociedade internacional de ser 'internacional' –, mas onde exista institucionalização, suficiente para permitir o funcionamento, de sistema internacional, contendo princípios, normas e instituições internacionais.[233]

No seu tempo histórico e contexto cultuarl, cabe entender a crítica de ESPINOZA não como negação do direito internacional, mas, antes, como sinal de sabedoria, na advertência quanto à necessária busca de efetividade, para que a este 'sistema internacional' se possa conferir funcionamento, e que tal funcionamento seja juridicamente eficaz.

[230] Antonio TRUYOL Y SERRA a respeito de ESPINOZA (in **Histoire du droit international public**, Paris: Economica, 1995, p. 82): "Dans la foulée de HOBBES, Baruch SPINOZA (1632-1677), dans son **Tractatus teologico-politicus** (1670) et son **Tractatus politicus**, inachevé (publié à titre posthume en 1677), souligne également que, les sociétés politiques vivant à l'état de nature, le droit de chacune s'étend jusqu'au s'étend sa force. Le principe d'autoconservation est le principe suprême de l'ordre moral [?] entre les nations et les peuples comme entre les individus. À la différence de ceux-ci, les États n'ont pas conclu un contrat social mettant fin à leur insécurité radicale, par l'instauration d'un pouvoir supérieur. Les accords qu'ils concluent sont le simple reflet du rapport des forces, et ils peuvent s'en libérer dès que ce rapport se modifie."

[231] Como se mencionou e se retoma adiante, a crítica de Baruch de ESPINOZA, **Éthique démontrée selon la méthode géometrique** (notice, trad., prés. et annotée par R. CAILLOIS, in **Œuvres complètes**, Paris: Gallimard, © 1954, impr. 1992, p. 301/596), **Traité des autorités théologique et politique** (do original latino **Tractatus theologico-politicus** publ. 1670, notice par Madeleine FRANCÈS e Raymond MISRAHI, in **Œuvres complètes**, Paris: Gallimard, © 1954, impr. 1992, p. 597/908), **Traité de l'autorité politique** (notices par Madeleine FRANCÈS, in **Œuvres complètes**, Paris: Gallimard, © 1954, impr. 1992, p. 909/1044), não seria a negação total da viabilidade e necessidade do direito internacional, mas seria o reflexo da análise lúcida do contexto internacional, todavia vigente. Nesse sentido, não posso acompanhar a avaliação de A. TRUYOL Y SERRA a respeito de ESPINOZA.

[232] Passados três séculos mais algumas décadas, desde então, a situação da avaliação do patamar de efetividade da implantação do direito internacional se faz todavia questionável, ante a ocorrência de uso da força por uns contra outros sujeitos de direito internacional, desrespeitando o estado da regulação vigente, sem a correspondente ocorrência de sanções, no quadro da ONU.

[233] Como se referiu **Fundamentos** (2008), "direito internacional pós-moderno entre técnica, espírito e utopia", corresponderia ao segundo estágio de implementação do direito internacional, onde além da técnica, se alcance o espírito. Neste passo, fique em suspenso a utopia.

Como bem caracteriza HOBBES, a guerra de todos contra todos não consiste na batalha somente, durante a qual se trava o ato de lutar, mas abrange todo o tempo, durante o qual a vontade de lutar – enquanto disposição para recorrer à luta armada – seja suficientemente conhecida. Nesse sentido, não destoaria tanto HOBBES da concepção de PUFENDORF, quando este afirmava ser a paz o estado natural, mas com possível ocorrência de guerras.

A natureza da guerra consiste não somente na efetiva luta armada, mas na conhecida disposição de recorrer a tanto, durante todo o período no qual não haja garantia, em sentido contrário. E, consequentemente, qualquer outro tempo, é paz.

A formulação do conteúdo positivo da guerra e da contraposição deste, a paz, não é, substancialmente, diversa, em HOBBES, em relação à formulação de KANT, no ensaio sobre a paz perpétua (1795). Neste KANT pondera não ser a paz somente a ausência de guerra, mas que se lhe deveria conferir conteúdo positivo, para permitir à paz ser duradoura.[234] Tanto quanto reine a conhecida disposição para recurso à força armada, tem-se estado de guerra, mesmo que não esteja sendo travado embate de armas, ininterruptamente.[235]

A construção da paz exige conteúdo positivo, para que não seja somente a ausência de guerra. E para que a paz possa durar.

Os conceitos do direito internacional moderno foram submetidos ao impacto direto decorrente da guerra dos trinta anos, ao longo desta, tais como Johan Wilhelm NEWMAYR VON RAMSLA, no seu clássico estudo a respeito da neutralidade (1620, 1624 e 1625) ou doutrina, seja esta das vésperas da eclosão da segunda guerra mundial, como T. BOYE (1938)[236] e R. DOLLOT (1939)[237], ou após a segunda guerra mundial, como

[234] Immanuel KANT, **Über den Gemeinspruch: Das mag in der Theorie richtig sein, taugt aber nicht für die Praxis. Zum ewigen Frieden: ein philosophischer Entwurf** (mit Einleitung und Anmerkungen, Bibliographie und Registern kritisch herausgegeben von Heiner F. KLEMME, Hamburgo: Felix Meiner – Philosophische Bibliothek Band Nr. 443, 1992).

[235] Assim estaria a humanidade, hoje, *in tempore belli*. E estariam colocados os elementos para fazer esse estado de guerra perdurar. A respeito, ver **Tratado** (tomo 4 – **Direito internacional no tempo medieval**, cap. 11, sobre os tratadistas da guerra, e especificamente o item 11.5 – *o ideal de construção da paz*).

[236] T. BOYE, **Quelques aspects du développement des règles de la neutralité** (RCADI, 1938, t. 64, p. 157-232).

[237] R. DOLLOT, **Essai sur la neutralité permanente** (RCADI, 1939, t. 67, p. 1-120).

T. KOMARNICKI (1952)[238], C. CHAUMONT (1956)[239] e D. SCHINDLER (1967)[240], a respeito da neutralidade.

A conjuntura do tempo histórico e do contexto cultural – e não somente o sistema da paz de Vestfália – trouxe intensificação sem precedentes das relações internacionais, pela multipolarização da Europa, a partir do início da era moderna – séculos XV a XVIII. E, não por acaso, se vê concomitante floração de obras sobre o direito internacional, quando uma série de autores escreve tratados ou estudos mais ou menos desenvolvidos, sobre distintos tópicos da disciplina.

Notadamente sobre o direito da guerra. E, paradoxalmente, "tomando a palavra filosofia em seu sentido clássico, não existe, por mais estranho que pareça, uma filosofia da paz, mas tão somente uma filosofia da guerra".[241]

A estes, acrescentem-se pensadores e filósofos do mesmo século XVII. Dentre os quais, Baruch de ESPINOZA:

> figura essencial da história intelectual do Ocidente, embora seu papel nem sempre seja plenamente reconhecido. Sua revolução filosófica antecipou as maiores tendências da modernização europeia, notadamente o processo de secularização, a crítica bíblica, o nascimento da ciência natural, o iluminismo e o estado democrático liberal.[242]

ESPINOZA pagou caro pela busca intransigente e independente da verdade, excomungado e excluído de sua comunidade judaica,[243] que ainda mantém animoso ressentimento contra o grande filósofo.

[238] T. KOMARNICKI, **The place of neutrality in the modern system of international law** (RCADI, 1952, t. 80, p. 395-510).

[239] C. CHAUMONT, **Nations Unies et neutralité** (RCADI, 1956, t. 89, p. 1-60).

[240] D. SCHINDLER, **Aspects contemporains de la neutralité** (RCADI, 1967, t. 121, p. 221-322).

[241] Como ressaltava Alexis PHILONENKO (1932-2018), **Essai sur la philosophie de la guerre** (orig. publ. 1976, Paris: Vrin – problèmes & controverses, 2e éd. augmentée, 2003): "en donnant au mot philosophie son sens classique, il n'y pas, si étrange que cela paraisse, une philosophie de la paix, il n'y a qu'une philosophie de la guerre."

[242] Yirmiyahu YOVEL, **SPINOZA et autres hérétiques** (traduit de l'anglais par Éric BEAUMATIN et Jacqueline LAGRÉE, © 1989, ed. francesa Paris: Seuil, 1991, *Préface*, p. 7-10, cit. p. 7).

[243] Pagou caro, durante a vida, pela sua busca da verdade. Y. YOVEL, **SPINOZA et autres hérétiques** (traduit de l'anglais par Éric BEAUMATIN et Jacqueline LAGRÉE, © 1989, ed. francesa Paris: Seuil, 1991) reproduz o documento de excomunhão de ESPINOZA, então com

Alguns veem em ESPINOZA a negação do direito internacional.[244] Onde, entendo, estaria antes sinal de sabedoria.[245]

Vários autores consagram parte de suas obras à reflexão sobre a guerra – e a neutralidade – ao cuidarem de temas 'internacionais' e da regulação das relações entre estados, como sujeitos de direito internacional. Vivenciaram GRÓCIO e GENTILI as agruras de seu tempo, enquanto gestavam as suas obras.

Hugo GRÓCIO vive e publica, inclusive sua obra prima **De jure belli ac pacis**, em 1625, durante período muito conturbado.[246] Inclusive tendo

24 anos, declarada pela comunidade judaica de Amsterdã, em 1656, na trad. francesa: ***"Par décret des Anges, par les mots des Saints, nous banissons, écartons, maudissons et déclarons anathème sur Baruch de SPINOZA avec toutes les malédictions écrites dans la Loi. Maudit soit-il le jour et maudit soit-il la nuit, maudit soit-il à son coucher et maudit soit-il à son lever, maudit soit-il en sortant, et maudit soit-il en entrant."*** Ao menos não o puderam mandar queimar! E conclui seu livro (p. 495): "La quête de lucidité et de désillusion n'a pas de but à atteindre, et ne saurait procurer plus qu'une émancipation partielle; mais elle admettra toujours le monde immanent, avec sa finitude et ses incertitudes internes, comme domaine suprême de l'être et de la valeur, ni enfer ni paradis, mais patrie métaphysique de l'homme, vallée de larmes créative et même joyeuse, où souffrance et persévérance, finitude et autonomie s'informent l'une l'autre."

[244] Nesse sentido, Antonio TRUYOL Y SERRA, **Histoire du droit international public** (Paris: Economica, 1995, cit. p. 82): "Dans la foulée de HOBBES, Baruch SPINOZA (1632-1677), dans son **Tractatus theologico-politicus** (1670) et son **Tractatus politicus**, inachevé (publié à titre posthume en 1677), souligne également que, les sociétés politiques vivant à l'état de nature, le droit de chacune s'étend jusqu'où s'étend sa force. Le principe d'autoconservation est le principe suprême de l'ordre moral entre les nations et les peuples comme entre les individus. À la différence de ceux-ci, les États n'ont pas conclu un cotnrat social mettant fin à leur insécurité radicale par l'instauration d'un pouvoir supérieur. Les accords qu'ils concluent sont le simple reflet du rapport de forces, et ils peuvent s'en libérer dès que ce rapport se modifie."

[245] Não consigo simplesmente enxergar detrator do direito internacional no sábio ESPINOZA. Digamos não ter sido este o seu foco principal. De longa data, pouco conhecido, pouco citado e ainda menos lido, mas permanece Baruch de ESPINOZA um dos pensadores cruciais do seu tempo, e quiçá, de todos os tempos, com destaque para a sua *Ética demonstrada geometricamente*. Ver a edição de ESPINOZA, **Éthique démontrée selon la méthode géométrique** (notice, trad., prés. et annotée par R. CAILLOIS, in **Œuvres complètes**, Paris: Gallimard, © 1954, impr. 1992, p. 301/596), **Traité des autorités théologique et politique** (do original latino **Tractatus theologico-politicus** publ. 1670, notice par Madeleine FRANCÈS e Raymond MISRAHI, in **Œuvres complètes,** Paris: Gallimard, © 1954, impr. 1992, p. 597/908) e também seu **Traité de l'autorité politique** (notices par Madeleine FRANCÈS, in **Œuvres complètes**, Paris: Gallimard, © 1954, impr. 1992, p. 909/1044).

[246] Como se examina no **Tratado** (tomo 7 – **Direito internacional no tempo de Hugo Grócio**). Sintomaticamente deixou a guerra profundas marcas no pensamento e na obra de

conhecido a prisão e o exílio. Com forte influência e impacto direto do contexto bélico no qual vivia e escreveu.[247]

Para GRÓCIO,[248] é o mais das vezes o direito das gentes, ou seja aquele que obriga em decorrência da vontade de todo o gênero humano, ou ao menos de muitos.[249]

Ao lado de GENTILI, ambos tiveram papel de precursores também em relação ao tratamento do tema da neutralidade e sua regulação,[250] em obra de direito das gentes.[251]

A já mencionada lição de GRÓCIO, a respeito dos neutros, é muito clara: "não se deve tomar nada daqueles que são neutros, a não ser em

GRÓCIO. Observava Celso MELLO (1937-2005), **Curso de direito internacional público** (Rio de Janeiro: Renovar, 15ª ed., 2004, vol. I, p. 177-178): "Mario BETTATI observa que GRÓCIO sofreu influência dos teólogos no direito de guerra, o que é demonstrado pelas citações de Santo AGOSTINHO e Santo TOMÁS DE AQUINO. A grande preocupação de GRÓCIO é com a guerra, sendo que a paz para ele é apenas a parte relativa aos tratados de paz, isto é, ao término da guerra."

[247] J. BASDEVANT, *Hugo Grotius* (in **Les fondateurs du droit international public** – leurs œuvres, leurs doctrines, introduction de A. PILLET, Paris: V. Giard & E. Brière, 1904, p. 125-267, cit. p. 141-142): "À cette époque [1621-1623], GROTIUS entreprend et mène à bien la composition du **De jure belli ac pacis**, qui parut en 1625. Dès les premiers mois de 1623, ses lettres nous le montrent y travaillant activement. Tout d'abord les livres lui font défaut ; il se procure cependant les ouvrages les plus indispensables, AYALA et GENTILIS, et travaille en tirant profit de la bibliothèque mise par De THOU à sa disposition. Pendant l'année 1624, l'élaboration de l'œuvre sera terminée. Au reste, dans tout le cours de sa vie, GROTIUS reviendra sur son ouvrage pour y adjoindre des compléments et des notes dans les éditions successives qu'il en donna. En 1642, notamment, il fit paraître une édition dont les notes, écrivait-il quelque temps auparavant, devaient égaler ou dépasser la moitié de l'ouvrage primitif."

[248] Ver **Tratado** (tomo 7 – **Direito internacional no tempo de Hugo Grócio**, cap. 18 – *Hugo GRÓCIO*).

[249] Hugo GRÓCIO, **De jure belli ac pacis** (1625, I.I.XV): "Latius autem patens est jus gentium, idest quod gentium omnium aut multorum voluntate vim obbligandi accepit. Multorum addidi, quia vix ullum jus repetitur extra jus naturale, quod ipsum quoque gentium dici solet omnibus gentium comune. Imo soepe in una parte orbis terrarum est jus gentium quod alibi non est, ut de captivitate ac postliminio suo loco dicemus."

[250] Ver **Tratado** (tomo 6 – **Direito internacional no tempo de Suarez, Gentili e Zouch**, cap. 16 – *Alberico GENTILI*).

[251] Ver **Tratado** (tomo 6 – **Direito internacional no tempo de Suarez, Gentili e Zouch**, cap. 16) sobre Alberico GENTILI, bem como os ensaios no volume, já referido, coordenado por Jean-François CHANET e Christian WINDLER, **Les ressources des faibles** – Neutralités, sauvegardes et accomodements en temps de guerre (XVIᵉ-XVIIIᵉ siècle) (Rennes: Presses universitaires de Rennes, 2009).

extrema necessidade com restituição do preço", [252] e, "para que a necessidade dê algum direito sobre o bem de outrem deve [esta] ser extrema". De tal modo, "é requerida a mais que uma necessidade igual não exista para o próprio proprietário".[253]

Ponderava GRÓCIO, por ocasião de uma guerra, muitas coisas são ordinariamente empreendidas contra os neutros, sob pretexto de necessidade, sobretudo em se tratando de povos vizinhos: "enfim é necessário que notemos que uma coisa pode ser feita, quando a queremos feita".[254]

Daí a oportunidade das "considerações sobre aqueles que são neutros na guerra":[255] Em relação aos quais, como aponta GRÓCIO: "o dever daqueles que se mantém fora da guerra é de nada fazer que possa tornar mais forte aquele que sustenta uma causa injusta, ou que impeça os movimentos daquele que faz uma guerra justa".[256]

Destacava, por sua vez, Johann Gottlieb EINNECIUS, em seus **Elementos de direito natural e das gentes**, de 1737, a importância de tais construções consensuais, no direito das gentes,[257] pois, uma vez fora do direito natural, apenas se encontrará alguma lei das gentes, que seja comum a todas as nações.[258]

Ao cuidar da questão complexa da neutralidade,[259] Cornelius van BYNKERSHOEK considera, nas **Questões de direito público**, livro I,

[252] H. GRÓCIO (op. cit., 1625, ed. 2004, III.XVII.I, p. 1339). Reporte-se também (II.II.X): pondera GRÓCIO que por ocasião da guerra muitas coisas são ordinariamente empreendidas contra os neutros, sob pretexto de necessidade, sobretudo se forem vizinhos. Daí a oportunidade das "considerações sobre aqueles que são neutros na guerra" (III.XVII, p. 1337-1346).

[253] Ver **Tratado** (tomo 7 – **Direito internacional no tempo de Hugo Grócio**, cap. 18 – *Hugo GRÓCIO*).

[254] H. GRÓCIO (op. cit., 1625, ed. 2004, III.XVII.II.4, p. 1343) e remete a GUICCIARDINI, **Storia d'Italia** (livro XVI): "Assim pensa GUICHARDIN".

[255] H. GRÓCIO (op. cit., 1625, ed. 2004, III.XVII, p. 1337-1346).

[256] H. GRÓCIO (op. cit., 1625, ed. 2004, III.XVII.III, p. 1345), em casos duvidosos aconselhava manter uma conduta igual entre os dois lados beligerantes. Nesse sentido, ver GRÓCIO (op. cit., 1625, ed. bras. 2004, III.I).

[257] Johann Gottlieb EINNECIUS, **Elementi del diritto di natura e delle genti** ("versione italiana e correzione" del sacerdote Andrea Cantore AMATO, Napoli: dalla tipografia di Domenico Sangiacomo, ed. seconda, "riveduta e ricorretta dal Vertitore", 1828).

[258] EINNECIUS (op. cit., ed. cit., cap. III – della norma dell'azioni umane e del verso principio del diritto di natura, p. 58-89, cit. parágrafo LXXI – neppure nel consenso uniforme delle Nazioni, p. 68-69).

[259] A respeito da contribuição de BYNKERSHOEK para o direito internacional, ver **Tratado** (tomo 10 – **Direito internacional no tempo de C. van Bynkershoek e Christian Wolff**,

capítulo VIII, a questão de ser ou não legítimo perseguir ou atacar o inimigo em porto ou território neutro – *an hostem liceat aggredi vel persequi in amici territorio vel portu*: o espaço da guerra é o elo que une os braços desse golfo.

A guerra é praticada no território dos inimigos, ou no alto mar, que é destituído de qualquer soberania. Mas com observância estrita do respeito ao território de nações não envolvidas no conflito, e amigas de ambos os beligerantes.

A transgressão, em geral, da fronteira do território de estado em paz com o beligerante configura atentado ilegal contra os direitos soberanos de potência amiga, e altamente culpável. Constitui direito e mesmo dever de qualquer soberano prevenir e mesmo punir violação de tal ordem, seja praticada por via marítima ou terrestre. Consequentemente, coibir qualquer ato de guerra seja praticado em seu território, bem como determinar que quaisquer presas tomadas, sejam devolvidas aos seus titulares.

Numerosos exemplos mostram, contudo, que esse princípio foi, muitas vezes, simplesmente deixado de lado.[260] E o próprio BYNKERSHOEK cita a destruição pelos holandeses da frota espanhola, no porto de Downs, em 1639, bem como o cerco à esquadra holandesa da Companhia das Índias Orientais, pelos ingleses, no porto norueguês de Bergen, em 1665, não obstante a ferrenha oposição dos dinamarqueses.[261]

Neste ponto da trajetória, com os presentes itens, para situar o direito internacional no contexto do século XVII, a recapitulação de algumas coletâneas de atos internacionais, ensaio de balanço da evolução do direito internacional no século XVII, algumas notas sobre a dignidade e precedência entre estados e povos, bem como sobre a construção da neutralidade no direito internacional moderno nos tratados de NEWMAYR VON RAMSLA, agora se pode pensar outra vertente possível, de evolução intelectual, como se esta se visse colocada sob o signo do Leviatã. E, sintomático sinal dos tempos, como este monstro primal passa do mundo físico para o mundo político. E, nesse avatar, continua a assolar a humanidade.

cap. 21); tb. P. B. CASELLA, *Desenvolvimento do direito internacional na concepção de Cornelius van BYNKERSHOEK* (Revista da Faculdade de Direito da USP, São Paulo, 2008, vol. 103, p. 563-592).

260 C. van BYNKERSHOEK, **Quaestionum juris publici** (I.VIII): *"Ex his licet intelligere, quo jure quave injuria censenda sint sequentia exempla"*.

261 A respeito da contribuição de BYNKERSHOEK para o direito internacional, ver **Tratado** (tomo 10 – **Direito internacional no tempo de C. van Bynkershoek e Christian Wolff**, cap. 21).

SOB O SIGNO DO LEVIATÃ

Os reinos, não menos com a prudência do que com as forças se devem acrescer e conservar

CRISTOFORO ARMENO (1557)[262]

À multidão assim unida numa só pessoa se chama *estado*, em latim *civitas*. É esta a geração daquele grande *Leviatã*, ou antes (para falar em termos mais reverentes) daquele *Deus mortal*, ao qual devemos, abaixo do Deus imortal, nossa paz e defesa. Pois graças a esta autoridade, que lhe é dada por cada indivíduo no estado, é lhe conferido o uso de tamanho poder e força que o terror assim inspirado o torna capaz de conformar as vontades de todos eles, no sentido da paz em seu próprio país, e da ajuda mútua contra os inimigos estrangeiros. É nele que consiste a essência do estado, a qual pode ser assim definida: uma pessoa de cujos atos uma grande multidão, mediante pactos recíprocos, uns com os outros, foi instituída por cada um como autora, de modo a ela poder usar a força e os recursos de todos, da maneira que considerar conveniente, para assegurar a paz e a defesa comum.

Thomas HOBBES, **Leviatã** (1651, ed. 1974, II.XVII)[263]

262 CRISTOFORO ARMENO, **Peregrinaggio di tre giovani figliuoli del re di Sereclippo** – 'dalla persiana nell'italiana lingua trapportato' (originalmente publicado 'in Venetia, per Michele Tramezzino', 1557, a cura di Renzo BRAGANTINI, Roma: Salerno Editrice, 2000, p. 44): "i regni, non meno colla prudenza che colle forze si soglhono accrescere e conservare".

263 Thomas HOBBES, **Leviatã** (trad. de João Paulo MONTEIRO e Maria Beatriz Nizza da SILVA, São Paulo: Abril cult. – Os pensadores vol. XIV, 1974, p. 109-110), ver tb., **Leviathan** (1651, ed. by Richard TUCK, Cambridge: Univ. Press – col. Cambridge Texts in the History

> Todo estudo é racional ou então de nada vale. O que digo é que os grandes mestres da matemática não erram com tanta frequência como os grandes profissionais do direito.
>
> Thomas HOBBES, **Diálogo entre um filósofo e um jurista** (1666, ed. bras. 2001)[264]

> Este é um daqueles casos descoroçoantes em que a verdade requer quase tanta intensificação como a alcançada pelo erro. Tão desconhecedores são certos homens de terra de algumas das mais claras e perceptíveis maravilhas do mundo, que, sem algumas indicações a propósito dos fatos manifestos, históricos ou não, referentes à pesca, poderiam encarar Moby Dick como uma fábula monstruosa, ou, ainda pior e mais detestável, como hedionda e insuportável alegoria.
>
> Herman MELVILLE, **Moby Dick ou a baleia** (1851, ed. bras. 1972)[265]

of Political Thought, 1991, II.XVII, p. 120-121): "the Multitude so united in one Person is called a Commonwealth, in Latine *Civitas*. This is the generation of that great Leviathan, or rather (to speak more reverently), of that Mortal God, to which wee owe under the Immortal God, our power and defence. For by this Authoritie, given him by every particular men in the Commonwealth, he hath the use of so much Power and Strength conferred on him, that by terror thereof, he is inabled to perform the wills of them all, to Peace at home and mutual ayd against their enemies abroad. And in him consisteth the essence of the Commonwealth, which (to define it), is One Person of whose Acts a great Multitude, by mutual Convenants one with another, have made themselves every one the Author, to the end he may use the strength and means of them all, as he shall think expedient, for their Peace and Common Defence."

[264] Thomas HOBBES, **Diálogo entre um filósofo e um jurista** (original de 1666, **A Dialogue between a philosopher and a Student of common laws of England**, trad. Maria Cristina Guimarães CUPERTINO, São Paulo: Landy, 2001, *Sobre a lei da razão*, p. 11-16, cit. p. 11), em resposta à indagação: '*O que leva o senhor a dizer que o estudo do direito é menos racional que o da matemática?*'

[265] Herman MELVILLE (1819-1891), **Moby Dick ou a baleia** (originalmente publicado em 1851, trad. Péricles Eugenio da Silva RAMOS, São Paulo: Abril Cultural, 1972, cap. XLV – *O depoimento juramentado*, cit. p. 254). Herman MELVILLE, **Moby Dick or the Whale** (Londres: Penguin Classics, 1994, chapter 45, *The Affidavit*, cit. p. 205): "For this is one of those disheartening instances where truth requires full as much bolstering as error. So ignorant are most landsmen of some of the plainest and most palpable wonders of the world, that without some hints touching the plain facts, historical and otherwise, of the fishery, they might scout at Moby Dick as a monstrous fable, or still worse and more detestable, a hideous and intolerable allegory."

Eu te saúdo, grande cachalote cor da lua, que os homens chamam *Mocha Dick* – começou o albatroz – deves saber que os homens te odeiam e te temem.

Luís SEPÚLVEDA, **História de uma baleia branca** (2019)[266]

O Leviatã, ou monstro marinho, ocupa as mentes dos homens durante séculos, misto de terror e de fascínio. Põe-se como imagem de força primeva, algo elemental e fora de controle, que escapa aos parâmetros e aos limites da civilização e da compreensão humana.

Desde, no antigo Testamento, a descrição do profeta JONAS no ventre de um enorme peixe – *Ionas in ventre piscis* – provavelmente uma baleia,[267] onde teria passado três dias e três noites, orando. Aos 'naturalistas' romanos antigos, como PLÍNIO,[268] no livro IX, sobre os animais aquáticos, da sua **História natural**, fala em "monstros marinhos e baleias": "os maiores animais do Oceano Índico são as baleias; no Oceano da Gália [o Atlântico], o soprador, que se eleva como enorme coluna, e que, mais elevado que as velas dos navios, lança uma espécie de dilúvio de água".[269] A seguir PLÍNIO também descreve animais totalmente fictícios, homens-peixe e outras maravilhas, reportando a autoridade de autores, junto aos quais teria encontrado as suas 'fontes'. Misto de ficção e de realidade, o Leviatã era ao mesmo tempo, algo fictício e imponente realidade.

Na mesma linha outros, antigos, medievais e do início da era moderna, se debruçam sobre o fascinante mundo dos 'monstros marinhos', em rela-

266 Luís SEPÚLVEDA (1949-2020), **Historia de una balena blanca – Una novela para jóvenes de 8 a 88 años** (Barcelona: Tusquets, 2019, cap. 13 – *La ballena habla por última vez*, p. 79-88, cit. p. 80-81: "Te saludo, gran cachalote de color luna, al que los hombres llaman *Mocha Dick*", empezó el albatros. "Has de saber que los hombres te odian y te temen."

267 **Biblia sacra** iuxta Vulgatam Clementinam (nova editio, logicis partionibus aliisque subsidiis ornata a A. Colunga et L. Turrado, Madrid, Biblioteca de autores cristianos, 1977, *Prophetia Ionae*, 2.1, p. 889-890): "Et praeparavit Dominus piscem grandem ut deglutiret Ionam; et erat Ionas in ventre piscis tribus diebus et tribus noctibus. Et oravit Ionas ad Dominum Deum suum de ventre piscis."

268 PLÍNIO faleceu no ano 79 d C., na erupção do Vesúvio, que destruiu Pompéia. PLINII, **Naturalis historia** (with an English translation by H. RACKHAM, Cambridge, Ma.: Harvard U.P. / Loeb Classical Library, 10 volumes, LCL 330 – preface and books 1-2, 1st. publ., 1938, rev. 1944 e 1949, reprinted, 2004); PLINE L'ANCIEN, **Histoire naturelle** (textes choisis et présentés d'après la traduction de LITTRÉ, par Hubert ZEHNACKER, Paris: Gallimard-Folio 3090, © 1999, impr. 2007).

269 PLÍNIO, **História natural** (IX.8).

ção aos quais se mostra essa imagem de força enorme, que foge à compreensão e ao alcance dos homens. Se a força sempre exerceu fascínio sobre as mentes humanas, isso se verifica tanto mais quanto, em maior ou menor extensão, escape à compreensão racional do fenômeno. Quer na natureza, como entre os homens, na política. E aí aparece novo avatar do Leviatã, a versão abstrata do mesmo ... sob a forma não menos aterradora do estado moderno.[270]

O dado a assinalar nesta passagem, justamente pode ser situado entre a segunda metade do século XVI e a primeira metade do século XVII. Nesta fase da era moderna, progressivamente, as forças da natureza se esvaem, se veem destituídas desse caráter tectônico e maravilhoso, que tanto fascina os ouvintes ou leitores de relatos, mais ou menos fantásticos, e passa o Leviatã a povoar o mundo fantástico das ideias, das abstrações e das composições teóricas, sob a forma monstruosa e elemental do estado moderno.

A gênese do estado moderno,[271] foi construída em torno de identidades nacionais, fórmula pautada pela diversidade e pela nivelação entre poderes,[272] de supostamente igual qualidade e 'soberania'. Mesmo que tais termos sejam tão flexíveis que possam ser considerados excessivamente vagos.

[270] Ver tb. **Tratado** (tomo 20 – **Direito, história e cultura**, cap. 1 – *direito internacional no tempo e seu papel na história*, item 1.1 – *o Leviatã e suas transformações*).

[271] Como se examina no **Tratado** (tomo 5 – **Direito internacional no tempo de Francisco de Vitória**, título I – *multipolarização da Europa na era moderna e advento do direito internacional como sistema* e cap. 13 – *estado como sujeito de direito internacional*); François FORONDA, *Du contrat ou de la structure proprement politique des sociétés politiques* (no volume **Avant le contrat social** – le contrat politique dans l'Occident médiéval XIIIe-XVe siècle, dir. de F. FORONDA, Paris: Publications de la Sorbonne, 2011, p. 5-13, cit. p. 7): "Allez, je lâche la formule qui agace: 'Genèse de l'état moderne', dont l'auteur n'a nullement besoin de mes services pour répondre aux critiques, cependant rarement poussées jusqu'à une réelle réfutation des considérables résultats obtenus et encore à obtenir".

[272] Ver **Tratado** (tomo 4 – **Direito internacional no tempo medieval**); Michel ZIMMERMANN, **La crise de l'organisation internationale à la fin du Moyen âge** (RCADI, 1933, t. 44, p. 315-438, cit. p. 434) encerrava seu curso falando na "décomposition du système médiéval et l'avènement du nouveau droit international"; W. GREWE, **Epochen der Völkerrechtsgeschichte** (Baden-Baden: Nomos, 1984, Erster Teil – *Ius gentium*: Grundzüge der mittelalterlichen Völkerrechtsordnung, p. 55-162); b/c os ensaios no volume **Avant le contrat social** – le contrat politique dans l'Occident médiéval XIIIe-XVe siècle, sous la direction de F. FORONDA, Paris: Publications de la Sorbonne, 2011); Modesto FLORENZANO, *Sobre a formação do estado moderno no Ocidente* (orig. publ. 2007, in **Lições de história moderna** (séculos XV a XX), São Paulo: Intermeios, 2021, p. 47-67).

Esse monstro criado pelos homens, o estado moderno, se serve de atributos vagos e obscuros. Nesse sentido, cumpre observar quanto o conceito de soberania é condicionado por descontinuidades filosóficas e historiográficas entre três períodos –[273] Renascimento, era clássica e modernidade. Por conseguinte, a soberania deveria ser vista como conceito contingente, e não como dado fundamental da ciência política e de sua história.

Cabe, igualmente, apontar a tensão fundamental existente entre duas concepções do exercício do poder: uma que pode esquematicamente ser chamada de 'autocrática' e a outra, que pode ser dita 'consensual'. Cabe notar que nenhuma das quais jamais chegou a vencer definitivamente;[274] tampouco algum equilíbrio se estabeleceu definitivamente entre ambas, mas a sua busca foi constantemente objeto de trabalho de redefinição, de amplitude considerável. Nesse contexto de tensão fundamental se deve examinar o lugar que o contrato social chegou a ocupar na organização política.[275] Não para reconstituir toda a trajetória do conceito, mas com interesse em seus desdobramentos no plano internacional – quando se põe paralelo com possível dimensão 'contratual' na gênese e na operação da sociedade internacional moderna.

Essa construção se fez na medida das necessidades operacionais do sistema interestatal, que se molda a partir do fim do modelo medieval, alinhado por eixo central (império-papado) e hierarquizado (entre distintos e sucessivos níveis de poder), com vínculos de suserania entre diferentes níveis de poder. O que se produziu até que se consolidasse o 'estado', e mesmo se perpetuou além disso. Passou por distintas fases de construção, desde os primeiros experimentos na península itálica, os seus desenvolvimentos 'nacionais' por franceses e ingleses, e a sua memorável análise e

[273] Jens BARTELSON, da Universidade de Estocolmo, em seu **A genealogy of sovereignty** (orig. publ. 1995, Cambridge: Univ. Press, 1996, Cambridge studies in international relations, vol. 39, cit. p. 247): "Within this tradition, sovereignty does not merely mean different things during different periods, function differently within different epistemic arrangements, or that it is something altogether different from time to time; rather the topic of sovereignty – the concept of sovereignty as opened to definitional change across time – is so rigorously intertwined with the conditions of knowing, that we could inductively expect a change in the former to go hand in hand with a change in the latter even in the future, if indeed there is one".

[274] Jean-Marie MOEGLIN, *Le Saint Empire: contrat politique et souveraineté partagée* (in **Avant le contrat social**, op. cit., 2011, p. 173-191, cit. p. 173).

[275] J.-M. MOEGLIN (op. cit., 2011, cit. p. 173): "Il importe de la restituer dans la longue durée de l'histoire de l'exercice de l'autorité".

indagação de natureza jurídica e desdobramentos do estado, pela doutrina e pela prática de língua alemã.

A respeito das "origens e do desenvolvimento do estado moderno no Ocidente":[276]

> Do estado moderno, 'da geração', nas palavras de HOBBES, 'daquele grande Leviatã, ou antes daquele deus mortal, ao qual devemos, abaixo do Deus imortal, nossa paz e defesa', ousaria dizer, concluindo, que os italianos o criaram, os franceses e ingleses o desenvolveram e aos alemães restou o consolo de o interpretarem.[277]

O estado moderno é parte e resultado de processo de transformação e de ajuste da sociedade internacional. O que afeta as premissas e o modo de operação de todo o sistema.

Este processo se observa no "laborioso processo da formação histórica do estado":

> Encontramos a todo momento, os sinais da luta entre a autoridade pública, que procura se constituir, ordenando em regime uniforme os elementos heterogêneos e desagregadores, e esses mesmos elementos, como grupos familiares, que, de certa forma, resistem à obra de unificação, e buscam conservar o seu próprio poder.[278]

Onde não consegue prevalecer a primeira forma, sobre a segunda, ou seja, onde não se consegue constituir uma sólida unidade, acima das unidades componentes do sistema, só se pode ter como efeito: a menor aptidão das pessoas, isoladas e 'anárquicas', para a resistência, contra outros grupos politicamente organizados e disciplinados, e por conseguinte, a supressão provável dos primeiros, absorvidos pelos segundos.[279]

[276] Modesto FLORENZANO, *Sobre a formação do estado moderno no Ocidente* (in **Lições de história moderna**, op. cit., 2021, p. 47-67).

[277] M. FLORENZANO (art. cit., 2021, p. 67).

[278] Giorgio DEL VECCHIO, **La société des nations au point de vue de la philosophie du droit international** (RCADI, 1931, t. 38, p. 541-650).

[279] G. DEL VECCHIO (op. cit., 1931, p. 565) citava a lição de Charles DARWIN (1809-1882): quando duas tribos de homens primitivos vivam na mesma região, e se ponham em luta, aquela tribo, contando com o maior número de membros corajosos e fieis, e prontos a se defenderem

Aponta-se a passagem da baleia como símbolo, que se desloca do concreto – o animal monstruoso e misterioso, o mamífero de sangue quente, que vive na imensidão dos mares – para o abstrato – a baleia como monstro, criado pelos homens, para exercer a dominação sobre os homens, sob a forma do estado, o Leviatã. A transformação se deu em espaço de tempo histórico relativamente curto e circunscrito.

A baleia, assim, passou do imaginário coletivo humano, como animal marinho, que se viu reduzido a objeto de exploração comercial: a indústria baleeira se faz negócio rentável, sistematicamente explorado.[280] Perde o seu mistério.

Note-se, a respeito da Holanda no século de ouro, "a importância para as populações das províncias marítimas, do direito aos salvados, aliás exatamente regulamentado",[281] e o fato de que "o direito equiparava as baleias que por vezes encalhavam nas praias holandesas aos salvados dos navios. A aldeia em cujo território se descobria um desses animais podia extrair até quinhentos florins de óleo":[282]

> Nos primeiros anos do século XVII a procura de uma rota de navegação para o norte da Escandinávia colocou os ingleses, depois os holandeses, em contato com os bandos de baleias que frequentavam esses mares. [...] Em 1614, um grupo de baleeiros holandeses constituiu a Companhia Setentrional, que

uns aos outros, contra o perigo, não há dúvida que essa tribo acabará por vencer e conquistar a outra. Mas a lição da história ensina que esta tribo, uma vez vitoriosa, tenderá a ser, por sua vez, suplantada por outra tribo, ainda mais dotada do que a anterior. E assim as qualidades sociais e morais tiveram a tendência a progredir e a se difundir lentamente no mundo. Na mesma linha, ver tb. Maurice MENDELSON, **The formation of customary international law** (RCADI, 1998, vol. 272, p. 155-410).

280 Cfr. **Tratado** (tomo 20 – **Direito, história e cultura**, cap. 1 – *direito internacional no tempo e seu papel na história*, item 1.1 – *o Leviatã e suas transformações*); Simon SCHAMA, **The embarrassment of riches**: an interpretation of Dutch culture in the Golden Age (Berkeley and Los Angeles: Univ. of California Press, 1988, part II, chap. 3, item I – *Whales on the beach, writing on the wall*, p. 130-150, cit. p. 130): "The first Dutch Arctic whaling expedition was fitted out in 1612, and the Company of the North established two years later. / As far as the common reaction to whales is concerned, though, the political and military chronology is more important than the economic history."

281 Paul ZUMTHOR, **A Holanda no tempo de Rembrandt** (orig. publ. **La vie quotidienne en Hollande au temps de Rembrandt**, 1959, trad. Maria Lúcia MACHADO, São Paulo: Companhia das Letras, 1989, cit. p. 289).

282 P. ZUMTHOR (op. cit., 1959, ed. bras., 1989, p. 289).

três anos mais tarde recebeu estatuto oficial e o direito exclusivo de caçar a baleia entre o Spitzberg e a Groenlândia.[283]

É exatamente nesse mesmo período – início do século XVII – que se esvai o mistério do animal que se configura o fascínio do Leviatã, como monstro abstrato. E esse monstro abstrato teria longa carreira pela frente.[284]

Mesmo se foi contestada a tese de Max WEBER, originalmente publicada em 1905, segundo a qual somente a ética protestante teria ensejado o espírito do capitalismo,[285] porque estas condições já estariam presentes na Itália setentrional desde longo tempo antes da reforma protestante, sobretudo em Veneza.[286] Mesmo assim, a contribuição de Max WEBER pode

283 P. ZUMTHOR (op. cit., 1959, ed. bras., 1989, p. 360).

284 Cf. **Tratado** (tomo 20 – **Direito, história e cultura**, cap. 1 – *direito internacional no tempo e seu papel na história*, item 1.1 – *o Leviatã e suas transformações*).

285 Max WEBER, **Die protestantische Ethik und der Geist des Kapitalismus** (1905, Erfstadt: area verlag, 2005); para alguns outros ensaios de Max WEBER, **Political writings** (ed. by Peter LASSMAN and Ronald SPEIRS, Cambridge: Cambridge Univ. Press – Cambridge Texts in the History of Political Thought, 1994, esp. *The profession and vocation of politics*, p. 309-369).

286 A respeito das transformações do comércio mediterrâneo, e do papel de Veneza neste, veja-se: Jean-Claude BARREAU, **Un capitalisme à visage humain** – Le modele vénitien (Paris: Fayard, 2011); Christian BEC, **Histoire de Venise** (orig. publ. 1993, Paris: PUF, 3ª ed., 2005); Fernand BRAUDEL, **O modelo italiano** (orig. publ. **Le modèle italien**, 1989, trad. Franklin de MATTOS, São Paulo: Companhia das Letras, 2007); F. BRAUDEL, **La méditerranée et le monde méditerranéen à l'époque de Philippe II** (orig. publ. 1949, Paris: Armand Colin, 1987, 2 vols., esp. 2e Partie, 1.3 – *Peut-on construire le 'modèle' de l'économie méditerranéenne ?*, p. 383-419); F. BRAUDEL (coord.), **La méditerranée**: espace et histoire (Paris: Flammarion/Champs, 1e ed., 1977, impr. 1985); F. BRAUDEL e Georges DUBY (coord.), **La méditerranée**: les hommes et l'héritage (Paris: Flammarion/Champs, 1e ed., 1977, impr. 1986); F. BRAUDEL, **Civilisation matérielle, économie et capitalisme XVe-XVIIIe siècle** vol. I: **Les structures du quotidien: le possible et l'impossible** (Paris: Armand Colin 1979), vol. II: **Les jeux de l'échange**, Paris: Armand Colin, 1979), vol. III: **Le temps du monde**, (Paris: Armand Colin, 1979); Jacob BURCKHARDT, **The civilization of the Renaissance in Italy**: an essay (orig. publ. **Die Kultur der Renaissance in Italien**: ein Versuch, 1860, trad. C. S. G. MIDDLEMORE, de 1878, da segunda edição em alemão, Introduction by Hajo HOLBORN, New York: The Modern Library, © 1954, reimpressão sem data); É. CROUZET-PAVAN, **Renaissances italiennes 1380-1500** (Paris: Albin Michel, 2007); W. V. HARRIS, **Rethinking the Mediterranean** (Papers from a Conference organized by the Columbia Univ. Center for the Ancient Mediterranean, September 21-22, 2001, Oxford : Univ. Press, 2005); Paolo MALANIMA, *L'economia* (in **Storia degli antichi stati italiani**, a cura di Gaetano GRECO e Mario ROSA, Roma-Bari: Laterza, 1996, cap. VI, p. 249-295); Alvise ZORZI,

ser destacada, por apontar o desenvolvimento do estado como "entidade política, com constituição racionalmente redigida, direito racionalmente ordenado, e administração orientada por regras racionais, dotado de leis e administrado por funcionários especializados".[287]

Este mesmo período, entre 1560 e 1650 foi a era de consolidação do monstro no imaginário coletivo,[288] quando "questões de política externa estavam inextricavelmente ligadas à teologia".[289] E o estado moderno, assim, mesclaria aos elementos de 'racionalidade', dos quais se ufana, também a dimensão, menos frequentemente admitida, de mistério e de misticismo.

A exploração baleeira foi uma das maiores barbaridades cometidas pelos homens – àqueles enormes animais, quase sempre pacíficos e inofensivos, ao menos até que sejam atacados – *Moby Dick*, o capitão Ahab e *Mocha Dick* que o digam –, aos quais se deu caça sem trégua, para extração de óleo,

Histoire de Venise (do original **La Repubblica del Leone – Storia di Venezia**, © 1979 Paris: Perrin-tempus, 2005).

[287] M. WEBER, **Die protestantische Ethik und der Geist des Kapitalismus** (1905, ed. 2005, *Vorbemerkung*, p. 7-24, cit. p. 18): "Ein solches Recht und eine solche Verwaltung nun stellte der Wirtschaftsführung in dieser rechtstechnischen und formalistischen Vollendung nur der Okzident zur Verfügung"; ver tb. Max WEBER, **Political writings** (ed. by Peter LASSMAN and Ronald SPEIRS, Cambridge: Univ. Press – Cambridge Texts in the History of Political Thought, 1994, esp. *The profession and vocation of politics*, p. 309-369, p. 310): "In the last analysis, the modern state can only be defined sociologically in terms of a specific means (*Mittel*) which is peculiar to the state, as it is to all other political associations, namely physical violence (*Gewaltsamkeit*)".

[288] Thomas J. BIERSTEKER and Cynthia WEBER (eds.), **State sovereignty as a social construct** (Cambridge: Univ. Press, 1996). Comenta S. SCHAMA (op. cit., 1988, p. 136): "It would be misleading to suggest a simple chronology by which whale imagery evolved from moral allusion to dispassionate classification. Whales entered the moral bestiary through other media, like the emblem book, where Jacob CATS took it as the example of brawn rather than brain. But it is true that once the Republic's place in Europe seemed more secure, stranded-whale prints that incorporated some sort of oracular comment became relatively scarce. Another important factor was the magnitude of the whaling industry itself. Once the monopoly of the Company of the North had been rescinded in 1641, there was a spectacular expansion."

[289] S. SCHAMA (op. cit., 1988, p. 130-131): "this was exactly the formative period when a Dutch culture was being shaped by the apprehensions and uncertainties of war and religious conflict. Hence it is not surprising to find the beached whale repeatedly taken as a commentary on national fortunes or an augury of crises ahead. The year of the Berckhey whale, 1598, was a reasonably good one for the fortunes of Maurice's campaign, so that Grotius's report of the popular response to the message of the whale could be both optimistic and pessimistic."

sobretudo de óleo para iluminação? Desperdiçavam-se, a cada caçada, um animal vivo, soberbo exemplar de mamífero, e depois de morto, incontáveis toneladas de carne e outros recursos dessas enormes carcaças eram a seguir descartadas no mar – tragédia e selvageria da qual fica registro nos anais da História do homem sobre a terra, dos séculos XVII ao XX – ao menos até a **Convenção** que restringe a pesca da baleia (1946). E, mais ou menos ilegalmente, prossegue desde então, a caça da baleia, muitas vezes mal disfarçada sob a alegação de se tratar de captura de exemplares para fins de 'pesquisa'.[290]

Naquela mesma altura, na era moderna, o fantástico parece prestes a se esvair do mundo natural, e se afastaria das baleias especificamente, ou dos cetáceos, em geral, como classe animal. Nesse mesmo tempo, o homem da era moderna parecia querer pretender explicar todos os fenômenos da natureza, por meio de esclarecimentos 'científicos', naturais e racionais, assim privando o mundo de muitos de seus mistérios – todos os fenômenos naturais devem ser explicados de maneira racional. Como advertia, em 1666, o mesmo HOBBES: "todo estudo é racional ou então de nada vale".[291]

Nessa mesma época, consolida-se a abstração do Leviatã, como imagem recorrente e obsessiva do coletivo humano: passa o Leviatã de 'monstro da natureza' para a condição de uma das mais portentosas e duráveis construções do intelecto humano. E, neste novo avatar, dar frutos, igualmente fantásticos e assustadores, sob a forma do estado moderno, e suas emanações. Tanto mais pernicioso o avatar estatal do Leviatã, porque afirmado como necessário, para a existência da vida, ordenada em sociedade, e a continuidade da existência de vínculo de sociedade entre os homens.

Quando as baleias deixam de ser monstros misteriosos, e se tornam produtos de exploração comercial sistemática, surge, em 1651, a formulação do **Leviatã**, de Thomas HOBBES, como a imagem monstruosa e

[290] Cf. **Tratado** (tomo 20 – **Direito, história e cultura**, cap. 1 – *direito internacional no tempo e seu papel na história*, item 1.1 – *o Leviatã e suas transformações*).

[291] Thomas HOBBES, **Diálogo entre um filósofo e um jurista** (original de 1666, **A Dialogue between a philosopher and a Student of common laws of England**, trad. Maria Cristina Guimarães CUPERTINO, São Paulo: Landy, 2001, *Sobre a lei da razão*, p. 11-16, cit. p. 11), em resposta à indagação: '*O que leva o senhor a dizer que o estudo do direito é menos racional que o da matemática?*'

tentacular do estado moderno.[292] Neste momento e modelo se põe outra dimensão do monstro, tornado uma abstração: o 'estado' moderno, perfaz a concepção antes imaginada e mesmo considerada desejável do 'estado' e da 'soberania' deste, como modo 'racional' de ordenação da sociedade humana, para a qual tinham contribuído, no século XVI, os esforços de MAQUIAVEL e BODIN.[293]

O monstro estado, se faz acompanhar de outro monstro, a guerra civil. Como nos traz HOBBES, desta vez no **Behemoth**, escrito entre 1666-68, publicado em 1679.[294] A simbologia não se faz por mera coincidência.

[292] Thomas HOBBES (1588-1679), **Leviathan** (1651, ed. by Richard TUCK, Cambridge: Univ. Press – Cambridge Texts in the History of Political Thought, 1991); ed. bras., **Leviatã** ou matéria, forma e poder de um estado eclesiástico e civil (trad. João Paulo MONTEIRO e Maria Beatriz Nizza da SILVA, São Paulo: Abril cult., 1974, col. Os Pensadores, vol. XIV).

[293] Ver **Tratado** (tomo 5 – **Direito internacional no tempo de Francisco de Vitória**, cap. 13 – *estado como sujeito de direito internacional – a contribuição de MAQUIAVEL e BODIN*). Comentava André MAUROIS, **História de Inglaterra** (orig. publ. **Histoire d'Angleterre**, s/d, trad. Maria Henriques OSSVALD, Lisboa: Aster, 1976, vol. II – Época moderna, livro V – O triunfo do Parlamento, p. 81-169, cit. p. 166): "O grande pensador da Restauração inglesa é HOBBES, que concebe a sociedade humana como sistema puramente mecânico, fazendo mover apetites e desejos. Aos seus olhos, o egoismo é a única mola da lei moral; ora a vida na sociedade desencadeia a luta dos egoísmos e, por essa luta, o estado natural, que é um estado de guerra, transforma-se em acordo legal. A filosofia política de HOBBES é aquela que podia existir, numa época de guerras civis como aquela de que fora testemunha. Já que os homens se odeiam e são incapazes de viver em paz, o único remédio para a anarquia é um senhor poderoso. O **Leviathan** de HOBBES (1651) é afinal o estado totalitário dos ditadores modernos, com a diferença de que o ditador é o monarca".

[294] Thomas HOBBES escreveu, **Behemoth or the long Parliament**, a sua história da guerra civil e da revolução inglesa, nos anos que se seguiram à restauração de CHARLES II em 1660, que se estima entre 1662 e 1668, ou mais precisamente entre 1666 e 1668. Proibida a publicação pelo rei CHARLES II, a quem HOBBES submetera o manuscrito, aconteceram, contudo várias edições a partir de 1679, contrariamente ao desejo do autor. Vários manuscritos dessa obra – pela qual HOBBES parece ter tido especial predileção – circularam na época, antes de o impressor William CROOKE a publicar em 1682, três anos após a morte do autor. Thomas HOBBES, **Behemoth, or the long Parliament** (ed. by F. TÖNNIES, rev. by M. M. GOLDSMITH, Londres: Franck Cass, 1969); tb. na ed. francesa, Thomas HOBBES, **Béhémoth** ou le long Parlement (introduction, traduction, notes, glossaire et index par Luc BOROT, Paris: Vrin, 1990, cit. p. 10): "A beaucoup de contemporains de HOBBES, ce récit de la guerre civile, de la révolution, de la république et du Protectorat des deux CROMWELL, Oliver et Richard, serait apparû comme un brûlot, comme l'une des charges les plus violentes contre le pouvoir des Puritains, mais aussi (et surtout dans le contexte de la Restauration) contre les erreurs tactiques et politiques de CHARLES Ier et de ses conseillers. Venant d'un penseur accusé de retournements d'alliance, à cause de son retour d'exil sous CROMWELL, taxé d'athéisme et

Do exame de aspectos históricos da obra **Behemoth**, resulta que o julgamento de HOBBES sobre certos eventos, que descrevia, foi determinado, por diversos dados de sua filosofia, como em razão de suas escolhas partidárias e sua condição social. Sua análise psicológica das relações entre CROMWELL e os demais protagonistas da revolução não seria, sem dúvida, tão complexa, se HOBBES não tivesse formulado a teoria da condição natural da humanidade – como a guerra e a guerra de todos contra todos, ao menos até o advento do modelo ordenador do estado – e aí se vê o peso do modelo que HOBBES construíra em suas obras políticas, e as noções de cálculo, de interesse e de poder tinham sido definidas, como o foram, no *Leviatã*.[295] E esse modelo foi conservado por HOBBES, ao considerar a guerra civil: *Behemoth*, as bestas soltas da violência da turba revoltada.

O estado de natureza, segundo HOBBES, é a "guerra de todos contra todos", e neste estado a vida dos homens é então "solitária, cheia de necessidades, penosa, quase animal e breve".[296] Aqui se trata de considerar a transposição do estado de natureza para as relações entre estados.

auteur d'une philosophie censée décrire l'homme comme naturellement dépourvu de toute marque d'humanité, ce récit ne pouvait pas manquer de choquer les lecteurs, d'inquiéter le pouvoir et donc de mettre en danger la vie de son auteur, ce dont HOBBES était le premier conscient."

[295] Luc BOROT, *Introduction* (1990 à ed. francesa do **Béhémoth** de Thomas HOBBES, ed. cit., Paris: Vrin, 1990, p. 9-26, cit. p. 20-21) comenta ser questionável a autenticidade do título, **Behemoth**: e comenta ter HOBBES, em carta ao editor William CROOKE, se queixado que seu livro "circulasse sob título estúpido". Este comenta: "Mon observation du manuscrit du St. John's College me semble attester l'authenticité du titre *Béhémoth*, car le titre semble bien être de la même main que le texte que HOBBES a revu". Na edição inglesa, F. TÖNNIES (rev. by M. M. GOLDSMITH, Londres: Franck Cass, 1969) dá explicação diversa: a crítica de HOBBES diria respeito justamente à omissão do termo *Behemoth* no título. Para Royce McGILLIVRAY, *Thomas Hobbes's History of the English Civil War* (in Journal of the History of Ideas, 1970, vol. XXXI, p. 179-198) por sua vez, a crítica diria respeito justamente à presença do termo no título da obra.

[296] HOBBES, **Leviathan** (op. cit., 1651, ed. cit., 1991, chap. xiii "of the naturall condition of mankind, as concerning their felicity and misery", p. 86-90, cit. p. 88/89): "during the time men live without a common power to keep them all in awe, they are in that condition which is called warre; and such a warre, as is of every man, against every man. For warre consisteth not in battell onely, or the act of fighting; but in a tract of time, wherein the will to contend by battell is sufficiently known; (...) So the nature of war, consisteth not in actuall fighting, but in the known disposition thereto, during all the time there is no assurance to the contrary. All other time is peace."

Ao examinar a "associação civil segundo HOBBES", se observa ser este modo de associação política preciso entre os homens, no qual os indivíduos estão vinculados ao respeito de certas normas, e de certas práticas, mas não por fim comum único.[297] Nessa perspectiva, se pode opor ao império da norma – a *nomocracia* de uma determinada *societas* –, o planejamento normativo – sob o modo de *teleocracia* de uma *universitas* –, ou seja, um estado que se atribuiria como missão impor um mesmo objetivo a todos os seus membros. Nessa leitura, se põe HOBBES como pensador do quadro formal de uma *societas*, e não de uma *universitas*, ou seja, como pensador, precisamente, da associação civil.[298]

HOBBES como radical inovador, teve a declarada intenção de contradizer as ideias até então reinantes. Formulador daquilo que outros chamam de "religião civil do estado moderno": "talvez mais do que qualquer outro pensador contemporâneo, à emergência histórica do estado moderno, HOBBES compreendeu a necessidade de justificar as exigências absolutas dessa nova entidade, através da formulação de uma 'teologia civil' substitutiva", como a proposta central do **Leviatã**.

> O homem é definido como um animal que se autoproduz, criador de sua cidade, inventor de sua própria linguagem, através da qual originam-se, posteriormente, suas ideias. Desta maneira, o que é humano por excelência reside na esfera do artificial e, em última análise, na esfera do arbitrário.[299]

O monstro existe e opera; está presente em todos os quadrantes do mundo. Multiplica-se em sucessivos estágios e esferas de operação – como no caso brasileiro, de estado federal, estadual e municipal – se desdobra em crescentes aparições, se multiplica e domina todos os quadrantes da vida dos homens. Tudo isso vem compor o quadro descrito em relação às

[297] Michael OAKESHOTT (1901-1990), **Hobbes on civil association** (Oxford: Basil Blackwell, 1975); tb. na edição francesa, **L'association civile selon Hobbes** – suivi de Cinq essais sur Hobbes (trad. et notes par Dominique WEBER, Paris: Vrin, 2011); ver ainda, Dominique WEBER, **Hobbes et le désir des fous** – Rationalité, prévision et politique (Paris: Presses de l'Université de Paris-Sorbonne, 2007); D. WEBER, **Hobbes et l'histoire du salut** – ce que le Christ fait à Léviathan (Paris: Presses de l'Université de Paris-Sorbonne, 2008); D. WEBER, **Hobbes et le corps de Dieu** – 'idem esse ens & corpus' (Paris: Vrin, 2009).

[298] M. OAKESHOTT (op. cit., 2011).

[299] Nelson Lehmann da SILVA, **A religião civil do estado moderno** (pref. José Osvaldo de MEIRA PENNA, Brasília: Thesaurus, 1985, cap. II – *Leviatã*, p. 59-80, cit. p. 59).

sociedades politicamente organizadas, a partir do início da era moderna, embora não se lhe atribua o nome, transposto para o presente.

Séculos depois de seu surgimento, o Leviatã constitui o paroxismo que leva à crise da pós-modernidade, no direito internacional, que impõe a reavaliação do modelo institucional e normativo internacional, centrado exclusivamente nos estados, para buscar adequá-lo às exigências conceituais e operacionais do sistema regulador da convivência, que abranja os demais sujeitos e agentes do mundo atual. E se essa 'transformação sem orientação' acaba 'provocando inúmeros transtornos e criando problemas até hoje não resolvidos em toda a vida social' é, contudo, claro que o direito internacional pós-moderno teria de enfrentar o desafio de gerar novos modos de operar, embora tampouco se lhe dê o nome, nesse quadro atual?

A palavra hebraica '*behemoth*' é o plural de '*behema*', que significa besta. *Behemoth* são as bestas, soltas e livres, fazendo estragos pelo mundo. E estas se contrapõem ao *Leviatã*.

Na **Bíblia**, o monstro *Behemoth* é o maior animal terrestre da criação, enquanto o *Leviatã* é o maior animal marinho. Assim consta, na evocação por Deus, em meio à nuvem, no final do **Livro de Jó**. Em meio ao turbilhão, Deus responde a Jó – *respondem autem Dominus Iob de turbine* – e anuncia: "Vê o Behemoth que eu criei, igual a ti! Alimenta-se de erva, como o boi".[300]

Existe diferença marcante entre ambos os títulos, porquanto, para HOBBES, o *Leviatã*, surgindo dos mares, parece evocar uma potência majestosa e incontestável; enquanto o *Behemoth* sugere a violência descontrolada. Os dois títulos foram talvez concebidos para se contraporem ou, ao menos, o segundo teria sido escolhido para formar díptico com o primeiro. Se essa contraposição foi exatamente desejada por HOBBES ainda pode ser controvertido.

Deve-se levar em conta a "mentalidade coletiva do tempo de HOBBES",[301] e nesse sentido, para homens da posição social de HOBBES, quer estivessem ao lado do rei ou alinhados com a resistência, durante os conturbados tempos descritos na obra, a visão do 'povo' era muito pouco lisonjeira: "o

[300] **Biblia sacra iuxta Vulgatam Clementinam** (Madri: Biblioteca de autores cristianos. 1977, *Liber Iob*, 40.15: "Ecce behemoth quem feci tecum, Foenum quase bos comedet."

[301] Luc BOROT (*Introduction*, cit., p. 21): "Le fait que le mot *Béhémoth* soit un pluriel, joint au genre d'explication que donne HOBBES des comportements collectifs, me fait proposer ce rapprochement, qui me semble tenir compte de l'une des données fondamentales des mentalités collectives de son temps".

povo era um populacho perigoso", muitas vezes designado com repugnância como o monstro de muitas cabeças – *the many headed monster*. O uso de imagens dos livros proféticos do **Antigo Testamento** e, especialmente, do livro do **Apocalipse**, como pano de fundo, assinala o perigo da força descontrolada. O que se mostrava, em sua grandeza e terror, no final da era medieval,[302] nas imagens das tapeçarias do Apocalipse de Angers.[303]

Sobre esses aspectos da mentalidade coletiva da época, não menos eloquentes que as imagens bíblicas, são as descrições de SHAKESPEARE sobre a turba revoltada, sobretudo nas tragédias **Coriolano** e (na segunda parte) de **Henrique VI**.[304] Esse mundo das forças primais às quais se deu livre curso, parece antevisão dos experimentos feitos nas guerras civis inglesas do século XVII.

Não por acaso, foi usada a imagem de "mundo de ponta-cabeça",[305] para designar a revolução inglesa de 1640: realização desse período foram as intuições notáveis acerca do processo histórico, "a percepção das grandes forças que agem na sociedade" – como se manifesta no **Behemoth** de

[302] Como imagem eloquente, apontada pelo historiador holandês Johan HUIZINGA, **O outono da Idade média** – estudos sobre as formas de vida e de pensamento dos séculos XIV e XV na França e nos Países Baixos (orig. publ. **Herfstij der middeleeuwen**, 1919, trad. de Francis Petra JANSSEN, ensaios de Peter BURKE e Francis von der LEM, São Paulo: Cosac & Naify, 2010, 2ª reimpr., 2011).

[303] Ver Pierre-Marie AUZAS, Catherine de MAUPEOU, Christian de MÉRINDOL, Francis MUEL, Antoine RUAIS, **L'Apocalypse d'Angers** – Chef d'oeuvre de la tapisserie médiévale (Paris: Vilo / Fribourg: Office du livre, 1985); observa F. MUEL, *Du livre à la tenture de l'Apocalypse* (op. cit., 1985, p. 13-22, cit. p. 13): "Tonnerres et tremblements de terre, déluges de feu et de sang, apparitions de bêtes monstrueuses et de dragons, persécution et apostasie, guerre, peste, famine et mort, en bref cataclysme général et fin du monde, c'est ce qui évoque communément le mot 'apocalypse'. C'est aussi le sujet d'un grand nombre de scènes de la teinture d'Angers. Cependant, cette tapisserie n'est pas l'illustration d'une simple prophétie de malheur, mais d'un livre dont le titre, '*Apocalypse*', signifie en grec 'révélation' et dont le contenu vient apporter à ses destinataires autre chose que le désespoir et la crainte. Sinon, comment aurait-il pu inspirer tant d'œuvres d'art chrétiennes pendant plus de mille ans?"

[304] William SHAKESPEARE, **The Complete Works** (new edition, edited with an introduction and glossary by Peter ALEXANDER, 1951, Londres e Glasgow: Collins, reprinted 1975, **Coriolanus**, p. 827-869, e **The second part of King Henry the Sixth**, p. 623-661, Act V, Scene 1, cit. p. 659): "To quell the rebels and their accomplices".

[305] Christopher HILL, **O mundo de ponta-cabeça** – Ideias radicais durante a revolução inglesa de 1640 (do original **The world turned upside down** – Radical ideas during the English revolution, © 1972 e 1975, trad. apres. e notas Renato Janine RIBEIRO, São Paulo: Companhia das Letras, 1987).

HOBBES.[306] E, "por um breve espaço de tempo, as pessoas comuns tiveram uma liberdade face ao poder da igreja e das classes dominantes, como nunca antes existira, nem tão cedo voltaria a existir".[307]

Ao lado dos fatores de renovação, "a magia e a superstição ainda ocupavam papel de destaque no pensamento popular, como se viu durante a rápida temporada de caça às feiticeiras que mobilizou todo o Suffolk em 1645. Muita bobagem foi dita e escrita".[308]

A obra de HOBBES participa da grande revolução científica, descrita como a passagem 'do mundo fechado ao universo infinito',[309] que transtornou os parâmetros do pensamento filosófico e científico dos séculos XVI e XVII na Europa:[310] "acredita-se que o século XVII sofreu, e realizou, uma radicalíssima revolução espiritual de que a ciência moderna é, ao mesmo tempo, a raiz e o fruto".[311] Aí se compõe uma nova representação da natureza e se recoloca em discussão a concepção geocêntrica do mundo, que caracterizou o pensamento, antigo e medieval, predominante.

Essa revolução pode ser descrita e foi vista de várias maneiras. O principal é reconstruir o contexto intelectual, que permite a emergência de novos conceitos e novas doutrinas científicas, em distintas vertentes, como dados característicos do mundo e da mentalidade 'modernos':

[306] C. HILL (op. cit., ed. bras. 1987, cap. 18 – *Conclusão*, p. 344-367, cit. p. 344): "Essas intuições perderam-se com a Restauração, e tal aspecto da reflexão sobre a história avançou muito pouco no século que se seguiu."

[307] C. HILL (op. cit., ed. bras. 1987, cap. 18 – *Conclusão*, p. 344-367, cit. p. 345).

[308] Cfr. **Tratado** (tomo 20 – **Direito internacional, história e cultura**, item 1.2 – *pensamento científico moderno e a caça às bruxas*); C. HILL (op. cit., ed. bras. 1987, cap. 18 – *Conclusão*, p. 344-367, cit. p. 347).

[309] Alexandre KOYRÉ (1902-1964), **Do mundo fechado ao universo infinito** (orig. publ. **From the closed world to the infinite universe**, 1957, trad. bras. de Donald M. GARSCHAGEN, Rio de Janeiro: Forense Univ. / São Paulo: Edusp, 1979).

[310] A. KOYRÉ (op. cit., 1957, ed. bras., 1979, *Prefácio* do autor, p. 7-9, cit. p. 8): "O caminho que levou do mundo fechado dos antigos para o aberto dos modernos não foi, na verdade, muito longo: pouco mais de cem anos separam **De revolutionibus orbis terrarum**, de [Nicolau] COPÉRNICO (1543) dos **Principia philosophiae** de [René] DESCARTES (1644); pouco mais de quarenta anos vão deste **Principia** aos **Philosophia naturalis principia mathematica** (1687). Por outro lado, esse caminho foi bastante difícil, pontilhado de obstáculos e passagens perigosas."

[311] A. KOYRÉ (op. cit., 1957, ed. bras., 1979, *Introdução*, p. 13-15).

- alguns historiadores viram seu aspecto mais característico na secularização da consciência, seu afastamento de metas transcendentais para objetivos imanentes, ou seja a substituição da preocupação pelo outro mundo e pela outra vida pela preocupação com *esta* vida e *este* mundo;
- para outros, sua característica mais assinalada foi a descoberta, pela consciência humana, de sua subjetividade essencial e, por conseguinte, a substituição do objetivismo dos medievos e dos antigos pelo subjetivismo dos modernos;
- outros ainda, creem que o aspecto mais destacado daquela revolução terá sido a mudança de relação entre *teoria* e *práxis*, o velho ideal da *vita contemplativa* cedendo lugar ao ideal moderno da *vita activa*: "enquanto o homem medieval e o antigo visavam à pura contemplação da natureza e do ser, o moderno deseja a dominação e a subjugação", mas
- esses aspectos são concomitantes e expressões de processo mais profundo e mais fundamental, em resultado do qual o homem, como às vezes se diz, perdeu seu lugar no mundo ou, dito talvez mais corretamente, perdeu o próprio mundo em que vivia e sobre o qual pensava, e teve de transformar e substituir não só seus conceitos e atributos fundamentais, mas até mesmo o quadro de referência de seu pensamento – mutação que pode ser descrita, "a revolução do século XVII", como "a história da destruição do cosmos e da infinitização do universo" – em "um universo indefinido e até mesmo infinito".[312]

Conjugam-se os dois fenômenos, e multiplicam-se os efeitos sobre o conjunto do mundo e do conhecimento deste, pelos homens, naquela era 'moderna'. E, cabe ressaltar:

> 'influência' não é uma relação simples; pelo contrário, é bilateral e muito complexa. Não somos influenciados por tudo aquilo que lemos ou aprendemos. Em certo sentido, talvez o mais profundo, somos nós mesmos que determinamos as influências a que nos submetemos; nossos ancestrais intelectuais

[312] A. KOYRÉ (op. cit., 1957, ed. bras., 1979, *Introdução*, p. 13-15, cit. p. 13).

não são de modo algum dados a nós; nós é que os escolhemos, livremente. Pelo menos, em grande parte.[313]

Sucede à descoberta do continente americano – o '*Novo mundo*', como foi então chamado – e o foi de fato, porque acarretou completo transtorno do quadro da superfície do mundo até então conhecido, a radical mutação da posição do homem no mundo e deste mundo, no conjunto do imenso e infinito universo. Na mesma época, em outro campo se dá não menor transformação, com os progressos da astronomia, alcançados graças à invenção do telescópio. Ambas fazem explodir os limites desse mundo anterior fechado, tanto sobre a terra, como no espaço exterior.

O mundo físico dos homens mais que dobra de tamanho, com a 'descoberta' de outros continentes – a América e a Oceania. O mundo exterior se mostra infinitamente vasto. E neste, a terra dos homens um mero elemento nesse incomensurável universo.

Essas mutações sugerem a amplitude da tarefa, que se tratava então de cumprir, aos olhos dos homens da era moderna:[314] "reformar o próprio intelecto; conferir-lhe uma série de novos conceitos; elaborar uma nova ideia da natureza; uma nova concepção da ciência, ou seja, uma nova filosofia".[315]

Esta nova filosofia teria surgido com "o ensaiador" de GALILEU, em 1623.[316] Este pagou seu preço, por apresentar o conhecimento como a des-

[313] A. KOYRÉ (op. cit., 1957, ed. bras., 1979, cap. I – *O céu e os céus*, p. 17-36, cit. p. 17, e também cap. II – *a nova astronomia e a nova metafísica*, p. 37-62, cit. p. 37-38) caracteriza a "enorme importância científica e filosófica da astronomia copernicana, a qual, removendo a Terra do centro do mundo e colocando-a entre os planetas, destruiu os próprios alicerces da ordem cósmica tradicional, com sua estrutura hierárquica e sua oposição qualitativa entre o domínio celeste do ser imutável e a região terrestre ou sublunar de mudança e corrupção."

[314] Cfr. **Tratado** (tomo 20 – **Direito internacional, história e cultura**, item 1.3 – *do mundo fechado ao universo infinito*); Alexandre KOYRÉ, **Études d'histoire de la pensée scientifique** (Paris: Gallimard, 1973).

[315] A. KOYRÉ (op. cit., 1973, p. 13-14 e a seguir, p. 15): "a linha principal do grande debate, os principais passos da estrada que leva do mundo fechado para o universo infinito, destacam-se de modo claro nas obras de alguns grandes pensadores que, compreendendo profundamente sua importância basilar, deram plena atenção ao problema fundamental da estrutura do mundo".

[316] GALILEU Galilei, **Il Saggiatore** (1623) ou **O ensaiador** onde com perfeito e justo equilíbrio raciocina-se sobre as coisas contidas na 'Balança astronômica e filosófica' de Lotário Sarsi SIGENSANO, escrita em forma de carta ao ilustríssimo reverendíssimo monsenhor D. Virginio CESARINI, acadêmico linceu, mestre de sala de N. S. pelo senhor Galileu Galilei, acadêmico linceu, nobre florentino, filósofo e matemático principal do Sereníssimo Grão-

coberta do mundo, com ênfase na necessidade de afastar o peso quer de 'precedentes', como de 'argumentos de autoridade':

> A filosofia está escrita nesse imenso livro que se mantém sempre aberto, diante de nossos olhos, eu quero dizer o Universo, mas não se pode compreendê-lo, se não nos dedicarmos, primeiro, em compreender-lhe a língua e conhecer os caracteres, com os quais está escrito. Está escrito na língua matemática, e seus caracteres são os triângulos, os círculos e outras figuras geométricas, sem as quais é humanamente impossível compreender uma só palavra.[317]

O próprio HOBBES reconhece ter sido GALILEU "o primeiro que abriu a porta da filosofia natural universal".[318] E nessa vertente se inscreve importante mutação do modo de ver e de compreender o mundo.

Quando GALILEU, em 1604, descobre a lei da queda dos corpos, a primeira lei dinâmica, e cria, então, a física matemática, provou que PLATÃO estava certo, contra ARISTÓTELES; que o real era passível de matematização; que as aparências do mundo recobriam uma estrutura oculta; que essa estrutura era matemática; que tudo se reduzia a formas geométricas e a movimentos; que tudo podia ser medido, contado e pesado. Assim, "o homem adquiria uma influência sobre a natureza, de alcance infinito":[319]

> Essa mudança de estado de espírito, a passagem definitiva da física das qualidades à física matemática, do espírito qualitativo ao espírito quantitativo, do mais ou menos à precisão, é na história da humanidade, uma mudança de tal importância que equivale a uma variação da espécie, a uma mutação intelectual. É a grande mutação intelectual da humanidade. Nada, em seguida, podia ser o mesmo. Dessa mutação é que, com os Mecanicistas, DESCARTES, NEWTON, os filósofos da era das Luzes, Augusto COMTE, DARWIN, Karl

Duque da Toscana (trad. e notas de Helda BARRACO, São Paulo: Abril cult., 1973, col. Os pensadores, vol. XII, p. 99-238).

[317] De GALILEU, **Il Saggiatore** (1623), na trad. francesa de Christine CHAUVIRÉ, **L'Essayeur de Galilée** (Paris: Les Belles Lettres, 1980, p. 141).

[318] Thomas HOBBES, **De Corpore** (primeira edição em 1655, e segunda edição em 1668, *Epístola dedicatória*, **Hobbes Latinus**, p. 3 Obras Latinas de HOBBES, 1, ed. cit., 2010, p. 10).

[319] Roland MOUSNIER, **Os séculos XVI e XVII** – a grande mutação intelectual da humanidade (orig. publ. **Histoire générale des civilisations – Les siècles XVI et XVII**, trad. Vítor RAMOS, J. GUINSBURG e Geraldo G. de SOUZA, São Paulo: Difel, 4ª ed., 1973, tomo 9, *Introdução*, p. 9-13).

MARX, CURIE, EINSTEIN, saiu todo o mundo moderno, todo o mundo contemporâneo. Essa grande revolução do século XVII fora preparada de longa data e progredira durante longo tempo.[320]

A peripécia dessa luta eterna entre os filósofos realistas e os nominalistas, o triunfo momentâneo dos últimos, nos séculos XIV e XV, depois de GUILHERME DE OCKHAM, quando se convenceram de que as ideias são, não o modelo ideal e inato de toda realidade, mas somente o produto de uma elaboração, pela inteligência, das impressões recebidas através dos sentidos, que elas não passam de uma maneira de representar as coisas, portanto de que nosso conhecimento é muito relativo, e que tudo o que podemos conhecer com validade são os fenômenos por meio do método experimental.[321]

Mesmo um porta voz convicto de ter 'a Europa começado assim a assumir a direção da história do mundo', como MOUSNIER, considera que "os asiáticos mostravam que não eram incapazes de mudar":

– alguns homens elevavam-se a concepções que constituíam uma primeira libertação do indivíduo, como os *sikhs* da Índia, que, por amor a Deus em espírito e em verdade manifestado pelas boas obras, se libertaram das castas e das suas observâncias; ou, ainda,

– como o chinês WANG Iang Ming, para quem todo homem, letrado ou ignorante, rico ou pobre, inteligente ou não, possui em si mesmo, em sua intuição, a fonte da moralidade e da perfeição, a possibilidade de julgar por si mesmo o valor dos atos a realizar, e assim se encontram, se for o caso, liberto dos ritos familiais, da tirania dos antigos autores, das coerções do costume; ou

– como os japoneses do budismo Zen, que esperam tudo do esforço do pensamento pessoal, no mundo e na sociedade, partindo dos objetos do mundo e chegando a uma intuição pessoal do absoluto, escola de independência e de individualismo.[322]

320 R. MOUSNIER (op. cit., ed. 1973, t. 9, *Introdução*, p. 10, e a seguir, p. 11): "Seria o caso de ligar essa mutação intelectual ao surto das técnicas, dessas técnicas que implicavam um espírito positivo e racional, submetido ao princípio de identidade e de causalidade, das técnicas do crédito e do câmbio, que obrigavam a contar sem cessar e a traduzir tudo em algarismos, menos as outras, as técnicas da construção e da fabricação?"

321 R. MOUSNIER (op. cit., ed. 1973, t. 9, *Introdução*, p. 11): "Cada progresso implicava uma ruptura que, no início, era a ruptura de um homem ou de alguns homens com os modos de fazer e os hábitos de pensamento de seu grupo, às vezes de toda a sociedade".

322 R. MOUSNIER (op. cit., ed. 1973, t. 9, *Introdução*, p. 13): "E tais manifestações, por limitadas que sejam, constituem um testemunho eloquente da unidade do gênero humano, para além

No contexto da filosofia do Renascimento, se pode considerar o canal intelectual, por meio do qual "essa doutrina que parte da ideia de uma transferência inicial de direitos individuais a uma sociedade organizada agiu sobre a Revolução francesa, pelo canal do 'contrato social' de Jean--Jacques ROUSSEAU":[323]

> Conservemos, da doutrina do contrato social de GRÓCIO, um ponto particularmente importante: o impulso fundamental não pertence à ordem histórica, mas a impulso fictício, que teria dado lugar a 'contrato', não histórico, mas igualmente fictício, impulso benéfico que GRÓCIO chama *appetitus socialis*.[324]

Esse modelo sofrerá importantes transformações com outro teórico do direito natural, Thomas HOBBES, para quem o contrato social não é um pacto de aliança, mas de submissão, tornada necessária pela natureza pervertida do homem.[325]

Francis BACON poderia ter dado contribuição relevante ao direito internacional.[326] Mas, com BACON, com John SELDEN, e com Thomas HOBBES, cada um destes não dado mais do que "pequena assistência".[327]

O conceito de estado em HOBBES é mais austero e provavelmente mais realista que o de GRÓCIO.[328] Esta é a dimensão que mais nos aproxima de GRÓCIO: a sua convicção e expectativa na capacidade de aperfeiçoa-

das diferenças, no fim de contas secundárias, provocadas pela raça, pelo clima, pelos eventos da história."

[323] E. BLOCH, **La philosophie de la Renaissance** (orig. publ. **Vorlesungen zur Philosophie der Renaissance**, 1972, ed. francesa, 1994, chap. 9 – *Remarques sur la philosophie du droit et de l'état dans la bourgeoisie montante*, p. 143-163, cit. p. 162); ver tb. Bruno HUISMAN e François RIBES, **Les philosophes et le droit** (Paris: Bordas, 1988).

[324] E. BLOCH (op. cit., 1972, ed. 1994, p. 163).

[325] Thomas HOBBES, **Éléments de droit naturel et politique** (1640, introduction, notes, bibliographie, index et traductions par Delphine THIVET, Paris: Vrin, 2010).

[326] Ernest NYS, **Les origines du droit international** (Bruxelles: Alfred Chastaigne / Paris: Thorin & Fils, 1894, chap. VII – *La guerre contre les infidèles et contre les hérétiques*, p. 140-164).

[327] E. NYS (op. cit., 1894, cit. p. 158): "Francis BACON aurait pu rendre au droit des gens de grands services. Comme John SELDEN, comme Thomas HOBBES, il n'y apporta qu'une faible assistance."

[328] Sobre GRÓCIO ver **Tratado** (tomo 7 – **Direito internacional no tempo de Hugo Grócio**, cap. 18). Esta é a dimensão que mais nos aproxima de GRÓCIO: sua convicção e expectativa na capacidade de aperfeiçoamento do homem, como ser individual, da sociedade, como

mento do homem, como ser individual, da sociedade, como agrupamento humano, e das relações entre sociedades humanas organizadas, por meio do direito das gentes. Essa convicção talvez se explique por não ter GRÓCIO levado em conta o papel nem do egoísmo, nem da agressividade dos homens, na configuração das instituições humanas.

O discurso de GRÓCIO pode parecer muito 'hobbesiano', em outras passagens. Citado sem aspas, poderia sugerir outra autoria. Se não, vejamos:

> Independentemente desta associação – é o efeito da nova lei que os outros povos não estão obrigados a seguir –[329] a mais natural de todas, há outras que são privadas ou públicas. Essas últimas são estabelecidas por um povo ou formadas de povos entre si. Todas têm em comum que nas coisas pelas quais a sociedade é estabelecida, o corpo inteiro ou a maioria em nome do corpo, obriga os particulares que fazem parte da sociedade. De fato, deve-se crer que a vontade daqueles que se associaram foi tal, a fim de encontrar algum meio de desenvolver os negócios. Como seria claramente injusto que a maioria seguisse a lei da minoria, assim também é uma coisa natural que a abstração feita das convenções e das leis que regulam a maneira pela qual os negócios devem ser tratados, a maioria deve ter o mesmo direito que o corpo inteiro.[330]

Teriam, assim, ocorrido empréstimos de HOBBES à obra e às ideias de GRÓCIO? Cronologicamente, a obra prima de GRÓCIO, de 1625, já circulava amplamente na altura em que HOBBES completa e publica o **Leviatã**, em 1651. De modo semelhante, HOBBES muitas vezes cita passagens inteiras de ARISTÓTELES, mas parece somente se lembrar de o mencionar, quando se trata de refutá-lo.

Poderia ser interessante buscar matriz grociana de algumas das ideias de HOBBES sobre o 'contrato social' – mas refoge ao escopo do presente trabalho estender o cotejo entre as obras de ambos.

A preocupação com a racionalidade da política e a determinação de limites entre esta e a religião não por acaso são temas centrais na obra de HOBBES. E, em vista dos tempos e do contexto no qual HOBBES viveu, é fácil

agrupamento humano, e das relações entre sociedades humanas organizadas, por meio do direito das gentes.

[329] Hugo GRÓCIO, **Direito da guerra e da paz** (1625, ed. bras. 2004, II.V.XVI.2, p. 412), para completar a ideia do §, com frase tirada do precedente.

[330] Hugo GRÓCIO, **Direito da guerra e da paz** (1625, ed. bras. 2004, II.V.XVII, p. 413).

compreender os motivos:[331] ele tinha trinta anos quando começou a guerra dos trinta anos, de 1618-1648, e assistiu como esse conflito, inicialmente religioso, se transformou em conflagração generalizada, que arrastou em escala crescente de guerra, matança e destruição parcelas consideráveis do continente, durante três década inteiras. Também HOBBES viveu mais de uma década no exílio, em razão dos conflitos decorrentes das duas guerras civis na Inglaterra, a primeira de 1642 a 1645 e a segunda de 1648 a 1649.

O poderoso símbolo do Leviatã oscila entre as águas profundas dos oceanos e os meandros não menos profundos e insondáveis dos modelos de governo dos homens. Aí aparece a percepção de que "a verdade requer quase tanta intensificação como a alcançada pelo erro", e nos leva ao ressurgimento do Leviatã, como baleia.

Este foi o toque magistral de MELVILLE, sabedor que "tão desconhecedores são certos homens de terra de algumas das mais claras e perceptíveis maravilhas do mundo", que tenderiam, "sem algumas indicações a propósito dos fatos manifestos, históricos ou não, referentes à pesca", a poder encarar Moby Dick "como uma fábula monstruosa, ou, ainda pior e mais detestável, como hedionda e insuportável alegoria".[332]

Podem-se descartar a utilização hábil das imagens e dos perigos recorrentes, considerando ter Herman MELVILLE, no século XIX, escrito romance popular de aventura, em tempos que precederam as comunicações da era digital, quando outros divertimentos ocupam a mente dos humanos. Mas a durabilidade e a recorrência da imagem da baleia assassina mostra não ser esta somente produção duradoura da indústria do entretenimento. Com durabilidade muito maior do que esta, mostra a releitura de Luís SEPÚLVEDA, com *Mocha Dick*.[333]

331 Bernard GERT, **Hobbes** (Cambridge, UK: Polity, 2010, chap. 1 – *Hobbes's Life, Times and General Philosophical Views*, p. 1-29).

332 Herman MELVILLE (1819-1891), **Moby Dick ou a baleia** (orig. publ. 1851, trad. Péricles Eugenio da Silva RAMOS, São Paulo: Abril Cultural, 1972, cap. XLV – *O depoimento juramentado*, cit. p. 254). Herman MELVILLE, **Moby Dick or the Whale** (Londres: Penguin Classics, 1994, chap. 45 – *The Affidavit*, cit. p. 205): "For this is one of those disheartening instances where truth requires full as much bolstering as error. So ignorant are most landsmen of some of the plainest and most palpable wonders of the world, that without some hints touching the plain facts, historical and otherwise, of the fishery, they might scout at Moby Dick as a monstrous fable, or still worse and more detestable, a hideous and intolerable allegory."

333 Luís SEPÚLVEDA (1949-2020), **Historia de una balena blanca** – Una novela para jóvenes de 8 a 88 años (Barcelona: Tusquets, 2019, cap. 13 – *La ballena habla por última vez*, p. 79-88,

MELVILLE conseguiu construir algo que de certo modo se impregnou no inconsciente coletivo, e neste tem se mantido desde então. Desde a sua primeira publicação, em 1851, não pode ser descartada, com tanta simplicidade a imagem obsessiva da baleia assassina. E essa permanência e durabilidade do símbolo da baleia assassina são tanto mais marcantes, quanto, paradoxalmente, para o jovem MELVILLE, primeiro o livro se mostrou difícil de ser aceito, para ser publicado, e em seguida, também foi difícil de escoar depois de pronto. Este que se conserva como 'clássico popular', à venda mesmo em bancas de jornal, e muito utilizado também em versões eletrônicas, inicialmente foi 'encalhe editorial', e obra bastante difícil de se vender.

MELVILLE, na metade do século XIX, teria vindo resgatar imagem monstruosa do passado: este que se mostrou mais próximo e mais vivo, do que se teria esperado. A baleia de MELVILLE é animal marinho, mas tem também dimensão mítica. Há algo de bíblico em Moby Dick.

Porque se conecta com imaginário que permanecera vivo e se reformulou. Esse imaginário reaparece em Luís SEPÚLVEDA, quando nos descreve um enorme mamífero, "cor da lua, que os homens chamam *Mocha Dick*" – e como previne um albatroz – "você dever saber que os homens te odeiam e temem".[334]

SEPÚLVEDA constrói sua narrativa do ponto de vista da baleia, acrescentando um toque de consciência ambiental e de respeito por outras formas de vida no planeta, que não encontramos em MELVILLE. Como adverte SEPÚLVEDA: "os homens vem de muito longe, e nada os detém em sua ambição, nem mesmo a morte". A passagem, descrevendo o que os homens fazem à natureza, não é nada edificante: "eles virão, inevitavelmente. Enquanto navegam, matam as baleias, os golfinhos, as focas, as morsas, os pinguins, as gaivotas. Tudo o que vive no mar acaba nas panelas deles, transformado em gordura ou em óleo".[335]

cit. p. 80-81: "Te saludo, gran cachalote de color luna, al que los hombres llaman *Mocha Dick*", empezó el albatros. "Has de saber que los hombres te odian y te temen."

334 L. SEPÚLVEDA, **Historia de una balena blanca** (op. cit., 2019, loc. cit.).

335 L. SEPÚLVEDA (op. cit., 2019, cap. 14 – Habla el mar, p. 89-90: "Se cuenta que en las aguas del océano Pacífico, en la costa de Chile y frente a la isla Mocha, el 20 de noviembre de 1820 un gran cachalote blanco atacó y hundió al barco ballenero *Essex*, que había zarpado del puerto de Nantucket, en el Atlántico norte quince meses antes del naufragio. Se cuenta que el enorme cachalote blanco atacó al *Essex* porque los arponeros habían matado a una ballena

Nessa visão de mundo passado, desde meados do século XIX, MELVILLE de certo modo, tem dimensão que permite compará-lo a SEPÚLVEDA, no início do século XXI: muda o foco, pelo qual é contada a história – do ponto de vista do caçador, o capitão Ahab, ou do ponto de vista da baleia, Mocha Dick – e se agrega conscientização dos enormes danos que a ação humana causa sobre todas as formas de vida do planeta.

Também MELVILLE nos fala de um mundo que, de certa forma, se tornara uma curiosidade histórica, e algo marginal, em relação à 'evolução' humana, tendente à racionalização e à abstração – do Leviatã como estado: como ente coletivo abstrato, cujo poder imenso governa os homens. E por vezes os esmaga e oprime. E faz dos homens joguetes, para a consecução dos fins estatais – invertendo os valores e os papeis.

Existiria algo em comum entre MELVILLE, SEPÚLVEDA e CERVANTES? Seriam *Moby Dick* ou *Mocha Dick* símbolos de mundo passado? Algo assim como o *Dom Quixote*, que ataca os moinhos de vento, pensando serem gigantes, na obra de CERVANTES.[336]

A personagem, que se mostra emergindo de outras eras, utiliza imagens e códigos de passado, inadaptado ao mundo de então, traz gosto rançoso de modelo superado: "contra o uso dos tempos não há o que argumentar nem tirar consequências".[337] Justamente será quem melhor exprime a modernidade do mundo: tão desadaptado se mostra Dom Quixote, acreditando ser recebido por castelões, que acolhem cavaleiro andante, quando se hospeda em tabernas e estalagens cujos donos exigem de Sancho Pança o pagamento pelas refeições e pelo pernoite de ambos.

A imagem do Leviatã surge muito antes – vinda do Antigo testamento e da Antiguidade clássica – e continua a singrar os mares de nossa imagi-

hembra y a su cría. Se cuenta que fueran necesarios varios barcos para cazar finalmente al gran cachalote blanco al que llamaban *Mocha Dick*, que medía veintiséis metros de largo, y que, en el momento de su muerte, veinte años después del hundimiento del *Essex*, tenía más de cien arpones clavados en el cuerpo."

[336] Miguel de CERVANTES Saavedra (1547-1616), **El ingenioso hidalgo Don Quijote de la Mancha** (orig. publ. 1605, introducción y notas de Joaquín CASALDUERO, Madri: Alianza Edtrl. – Série clásicos, 1992) e ___, **El ingenioso caballero Don Quijote de la Mancha** (orig. publ. 1615, introducción y notas de Joaquín CASALDUERO, Madri: Alianza Edtrl. – Série clásicos, 1992).

[337] M. de CERVANTES, **El ingenioso hidalgo Don Quijote de la Mancha** (op. cit. 1605, ed. 1992, Cuarta parte, cap. XLIX, cit. p. 437): "De manera, que contra el uso de los tiempos no hay que argüir ni de qué hacer consecuencias".

nação, muito depois desse tempo histórico – como mostram MELVILLE e SEPÚLVEDA. Mas, curiosamente o mais temível Leviatã deixou de ser a baleia. Passou do mundo físico, no tempo moderno, quando este nosso mundo passa a se pretender racional, e se vê privado de seu passado, mas para criar, por sua vez, seus fantasmas e suas maravilhas, muitas das quais inventadas, ou produzidas para fascinar a imaginação e compreensão do fenômeno do ente coletivo do Leviatã, como coletividade de homens.

O tempo moderno tira o fascínio da baleia, para dar lugar à tendência e à afirmação da possibilidade e da necessidade de explicações racionais para fenômenos naturais. Nessa altura, o Leviatã se desmaterializa; este passa a existir na política, e ser imagem, não menos recorrente e assustadora, do mundo das ideias. Corporificando-se como o estado moderno. E nesta forma, não menos prolífico e recorrente.

A era moderna se põe sob o signo do Leviatã. Este monstro foi fabricado pelos próprios homens. E os domina, até hoje, de maneira recorrente: assoladora em alguns casos, de regimes totalitários exacerbados, mas sempre presente, mesmo quando corrupto e ineficiente, marcando a vida das comunidades humanas organizadas.

Esse mesmo monstro, o estado, assola o direito internacional, desde o início da era moderna: um não vive sem o outro, mas as relações entre estado e direito, e especificamente entre estado e direito internacional nem sempre são pacíficas. Qual é o dilema? Quem defenda o estado, não pode defender ao mesmo tempo o direito internacional, como sistema institucional e normativo internacional. A existência e a operacionalidade deste último exige que se ponham limites aos estados, à discricionaridade destes, e aos desmandos que pratiquem, quer na ordem interna, como na ordem internacional.

São, assim, necessários os estados, para operar sistema institucional e normativo internacional, até os nossos tempos. Mas é indispensável impor limites aos estados, e a cada um deles, tanto nas respectivas órbitas internas de atuação, como também nas relações inter estatais, para que possa existir direito internacional e operar um sistema institucional e normativo internacional. Esse dilema continua a ser vivido, no direito internacional pós-moderno.

A seguir se pode passar às considerações do item – além do paradigma vestfaliano.

ALÉM DO PARADIGMA VESTFALIANO

A história não é o empilhamento nem a sedimentação dos códigos gramaticais que se sucederam, mas ela tampouco é historial, como puro jorro da indeterminação. Dito de outro modo, o histórico é o discurso.

Heinz WISMANN (2012)[338]

Recentes reavaliações dos fundamentos históricos do conceito demonstraram, de modo convincente, que este está muito menos firmemente plantado na realidade histórica do século XVII, do que se tinha originalmente presumido. À luz de tais estudos, o 'sistema vestfaliano', com os pilares centrais da soberania do estado, da igualdade dos estados, da não intervenção e do consentimento do estado como a única fonte de obrigações jurídicas internacionais aparece como o resultado de complexo processo histórico, e este nem foi planejado nem tampouco inevitável, e ademais somente recebeu a sua completa articulação entre o final do século XVIII e o século XIX, articulação essa que parece dever mais ao nacionalismo do século XIX e ao positivismo jurídico, do que ao texto dos tratados de Vestfália, propriamente ditos.

Rainer GROTTE (2012)[339]

[338] Heinz WISMANN, **Penser entre les langues** (Paris: Albin Michel, 2012, p. 145-146).
[339] Rainer GROTTE, *Westphalian system* (in **The Max Planck Encyclopedia of Public International Law**, published under the auspices of the Max Planck Institute for Comparative Public Law and International Law. edited under the direction of R. WOLFRUM, Oxford: Univ. Press, 2012, vol. X, p. 870-874, cit. *'conclusion'*, n. 15, p. 873): "Recent reappraisals of the historical foundations of the concept have convincingly shown that it is less firmly grounded in the historical reality of the 17th century than had been originally presumed. In the light

> Os europeus modernos criaram o sistema de estados soberanos como a ideia central para a ordenação do mundo, que correspondia às realidades, que emergiram na Europa moderna. Trata-se de sistema feito para gerenciar questões transnacionais, intersociais e interreligiosas, sobretudo por meio da instituição do estado soberano. O direito internacional nasceu e foi praticado, institucionalizou-se e se desenvolveu como parte integral desse sistema. Ele se desenvolveu a partir de práticas e ideias normativas regionais, até se tornar um sistema global, com a expansão do sistema europeu de estado soberanos.
>
> Y. ONUMA (2010)[340]

Com o direito internacional 'clássico' se vai instaurar nova fase da evolução do sistema institucional e normativo internacional. Como a história, o direito internacional se constrói como discurso e como conjunto de práticas dos operadores, notadamente os estados. Além de ser também discurso a reflexão teórica, que examina o direito internacional 'clássico', à medida que este se constrói, no tempo e no espaço.

No curso do século, aqui examinado – da paz de Vestfália (1648) até a guerra dos sete anos (1756-1763) –, avançam-se mais alguns passos, rumo a terreno mais familiar, na configuração da internacionalidade: como se disse, este direito internacional 'clássico' é mais facilmente reconhecido e reconhecível, como tal. Mas, aí, se põe a necessidade de determinar o que seja e o que não seja esse direito internacional 'clássico'.

O direito internacional 'clássico' é aquele a respeito do qual todos falam, e que todos percebem, o modelo interestatal por excelência: surpreenden-

of these studies, the Westphalian system with its main pillars of State sovereignty, equality of States, non-intervention and State consent as the only valid source of international legal obligation appears as the product of a complex historical process which was neither preordained nor inevitable and did not receive its fullest articulation until the late 18th and 19th centuries, an articulation which seems to owe more to 19th century nationalism and legal positivism than to the text of the Westphalian Treaties proper".

340 ONUMA Yasuaki, **A Transcivilizational Perspective on International Law** (RCADI, 2009, vol. 342; tb. publ. Haia: Pocketbooks of the Hague Academy of International Law, 2010, cit. p. 286): "Modern Europeans created the sovereign states system as the central idea of an ordering of the world that responded to emerging realities in modern Europe. It is a system to manage transnational, inter-social and inter-religious affairs mainly through the institution of sovereign states. International law was born, institutionalized, practised and developed as an integral part of this system. It developed from regional normative ideas and practices to a global system with the expansion of the European sovereign states system."

temente, parece ser o 'modelo' do direito internacional. E, o que se afigura mais surpreendente, para muitos, até hoje, ainda o único modo existente e viável deste.

Mais e mais se reconhece a necessidade de estudar o direito internacional como fenômeno histórico e cultural.[341] O que sempre precisa ser enfatizado e compreendido, em sua amplitude mais abrangente possível. E onde os encadeamentos históricos são vitais para a compreensão de fenômeno que é jurídico e político, mas também social e cultural, ao mesmo tempo.

A compreensão do direito internacional no tempo é tanto oportuna quanto necessária: a diversidade de opiniões a respeito é ilustrada pelas epígrafes do presente volume, PUFENDORF (1672) a MONTESQUIEU (1748): sempre tratando do mesmo assunto, as opiniões manifestadas a respeito do "direito das gentes" são muito diversificadas, e por vezes contraditórias. E isso faz parte da compreensão do direito internacional 'clássico', como de outros tempos. E a compreensão do fenômeno pressupõe o conhecimento de tais diferenças.

Situar o direito internacional assim chamado 'clássico' traz a necessidade de considerar seriamente o legado que se transmite desde a Antiguidade e a Idade média, aos precursores de GRÓCIO e deste,[342] com as mutações daí decorrentes, para o sistema internacional, que emerge dos vários tratados de paz, além de 1648. O processo é muito mais longo e complexo.

O reducionismo na obsessão vestfaliana

Na esteira do exagero de destacar um momento de longo encadeamento, se distorce a compreensão do conjunto, em relação ao suposto 'paradigma vestfaliano' – a nova ordem internacional, supostamente criada pelos tratados de Münster e de Osnabrück, que põem fim à guerra dos trinta anos,

[341] Cf. **Tratado** (tomo 20 – **Direito internacional, história e cultura**); E. TOURME-JOUANNET, **Le droit international** (Paris: PUF – Que sais-je?, 2013, *Introduction*, p. 3-5, cit. p. 3), "O direito internacional é também um produto cultural e histórico, fruto de evolução contrastada ao longo de vários séculos, que permitiu moldá-lo, tal como ele aparece hoje."

[342] Como se examinou no **Tratado** (tomos 3 A – **Direito internacional no tempo antigo**, 3 B – **Gregos, romanos, chineses, indianos**, 4 – **Direito internacional no tempo medieval**, 5 – **Direito internacional no tempo de Francisco de Vitória**, 6 – **Direito internacional no tempo de Suarez, Gentili e Zouch**, 7 – **Direito internacional no tempo de Hugo Grócio**).

em 1648 –[343] é preciso fazer a crítica dessa fórmula simplista, porque o processo começou muito antes e continua muito além desse marco.

A 'paz de Vestfália' – **Instrumenta pacis Westphalicae** – se compõe dos dois tratados:

- um entre o Sacro imperador romano, o rei da França e os seus respectivos aliados – o **Instrumentum pacis monasteriensis**, com as assinaturas dos delegados imperiais e franceses –, e
- o outro, assinado entre o Sacro imperador romano e o rei da Suécia – o **Instrumentum pacis osnabrugensis**, com as assinaturas dos delegados imperiais e suecos,

ambos assinados em 24 de outubro de 1648, na cidade de Münster, depois de terem sido longamente negociados, nessa cidade bem como na cidade próxima de Osnabrück.[344] Por isso, também podem ser referidos como os tratados de Münster e de Osnabrück, ou conjuntamente, como a 'paz de Vestfália'.[345]

[343] Ver, e.g.: Henry BOGDAN, **La guerre de trente ans** 1618-1648 (© 1997, Paris: Perrin-tempus, ed. 2006, impr. 2010); Heinz Dieter KITTSTEINER (1942-2008), **Die Stabilisierungsmoderne** – Deutschland und Europa 1618-1715 (Munique: Carl Hanser, 2010); Rainer MÜLLER (hrsg.), **Deutsche Geschichte in Quellen und Darstellung** – Band 4: **Gegenreformation und Dreissigjähriger Krieg 1555-1648**, Bernd ROECK (hrsg.) (Stuttgart: Reclam – Univ. Bibl. Nr. 17004, (c) 1996, impr. 2002); Friedrich SCHILLER, **Geschichte des dreissigjährigen Kriegs** (Gütersloh: P. P. Kelen, s/d, posfácio de Herbert REINOSS, datado de 1964) e tb. Fred E. SCHRADER, **L'Allemagne avant l'État-nation**: le 'corps germanique' (1648-1806) (Paris: PUF, 1998).

[344] Os textos desses tratados de paz e de outros instrumentos internacionais, no período de 1648 até 1919 podem ser consultados na coletânea de atos internacionais, **Consolidated treaty series 1648-1919** (ed. by C. PARRY, Dobbs Ferry-New York: Oceana Publications, 1969-1981, em 231 volumes, citados como "CTS", com menção do ano, volume e página inicial). Para a paz de Vestfália ver [1648] 1 CTS 119. Ambos os textos e comentários em Rainer MÜLLER (hrsg.), **Deutsche Geschichte in Quellen und Darstellung** – Band 4: **Gegenreformation und Dreissigjähriger Krieg 1555-1648**, Bernd ROECK (hrsg.) (Stuttgart: Reclam – Univ. Bibl. Nr. 17004, (c) 1996, impr. 2002, cap. 67 – *Frtedenschlüsse von Münster und Osnabrück*, p. 393-423); Konrad MÜLLER (hrsg.), **Instrumenta pacis Westphalicae / Die Westfällischen Friedensverträge** (Vollständiger lateinischer Text mit Übersetzung der wichtigsten Teile und Regesten, Bern / Frankfurt a. M.: Lang – Quellen zur Neueren Geschichte, 1975, p. 101-166).

[345] Bardo FASSBENDER, *Westphalia, peace of (1648)* (in **The Max Planck Encyclopedia of Public International Law**, 2012, vol. X, p. 865-869); ver tb. Stephan VEROSTA, *History of*

Desses dois tratados emergem os assim chamados 'sistema vestfaliano', 'modelo vestfaliano', 'paradigma vestfaliano' ou ainda 'regime vestfaliano'.[346] Estes são termos equivalentes, frequentemente usados pelos autores de relações internacionais, como espécie de abreviatura, para designar uma fundamental transformação das relações internacionais, que supostamente teria ocorrido em meados do século XVII, suplantando a concepção, até então dominante, de comunidade cristã, regida por instituições de vocação universal – a *Respublica christiana* – em torno de dois eixos de poder, o papado e o império.

Essa ordem internacional medieval já estava em crise no final do século XV:

> Uma nova concepção do direito internacional liberado de sua natureza heterônoma, direito que considera os estados não mais como sujeitos, mas antes como forças criativas das normas jurídicas, direito onde a unidade não significa nada além da mesma língua jurídica comum, onde a totalidade perdeu sua necessária primazia. O cosmos jurídico então se parte em fragmentos soberanos e a ideia da organização, forte e hierarquizada, do gênero humano parece se desvanecer para sempre.[347]

Cabe questionar em que medida essa simplificação excessiva corresponde à realidade.

Neste momento único e crucial, todo o passado – que abrange muitos séculos de história –[348] teria dado lugar a ordem internacional (europeia),

International Law, 1648 to 1815 (in **The Max Planck Encyclopedia of Public International Law**, 2012, vol. IV, p. 823-843).

[346] Rainer GROTTE, *Westphalian system* (in **The Max Planck Encyclopedia of Public International Law**, 2012, vol. X, p. 870-874).

[347] Dentre autores que apontam a crise do sistema internacional medieval, desde Michel ZIMMERMANN, **La crise de l'organisation internationale à la fin du Moyen âge** (RCADI, 1933, t. 44, p. 315-438, esp. p. 434) encerrava seu curso falando na "décomposition du système médiéval et l'avènement du nouveau droit international": "L'évolution politique de l'Europe conduit à l'établissement des grandes monarchies souveraines. Au procès historique répond une nouvelle conception du droit international qui s'établit sur les ruines des príncipes du Moyen âge"; passando por W. GREWE, **Epochen der Völkerrechtsgeschichte** (Baden-Baden: Nomos, 1984, Erster Teil – *Ius gentium*: Grundzüge der mittelalterlichen Völkerrechtsordnung, p. 55-162), que assinala como início da 'fase' seguinte do sistema internacional o ano de 1494, com início da era de hegemonia espanhola 1494-1648.

[348] Como se considerou no **Tratado** (tomos 3 A – **Direito internacional no tempo antigo**, 3 B – **Gregos, romanos, chineses, indianos**, 4 – **Direito internacional no tempo medieval**,

principal ou mesmo exclusivamente, consistente em estados soberanos e independentes que, a partir daí, teriam exercido autoridade ilimitada sobre os seus respectivos territórios, como expressão das respectivas 'soberanias'. Doravante, estes estados teriam livremente coordenado as suas relações recíprocas, segundo as suas respectivas percepções do interesse de cada um – quer expressas como a vontade do soberano, como razões de estado, ou como interesse nacional – com base na ideia de igualdade soberana.

Falta somente reconhecer que a realidade nunca se dobra, de maneira tão fácil, a qualquer teoria. Sobretudo quando a formulação teórica é tão simplista. E não resiste ao exame da realidade histórica.

Segundo concepção simplificadora, emanada das relações internacionais, 'Vestfália' representaria a mudança fundamental na organização da sociedade internacional, num passe de mágica indo de ordem hierarquizada, baseada no reconhecimento de autoridades centrais – papado e império –, colocadas acima dos estados, para doravante operar como sistema horizontal, caracterizado pela coexistência de multiplicidade de entidades autônomas, territorialmente delimitadas, e sustentadas por novo tipo de direito, aplicado entre iguais, e não mais como parte de sistema de múltiplos encadeamentos verticalizados de autoridade. Ainda que muitas vezes fosse tão somente nominal, a autoridade hierarquicamente superior, quer do império como do papado.

De uma vez, sem transição, após 1648, todo o sistema internacional europeu ocidental teria passado de relações de 'suserania', que pautaram a ordem internacional europeia medieval, durante séculos, para a afirmação *ad nauseam* da soberania, como critério determinador absoluto e único de toda a convivência entre estados.[349] Esquecendo que a formulação da

5 – **Direito internacional no tempo de Francisco de Vitória**, 6 – **Direito internacional no tempo de Suarez, Gentili e Zouch**, 7 – **Direito internacional no tempo de Hugo Grócio**).

[349] Como se examinou no **Tratado** (tomo 4 – **Direito internacional no tempo medieval**, esp. item 8.4 – *continuidade e mudança do contexto medieval ao moderno*). Ver: Heber ARBUET-VIGNALI, **Teoría jurídica de la soberania** – y su influencia sobre la teoría del estado pós-moderno (orig. publ. 2019, Montevideu: Fundación de cultura univ., reimpr. 2020); Jens BARTELSON, **A genealogy of sovereignty** (orig. publ. 1995, Cambridge: Univ. Press – Cambridge studies in international relations, vol. 39, reprinted 1996); D.-E. KHAN, E. LAGRANGE, S. OETER e C. WALTER (ed. by), **Democracy and sovereignty** – Rethinking the legitimacy of Public International Law (Leiden / Boston: Brill / Nijhoff, 2023); Benno TESCHKE, **The myth of 1648** (orig. publ. 2003, Londres: Verso, 2009).

soberania[350] por Jean BODIN, na segunda metade do século XVI, somente bem mais tarde, no curso do século XVIII passa a ser aceita como formulação.[351]

Cabe assinalar ser o quadro muito mais fragmentado. Contando as guerras regionais, chegamos a 13 guerras separadas e 10 tratados de paz. Desse modo, "como poderiam saber os contemporâneos, que estes se achavam em meio à guerra 'dos trinta anos'?" Ademais, se se considerar a guerra dos trinta anos como a guerra de fundação dos estados – *Staatengründunskrieg* – então o nascimento do estado na Europa moderna pode ser avaliado tanto pelo papel desempenhado pelos estamentos quanto pela autoridade real central, no conflito.[352]

Isso somente faz sentido se ignorarmos o jogo de forças entre os dois segmentos. E "desse ponto de vista, ao se comparar os Países Baixos e a Boêmia, temos, de um lado, uma rebelião bem sucedida e, de outro, uma rebelião fracassada dos estamentos – *Stände*.[353]

[350] Jean BODIN, **Les six livres de la République** (ed. orig. Paris: Jacques Du Puys, 1576, esta edição segue a 10ª ed., publicada em Lyon: Gabriel Cartier, em 1593, reimpr. em 1594, Corpus des œuvres de philosophie en langue française, Paris: Fayard, 1986, 6 vols.).

[351] Ver **Tratado** (tomo 1 – **Direito internacional dos espaços**, cap. 2 – *soberania e território do estado*); P. B. CASELLA, *Soberania por dentro e por fora* (in **Teoria do estado contemporânea** – homenagem da Academia ao prof. E. R. Lewandowski, org. E. A. de J. PRUDENTE, M. P. D. BUCCI, N. B. S. RANIERI e S. B. E. TOJAL, São Paulo: Quartier Latin, 2023, p. 249-278); Lucien BÉLY (dir. de, avec Isabelle ROCHEFORT), **L'Europe des traités de Westphalie** – esprit de la diplomatie et diplomatie de l'esprit (Paris: PUF, 2000); Jean-François CHANET e Christian WINDLER (dir. de), **Les ressources des faibles** – Neutralités, sauvegardes, accommodements en temps de guerre (XVIe-XVIIIe siècle) (Rennes: Presses univ. de Rennes, 2009); Claude MICHAUD, **Entre croisades et révolutions** – princes, noblesses et nations au centre de l'Europe (XVIe-XVIIIe siècles) – *Scripta varia* (avec la collab. de Christine LEBEAU, Paris: Publ. de la Sorbonne, 2010).

[352] H. D. KITTSTEINER, **Die Stabilisierungsmoderne** – Deutschland und Europa 1618-1715 (Munique: Carl Hanser, 2010, p. 40-51, cit. p. 45): "Betrachtet man den Dreissigjährigen Krieg als 'Staatengründungskrieg', dann kann die staatliche Geburt des modernen Europa nach dem Anteil beurteilt werden, den entweder die Stände oder die königliche Zentralgewalt in diesen Prozess spielten."

[353] H. D. KITTSTEINER, **Die Stabilisierungsmoderne** (op. cit., 2010, p. 40-51, cit. p. 45): "Vergleicht man unter diesem Aspekt die Niederlande und Böhmen, so haben wir es zum einen mit einer gelungenen, zum andern mit einer gescheiterten Rebellion der Stände zu tun". A respeito, ver tb. adiante, neste tomo, título II – *da construção de sistemas coesos: de Vestfália (1648) até a guerra dos sete anos (1756-1763)*.

Em sentido semelhante, considera-se[354] "pouco convincente a tese, que individualiza nos referidos tratados [de Münster e de Osnabrück, 1648] as origens da sociedade internacional e do direito internacional".[355]

Essa visão teria começado com artigo de Leo GROSS, em 1948, a respeito da paz de Vestfália,[356] como "o início de nova época na história das relações internacionais e o marco fundador do desenvolvimento do moderno direito internacional".[357] Este artigo teve o mérito de ser, na altura do terceiro centenário da paz de Vestfália, um dos poucos textos disponíveis em inglês a respeito desses dois tratados de 1648.

A visão simplista a respeito do caráter fundacional do 'sistema vestfaliano' veio a dominar muito do debate a respeito da teoria das relações internacionais, bem como a respeito dos fundamentos do moderno sistema de estados, mas essa visão esquemática é muito menos popular entre os internacionalistas.

Embora isso ocorra mesmo nas obras de alguns destacados expoentes, como Charles FENWICK, em 1951.[358] De certo modo, isso ainda parece ecoar nas obras de internacionalistas, ao escreverem sobre a história do direito internacional, como Alfred VERDROSS e Bruno SIMMA, em

[354] Mario GIULIANO, *La 'Respublica Christiana' medioevale e le pretese origini della società e del diritto internazionale* (in **Multitudo legum, ius unum**: Mélanges en l'honneur de / Essays in honour of / Festschrift für Wilhelm Wengler zu seinem 65. Geburtstag, herausgegeben von Josef TITEL et al., Berlin: Interrecht, 1973, Band I – Allgemeine Rechtslehre und Völkerrecht, p. 155-163).

[355] M. GIULIANO (texto cit., 1973, p. 159): "Prescindendo da differenze di minor momento, una non trascurabile parte della dottrina internazionalistica concorda nel riportare le origini della società internazionale al período storico di cui si è detto. È vero che l'angolo visuale sotto il quale i diversi studiosi considerano il problema si incentra prevalentemente sulle origini del 'diritto' anzi che della 'società' internazionale. Ma le implicazioni delle soluzioni così accolte si riflettono in modo trasparente anche sulle origini della società internazionale."

[356] Leo GROSS, *The peace of Westphalia* (American Journal of International Law, 1948, vol. 42, p. 20-41); v. tb. as críticas formuladas por Rainer GROTTE, *Westphalian system* (in **The Max Planck Encyclopedia of Public International Law**, vol. X, p. 870-874).

[357] L. GROSS, *The peace of Westphalia* (AJIL, 1948, vol. 42, p. 20-41, cit. p. 26); R. GROTTE, *Westphalian system* (cit. **Encyclopedia**, vol. X, p. 870-874, cit. p. 870).

[358] Charles G. FENWICK, **The progress of international law during the past forty years** (RCADI, 1951, t. 79, p. 1-72, chap. III – *Membership in the international community*, p. 19-27, cit. p. 19-20): "It was this system of law, recognized by the small group of Central and Western European states forming the international community of 1648, that was to become the nucleus of an ever widening system of law, which now embraces all the nations of the world."

1981,[359] como sequência e consequência do Congresso de paz de Vestfália, a partir de 1648, quando se instaura sistema europeu de coordenação e regulação da convivência de poderes soberanos.[360]

Em certa medida, parecia ainda estar influenciado por essa visão, A. TRUYOL Y SERRA, quando observava que "os tratados de Münster e de Osnabrück converteram a constituição do império em questão europeia"; embora também apontava o encadeamento destes instrumentos, com toda uma série de tratados subsequentes: "eles foram o ponto de partida de toda uma série de tratados ulteriores, que se vinculam e se encadeiam expressamente, uns com os outros, formando um verdadeiro direito internacional europeu – *corpus juris gentium*".[361]

Mais recentemente, Dominique GAURIER reconhece a ocorrência da internacionalidade, mas hesita em relação à caracterização de enfoque teórico do direito internacional, em sentido estrito, antes dos séculos XVI e XVII:[362]

[359] Alfred VERDROSS e Bruno SIMMA, **Universelles Völkerrecht**: Theorie und Praxis (orig. publ. 1976, Berlim: Duncker & Humblot, Zweite Auflage, 1981).

[360] A. VERDROSS e B. SIMMA (op. cit., ed. 1981, p. 40-41): "Den Abschluss dieses langen Umwandlungsprozesses (...) bildet der erste europäische Staatenkongress von Osnabrück und Münster, der am 24. Oktober 1648 durch den aus zwei Friedeninstrumenten bestehenden Westfällischen Frieden abgeschlossen wurde."

[361] A respeito do duplo papel da 'paz de Vestfália', observava A. TRUYOL Y SERRA, **L'expansion de la société internationale aux XIXe et XXe siècles** (RCADI, 1965, t. 116, p. 89-180, cit. p. 105): "les traités de Munster et d'Osnabrück convertirent la constitution de l'empire en affaire européenne" e também pelo encadeamento destes instrumentos, com toda uma série de tratados subsequentes: "ils furent le point de départ de toute une série de traités ultérieurs, qui s'y rattachent et s'enchaînent expréssement les uns aux autres, formant un véritable *corpus juris gentium* européen". Ver tb. Antonio TRUYOL y SERRA, **Histoire du droit international public** (Paris: Economica, 1995); e décadas antes, em outro curso na Haia, o mesmo A. TRUYOL Y SERRA, **Genèse et structure de la société internationale** (RCADI, 1959, t. 96, p. 553-642).

[362] De modo semelhante, Dominique GAURIER, **Histoire du droit international**: auteurs, doctrines et développement de l'Antiquité à l'aube de la période contemporaine (Rennes: Presses univ. de Rennes, 2005) põe limites ao que denomina a 'identificação de sistema de direito internacional' propriamente dito, antes de 1648. D. GAURIER, na segunda edição de seu livro, **Histoire du droit international** – de l'Antiquité à la création de l'ONU (Rennes: Presses univ. de Rennes, 2014, *Introduction*, p. 13-29, cit. p. 14): "Si donc, les XVIe et XVIIe siècles voient en effet éclore ce que l'on peut véritablement dénommer une approche théorique du droit international, on aurait cependant bien tort de croire que le droit international ait attendu ces approches plus modernes pour naître et qu'avant ces auteurs les relations internationales aient été ignorées ou vécues sans conscience par ceux qui les nouaient, ce

Essa tardia emergência de reflexão sobre o direito internacional significaria que o direito internacional, enquanto tal, não existia? Desde a introdução, concluímos pela negativa: tal direito, mesmo se lhe é recusada a denominação de 'direito internacional', EXISTE, a partir do momento em que os povos estão em relação uns com os outros, de modo que suas relações recíprocas são dirigidas por um conjunto de práticas, comumente reconhecidas e recebidas pelas partes. Contudo, é preciso admitir que, antes da produção doutrinal, que se multiplicaria a partir do século XVI, essas relações eram vividas sem real consciência de integrarem um corpo específico de normas.[363]

A inovação fundamental estaria não no texto dos próprios tratados, mas na concepção geral que os norteou, e nos desenvolvimentos ulteriores, daí resultantes. Assim estaria configurado o que doravante – e abusivamente – se chamou de 'laicização do direito internacional',[364] que passaria a caminhar independentemente de qualquer fundamento religioso específico, bem como a extensão da sua abrangência, de modo a incluir, em pé de igualdade, repúblicas e estados monárquicos, e o abandono da ideia de estrutura hierarquizada da sociedade internacional. Seria mais fácil compreender o conjunto, se as coisas pudessem ser colocadas de modo tão simples e esquemático.

Contrariamente a tal generalização, considera-se necessário limitar os efeitos do que já se chamou o "mito de 1648".[365] Nesse sentido, o sistema clássico, emanado de Vestfália, baseado na primazia do estado moderno,

qui est bien évidemment faux. Il est par contre vrai de dire que l'on n'a sans doute eu aucune idée qu'ait pu exister une branche spécifique du droit qui se serait intitulée formellement 'droit international'."

363 D. GAURIER (op. cit., 2014, I partie, chap. 4 – *Les grandes figures fondatrices du droit international: les hommes et leurs œuvres*, p. 142-195, cit. p. 143-144): "Le corpus doctrinal en constitution devait alors permettre cette 'naissance', au moins cette prise de conscience, autour de problématiques d'abord ponctuelles, comme la question de la guerre juste, le statut des peuples colonisés, la délimitation des espaces terrestres et marins, puis avec une généralisation progressive, pour faire apparaître nettement ce corps spécifique qui devrait devenir le droit international."

364 'Laicização' na fundamentação do direito internacional moderno ocorre com VITÓRIA na primeira metade do século XVI e com SUAREZ, no início do século XVII, e portanto antes da obra de GRÓCIO e da paz de Vestfália, como examinado, respectivamente, no **Tratado** (tomo 5 – **Direito internacional no tempo de Francisco de Vitória**, cap. 14 e tomo 6 – **Direito internacional no tempo de Suarez, Gentili e Zouch**, esp. cap. 15 – Francisco SUAREZ).

365 Benno TESCHKE, **The myth of 1648** (orig. publ. 2003, Londres: Verso, 2009).

territorialmente soberano, se veria progressivamente substituído por nova ordem global, pós-moderna e pós-territorial.[366] O que ocorre ao longo de tempo considerável: não como passe de mágica, decorrente desses dois tratados.

O modelo vestfaliano teria os estados como centros do sistema internacional daí emergente, cada um soberano e independente, em seu território, não se subordinando a nenhum outro, e livres de qualquer autoridade externa. O modelo não somente é simplista como os seus efeitos são reducionistas de fenômeno muito mais complexo e mais abrangente.

> O artigo de GROSS, um dos poucos textos escritos em inglês sobre a paz de Vestfália, ajudou a popularizar a noção da constituição vestfaliana, para uma nova ordem internacional, particularmente junto à comunidade anglo-americana de relações internacionais. Para muitos especialistas das relações internacionais, especialmente aqueles da escola realista, foi o ponto de partida para as suas análises do sistema internacional, centradas no estado. Recentemente, o conceito foi ainda mais usado, para conceitualizar tendências atuais no desenvolvimento do sistema internacional, tais como o crescente papel dos atores não governamentais, a restrição à soberania do estado, no interesse de proteção efetiva dos direitos fundamentais, ou a emergência de entidades supranacionais.[367] [...]
> Apesar de crescentes críticas ao conceito, abundam as referências ao sistema de Vestfália, aos princípios de Vestfália, à lógica da paz de Vestfália, à soberania vestfaliana, na literatura contemporânea, que tenta analisar e avaliar a recente mutação de uma sociedade internacional, organizada com base em

366 B. TESCHKE (op. cit., 2003, ed. 2009, *Introduction*, p. 1-12, *The myth of 1648*, p. 1-6, cit. p. 1) observa a considerável extensão na qual a velha ordem da segurança geopolítica se vê subordinada à geoeconomia, à governança global em múltiplos níveis, às demandas de sociedade civil internacional com múltiplos atores. A transformação fundamental da estrutura do sistema internacional e das suas normas de conflito e de cooperação estão se mostrando diante de nossos olhos, mas, enquanto se produzem tais transformações, "scholars are united in invoking the Westphalian states-system as the benchmark for measuring the present day structure of world politics".

367 R. GROTTE, *Westphalian system* (cit. **Encyclopedia**, vol. X, p. 870-874, cit. n. 3, p. 870): "Since those developments call into question some of the fundamental premises of the state-centered paradigm of international relations which is associated with the Westphalian system, they are frequently analysed in terms of decay or decline of the Westphalian system or as a major threat to its continued existence".

> entidades territoriais, soberanas e independentes, rumo a novo sistema, caracterizado por crescente interdependência entre estados, na consecução de objetivos comuns, na proteção do meio ambiente, na emergência de número crescente de atores não estatais, e da restrição da soberania e das imunidades do estado, em nome de certos princípios e valores universais, notadamente na proteção dos direitos humanos.[368]

Os principais elementos característicos do sistema vestfaliano seriam: primeiro, o enfraquecimento das duas instituições de vocação universal do mundo medieval, o papado e o império – este último existente desde 800 até 1806 –[369] e ambos teriam, a partir de 1648, perdido o controle sobre a emergente sociedade internacional de estados soberanos, e aposentado a ideia de uma comunidade cristã – *Respublica christiana*.[370] Mas não foram esses dois atos isolados, que mudaram o mundo, em meados do século XVII: o progressivo enfraquecimento dessas duas instituições supranacionais se deu ao longo de vários séculos, começa muito antes, e se estende muito além desse marco histórico.[371]

O principal problema está em alegar essa suposta continuidade das bases do sistema internacional, desde meados do século XVII, em lugar de compreender o caráter essencialmente dinâmico, e examinar as mudanças constantes nos processos político e normativo, que moldaram o desenvolvimento do direito internacional, nesses mais de trezentos anos. Isso, se nos limitarmos ao período de 1500 a 1800.

[368] R. GROTTE, *Westphalian system* (cit. **Encyclopedia**, vol. X, p. 870-874, *Conclusion*, cit. n. 15, p. 873).

[369] Francis RAPP, **Le saint empire romain germanique** – d'Otton le Grand à Charles Quint (Paris: Tallandier, 2000, reimpr. 2003).

[370] Cf. examinado no **Tratado** (tomo 5 – **Direito internacional no tempo de Francisco de Vitória**, esp. cap. 12 – *jus gentium, jus commune, jus europaeum:* entre a teoria e a prática). Ver tb. Wolfgang PREISER, *History of international law, Ancient times to 1648* (in **The Max Planck Encyclopedia of Public International Law**, ed. by R. WOLFRUM, Oxford: Univ. Press, 2012, vol. IV, p. 869-896); e W. PREISER, *History of International Law, Basic questions and principles* (in **The Max Planck Encyclopedia of Public International Law**, 2012, vol. IV, p. 896-902).

[371] Jean PICQ, **Une histoire de l'état en Europe** – Pouvoir, justice et droit du moyen âge à nos jours (Paris: Presses de Sciences Po, 2009, esp. chap. 8 – *Le saint empire romain germanique, la réforme et ses conséquences politiques (1520-1800)*, p. 209-229) insiste na extensão das mudanças, ocorridas na Europa, entre 1517 e 1648. Nesses cento e trinta anos decorridos o início da reforma – até o final da guerra dos trinta anos, em 1648: "c'est en effet le paysage de la chretienté latine du Moyen âge qui se trouve radicalement transformé".

E nesse esquema 'vestfaliano' tampouco se levam em conta as grandes mutações ocorridas no direito internacional, em todo o curso dos séculos XIX e XX. Promove-se, assim, visão totalmente estática da sociedade internacional e do direito internacional clássico, o que em nada ajuda a compreender as mudanças graduais, que tiveram lugar ao longo de todo esse longo e complexo tempo, e muito especialmente as enormes transformações, ocorridas nas últimas décadas.[372]

O Sacro império romano germânico, considerado como sucessor espiritual e secular do Império romano, em sua relação com os demais príncipes e entidades políticas da Europa – já enfraquecido depois da cisão das igrejas protestantes, no século XVI –[373] ainda era uma ordem hierarquizada, onde o império reclamava autoridade moral e precedência política sobre os demais integrantes do sistema.[374] Essa concepção da *Respublica christiana* teria recebido golpe fatal com a paz de Vestfália, quando esta confirma a existência e a liberdade de operação dos estados então existentes,

[372] Como se experimentou por exemplo com a consolidação de princípios como o 'patrimônio comum da humanidade' e o 'interesse comum da humanidade'. A respeito, ver **Tratado** (tomo 2 – **Direito internacional dos espaços**, cap. 20 – *espaços internacionais: de **res nullius** a patrimônio comum da humanidade*).

[373] A ruptura da unidade continental europeia em decorrência das reformas protestantes abala o cenário antes vigente de relativa uniformidade do conjunto, e passa a marcar de maneira crescente as especificidades nacionais, como se viu no **Tratado** (tomos 6 – **Direito internacional no tempo de Suarez, Gentili e Zouch** e 7 – **Direito internacional no tempo de Hugo Grócio**). Foram décadas de confrontos, até se restabelecer a normalidade institucional no centro da Europa. Ver tb.: Ulrich KÖPF (hrsg.), **Deutsche Geschichte in Quellen und Darstellung** Band 3: **Reformationszeit 1495-1555** (Stuttgart: Reclam – Univ. Bibl. Nr. 17003, (c) 2001, impr. 2001); Egon FRIEDELL, **Kulturgeschichte der Neuzeit** – Die Krise der Europäischer Seele von der Schwarzen Pest bis zum Ersten Weltkrieg (orig. publ. 1927-31, Munique: Beck, Sonderausgabe, 2007, Livro I – Renascença e Reforma – da Peste Negra até a Guerra dos Trinta Anos, cap. 7 – *Die Bartholomäusnacht*, p. 342-408), no qual FRIEDELL descreve o período das guerras de religião como a intolerância pan-europeia – *Paneuropäische Intoleranz*.

[374] Se a reforma pretendia eliminar excessos e corrigir desvios da igreja de Roma, por meio desses movimentos de reforma vieram a ser instauradas tiranias religiosas, como nunca tinham existido nos tempos do papado. Egon FRIEDELL, **Kulturgeschichte der Neuzeit** – Die Krise der Europäischer Seele von der Schwarzen Pest bis zum Ersten Weltkrieg (originalmente publicado, 1927-31, Munique: Beck, Sonderausgabe, 2007, Livro I – Renascença e Reforma – da Peste Negra até a Guerra dos Trinta Anos, cap. 7 – *Die Bartholomäusnacht*, p. 342-408, cit. p. 347): "Kurz: es war nicht verwunderlich, dass einsichtige Zeitgenossen behaupteten, durch dir Reformation sei eine ärgere Glaubenstyrannei in die Welt gekommen, als sie je unter dem Papstum bestanden hatte."

tais como a França,[375] e também a Suécia,[376] ao mesmo tempo em que novos estados surgiam, tais como os Países Baixos[377] e a Suíça.[378] Mas cada um destes estados já contava com reconhecimento internacional e atuação externa bem antes desse mitificado marco de 1648. E o Sacro Império continua a existir até 1806.

Segundo a mesma concepção de relações internacionais, teria passado o imperador, a partir de 1648, a ficar privado de qualquer controle efetivo ou mesmo de pretensão ao exercício de autoridade sobre os demais estados, componentes do sistema, que teriam passado a ter reconhecido o direito de conduzir as suas próprias políticas externas, de maneira independente. O que deforma a realidade histórica: não esqueçamos, uma vez mais, que o Sacro império ainda resistiu e operou até o início do século XIX.[379]

E mesmo se o papado perde força como potência secular, a partir das sucessivas reformas protestantes, do século XVI e das transformações do

[375] Lucien BÉLY, **La France au XVIIe siècle** – puissance de l'état, contrôle de la société (Paris: PUF, 2009), b/c Jacques DROZ, **Histoire diplomatique de 1648 à 1919** (Paris: Dalloz, 3ª ed., 1972, esp. première partie – *La préponderance française (1648-1715)*, p. 3-63).

[376] Herman LINDQVIST, **A History of Sweden** (transl. by Rod BRADBURY, Estocolmo: Norstedts Förlag, 2006); Neil KENT, **A concise History of Sweden** (Cambridge: Univ. Press, 1st publ., 2008, reprinted, 2010).

[377] Paul ARBLASTER, **A History of the Low Countries** (orig. publ. 2006, New York: Palgrave-Macmillan, 2012); Catherine DENYS e Isabelle PARESYS, **Les anciens Pays-Bas à l'époque moderne (1404-1815)** (Paris: Ellipses, 2007, chap. 4 – *Les Pays-Bas, enjeu international (1609-1713)*, p. 79-95, e chap. 7 – *Un siècle de malheurs aux Pays-Bas méridionaux (1609-1715)*, p. 141-157); Simon SCHAMA, **The embarrassment of riches**: an interpretation of Dutch culture in the Golden Age (Berkeley and Los Angeles: Univ. of California Press, 1988).

[378] O processo começa muito antes e se consolida com a paz de Vestfália, já observava John WILSON (1785-1854), **The History of Switzerland** (orig. publ. 1832, New Tork: Cosimo, 2007, esp. chap. V – *Aera of Helvetic emancipation – 1308-1334*, p. 52-69; chap. XV – *From the commencement of the thirty years war to the peace of Westphalia*, p. 233-247); e tb. sobre a história da Suiça, vários capítulos da obra coletiva, **Les ressources des faibles** – neutralités, sauvegardes, accommodements en temps de guerre (XVIe-XVIIIe siècle) (coord. de Jean-François CHANET e Christian WINDLER, Rennes: Presses univ. de Rennes, 2009).

[379] François FEJTÖ, **Réquiem pour un Empire défunt**: Histoire de la destruction de l'Autriche-Hongrie (Paris: Lieu commun, 1988); Béatrice NICOLLIER, **Le Saint Empire romain germanique (1495-1648)** (Paris: Ellipses, 2012); Francis RAPP, **Le Saint Empire romain germanique**: d'Otton le grand à Charles Quint (Paris: Tallandier, 2000, impr. 2003); Peter WILSON, **The Holy Roman Empire** – a thousand years of Europe's History (orig. publ. 2016, Londres: Penguin, 2017).

sistema internacional, ocorridas nos séculos XVII e XVIII, a igreja católica não deixa de ser ator internacional relevante, até os nossos dias.

> A ideia pontifical de uma Europa católica unida sob a autoridade espiritual da Santa Sé foi definitivamente afastada pela entrada em guerra, em 1635, do rei da França, aliado ao rei da Suécia e aos príncipes alemães luteranos, contra os dois HABSBURGO, o de Madri e o de Viena. O papa URBANO VIII se viu rejeitado fora de seu papel diplomático tradicional de árbitro da Europa católica.[380]

O papado, aliás, que sequer foi parte contratante desses dois tratados, não deixou de fazer condenação solene dos tratados da paz de Vestfália.[381] O protesto do papa INOCÊNCIO X foi expresso no 'breve' **Zelo Domini**, de 26 de novembro de 1648.[382]

Houve quem ensaiasse[383] justificação da posição oficial do papado.[384] O que teve pouca repercussão sobre a aceitação destes instrumentos internacionais pelos demais estados.

[380] RICHELIEU, verdadeiro MAQUIAVEL do galicanismo, preferiu o governo do medo ao governo do amor apontava Marc FUMAROLI, **Dans ma bibliothèque** – la guerre et la paix (préface de Pierre LAURENS, Paris: Gallimard – tel, 2023, cit. p. 299-300): "Ce parti pris décisif de LOUIS XIII et de RICHELIEU avait été préparé au palais du Luxembourg en novembre 1630 par une série de scènes mélodramatiques entre MARIE de Médicis et RICHELIEU, devant un LOUIS XIII encore hésitant. [...] C'est alors que LOUIS XIII se prononça une fois pour toutes en faveur de RICHELIEU plaidant pour sa politique de guerre anti-HABSBOURG et rejetant le programme du parti dévot français dont MARIE de Médicis (une HABSBOURG par sa mère) était la figure de proue, hostile à l'alliance avec les protestants souhaitée par RICHELIEU contre Rome, Madrid et Vienne."

[381] A respeito da formal porém violenta condenação dos tratados da paz de Vestfália pelo papado, ver tb., adiante, o item – *da construção de sistemas coesos: de Vestfália (1648) até a guerra dos sete anos (1756-1763)*.

[382] INOCÊNCIO X, no 'breve' **Zelo Domini**, de 26 de novembro de 1648, vituperava como "juridicamente nulas, inválidas, sem força ou efeito algum, todas as estipulações pactuadas, em prejuízo, direto ou indireto, da Sede apostólica, das igrejas inferiores, das ordens e estado eclesiástico, e das respectivas autoridades, jurisdições, imunidades, liberdades, privilégios e prerrogativas, desvinculando as pessoas, às quais incumbia respeitar tais obrigações, e acrescentando que nenhum título legal poderia jamais decorrer de referidas estipulações!"

[383] G. GOYAU, **L'église catholique et le droit des gens** (RCADI, 1925, t. 6, p. 123-240).

[384] G. GOYAU (op. cit., 1925, chap. V – L'effacement international de la papauté au XVIIe et XVIIIe siècles, cit. p. 209) comentava que "o próprio INOCÊNCIO X, enfim, vendo que todas

Estes acordos internacionais consolidaram juridicamente as expropriações de bens eclesiásticos, ocorridas até 1º de janeiro de 1624, nos estados que tinham adotado as reformas protestantes.[385] A antiga unidade eclesiástica deu lugar a violentas e amargas divisões confessionais, que também violentamente marcaram as diferenças e conflitos políticos, durante praticamente todo o século XVI e ao menos até a metade do século XVII.

Segundo o 'modelo vestfaliano', os estados passariam a ser as unidades básicas ou principais atores do sistema internacional. Sustentados por estruturas políticas e administrativas, mais e mais centralizadas, estes passariam a ter controle ilimitado sobre pessoas e bens, situados em seus territórios. Também passariam os estados a definir a extensão e o caráter das suas relações com os demais componentes do sistema, através de relações diplomáticas e outros mecanismos bi- ou multilaterais.

A França galicana dos BOURBON não hesita, tendo como principais aliados os príncipes luteranos do Norte, a entrar em guerra contra a Europa dos HABSBURGO: "o interesse político dinástico francês prevalece sobre o bem comum da Europa católica".[386] Os tratados de Viena, em 1815, se esforçaram em criar uma regra do jogo entre nações europeias, com base no modelo vestfaliano.[387]

O conceito de 'equilíbrio de poder', entre as potências europeias,[388] passa a ser o corolário indispensável desse sistema de convivência entre estados, sem quaisquer outras limitações para cada um dos integrantes. Precário equilíbrio, construído pela força das armas e por alianças conjun-

as críticas – *remontrances* – de seu núncio eram inúteis, publicou seu protesto em forma de 'bula', na qual apresentava os tratados como infinitamente prejudiciais à religião católica".

[385] Como se considerou no **Tratado** (tomo 5 – **Direito internacional no tempo de Francisco de Vitória**, parte II, título I – *multipolarização da Europa na era moderna e advento do direito internacional como sistema*).

[386] M. FUMAROLI (op. cit., 2023, p. 300-302): "Chapitre après chapitre, le gallicanisme politique et religieux aura déjà appliqué au cours du XVIIe siècle le programme 'régénerateur' imposé plus tard par la Révolution?"

[387] M. FUMAROLI (op. cit., 2023, p. 302): "La création du début des années 1950 de la Communauté politique européenne (CECA, EURATOM, mais CED avortée, puis, en mars 1957, traité de Rome) aura été la dernière tentative en date pour établir un équilibre européen de longue durée, mais menacé à la longue par la réapparition d'égoïsmes nationaux". Sobre o desenvolvimento histórico do processo de integração, P. B. CASELLA, **União europeia: instituições e ordenamento jurídico** (orig. publ. 1994, São Paulo: LTr, 2ª ed., 2002).

[388] Ver, a respeito, o item – *literatura sobre o sistema de equilíbrio na Europa*, neste volume.

turais, antes de haver processos institucionais internacionais mais desenvolvidos.

Já àquela altura, se considerava perigoso ser demasiadamente conquistador – *aujourd'hui il est dangereux d'être trop conquérant* –,[389] como VOLTAIRE caracterizava, de maneira breve, porém expressiva, o 'sistema de equilíbrio de poder' europeu:

> Todas as [demais] potências da Europa tomam armas, cedo ou tarde, quando uma delas se agita demais – *quand il y a une qui remue*: não se veem senão ligas e contra ligas, sustentadas por numerosos exércitos. Já é muito poder conservar, na conjuntura dos tempos, uma província conquistada.[390]

Dezenas de guerras foram travadas em nome de tal fórmula – o sistema de equilíbrio da Europa – sobretudo no tempo de vigência do direito internacional 'clássico'.[391] Isso se acentua depois de ter desaparecido o sistema europeu medieval hierarquizado. Aí se expunha a premissa questionável de utilização da força armada entre as potências europeias, com propósitos 'preventivos':

> O desenvolvimento da teoria do equilíbrio das potências pode suscitar a questão da legitimidade da guerra feita, visando prevenir o engrandecimento de um estado que ameaçava a segurança geral e a independência das nações. E aduzia NYS: a própria teoria do equilíbrio entre as potências é interessante. A noção foi diversificada. Na história dos últimos séculos, esta aparece ora como a primitiva união dos fracos contra o poderoso, ora como uma equalização de forças.[392]

[389] VOLTAIRE, **Précis du siècle de Louis XV** (in **Œuvres historiques**, édition présentée, établie et annotée par René POMEAU, Paris: Gallimard – Pléiade, © 1957, impr. 2010, p. 1297-1571).

[390] VOLTAIRE, **Précis du siècle de Louis XV** (ed. 2010, p. 1395).

[391] Ver **Tratado** (tomos 11 – **Direito internacional no tempo do iluminismo** e 12 – **Direito internacional no tempo de Vattel e von Martens**, item – *mutações no direito internacional no século XVIII ilustradas pelo tema da guerra*).

[392] Ernest NYS, **Les origines du droit international** (Bruxelles: Alfred Chastaigne / Paris: Thorin & Fils, 1894, chap. VIII – *L'équilibre européen*, p. 165-172, cit. p. 165)

Os estados europeus se veem jogados em contexto de política de poder, depois do colapso do sonho medieval de um império universal. E essa política de poder – *power politics* –[393] se perpetua, antes das sucessivas tentativas de institucionalização da sociedade internacional, que se seguirão depois.

Quem ainda repete a fórmula 'modelo de Vestfália' fica impossibilitado de explicar quando e de que modo se dá a passagem desse modelo estático – de surgimento abrupto, como um *deus ex machina* – até se chegar ao atual contexto pós-moderno. Como responder, de maneira adequada, à indagação: se e em que medida a sociedade internacional ainda tem 'elementos vestfalianos'?

Inversamente, outra questão a ser respondida: como situar essa mutação? Institucional e temporalmente? Em que ponto, na evolução histórica do direito internacional, esse 'paradigma de Vestfália' se teria tornado obsoleto, com o fim do direito unilateral para os estados de fazer guerra, que era visto como atributo essencial da soberania, no direito internacional 'clássico'?

Com o surgimento de mais de uma centena de novos estados, que se somaram à sociedade internacional, antes existente, esse modelo se torna impossível de ser aplicado, no mundo de hoje. O 'modelo vestfaliano' não dá conta do recado, nem quanto às transformações, ocorridas nos séculos que precedem, nem tampouco nas que se dão desde 1648, e notoriamente, no conjunto dos séculos seguintes.

Como modelo de referência, o 'paradigma de Vestfália' não seria usado somente para explicar os principais elementos do sistema político, criados por esses dois tratados, como também para a formulação dos princípios jurídicos que governarão o sistema, durante os séculos seguintes. Estes princípios 'vestfalianos' continuariam a ser a espinha dorsal do sistema institucional e normativo internacional até os nossos dias, na visão rea-

393 Henry KISSINGER, **Diplomacy** (New York: Simon & Schuster, 1994, chapter one – *The new world order*, p. 17-28, cit. p. 20): "Europe was thrown into balance of power politics when its first choice, the medieval dream of universal empire, collapsed and a host of states of more or less equal strength arose from the ashes of that ancient aspiration. When a group of states so constituted are obliged to deal with one another, there are only two possible outcomes: either one state becomes so strong that it dominates all the others and creates an empire, or no state is ever quite powerful enough to achieve that goal. In the latter case, the pretentions of the most aggressive member of the international community are kept in check by a combination of the others; in other words, by the operation of a balance of power".

lista de relações internacionais. O que é pouco para explicar as mutações do sistema institucional e normativo internacional em quinhentos anos.

Ao se conferir qualidade clássica ou mesmo atemporal a alguns dos princípios implícitos em Vestfália, tais como a 'soberania' ou a 'não intervenção', mascara-se o caráter essencialmente contingente dessas noções, em relação às necessidades da sociedade internacional em mutação. E torna-se mais difícil fazer a sua adaptação a um contexto internacional, crescentemente marcado pelos imperativos da cooperação, da interdependência e da autolimitação.[394]

Na linha dessa visão, os tratados de paz de 1648 adquirem algo entre dimensão constitucional ou o caráter de marco fundador de todo um novo sistema político europeu, que teriam ajudado a criar.[395] No curso da subsequente proeminência alcançada pelos europeus, além de seu próprio continente – com as assim chamadas 'europeização' e 'ocidentalização' do mundo, conjugadas com a expansão do 'colonialismo' –,[396] os elementos básicos desse sistema originalmente europeu ocidental, estipulado entre confissões cristãs, passariam a ser elevados ao contexto global, até se tornarem os pilares centrais do direito internacional 'clássico'.[397]

Nessa mesma lógica inscrever-se-iam formulações habitualmente relacionadas ao paradigma vestfaliano, tais como a 'igualdade jurídica dos

[394] Cfr. **Fundamentos** (2008) e **Tratado** (tomo 20 – **Direito internacional, história e cultura**); Rainer GROTTE, *Westphalian system* (in **The Max Planck Encyclopedia of Public International Law**, 2012, vol. X, p. 870-874, cit. '*Conclusion*', n. 16, p. 874).

[395] R. GROTTE, *Westphalian system* (cit. **Encyclopedia**, 2012, vol. X, cit p. 871): "In this view the peace settlement of 1648 acquires the meaning of a constitutional or foundational moment for the new European political system which it helped to create. In the course of the subsequent Europeanization and Westernization of the world [sem esquecer o colonialismo], the basic features of this system would then be elevated to the global level and become the central pillars of the modern law of nations".

[396] Como se examina no **Tratado** (tomos 14 a 17 – **Direito internacional no tempo do colonialismo**).

[397] Nessa linha, embora afirmando que "uma história do direito das gentes poderia abranger a história da humanidade inteira", Ernest NYS desenvolvia seu estudo sobre, **Les origines du droit international** (Bruxelles: Alfred Chastaigne / Paris: Thorin & Fils, 1894, *Introduction*, p. I-V, cit. p. III) inteiramente sobre matriz europeia, com dados da história europeia, sempre se reportando ao contexto europeu. Isso se mantém, mesmo quando tratava de questões como o comércio (chap. XIII – *Le commerce*) ou os grandes descobrimentos (chap. XV – *Les découvertes*). O mesmo viés eurocêntrico pauta seus contemporâneos e outros que vieram a seguir, alguns dos quais são aqui mencionados.

estados', a 'soberania' estatal baseada na exclusividade da jurisdição territorial, o princípio da 'não intervenção' nos assuntos internos, e o 'consentimento do estado' como única fonte válida de obrigações internacionais. Daí resulta um direito internacional que somente se exprime como resultado de ações voluntariamente adotadas pelos estados, seja sob a forma de consentimento expresso – como, por exemplo, em tratados – ou consentimento tácito, por meio de costume, e mesmo de atos unilaterais.

Esse modelo estático e simplificador deixa de lado séculos de indagação internacionalista sobre o conteúdo e o papel do direito internacional e a relação deste com o direito natural. Este último seria o direito que WOLFF (1758, ed. 1990)[398] definia como "uma obrigação natural é aquela à qual todos os homens estão obrigados, pelo fato de ser homem":[399]

> O DIREITO NATURAL ou nascido conosco é aquele que deriva de uma obrigação natural, de tal sorte que colocada tal obrigação, é preciso que esse direito exista. Ora, a natureza, ou a essência do homem, comporta certas obrigações. Ela estabelece assim certos direitos.[400]

Provavelmente a maior realização da paz de Vestfália –[401] para os especialistas de relações internacionais, que adotam essa visão –, seria o reco-

[398] Christian WOLFF, **Principes du droit de la nature et des gens** ("extrait du grand ouvrage latin de Mr. de WOLFF par Mr. [Jean-Henri Samuel] FORMEY", Amsterdam: chez Marc Michel Rey, 1758, 3 vols. edição facsimilar Caen: Centre de philosophie politique et juridique, 1990). Este seria resumo em francês da grande obra de WOLFF em oito volumes. A seguir, WOLFF publicaria as suas **Institutiones iuris naturae et gentium** (Halle 1750), compêndio no qual resumia a sua grande obra sobre o direito natural e internacional. Esta também traduzida para o alemão, logo a seguir publicada em outras edições: Christian WOLFF, **Grundsätze des Natur- und Völkerrechts** (Halle, 1754 e depois 1769), teria ainda contado com outra tradução francesa, Christian WOLFF, **Institutions du droit de la nature et des gens** – "traduites du latin de Mr. de WOLFF, avec des notes par Elie LUZAC, tomes VI" (Leide, 1772). A respeito da contribuição de WOLFF para a evolução do direito internacional ver **Tratado** (tomo 10 – **Direito internacional no tempo de C. van Bynkershoek e Christian Wolff**, cap. 22).

[399] C. WOLFF, **Principes du droit naturel** (1758, ed. 1990, Livre premier – *De l'obligation et du droit naturel des hommes*, chapitre premier – *De l'obligation et du droit universel des hommes en général*, p. 1-16, cit. p. 1).

[400] C. WOLFF (1758, ed. 1990, I.I.X, p. 4-5).

[401] R. GROTTE, *Westphalian system* (in **Encyclopedia**, vol. X, cit. p. 871): "A number of important legal consequences are derived from this principle. For an international order

nhecimento do estado, como ente supremo, ou poder soberano, no interior de suas fronteiras, derrotando antigas noções feudais, de ordens superpostas ou compartimentadas.[402] Esquecendo que os estados já emergiam a partir do final do século XV e tiveram sua nomeação – seu nome atribuído – por MAQUIAVEL, no início do século XVI.[403]

Daí decorre a territorialização extremada do estado, com sua exclusividade de jurisdição, e os corolários desta. E, igualmente, a não menos nefasta pretensão de ser o governo de cada estado a autoridade suprema, em seu território, e que nenhuma autoridade externa, de qualquer natureza, universal ou nacional, possa interferir com o exercício das competências governamentais, nos assuntos internos, pois isso afetaria a própria base da 'soberania' estatal. O que explicaria, por sua vez, explica o dever de 'não intervenção', ou 'não ingerência nos assuntos internos', como corolário necessário da exacerbação dos princípios de soberania territorial e da igualdade jurídica dos estados.

É preciso, contudo, fazer a crítica do paradigma vestfaliano: a primeira delas diz respeito ao caráter supostamente histórico do conceito. A historicidade do paradigma vestfaliano tem sido vigorosamente questionada: até que ponto os dois tratados de Münster e Osnabrück, em 1648, efetivamente representaram mudança revolucionária na estrutura das relações internacionais e do direito internacional, tal como habitualmente tem sido creditado, por defensores dessa concepção? Até porque numerosos outros tratados de paz puseram fim a numerosas outras guerras – algumas das quais são aqui brevemente mencionadas.

O paradigma vestfaliano seria antes um mito, do que realidade histórica. Nisso concorrem[404] diversos autores.[405]

based on territorially defined units, the rules which establish the scope and character of territorial jurisdiction are of crucial importance."

402 Como examinado no **Tratado** (tomo 4 – **Direito internacional no tempo medieval** e tomo 5 – **Direito internacional no tempo de Francisco de Vitória**, cap. 12 – *jus gentium, jus commune, jus europaeum*: entre a teoria e a prática).

403 Cfr. **Tratado** (tomo 5 – **Direito internacional no tempo de Francisco de Vitória**, cap. 13 – *estado como sujeito de direito internacional*).

404 C. HARDING and M. LIN, **Renegotiating Westphalia** – Essays and commentary on the European and conceptual foundations of modern international law (The Hague: Kluwer Law International, 1999).

405 Benno TESCHKE, **The myth of 1648** (orig. publ. 2003, Londres: Verso, 2009); G. M. LYONS and M. MASTUNDANO (ed. by), **Beyond Westphalia?** State sovereignty and

As inovações, feitas por esses dois tratados de paz, em 1648, foram muito mais limitadas, tanto pelo conteúdo, como pelo número delas, do que os defensores do 'sistema vestfaliano' estão prontos a aceitar, e alguns têm sustentado sem questionar. A perda de poder das duas instituições universais dominantes na era medieval – o papado e o império – foi progressiva e se estende por séculos,[406] tendo começado ao menos cento e trinta anos antes, como já mostra a multipolarização da Europa no início da era moderna, se acentuado com a ruptura confessional da Europa ocidental, em decorrência das reformas protestantes,[407] que, a partir de 1517, não somente acarretaram a ruptura da unidade religiosa e política da Europa ocidental, como instauraram níveis de violência e destruição, como não se viam desde as invasões bárbaras e mongóis, e estas se prolongaram por mais de cento e cinquenta anos.

Quando do desaparecimento formal, mesmo se algumas instituições imperiais tinham cessado de operar no curso do século XVII, outras, como as cortes imperiais, se mantiveram em funcionamento até quase a extinção formal do império, em 1806.[408]

Tampouco se pode dizer que a paz de Vestfália constitua o triunfo definitivo da ideia de 'soberania do estado', como parece ser saudado pela teoria das relações internacionais. A soberania do estado e a configuração do estado soberano moderno são fenômenos cuja gênese e consolidação se estendem por séculos.[409]

international intervention (Baltimore: John Hopkins Univ. Press, 1995); tb. R. GROTTE, *Westphalian system* (in **Encyclopedia**, 2012, vol. X, letra C – *Criticism of the concept*, nos. 8-9, p. 872).

[406] Como se examinou no **Tratado** (conjunto dos tomos 4 – **Direito internacional no tempo medieval** e 5 – **Direito internacional no tempo de Francisco de Vitória**).

[407] Jean-Paul BARBIER-MUELLER, **La parole et les armes**: Chronique des guerres de religion en France 1562-1598 (Genebra: Musée international de la Réforme / Hazan, 2006).

[408] Dentre outros, ver a respeito, Béatrice NICOLLIER, **Le Saint Empire romain germanique (1495-1648)** (Paris: Ellipses, 2012); Francis RAPP, **Le Saint Empire romain germanique**: d'Otton le grand à Charles Quint (Paris: Tallandier, 2000, impr. 2003); Fred E. SCHRADER, **L'Allemagne avant l'État-nation**: le 'corps germanique' (1648-1806) (Paris: PUF, 1998); Peter WILSON, **The Holy Roman Empire** – a thousand years of Europe's History (orig. publ. 2016, Londres: Penguin, 2017).

[409] Pierre BOURDIEU, **Sur l'état** ('Cours au Collège de France 1989-1992', éd. établie par Patrick CHAMPAGNE, Remi LENOIR, Franck POUPEAU et Marie-Christine RIVIÈRE, Paris: Seuil-raisons d'agir, 2012); D.-E. KHAN, E. LAGRANGE, S. OETER e C. WALTER (ed. by), **Democracy and sovereignty** – Rethinking the legitimacy of Public International Law

A independência política e soberania de países como a Suécia,[410] a Inglaterra[411] ou a França[412] já eram reconhecidas, muito antes de 1648.[413] Não

(Leiden / Boston: Brill / Nijhoff, 2023); Emmanuel Le Roy LADURIE, **O estado monárquico – França, 1460-1610** (orig. publ. **L'état royal – de Louis XI à Henri IV**, 1987, trad. Maria Lúcia MACHADO, São Paulo: Companhia das letras, 1994); Jean PICQ, **Une histoire de l'état en Europe** – Pouvoir, justice et droit du moyen âge à nos jours (Paris: Presses de Sciences Po, 2009); Mario TELÒ, **L'état et l'Europe** – histoire des idées politiques et des institutions européennes (orig. publ. **Dallo stato all'Europa**, 2004, trad. Jean VOGEL, Bruxelas: Labor, 2005).

410 Neil KENT, **A concise history of Sweden** (orig. publ. 2008, Cambridge: Univ. Press, 2010, 2 – *The formation and growth of the Swedish state*, p. 16-48; 3 – *The territorial consolidation of Sweden*, p. 49-60; and 4 – *Towards a centralist and military state*, p. 61-100); Herman LINDQVIST, **A History of Sweden** (orig. publ. 2002, translated by Rod BRADBURY, Stockholm: Norstedts Förlag, 2006, *The Middle Ages*, p. 51-90, esp. *When Sweden was the largest realm in Europe*, p. 68-71, cit. p. 68): "During the Middle Ages, Sweden was at its greatest in the first half of the fourteenth century. Culture and literature flourished; the first lawbooks to cover the entire realm were written. Bondage was abolished and Sweden was, for a short while, the largest realm in Europe in terms of area."

411 John BLAIR, **The Anglo-Saxon Age** (orig. publ. 1984, Oxford: Univ. Press – A very short introduction, 2000); John GILLINGAM & Ralph A. GRIFFITHS, **Medieval Britain** (orig. publ. 1984, Oxford: Univ. Press – A very short introduction, 2000); Simon SCHAMA, **A History of Britain** – at the edge of the world? 3500 BC – 16033 AD (New York: Hyperion, 2000).

412 Françoise AUTRAND et Philippe CONTAMINE, *Naissance de la France: naissance de la diplomatie* (in **Histoire de la diplomatie française** – tome I – **Du Moyen âge à l'empire**, dir. de F. AUTRAND, L. BÉLY, F. CONTAMINE, T. LENTZ, Paris: Perrin – tempus, 2005, éd. 2007, p. 39-177, *Y a-t-il des affaires étrangères dans la France médiévale?*, p. 41-43, cit. p. 43): "L'objet des négociations et des traités, la matière des dossiers compilés par les spécialistes et l'activité des ambassadeurs du roi n'ont pas, en ce temps, l'unique but d'affermir la France face aux puissances extérieures. Ils tendent, dans le même mouvement, à construire l'état et la nation à l'intérieur même des limites du royaume. C'est ce trait particulier qui donne son unité à l'histoire de la diplomatie française pendant les dix siècles du Moyen âge"; L. BÉLY, **La France au XVIIe siècle** – puissance de l'état, contrôle de la société (Paris: PUF, 2009); Jean FAVIER, **Le temps des principautés** – de l'an mil à 1515 (in **Histoire de France**, dir. de Jean FAVIER, tome II, Paris: Fayard, 1984, impr. 2002, *Conclusion*, p. 495-499, cit. p. 498): "Les horizons se sont élargis. L'histoire de la France est désormais solidaire d'un monde qui englobe aussi bien l'Orient méditerranéen que l'Angleterre et l'Écosse, dont les parties vitales se jouent dans les pays germaniques et en Italie, dont les frontières sont devant Grenade et devant Budapest"; Emmanuel Le Roy LADURIE, **O estado monárquico – França, 1460-1610** (orig. publ. **L'état royal – de Louis XI à Henri IV**, 1987, trad. Maria Lúcia MACHADO, São Paulo: Companhia das letras, 1994); Karl Ferdinand WERNER, **Les origines** – avant l'an mil (in **Histoire de France**, dir. de Jean FAVIER, tome I, Paris: Fayard, 1984, impr. 2001).

foi preciso esperar pela paz de Vestfália para tanto: a "unidade da Europa se apoiava no cosmopolitismo das suas elites".[414]

A vitória das Províncias Unidas, depois de oitenta anos de luta pela independência,[415] se deu por meio do tratado de Münster, de janeiro de 1648, celebrado entre a Espanha e as Províncias Unidas. Esse tratado tecnicamente não faz parte da 'paz de Vestfália', porque não teve a participação do Sacro império, nem teve efeito em relação a este. O que constitui dado adicional para comprovar quanto mais difuso e complexo é o contexto da transformação do sistema internacional, nos séculos XVI a XVIII.

A completa autonomia da Suíça já era aceita, na prática, sem controvérsias. Esse longo processo remonta a séculos, desde o início da Confederação helvética.[416] Teria sido relevante a 'paz de Vestfália' tão somente especificamente em relação aos cidadãos de Basiléia, cuja condição legal não era clara, tal como esta então ainda oscilava entre a filiação política e jurídica ao império e a integração à confederação da Suíça.

[413] Lucien BÉLY (dir. de, avec Isabelle ROCHEFORT), **L'Europe des traités de Westphalie** – esprit de la diplomatie et diplomatie de l'esprit (Paris: PUF, 2000); Jean-François CHANET e Christian WINDLER (dir. de), **Les ressources des faibles** – Neutralités, sauvegardes, accommodements en temps de guerre (XVIe-XVIIIe siècle) (Rennes: Presses univ. de Rennes, 2009); H. D. KITTSTEINER, **Die Stabilisierungsmoderne** – Deutschland und Europa 1618-1715 (Munique: Carl Hanser, 2010); Claude MICHAUD, **Entre croisades et révolutions** – princes, noblesses et nations au centre de l'Europe (XVIe-XVIIIe siècles) – *Scripta varia* (avec la collab. de Christine LEBEAU, Paris: Publ. de la Sorbonne, 2010).

[414] Lucien BÉLY, **L'art de la paix en Europe** – naissance de la diplomatie moderne XVIe – XVIIIe siècle (Paris: PUF, 2023); ___, **Les relations internationales de l'Europe** – XVIIe – XVIIIe siècles (orig. publ. 1992, Paris: PUF, 4e éd., 2013, Première partie – *L'Europe au début du XVIIe siècle*, p. 1-57, cit. p. 50 e 57) aponta como integrantes do sistema europeu da época, não somente o Sacro império romano da nação alemã, os domínios dos HABSBURGO da Áustria, as Províncias Unidas, a França, a Inglaterra, *le monde de la Baltique* – a Suécia e a Dinamarca; *les puissances orientales* – a Moscóvia, a Polônia, o Império otomano, bem como "as leis das relações internacionais": "L'Europe, au début du XVIIe siècle, n'était pas seulement une somme de différences – linguistiques, ethniques, politiques, économiques ou sociales. Pour comprendre les relations entre les états européens, il convient de cerner aussi les facteurs d'unité, les données naturelles et historiques communes, les cohérences et les enjeux internationaux."

[415] Sobre o longo e penoso processo de independência e da progressiva consolidação de uma 'identidade nacional' nas Províncias Unidas, ver **Tratado** (tomo 7 – **Direito internacional no tempo de Hugo Grócio**, esp. item 18.2 – *GRÓCIO na evolução da identidade nacional*).

[416] John WILSON (1785-1854), **The history of Switzerland** (orig. publ. 1832, New York: Cosmo classics, 2007, chap. IX – *From the first alliance with France to the death of Charles the Bold of Burgundy. 1453-1477 – The Swiss come forward conspicuously on the theatre of Europe*, p. 129-153).

A cláusula teria sido inserta nos tratados, reconfirmando a independência e as imunidades da inteira confederação. Como referido, trata-se de processo que começa muito antes, mesmo se a paz de Vestfália contribuiu para o consolidar:[417]

> O representante da Suíça consegue seja feita a inserção de cláusula, no tratado de Vestfália, que formalmente e para sempre declarou a absoluta independência e separação das terras da Confederação, em relação ao Império germânico.[418]

Não ocorreu claro comprometimento com nova concepção do mundo, formulada pelos estados territoriais soberanos, participantes da paz de Vestfália. Contrariamente aos desejos da França, o termo – soberania – sequer foi inserido nos textos dos tratados.

O conceito de soberania já estava – implicitamente esboçado desde as obras de MAQUIAVEL e, a seguir – formulado e seu conteúdo determinado,[419] de BODIN a HOBBES. Contudo, o termo não foi usado pelos redatores dos tratados, que tinham de solucionar as questões altamente controvertidas das guerras de religião: "nesse sentido, a paz de Vestfália seria menos consistente, com as modernas noções da soberania, do que a paz religiosa de Augsburgo, que tinha sido celebrada um século antes, em 1555",[420] e prossegue R. GROTTE:

[417] J. WILSON **The History of Switzerland** (1832, reprint 2007, chap. XV – *From the commencement of the thirty years war to the peace of Westphalia*', p. 233-247, cit. p. 245-246), a respeito dos efeitos, em relação à Suiça, da celebração da paz de Vestfália: "This treaty, which restored the tranquility of Europe, concerned itself besides with the relations of the Helvetic body. That body, which had once formed a portion of the German empire, had for ages ceased to consider itself dependent on the imperial government, to the support of which it was neither called to contribute men nor money. The only remaining vestige of dependence was the formal confirmation of their franchises, from time to time renewed to the confederates by the emperor".

[418] J. WILSON (op. cit., 1832, ed. 2007, p. 246) concluia a passagem: "So that Switzerland offers, perhaps, the single example of a country, the political self-existence of which had never been acknowledged till the energetic epochs of that existence had long been past, and till it no longer possessed strength to defend, without the aid of foreigners, the its tardly acknowledged independence."

[419] Como se examinou no **Tratado** (tomo 5 – **Direito internacional no tempo de Francisco de Vitória**, cap. 13 – *estado como sujeito de direito internacional – a contribuição de MAQUIAVEL e BODIN*).

[420] R. GROTTE (cit., **Encyclopedia**, 2012, vol. X, no. 10, p. 872): "While the latter had imposed no limits on the principle *Cuius regio, eius religio*, the treaties of Westphalia fixed

> Os críticos também rejeitam o argumento, frequentemente suscitado pelos defensores do sistema vestfaliano, de que os direitos dos príncipes do Sacro império romano, de conduzir a sua política externa e de celebrar tratados, com outros estados, dentro e fora do Império, tal como reconhecido pelos tratados, tenha de ser visto como evidência da adoção do moderno conceito de soberania. Na opinião destes, o conteúdo desse direito e o seu significado, no contexto dos tratados de paz, como um todo, eram muito mais limitados do que se alega, pelos proponentes de interpretação ampla dos tratados.
> Cabe apontar ter sido isso referido, de maneira bastante incidental, em uma frase de cláusula que explicitava os direitos dos estados, dentro do Sacro império, de participar nas deliberações do império, e concluía com a obrigação de que nenhum tratado fosse feito contra o imperador e o Império.[421]

Sobretudo é questionável o argumento de terem os tratados da paz de Vestfália conseguido estabelecer paz duradoura na Europa. Mesmo depois dos dois tratados de outubro de 1648, França e Espanha continuaram em guerra, durante mais onze anos. E a guerra franco espanhola, que já ocorria durante a guerra dos trinta anos, somente termina com a 'paz dos Pirineus', celebrada em 1659.[422]

Tampouco teriam servido os dois instrumentos da paz de Vestfália para realizar, ou mesmo tentado realizar o estabelecimento de sistema, ou de estrutura estável, para a conservação da paz, na Europa. Argumente-se, que o conteúdo da grande maioria das disposições, contidas no dois instrumentos de 1648, dizia respeito ao estabelecimento de arranjo institucional, viável para o Sacro império e suas unidades componentes – justamente porque foram essas as regiões mais assoladas,[423] por aqueles trinta anos de

the confessional matters as they stood on 1 January 1624, and explicitly rejected the notion that rulers could change their religion, and consequently that of their subjects, arbitrarily".

421 R. GROTTE (cit., **Encyclopedia**, 2012, vol. X, no. 11, p. 872-873): "Only after the fact could this provision be read as an endorsement of the principles of sovereignty, which deny any restraint on the way states may conduct their foreign policies".

422 Ver Lucien BÉLY, **La France au XVIIe siècle** (Paris: PUF, 2009, *La paix des Pyrenées*, p. 325-332).

423 Mesmo se a destruição não ocorreu uniformemente, em toda a sua extensão, estima-se que nesses trinta anos de guerra, a "Alemanha perdeu 40% do total de sua população", avaliava Heinz Dieter KITTSTEINER (1942-2008), **Die Stabilisierungsmoderne** – Deutschland und Europa 1618-1715 (Munique: Carl Hanser, 2010, cit. p. 88-89): "Das Leben bewegte sich in diesen Zeiten zwischen Alltag und Katastrophe". A destruição se teria concentrado, sobretudo,

conflitos armados: "embora a maioria das potências europeias estivessem associadas com os tratados da paz de Vestfália, de um modo ou de outro, estes continham poucas normas regulando a conduta de entidades autônomas fora do Sacro império".[424]

A ênfase excessiva no caráter, por assim dizer, 'constitucional' e 'formador' do sistema internacional, que teria sido desempenhado pela paz de Vestfália, tem ainda a desvantagem de desviar o foco do caráter, paulatino e progressivo, da elaboração e reformulação sucessivas, do sistema institucional e normativo internacional. O que congelaria o sistema em quadro estático que, historicamente, nunca existiu.

Superar essa visão 'vestfaliana' – pretensão de soberania absoluta do estado – se faz ainda mais necessário, em tempos pós-modernos, com a crescente interdependência entre os estados. Tal como esta se manifesta, em questões políticas, econômicas, estratégicas e de segurança, ante a internacionalização de questões, como a proteção internacional dos direitos fundamentais, e face à necessidade de regulação da proteção ambiental, por normas e instituições internacionais. Esse movimento de internacionalização progressiva não se explica com Vestfália, se adotado como marco estático e definitivo.

A visão do estado, segundo o paradigma vestfaliano, mascara o caráter, contingente e transitório, da 'soberania', como dado configurador dos estados, em momento histórico, definido e superado – há muito tempo.[425] E

em diagonal, desde o Mar Báltico até o Sudoeste do Império, da Pomerânia e Mecklemburgo, passando pela Turíngia e parte da Saxônia, até o Palatinado e parte do Württemberg. Nestas áreas, pereceu metade da população. Em outras áreas, as mortes chegaram a cerca de um terço do total. E não somente pelas mortes diretamente decorrentes da guerra, como também dos saques e depredações de cidades e propriedades rurais e castelos, mas também pela subnutrição e as epidemias, decorrentes da guerra. Por isso, escrevia KITTSTEINER: a vida nesse tempo oscilava entre o dia-a-dia e a catástrofe. Ver tb. Henry BOGDAN, **La guerre de trente ans** 1618-1648 (© 1997, Paris: Perrin-tempus, ed. 2006, impr. 2010).

[424] R. GROTTE (cit., **Encyclopedia**, 2012, vol. X, no. 12, p. 873): "Those rules which could have provided an impetus for the development of more elaborate international arrangements, such as the provisions on dispute settlement and the defence of the peace turned out to have little or no practical relevance at all".

[425] R. GROTTE (cit., **Encyclopedia**, 2012, vol. X, no. 13, p. 873): "Suggesting that the state based structure of the international system which has existed for more than three centuries is indispensable for the proper ordering of the international relations and therefore will continue, or even ought to continue to be the cornerstone of the international system tends to lock international relations theory within a state-oriented paradigm of international

limitar a soberania é crucial para que existam direito internacional e vida internacional organizada.[426]

Em análise da 'genealogia da soberania',[427] facilmente se pode constatar quanto esse conceito de *soberania* é condicionado, por descontinuidades filosóficas e historiográficas, entre os três períodos que assinala – 'renascimento', 'era clássica' e 'modernidade'. Por conseguinte, a 'soberania' para ser compreendida historicamente, deve ser vista como conceito contingente, e não como dado fundamental, da ciência política e de sua história. Nem tampouco do direito internacional!

Cabe aposentar essa visão simplista, de transformação radical e repentina, em 1648, para apontar a tensão fundamental, existente entre duas concepções do exercício do poder: uma que pode esquematicamente ser chamada de 'autocrática' e a outra, que pode ser dita 'consensual'. Ambas interagem continuamente, ao longo da história.

society and makes the adaptation of this theory to the fast-changing and increasingly complex structures of the modern world more difficult".

[426] Como faz muito escrevo e sustento, na companhia de ilustres internacionalistas. Cfr. **Fundamentos do direito internacional pós-moderno** (2008, esp. item IV – *sujeito e objeto: estado de natureza, natureza do estado e relações entre estados*, p. 381-448); antes já escreviam C. Wilfred JENKS, **Economic and social change and the law of nations** (RCADI, 1973, t. 138, p. 455-502, cit. p. 495): "o estado existe para o homem e não o homem para o estado". Gosto do modo como exprimia a dicotomia entre estado e direito internacional Juan-Antonio CARRILLO SALCEDO, **Droit international et souveraineté des états**: cours général de droit international public (RCADI, 1996, t. 257, p. 35-221) quando enumerava e analisava as limitações à soberania – *limitations apportées à la souveraineté dans le droit international contemporain*. Também Hubert THIERRY, **L'évolution du droit international**: cours général de droit international public (RCADI, 1990, t. 222, p. 9-186); b/c os autores de vários dentre os ensaios, contidos no volume, **L'évolution du droit international**: Mélanges offerts à Hubert THIERRY, Paris: Pedone, 1998); e M. BEDJAOUI e H. THIERRY, *Avenir du droit international* (in **Droit international**: bilan et perspectives, Paris: Pedone / UNESCO, 1991, chap. LVI, p. 1305-1317, cit. p. 1313, par. 29): "C'est ainsi en fonction des limitations qu'il impose à la souveraineté que le droit international se construit."

[427] O professor da Universidade de Estocolmo, Jens BARTELSON, em seu **A genealogy of sovereignty** (Cambridge: Cambridge Univ. Press, © 1995, reprinted 1996, Cambridge studies in international relations, vol. 39, cit. p. 247): "Within this tradition, sovereignty does not merely mean different things during different periods, function differently within different epistemic arrangements, or that it is something altogether different from time to time; rather the topic of sovereignty – the concept of sovereignty as opened to definitional change across time – is so rigorously intertwined with the conditions of knowing, that we could inductively expect a change in the former to go hand in hand with a change in the latter even in the future, if indeed there is one".

Em estudo específico, a respeito do "contrato político e soberania dividida no Sacro império",[428] se nota que nenhuma dessas duas concepções jamais chegou a vencer definitivamente – quer 'contrato político' quer 'soberania' – e nenhum equilíbrio se estabeleceu, definitivamente, entre ambas, mas a sua busca foi, constantemente, objeto de trabalho de redefinição, de amplitude considerável: "é preciso situar [essa evolução], na longa duração da história do exercício do poder".[429]

A paz duradoura na Europa, infelizmente, nem antes nem depois de 1648, foi alcançada. Por isso, torna-se tema de indagação, em toda uma rica e variada vertente de estudos sobre a 'paz perpétua'.[430]

Em 1713, na altura em que se negociava e se celebrava o tratado de paz de Utrecht, publicava Charles CHASTEL, o abade de SAINT PIERRE, os dois primeiros volumes da sua obra, **Projeto para tornar perpétua a paz na Europa**.[431] Este, como outros antes e depois, bem tinha consciência da fragilidade dos "meios que os soberanos utilizaram até aqui, seja para evitar entrar em guerras, seja para não sucumbir a elas quando eclodem":

> Verifiquei que todos esses meios se reduziam a promessas mútuas por escrito, ou inseridas em tratados de comércio, de armistício e de paz, nos quais se acordam os limites dos territórios e outras pretensões recíprocas, ou em tratados de garantia ou de alianças, ofensivas e defensivas, para estabelecer, manter ou restabelecer o equilíbrio de poder, das casas dominantes. Esse sistema parece ser, até agora, o mais alto grau de sabedoria, atingido pela política dos soberanos e ministros da Europa.

[428] Jean-Marie MOEGLIN, *Le Saint Empire: contrat politique et souveraineté partagée* (in **Avant le contrat social** – le contrat politique dans l'Occident médiéval XIIIe-XVe siècle, sous la direction de F. FORONDA, Paris: Publications de la Sorbonne, 2011, p. 173-191, cit. p. 173).

[429] J.-M. MOEGLIN (cap. cit., 2011, cit. p. 173): "Il importe de la restituer dans la longue durée de l'histoire de l'exercice de l'autorité".

[430] P. B. CASELLA, **União europeia: instituições e ordenamento jurídico** (orig. publ. 1994, São Paulo: LTr, 2ª ed., 2002, item 1.2 – *projetos e experiências de União europeia: antecedentes históricos*, p. 54-71).

[431] Chamado de 'Irénée' – o amigo da paz, Charles CHASTEL, Abbé de SAINT-PIERRE (1658-1743), formulou o seu **Projeto para tornar perpétua a paz na Europa** (orig. publ. Utrecht, por Antoine Schouten, em três tomos: os dois primeiros, em 1713, e o terceiro, em 1717; trad. Sérgio DUARTE, pref. R. SEITENFUS, Brasília: Ed. UnB / IPRI, São Paulo: IOE, 1ª ed. bras., 2003).

> Não tardou muito, para me convencer de que, enquanto tais meios fossem julgados satisfatórios, não haveria, jamais, certeza suficiente, quanto à execução dos tratados, e nem maneiras adequadas, para resolver equitativamente, e sobretudo sem guerra, as controvérsias futuras, e de que se não fosse possível encontrar nada melhor, os príncipes cristãos teriam de resignar-se a uma guerra quase contínua, ocasionalmente interrompida, por alguns tratados de paz, ou melhor por verdadeiras tréguas, decorrentes necessariamente da quase igualdade das forças e da lassidão ou exaustão dos combatentes.[432]

Em momento algum, se percebe terem sido os príncipes da época sensíveis aos argumentos do bom teórico da paz. Esse nobre anseio continuou a ser teórico! O que se aplica a outros antes dele, como aos que retomam o tema, desde então:

> Não há nada de mais glorioso do que trabalhar, eficazmente, para aniquilar para sempre, um monstro furioso, como é a guerra, que devora todos os anos muitos milhares de homens, arruína tantas cidades magníficas, destrói províncias opulentas e abundantes, e renasce incessantemente, de suas próprias cinzas.[433]

Não foram os tratados de Vestfália, de 1648, mais duráveis ou mais marcantes do que quaisquer outros, em volumosa sucessão de atos internacionais, desde antes até várias décadas depois de 1648. Como descrevia o abade de SAINT PIERRE, na segunda década do século XVIII: "na ausência de leis e de sociedade, vivem na mais dura de todas as dependências".[434]

Esse indício da fragilidade de sucessivas tentativas de instaurar a paz entre as potências europeias vem reforçar o entendimento de ter sido fabricado o 'mito de 1648' – na linha de GROSS, em 1948, e outros intérpretes 'realistas' das relações internacionais – mas essa formulação, gerada e

[432] Abbé de SAINT-PIERRE, **Projeto para tornar perpétua a paz na Europa** (1713 e 1717, ed. bras., 2003, *Prefácio – ideia geral do projeto*, p. 3-13, cit. p. 4-5).

[433] SAINT PIERRE, **Projeto para tornar perpétua a paz na Europa** (1713 e 1717, ed. bras., 2003, terceiro discurso, 9ª vantagem – *comparação entre a reputação dos soberanos no sistema da guerra e a reputação que adquirirão ao contribuir para tornar inalterável a paz*, p. 128-131, cit. p. 130).

[434] SAINT PIERRE, **Projeto para tornar perpétua a paz na Europa** (1713 e 1717, ed. bras., 2003, terceiro discurso, 4ª vantagem – *comparação entre o poder e a independência no sistema da guerra e o poder e a independência no sistema da paz*, p. 118-121, cit. p. 119).

difundida, de ponto de vista simplificador, fica muito aquém de abranger a complexa realidade. A realidade daquele tempo, como a do que veio antes e a realidade do que se seguiu depois.

Em sentido semelhante, mas com mais sutil percepção do conjunto, a respeito da "ascensão das potências europeias" – entre 1679 e 1793 –[435] enfatizem-se os riscos de conflitos decorrentes da falta de qualquer clara determinação entre os poderes soberanos, em estados coerentes, com claras fronteiras. Afastava a importância dos tratados de paz de 1713 e 1714 e considerava: "as guerras travadas na Europa entre 1717 e 1748 sugerem ser enganador – *misleading* – considerar os entendimentos como tendo criado uma nova ordem internacional". Assim também se pode avaliar ser igualmente "enganador exagerar as mudanças criadas pela guerra da sucessão espanhola, e a subsequente paz".[436]

Não foi assim nem 1648, com os tratados de paz de Vestfália, nem 1713, com a paz de Utrecht e a sequência desta, a paz de Rastatt, em 1714, nem tampouco a paz de Aquisgrana,[437] em 1748, que se instaura paz duradoura na Europa ocidental, nem nova sistematização do sistema internacional.

Não existe marco fundador do sistema internacional, moderno, clássico ou contemporâneo. Não foi e não é tão simples assim criar ordem internacional inteiramente nova. Isso se constrói, como resultado de tempos históricos mais longos – a *longue durée* de BRAUDEL –, e dificilmente pode ter, como marco fundador, somente um ou dois tratados: quer se trate dos tratados de paz pondo fim à guerra dos trinta anos, em 1648, ou dos tratados de Utrecht e de Rastatt, pondo termo à guerra da sucessão espanhola, em 1713 e 1714, ou o tratado de paz de Aquisgrana, pondo termo à guerra de sucessão austríaca. Ou tampouco tantos outros, antes e depois destes.

Crítica adicional ao conceito vestfaliano é o eurocentrismo,[438] deste decorrente: atribuir caráter constitucional e fundador do sistema inter-

[435] Jeremy BLACK, **The rise of the European Powers 1678-1793** (London: Edward Arnold, 1990).

[436] J. BLACK, **The rise of the European Powers 1678-1793** (op. cit., 1990, cit. p. 59).

[437] Aix-la-Chapelle, em francês; Aachen, em alemão; Aquisgrão, em português de Portugal.

[438] A respeito do fenômeno e das distorções causadas pelo 'eurocentrismo', ver **Tratado** (tomo 13 – **Direito internacional no tempo do concerto europeu**); o já mencionado Y. ONUMA, *Eurocentrism in the History of International Law* (in **A normative approach to war**: peace, war and justice in Hugo Grotius, ed. by Y. ONUMA, Oxford: Clarendon Press, 1993, *Appendix*, p. 371-386, cit. p. 385): "This ideological structure was parallel to that of Spaniards convincing themselves that they were carrying out the sacred mission of proselytizing Christianity to drive

nacional, a estes dois tratados de paz, pondo fim a três décadas de guerras de religião (europeias), faz parecer que o direito internacional moderno e clássico não passe de criação, se não exclusiva, ao menos preponderantemente, cristã, europeia ocidental. O peso da Europa, no direito internacional moderno e clássico é, com certeza, relevante; mas o mundo todo não pode ser visto somente como emanação do que ocorria, ademais, tão somente na parte ocidental, desse continente.

Não é de todo verdade ver o mundo, somente, a partir da ótica europeia. Além desta ter dado respaldo a distorções como o 'colonialismo',[439] também dificulta ou torna impossível o diálogo entre culturas.[440]

Essa visão, reducionista e eurocêntrica, ademais, deixa de fora todas as formas 'extra europeias' de conceber e de exercitar o sistema internacional. Tais como estas existiam e operavam, contemporaneamente ao 'sistema vestfaliano': o vasto sistema sinocêntrico de vassalagem, ou o igualmente

salvation to the 'barbarians'." Compare-se: Arnulf BECKER LORCA, **Mestizo international law** – a global intellectual history 1842-1933 (orig. publ. 2014, Cambridge: Univ. Press, 2016); ___, *Eurocentrism in the history of international law* (in **The Oxford Handbook of the History of International Law**, ed. by B. FASSBENDER e A. PETERS, Oxford: Univ. Press, 2012, chap. 43, p. 1034-1057); C. G. F. CASTAÑON, **Les problèmes coloniaux et les classiques espagnols du droit des gens** (RCADI, 1954, t. 86, p. 557-700).

439 Cfr. **Tratado** (tomos 14 a 17 – **Direito internacional no tempo do colonialismo**); Monique CHEMILLIER-GENDREAU, *Retour sur une question controversée: la notion de 'terra nullius' à l'origine des conquêtes coloniales et ses résonances contemporaines* (in **Liber amicorum Raymond Ranjeva – L'Afrique et le droit international: variations sur l'organisation internationale / Africa and international law: reflections on the international organization**, Paris: Pedone, 2013, p. 461-470) ressalta a necessidade de "remonter jusqu'aux mécanismes d'un droit international fortement inspiré par des préoccupations politiques, ce droit qui a présidé aux conquêtes coloniales, tant celles du XVIe siècle sur le continent américain que celles du XIXe siècle sur le reste du monde, mais notamment en Afrique et à Madagascar. Mais il n'est indispensable de remonter jusque-là que pour passer ces mécanismes au crible de la pensée critique afin de mieux comprendre le monde contemporain. Et cette pensée critique est nécessairement ouverte à l'universel et ne saurait s'enfermer dans une approche unilatérale du monde".

440 Cf. **Tratado** (tomo 20 – **Direito internacional, história e cultura**, esp. *Introdução* e cap. 1 – *direito internacional no tempo e seu papel na história*); como expõe François JULLIEN, em seu **O diálogo entre as culturas** – do universal ao multiculturalismo (orig. publ. **De l'universel, de l'uniforme, du commun et du dialogue entre les cultures**, 2008, trad. André TELLES, apres. e rev. técnica Danilo MARCONDES, Rio de Janeiro: Zahar, 2009, *Advertência*, p. 11-13) foi preciso que "a cultura então dominante durante os últimos séculos – a 'ocidental' – visse sua posição soberana em vias de se fissurar e não pudesse mais ser tão peremptória quanto à sua legitimidade de princípio".

vasto e complexo sistema islâmico. Somente este, o sistema islâmico, era então composto de três grandes estados: o Império otomano, o império persa, em nova fase de expansão, com a dinastia safávida, e o império mogul, que reinava na Índia e sobre grandes extensões da Ásia central. E isso, para citar somente alguns contemporâneos, dentre os sistemas internacionais extra europeus, no tempo 'clássico'.

Estes sistemas regionais interagiam entre si: não somente os europeus, sobretudo os franceses, se valiam de alianças com o império otomano, contra o Sacro império romano germânico. E isso vai desde os esforços de FRANCISCO I, da França, no século XVI – para ameaçar o Sacro império romano germânico. E esse jogo duplo se estende até,[441] ao menos, o Congresso de Paris, de 1856. Ou mesmo até a dissolução total do império otomano, durante a primeira guerra mundial.[442]

Como exemplo de interação, entre sistemas regionais, também chegam os austríacos a tentar suscitar o interesse, por parte dos persas e dos indianos, em atacar o Império otomano, o que lhes seria útil, para fazer deslocar, para o extremo leste otomano, as forças militares deste, que uma vez ocupadas em combater, na Ásia central, assim não mais ameaçariam, tão frequentemente, a Europa. Depois de dominar, durante séculos, enormes extensões dos Bálcãs,[443] a Hungria – e grande parte da Hungria permanece sob dominação turca, desde a derrota húngara na batalha de Mohács, em 1526, até a liberação de Buda, em 1686.[444] Isso ocorre também, durante séculos, com a Grécia, até a independência desta, em 1830.

Tropas otomanas lutam, em terras do Sacro império, e chegam às portas de Viena,[445] em mais de uma ocasião no século XVII. Os otomanos fazem

441 Como se examina no **Tratado** (tomos 11 – **Direito internacional no tempo do iluminismo** e 13 – **Direito internacional no tempo do concerto europeu**).

442 André JEVAKHOFF, **Kemal Atatürk** – Père fondateur de la Turquie (orig. publ. 1989, Paris: Tallandier – texto, nova ed., 2021); Sean McMEEKIN, **The Ottoman endgame** – war, revolution and the making of the modern Middle East (London: Allen Lane – Penguin, 2015).

443 Claude MICHAUD, **Entre croisades et révolutions** – Princes, noblesses et nations au centre de l'Europe (XVIe-XVIIIe siècles) – scripta varia (avec la collab. de Christine LEBEAU, Paris: Publications de la Sorbonne, 2010).

444 A respeito, ver Miklós MOLNAR, **Histoire de la Hongrie** (© 1980, Paris: Perrin – Coll. tempus, vol. 78, 1996, impr. 2010, esp. chap. III – *Un pays sous trois couronnes, 1526-1711*, p. 125-191).

445 Ève MENKE-BERTRAND, **L'image de Vienne et de Prague à l'époque baroque (1650-1740)** – Essai d'histoire des représentations (Estrasburgo: Presses Universitaires de

sítio à capital imperial austríaca, em 1683.[446] Se existe incidente que marca o início do declínio do poder islâmico na Europa, este foi a perda da guerra, da qual resultou o tratado de paz de Carlowitz, em 1699:

> O império turco, depois de ter estado em plena ofensiva no século XVI e ter adotado posição defensiva no século XVII, reconheceu a sua derrota diante de uma potência europeia. Esses eventos revestem-se de significação tanto mais grave, na medida em que o Islão sempre tinha considerado as suas vitórias militares como prova de uma benção divina. Ora, no curso do século XVIII, este sofre um número crescente de derrotas e os impérios turco, safávida [no Irã] e mogul [na Índia] começam a desabar, enquanto os estados das estepes eurasianas foram igualmente varridos.[447]

A construção do sistema internacional se faz ao longo de séculos de história, de guerras e de tratados de paz. As obras dos autores, destes mesmos séculos XVII e XVIII, também constituem vertentes privilegiadas para a compreensão do direito internacional e de sua evolução no tempo 'clássico'.

Strasbourg, 2008, esp. – *Le siège de 1683: un deuxième coup de sémonce divin*, p. 252-257) analisa documentos e textos da época, nos quais os episódios dramáticos de 1683 são colocados em perspectiva histórica: a partir de passagens, tiradas de sermões de santo AGOSTINHO, que descrevia os massacres perpetrados pelos bárbaros, no século V, avança-se no tempo para elencar todas as conquistas otomanas na África e na Europa, e faz-se paralelo entre a situação de Viena e a história de Constantinopla – esta seria prefiguração do destino de Viena, se viesse também a sucumbir aos turcos. As imagens das duas cidades se superpõem no imaginário e nos discursos da época.

[446] Steven BELLER, **Histoire de l'Autriche** (orig. publ. **A concise History of Austria**, 2006, trad. Sylvie KLEINMAN-LAFON, Paris: Perrin, 2011, esp. chap. 2 – *AEIOU 1439-1740*, p. 40-88, esp. p. 76-77) sobre o avanço turco contra Viena: "La légende veut que la fin du second siège de Vienne ait introduit deux spécialités célèbres: le café et le croissant – ou *Kipfel*, une pâtisserie imitant le croissant turc, inventée à Vienne pour célébrer la victoire contre les Turcs musulmans, et que MARIE-ANTOINETTE introduisit en France." Ver tb. Henry BOGDAN, **Histoire des Habsbourg**: des origines à nos jours (Paris: Perrin, 2002, impr. 2005).

[447] Guillermo CÉSPEDES DEL CASTILLO, *Le contact et les échanges culturels* (in UNESCO, **Histoire de l'humanité**, vol. V – 1492-1789, orig. publ. **History of humanity** – from the sixteenth to the eighteenth century, 1999, Paris: UNESCO, 2008, p. 115-142, cit. p. 133): "Les européens purent même se payer le luxe de se disputer mutuellement la suprématie dans le sud de l'Asie et l'océan Indien, sans rien concéder pourtant aux musulmans nulle part. Néanmoins, le déclin politique et militaire des empires musulmans n'exerça guère d'effet concomitant sur les principaux caractères démographiques et culturels de l'Islam dans son ensemble".

Se quisermos ter alguma compreensão, a respeito do processo histórico, de formação do direito internacional: "é impossível compreender GRÓCIO, sem ter consciência da tradição intelectual, na qual este se inscreve".[448] Que nos remete a toda a tradição escolástica e dos tratados sobre direito da guerra: os precursores de GRÓCIO e de Vestfália tem de ser estudados, para se entender o direito internacional 'moderno' e o 'clássico'.[449]

Isso também significa situar os modelos históricos, nos quais os inscrevemos – e nos inscrevemos:[450]

> A ascensão e a globalização da estatalidade – *statehood* –, por exemplo, como as distinções entre 'político' e 'econômico', bem como entre 'público' e 'privado', subjacentes à história do direito internacional, apontam para conceitualizações e experiências especificamente europeias. [...]
> O que estudamos, como história do direito internacional, depende de como pensamos o 'direito internacional', em primeiro lugar; e somente na medida em que não mais exista uma única resposta hegemônica, para essa questão, se pode esperar que as histórias do direito internacional possam se descolar,

448 Randall LESAFFER, *International law and its history: the story of an unrequited love* (in **Time, History and International Law** edited by Matthew CRAVEN, Malgosia FITZMAURICE and Maria VOGIATZI, Leiden: Martinus Nijhoff, 2011, p. 27-41, cit. p. 40): "The precursors of GROTIUS and Westphalia need to be studied seriously if we are ever to understand the formation of this law of nations. It is impossible to comprehend GROTIUS without being aware of the intellectual tradition in which he stood." LESAFFER considera "whereas quite some attention has been devoted to his immediate inspirers" adverte, contudo "his main source of inspiration remains a blank spot on the historical map. I refer to the great tradition of medieval Roman and canon law, which has developed many important ideas on the law of nations".

449 Como extensamente se examinou no **Tratado** (tomos 4 – **Direito internacional no tempo medieval**, 5 – **Direito internacional no tempo de Francisco de Vitória**, 6 – **Direito internacional no tempo de Suarez, Gentili e Zouch**, e 7 – **Direito internacional no tempo de Hugo Grócio**).

450 Martti KOSKENNIEMI, *A history of international law histories* (in B. FASSBENDER e Anne PETERS, edited by, **The Oxford Handbook of the History of International Law**, Oxford: Univ. Press, 2012, cap. 39, p. 943-971, *Conclusion*, p. 970) comenta a extensão na qual todo o exame do direito internacional se faz a partir da perspectiva europeia: "The histories of *jus gentium*, natural law and the law of nations [...], whether from the standpoint of the 14th or the 21st centuries, are situated within a temporal trajectory whose markers come from Europe; they adopt a European horizon of 'progress' and 'modernity'."

de seus caminhos já trilhados, e abram nossos olhos, para experiências que, até aqui, permaneceram na escuridão.[451]

É preciso contextualizar o exame dos autores e das obras, não somente em relação aos precursores imediatos de GRÓCIO, como Balthazar AYALA,[452] ou Alberico GENTILI,[453] com seus tratados sobre o direito de guerra, como também a partir deles, em relação a SUAREZ e também ZOUCH.[454] Somente assim teremos a via preparada, para a emergência do direito internacional no tempo 'clássico' – que pode parecer claro e fácil de ser situado, até nos aproximarmos um pouco mais dele: quando começam a aparecer as especificidades e as diversidades, se esvai a ilusória impressão de unidade do conjunto.

A compreensão do direito internacional, como fenômeno histórico e cultural, acarreta sobretudo enxergar, claramente, quanto todos esses autores – 'modernos' e ainda 'clássicos' – voluntaria e deliberadamente se inscrevem, cada um destes, na grande tradição de direito romano e canônico, que se transmitiu e se cultivou durante séculos na Europa ocidental. Eles também partem do direito natural, como premissa intelectual, para a construção do direito internacional 'clássico'. E isso, não somente em VITORIA e SUAREZ – como professores de teologia – mas ainda aparece como fundamento para todos eles, desde PUFENDORF, como, a seguir, para WOLFF e, depois dele, para BURLAMAQUI.[455]

Curiosamente, entre o século XVII e o século XVIII, os internacionalistas aposentam o direito 'divino', mas se valem do direito 'natural'. Este a respeito do qual todos falam, mas as opiniões podem consideravelmente oscilar:[456] o que é, em suma, o 'direito natural'?

[451] M. KOSKENNIEMI (cap. cit., 2012, loc. cit.).

[452] A respeito, ver **Tratado** (tomo 4 – **Direito internacional no tempo medieval**, cap. 11 – *tratadistas da guerra: Balthazar AYALA e Pierino BELLI*).

[453] Cf. **Tratado** (tomo 6 – **Direito internacional no tempo de Suarez, Gentili e Zouch**, cap. 16 – *Alberico GENTILI*).

[454] Ver **Tratado** (tomo 6 – **Direito internacional no tempo de Suarez, Gentili e Zouch**, cap. 15 – *Francisco SUAREZ* e cap. 17 – *Richard ZOUCH*).

[455] Cfr. **Tratado** (tomo 9 – **Direito internacional no tempo de Samuel Pufendorf**, cap. 20 – *Samuel PUFENDORF*; tomo 10 – **Direito internacional no tempo de C. van Bynkershoek e Christian Wolff**, cap. 22 – *Christian WOLFF* e cap. 23 – *J.-J. BURLAMAQUI*).

[456] O que parece acontecer até hoje. Ver, por exemplo, Simone GOYARD-FABRE, **Les embarras philosophiques du droit naturel** (Paris: Vrin, 2002); e Pierre-Yves QUIVIGER,

Um enfoque moral do direito, que busca mostrar os limites do direito positivo, insistindo na necessidade de introduzir no seio deste outra coisa além do resultado do mero processo legal formal, para conferir-lhe legitimidade. Mas o 'direito natural' também exprime a valorização, no seio do direito positivo, de certo corpus normativo, do conjunto dos direitos fundamentais, em nossos tempos pós-modernos. Mais adiante, o 'direito natural' poderia ser não a fuga da juridicidade, em busca da moralidade, mas a ampliação do escopo, para alcançar a essência do direito, como oponível a certas formas contemporâneas do direito positivo.[457] Justamente, nessa construção do direito internacional, se pode buscar visão mais ampla, a respeito da relação deste com o 'direito natural'.[458]

Mesmo que os conceitos possam variar, cada um destes internacionalistas tinha o 'direito natural' como premissa da edificação do sistema de direito das gentes. Que, por sua vez, se dividia entre um direito das gentes 'necessário' e outro, um direito das gentes 'voluntário': o primeiro, mais diretamente vinculado à própria natureza dos sujeitos, desse ramo jurídico, notoriamente, ainda que não somente, os estados; o segundo, exprimindo a prática dos estados, por meio de tratados e costumes.

Le secret du droit naturel – ou Après VILLEY (Paris: Classiques Garnier – Bibliothèque de la pensée juridique, vol. 3, © 2012, impr. 2013); ver tb., neste tomo, o item – *sobre a origem e o conteúdo do direito natural.*

457 P.-Y QUIVIGER (op. cit., 2013, quarta capa).

458 Ver **Tratado** (tomo 3 B – **Gregos, romanos, chineses, indianos**, cap. 6 – *na formação e no desenvolvimento de Roma*, esp. 6.3 – *duradoura contribuição do jus gentium para o direito internacional*); aí pode se inscrever a contribuição de autores como Michel VILLEY, **A formação do pensamento jurídico moderno** (trad. Claudia BERLINER, rev. técnica Gildo Sá Leitão RIOS, São Paulo: Martins Fontes, 2ª ed., 2009), ou no original, **La formation de la pensée juridique moderne** (texte établi, révisé et présenté par Stéphane RIALS, notes revues par Eric DESMONS, Paris: P.U.F. – Leviathan, 2003); M. VILLEY, **Réflexions sur la philosophie et le droit** – les Carnets ("textes préparés et indexés par" Marie-Anne FRISON-ROCHE et Christophe JAMIN, préf. de Blandine KRIEGEL et François TERRÉ, Paris: P.U.F., 1995); M. VILLEY, **Le droit et les droits de l'homme** (Paris: P.U.F., 1983); M. VILLEY, *Les fondateurs de l'école du droit naturel moderne* (in Archives de philosophie du droit, Paris, 1961, p. 73 ss.); b/c Alfred VERDROSS, **Abendländische Rechtsphilosophie ihre Grundlagen und Hauptprobleme in geschichtlicher Schau** (Viena: Springer Verlag, 1969); Franz WIEACKER, **Privatrechtsgeschichte der Neuzeit unter besonderen Berücksichtigung der deutscher Entwicklung** (Göttingen: Vandenhoeck-Ruprecht, 2a. ed. revista, 1967), ou tb., ed. portuguesa, ___, **História do direito privado moderno** (com prefácio à edição portuguesa de F. WIEACKER, 1980, trad. A. M. Botelho HESPANHA, Lisboa, Fundação C. Gulbenkian, 4ª ed., 2010); ou a já citada Simone GOYARD-FABRE, **Les embarras philosophiques du droit naturel** (Paris: Vrin, 2002).

E tudo isso, a partir da Europa, se propagou para outros continentes.[459] Por vezes, de maneira ordenada; por vezes, de maneira desastrosa.[460]

É necessário atentar para os desdobramentos do direito internacional 'moderno' e 'clássico', é preciso dirigir a atenção para outros continentes, e seus respectivos sistemas internacionais, não somente a partir da expansão ultramarina europeia na era moderna. O que se coloca sob o signo da ambivalência:[461] primeiro, porque é errôneo atribuir o caráter de direito internacional público somente à ordem jurídica, desenvolvida entre os estados europeus – sob a denominação do *jus publicum*

[459] Wolfgang PREISER, **Macht und Norm in der Völkerrechtsgeschichte** (Baden-Baden: Nomos, 1985); Michael MITTERAUER, **Warum Europa?** – Mittelalterliche Grundlagen eines Sonderwegs (orig. publ. 2003, Munique: Beck, 5ª ed., 2009).

[460] Existe toda uma literatura de divulgação e de viés sensacionalista a respeito, e outros estudos mais sérios, tais como: Pierre CLASTRES, **A sociedade contra o estado** – pesquisas de antropologia política (orig. publ. **La société contre l'état** – recherches d'anthropologie politique, 1974, trad. Theo SANTIAGO, Rio de Janeiro: Francisco Alves, 1978, reimpr. 1990, esp. cap. XI – *A sociedade contra o estado*, p. 132-152, cit. p. 132): "As sociedades primitivas são sociedades sem estado: esse julgamento, de fato, em si mesmo correto, na verdade dissimula uma opinião, um juízo de valor, que prejudica imediatamente a possibilidade de constituir uma Antropologia política como ciência rigorosa. O que de fato se enuncia é que as sociedades primitivas estão privadas de alguma coisa – o estado – que lhes é, como a qualquer outra sociedade – a nossa, por exemplo – necessária. Essas sociedades são, portanto, *incompletas*. Não são exatamente verdadeiras sociedades – não são policiadas –, e subsistem na experiência talvez dolorosa de uma falta – falta do estado – que elas tentariam, sempre em vão, suprir"; Kent FLANNERY and Joyce MARKUS, **The creation of inequality** – How our prehistoric ancestors set the stage for monarchy, slavery and empire (Cambridge, Ma.: Harvard Univ. Press, 2012); Brendan SIMMS, **Europe – the struggle for supremacy** – 1453 to the present (Londres: Allen Lane-Penguin, 2013); Peter WATSON, **The great divide** – History and human nature in the old world and the new (London: Phoenix, 2012); Eric R. WOLF, **A Europa e os povos sem história** (orig. publ. **Europe and the people without history**, 1982, trad. Eugenio Marcondes de MOURA, São Paulo: Edusp, 2009).

[461] Wolfgang PREISER, *Frühe völkerrechtliche Ordnungen der aussereuropäischer Welt – Ein Beitrag zur Geschichte des Völkerrechts* (Sitzungsberichte der Wissenschafltichen Gesellschaft an der Johann Wolfgang Goethe-Universität Frankfurt am Main, Wiesbaden: Franz Steiner, 1976) – este estudo foi retomado e traduzido para o francês e publicado por Robert KOLB, **Esquisse d'un droit international public** des anciennes cultures extra européennes (Paris: Pedone, 2010, *Conclusion*, p. 223-225); Wolfgang PREISER, seus já mencionados estudos: *History of international law, Ancient times to 1648* (in **Encyclopedia**, ed. by R. WOLFRUM, Oxford: Univ. Press, 2012, vol. IV, p. 869-896); W. PREISER, *History of International Law, Basic questions and principles* (in **Encyclopedia**, 2012, vol. IV, p. 896-902); b/c W. PREISER, **Macht und Norm in der Völkerrechtsgeschichte** (Baden-Baden: Nomos, 1985).

europaeum.[462] Vários sistemas institucionais e normativos internacionais existiram, fora e além da Europa, em diferentes períodos, nas mais diversas regiões do globo.[463]

O direito internacional constitui fenômeno universal. Ocorreu em distintos tempos e, simultaneamente, em diversos lugares. Direito internacional floresce quando coexistem potências, relativamente independentes umas das outras, que se reconhecem, como tais, e que mantém contatos, pacíficos ou belicosos, com certa frequência, à luz de sentimento de obrigação jurídica, progressivamente destilado, a partir de concepções religiosas, sagradas, morais e políticas. Não existe somente na Europa, nem tampouco somente pós 1648!

Mesmo que, durante o período aqui considerado, de meados do século XVII até meados do século XVIII, não se possa falar em sujeitos de direito internacional, em relação aos territórios, colonizados pelos europeus, nos demais continentes, estes compunham o sistema internacional da época. Em vasto conjunto, ocorrem múltiplas interações entre as 'matrizes' europeias e as projeções extracontinentais.[464]

As relações entre as 'matrizes' europeias e as projeções extracontinentais se produzem, inclusive, pelo nefando comércio triangular – onde mercadorias provenientes da Europa eram levadas e vendidas na África; onde a seguir de África se compravam e se embarcavam escravos, que eram transportados e vendidos na América; e por sua vez, eram levados produtos americanos, como açúcar e outros para venda na Europa.[465]

No caso do continente americano, estes territórios colonizados e futuros estados independentes, mesmo durante o assim chamado período 'colonial', existiam não somente econômica e sociologicamente, mas também política e administrativamente, compondo os sistemas espanhol e português,

[462] A respeito, **Tratado** (tomo 5 – **Direito internacional no tempo de Francisco de Vitória**, cap. 12 – *jus gentium, jus commune, jus europaeum: entre a teoria e a prática*).

[463] Alguns dos quais são examinados no **Tratado** (tomo 3 A – **Direito internacional no tempo antigo**, cap. 4 – *império persa*, e tomo 3 B – **Gregos, romanos, chineses, indianos**, cap. 5 – *cidades estado gregas*, cap. 6 – *na formação e no desenvolvimento de Roma*, e cap. 7 – *entre as civilizações do continente asiático*, item 7.1 – *Índia* e 7.2 – *China*); tb. David J. BEDERMAN, **International law in Antiquity** (Cambridge: Univ. Press, 2001, reimpr., 2006).

[464] Como se considera no **Tratado** (tomos 14 a 17 – **Direito internacional no tempo do colonialismo**).

[465] Cfr. **Tratado** (tomos 5 – **Direito internacional no tempo de Francisco de Vitória** e 6 – **Direito internacional no tempo de Suarez, Gentili e Zouch**).

bem como inglês, francês e holandês.[466] A amplitude e a complexidade das relações, entre 'metrópole' e 'colônia', não podem ser menosprezadas,[467] também na perspectiva de ordenação do sistema internacional da época.

"Nos trópicos existiu também uma sociedade de Antigo regime",[468] nesse vasto campo, ainda pouco explorado, dos mais de trezentos anos do assim chamado Brasil colonial. O assim chamado *período colonial* adquire outros matizes e algumas variações,[469] a partir do desenvolvimento e da multiplicidade da pesquisa histórica, implodindo a concepção da colônia como unidade temporal, espacial e social.[470]

O reconhecimento da existência de sociedade do 'antigo regime' nos 'trópicos' nos obriga a reformular o próprio conceito de 'antigo regime', até agora identificado.[471]

[466] Em relação às Províncias Unidas, já ao tempo de GRÓCIO, como se examina no **Tratado** (tomo 7 – **Direito internacional no tempo de Hugo Grócio**, esp. item 18.1 – *conflitos metropolitanos e aventuras coloniais holandesas: interlúdio no Brasil*). Estes logo passaram de 'colonizados' a 'colonizadores'.

[467] Jean CRUSOL, **Les îles à sucre** – de la colonisation à la mondialisation (Bécherel, França: Les Perséides, 2e éd., 2008) esse conjunto das 'ilhas açucareiras' abrange além das sociedades insulares do Caribe também algumas ilhas do oceano Índico – ilha da Reunião e ilhas Maurício – do Pacífico – Havaí e Fidji – e do oceano Atlântico – ilhas do Cabo Verde, Bioko (Fernando Poo) e São Tomé e Príncipe – com a mesma origem histórica: colonização e economia açucareira insular. Mas, apesar disso, elas são muito diferentes entre si, hoje em dia.

[468] J. FRAGOSO, *Apresentação* (in **O Brasil colonial**, vol. I – 1443-1580, op. cit., 2014, p. 7-37, cit. p. 20). Ver João FRAGOSO e Maria de Fátima GOUVEA (orgs.), **O Brasil colonial vol. I – 1443-1580** (Rio de Janeiro: Civilização brasileira, 2014); FRAGOSO e GOUVEA (orgs.), **O Brasil colonial vol. II – 1580-1720** (Rio de Janeiro: Civilização brasileira, 2014); FRAGOSO e GOUVEA (orgs.), **O Brasil colonial vol. III – 1720-1821** (Rio de Janeiro: Civilização brasileira, 2014).

[469] O próprio uso do termo 'colonial' já suscita questões e exige delimitação não somente conceitual, como também espacial e cronológica. A respeito, ver Hebe MATTOS, *Colonização e escravidão no Brasil – memória e historiografia* (in **O Brasil colonial**, vol. I – 1443-1580, op. cit., 2014, p. 41-104, cit. p. 41): "A expressão *Brasil colonial,* consagrada pela historiografia, título desta obra coletiva, é produto da emergência do país como estado nacional independente em princípios do século XIX. A afirmação, apesar de parecer óbvia, produz consequências historiográficas".

[470] Sílvia Hunold LARA, **Fragmentos setecentistas** – Escravidão, cultura e poder na América portuguesa (São Paulo: Companhia das letras, 2007, p. 21). O termo 'América portuguesa' seria mais neutro e mais adequado, para situar o trabalho do historiador – em relação ao termo corrente de 'Brasil colonial'.

[471] Sobre o período colonial – ou colonização portuguesa –, desde clássicos, até obras mais recentes: Francisco Adolfo de VARNHAGEN, Visconde de Porto Seguro (1816-1878),

Mesmo quando, apesar de se reconhecer que exista e opere direito internacional em outros continentes se apresenta a ambiguidade, característica dos europeus e norte-americanos. Mesmo quando os europeus conseguem enxergar sistemas 'extra europeus' de direito internacional –[472] quando olham além dos limites da Europa ocidental moderna – logo

História geral do Brasil – antes de sua separação e independência de Portugal (São Paulo: Melhoramentos, 6ª ed. integral, 1959, 6 tomos); João CAPISTRANO DE ABREU (1853-1927), **Capítulos de História colonial** (1500-1800) e **Os caminhos antigos e o povoamento do Brasil** (Brasília: Ed. UnB, 5ª ed., 1963); João Pandiá CALÓGERAS (1870-1934), **Formação histórica do Brasil** (orig. publ.1930, São Paulo: Nacional, 1972); José Honório RODRIGUES (1913-1987), **Civilização holandesa no Brasil** (São Paulo: Nacional, 1940, col. Brasiliana, vol. 180); Hélio VIANNA (1908-1972), **História do Brasil** (rev. e atualizada por Américo J. LACOMBE, São Paulo: Melhoramentos – Edusp, 12ª ed., 1975, caps. I a XLVI, p. 1-400); Francisco IGLESIAS (1923-1999), **Trajetória política do Brasil** 1500-1964 (São Paulo: Companhia das Letras, © 1993, 4ª reimpr., 2001, parte I – Brasil português: 1500-1822); Miguel Augusto Gonçalves de SOUZA (1926-2010), **O descobrimento e a colonização portuguesa no Brasil** (Belo Horizonte: Itatiaia, 2000); Ronaldo VAINFAS (1956-) (direção de), **Dicionário do Brasil colonial** 1500-1808 (Rio de Janeiro: Objetiva, 2000); E. Cabral de MELLO (1936-) (org.), **O Brasil holandês 1630-1654** (seleção, introdução e notas de E. C. de MELLO, São Paulo: Penguin Classics, 2010); tb. Evaldo Cabral de MELLO, **Olinda restaurada** – guerra e açúcar no Nordeste 1630-1654 (Rio de Janeiro/São Paulo: Forense / Edusp, 1975); Dante Martins TEIXEIRA, *O diário de viagem de Caspar Schmalkalden ao Novo Mundo (1642-1645)* (in **Brasil Holandês** – A viagem de Caspar Schmalkalden de Amsterdã para Pernambuco no Brasil, Rio de Janeiro: Ed. Index, 1998, 2 vols.); Adriana LOPEZ, **Guerra, açúcar e religião no Brasil dos holandeses** (São Paulo: Ed. Senac, 2002); Adriana LOPEZ e Carlos Guilherme MOTA, **História do Brasil** – uma interpretação (São Paulo: Ed. Senac, 2008); Boris FAUSTO (1930-2023), **História concisa do Brasil** (São Paulo: Edusp – Imprensa oficial do estado, 2001, 1.6 – *União ibérica e seus reflexos no Brasil,* p. 44-48). E alguns 'brasilianistas': Gottfried Heinrich HANDELMANN (1827-1891), **História do Brasil** (orig. publ. na Alemanha, em 1860, primeira edição brasileira, 1930, trad. Lucia Furquim LAHMEYER, anotada por Basílio de MAGALHÃES e Odilon Nogueira de MATOS, intr. Odilon N. de MATOS, Belo Horizonte: Itatiaia – São Paulo: Edusp. 4ª ed., 1982, 2 tomos); Charles Ralph BOXER (1904-2000), **Salvador de Sá e a luta pelo Brasil e Angola** 1602-1686 (orig. publ. **Salvador de Sá and the struggle for Brazil and Angola** 1602-1686, em 1952, trad. Olivério M. de Oliveira PINTO, São Paulo: Nacional-Edusp, 1973).

[472] Wolfgang PREISER, **Macht und Norm in der Völkerrechsgeschichte** (Baden-Baden: Nomos, 1985); b/c seu anterior estudo sobre *Frühe völkerrechtliche Ordnungen der aussereuropäischer Welt – Ein Beitrag zur Geschichte des Völkerrechts* (Sitzungsberichte der Wissenschafltichen Gesellschaft an der Johann Wolfgang Goethe-Universität Frankfurt am Main, Wiesbaden: Franz Steiner, 1976) – estudo retomado, traduzido para o francês e publicado por Robert KOLB, **Esquisse d'un droit international public** des anciennes cultures extra européennes (Paris: Pedone, 2010). Ver tb. Wolfgang PREISER, *History of international law, Ancient times to 1648* (in **The Max Planck Encyclopedia of Public International Law**, published under

aduzem: "somente o *jus publicum europaeum* alcançou grau de maturação definitiva do fenômeno jurídico; ele se enxertou sobre desenvolvimento cultural multissecular".[473] Mesmo esses europeus esclarecidos tentam justificar essa 'reserva de mercado':

> Somente o Ocidente, a partir da Temis grega, mas sobretudo em Roma (e, em menor grau, entre os povos semíticos), desenvolveu-se a ideia do direito, a ponto de fazer dele sinal distintivo de sua cultura. Somente o Ocidente soube transportar essa ideia para as relações internacionais, despojando a esfera jurídica dos elementos religiosos, morais e políticos, aos quais ela permaneceu inextricavelmente ligada em outros lugares. Esse fato decorre em primeiro lugar do gênio próprio do pensamento jurídico europeu. Ele depende também das condições felizes de um continente ao qual o poder político permitiu durar e evoluir durante milênios. O tempo particularmente insigne que a cultura aí possuiu para progredir, dos estados mais primitivos, até os mais elevados, permitiu secretar um sistema jurídico, cujo corpo e a exegese doutrinal obrigam à admiração. [474]

Ou seja, fora da Europa, não haveria salvação. Isso ainda parece muito fortemente impregnado da hipocrisia colonialista, que formulou a "missão civilizadora do homem branco":[475]

> Em suma, em perspectiva histórica, existe somente um direito internacional público positivo, válido hoje, com uma única história, a sua história – *jus publicum europaeum* –; mas existiu, também, uma pluralidade de direitos internacionais públicos, nas mais diversas regiões do mundo, e que não tiveram a ventura de se impor como direito mundial, porque terminaram e periclitaram as civilizações das quais emanavam, em dado momento, de intermináveis

the auspices of the Max Planck Institute for Comparative Public Law and International Law. edited under the direction of R. WOLFRUM, Oxford: Univ. Press, 2012, vol. IV, p. 869-896); e W. PREISER, *History of International Law, Basic questions and principles* (in **The Max Planck Encyclopedia of Public International Law**, 2012, vol. IV, p. 896-902).

473 W. PREISER (op. cit., 1976), retomado por R. KOLB (op. cit., 2010, *Conclusion*, p. 223-225, cit. p. 224).

474 W. PREISER (op. cit., 1976), retomado por R. KOLB (op. cit., 2010, *Conclusion*, loc. cit.).

475 Cfr. **Tratado** (tomo 14 – **Direito internacional no tempo do colonialismo**, item – *colonialismo e hipocrisia da suposta 'missão civilizadora do homem branco'*).

> encadeamentos históricos. A partir de então, o fio evolutivo, dessas ordens jurídicas, foi brutalmente cortado. Seus vestígios foram levados, pelos turbilhões e pelas comoções da história. Não foi dito que, em condições mais felizes e mais duráveis, essas ordens jurídicas não pudessem se ter, pouco a pouco, elevado rumo a plagas mais refinadas, aptas a concorrer mais ou menos com o direito público da Europa. Seja como for, a comparação das duas histórias do direito internacional, a do direito vitorioso e as dos direitos vencidos, esclarece as profundezas do direito internacional, ou seja, tanto os seus aspectos contingentes e mutáveis, como também os seus elementos permanentes e estáveis. Nesse sentido, ela é insigne vetor de conhecimento. Ao mesmo tempo, ela sopra em nosso rosto o ar vivificante dos grandes espaços e dos abismos do tempo, entre os quais e nós tantos dias vieram a se colocar.[476]

Felizmente, as coisas não são tão simples assim: o legado de Grécia e de Roma, como de outras culturas da Antiguidade, foram herdados e continuados – com grandes rupturas e interrupções – pela Europa. Não são trajetórias contínuas nem lineares.[477]

Os legados da Antiguidade clássica, grega e romana, como também persa e bizantina, não são apanágio somente da Europa – geograficamente delimitada – pois integram o conjunto da civilização, que se expandiu e se diversificou em outros continentes. Com múltiplas interações e cruzamentos recíprocos. Como se expande de Bizâncio, para todo o mundo eslavo.[478]

Boa parte dos conhecimentos da Antiguidade grega chega ao Ocidente por meio de traduções árabes e comentários de sábios árabes, e mesmo

[476] W. PREISER (op. cit., 1976), retomado por R. KOLB (op. cit., 2010, *Conclusion*, p. 225).

[477] Cf. **Tratado** (tomo 3 A – **Direito internacional no tempo antigo**, cap. 4 – *império persa*, e tomo 3 B – **Gregos, romanos, chineses, indianos**, cap. 5 – *cidades estado gregas*, cap. 6 – *na formação e no desenvolvimento de Roma*, e cap. 7 – *entre as civilizações do continente asiático*, item 7.1 – *Índia* e 7.2 – *China*); adverte François JULLIEN, **O diálogo entre as culturas** – do universal ao multiculturalismo (do original **De l'universel, de l'uniforme, du commun et du dialogue entre les cultures** © 2008, trad. André TELLES, apres. e rev. técnica Danilo MARCONDES, Rio de Janeiro: Zahar, 2009, cit. p. 20-21): "Nunca é demais insistir, para começar, no caráter de necessidade lógica, não empírica, não constatada mas *decretada*, em suma, na dissociação deliberada em relação a todo e qualquer dado, nessa súbita guinada de regime do relativo para o absoluto, mediante a qual define-se instantaneamente, na filosofia clássica europeia, o juízo de universalidade."

[478] Ver Michel de TAUBE, **L'apport de Byzance au développement du droit international occidental** (RCADI, 1939, t. 67, p. 233-340).

judeus. Como bem ilustra Moisés MAIMÔNIDES (1135-1204), além de médico, também considerado o maior filósofo judeu da Idade média, e que escreveu as suas obras em árabe. Este tinha grandes conhecimentos da filosofia árabe. Em sua busca de fazer a concordância, entre a fé e a razão, entre ARISTÓTELES e o pensamento judaico, MAIMÔNIDES desenvolveu doutrina, cuja influência se estende até a era moderna. E também teve influência sobre a escolástica cristã. E desta, chega a GRÓCIO, que o cita.[479]

Em cada um destes desdobramentos, as heranças grega e romana também têm relevância, pelos caminhos específicos que possam ter tomado tais transmissões, em diferentes civilizações, e em sucessivas fases da história. E isso importa, também, como base, para a construção de ordens jurídicas internas, e das premissas para a inserção de cada estado, em sistema institucional e normativo internacional.[480]

O direito romano, por exemplo, foi tão estudado na Rússia, nos últimos trezentos anos, com alguns sobressaltos e descontinuidades, durante o período soviético, como no Brasil, nos últimos quase duzentos anos. O alcance do direito romano, como marco fundador e referencial conceitual de sistemas jurídicos vigentes, em seu alcance, nos últimos séculos, não se restringe somente aos europeus ocidentais, diretamente subjugados e colonizados por Roma. Embora nem a Rússia, nem o Brasil, tenham sido colonizados por Roma, ambos foram diretamente influenciados, pelo direito romano.

Em todos esses casos, o direito romano serviu, em maior ou menor grau, como base, para os respectivos sistemas jurídicos nacionais. Mais para os povos germânicos do que para os anglo-saxões.[481] Mas, mesmo entre os

[479] Ver Moisés MAIMONIDES, **Le guide des égarés** (traduit de l'arabe par Salomon MUNK, préf. de Claude BIRMAN) suivi de **Le traité des huit chapitres** (traduit de l'arabe par Jules WOLF, préf. Franklin RAUSKY, nouv. éd. révue par Charles MOPSICK, Paris: Verdier, © 1979, impr. 1996). Como referido, no **Tratado** (tomo 7 – **Direito internacional no tempo de Hugo Grócio**, cap. 18), GRÓCIO constrói com base em MAIMÔNIDES, no **Guia dos perplexos**, a sua distinção entre o direito natural e o direito positivo, e os coloca nessa ordem.

[480] **Tratado** (tomo 3 A – **Direito internacional no tempo antigo** e tomo 3 B – **Gregos, romanos, chineses, indianos**, item 6.3 – *duradoura contribuição do 'jus gentium' para o direito internacional*); Hermann KANTOROWICZ e William W. BUCKLAND, **Studies in the glossators of the Roman Law** – Newly discovered writings of the 12th century (orig. publ. Cambridge, 1938; reimpr. Aalen: Scientia Verlag, 1969).

[481] Ver, por exemplo: Paul VINOGRADOFF, **Roman Law in Mediaeval Europe** (London/New York: Harper & Brothers, 1909; reproduction Charleston, SC: Bibliolife, 2011); P.

britânicos – como mostram GENTILI e ZOUCH – serviu extensamente o direito público romano para a fundamentação do direito internacional moderno.[482]

Compreender o direito internacional, enquanto fenômeno histórico e cultural, significa, também, atentar para as tradições ditas "extra europeias": colocar o direito internacional clássico, em contexto mais abrangente, significa dar mais atenção para as relações, entre a Europa e outros continentes. E isso nem sempre se faz, de maneira equitativa.

As trocas entre civilizações sempre existiram. E, se isso se acentua, com a era moderna, nas grandes navegações e no fluxo internacional, não somente de comércio, como também de ideias, de plantas, de culturas, de doenças, literalmente transplantadas, de um para outro continente. E, por vezes, com enorme impacto: e este, nem sempre, totalmente positivo, nem irreversivelmente negativo.

Não mais se pode ignorar, totalmente, outras grandes tradições de direito internacional. Como a tantas vezes negligenciada contribuição de Muhammad AL SHAYBANI, já no século IX. Muitos séculos antes do moderno direito internacional europeu.[483] Recapitular verdades como esta pode contribuir para amenizar o diálogo de surdos entre os dois mundos, cristão e muçulmano: estes se contrapõem e se confrontam, há mil e trezentos anos e, somente em alguns poucos momentos, lograram ambos alcançar comunicação válida e pacífica.[484]

VINOGRADOFF, **Introducción al derecho** (do original **Common sense in law**, © 1913, trad. Vicente HERRERO, Mexico: Fondo de cultura económica, 1952, 3a. ed., 1997); P. VINOGRADOFF, **Principes historiques du droit** – introduction – le droit de la tribu (trad. de l'anglais par P. DUEZ et F. JOÜON DES LONGRAIS, Paris: Payot, 1924).

482 Cfr. **Tratado** (tomo 6 – **Direito internacional no tempo de Suarez, Gentili e Zouch**, caps. 16 e 17).

483 Mashood A. BADERIN, *Muhammad AL-SHAYBANI (749/50-805)* (in **The Oxford Handbook of the History of International Law**, ed. by Bardo FASSBENDER e Anne PETERS, Oxford: Univ. Press, 2012, chap. 45, p. 1081-1085, cit. p. 1084): "There is no doubt that AL-SHAYBANI and his works on *al-Siyar* should form part of that study for a full understanding of his immense contribution to the formation of international law as a jurist that preceded Hugo GROTIUS by some eight centuries in that field".

484 Nesse sentido, notável exemplo de convivência pacífica entre diferentes confissões religiosas e culturas foi a corte do imperador FREDERICO II Hohenstaufen (1194-1250), como analisam Jacques BENOIST-MÉCHIN, **Frédéric de Hohenstaufen** – ou le rêve excommunié (1194-1250) (orig. publ. 1980, Paris: Perrin-tempus, 2008); Ernst H. KANTOROWICZ, **L'empereur Frédéric II** (orig. publ. **Kaiser Friedrich der Zweite**, 1927, trad. Albert KOHN,

Merece ser lembrada a contribuição de Charles Henry ALEXANDROWICZ,[485] para o alargamento da perspectiva intercivilizacional do direito internacional. Enquanto permanecesse tão estreito o quadro mental dessa "visão eurocêntrica ortodoxa" – *orthodox eurocentric view* –, para análise do fenômeno jurídico internacional, não se poderia compreender adequadamente o mundo: "ao chegarem na Ásia, os europeus encontraram uma rede, perfeitamente organizada, de entidades políticas independentes, quer hindus, budistas ou muçulmanas".[486]

Nessa mesma linha de argumentação, Ásia e África não teriam ingressado na convivência jurídica internacional, somente pouco antes da primeira guerra mundial.[487] Visão, dessa maneira distorcida, não acometeu os autores 'clássicos' do direito internacional, durante o assim chamado "período VASCO DA GAMA das relações entre potências europeias e asiáticas",[488] ou seja, entre o final do século XV até 1800:

Paris: Gallimard – Quarto, 2000, **Kantorowicz œuvres**, p. 9-641); ___, **Les deux corps du roi** (orig. publ. **The Kings two bodies: a study in medieval political theology**, 1957, trad. Jean-Philippe GENET e Nicole GENET, Paris: Gallimard – Quarto, 2000, **Kantorowicz œuvres**, p. 643-1222); ___, *La royauté médiévale sous l'impact d'une conception scientifique du droit* (Paris: Philosophie – revue trimestrielle, n. 20, automne 1988, p. 48-72); ___, **Kaiser Friedrich der Zweite: Ergänzungsband, Quellennaachweise und Exkurse** (Berlin: G. Bondi, 1931); Olaf B. RADER, **Friedrich II. Der Sizilianer auf dem Kaiserthron** – eine Biographie (orig. publ. 2010, Munique: C. H. Beck, 4a. ed., 2012).

485 Dentre outros estudos, ver de C. H. ALEXANDROWICZ, **The Law of Nations in global History** (ed. by David ARMITAGE and Jennifer PITTS, Oxford: Univ. Press, 2017); ___, **The Afro-Asian world and the law of nations: historical aspects** (RCADI, 1968, t. 123, p. 117-214); ___, **Treaty and diplomatic relations between European and South Asian powers in the seventeenth and eighteenth centuries** (RCADI, 1960, t. 100, p. 203-322).

486 C. H. ALEXANDROWICZ, **Treaty and diplomatic relations between European and South Asian powers in the seventeenth and eighteenth centuries** (op. cit., 1960, chap. III – *The GROTIUS-FREITAS controversy*, p. 218-230, cit. p. 221): "Thus, unlike in the case of the Spanish discovery of most American lands, there was no question of claiming a title by discovery, in the East Indies. [...] Thus, there was no reason for discriminating against them on grounds of civilization or religion."

487 C. H. ALEXANDROWICZ, **The Afro-Asian world and the law of nations: historical aspects** (RCADI, 1968, t. 123, p. 117-214, *Introduction*, p. 121-122).

488 C. H. ALEXANDROWICZ, **Treaty and diplomatic relations between European and South Asian powers in the seventeenth and eighteenth centuries** (op. cit., 1960, chap. I – *Introduction*, p. 207-210).

Autores, pertencentes ao período clássico do direito das gentes, tinham pouca ou nenhuma dúvida, a respeito da condição soberana, das potências asiáticas e do pertencimento, das nações asiáticas, à família universal e natural, do direito das gentes, e quanto ao caráter dos tratados e das relações diplomáticas, entre estas e as nações europeias.[489]
O conceito positivista do direito internacional ainda não tinha suplantado a ideologia do direito natural, que era predominante, entre os autores da era clássica, o que tornava possível ver as potências asiáticas, como parte e integrantes da família universal das nações.[490]

A personalidade jurídica internacional e a capacidade de celebrar tratados bem como de enviar e receber representantes não parece ter suscitado dúvidas, nas relações entre potências europeias e asiáticas – ao menos durante os séculos XVI e XVII. Em 1609, no **Mare liberum**,[491] GRÓCIO considerava as comunidades, organizadas e politicamente independentes, das Índias orientais, como perfeitamente soberanas, capazes de celebrarem tratados, e estabelecerem relações diplomáticas, com as potências europeias. Extensa prática, dessa época, entre potências europeias e asiáticas, corrobora tal entendimento.[492]

489 C. H. ALEXANDROWICZ (op, cit., 1960, cit. p. 207-208).

490 C. H. ALEXANDROWICZ (op. cit., 1960, p. 208): "Unlike the continents of America and Africa, the European newcomer on the Asian continent in the sixteenth century found himself face with a precise network of interstate connections. Whatever his own ideas and policy, he was doomed to be caught in this network and though he tried to extricate himself from its grip, in order not to loose his own identity, he had also to admit that he found many ideas in common with his Asian counterpart and that he had to learn a good deal about mutual intercourse."

491 Hugo GRÓCIO, **Mare liberum** (original Latin text, 1609, and modern English translation, ed. and annotated by R. FEENSTRA, Introduction J. VERVLIET, Leiden/Boston: Brill, 2009); ___ , **Mare liberum / De la liberté des mers** (1609, ed. facsimilar da tradução de Antoine de COURTIN, 1703, "Dissertation d'Hughes GROTIUS pour la liberté des mers, au soutien du droit qu'ont les Hollandais de participer au commerce de l'Inde", Caen: Publications de l'Univ. de Caen, 1990), b/c a edição **De Mari Libero** et P. MERULA, **De Maribvs** (Lvgd. Batavorvm: Ex Officina Elzeviriana, 1633). Ver **Tratado** (tomo 7 – **Direito internacional no tempo de Hugo Grócio**, cap. 18; sobre a controvérsia entre Hugo GRÓCIO e Serafim de FREITAS, tomo 3 A – **Direito internacional no tempo antigo**, item 2.1 – *a controvérsia entre Hugo GRÓCIO e Serafim de FREITAS*).

492 C. H. ALEXANDROWICZ, **Treaty and diplomatic relations between European and South Asian powers in the seventeenth and eighteenth centuries** (op. cit., 1960, chapter

Análises europeias, muitas vezes, 'se esquecem' de toda a metade 'oriental' da península, que se projeta para oeste, a partir da grande massa continental da Ásia.[493] E, até mesmo a Rússia parece – muitas vezes – ser tratada como potência estranha à Europa.[494]

No direito internacional 'clássico', por um lado, trata-se de estudar e conhecer a matriz, essencialmente europeia, que responde às necessidades

III – '*The GROTIUS-FREITAS controversy*', p. 218-230, cit. p. 222): "European-Asian intercourse in the sixteenth and early seventeenth centuries fully confirmed this view."

[493] Ver, por exemplo: Ernest WEIBEL, **Histoire et géopolitique des Balkans de 1800 à nos jours** (Paris: Ellipses, 2002) e Larry WOLFF, **Inventing Eastern Europe** – The map of civilization on the mind of the Enlightenment (Stanford: Univ. Press, 1994).

[494] Henry BOGDAN, **Les chevaliers teutoniques** (© 1995, Paris: Perrin – tempus, 2009); H. BOGDAN, **Histoire des pays de l'Est** – des origines à nos jours (orig. publ. 1991, Paris: Perrin – Coll. tempus, vol. 236, éd. actualisée, 2008); H. BOGDAN, **Histoire des peuples de l'ex-URSS** – du IXe siècle à nos jours (Paris: Hachette – pluriel, 1995); Antonio CARILE e Andrej Nicolaevic SACHAROV (a cura di), **I trattati dell'antica Russia con l'Impero romano d'Oriente** (Roma: L'Erma di Bretschneider, 2011, col. Da Roma alla Terza Roma – Documenti e Studi, Roma-Mosca, Documenti – vol. II); Francis CONTE, **Les slaves** – aux origines des civilisations d'Europe centrale et orientale (VIe-XIIIe siècles) (orig. publ. 1986, Paris: Albin Michel, 1996); Simon DIXON, **Catherine the Great** (1st publ. Profile Books, Great Britain © 2009, New York: Harper Collins, 1st U.S. ed., 2009); Erich DONNERT, **La Russie au siècle des Lumières** (orig. publ., 1983, trad. de l'allemand par Sophie ALLOYER, Leipzig: Ed. Leipzig, 1986); FONDATION SINGER-POLIGNAC e SOCIÉTÉ D'HISTOIRE DIPLOMATIQUE, **La Russie et l'Europe** (Colloque organisé par la S.H.D., tenu le 9 mai 2009, Paris: Société d'histoire diplomatique, 2009); René GROUSSET (1885-1952), **L'empire des steppes** – Attila, Gengis-Khan, Tamerlan (© 1965, Paris: Payot, 2009); Kurt KERSTEN, **Peter der Grosse** – Vom Wesen und von den Ursachen historischer Grosse (Amsterdam: Querido Verlag, 1935); Anatole LEROY-BEAULIEU, **L'empire des Tsars et les Russes** (1ère éd. 1881-1882, éd. présentée par Marc RAEFF, Paris: Robert Laffont, 1990); Valeri LOBACHEV e Vladimir PRAVOTOROV, **A Millenium of Russian Orthodoxy** (Moscow: Novosti Press, 1988); Hans-Heinrich NOLTE, **Geschichte Russlands** (Stuttgart: Reclam, vol. 18960 (c) 1998, nova ed., 2012); Gunnar von PROSCHWITZ (texte établi et commenté par), **Catherine II et Gustave III** – Une correspondance retrouvée (Estocolmo: Nationalmuseum, 1998); Nicholas V. RIASANOVSKY e Mark D. STEINBERG, **A History of Russia** (Oxford: Univ. Press, 7th. ed., 2005); Marc SEMENOFF, **Histoire de Russie: étude comparée entre l'Orient et l'Occident** (préface de Louis RÉAU, Paris: La renaissance du livre, 1924); Evgueni Viktorovitch TARLÉ, **La guerre du nord** (trad. du russe par Jean CHAMPENOIS, Moscou: Progresso, 1966, 2 vols); Hans-Joachim TORKE (Hg.), **Die russische Zaren** 1547-1917 (Munique: Beck, 4a. ed., 2012); William URBAN, **The Teutonic Knights** – a military history (London: Greenhill Books/ Mechanicsburg, PA.: Stackpole Books, 2003); Massimo ZANELLA e Alessandra CHIOETTO (coord. ed.), **Impérial Saint-Pétersbourg** – de Pierre le Grand à Catherine II (Milão: Skira / Monaco: Grimaldi Forum, 2004); Nicholas ZERNOV, **Il Cristianesimo Orientale** (do original **Eastern Christendom**, trad. italiana Orazio NICOTRA, Milão: Il Saggiatore, 1962).

e corresponde à visão, dos europeus, a respeito daquela época precisa da história; por outro lado, o direito internacional 'clássico' não foi, somente, instrumento do colonialismo europeu, sobre as Américas, a Ásia e a África: "esse desenvolvimento foi processo violento", onde "o sistema de estados soberanos e o direito internacional foram impostos aos não europeus".[495] Cabe, ainda, enfatizar e reconhecer que "esse desenvolvimento também foi processo, no qual regiões não europeias *aceitaram* o sistema de estados soberanos e o direito internacional".[496] Não nos esqueçamos dessa aceitação da matriz europeia, pelos demais continentes – porquanto sem tal aceitação e reconhecimento, por parte de outras civilizações, não teria havido a universalização do sistema europeu de estados soberanos, e da matriz europeia, do direito internacional clássico.

O que é, aqui, denominado direito internacional 'clássico' foi relevante e marcante, mas constitui fase, historicamente determinada – e superada – na evolução desse conjunto, mais vasto, do direito internacional. Cujo foco se situa de meados do século XVII até meados do século XVIII. Basicamente, da morte de Richard ZOUCH (1590-1660), pouco tempo depois do final da guerra dos trinta anos, de 1618-1648, até a publicação, das obras de J.-J. BURLAMAQUI (1694-1748), ocorridas pouco antes da 'guerra dos sete anos', 1756-1763.[497]

Ao mesmo tempo, a história se desenvolvia, também nos demais continentes. Mesmo sabendo-se quanto é difícil pretender abarcar a totalidade do mundo: as interações se faziam, não somente, entre a Europa e os demais continentes, como também entre estes – como se deu, entre a Ásia e a América, e também entre a África e a América, e vice-versa.

Diante das resistências, que suscitam as mutações conceituais mais recentes, ainda existe quem se aferre a esse velho e bom direito internacional 'clássico', totalmente construído, operado e dominado por estados e

[495] ONUMA Y. (op. cit., 2010, loc. cit.): "It came to be global mainly because the modern European states became superior to competing powers in other regions, such as the Mogul empire, the Ottoman empire and the QING dynasty".

[496] ONUMA Y. (op. cit., 2010, p. 286-287): "Without reception and recognition of these modern European ideas and institutions by non-Europeans, it would have been difficult for the sovereign states system and international law to become global ideas and institutions".

[497] Cf. **Tratado** (tomo 6 – **Direito internacional no tempo de Suarez, Gentili e Zouch**, cap. 17 – *Richard ZOUCH* e tomo 10 – **Direito internacional no tempo de C. van Bynkershoek e Christian Wolff**, cap. 23 – *J.-J. BURLAMAQUI*).

norteado por configurações, estritamente interestatais, de criação normativa e mecanismos de operacionalização. Essa criação e operação do direito internacional clássico, ademais, se fazia sobretudo por *alguns* estados, em detrimento de todos os outros, e ignorava as premissas de sistema institucional e normativo mais amplo – onde já ficara para trás a busca do universal, e se via mais e mais o dado exclusivamente europeu ou, mesmo tão somente, o interesse nacional – nada que pudesse abranger, não somente, outros estados, mais fracos, como também outros sujeitos e agentes não-estatais. O que ainda não se acabou de construir, em nossos tempos.

Teve importância esse período clássico do direito internacional. Bem como o anterior direito internacional moderno. Tal como examinado por GRÓCIO, que publicou a sua obra principal, em 1625, em meio à 'guerra dos trinta anos', enquanto, simultaneamente, estava imerso nas vicissitudes do processo de independência de sua pátria, as Províncias Unidas. Nesse mesmo tempo, GRÓCIO conheceu prisão e exílio, tanto quanto apontou avanços, para o direito internacional: são marcantes o contraste entre a vida e a obra.[498]

No final dessa fase, aqui chamada 'clássica', quando WOLFF, em 1749, e BURLAMAQUI, em 1747 e 1751, publicam as suas obras principais, pouco antes da 'guerra dos sete anos', e VATTEL, em 1758, no meio desta,[499] estes descrevem outros avanços do direito internacional, ao mesmo tempo em que comentam a prática dos estados da sua época. Não sofreram agruras equivalentes no plano pessoal, mas as obras de WOLFF e BURLAMAQUI, e a sua compreensão do 'direito das gentes' mostram-se ambiguamente

[498] Como se examinou no **Tratado** (tomo 7 – **Direito internacional no tempo de Hugo GRÓCIO**, cap. 18 – *Hugo GRÓCIO (1583-1645)*).

[499] Ver **Tratado** (tomo 10 – **Direito internacional no tempo de C. van Bynkershoek e Christian Wolff**, cap. 22 – *Christian WOLFF* e cap. 23 – *J.-J. BURLAMAQUI*). P. AVRIL, *Pufendorf* (in **Les fondateurs du droit international public**: leurs œuvres, leurs doctrines, introduction de A. PILLET, Paris: V. Giard & E. Brière, 1904, p. 331-383, cit. p. 331) enfatiza que o reconhecimento da extensão dos empréstimos feitos por GRÓCIO aos teólogos talvez ajudasse a reformular algumas opiniões correntes da crítica sobre a frequente inobservância da distinção entre iniciadores e compiladores: "il arrive souvent qu'on tienne pour initiateurs de simples compilateurs, heureux ou habiles, et qu'on oublie les véritables précurseurs". Para exame da contribuição de VATTEL, ver **Tratado** (tomo 12 – **Direito internacional no tempo de Vattel e von Martens**, cap. 24). V. tb. L. BÉLY, **Les relations internationales en Europe** (op. cit., 2013, sixième partie – *L'Europe des despotes éclairés*, p. 485-606, chap. 18 – *la guerre de Sept ans et ses conséquences*, p. 538-582).

divididas entre jusnaturalismo – o 'direito das gentes necessário' do qual nos falam – ao lado da observação e do relato das práticas dos estados, como 'fonte' desse direito internacional 'clássico'. Tende predominantemente ao positivismo VATTEL.

O direito internacional 'clássico', como considerado, se fixa, a partir do legado dos 'modernos' – dentre outros, por autores que vão de VITÓRIA a SUAREZ, de GENTILI a ZOUCH, com destaque em GRÓCIO – e se instaura como o regulador da convivência entre estados, soberanos e independentes, estados muito conscientes de suas particularidades e interesses nacionais, por vezes excessivamente, imbuídos de tais particularidades nacionais e, por vezes, 'nacionalistas' – se for possível utilizar o termo para descrever fenômeno que já então ocorria, embora a expressão somente tenha surgido depois.

A longa gestação do direito internacional clássico

O direito internacional clássico parece ser o 'modelo' por excelência da disciplina, e este teve longo fôlego histórico. Desde seu tempo, até esta parte. Mas foi somente uma fase e um modo de fazer o direito internacional.

É o tempo, chamado 'clássico', tão somente uma etapa – com certeza relevante, mas não a única – na grande trajetória histórica do direito internacional, examinada desde o final da 'guerra dos trinta anos', com a paz de Vestfália, em 1648, até ser desencadeada a 'guerra dos sete anos', de 1756 a 1763, que dá lugar à paz de Paris, de 1763 – tratado desastroso para a França. Ao lado da história geral, consideram-se etapas marcantes as contribuições de autores e obras, que marcam esse período, desde a morte de ZOUCH, em 1660, até a publicação das obras principais de WOLFF, em 1749, e de BURLAMAQUI, em 1747 e 1751.

Nesse mesmo tempo, em que se fixaram elementos importantes do direito internacional – daí ser este dito 'clássico' – também, paradoxalmente, avançaram as forças contrárias ao direito internacional: na exata medida em que se fortalecem os estados nacionais, adotados como padrão de ação internacional, desde o início da era moderna. Os estados fazem alianças, ofensivas e defensivas, como fazem guerras, e também fazem acordos de paz, cada um visando os seus próprios interesses 'nacionais'. Ao mesmo tempo, os estados, mais e mais absolutistas, passam a afirmar, frequentemente, a primazia desses mesmos interesses nacionais, a relatividade dos acordos externos, e tendem a impor as suas respectivas concepções 'nacionais'. E disso padece o direito internacional daí resultante. E esse dilema marca o direito internacional 'clássico'.

A tal ponto se manifestam as forças contrárias, que alguns autores, dentre os chamados 'negadores' do direito internacional, chegam a questionar se este poderia existir, e quanta efetividade teria alguma concepção institucional internacional. Ou seria este uma impossibilidade, não somente técnica, mas, por natureza, seria, também, logicamente inviável?

Ao situar o contexto do tempo 'clássico' – em 'o que é, e como é o *clássico*?' – logo se constata, a noção de 'clássico' nem é única, nem é unívoca. E pode variar consideravelmente, entre distintas áreas do saber e das artes. E tem relevância específica, como fase histórica e como modelo, aplicado ao direito internacional.[500]

Das décadas de guerras revolucionárias francesas e das guerras napoleônicas resultará outro momento de revisão e de refundação do sistema internacional da época, depois de abalos estruturais importantes e de décadas de guerras, em escala europeia – com projeções para a América: a transferência da corte portuguesa para o outro lado do Atlântico, e a conquista da Guiana francesa pelas tropas anglo-luso-brasileiras.[501]

Dentre grandes expressões desse momento histórico 'clássico', VICO, entre a primeira e a definitiva edição de sua obra principal (1725 e 1744), como também MONTESQUIEU (1748), em muitas passagens de suas obras, recorrentemente, buscam integrar a diversidade da experiência humana, em processos evolutivos e conjuntos, logicamente ordenados. Antes mesmo do assim chamado 'iluminismo', ambos buscam a racionalidade e a universalidade da experiência humana, e da formulação dos princípios norteadores do conhecimento humano.

500 A seguir se põe, como abertura do título II, a visão de conjunto – *da construção de sistemas coesos: de Vestfália (1648) até a guerra dos sete anos (1756-1763)*. Marcos, como também antes e depois, de tentativas de refundação do sistema internacional, que seguem lógica equivalente. E, de certo modo, não discrepa do que se fará, a seguir, desde a publicação da obra principal de VATTEL, em 1758, até o marco do congresso de Viena, de 1814-1815, no assim chamado 'direito internacional no tempo do Iluminismo'. Como se considera no **Tratado** (tomo 11 – **Direito internacional no tempo do iluminismo**).

501 E o direito internacional, até então sobretudo europeu, passa a ser direito internacional europeu e americano. Cfr. **Tratado** (tomo 13 – **Direito internacional no tempo do concerto europeu**).

Em alguns momentos, a leitura de VICO faz pensar em HEGEL.[502] Em ambos, existe a vontade de sistematização, existe a intenção de encontrar lógica unificadora, por trás desses múltiplos fenômenos, do viver humano, ao longo da história.[503]

Como, também, cabe pensar se, e quanto, a obra de VICO poderia ter influenciado a formulação, posterior, por exemplo, de Augusto COMTE,[504] sobre os três estágios da evolução humana. Apesar de seus comentadores sustentarem que COMTE pretendia "se afastar do cientificismo de

[502] Georg Wilhelm Friedrich HEGEL (1770-1831), **Werke** (auf den Grundlage der ***Werke***, von 1832-1845, neu edierte Ausgabe Redaktion Eva MOLDENHAUER und Karl Markus MICHEL, Frankfurt: Suhrkamp, 20 vols., (c) 1971, 1986, com reimpressões: **Frühe Schriften**, stw 601, **Jenaer Schriften 1801-1807**, stw 602; **Phänomenologie des Geistes**, 1807, Colonia: Anaconda, 2010; **Nürnberger und Heidelberger Schriften 1808-1817**, **Wissenschaft der Logik – I**, stw 605, **Wissenschaft der Logik – II**, stw 606, **Grundlinien der Philosophie des Rechts**, stw 607, **Enzyklopädie der philosophischen Wissenschaften – I, II e III**, stw 608, stw 609 e stw 610, **Berliner Schriften**, stw 611, **Vorlesungen über die Philosophie der Geschichte**, mit einer Einführung von Theodor LITT, Stuttgart: philipp Reclam, (c) 1961, impr. 2002, **Vorlesungen über die Ästhetik**, stw 613, stw 614 e stw 615, **Vorlesungen über die Philosophie der Religion**, stw 616, stw 617 (c) 1969, 1986, **Vorlesungen über die Geschichte der Philosophie – I, II e III**, stw); **Philosophie der Kunst** – Vorlesung von 1826 (hrsg. von Annemarie GETHMANN-SIEFERT, JEONG-IM Kwon e Karsten BERR, Frankfurt: Suhrkamp, stw 1722, erste Auflage, 2005).

[503] HEGEL, especialmente nas lições sobre a filosofia da história. **Vorlesungen über die Philosophie der Geschichte** (mit einer Einführung von Theodor LITT, Stuttgart: philipp Reclam, (c) 1961, impr. 2002), e nas lições sobre a filosofia da religião, **Vorlesungen über die Philosophie der Religion** (stw 616, stw 617 (c) 1969, edição 1986), ministradas por HEGEL em quatro anos acadêmicos: 1821, 1824, 1827 e no ano de sua morte, em 1831, cada vez com algumas alterações, com associações diferentes, que mostram a evolução de seu pensamento a respeito do tema. Foram originalmente publicadas em 1832, como tomos XI e XII da sua obra completa. Como observava HEGEL na Introdução (**Vorlesungen über der Philosophie der Geschichte**, *Einleitung*, p. 9-88, cit. p. 15): "Als Menschen ist ihm die Religion wesentlich und eine ihm nicht fremde Empfindung. Doch kommt es wesentlich auf das *Verhältnis der Religion zu seiner übrigen Weltanschauung* an, und darauf bezieht sich und wirkt wesentlich die philosophische Erkenntnis." E logo adiante, na mesma passagem, aduzia HEGEL: "In diesen Verhältnis liegt die Quelle der Entzweiung gegen den ursprünglichen, absoluten Drang des Geistes zur Religion und haben sich überhaupt die mannigfachsten Formen des Bewusstseins und die verschiedenartigsten Beziehungen derselben zu den Interesse der Religion gebildet."

[504] Auguste COMTE, **Discours sur l'ensemble du positivisme** (1848, présentation par Jean-François MATTÉI, édition, notes et bibliographie par Annie PETIT, Paris: Flammarion, 2008).

sua época, subordinando as construções da razão aos movimentos do coração".[505] O que quer que isso queira dizer.

Cabe, também, fazer paralelo entre os estágios sucessivos da evolução humana, como antes já sugeria PUFENDORF,[506] tanto no **De jure naturae et gentium** (1672) como também, ulteriormente, ainda desenvolve PUFENDORF, no **Specimen controversiarum circa ius naturale ipsi nuper motarum** (1678), escrito para responder às críticas, feitas à sua obra anterior. E isso ajuda a mostrar que tais classificações[507] fazem parte do espírito do tempo.[508]

Dentre todas as vastas leituras que fez Giambattista VICO (1668-1744), e estas vão desde ARISTÓTELES e outros gregos, passando por santo AGOSTINHO e santo TOMÁS DE AQUINO a GASSENDI e LOCKE, e ainda de DESCARTES e ESPINOZA até MALEBRANCHE e LEIBNIZ, foi ele influenciado, mas sem se deixar escravizar, por nenhum dentre eles, mas confessadamente, VICO escolheu, para si, quatro modelos: PLATÃO, TÁCITO, BACON e GRÓCIO. Aqui vale ressaltar a escolha de GRÓCIO por VICO.

505 A. COMTE, **Discours sur l'ensemble du positivisme** (1848, prés. Jean-François MATTÉI, édition, notes et bibliographie par Annie PETIT, Paris: Flammarion, 2008, cit. p. VII): "Sa philosophie voulait au contraire rompre avec le scientisme de son époque en subordonnant les constructions de la raison aux mouvements du coeur, et elle ambitionnait d'éliminer la conception de la divinité au profit de celle de l'humanité".

506 A respeito da obra de Samuel PUFENDORF (1632-1694) e a sua contribuição para o desenvolvimento do direito internacional, ver **Tratado** (tomo 9 – **Direito internacional no tempo de Samuel Pufendorf**, cap. 20).

507 Ver Richard TUCK, *The 'modern' theory of natural law* (in **The languages of political theory in early modern Europe**, ed. by Anthony PAGDEN, Cambridge: Univ. Press, © 1987, edition 1990, p. 99-119).

508 Istvan HONT, *The language of sociability and commerce: Samuel Pufendorf and the theoretical foundations of the 'four-stages theory'* (in **The languages of political theory in early modern Europe**, ed. by A. PAGDEN, Cambridge: Univ. Press, © 1987, edition 1990, p. 253-276, cit. p. 253-4), mostra como e quanto PUFENDORF teria contribuído com fundamentos para a formulação da teoria da sociedade comercial em Adam SMITH, e da concepção deste a respeito da "Age of commerce", como o quarto e decisivo estágio do desenvolvimento social da humanidade: "The intimate continuity between earlier natural law theories of property and [Adam] SMITH's four stage theory of history does not need elaborate demonstration." Ver tb. Adam SMITH, **Inquérito sobre a natureza e as causas da riqueza das nações** (do original **An Inquiry into the nature and causes of the wealth of nations** 6ª ed., Londres: Methuen & Co., pref. de Hermes dos SANTOS, trad. e notas de Teodora CARDOSO e Luís Cristovão de AGUIAR, Lisboa: Fundação C. GULBENKIAN, 1993, 2 vols.), este é sempre lembrado pelo seu mais conhecido título, mas esquecem-se outros.

Este último, GRÓCIO, foi escolhido por VICO, pelo mérito de ter "reunido em um sistema universal de direito toda a filosofia, e que apoiou a sua teologia, sobre a história dos fatos, fabulosos ou certos, e sobre as três línguas, hebraica, grega e latina, as únicas línguas cultas da Antiguidade, que nos foram transmitidas, pela religião cristã". VICO, nos **Princípios de uma ciência nova em torno à comum natureza das nações**,[509] recorrentemente, nos fala em "direito natural das gentes" e aponta uma tradição jurídica comum a diferentes povos e civilizações, como elementos úteis, e mesmo necessários, para compreender a evolução humana. Por isso, não se pode deixar de lembrar VICO, em exame do direito internacional no tempo 'clássico'.[510] Até por ter VICO escolhido GRÓCIO como referência intelectual relevante, para a construção de sua própria trajetória.

Em sentido consentâneo com a filosofia e as ideias políticas desse tempo, a busca da *construção de sistemas internacionais coesos*, e o papel destes na história, não somente das ideias, como no campo específico do direito internacional 'clássico'. Os homens, do final do século XVII e do século XVIII, pretenderam ordenar o conhecimento e fazer todos orgânicos dessa multiplicidade.

Essa busca da racionalidade e da universalidade se manifesta na visão sistematizadora, contida na grande obra de Christian WOLFF, sobre o **Direito natural e das gentes**, em sucessivos volumes, publicados de 1740 a 1749. Como também se mostra na **Enciclopédia** de DIDEROT e D'ALEMBERT, publicada,[511] com percalços, devidos às perseguições aos autores e interdições à obra, em duas décadas, a partir de 1751. Contaram os enciclopedistas com a intervenção da amante de LUÍS XV, a marquesa de POMPADOUR, para conseguir a liberação da continuidade da publicação. Na transição deste direito internacional no tempo 'clássico' para o direito internacional no tempo do 'iluminismo'.

[509] Giambattista VICO, **Principi d'una scienza nuova d'intorno alla commune natura delle nazioni** (1725, ed. definitiva 1744, in G. VICO, **Opere**, a cura di A. BATTISTINI, Milano: Mondadori, 1990, 2 vols., t. I, p. 409-971 e tb. a versão original, ***la Prima scienza nuova***, de 1725, cf. texto no t. II, p. 975-1229).

[510] Além da importância do pensamento 'político' de VICO, como, por exemplo, examina Bruce Anthony HADDOCK, **Vico's political thought** (Brynmill, Inglaterra: Mortlake Press, 1986).

[511] **Encyclopédie** ou **Dictionnaire raisonné des sciences, des arts et des métiers**, coord. por DIDEROT e D'ALEMBERT (textes choisis et présentés par Alain PONS, Paris: Flammarion, © 1986, impr. 2010, 2 vols.).

Uma e outra, são facetas de movimento, intelectualmente comparável: ordenar o saber humano, concatenar aspectos, expor conjuntos. Mesmo que, por vezes, a diversidade da realidade pareça se acomodar mal com tais esforços sistematizadores.[512]

Advertia D'ALEMBERT, no seu "discurso preliminar" ao conjunto da obra, ter a **Enciclopédia** um duplo propósito:

> A obra que começamos (e que desejamos terminar) tem dois objetos: enquanto *enciclopédia* deve expor, tanto quanto possível, a ordem e o encadeamento dos conhecimentos humanos; enquanto *dicionário crítico das ciências, das artes e dos ofícios*, deve conter, sobre cada ciência e sobre cada arte, seja liberal ou mecânica, os princípios gerais que constituem a base, e os detalhes mais essenciais que destes fazem o corpo e a substância. Esses dois pontos de vista, de *enciclopédia* e de *dicionário crítico*, formarão assim o plano de nosso discurso preliminar. Nós os iremos considerar, seguir um após o outro, e dar conta dos meios pelos quais buscamos satisfazer esse duplo propósito.[513]

O corte temporal do direito internacional 'clássico', ora apontado, se faz com as obras principais de WOLFF (1749) e de BURLAMAQUI (1747 e 1751), publicadas pouco antes do início da 'guerra dos sete anos' (1756-1763),[514] como momento de inflexão do sistema internacional até então vigente. Após esse conflito, não somente seguem-se três décadas de relativa paz na Europa.

[512] Certamente representa a **Encyclopédie**, coord. por DIDEROT e D'ALEMBERT grande inovação no plano das ideias políticas, como se enfatiza nos extratos da edição brasileira: DIDEROT e D'ALEMBERT, **Verbetes políticos da Enciclopédia** (trad. de Maria das Graças de SOUZA, São Paulo: Discurso editorial/ UNESP, 2006).

[513] **Encyclopédie** ou **Dictionnaire raisonné des sciences, des arts et des métiers**, *Discours préliminaire* de D'ALEMBERT (textes choisis et présentés par Alain PONS, Paris: Flammarion, ed. 2010, vol. I, p. 73-184, cit. p. 76).

[514] Mesmo que as consequências demográficas da 'guerra dos sete anos' (1756-1763) tenham sido devastadoras, em região como a Prússia, não houve retorno à anarquia que se instaurara durante a 'guerra dos trinta anos', na primeira metade do século XVII. FREDERICO II argumentava que a guerra deveria ser isolada da população civil, como questão a ser conduzida entre príncipes e seus exércitos. Contudo, teve ele de considerar a 'guerra dos sete anos' como grande conflito europeu. Mesmo se essa guerra teve duração mais curta e extensão geográfica mais limitada, do que tinha sido a 'guerra dos trinta anos', durante a primeira metade do século XVII. O que não quer dizer que a destruição fosse menor, dados os avanços na produção de armamentos mais possantes e mortíferos.

Depois desse tempo de paz (relativa), virão mais de duas décadas das guerras revolucionárias francesas e da efêmera porém destrutiva tentativa de implantação da hegemonia napoleônica, em escala europeia, da qual resultará ser varrida a França do seu antigo lugar de potência dominante,[515] para ser instaurado o sistema dito do 'concerto europeu'.[516] Que não esconde a primazia do Reino Unido durante o século XIX.

Instaura-se nova fase, no equilíbrio relativo de forças entre as potências europeias, na qual Inglaterra e Prússia passam a ter voz mais forte e mais espaço, ao lado da Rússia e da Áustria. Mas, sabiamente, estas quatro resgatam a condição da França como interlocutora, para compor o quinteto que regulará as grandes linhas da vida da Europa com projeções sobre consideráveis extensões do mundo, no contexto do direito internacional no tempo do concerto europeu.[517]

Fica a lição de quanto foi importante reconstruir o sistema internacional da época, com participação da França, apesar de todas as agressões, que tinham sido cometidas pela França, revolucionária e napoleônica, durante mais de duas décadas – enquanto pós primeira guerra mundial, a França de CLEMENCEAU exigiu tantas reparações de guerra e tantas penalizações da Alemanha, somando fatores que contribuíram para a explosão inflacionária do início dos anos 1920 e para a eleição dos nazistas no início dos anos 1930...

Contextualizadas essas premissas do direito internacional 'clássico', terão de ser, a seguir, examinadas as contribuições de PUFENDORF, de Samuel RACHEL, de BYNKERSHOEK, de WOLFF, de BURLAMAQUI, de VATTEL, como de von MARTENS. Estes se assinalam como os mais marcantes desse tempo 'clássico', na perspectiva da evolução do direito internacional no tempo.[518] Tempo esse 'clássico' que, antes, precisava ser

[515] O que se passa a considerar no **Tratado** (tomo 11 – **Direito internacional no tempo do iluminismo**).

[516] Como se examina no **Tratado** (tomo 13 – **Direito internacional no tempo do concerto europeu**).

[517] Justamente por isso, se faz, neste tomo do **Tratado**, o corte na altura da guerra dos sete anos. A continuação da matéria será o conteúdo dos subsequentes (tomo 11 – **Direito internacional no tempo do iluminismo** e tomo 13 – **Direito internacional no tempo do concerto europeu**).

[518] Como se considera no **Tratado** (tomo 9 – **Direito internacional no tempo de Samuel Pufendorf**, caps. 19 – *Samuel RACHEL* e 20 – *Samuel PUFENDORF*, tomo 10 – **Direito internacional no tempo de C. van Bynkershoek e Christian Wolff**, caps. 21 – *Cornelius van BYNKERSHOEK*, 22 – *Christian WOLFF* e 23 – *J.-J. BURLAMAQUI*, e tomo 12 – **Direito**

conceitual e contextualmente situado, dentre as várias acepções possíveis do termo.

Intercâmbio cultural, ruptura e renovação no direito internacional clássico

Ao examinar o direito internacional no tempo 'clássico', não se pode deixar de reportar, ainda que brevemente, o 'direito segundo LEIBNIZ' – uma faceta da vasta e complexa obra do filósofo.[519] Esta faceta, justamente, não somente porque LEIBNIZ foi o mestre de WOLFF, que por sua vez, foi o mestre de VATTEL.

Além de questões intrinsecamente filosóficas, LEIBNIZ também se interessou e escreveu a respeito dos grandes temas do seu tempo, tais como: a codificação do direito internacional, o projeto de construção da paz perpétua,[520] o interesse, ou mesmo a necessidade, de estabelecer o diálogo, e ampliar as relações interculturais, entre a China e a Europa – muito além da difusão do **Evangelho**, vendo ele a Rússia, em meio a ambas, como outro polo civilizacional, que poderia ser levado em conta. Ademais, LEIBNIZ também contribuiu para o desenvolvimento de outras matérias, como o cálculo infinitesimal – mostrando, em sua atuação, sempre o anseio, pela busca da unidade e da coerência de conjuntos, em meio à aparente diversidade, dos diferentes ramos do conhecimento.

internacional no tempo de Vattel e von Martens, caps. 24 – *Emer de VATTEL* e 25 – *G. F. von MARTENS*).

519 Ver **Tratado** (tomo 10 – **Direito internacional no tempo de C. van Bynkershoek e Christian Wolff**, o item 22.1 – *direito segundo LEIBNIZ*). Ver Gottfried Wilhelm LEIBNIZ, **Textes inédits** – d'après les manuscrits de la Bibliothèque provinciale de Hanovre (publiés et annotés par Gaston GRUA, Paris: PUF, 1ère éd., 1948; 2e éd., 1998, 2 tomes, esp. section VIII – *La justice*, p. 590-702, section IX – *Plans juridiques*, p. 703-838, section X – *Problèmes juridiques*, p. 839-889).

520 Algumas referências adicionais em P. B. CASELLA, **União europeia: instituições e ordenamento jurídico** (orig. publ. 1994, São Paulo: LTr, 2ª ed., 2002, item 1.2 – *projetos e experiências de União europeia: antecedentes históricos*, p. 54-71); b/c o conjunto dos estudos reunidos no volume, **L'année 1796 – sur la paix perpétuelle** – de LEIBNIZ aux héritiers de KANT (dir. de Jean FERRARI e Simone GOYARD-FABRE, Paris: Vrin, 1998), onde como assinala J. FERRARI (*Avant-propos*, p. 9-10): "L'idée de paix perpétuelle n'appartient pas à KANT" e essa temática abrange diversos autores, que se debruçaram sobre o tema, antes e depois dele, nos séculos XVII e XVIII.

Presente no direito internacional, como iniciador do movimento de codificação de tratados e atos internacionais, e por ter sido o mestre de WOLFF, embora o discípulo seja crítico de alguns aspectos da obra deste, cabe lembrar que LEIBNIZ também examina e escreve a respeito da obra de PUFENDORF, e mesmo quando critica, reconhecia os méritos deste.[521] Lembra LEIBNIZ a estima que nutria por ambos – Samuel e também Isaías PUFENDORF.[522] Constrói-se, assim, interessante encadeamento entre nomes e obras, nesse tempo histórico relativamente breve, mas de acentuadas mudanças.

Cabe lembrar que o grande filósofo LEIBNIZ, além da sua formação especificamente filosófica, também se graduou em direito, depois de estudar em Leipzig e Jena. Ele manteve, ao longo de sua profícua vida o interesse pelo direito, e cultivou especialmente o direito internacional. Campo no qual publica a coletânea de tratados, com interessante compreensão do fenômeno jurídico internacional, demonstrada no seu estudo introdutório.

O mesmo LEIBNIZ frisava quanto a Europa poderia aprender, com a civilização da China.[523] E, essa atitude de LEIBNIZ não foi mero interesse momentâneo, pois a sua correspondência, com os jesuítas na China,[524] se estende por cerca de vinte e cinco anos.[525]

[521] LEIBNIZ, em texto de abril de 1696 (in LEIBNIZ, **Textes inédits**, ed. GRUA, 1998, p. 377) mencionava o livro 'postumamente publicado' do 'celebérrimo' PUFENDORF: "*Cum igitur super celeberrimi Pufendorfii posthumus líber sane ut ejus omnia elegans titulo* ***juris fecialis divini*** *prodisset (de quo magna quae fuerat expectatio utinam vivo autore potuisset impleri) multi a me coram, aliqui et per literas sententiam flagitarunt*".

[522] LEIBNIZ, em texto de abril de 1696 (ed. 1998, p. 376) notava a estima que sempre tivera pelo nome dos PUFENDORF, tanto Samuel, como Isaías PUFENDORF: "*Magna fuit apud me semper existimatio Pufendorfiani nominis et mea quoque tenuitas apud praeclaros fratres aliquo loco erat*".

[523] G. W. LEIBNIZ, **Discurso sobre a teologia natural dos chineses** (orig. publ. **Lettre de Mr. G. G. LEIBNIZ sur la philosophie chinoise à Mr. de RÉMOND**, de 1716, introdução, tradução e notas de Adelino CARDOSO, Lisboa: Colibri-Universalia-Fundação Oriente, 1991, "Secção Quarta. Dos caracteres de que FO-HI, fundador do Império chinês se serviu nos seus escritos e da Aritmética binária", esp. p. 85-92).

[524] Pioneiro e fundador da missão na China, Matteo RICCI (1552-1610), para os chineses 'LI MADOU', lá viveu de 1582 até a data da sua morte. Instala-se em Pequim, em 1601, onde publica, em chinês, o **Atlas do mundo** (1602), os **Elementos** de EUCLIDES, e o **Tien-chou che yi**, texto teológico-doutrinário, **Verdadeira doutrina de Deus** (1609). De Matteo RICCI, ver tb. **Della entrata della Compagnia di Gesù e Cristianità nella Cina** (ed. realizzata sotto la dir. di Pietro CORRADINI, pref. Filippo MIGNINI, a cura di Maddalena del GATTO, © 2000, Macerata: Quodlibet, 2ª ed., 2006); **Tratado** (tomo 3 B – **Gregos, romanos, chineses, indianos**, item 7.2 – *a controvérsia sobre os ritos chineses*); VOLTAIRE, **Le siècle de**

Em lugar da habitual e crescente arrogância dos europeus,[526] que nos séculos XVIII e XIX pretenderam 'colonizar', econômica e religiosamente, os povos, e subjugar as civilizações,[527] também do continente asiático – como tinham feito, no continente americano, e ainda muitos danos causariam, no continente africano –, assim se comportaram, mesmo em relação ao multimilenar 'Império do meio'. Essa era a visão corrente, enquanto LEIBNIZ reconhecia e enfatizava a necessidade de se conhecer e estudar a importância da civilização chinesa, para o conjunto da humanidade.

Louis XIV (éd. présentée, établie et annotée par R. POMEAU, Paris: Gallimard-Pléiade, 1957, impr. 2010, p. 603-1274, chap. XXXIX – *Disputes sur les cérémonies chinoises. Comment ces querelles contribuèrent à faire proscrire le christianisme en Chine*, p. 1101-1109): "longtemps l'objet de l'attention de Paris, ainsi que beaucoup d'autres nées de l'oisiveté et de l'inquiétude, se sont évanouies. On s'étonne aujourd'hui qu'elles ayent produit tant d'animosités"; Antonio Vasconcelos de SALDANHA, **De Kangxi para o papa, pela via de Portugal**: memória e documentos relativos à intervenção de Portugal e da Companhia de Jesus na questão dos Ritos Chineses e nas relações entre o imperador Kangxi e a santa Sé (traduções chinesas por JIN Guo Ping, Macau: Instituto Português do Oriente, 2002, 3 vols.); Matteo RICCI, **Jiffa: treatise on mnemonic art** ("the only surviving versions list RICCI as author, ZHU Dinghan as collator, VAGNONI (GAO Yizhi) and SAMBIASI (BI Fangji) as editors", ed. by Jonathan D. SPENCE, **The memory palace of Matteo Ricci**, 1st. publ., 1984, London: Faber and Faber, 1985); Leonor de SEABRA, **The embassy of Pero Vaz de Siqueira to Siam (1684-1686)** (do original **A embaixada ao Sião de Pero Vaz de Siqueira (1684-1686)**, translated into English by Custódio Cavaco MARTINS, Mário Pinharanda NUNES and Alan Norman BAXTER, Macau: Univ. of Macau Publications Centre, 2005); Vincent CRONIN, **Matteo Ricci, le sage venu de l'Occident** (éd. originale © 1957, trad. de l'anglais par Jane FILLION, préf. d'Élisabeth Rochat de la VALLÉE, Paris: Albin Michel, 2010).

525 Gottfried Wilhelm LEIBNIZ, **Der Briefwechsel mit den Jesuiten in China** (1689-1714) (edição em latim, alemão e francês, hrsg. und mit einer Einleitung versehen von Rita WIDMAIER, Textherstellung und Übersetzung von Malte-Ludolf BABIN, Hamburgo: Felix Meiner, 2006).

526 Jürgen OSTERHAMMEL, **Die Entzauberung Asiens** – Europa und die asiatische Reiche im 18. Jahrhundert (orig. publ. 1998, Munique: Beck, 2010, esp. cap. XIII – *Zeitenwende: Der Aufstieg des Europazentrismus*, p. 375-403) sobre a ascensão do Eurocentrismo, e a crescente presença de mercadores europeus ao longo das costas da Ásia, muito embora o século XVIII ainda fosse tempo de equilíbrio entre a 'pequena Europa' e a 'grande Ásia': "*Dennoch kann keine Rede davon sein, dass Europäer den Asienhandel einseitig dominiert und ihm ihre Gesetze aufgezwungen hätten*".

527 O que se considera no **Tratado** (tomo 3 B – **Gregos, romanos, chineses, indianos**, item 7.2 – *China* e especificamente *a controvérsia sobre os ritos chineses*, e tomos 14 a 17 – **Direito internacional no tempo do colonialismo**).

Algo semelhante aconteceria com Christian WOLFF, que se vê acusado, pelos intolerantes de plantão, em sua universidade, de traidor da fé cristã e da confissão protestante, por ter elogiado a filosofia chinesa.[528]

> A atividade de LEIBNIZ mostra o amplo e abrangente espectro de seus interesses, bem como a longa duração destes. Como praticamente nenhum outro de seus contemporâneos, o gênio universal de visão política logo reconheceu, ou ao menos intuiu, que a descoberta da China como alta cultura do extremo Oriente – *Hochkultur des fernen Ostens* – poderia trazer muito mais, para a Europa, do que a simples expansão do cristianismo, por meio da difusão dos **Evangelhos**. Por isso, ele procurou sempre, em todos os campos, trazer uma síntese, espiritual, intercultural e global, e defendeu, com ampla visão, o intercâmbio científico – *Wissensaustausch* –, entre a Europa e a China, com proveito para ambos os lados. Em nenhum desses pontos, qualquer um dos seus seguidores o terá podido alcançar.[529]

A civilização chinesa merece mais que mera curiosidade: quem se pretenda humanista não pode ignorar uma tradição de cultura tão rica de interesse e de valores duradouros.[530] LEIBNIZ e WOLFF bem o compre-

[528] Na sua palestra, sobre a filosofia prática chinesa, **Oratio de sinarum philosophia practica**, apresentada em 12 de julho de 1721, na Universidade de Halle, WOLFF insistia no perfil de CONFÚCIO, como pessoa. Superando as distâncias temporais e culturais, compreendeu WOLFF, a figura de CONFÚCIO, em sentido substancialmente diverso, do que o fizera outro humanista e internacionalista, como Christian THOMASIUS. Cfr. Christiani WOLFFI, **Oratio de sinarum philosophia practica** – in solemni panegyri recitata in ipso Academiae Hallensis (1721, Francofurti ad Moenum: apud Joh. B. Andreae & Heinr. Hort., MDCCXXVI).

[529] Como observa WENCHAO Li, no ensaio sobre *Konfuzius in der deutschen Frühaufklärung* (no vol., coord. por Moritz WULLEM e outros, **Von mehr als einer Welt – die Künste der Aufklärung** (Berlim: Kunstbibliothek – Staatlichen Museen zu Berlin, 2012, p. 329-355, cit. p. 340): "Was LEIBNIZ Beschäftigung auszeichnete, was das breite, umfassende Spektrum des Interesses zum einem und dessen Langlebigkeit zum anderen. Wie kaum ein anderen seiner Zeitgenossen hat der politisch denkende Universalgelehrte früh erkannt oder zumindest geahnt, dass die Entdeckung Chinas als Hochkultur des fernen Ostens Europa mehr versprach als nur eine Expansion des Evangeliums. Daher suchte er stets alle Bereiche zu einer geistigen, interkulturellen, globalen Synthese zu bringen, und plädierte weitsichtig für einen Wissensaustausch zwischen Europa und China zu beiderseitigen Nutzen. In keinen der genannten Punkte wird wird ihn einer der Nachfolgenden übertreffen können".

[530] Como já mencionava em P. B. CASELLA, **BRIC – à l'heure d'un nouvel ordre juridique international** (Paris: Pedone, 2011, esp. chap. VI – *SIMA QIAN en tant que guide de l'orientation contemporaine des relations internationales de la Chine*, p. 111-122); Marcel GRANET, **La civilisation**

enderam e procuraram demonstrar. Mas, essa percepção ainda levaria algum tempo, para se difundir entre os europeus, que viviam enormes transformações, nas suas sociedades e nas modalidades de ordenação das relações internacionais, nessa mesma época.[531]

Esse intercâmbio cultural, no tempo clássico, pode ser compreendido, como parte de grande movimentação e renovação intelectual, na linha de alguns ensaios marcantes, para situar a mudança histórica, a ruptura de sistemas, a renovação de modelos intelectuais, para fazer frente ao mundo:

- entre diferentes sociedades, em suas ordenações e formas de vida, mostra-se a solidariedade entre civilizados: "seguindo a concepção de MONTESQUIEU, no sentido de que relações políticas devem ser descritas não somente segundo a sua configuração organizacional – sua 'forma', como ele as chama – mas também aplicando um 'princípio' unificado, que se põe como orientação mental predominante do conjunto do corpo social, deu-se a passagem das formas de estado, da tradição aristotélica, para a sociologia política" – na monarquia é a honra, na tirania é o medo, que indica o clima moral – *moralische Klima* – de uma sociedade, e também norteia as relações entre os homens, na esfera que precede as relações políticas;[532]

chinoise: la vie publique et la vie privée (orig. publ. 1929, Paris: Albin Michel, 1968): "La civilisation chinoise mérite mieux qu'un intérêt de curiosité. Elle peut paraître singulière, mais (c'est un fait) en elle se trouve enregistrée une grande somme d'expérience humaine. Nulle autre n'a pendant autant d'années, servi de lien à autant d'hommes. Dès qu'on prétend au nom d'humaniste, on ne saurait ignorer une tradition de culture aussi riche d'attrait et de valeurs durables."

531 O que se considera no **Tratado** (tomo 11 – **Direito internacional no tempo do iluminismo**). Magistral a obra de Jürgen OSTERHAMMEL, **Die Entzauberung Asiens** – Europa und die asiatischen Reiche im 18. Jahrhundert (orig. Publ. 1998, Munique: Beck, 2010), considerando nos 'caminhos do conhecimento' – *Wege des Wissens* – e nas relações entre a Europa e a Ásia a ocorrência de fronteiras – *Grenzen* –, equilíbrios – *Gleichgewichte* –, hierarquias – *Hierarchien*.

532 J. OSTERHAMMEL, **Die Entzauberung Asiens** (op. cit., 2010, [parte II] Zeitgenossenschaft und Geschichte, XI – *Gesellschaften: Ordnungen und Lebensformen* – 1. Die Solidarität der Zivilizierten, p. 310-348, cit. p. 310). "Mit MONTESQUIEUS Idee, politische Verhältnisse nicht nur nach ihrer organisatorischen Gestalt – ihrer *Form*, wie es bei ihm heisst – zu beschreiben, sondern auch ein einheitliches *Prinzip* anzunehmen, das als vorherrschende mentale Orientierung das gesamte Gemeinwesen durchdringt, war der Schritt von der Staatsformlehre der aristotelischen Tradition zur politische Soziologie getan."

- com a assim chamada "crise da consciência europeia", no período entre 1680-1715,[533] se pode designar a grande guinada que se produz na passagem entre os séculos XVII e XVIII: "que contraste! que brusca passagem! A hierarquia, a disciplina, a ordem que a autoridade se encarrega de assegurar, os dogmas que regulam com firmeza a vida: eis o que amam os homens do século XVII. Os limites, a autoridade, os dogmas, eis o que detestam os homens do século XVIII, seus sucessores imediatos. Os primeiros são cristãos; os outros anticristãos; os primeiros acreditam no direito divino, os outros no direito natural; os primeiros vivem à vontade, em uma sociedade que se divide em classes desiguais, os segundos somente sonham com a igualdade [...] a maioria dos franceses pensava como BOSSUET; de repente, os franceses pensam como VOLTAIRE: é uma revolução";[534]
- a partir da França, cujo peso político oscila, ao longo do período, se desenvolve a configuração do espírito, como 'produto de

[533] O final do longo e conturbado reinado de LUÍS XIV (1638-1715) que traz sinais de fatiga da sociedade com os sacrifícios impostos pelas longas e custosas guerras movidas pelo soberano, coincide com o início do *Iluminismo* – 1680-1726, no 'retrato de uma época', como apresenta Steffen MARTUS, **Aufklärung** – das deutsche 18. Jahrhundert – ein Epochenbild (Berlin: Rowohlt, 2015, Teil I – *1680-1726: Die Anfänge der Aufklärung*, p. 21-255); uma nova era, supostamente de paz e de vida mais tranquila se inaugura com o bisneto do falecido monarca, LUÍS XV (1710-1774), que se torna 'rei' quando tinha somente cinco anos, consagrado em 1722, termina a regência em 1723. Embora tenham sido várias guerras durante o reinado de LUÍS XV, fica a imagem de soberano 'amante da paz', que utilizou diplomacia e negociações, não somente a força e a ameaça de uso desta, como seu predecessor no trono da França. Ver Marc FUMAROLI, **Dans ma bibliothèque** – la guerre et la paix (préface de Pierre LAURENS, Paris: Gallimard – tel, 2023); Pierre GAXOTTE, **Le siècle de Louis XV** (orig. publ. 1974, Paris: Tallandier – texto, 2013); Christian JOUHAUD, **Sauver le Grand-siècle?** – Présence et transmission du passé (Paris: Seuil 2007); Catherine SALLES, **Louis XV** – les ombres et les lumières (Paris: Réunion des musées nationaux / Tallandier, 2006).

[534] Paul HAZARD, **La crise de la conscience européenne 1680-1715** (Paris: Boivin et Cie., 1935; nova ed. Paris: Fayard, © 1961, impr. 1994, *Préface*, p. 7): "Quel contraste! quel brusque passage! La hiérarchie, la discipline, l'ordre que l'autorité se charge d'assurer, les dogmes qui règlent fermement la vie: voilà ce qu'aimaient les hommes du XVIIe siècle. Les contraintes, l'autorité, des dogmes, voilà ce que détestent les hommes du XVIIIe siècle, leurs successeurs immédiats. Les premiers sont chrétiens; les autres antichrétiens; les premiers croient au droit divin, et les autres au droit naturel; les premiers vivent à l'aise dans une société qui se divise en classes inégales, les seconds ne rêvent qu'égalité. [...] La majorité des français pensait comme BOSSUET; tout d'un coup, les français pensent comme VOLTAIRE: c'est une révolution".

exportação',[535] quer pelas obras de memória, desde MONTAIGNE até o cardeal de RETZ, assim como na literatura de ficção, de Charles PERRAULT a Jean de LA FONTAINE, como facetas literárias desse período fundador da França clássica, cronologicamente inscrito desde os últimos reis da dinastia de VALOIS até os primeiros da dinastia dos BOURBON;[536]

- como agravamento dos indícios de ruptura do sistema anteriormente vigente, o que se denominou a passagem do "mundo fechado ao universo infinito",[537] em paradigmático ensaio;[538] e ainda
- como se examina, em ensaio sobre a assim chamada "mudança estrutural da esfera pública".[539]

535 A influência da língua e da cultura francesa se fazem sentir fora da França, não somente em algumas das pequenas cortes principescas da Itália, como também na Prússia de FREDERICO II, na Rússia de CATARINA II, a grande, e também na corte da Suécia, em Estocolmo.

536 Marc FUMAROLI, **La diplomatie de l'esprit** – de Montaigne à La Fontaine (Paris: Gallimard – tel, © 1998, impr. 2001, *Préface*, p. VII-XXXII, cit. p. VIII): "Cette fonction de la littérature, que je qualifierais volontiers de vitale, dans la continuité d'une nation, on ne la retrouve à ce degré de nécessité, et sous les formes très neuves, accordées à cette exigence, chez aucun de nos voisins. [...] Tous [ces auteurs] attestent à quel point, au moment où la configuration classique de la France politique et littéraire s'est dessinée, la prose devient tout à la fois affaire d'état et lien social: le tissu conjonctif de la nation française".

537 Ver **Tratado** (tomo 20 – **Direito internacional, história e cultura**, item 1.3 – do mundo fechado ao universo infinito).

538 Alexandre KOYRÉ denominou a passagem do 'mundo fechado ao universo infinito', em seu clássico ensaio, **Do mundo fechado ao universo infinito** (do original **From the closed world to the infinite universe**, © 1957, trad. bras. de Donald M. GARSCHAGEN, Rio de Janeiro: Forense Univ. / São Paulo: Edusp, 1979, *Prefácio*, p. 7-9, cit. p. 8): O caminho que levou do mundo fechado dos antigos para o aberto dos modernos não foi, na verdade, muito longo: pouco mais de cem anos separam **De revolutionibus orbis terrarum**, de [Nicolau] COPÉRNICO (1543) dos **Principia philosophiae** de [René] DESCARTES (1644); pouco mais de quarenta anos vão deste **Principia** aos **Philosophia naturalis principia mathematica** (1687). Por outro lado, esse caminho foi bastante difícil, pontilhado de obstáculos e passagens perigosas".

539 Jürgen HABERMAS, **Mudança estrutural da esfera pública**: investigações quanto a uma categoria da sociedade burguesa (orig. publ. **Strukturwandel der Öffentlichkeit** © 1961, trad. Flávio R. KOTHE, Rio de Janeiro: Tempo brasileiro, 2003, cit. p. 45-46): "Tomando o habitual cuidado com as simplificações ligadas a tais representações, a estrutura básica da esfera pública burguesa do século XVIII pode ser representada graficamente [...] por um esquema de setores sociais. // A linha divisória entre estado e sociedade, fundamental para o nosso contexto, separa a esfera pública do setor privado. O setor público limita-se ao poder público. Nele ainda incluímos a corte. No setor privado também está abrangida a 'esfera pública' propriamente dita, pois ela é uma esfera pública de pessoas privadas. Por isso, dentro

Estes podem ser alguns elementos, úteis para a compreensão do espírito do tempo, dito 'clássico': apesar do aparente equilíbrio e racionalidade reinantes, existem tensões, existem rupturas, existem mutações, no conjunto da cultura, e nos modos de ver o mundo.[540] Grandes mutações acontecem também, no curso dos cem anos aqui considerados, inexoravelmente, no processo de evolução do direito internacional no tempo 'clássico'.

Ao lado disso, nos parece pós-moderno o diálogo entre culturas, que LEIBNIZ promove com os jesuítas, tanto com aqueles em missão na China, como os instalados em Paris. Tinha ele o anseio por uma comunidade de pesquisadores, com interesse por problemas interdisciplinares e interculturais,[541] e acreditava que essa comunicação, entre sábios e pesquisadores, era fundamental, para o avanço do conhecimento.[542]

Estados modernos, absolutistas e muito ciosos de suas respectivas soberanias, sempre prontos para deflagrar guerras,[543] ao se sentirem fortes o bastante para tanto, não parecem ser adequados blocos constitutivos para compor sistema institucional e normativo internacional, regido por normas e princípios.[544] E apesar de tudo isso, criou-se e se desenvolveu sis-

do setor restrito às pessoas privadas, distinguimos entre esfera privada e esfera pública. A esfera privada compreende a sociedade civil burguesa em sentido mais restrito, portanto o setor da troca de mercadorias e do trabalho social; a família, com sua esfera íntima está aí inserida. A esfera pública política provém da literária; ela intermedia, através da opinião pública, o estado e as necessidades da sociedade".

540 Cujo exame prossegue no **Tratado** (tomo 11 – **Direito internacional no tempo do iluminismo**).

541 Como se examina no **Tratado** (tomo 10 – **Direito internacional no tempo de C. van Bynkershoek e Christian Wolff**, item 22.1 – *direito segundo LEIBNIZ*). Ver tb. Gottfried Wilhelm LEIBNIZ, **Der Briefwechsel mit den Jesuiten in China** (1689-1714) (edição em latim, alemão e francês, hrsg. und mit einer Einleitung versehen von Rita WIDMAIER, Textherstellung und Übersetzung von Malte-Ludolf BABIN, Hamburgo: Felix Meiner, 2006, *Einführung: Leibniz und China*, p. XIII-CXXXIII).

542 O que se encadeia com o conteúdo do **Tratado** (tomo 11 – **Direito internacional no tempo do iluminismo**).

543 Observa Tim BLANNING, **The pursuit of glory – Europe 1648-1815** (© 2007, Londres: Penguin, 2008, p. 56): "The eighteenth century experienced a fundamental change in outlook and attitude towards looting and booty." Este observa ter ocorrido "a return to the bad old days when when the hordes of the French revolution were unleashed on Europe", como parte da passagem das guerras dos príncipes para as guerras de povos inteiros, com a mobilização nacional, desencadeada ao tempo da revolução francesa e levada adiante com as guerras napoleônicas.

544 Como, em considerável extensão, permanece na segunda metade do século XVIII, cf. se examina no **Tratado** (tomo 11 – **Direito internacional no tempo do iluminismo**).

tema internacional, na época, mesmo tendo a guerra como elemento de uso corrente.

Esse direito internacional assim se vê e se expõe como fase marcada por elementos específicos, o suficiente para termos período pautado pelo tempo histórico 'clássico', propriamente dito. A caracterização do 'clássico' precisa ser situada em seus elementos e contextualizada historicamente; depois de a compreender, em si, pode esta, a seguir, ser aplicada para caracterizar um tempo e um modelo de direito internacional.[545]

Como período histórico, é marcante o peso do 'estado moderno' sobre o conjunto do sistema internacional. Pelas suas características intrínsecas de concentração de poder, no plano interno, como pelo uso da guerra enquanto política de estado.[546]

No tocante aos cortes temporais –[547] onde inscrever o início e o fim desse tempo histórico 'clássico'? – poderiam ser apontados como marcos dessa fase, de meados do século XVII até meados do século XVIII. Com alguma flexibilidade, nesta como em qualquer tentativa de periodização histórica,[548] pelas dificuldades específicas e inúmeras discussões teóricas que pode a história suscitar.[549]

[545] Por isso se insere a seguir o item sobre *'o que é, e como é o clássico?'*

[546] Ver **Tratado** (tomo 4 – **Direito internacional no tempo medieval**, cap. 11 – *tratadistas da guerra: Balthazar AYALA e Pierino BELLI* e tomo 11 – **Direito internacional no tempo do iluminismo**, item – *império, estado moderno e ascensão do absolutismo*). Ver também Giuseppe GALASSO, **Dalla 'libertà d'Italia' alle 'preponderanze straniere'** (Napoli: Editoriale Scientifica – Pubblcazioni dell'Istituto Suor Angela Benincasa, 1997, cap. 2 – *La crisi italiana e il sistema politico europeo nella prima metà del secolo XVI*, p. 15-59, e cap. 3 – *L'italia politica fra Rinascimento e Barocco*, p. 60-74).

[547] Como dito, aqui considerado o século que transcorre, pouco tempo depois do final da guerra dos trinta anos (1618-1648) e a morte de Richard ZOUCH (1590-1660) – o que se examinou no **Tratado** (tomo 6 – **Direito internacional no tempo de Suarez, Gentili e Zouch** e tomo 7 – **Direito internacional no tempo de Hugo Grócio**) e se examina, a partir daí, neste tomo, indo até a 'guerra dos sete anos' (1756-1763), com a publicação das obras principais de WOLFF (1749) e de BURLAMAQUI (1747 e 1751), no **Tratado** (tomo 10 – **Direito internacional no tempo de C. van Bynkershoek e Christian Wolff**, caps. 21, 22 e 23).

[548] Interagindo com o que se expõe no **Tratado** (tomo 11 – **Direito internacional no tempo do iluminismo**).

[549] Como examinam, por exemplo: François DOSSE, **L'histoire en miettes** (orig. publ. 1987, Paris: La Découverte, Préface inédite de l'auteur, 2010); Egon FRIEDELL, **Kulturgeschichte der Neuzeit** (1927-1931, Munique: Beck, "Um ein Nachwort ergänzte Sonderausgabe", 2007); Peter GAY, **O estilo na História** – GIBBON, RANKE, MACAULAY, BURCKHARDT (orig. publ. **Style in History**, 1974, trad. Denise BOTTMANN, São Paulo: Companhia das Letras, 1990);

Toda análise de produto histórico e cultural se há de fazer sem deixar de lado alguns ajustes indispensáveis, em se tratando de direito internacional. Com outras tantas precisões úteis, relacionadas com a dificuldade intrínseca de se pretender fazer periodização de fases da história.

Existe, ademais, a dificuldade adicional de tentar fazer coincidir o corte de período da história geral com a matéria específica do direito internacional no tempo. Como se faz em relação a este direito internacional no tempo dito 'clássico'.[550]

Quanto seja escolha arbitrária qualquer tentativa de periodização da história, já muito bem foi demonstrado:[551]

> Pensar a história é, certamente, periodizá-la, porque o pensamento é organismo, dialética, drama, e como tal, tem os seus períodos, o seu princípio, o seu meio e o seu fim, e todas as outras pausas ideais, que um drama comporta e exige. Mas essas pausas são ideais, e por isso inseparáveis do pensamento, com o qual fazem um todo, como a sombra com o corpo, o silêncio com o som: idênticas como ele, mutáveis como ele.[552]

Francis L. K. HSU (1909-1999), **O estudo das civilizações letradas** (orig. publ. **The study of literate civilizations**, trad. Sonia M. Bibe LUYTEN, São Paulo: E.P.U.-EDUSP, 1974); Reinhart KOSELLECK, **Vergangenge Zukunft** – Zur Semantik geschichtlicher Zeiten (orig. publ. 1979, Frankfurt: Suhrkamp, 1989); Jacques Le GOFF e Pierre NORA (dir.), **Faire de l'histoire** – nouveaux problèmes, nouvelles approches, nouveaux objets (orig. publ. 1974, Paris: Gallimard-Histoire, 2011); Steffen MARTUS, **Aufklärung** – das deutsche 18. Jahrhundert – ein Epochenbild (Berlin: Rowohlt, 2015); Fernando A. NOVAIS e Rogério F. da SILVA (org.), **A nova História em perspectiva** (São Paulo: Cosac & Naify, 2011); Philippe POIRIER, **Les enjeux de l'histoire culturelle** (Paris: Seuil, 2004); Salvatore SETTIS, **Il futuro del classico** (Torino: Einaudi, 2004, 8ª ristampa, 2008); Alfred WEBER, **História de la cultura** (orig. publ. **Kulturgeschichte als Kultursoziologie**, 1935, sem nome do trad., México: Fondo de cultura econômica, 13ª reimpr., 1991); Federico ZERI, **Renaissance et pseudo-Renaissance** (orig. publ. **Rinascimento e pseudo-Rinascimento**, 1983, trad. Christian PAOLONI, Paris: Payot, 2001); lembro, ainda, **Von mehr als eine Welt** – Die Künste der Aufklärung (für die Kunstbibliothek – Staatliche Museen zu Berlin hrsg. von Moritz WULLEN in Zusammenarbeit mit Michael LAILACH und Jörg VÖLLNAGEL, Berlin: Kunstbibliothek – Staatliche Museen zu Berlin / Petersberg: Michael Imhoff, 2012).

550 Prossegue no **Tratado** (tomo 11 – **Direito internacional no tempo do iluminismo**).

551 B. CROCE, *La scelta e il periodizzamento* (in **Teoria e storia della storiografia** (1912-1913), a cura di Edoardo MASSIMILLA e Teodoro TAGLIAFERRI, con una nota al testo di Fulvio TESSITORE, Napoli: Bibliopolis / Edizione Nazionale delle Opere di B.C. / Filosofia come scienza dello spirito IV, 2007, tomo primo, cap. III, p. 91-97).

552 B. CROCE, *La scelta e il periodizzamento* (op. cit. 1912-1913, ed. 2007, p. 91-97, cit. p. 94): "Pensare la storia è certamente periodizzarla, perchè il pensiero è organismo, dialettica,

CROCE exemplificava a habitual divisão da história, em antiga, medieval e moderna, como algo que tinha de ser relativizado – inclusive por refletir modelo europeu e a escolha destes, em relação à compreensão do fenômeno histórico. Mas, mesmo com tais ressalvas, não deixaria de ter alguma utilidade:

> E o que se diz, desses grandes períodos, entenda-se com relação a todos os outros: variam, segundo as diversas matérias históricas, e os vários modos de percebê-las. Já se advertiu, que qualquer periodização tem valor 'relativo', mas é preciso ressalvar: 'relativo e absoluto juntos', como qualquer pensamento, dado que a periodização é intrínseca ao pensamento, e determinado com a determinação deste.[553]

É preciso ter consciência da arbitrariedade de qualquer periodização histórica, como adverte CROCE. Mas, também, ter consciência da utilidade das tentativas de periodização, para permitir a compreensão de grandes fases desse vasto e complexo conjunto.

Mas, mesmo dada essa relativização do valor da periodização, continua a ser útil e necessário periodizar a história, para a poder estudar e conhecer fenômeno histórico e cultural como o direito internacional. Mesmo tendo consciência de se tratar de conjunto contínuo, de todo fluido, no qual as rupturas e as continuidades se sucedem, separar períodos é indispensável para estudar os fenômenos históricos.[554]

O direito internacional se inscreve no tempo e no espaço, na história e no contexto cultural. Este direito internacional tem de ser situado, em suas fases, para poder ser estudado e compreendido, como qualquer outro campo do conhecimento humano.

dramma, e, come tale, ha i suoi periodi, il suo principio, il suo mezzo e la sua fine, e tutte le altre pause ideali che un dramma comporta e richiede. Ma quelle pause sono ideali, e perciò inseparabili dal pensiero, col quale fanno tutt'uno, come l'ombra col corpo, il silenzio col suono: identiche con quello, mutevole con quello."

553 B. CROCE, *La scelta e il periodizzamento* (op. cit. 1912-1913, ed. 2007, p. 91-97, cit. p. 95): "E ciò che si dice di questi grandi periodi s'intenda degli altri tutti, vari secondo le varie materie storiche e il vario modo di appercepirle. È stato talvolta avvertito che ogni periodizzamento ha valore 'relativo', ma bisogna postilare: 'relativo e assoluto insieme', come ogni pensiero, posto che il periodizzamento sia intrinseco al pensiero e determinato con la determinazione di questo."

554 Isso se acentua na fase do Iluminismo, como se considera no **Tratado** (tomo 11 – **Direito internacional no tempo do iluminismo**).

O modelo, dito 'clássico' do direito internacional, estende-se – depois das obras de GRÓCIO e de ZOUCH – desde a segunda metade do século XVII, com PUFENDORF e com Samuel RACHEL, se expande pelo século XVIII, com BYNKERSHOEK e com WOLFF e permanece, como tal, dominante, ao menos até meados do século XVIII, como mostram as obras de BURLAMAQUI.

Apesar de distinções entre estes autores todos eles nos falam a respeito de direito natural. Ao mesmo tempo em que usam menos 'direito divino', como componente de seus sistemas, e mais e mais dão espaço para referências à prática dos estados.

Daí o sentido – ainda que aproximativo – dos marcos da paz de Vestfália, em 1648, que precede, em doze anos, a morte de Richard ZOUCH, em 1660,[555] até a publicação, em 1749, da obra principal de WOLFF e, de BURLAMAQUI, em 1747 e 1751, ocorridas pouco antes da 'guerra dos sete anos', de 1756-1763. Existe continuidade em meio à diversidade e às mutações ocorridas.[556]

Sintomaticamente, nessa mesma altura, ao mesmo tempo em que o poder real encoraja os desenvolvimentos das artes e da música, e financia a arquitetura,[557] também ocorrem outros desenvolvimentos, em distintas direções, fora do controle e do patrocínio oficial, com obras que questionam as instituições, e indagam sobre as razões e os modelos da configuração geral da sociedade. No espaço de poucos anos essas produções se sucedem e se encadeiam, para marcar mudança substancial do contexto do tempo.

Dentro dos limites cronológicos deste direito internacional no tempo 'clássico', é impressionante a quantidade – e a qualidade – das obras que surgem, em tempo histórico relativamente breve. Desde as já referi-

555 Cf. **Tratado** (tomo 6 – **Direito internacional no tempo de Suarez, Gentili e Zouch**, cap. 17).

556 Como ocorre entre estes, WOLFF e BURLAMAQUI, que foram os mestres de VATTEL e a obra deste último. Como se examina no **Tratado** (tomo 10 – **Direito internacional no tempo de C. van Bynkershoek e Christian Wolff**, caps. 22 e 23, e tomo 12 – **Direito internacional no tempo de Vattel e von Martens**, cap. 24).

557 M. de CORDEMOY, em seu **Nouveau traité de toute l'architecture** ou l'art de bastir utile aux entrepreneurs et aux ouvriers (Paris: chez Jean-Baptiste Coignard, MDCCXIV, ed. facsimilar, Rungis: Maxtor, 2012, *Épitre*), já na dedicatória da obra, ao duque de ORLÉANS, apontava: "semblable à César, vous avez cru dès votre plus tendre jeunesse, que les sciences et les beaux-arts ne serviroient pas peu à rendre un jour votre gloire encore plus éclatante. C'est ce que nous voyons aujourd'huy avec tant de plaisir."

das imensas construções de LEIBNIZ e de VICO, e ainda, dentro deste período, algumas décadas mais tarde, tinha já MONTESQUIEU publicado a sua grande obra, sobre o que chamou de **Espírito das leis**, 1748, e assim se vê surgir esta obra –[558] exatamente um século depois da paz de Vestfália!

Várias outras obras marcantes para o futuro da humanidade seguir-se-ão em tempo muito breve.[559] No ano seguinte, em 1749, CONDILLAC publica o seu **Tratado sobre os sistemas.**[560]

Logo a seguir, em 1751, VOLTAIRE lança "o século de LUIS XIV", **Le siècle de Louis XIV.**[561] Como também publicaria VOLTAIRE – em obra sob encomenda, financiada pelo governo de CATARINA II – a sua visão da história do império russo, ao tempo de PEDRO, o grande, a sua história da guerra de 1741, o seu resumo do século de LUÍS XV,[562] bem como, em 1756, o seu **Ensaio sobre a história geral e sobre os costumes e o espírito das nações, de Carlos Magno aos nossos dias.**[563]

No seu **Précis du siècle de Louis XV**, em 1768, VOLTAIRE refutava a má avaliação – *la legende noire* – que começava a se impor à opinião pública.

[558] Charles de Secondat, Barão de La Brède et de MONTESQUIEU (1689-1755), **De l'esprit des lois** (texte présenté et annoté par Roger CAILLOIS, Paris: Gallimard-NRF-Pléiade, © 1951, impr. 1994); ou a ed. brasileira, **Espírito das leis** (intr. e notas de Gonzague TRUC, trad. Fernando Henrique CARDOSO e Leôncio Martins RODRIGUES, São Paulo: Abril – Os pensadores, vol. XXI, 1973).

[559] O que se considera no **Tratado** (tomo 11 – **Direito internacional no tempo do iluminismo**).

[560] Étienne BONNOT, abade de CONDILLAC (1714-1780), **Traité des systèmes** – où l'on en démelle les inconvénients et les avantages (orig. publ. na Haia: Neaulme, 1749, in **Œuvres philosophiques de CONDILLAC**, texte établi et présenté par Georges LE ROY, Paris: Fayard–Corpus des œuvres de philosophie en langue française, © 1947, impr. 1991).

[561] VOLTAIRE, **Le siècle de Louis XIV** (orig. publ. 1751, édition établie, présentée et annotée par Jacqueline HELLEGOUARCH et Sylvain MENANT, avec Philippe BONNICHON et Anne-Sophie BARROVECCHIO, Paris: Libr. Génerale Française, © 2005, 2ª ed., 2008); tb. a edição, VOLTAIRE, **Le siècle de Louis XIV** (in **Œuvres historiques**, édition présentée, établie et annotée par René POMEAU, Paris: Gallimard-Pléiade, 1957, impr. 2010, p. 603-1274).

[562] Reunidos na edição, VOLTAIRE, **Œuvres historiques** (édition présentée, établie et annotée par René POMEAU, Paris: Gallimard-Pléiade, (c) 1957, impr. 2010).

[563] VOLTAIRE, **Essai sur l'histoire générale et sur les mœurs et l'esprit des nations depuis Charlemagne jusqu'à nos jours** (1756), na edição das **Œuvres complètes** publicada pela Voltaire Foundation for Enlightenment Studies – University of Oxford, em 205 volumes – https://www.voltaire.ox.ac.uk – volumes 21 a 27, **Essai sur les mœurs et l'esprit des nations**, I-IX).

Ele prestava homenagem ao rei, por ter sido, exceto no campo das guerras, o seu reinado um dos mais incontestáveis sucessos no progresso das Luzes.[564]

Nesse mesmo ano de 1751, a **Enciclopédia**, dirigida por DIDEROT e D'ALEMBERT, começa a ser publicada – e estender-se-á por vinte anos.[565] Esta teve a ambição de reunir os intelectuais 'esclarecidos' – *éclairés* –, dando desse movimento uma visão global. Suscitou muita controvérsia e oposição, inclusive interrupção de publicação, que compromete a continuidade do trabalho – até a marquesa de POMPADOUR conseguir junto ao seu amante real, LUÍS XV, a revogação da proibição – e se completar a publicação do conjunto, em duas décadas.[566] A **Enciclopédia** representa monumento ao saber humano. Admirável tanto pelo conteúdo, como pela empreitada. Mesmo que alguns excessos tenham sido cometidos, representou renovação do conhecimento em muitas áreas distintas.

Não se pode deixar de notar, nem de deplorar, quanto os 'filósofos' – *philosophes* –, em geral, foram bastante complacentes com os déspotas esclarecidos, por acreditarem, talvez, que tais déspotas deveriam tornar felizes os seus povos, graças às luzes da filosofia.[567] Mesmo se, no plano das ideias, tiveram e tem importância, acomodaram-se mais ou menos com os donos do poder. Até mesmo, por questão de sobrevivência.

Cabe frisar, que as experiências práticas dos filósofos do século XVIII com os déspotas esclarecidos foram pouco produtivas. Alguns notórios exemplos:

[564] VOLTAIRE, (in **Œuvres historiques**, éd. R. POMEAU, 2010, p. 1297-1571, chap. XLIII – *des progrès de l'esprit humain dans le siècle de Louis XV*, p. 1566-1571)..

[565] **Encyclopédie** ou **Dictionnaire raisonné des sciences, des arts et des métiers**, coord. por DIDEROT e D'ALEMBERT (textes choisis et présentés par Alain PONS, Paris: Flammarion, © 1986, impr. 2010, 2 vols.); tb. a edição brasileira: DIDEROT e D'ALEMBERT, **Verbetes políticos da Enciclopédia** (trad. de Maria das Graças de SOUZA, São Paulo: Discurso editorial/ UNESP, 2006).

[566] Marc FUMAROLI, **Dans ma bibliothèque** – la guerre et la paix (Paris: Gallimard – tel, 2023, cit. p. 438): "Étrange dérive d'une fabuleuse et festive parade-spectacle qui oublie et qui fait oublier sa vraie vocation, qui est guerrière, mais qui n'oublie pas, en revanche, de servir de preuve à une divinisation de la raison des Lumières, l'**Encyclopédie** se posait en Bible scientifique des Modernes remplaçant la Bible folklorique des Anciens."

[567] Mais uma vez, como se expõe no **Tratado** (tomo 11 – **Direito internacional no tempo do iluminismo**).

- como inovou LEIBNIZ, em memoriais enviados, tais como as "reflexões sobre os verdadeiros estudos, a serem estipulados no grande Império da Rússia", em 1708, no qual este assinalava, nada ser mais agradável do que contribuir, de algum modo, para o bem estar geral, e para o aperfeiçoamento dos homens, ao mesmo tempo que para a glória de Deus, sobretudo no império desse monarca, que compreende uma grande parte do planisfério terrestre, a saber o norte de nosso hemisfério;[568]
- ainda LEIBNIZ, em outro memorial, este de 1711, advertia que "em se tratando, por assim dizer, de *tabula rasa*, na Rússia, em matéria de estudos, podem ser tomadas as melhores disposições do mundo, para a instrução da juventude, nas línguas e nas ciências",[569] e esse intercâmbio prossegue, em encontros mantidos, em 1711, em 1712 e em 1716, entre LEIBNIZ e PEDRO, o grande, da Rússia – e, para ilustrar a relação, entre sábios esclarecidos e déspotas, cabe assinalar que LEIBNIZ chega a ser nomeado, pelo czar, "Conselheiro secreto para assuntos da Justiça", do Império russo;[570]
- também, algumas décadas mais tarde, experimentou tais limites VOLTAIRE, depois de conviver, algum tempo, com FREDERICO II, em Berlim e em Potsdam, em 1750;[571] e
- por sua vez, DIDEROT, durante temporada, em São Petersburgo, em 1773, a convite de CATARINA II, a grande, escreve a sua proposta de criação de uma universidade, encomendada pelo governo

[568] LEIBNIZ, *Projet d'un mémoire pour le Tzar* (1708) (in **Le droit de la raison**, textes réunis et présentés par René SÈVE, Paris: Vrin, 1994, p. 241-246).
[569] LEIBNIZ, *Entretien avec le Tzar à Torgau* (1711) (in **Le droit de la raison**, textes réunis et présentés par René SÈVE, Paris: Vrin, 1994, p. 247-251).
[570] Reinhard FINSTER e Gerd van den HEUVEL, **Gottfried Wilhelm LEIBNIZ** (orig. publ. 1990, Hamburgo: Rowohlt, 6ª ed., 2010, esp. – *LEIBNIZ Ernennung zum Russischen Geheimen Justizrat*, p. 47) reproduzem a imagem do documento de nomeação de LEIBNIZ pelo czar PEDRO, o grande. Desde o primeiro encontro entre ambos, em 1711, tinha LEIBNIZ apresentado ao czar PEDRO, a proposta de programa geral para o desenvolvimento das ciências e das artes na Rússia.
[571] Romancista e não historiador, mas instigante o trabalho de Roger PEYREFITTE, **Voltaire et Frédéric II** (Paris: Albin Michel, 1992, 2 tomos); ver tb. R. PEYEREFITTE, **Voltaire – sa jeunesse et son temps** (Paris: Albin Michel, 1985, 2 tomos); Max GALLO, **'Moi, j'écris pour agir' – vie de Voltaire** (Paris: Fayard, © 2008, 2e ed., 2011); René POMEAU, **Voltaire** (Paris: Seuil, orig. publ. 1955, reimpr. 1977).

> de CATARINA II, da Rússia, em seu **Plano de uma universidade para o governo da Rússia** – ou de educação pública em todas as ciências, de 1775.[572]

Cada um deles, a seu modo e a seu tempo, teve de reconhecer os limites da capacidade dos *philosophes*, em imprimir as luzes da razão e do progresso ao despotismo esclarecido.[573] Nessa mesma linha, comentava VOLTAIRE:[574]

> Não se acreditaria que os soberanos tivessem obrigação em relação aos filósofos. E, contudo, é verdade que esse espírito filosófico, que ganhou quase todas as condições, excetuado o povinho – *bas peuple* –, muito contribuiu para fazer valer os direitos dos soberanos. Querelas que, outrora, teriam produzido excomunhões, interditos e cismas, não causaram absolutamente nada – *n'en ont point causé*. Se já se disse que os povos seriam felizes, quando os reis fossem filósofos, é muito verdadeiro dizer que os reis serão mais felizes quando existam muitos de seus súditos filósofos.[575]

Enquanto autor, como MONTESQUIEU –[576] de maneira bastante sutil e disfarçada, para não se chocar, frontalmente, com o absolutismo

[572] Denis DIDEROT apresenta a sua proposta de criação de uma universidade, encomendada pelo governo de CATARINA II, da Rússia, cf. seu **Plan d'une université pour le gouvernement de Russie** – ou d'une éducation publique dans toutes les sciences (écrit de 1775; publié partiellement en 1813-1814; complété d'après le manuscrit de l'Ermitage, in **Œuvres complètes de D. DIDEROT**, notes – notices – table analytique – étude sur DIDEROT et le mouvement philosophique au XVIIIe siècle par J. ASSÉZAT, Paris: Garnier, 1875, Philosophie – tome III, p. 409-534); tb. mencionado no **Tratado** (tomo 9 – **Direito internacional no tempo de Samuel Pufendorf**, item 20.1 – *crítica da concepção de PUFENDORF*), no qual DIDEROT enfatizava a relevância da obra de PUFENDORF para o estudo do direito natural.

[573] A tortuosa relação entre o príncipe e o sábio, já vivida na Antiguidade, por PLATÃO, que teve mais sucesso como filósofo, do que como consultor político, junto ao tirano de Siracusa. Este é dado que marca toda a evolução do Ocidente Algo mais nesse sentido da relação difícil entre os *philosophes* e os soberanos se vê no **Tratado** (tomo 11 – **Direito internacional no tempo do iluminismo**).

[574] VOLTAIRE, **Le siècle de Louis XIV** (orig. publ. 1751, éd. 2010, p. 603-1274).

[575] VOLTAIRE, **Le siècle de Louis XIV** (1751, ed. 2010, chapitre XXXI – *des sciences*, p. 997-1002, cit. p. 1001).

[576] Charles de Secondat, Barão de La Brède et de MONTESQUIEU (1689-1755), **De l'esprit des lois** (texte présenté et annoté par Roger CAILLOIS, Paris: Gallimard-NRF-Pléiade, © 1951, impr. 1994); ed. bras., MONTESQUIEU, **Espírito das leis** (intr. e notas de Gonzague

do tempo de LUÍS XV – preconizava a necessidade de regime, temperado por poderes intermediários, para manter o equilíbrio do conjunto; na sua linha, VOLTAIRE defendia – igualmente segundo o modelo inglês – a existência de limites para o poder, no que seria um regime constitucional. Ambos se colocam na esteira de John LOCKE, e conjuntamente, os três tiveram grande impacto, sobre o desenvolvimento ulterior das ideias políticas.[577]

Mesmo quando não expressamente citado, John LOCKE foi marco relevante da evolução das ideias políticas. Como outros, antes e depois dele, teve de construir a sua reflexão, a partir da difícil experiência, diante das agitações político-religiosas inglesas, de 1641 até 1689, que muito o abalaram.[578] A partir do sofrimento, LOCKE foi levado a refletir e escrever, sobre o modo de ordenação da sociedade, tanto quanto sobre a tolerância, e também sobre a construção do conhecimento humano.[579]

TRUC, trad. Fernando Henrique CARDOSO e Leôncio Martins RODRIGUES, São Paulo: Abril – Os pensadores, vol. XXI, 1973).

577 Nesse sentido, ver **Tratado** (tomo 11 – **Direito internacional no tempo do iluminismo**).

578 Christopher HILL, **O mundo de ponta-cabeça** – ideias radicais durante a revolução inglesa de 1640 (orig. publ. **The world turned upside down**, 1972, trad. Renato J. RIBEIRO, São Paulo: Companhia das Letras, 1987); ___, **O século das revoluções 1603-1714** (orig. publ. **The century of revolution 1603-1714**, 1961 e 1980, trad. Alzira Vieira ALLEGRO, São Paulo: Ed. Unesp, 2012); Jean-Michel VIENNE, *Savoir et violence: raison et volonté chez Locke* (in **Savoir et violence en Angleterre** – du XVIe au XIXe siècle, dir. de Alain MORVAN Lille: Univ. de Lille III – Travaux et recherches, 1987, p. 99-109).

579 John LOCKE (1632-1704), **An Essay concerning Human Understanding** (1689, abridged, with an Introduction by Pauline PHEMISTER, Oxford: Univ. Press, 2008); ed. bras. LOCKE, **Ensaio acerca do entendimento humano** (extratos, trad. Anoar AIEX, São Paulo: Abril – Os pensadores, 1973 vol. XVIII, p. 139-350); LOCKE, **Two treatises of government** (ed. by Peter LASLETT, Cambridge: Syndicate Press of the Univ. of Cambridge, © 1960, reimpr. 1995); ed. bras., LOCKE, **Dois tratados sobre o governo** trad. Júlio FISCHER, rev. técnica Renato J. RIBEIRO, rev. da trad. Eunice OSTRENSKY, São Paulo: Martins Fontes, 2ª ed., 2005); LOCKE, **Segundo tratado sobre o governo** – Ensaio relativo à verdadeira origem, extensão e objetivo do governo civil (trad. de E. Jacy MONTEIRO, São Paulo: Abril – Os pensadores, 1973 vol. XVIII, p. 37-137); LOCKE, **Carta sobre a tolerância** (org., introdução, revisão técnica, notas e comentários Flávio F. LOQUE, trad. do latim Fábio FORTES e Wellington F. LIMA, trad, do inglês Flávio F. LOQUE, Belo Horizonte: Autêntica, 2019); ___, ___ (org. e trad. Ari Ricardo Tank BRITO, São Paulo: Hedra, 2012); ___, ___ (trad. Anoar ALEX, São Paulo: Abril – Os pensadores, 1973 vol. XVIII, p. 9-35); LOCKE, **Lettre sur la tolérance** (Paris: PUF, © 1965, ed. revista, 1995).

> Há duas medidas para o conflito entre os homens: uma, o direito, outra, a força de quem o faz, e a natureza delas é tal que onde uma termina a outra começa – *Eorum quae inter homines disceptantur duplex est ratio, uma jure, alia vi agentium; quorum ea est natura, ut ubi alterum desinit, alterum incipiat.*[580]

A reflexão de LOCKE, sobre a experiência inglesa do século XVII, é sobremodo relevante, porquanto nesta se tinha institucionalizado o exercício do poder, e privado a monarquia de sua aura, de absolutismo de direito divino, como ainda se arrastaria longa e penosamente, em outros países. E isso se deu, mesmo na França, mesmo além da queda do antigo regime, a partir de 1789, ao lado de notáveis inovações, onde se assiste ao retrocesso institucional, com o regime totalitário do terror e, depois, institucionalizado o modelo no regime autoritário napoleônico.[581]

O regime revolucionário francês e o regime napoleônico mudam, também, de modo irreversível, o modo de fazer a guerra na Europa.[582] Deixam no passado os pequenos exércitos profissionais, muitas vezes mercenários, para implantar a convocação em massa da população civil masculina, que se alinha sob as cores nacionais, em defesa da pátria!

A conclusão de LOCKE se põe no sentido de que, na política, nem o direito divino dos príncipes, nem os impulsos descontrolados do povo, podem ser critérios para a ordenação da vida em sociedade, mas somente a representação regulada, segundo o direito. Assim como, em matéria de epistemologia, LOCKE recusa a submissão às ideias inatas racionalistas, e tampouco ao iluminismo fideísta,[583] mas através da paciente elaboração dos conhecimentos.

A respeito da tolerância, LOCKE não defende os direitos do indivíduo contra o controle, exercido por um estado tentacular. Este é o resultado final de todo um encaminhamento da matéria que, naquela altura, estava apenas começando.

Interessante é a fundamentação de LOCKE para a sua defesa da tolerância. É também "questão de saber como podem se justificar posições que,

580 J. LOCKE, **Carta sobre a tolerância** (ed. F. F. LOQUE, 2019, p. 88-91).

581 O que se examina no **Tratado** (tomo 11 – **Direito internacional no tempo do iluminismo**).

582 Como se considera no **Tratado** (tomo 12 – **Direito internacional no tempo de Vattel e von Martens**, item – *mutações do direito internacional no século XVIII, ilustradas pelo tema da guerra*).

583 Como mencionado, foi enorme a influência de LOCKE sobre os iluministas, e isso prossegue no **Tratado** (tomo 11 – **Direito internacional no tempo do iluminismo**).

a nossos olhos, nada tem de tolerantes, como a exclusão dos ateus e dos católicos".[584] O que parece nada tolerante, aos nossos olhos pós-modernos!

Não se tratava, na defesa da tolerância, em LOCKE, de aceitar o direito do indivíduo a uma liberdade indefinida, sem limites. Trata-se, sim, de encontrar os meios de viver em paz, e de determinar os mecanismos mais eficazes, nesse sentido: a diversidade dos ritos religiosos é aceitável? Ele tem em vista a paz institucional. LOCKE indaga se e em que medida a liberdade individual pode ser conciliada, com a unidade da nação, ou se deve reconhecer ao soberano o direito de escolher e de decidir, entre as diferentes igrejas, no sentido de manter a paz, na vida em sociedade.

A solução dessa dicotomia – ao menos para a inteligência aberta à filosofia – exige distinção entre duas ordens: qual a função de cada sociedade? Colocar a questão entre 'sociedade civil' e 'sociedade religiosa', de certo modo, define a orientação da solução, na medida em que estado e igreja sejam colocados, lado a lado, como duas modalidades passíveis de comparação.

Ao lado da cidade dos homens, que tem como fim alcançar resultados materiais, existe a cidade de Deus, e esta tem como propósito alcançar resultados eternos.[585] Partindo dessa separação estrita, podem ser concebidas as sociedades como exclusivamente voltadas para um ou para outro fim, e assim traçar os limites de cada uma. O conflito se resolve, para LOCKE, por uma divisão, entre duas zonas sem interferência. Mesmo que essas duas sociedades não sejam inconciliáveis, e tenham interesses convergentes, na boa ordenação da convivência humana – mesmo se operam, com base em premissas diversas.

O caminho para traçar a fronteira, entre as duas cidades, a civil e a religiosa, é a tolerância. Analisar a natureza da crença e o que pode ser a relação do indivíduo com Deus. LOCKE responde por uma análise da natureza humana.

> Não é a diversidade de crenças, o que não se pode evitar, mas a tolerância negada aos que têm crenças diferentes, o que poderia ser concedido, que

[584] Jean-Michel VIENNE, *Locke* (in **Gradus philosophique**, dir. Laurent JAFFRO et Monique LABRUNE, Paris: GF-Flammarion, © 1994, 4ª ed., 1996, p. 413-428, cit. p. 416-417).

[585] É muito clara a matriz agostiniana dessa formulação de LOCKE. A respeito de santo AGOSTINHO, ver **Tratado** (tomo 4 – **Direito internacional no tempo medieval**, item 8.1).

produziu a maior parte das guerras e disputas sobre religião, que nasceram no mundo cristão. [...] E misturam as duas coisas mais diversas: igreja e estado.[586]

Outro caminho, para a configuração da vida ordenada em sociedade, é trilhado por ROUSSEAU. E a partir deste, terá múltiplos desdobramentos.[587]

Apesar de suas contradições pessoais, e da dicotomia entre o que defendia em matéria de educação e o que praticou em relação aos seus próprios filhos – que entregou para adoção –, ROUSSEAU teve e tem importância, desde a publicação do seu **Discurso sobre a origem e os fundamentos da desigualdade entre os homens**, de 1755, no qual criticava sobretudo a monarquia absoluta de direito divino.[588] Dentre os pensadores do tempo, ROUSSEAU foi o mais radical, e no **Contrato social**, de 1762, chega a defender uma república, que se faria governar pela 'vontade geral'.[589]

Nessa mesma altura, publicava VOLTAIRE o seu já referido grande **Ensaio sobre a história geral e sobre os costumes e o espírito das nações, de Carlos Magno aos nossos dias** (1756).[590] Não menos sintomaticamente, o exame "dos costumes e do espírito das nações", exatamente no mesmo ano em que começaria a 'guerra dos sete anos'.

[586] J. LOCKE, **Carta sobre a tolerância** (ed. F. F. LOQUE, 2019, p. 102-103): "Non opinionum diversitas, quae vitari non potest, sed negata diversa opinantibus tolerantia, quae concedi poterat, pleraque quae in orbe Christiano nata sunt de religione jurgia et bella produxit. [...] Et duas res diversissimas miscerent, ecclesiam et rempublicam."

[587] Cronológica e tematicamente será necessário retomar ROUSSEAU e os desdobramentos de sua teoria política, no contexto do **Tratado** (tomo 11 – **Direito internacional no tempo do iluminismo**).

[588] Jean-Jacques ROUSSEAU, **Discours sur l'origine et le fondement de l'inégalité entre les hommes** (in **Œuvres complètes III – Du contrat social – Écrits politiques** (éd. publiée sous la direction de Bernard GAGNEBIN et Marcel RAYMOND, avec, pour ce volume, la collaboration de François BOUCHARDY, Jean-Daniel CANDAUX, Robert DERATHÉ, Jean FABRE, Jean STAROBINSKI et Sven STELLING-MICHAUD, sous le patronage de la Soc. J.-J. ROUSSEAU et avec l'appui du Fonds national suisse de la recherche scientifique et de l'état de Génève, Paris: Gallimard-Pléiade, © 1964, impr. 1991, p. 109-237).

[589] Jean-Jacques ROUSSEAU, **Du contract social ou essai sur la forme de la république** (première version) e **Du contrat social ou principes du droit politique** (in **Œuvres complètes III – Du contrat social – Écrits politiques** (éd. B. GAGNEBIN et M. RAYMOND, 1991, p. 279-346, e a versão definitiva, p. 347-470).

[590] VOLTAIRE, **Essai sur l'histoire générale et sur les mœurs et l'esprit des nations depuis Charlemagne jusqu'à nos jours** (1756, op. cit., ed. Oxford: Voltaire Foundation).

Com os reparos já feitos, quanto à necessidade de coibir os excessos, é fácil justificar '1648' como marco, para separar períodos da evolução do direito internacional.[591] Mas que não se faça deste marco histórico, que continua a ser relevante – para o fim das guerras de religião europeias – nem o uso abusivo, nem um mito.[592] Mitificação de entidades ou coisas inadequadas leva a resultados deploráveis e suas nefastas sequelas demoram para ser eliminadas... como bem sabemos e vivemos nos últimos tempos.

Pode ser útil como parâmetro, mas sem fazer desse marco, de 1648, um fim em si mesmo, que parece absorver e apagar toda a história do direito internacional, que preceda tal marco histórico. Nem, tampouco, pretender, com este, congelar toda a evolução posterior.[593]

Com alguns reparos, quanto a não se lhe conferir importância excessiva, 1648 permanece marco útil, para assinalar o ponto final de uma fase de evolução – o fim das guerras de religião – e o início de outra fase – a construção do direito internacional clássico. Mesmo se isso se estende por mais de um século.

Desencadeadas a partir do início da reforma, em 1517, as guerras de religião, entre correntes protestantes, entre segmentos sociais populares e repressão aristocrata, como principalmente entre católicos e protestantes

[591] A respeito, veja-se, neste tomo, o item – *sob o signo do Leviatã*. Como observava J. NOVICOW, **La politique internationale** (intr. Eugène VERON, Paris: Felix Alcan, 1886, livre III, chap. IV – *la politique ancienne et la politique internationale de l'avenir*, p. 334-393, cit. p. 334): "La plus grande partie des sociétés européennes ont dépassé depuis longtemps la phase de l'état, mais les principes qui règlent leurs relations extérieures sont encore restés les mêmes qui sont applicables et rationnels seulement dans cette phase de l'évolution sociale." Gosto muito de encontrar no final do século XIX autor que já afirmava ter sido há muito superada a fase histórica de organização da sociedade com base no estado! O que até hoje ainda existe quem defenda, e sustente ser se não o único, ao menos o modelo preponderante para qualquer sistema institucional e normativo internacional.

[592] Benno TESCHKE, **The myth of 1648** (orig. publ. 2003, Londres: Verso, 2009 *Introduction*, p. 1-12, *The myth of 1648*, p. 1-6, cit. p. 1), considera necessário limitar os efeitos do que chama "o mito de 1648": o sistema clássico, emanado de Vestfália, baseado na primazia do estado moderno, territorialmente soberano, se vê progressivamente substituído por uma ordem global, pós-moderna e pós-territorial. A velha ordem da segurança geopolítica se vê subordinada à geoeconomia, à governança global em múltiplos níveis, às demandas de sociedade civil internacional com múltiplos atores. A transformação fundamental da estrutura do sistema internacional e das suas normas de conflito e de cooperação estão se mostrando diante de nossos olhos.

[593] Do que se passa a considerar no **Tratado** (tomo 11 – **Direito internacional no tempo do iluminismo**).

na Europa, depois de mais de um século de matanças e destruição, foram importantes os tratados de Münster e de Osnabrück, por internacionalizar o tratamento da matéria da proteção das minorias religiosas.[594] Mas isto já fora encetado pela Paz religiosa de Augsburgo, em 1555.

Em ambos os marcos históricos, 1555 e 1648, ao fazer os instrumentos de paz, seus autores tinham o propósito de conseguir neutralizar os motores animalescos que tinham arrastado homens e mulheres, supostamente cristãos, e supostamente civilizados, para essas matanças interconfessionais, como até então tinham ocorrido. É sintomática e relevante a lição: para se conseguir estipular barreira à matança interconfessional foi instaurada a proteção internacional de matérias nas quais os estados, separadamente considerados, se mostraram incapazes de regular de maneira eficaz. Isso se põe como tendência geral de desenvolvimento do direito internacional desde então.[595] Essa é a tendência que tem sido observada nos últimos séculos, em campos inteiros de formação recente no direito internacional pós-moderno: internacionalizar e institucionalizar, para permitir avanços conceituais e operacionais no direito internacional.

Mas por que fazer o corte do direito internacional 'clássico' em meados do século XVIII? Por todos os motivos já apontados. Mesmo tendo consciência de que este se poderia fazer um pouco mais adiante ou mais aquém: quer em 1749, com a publicação do nono volume da grande obra de WOLFF, quer em 1754, ano da morte dele; quer em 1758, ano de publicação do direito das gentes de VATTEL, como alguns anos mais tarde, com a morte dele, em 1767. Por que? Entendo que com a obra destes dois, e logo depois, com a morte de WOLFF e de VATTEL, se põe uma fase e um modo de pensar e tratar o direito internacional, aqui chamado de 'clás-

594 P. B. CASELLA e F. N. P. ALAMINO, *Estudos sobre a proteção internacional de minorias* – Grupo de estudos sobre a proteção internacional de minorias da Universidade de São Paulo – GEPIM-USP (Revista da Faculdade de Direito da USP, São Paulo, 2018, vol. 113, p. 563-736). P. B. CASELLA, *A proteção internacional dos direitos das minorias: o caso da minoria por orientação sexual e identidade de gênero* (in **Direito à diferença**, coord. L. L. JUBILUT, A. G. MELO FRANCO BAHIA e J. L. Q. de MAGALHÃES, São Paulo: Saraiva, 2013, vol 1 – Aspectos teóricos e conceituais da proteção às minorias e aos grupos vulneráveis, p. 179-188, esp. item 1 – *Proteção das minorias religiosas*).

595 O que já se colocava nos **Fundamentos do direito internacional pós-moderno** (2008) e obviamente prossegue no **Tratado** (tomo 11 – **Direito internacional no tempo do iluminismo** e tomo 20 – **Direito internacional, história e cultura**, cap. 5 – *desafios e desenvolvimentos do direito internacional no contexto pós-moderno*).

sico': paradoxal e simultaneamente, na esteira de WOLFF, ainda VATTEL fala em 'direito natural' e na prática dos estados.[596]

O corte histórico em meados do século XVIII, com as obras de WOLFF e de VATTEL, é dado relevante, especificamente para o direito internacional, mesmo não tendo o mesmo alcance para o conjunto da história. Especificamente para o direito internacional, são grandes mudanças, em tempo histórico bastante curto.

Pequena é a distância temporal que separa WOLFF (1679-1754) e BURLAMAQUI (1694-1748), em relação a VATTEL (1714-1767), mas são enormes as distâncias conceituais e operacionais entre eles.[597] Cerca de uma década separa a publicação das obras destes três autores. Apesar da enormidade das diferenças, entre WOLFF e BURLAMAQUI, inclusive pelo fato de inaugurar BURLAMAQUI (1747 e 1751) o uso do francês em obra 'científica', em lugar do latim, ainda usado por WOLFF (1749). No que seria seguido por VATTEL. Bem como os autores subsequentes.

Apesar de todos os 'empréstimos' que VATTEL fez das obras de seus mestres, WOLFF e BURLAMAQUI, existem linhas comuns entre ambos, como marcos finais do direito internacional 'clássico'.[598] Parecem-me mais especificamente relevantes as obras destes autores para assinalar o desenvolvimento do direito internacional no tempo do que, por exemplo, tomar como marco final do direito internacional 'clássico', somente as guerras e tratados de paz, que refletem as constantes flutuações das alianças, entre os estados. Questão de coerência com a afirmação de PUFENDORF e de BURLAMAQUI, quanto a ser a paz o estado normal da convivência entre as nações; mesmo quando guerras constantemente aconteçam.

Sem esquecer que, por exemplo, os marcos temporais de 1755 ou 1756 marcam cruciais novos desenvolvimentos, que constituíram a chamada "revolução diplomática", com as alianças entre, de um lado, a Grã-Bretanha dos Hannover com a Prússia e, de outro, a reviravolta que leva a França a aliar-se com a Áustria – até então considerados os HABSBURGO como

[596] Como se considera no **Tratado** (tomo 10 – **Direito internaciol no tempo de C. van Bynkershoek e Christian Wolff** e 12 – **Direito internacional no tempo de Vattel e von Martens**).

[597] As grandes mudanças continuam na fase seguinte, do assim chamado 'Iluminismo', no **Tratado** (tomo 11 – **Direito internacional no tempo do iluminismo**).

[598] Como se examina, no **Tratado** (tomo 10 – **Direito internacional no tempo de C. van Bynkershoek e Christian Wolff**, especificamente os capítulos 22 e 23).

'inimigos hereditários'. Mas, mesmo se ambas as alianças foram negociadas, em 1756, nenhuma delas era totalmente nova: GEORGE I tinha sido aliado de FREDERICO GUILHERME I durante os anteriores trinta anos. Negociações para aliança entre essas duas potências tinham sido realizadas, em momentos anteriores, em 1730, em 1740 e, ainda, em 1748.

Por que não, por exemplo, 1763? Este ano marca o final da 'guerra dos sete anos'. E, igualmente, o fim de uma era. E o começo de quase três décadas de paz: fenômeno pouco frequente na história europeia. E também porque o final da guerra dos sete anos marca ponto de inflexão no até então vigente equilíbrio de poder na Europa,[599] como já apontado.[600]

Três décadas de paz

O final da guerra dos sete anos marca o crescente protagonismo britânico, no mundo, e também a ascensão da Prússia, como grande potência na Europa. Ambas, ao lado da Áustria e da Rússia. Inexoravelmente, marca ao mesmo tempo, o fim da hegemonia francesa, e isso não somente como potência na Europa, mas também com substancial perda de presença externa, com interesses coloniais e entrepostos coloniais, perdidos para os ingleses, tanto na Índia quanto na América do norte, especialmente no Canadá. [601]

Ao término da guerra dos sete anos, LUÍS XV reconheceu que a paz, alcançada com o tratado de Paris, em 1763, não era "nem boa nem gloriosa". A opinião pública francesa da época parece pouco se ter importado com a perda do Canadá, e mesmo o tantas vezes lúcido VOLTAIRE erroneamente menosprezava essa perda como evento de pouca importância.[602]

599 H. KISSINGER, **Diplomacy** (New York: Simon & Schuster, 1994, chapter one – *The new world order*, p. 17-28, cit p. 21): "Theorists of the balance of power often leave the impression that it is the natural form of international relations. In fact, balance of power systems have existed only rarely in human history. [...] For the greatest part of humanity and the longest periods of history, empire has been the typical mode of government. Empires have no interest in operating within an international system; they aspire to *be* the international system. Empires have no need for a balance of power".

600 Ver tb., adiante, neste tomo, o item – *literatura sobre o sistema de equilíbrio da Europa*.

601 Como se examina no **Tratado** (tomo 11 – **Direito internacional no tempo do iluminismo**).

602 Reporta Catherine SALLES, **Louis XV** – les ombres et les lumières (Paris: Tallandier, 2006, p. 103): "LOUIS XV est le premier à reconnaître que la paix conclue à Paris n'est 'ni bonne ni glorieuse'. Cependant, l'opinion publique n'est guère touchée par la perte du Canada,

E outro erro, ainda, foi cometido pelos franceses, ao substituírem a perda do Canadá pela aquisição do controle da Córsega.[603]

O fim da guerra dos sete anos – tanto quanto o da guerra dos trinta anos, mais de um século antes – prepara o caminho para nova configuração do sistema internacional.[604] Mas este ainda virá a tomar forma: Prússia e Inglaterra, como também a Rússia terão enorme importância, ao lado da Áustria e da França, na configuração do contexto do assim chamado "concerto europeu".[605] Que durante praticamente um século governou considerável extensão do mundo.

Por que não, por exemplo, escolher o ano de 1792? Para a história geral, este ano de 1792 poderia ser marco de mudança de padrão, com a passagem das anteriores guerras 'dinásticas' para as posteriores guerras ditas 'revolucionárias'.[606] Ou também poderiam ser chamadas, das antigas guerras 'imperiais' para as posteriores guerras 'nacionais'. E esse dado não é mero detalhe de terminologia: concomitantemente, ocorrem mudanças não menos substanciais na composição e no tamanho dos exércitos 'nacionais', no sentido de acarretarem a mobilização de nações inteiras,[607] e a prática de destruição em escalas antes não experimentadas, em razão dos progressos técnicos alcançados, aumentando a eficiência destruidora dos conflitos, em tendência que continua até hoje. Sempre acentuando-se o poder destrutivo dos armamentos e a disposição humana para uso dessas armas contra os seus semelhantes.

'ces quelques arpents de neige' selon VOLTAIRE. Le conflit de la guerre de Sept ans se solde en fait par un désastre pour le royaume".

603 Até então controlada por Gênova, e que custa muito à França manter, até hoje. A respeito, ver .Jean-Marie ARRIGHI e Olivier JEHASSE, **Histoire de la Corse et des corses** (2008, Paris: Perrin-Colonna, nova ed., 2013, esp. chap. IX – *La Corse génoise (1567-1729)*, p. 361-392; chap. X – *Le XVIIIe siècle: la révolution corse (1729-1769)'*, p. 393-456; chap. XI – *La Corse française et la révolution*, p. 457-495).

604 A reformulação do sistema internacional, decorrente da guerra dos sete anos, será considerada no **Tratado** (tomo 11 – **Direito internacional no tempo do iluminismo**).

605 O que ainda será objeto de exame no **Tratado** (tomo 13 – **Direito internacional no tempo do concerto europeu**).

606 E prossegue no **Tratado** (tomo 11 – **Direito internacional no tempo do iluminismo**).

607 Como se considera no **Tratado** (tomo 12 – **Direito internacional no tempo de Vattel e von Martens**, especificamente no item – *mutações no direito internacional no século XVIII, ilustradas pelo tema da guerra*, e tomo 4 – **Direito internacional no tempo medieval**, cap. 11 – *tratadistas da guerra: Baltazar AYALA e Pierino BELLI*).

Em torno desses marcos – de meados do século XVII a meados do XVIII – se ordena o direito internacional 'clássico'. Esse período constitui suficientemente alguma unidade, que permite considerar essa 'fase' histórica, com algumas características específicas, para a evolução do direito internacional.

Cumpre destacar que os trinta anos, de 1763 até 1793, foram três décadas de paz relativa na Europa,[608] o que pode ser considerado surpreendente, em relação aos séculos precedentes. De certo modo, se inscrevem essas décadas como fase de tempo final, desse modelo internacional até então vigente.[609] Ou como prenúncio da evolução posterior. Antes da crise definitiva do sistema internacional daquele tempo. O que ocorre com as guerras revolucionárias francesas e as guerras napoleônicas.

Estas novas guerras se estenderão, de 1792 até 1814 e 1815, quando o Congresso de Viena põe termo a mais de duas décadas de conflitos, em escala praticamente pan-europeia,[610] com crescente participação do Império russo: se METTERNICH agia nas sombras, a partir de Viena, foi o czar ALEXANDRE I quem apareceu, como o homem que derrotou o tirano corso, sem deixar de lado a ação e os interesses dos ingleses. E aquele que imprime a sua marca, sobre a Europa do concerto europeu.[611]

O sistema internacional passará a operar com enorme peso da Rússia e do Reino Unido. Isso se faz sentir, em todas as configurações futuras, ao menos em parte como consequência dos desmandos da França, durante o tempo em que esta cometeu abusos, como potência dominante, com desta-

[608] Ver, por exemplo: Matti KLINGE, **A Brief History of Finland** (Keuruu: Otava Printing, 10th ed., 1994); Herman LINDQVIST, **A History of Sweden** (transl. by Rod BRADBURY, Estocolmo: Norstedts Förlag, 2006); Jerzy LUKOWSKI e Hubert ZAWADZKI, **Histoire de la Pologne** (orig. publ. **A concise History of Poland**, 2001 e 2006, trad. Eric CHÉDAILLE, Paris: Perrin, 2010); Claude MICHAUD, **Entre croisades et révolutions** – Princes, noblesses et nations au centre de l'Europe (XVIe-XVIIIe siècles) – scripta varia (avec la collab. de Christine LEBEAU, Paris: Publications de la Sorbonne, 2010); Miklós MOLNAR, **Histoire de la Hongrie** (© 1980, Paris: Perrin – Coll. tempus, vol. 78, 1996, impr. 2010); Ernest WEIBEL, **Histoire et géopolitique des Balkans de 1800 à nos jours** (Paris: Ellipses, 2002); Larry WOLFF, **Inventing Eastern Europe** – The map of civilization on the mind of the Enlightenment (Stanford: Univ. Press, 1994).

[609] Richard WHATMORE, **Against war and empire** – Geneva, Britain and France in the eighteenth century (New Haven and London: Yale Univ. Press, 2012).

[610] Como se examina no **Tratado** (tomo 11 – **Direito internacional no tempo do iluminismo**).

[611] Justamente como se passa a considerar no **Tratado** (tomo 13 – **Direito internacional no tempo do concerto europeu**).

que, para as políticas imperialistas, de LUÍS XIV e, ainda, de NAPOLEÃO I. A conduta da política exterior da França,[612] foi exatamente o contrário do que argumentava[613] o abade de SAINT PIERRE, no **Projeto da paz perpétua**, de 1713 e 1717.

Este, aliás, sintomaticamente, já apontava "que o czar tenha a liberdade de entrar para a união".[614] Como prenúncio do papel que a Rússia passaria a ter, para o conjunto do equilíbrio na Europa.

A pentarquia, que emerge do Congresso de Viena, em 1815, dá nova configuração ao sistema internacional. Esta configuração dos cinco grandes, que dão as cartas, para o conjunto da Europa, não obstante as suas limitações, dura por mais cem anos.[615]

Nesta época 'clássica', enquanto a Europa, que se proclamava civilizada, se debatia em guerras infindáveis, as relações entre dois grandes impérios, o russo e o chinês, se pautaram por solução pacífica de controvérsias. Russos e chineses, em seus respectivos processos de expansão territorial, tinham tomado contato uns com os outros, nas margens do rio Amur. Os russos, vindos do norte, e os chineses, em busca de terras aráveis, rumo

612 Charles 'Irénée' CHASTEL, Abbé de SAINT-PIERRE (1658-1743), **Projeto para tornar perpétua a paz na Europa** (orig. publ. em Utrecht, por Antoine Schouten, em três tomos: os dois primeiros, em 1713, e o terceiro, em 1717; trad. Sérgio DUARTE, pref. R. SEITENFUS, Brasília: Ed. UnB / IPRI, São Paulo: IOE, 1ª ed. bras., 2003, terceiro discurso, 11ª vantagem – *comparação do produto do comércio durante a guerra e durante a paz*, p. 132-133, cit. p. 133): "Na França, há pelo menos dez anos de guerra em cada vinte anos, o que significa que passamos a metade de um século em guerra e a outra metade em diferentes tréguas".

613 Charles CHASTEL, abade de SAINT PIERRE, **Projeto para tornar perpétua a paz na Europa** (1713 e 1717, ed. bras., 2003, terceiro discurso, 10ª vantagem – *comparação entre o espírito de um soberano no sistema da paz e no sistema da guerra*, p. 131-132, cit. p. 131): "quanto à reputação, ele nada tem a ganhar, e que uma reputação fundada sobre a desgraça e ruína de uma infinidade de famílias, sobre o massacre de uma infinidade de pessoas inocentes e sobre a desolação do gênero humano é uma reputação odiosa".

614 Charles CHASTEL, abade de SAINT PIERRE, **Projeto para tornar perpétua a paz na Europa** (1713 e 1717, ed. bras., 2003, quarto discurso – *proposição a demonstrar*, p. 153-157, cit. p. 156): "Conto, portanto, com ele entre os 24 [soberanos que comporiam a união]. Sei perfeitamente que o cristianismo em seu estado é bastante diferente do nosso, porém eles também creem na salvação por Jesus Cristo; portanto, são cristãos". E argumentava, ademais (ainda na mesma passagem, p. 156): "se o czar não desejar entrar para a união, e nem celebrar com ela um tratado de paz perpétua," [...] "seria inevitável considerá-lo inimigo da paz na Europa e perturbador do repouso público, até que haja assinado".

615 Como se examina no **Tratado** (tomos 11 – **Direito internacional no tempo do iluminismo** e 13 – **Direito internacional no tempo do concerto europeu**).

ao noroeste, abriam florestas, para a implantação de novas terras agrícolas, na Manchúria:[616]

> Esses contatos tiveram como consequência fazer adotar o chá chinês, pelos russos, que o transformaram na bebida nacional, e de fazê-los assinar o tratado de Nertchinsk, em 1689, em decorrência do qual os chineses asseguraram a posse de toda a bacia do rio Amur, e a conservaram até meados do século XIX. A fronteira entre a China e a Rússia ficou, assim, assinalada pelo curso do rio.[617]

Como ainda nessa matéria muito provavelmente impulsionado pelo ilustre precedente de LEIBNIZ, embora sem o reconhecer, VOLTAIRE apontava, na **História do império da Rússia**, de 1760-1762,[618] como China e Rússia tinham sabido resolver as suas questões de fronteira sem guerra:

> Foi nesses países, durante tanto tempo desconhecidos, como a China e a Rússia, que tinham ocorrido controvérsias sobre os limites de seus impérios. A Rússia possuía algumas fortificações, na direção do rio Amur, a trezentas léguas da grande Muralha. Houve muitas hostilidades, entre os chineses e os russos, em razão dessas fortificações. Finalmente, os dois estados entenderam, como poderiam proteger os seus interesses: o imperador CAM HI [KANG XI] preferiu a paz e o comércio, a uma guerra inútil. Ele enviou sete embaixadores a Nipchou, um desses estabelecimentos. Esses embaixadores conduziam cerca de dez mil homens com eles, contando os seus séquitos. Era o fausto asiático. Mas, o mais admirável é o fato de que não havia qualquer precedente, nos anais da história do Império, de uma embaixada, enviada a uma outra potência. O que é igualmente único, é que os chineses jamais tinham feito um tratado de paz, desde a fundação do império. Duas vezes atacados pelos tártaros, que os atacaram e que os dominaram, eles jamais fizeram a guerra a povo algum, exceto algumas hordas, ou logo subjugadas, ou logo

[616] Guillermo CÉSPEDES DEL CASTILLO, *Le contact et les échanges culturels* (in UNESCO, **Histoire de l'humanité**, vol. V – 1492-1789, do original **History of humanity** – from the sixteenth to the eighteenth century, © 1999, Paris: UNESCO, 2008, p. 115-142).

[617] G. CÉSPEDES DEL CASTILLO, *Le contact et les échanges culturels* (op. cit., 2008, cit. p. 131).

[618] VOLTAIRE, **Histoire de l'empire de Russie sous Pierre le grand**, divisée en deux parties (1760-1762, in **Œuvres historiques**, édition présentée, établie et annotée par René POMEAU, Paris: Gallimard – Pléiade, © 1957, impr. 2010, p. 337-602).

> abandonadas à própria sorte, sem qualquer tratado. Desse modo, essa nação, tão renomada pela moral, nada conhecia do que nós chamamos de direito das gentes, ou seja, essas regras incertas sobre a guerra e a paz, esses direitos dos ministros públicos, essas fórmulas de tratados, as obrigações daí resultantes, as disputas sobre precedência e sobre pontos de honra.[619]

VOLTAIRE não deixa de criticar o 'que chamamos de direito das gentes', por ele descrito, de maneira pouco útil e pouco lisonjeira, como "esse direito que é mais frequentemente reclamado do que bem conhecido, e do qual nunca a extensão e os limites foram bem fixados, tem recebido em todos os tempos muitas violações".[620] Cabe, porém, lembrar que o mesmo VOLTAIRE, em outra obra,[621] não deixava de se indignar quanto reportava violações cometidas contra o direito da guerra e o direito das gentes.[622] Mesmo os mais ferozes críticos do direito internacional não vivem sem fazer constantes referências a este!

619 VOLTAIRE (op. cit., 1760-1762, ed. 2010, p. 410-411) destacava como se tinham feito as tratativas e o daí resultante tratado entre os Impérios chinês e russo, usando o latim, como língua para as negociações e para o registro dos entendimentos, alcançados entre os dois lados: "En quelle langue d'ailleurs les Chinois pouvaient-ils traiter avec les Russes au milieu des déserts? Deux jésuites, l'un portugais, nommé PEREIRA, l'autre français, nommé GERBILLON, partis de Pékin avec les ambassadeurs chinois, leur aplanirent toutes ces difficultés nouvelles, et furent les véritables médiateurs. Ils traitèrent en latin avec un Allemand de l'ambassade russe, qui savait cette langue. [...] Les deux jésuites réglèrent les limites des deux dominations: elles furent posées à la rivière de Kerbechi, près de l'endroit même où l'on négociait. Le midi resta aux Chinois, le nord aux Russes. Il n'en coûta à ceux-ci qu'une petite forteresse qui se trouva bâtie au-delà des limites; on jura une paix éternelle, et, après quelques contestations, les Russes et les Chinois la jurèrent au nom du même Dieu en ces termes: '*Si quelqu'un n'a jamais la pensée secrète de rallumer le feu de la guerre, nous prions le Seigneur souverain de toutes choses, qui connaît les cœurs, de punir ces traîtres par une mort précipitée*'."

620 VOLTAIRE, **Histoire de l'empire de Russie sous Pierre le grand** (op. cit. 1760-1762, ed. 2010, p. 337-602, p. 533): "Droit des gens – Ce droit qui est plus souvent réclamé que bien connu, et dont jamais l'étendue et les limites n'ont été fixées, a reçu dans tous les temps bien des atteintes".

621 VOLTAIRE, **Précis du siècle de Louis XV** (in **Œuvres historiques**, édition présentée, établie et annotée par René POMEAU, Paris: Gallimard – Pléiade, © 1957, impr. 2010, p. 1297-1571).

622 VOLTAIRE, **Précis du siècle de Louis XV** (ed, 2010, p. 1372-1373) falava a respeito de: "les conventions établies entre les princes d'Allemagne, sont toujours regardés comme neutres et inviolables", mas apesar disso, o marechal de BELLE-ISLE e seu irmão teriam sido presos e mandados para a Inglaterra, durante a guerra de 1741. E assim: "le ministère de France réclama à la fois tous les privilèges des ambassadeurs et les droits de la guerre." A conclusão

Mas VOLTAIRE, ao mesmo tempo, em que criticava o 'direito das gentes', não deixava de comentar, no seu estudo sobre o século de LUÍS XV,[623] àquela altura, já se considerava perigoso se ter tornado demasiadamente conquistador – *aujourd'hui il est dangereux d'être trop conquérant*.[624] VOLTAIRE caracterizava, de maneira breve, porém expressiva, o que cruamente se poderia chamar de sistema de 'equilíbrio europeu',[625] construído pela força das armas e por alianças conjunturais, antes de haver processos institucionais internacionais, mais desenvolvidos, e isso apesar das agudas divisões confessionais, que doravante se tinham institucionalizado na Europa, algumas premissas servem para a consolidação da convivência organizada, entre as potências locais: o equilíbrio europeu, a solidariedade entre as dinastias e a expansão colonial.[626]

> Todas as [demais] potências da Europa tomam armas, cedo ou tarde, quando uma delas se agita demais – *quand il y a une qui remue*: não se veem senão ligas e contraligas, sustentadas por numerosos exércitos. Já é muito poder conservar, na conjuntura dos tempos, uma província conquistada.[627]

VOLTAIRE, apesar das suas duras críticas, ao que via como o direito internacional no tempo clássico, também registrou a ocorrência e os bons

da história da violência cometida contra o marechal e seu irmão aparece vinte páginas mais adiante (VOLTAIRE, op. cit., ed. 2010, p. 1392-1393): "le ministère de Londres fit réflexion qu'on avait en France plus de prisonniers anglais qu'il n'y avait de prisonniers français en Angleterre. La détention du maréchal de BELLE-ISLE et de son frère avait suspendu tout cartel. On avait pris les deux généraux contre le droit des gens, on les renvoya sans rançon. Il n'y avait en effet pas moyen d'exiger une rançon, après les avoir déclarés prisonniers d'état, et il était de l'intérêt de l'Angleterre de rétablir le cartel".

623 VOLTAIRE, **Précis du siècle de Louis XV** (op. cit., ed. 2010, p. 1297-1571).

624 VOLTAIRE, **Précis du siècle de Louis XV** (op. cit., ed. 2010, p. 1395).

625 Ver adiante, neste tomo, o item – *literatura sobre o sistema de equilíbrio da Europa*. Como observa Juan Bautista RIVAROLA PAOLI, **Derecho internacional público** (Asunción, Paraguay: Juan Bautista Rivarola Paoli, 6ª ed., 2013, cit. p. 157): "se caracteriza el sistema del equilibrio europeo por una combinación empírica, en la cual lo principal es la voluntad de poder de estado de las partes, siempre que no atente contra los derechos vitales."

626 Wilhelm GREWE, **Epochen der Völkerrechtsgeschichte** (Baden-Baden: Nomos, 1984, parte III – *Droit public de l'Europe – Die Völkerrechtsordnung des französischen Zeitalters (1648-1815)*, esp. cap. II – *Die Grundlagen der Völkerrechtsgemeinschaft: Europäisches Gleichgewicht, dynastische Solidarität, koloniale Expansion*, p. 332-368).

627 VOLTAIRE, **Précis du siècle de Louis XV** (ed. 2010, p. 1395).

efeitos de uso inteligente de mecanismos de solução pacífica de controvérsias. Enfatizava a importância do precedente, entre essas duas grandes potências – em considerável extensão não europeias: para VOLTAIRE, Rússia e China dariam, assim, exemplo, para as potências europeias da época, engajadas em guerras constantes, umas contra as outras.

As três décadas de paz, após a guerra dos sete anos, tem de ser examinadas como parte dessa mudança de configuração histórica e do sistema internacional.[628] Nesse sentido, ao examinar o período de expansão das potências europeias, de 1679 até 1793, se pode enfatizar,[629] essas três décadas de paz relativa, seguidas de nova e bastante longa fase de conflitos, durante mais de vinte anos, que marcam outra fase de crise e subsequente reordenação do sistema internacional da época.

As guerras revolucionárias francesas e as guerras napoleônicas, não somente abalam a Europa, mas tem repercussões consideráveis, em outras partes do mundo: embora isso não costume ser frequentemente lembrado, mais uma vez a história europeia, teve, sob influência das ações de NAPOLEÃO, impacto, direto e relevante,[630] também para a história do Brasil.[631]

[628] Propósito central do **Tratado** (tomo 11 – **Direito internacional no tempo do iluminismo**).

[629] Antony BLACK, **The European Powers 1679-1793** (Londres: Edward Arnold, 1990, esp. Part III - *1763-1793*, p. 119-148).

[630] O sistema internacional ampliado, a partir do final do século XVIII e início do século XIX, como se passa a considerar no **Tratado** (tomos 11 – **Direito internacional no tempo do iluminismo** e 13 – **Direito internacional no tempo do concerto europeu**).

[631] Como se examina no **Tratado** (tomo 11 – **Direito internacional no tempo do iluminismo**), esta fase é marcada pela fuga da Europa, com a subsequente chegada e instalação da família real portuguesa, no Rio de Janeiro, em 1808. Isso põe fim a mais de trezentos anos do 'Brasil colônia', e prepara diretamente o caminho para o marco formal da independência, em 1822. Do ponto de vista do direito internacional clássico e da inserção do Brasil no sistema institucional e normativo da época, o processo de independência do Brasil se completa com o tratado de Lisboa, de 1825. Por meio do tratado de Lisboa, de 1825, Portugal reconheceu a independência da antiga colônia e se estabeleceram laços diplomáticos formais, entre os dois estados. Como também, na esteira desse reconhecimento pela antiga metrópole, se faz o subsequente reconhecimento do novo sujeito de direito internacional pelas demais potências europeias, inclusive a Áustria. Apesar de governada pelo imperador e pai da princesa LEOPOLDINA, e também sogro de PEDRO I, do Brasil, a Áustria somente reconhece o Brasil como sujeito de direito internacional após a aceitação do fato da independência pela antiga metrópole portuguesa.

A Áustria dos HABSBURGO[632] permanecia como a potência dominante, no centro da Europa, nos territórios do Sacro Império, apesar de mudanças ocorridas desde Vestfália, em quadro que se manteria, mais ou menos inalterado, até o final do século XVIII. Na configuração, de sistema 'clássico' de relações internacionais, na Europa da época, este se manteve como peça fundamental. As guerras napoleônicas farão ocorrer o termo formal da milenar experiência do Sacro império,[633] em 1806.

A avaliação a respeito do papel e da relevância do Sacro império podem oscilar consideravelmente, advertia Benedetto CROCE:[634]

> Ainda em tempos que nos são mais próximos, assistiu-se à glorificação dos lombardos das comunas e à desvalorização do Sacro império romano, e à desvalorização dos primeiros e à glorificação deste último, segundo o modo como os mesmos fatos históricos se refletiam, na consciência de um italiano, ansiando pela independência da Itália, ou de um alemão, promovendo o sacro império alemão, da hegemonia prussiana.[635]

[632] Steven BELLER, **Histoire de l'Autriche** (orig. publ. **A concise History of Austria**, 2006, trad. Sylvie KLEINMAN-LAFON, Paris: Perrin, 2011, chap. 3 – *Contrer les réformes 1740-1866*, p. 89-155) nessa fase de potência dominante no centro da Europa, o Império austríaco, ao término do período tinha sido derrotado pelo nacionalismo alemão, capitaneado pela Prússia e pelo nacionalismo italiano, que libera territórios de língua italiana da dominação austríaca, e a partir daí teriam de enfrentar levas sucessivas de insurreição nacionalista no interior das fronteiras imperiais, ao mesmo tempo em que ensaiava sobreviver como ator relevante no cenário internacional. Ver tb. Henry BOGDAN, **Histoire des Habsbourg**: des origines à nos jours (Paris: Perrin, 2002, impr. 2005, esp. 5e partie – *Les Habsbourg, défenseurs de l'ordre établi*, p. 251-283, e chap. 17 – *L'apogée du système de Metternich (1815-1835)*, para as projeções sobre a fase seguinte).

[633] Conforme se examina no **Tratado** (tomo 11 – **Direito internacional no tempo do iluminismo**).

[634] B. CROCE, *La positività della storia* (in **Teoria e storia della storiografia** (1912-1913), a cura di Edoardo MASSIMILLA e Teodoro TAGLIAFERRI, con una nota al testo di Fulvio TESSITORE, Napoli: Bibliopolis / Edizione Nazionale delle Opere di B.C. / Filosofia come scienza dello spirito IV, 2007, tomo primo, cap. III, p. 70-78).

[635] B. CROCE, *La positività della storia* (op. cit., 1912-1913, ed. cit., 2007, tomo primo, cap. III, p. 70-78, cit. p. 75) prosseguia, na mesma página: "La coscienza storica non è mai giustiziera, ma sempre giustificatrice; e giustiziera non potrebbe farsi se non facendosi ingiusta, ossia confondendo il pensiero con la vita, e assumendo come giudizio del pensiero le attrazioni e le repulsioni del sentimento."

Os mesmos fatos podem ser diversamente interpretados. E a interpretação pode ser historicamente honesta, apesar da diversidade. Desde que se tenha a honestidade de expor as premissas e considerar, de maneira equitativa, as consequências.

Fazendo paralelo, oportuna a advertência de VATTEL: "como é muito difícil que não se encontre nenhuma ambiguidade num tratado, mesmo redigido com todo o cuidado e com toda a boa-fé possível, será frequentemente necessário recorrer às regras de interpretação".[636]

Para compreender o papel da monarquia HABSBURGO no centro da Europa:[637]

> De fato, o fracionamento do Sacro Império, sobre o qual o imperador não mais tinha a possibilidade de governar, como seus próprios estados, mas a paz de Vestfália não tinha reduzido de maneira duradoura o poder dos HABSBURGO e anunciado a sua retração para os territórios patrimoniais [hereditários], como a historiografia francesa durante muito tempo tentou fazer crer, esquema hoje amplamente sujeito a ser revisado.[638]

[636] Emer de VATTEL, **O direito das gentes** (1758, ed. bras., 2004, livro IV, § 32).

[637] Ève MENK-BERTRAND, **L'image de Vienne et de Prague à l'époque baroque (1650-1740)** – Essai d'histoire des représentations (Estrasburgo: Presses Universitaires de Strasbourg, 2008, cit. p. 47): "Pour comprendre la place de la monarchie HABSBOURG en ce temps-là, il est essentiel de s'attarder d'abord sur les diverses conséquences des traités de Westphalie. Ils referment le tragique épisode de la guerre de Trente ans et instaurent en Europe un état de fait qui perdure jusqu'à la fin du XVIIIe siècle. Concernés au plus haut point par bien des effets de ces traités, les territoires HABSBOURG ont en revanche peu à souffrir de leurs clauses territoriales. La maison d'Autriche a dû céder ses droits territoriaux à la France en Haute et Basse Alsace mais elle possède des avant-postes dans la vallée du Danube. La portée politique des traités, moins dans ses clauses que dans l'esprit qui les anime, a en revanche des grandes répercussions. Elle concerne en premier lieu la place de l'empereur dans le Saint Empire. Les quelques mille états d'Allemagne acquièrent une 'supériorité territoriale' et le droit de conclure entre eux et avec des puissances étrangères des alliances à condition, clause purement formelle, qu'elles ne soient pas dirigées contre l'Empereur et la paix de l'Empire".

[638] Ève MENKE-BERTRAND (op. cit., 2008, p. 47): "les pouvoirs de l'Empereur er de la Diète d'empire à Ratisbonne ne sont pas modifiés même si cette dernière reçoit un vaste programme de travail qui rend la permanence de sa réunion nécessaire à partir de 1663."

Nesse meio tempo, amplia-se o cenário, além dos estreitos limites de parte da Europa ocidental:[639] a Rússia se tinha consolidado como potência dominante, na região do Báltico,[640] a partir do tratado de paz de Nystad,

[639] C. H. ALEXANDROWICZ, **The Law of Nations in global History** (ed. by David ARMITAGE and Jennifer PITTS, Oxford: Univ. Press, 2017); ___, **The Afro-Asian world and the law of nations: historical aspects** (RCADI, 1968, t. 123, p. 117-214); ___, **Treaty and diplomatic relations between European and South Asian powers in the seventeenth and eighteenth centuries** (RCADI, 1960, t. 100, p. 203-322); Henry BOGDAN, **Les chevaliers teutoniques** (orig. publ. 1995, Paris: Perrin – tempus, 2009); ___, **Histoire des pays de l'Est** – des origines à nos jours (orig. publ. 1991, Paris: Perrin – Coll. tempus, vol. 236, éd. actualisée, 2008); ___, **Histoire des peuples de l'ex-URSS** – du IXe siècle à nos jours (Paris: Hachette – pluriel, 1995); Antonio CARILE e Andrej Nicolaevic SACHAROV (a cura di), **I trattati dell'antica Russia con l'Impero romano d'Oriente** (Roma: L'Erma di Bretschneider, 2011, col. Da Roma alla Terza Roma – Documenti e Studi, Roma-Mosca, Documenti – vol. II); Francis CONTE, **Les slaves** – aux origines des civilisations d'Europe centrale et orientale (VIe-XIIIe siècles) (orig. publ. 1986, Paris: Albin Michel, 1996); Simon DIXON, **Catherine the Great** (1st publ. Profile Books, Great Britain, 2009, New York: Harper Collins, 1st U.S. ed., 2009); Erich DONNERT, **La Russie au siècle des Lumières** (orig. publ., 1983, trad. de l'allemand par Sophie ALLOYER, Leipzig: Ed. Leipzig, 1986); FONDATION SINGER-POLIGNAC e SOCIÉTÉ D'HISTOIRE DIPLOMATIQUE, **La Russie et l'Europe** (Colloque organisé par la S.H.D., tenu le 9 mai 2009, Paris: Société d'histoire diplomatique, 2009); René GROUSSET (1885-1952), **L'empire des steppes** – Attila, Gengis-Khan, Tamerlan (orig. publ. 1965, Paris: Payot, 2009); Kurt KERSTEN, **Peter der Grosse** – Vom Wesen und von den Ursachen historischer Grosse (Amsterdam: Querido Verlag, 1935); Anatole LEROY-BEAULIEU, **L'empire des Tsars et les Russes** (orig. publ. 1881-1882, éd. présentée par Marc RAEFF, Paris: Robert Laffont, 1990); Valeri LOBACHEV e Vladimir PRAVOTOROV, **A Millenium of Russian Orthodoxy** (Moscow: Novosti Press, 1988); Hans-Heinrich NOLTE, **Geschichte Russlands** (orig. publ., 1998, Stuttgart: Reclam, vol. 18960, nova ed., 2012); Gunnar von PROSCHWITZ (texte établi et commenté par), **Catherine II et Gustave III** – Une correspondance retrouvée (Estocolmo: Nationalmuseum, 1998); Nicholas V. RIASANOVSKY e Mark D. STEINBERG, **A History of Russia** (Oxford: Univ. Press, 7th. ed., 2005); Marc SEMENOFF, **Histoire de Russie: étude comparée entre l'Orient et l'Occident** (préface de Louis RÉAU, Paris: La renaissance du livre, 1924); Evgueni V. TARLÉ, **La guerre du nord** (trad. du russe par Jean CHAMPENOIS, Moscou: Progresso, 1966, 2 vols); Hans-Joachim TORKE (Hg.), **Die russische Zaren** 1547-1917 (Munique: Beck, 4a. ed., 2012); William URBAN, **The Teutonic Knights** – a military history (London: Greenhill Books/Mechanicsburg, PA.: Stackpole Books, 2003); Massimo ZANELLA e Alessandra CHIOETTO (coord. ed.), **Impérial Saint-Pétersbourg** – de Pierre le Grand à Catherine II (Milão: Skira / Monaco: Grimaldi Forum, 2004); Nicholas ZERNOV, **Il Cristianesimo Orientale** (orig. publ. **Eastern Christendom**, trad. Orazio NICOTRA, Milão: Il Saggiatore, 1962).

[640] Sobre a evolução do estatuto jurídico do mar Báltico ver: Michel de TAUBE, **Le statut juridique de la mer Baltique jusqu'au XIXe siècle** (RCADI, 1935, t. 53, p. 437-530); K.-R. PUSTA, **Le statut juridique de la mer Baltique à partir du XIXe siècle** (RCADI, 1935, t.

assinado[641] em 30 de agosto de 1721, pondo fim à 'grande guerra do Norte', entre a Rússia e a Suécia: a Finlândia foi devolvida à Suécia, que, por outro lado, perdia a Íngria, a Estônia e a Livônia. E a indagação:

> estaria o Império sueco definitivamente morto? Alguns esperavam retomar a guerra: Carlos Frederico de HOLSTEIN-GOTTORP viria a se casar com uma das filhas de PEDRO o grande; ele poderia trazer de volta esses domínios perdidos. Mas a maioria dos suecos estava cansada das complicações, da grande desordem, que esse império tinha trazido.[642]

A Rússia passava a ser uma das protagonistas, no grande jogo europeu.[643] Mesmo que, nessa altura, tanto a Rússia, como também a Áustria, fossem desafiadas pela Prússia.[644]

52, p. 105-190); Philippe MEYER, **Baltiques** – histoire d'une mer d'ambre (Paris: Perrin – tempus, 2013, *Conclusion – La paix du Nord*, p. 459-468, cit. p. 459): "Une paix durable a été mise en place dans le Nord européen, comme sur le continent. Elle autorise une grande espérance, en prouvant que des conflits d'une force inouïe, attisés par des catalyses externes, facilités par la proximité, bien qu'ils n'aient pas eu de cesse pendant plus d'un millénaire, sont amendables. Elle peut servir de modèle. La Baltique a su, en effet, après un millénaire de tragédies ininterrompues, trouver le chemin d'une paix heureuse et proposer une façon d'anéantir le mal. L'histoire de la mer Baltique est un modèle de paix humaine, parfaitement transposable aux peuples qui paraissent ignorer son existence."

641 O texto do tratado de paz de Nystad, **Treaty of Peace between Russia and Sweden**, signed 30 August 1721 (in **Consolidated treaty series 1648-1919**, ed. by C. PARRY, Dobbs Ferry-New York: Oceana Publications, 1969-1981, 231 vols., [1721] 31 CTS 399).

642 Sobre o tratado de paz de Nystad – algumas divergências – diversamente do que registra a coletânea de tratados de C. PARRY – menciona Lucien BÉLY, **Les relations internationales en Europe** – XVIIe-XVIIIe siècle (orig. publ. 1992, Paris: PUF – Thémis – Histoire, 4e éd., 2013, chap. 14 – *la paix d'Utrecht pour un nouvel ordre européen*, p. 415-447, cit. p. 446-447) ter sido "assinado na noite de 10 a 11 de setembro de 1721". A diferença de datas provavelmente se deve ao uso dos calendários juliano e gregoriano.

643 Sobretudo depois de PEDRO, o grande, derrotar CARLOS XII da Suécia, na 'grande guerra do Norte', já notava, VOLTAIRE, na sua obra feita sob encomenda do governo russo, **Histoire de l'empire de Russie sous Pierre le grand**, divisée en deux parties (1760-1762, in VOLTAIRE, **Œuvres historiques**, édition présentée, établie et annotée par René POMEAU, Paris: Gallimard – Pléiade, © 1957, impr. 2010, p. 337-602); ver tb. B. de MONTCLOS, et al., **Impérial Saint Pétersbourg – de Pierre le Grand à Catherine II** (Milão: Skira / Mônaco: Grimaldi Fórum, 2004), e o já referido E. V. TARLÉ, **La guerre du nord** (trad. du russe par Jean CHAMPENOIS, Moscou: Progresso, 1966, 2 vols).

644 Michel KERAUTRET, **Histoire de la Prusse** (orig. publ. 2005, Paris: Seuil, impr. 2010, esp. chap. 7 – *De la sclérose à la catastrophe (1786-1806)*, p. 226-274, cit. p. 226): "Au cours des deux

Já, nessa altura, se tornava claro quanto a Prússia teve papel crucial na reorganização territorial da Europa central, em 1789-1795 –[645] especialmente nas três fases de partilha da Polônia.[646] Com redução do poder relativo das duas primeiras.[647]

A Itália continuava dividida, sob controle, em parte pelos BOURBON, em parte pelos HABSBURGO, efetivamente mantendo estável o conjunto, com o enclave dos estados pontifícios, atravessados pelo meio da península.[648] Nas últimas décadas do século XVII, houve período de relativa paz: a Espanha continuava a potência dominante, em considerável parte do território: com o controle de Milão, Sardenha, Nápoles, Sicília e do enclave toscano de Presidi, além de, indiretamente, controlar as atividades de outros estados.

A hegemonia espanhola caminhava para o seu ocaso, mas ainda mantinha a Itália fora da evolução social, econômica e cultural da Europa, doravante impulsionada pelo Norte. A construção da unidade italiana será fruto tardio do nacionalismo, como também se deu no caso do Império alemão.[649]

décennies qui suivent la mort de FRÉDÉRIC II, la Prusse se trouve confrontée à une épreuve redoutable. Il lui faut faire face au défi des bouleversements provoqués par la révolution française, et assumer des responsabilités internationales nouvelles, alors que sa puissance intrinsèque reste fragile". Ver tb. Joseph ROVAN (1918-2004), **Histoire de l'Allemagne**: des origines à nos jours (orig. publ. 1994, Paris: Seuil, 1999); ___, **Geschichte der Deutschen**: Von ihren Ursprüngen bis heute, trad. Enrico HEINEMANN, Rainer PFLAIDERER e Reinhard TIFERT, Munique: DTV, 1998, 3ª ed., 2001).

[645] Como se examina no **Tratado** (tomo 11 – **Direito internacional no tempo do iluminismo**).

[646] Jerzy LUKOWSKI e Hubert ZAWADZKI, **Histoire de la Pologne** (orig. publ. **A concise History of Poland**, 2001 e 2006, trad. Eric CHÉDAILLE, Paris: Perrin, 2010, cit. p. 158, e ver tb. Seconde partie – La Pologne après 1795, chap. 4 – *L'opposition aux partitions*, p. 161-207): "Le 12 janvier 1796, une convention tripartite réunissant Russie, Autriche et Prusse à Saint-Pétersbourg insista sur la '*nécessité d'abolir tout ce qui pouvait évoquer le souvenir de l'existence du royaume de Pologne*'. L'expérience de la noblesse en démocratie était terminée et se soldait par un échec retentissant. Survécut le ressentiment d'une nation de nobles qui, bien qu'elle eût été dépecée, conservait un sentiment d'unité cohérente et qui, au cours de ces dernières années, avait puisé une fierté nouvelle dans sa résurrection culturelle et politique."

[647] Ver **Tratado** (tomo 11 – **Direito internacional no tempo do iluminismo**, item – *Império, estado moderno e a ascensão do absolutismo*).

[648] Christopher DUGGAN, **A concise History of Italy** (Cambridge: Univ. Press, 1st publ., 1994, 14th printing, 2012, chap. 3 – *Stagnation and reform 1494-1789*, p. 61-86, cit. p. 75-76): "Spain's days as a world power were numbered, for its economy could no longer sustain the burdens of empire".

[649] Ulteriores desdobramentos no **Tratado** (tomo 13 – **Direito internacional no tempo do concerto europeu**).

Em ambos os casos, a tardia configuração das respectivas 'unidades nacionais' leva à exacerbação do imperialismo, do colonialismo – ao qual ambas chegam atrasadas em relação a outros colonizadores, e precisam de graus adicionais de violência para se imporem aos 'colonizados' –[650] bem como no desvario dos nacionalismos, e estes produzem frutos amargos.[651]

A Paz de Ryswick, em 1697, representou[652] humilhação para o arrogante LUÍS XIV: nessa altura, simbolicamente, se contrapõem as figuras de LUÍS XIV e de GUILHERME de ORANGE, este último, desde 1688, ocupando o trono da Inglaterra, como monarca constitucional. Enquanto isso, LUÍS XIV ainda pretendia lastrear o seu poder pessoal absoluto, como monarquia de "direito divino"! Para chegar ao tratado de paz, a França teve de ceder, diante da coalizão vencedora, e doravante a Inglaterra confrontaria, mais e mais abertamente, a política francesa.[653] LUÍS XIV teve de se compro-

[650] Cfr. **Tratado** (tomos 14 a 17 – **Direito internacional no tempo do colonialismo**, cap. 5 – *a colonização alemã* e cap. 8 – *a colonização italiana*).

[651] Fritz FISCHER (1908-1999), **Griff nach der Weltmacht** – Die Kriegszielpolitik des kaiserlichen Deutschland (orig. publ. 1960, "mit einem Begleitwort des Verfassers von 1977", Düsseldorf: Droste Verlag, 2009)

[652] Sobre a paz de Ryswick ver referências no item – *algumas coletâneas de atos internacionais*; tb. Lucien BÉLY, **Les relations internationales en Europe** – XVIIe-XVIIIe siècle (orig. publ. 1992, Paris: PUF – Thémis – Histoire, 4e éd., 2013, chap. 12 – de la guerre à la guerre (1688-1700) p. 355-381, item 5 – *le conflit et la négociation*, p. 367-372): "Le 4 février 1697, tous les belligérants, sauf l'Espagne, acceptèrent la médiation suédoise. Le congrès s'ouvrit au Nieuwbourg, près du petit village de Ryswick. Cette résidence des princes d'ORANGE offrait au centre une vaste salle, qui fut réservée au médiateur; à droite et à gauche deux ailes furent réservées aux deux camps, Les plénipotentiaires français étaient CALLIÈRES, HARLAY DE BONNEUIL et VERJUS DE CRÉCY. Ils déclarèrent d'emblée qu'ils n'iraient pas au-delà du traité de Nimègue. Si l'empereur espérait faire durer la guerre dans la perspective de la succession espagnole, GUILLAUME, lui, voulait la paix, sans doute comme LOUIS XIV, pour préparer cette même succession espagnole."

[653] Paul HAZARD, **La crise de la conscience européenne 1680-1715** (Paris: Boivin et Cie., 1935; nova ed. Paris: Fayard, © 1961, impr. 1994, cit. p. 65-66) a respeito da humilhação de LUÍS XIV e da vitória de GUILHERME de ORANGE: "Il dut reconnaître le pouvoir de son adversaire, l'admettre, le légitimer par son consentement; et trahir la cause JACQUES II, son cousin, son frère". Algo diversa a apresentação da situação, por L. BÉLY, **Les relations internationales en Europe** – XVIIe-XVIIIe siècle (ed. 2013, cit. p. 371): "La situation militaire était de nouveau favorable à la France. L'armée s'empara d'Ath le 6 juin et marcha sur Bruxelles; le 9 août 1697, le duc de Vendôme s'emparait de Barcelone dont le port avait été bloqué par la flotte du Levant. En Amérique, le conte de FONTENAC menaçait les colonies anglaises, D'IBERVILLE s'était emparé de Terre-Neuve, deux expéditions étaient menées l'une contre

meter a não ajudar ninguém que pretendesse derrubar GUILHERME.[654] Desse modo, reconhecendo a revolução de 1688, que levara ao trono inglês a dinastia de Hannover.

Tinham, a essa altura do final do século XVII, passado as cerca de quatro décadas, durante as quais a França impusera a sua hegemonia a parte considerável da Europa ocidental.[655] Doravante, a Inglaterra se imporia progressivamente.[656] O que se verá acentuado com a seguinte conflagração europeia, da qual resulta a paz de Utrecht, em 1713.

A paz de Utrecht, em 1713, teve grande importância, além da divisão de territórios.[657] O poderio marítimo inglês passa a ficar assegurado,[658] não somente no Mediterrâneo ocidental como também no Atlântico norte.[659]

New York et Boston, l'autre sur la baie de Hudson (début de 1697). En avril, POINTIS avait pris et pillé Carthagène, le principal entrepôt espagnol en Amérique".

654 L. BÉLY, **Les relations internationales en Europe** – XVIIe-XVIIIe siècle (ed. 2013, loc. cit.): "Le traité avec l'Angleterre était proche, mais GUILLAUME voulait une signature de tous les alliés en même temps, or les plénipotentiaires impériaux avaient pour instructions de faire traîner les choses. LOUIS XIV brusqua les événements en indiquant que, puisque le délai fixé pour la signature avait été dépassé, il revenait sur ses concessions antérieures et désirait conserver Strasbourg. Les Provinces Unies, l'Espagne et l'Angleterre signèrent le traité dans la nuit du 20 au 21 septembre 1697. Le traité avec l'Angleterre prévoyait qu'il y aurait une paix perpétuelle entre LOUIS et GUILLAUME, et leurs successeurs. Le 30 octobre 1697, LÉOPOLD a son tour signait un traité avec la France. La paix fut bien accueillie en Angleterre car elle signifiait que la France reconnaissait la révolution de 1688. En France, la Cour considéra comme honteux d'abandonner la cause du '*vrai roy d'Angleterre*'. [...] Néanmoins, LOUIS XIV, qui croyait fermement dans le droit divin des rois, ne cessa d'espérer qu'un accord interviendrait entre GUILLAUME et JACQUES, le fils du second pouvant succéder au premier."

655 Mesmo historiador francês é obrigado a reconhecer essa mudança do cenário, em detrimento da antiga hegemonia francesa e do crescente poder da Inglaterra, a partir da paz de Ryswick, em 1697. Por exemplo, o já mencionado P. HAZARD, no seu **La crise de la conscience européenne** (op. cit., 1935, ed. 1994, p. 65-66): "Quel était donc ce peuple qui imposait ainsi sa volonté, et qui infligeait à la France, en une seule fois, plus d'humiliations qu'elle n'en avait reçu durant cinquante années?"

656 E. L. WOODWARD, **Uma história da Inglaterra** (do original **A History of England** © 1962, trad. Álvaro CABRAL, Rio de Janeiro: Zahar, 1964, cap. XII – *o reinado de CARLOS II: a revolução de 1688: a guerra contra LUÍS XIV*, p. 138-149, cit. p. 146): "Em 1697, LUÍS XIV assinou a paz de Ryswick, pela qual entregou a maioria de suas conquistas desde 1678, reconhecendo GUILHERME como rei da Inglaterra, e ANA como herdeira do trono".

657 E. L. WOODWARD, **Uma história da Inglaterra** (1962, ed. bras., 1964, cit. p. 148): "O prestígio das armas inglesas estava no apogeu, em toda a Europa. As instituições políticas inglesas haviam se mostrado mais eficazes do que as da França e, enquanto os franceses

Após a paz de Utrecht, a Espanha deixa de ser uma grande potência, apesar de suas imensas colônias, americanas e asiáticas. Tampouco Antuérpia estava nas mãos de estado titular de marinha eficaz.[660] Também os neerlandeses se viram e permaneceram enfraquecidos,[661] pelo longo período de guerra.[662]

começavam a criticar mais o seu governo, quase todos os ingleses elogiavam a sua constituição, embora nem todos pudessem ainda concordar sobre a pessoa do seu soberano".

658 Para visão do conjunto da trajetória, rumo à hegemonia marítima inglesa, entre o final do século XVI até o final do século XVIII, ver Peter PADFIELD, **Maritime supremacy and the opening of the Western mind**: naval campaigns that shaped the modern world 1588-1782 (orig. publ. 1999, Londres: Random House, 2000).

659 Anne-Marie HATTINGOIS-FORNER, **L'Atlantique au XVIIIe siècle** – un monde construit par et pour les européens? (Paris: Ellipses, 2013, esp. chap. II – *L'Atlantique britannique, un vaste espace commercial et colonial*, p. 25-51, cit. p. 26): "C'est en 1670 (traité de paix anglo-espagnol signé à Madrid) que l'Espagne se fut trouvée amenée à reconnaître la colonisation anglaise en Amérique, avec la cession officielle de la Jamaïque. [...] Ainsi l'expédition lancée sur Panama par un émule de HAWKINS et de DRAKE, Henry MORGAN, à la fin des années 1670!"

660 Como notam Catherine DENYS e Isabelle PARESYS, **Les anciens Pays-Bas à l'époque moderne (1404-1815)** (Paris: Ellipses, 2007, chap. 4 – *les Pays-Bas, enjeu international (1609-1713)*, p. 79-95, e chap. 7 – *un siècle de malheurs aux Pays-Bas méridionaux (1609-1715)*, p. 141-157, cit. p. 89): "La paix est d'abord signé entre la France et les Provinces-Unies le 19 janvier 1713, puis entre la France, l'Espagne, les Provinces-Unies, l'Angleterre et d'autres pays le 11 avril 1713. L'empereur ne se résigne à traiter qu'un an plus tard, à Rastadt, le 6 mars 1714 et à Bade le 7 septembre 1714." [...] "Les Pays-Bas comme les Provinces-Unies ont cependant payé cher, quoique de manière différente, leur implication dans ces conflits incessants du XVIIe siècle. Sous le régime autrichien et la domination française, les Pays-Bas méridionaux, ravagés par le passage des armées, ne peuvent que se reconstruire lentement, tandis qu'au Nord, les Provinces-Unies font leurs comptes et doivent désormais faire face à une concurrence commerciale anglaise renforcée."

661 François BELLEC, **Marchands au long cours** (Paris: Ed. du Chêne / Hachette, 2003, esp. '*Batavia*', p. 89-100, e '*Madras*', p. 101-109, cit. p. 101): "L'Angleterre se trouva en compétition en armes apparemment égales avec les Provinces-Unies, pour contester en même temps qu'elles les privilèges conférés par le pape aux portugais, au moment où la coopération commerciale lusitano-batave, qui vivait ses dernières années, triplait presque le prix du poivre".

662 Paul ARBLASTER, **A History of the Low Countries** (orig. publ. 2006, New York: Palgrave-Macmillan, 2012, esp. chap. 4 – *From Delftware to porcelain (1609-1780)*, p. 131-166, cit. p. 162) faz comparação entre o peso relativo das Províncias Unidas na paz de Ryswick, em holandês Rijswijk, em 1697 e na paz de Utrecht, em 1713: "The treaty of Ryswick was the last occasion on which the Dutch Republic could act as an equal among the great powers of Europe. When the treaty of Utrecht ended the war of Spanish succession in 1713, the Netherlands were simply the backdrop against which foreign powers thrashed out the details

As colônias e os conflitos transoceânicos tiveram enorme importância,[663] na história europeia do século XVIII:

> A expansão, fora da Europa, foi significativa, política, econômica e culturalmente, e isso não somente para as potências marítimas, ou países, incluindo especialmente a Rússia, que eram, em certa medida, estados de fronteira. As interações diplomáticas dos estados acarretavam que o conflito, ou paz, fora da Europa, poderia afetar outras potências europeias. As campanhas de PEDRO, o grande, contra a Pérsia, no início da década de 1720, ajudaram a assegurar a manutenção da paz no Báltico; a força expedicionária espanhola, de 1732, atacou Oran, no norte da África, e não como se temera, a ilha da Sardenha, ou os territórios austríacos na Itália. A eclosão das hostilidades anglo-francesas, na América do Norte, em 1754, ajudou a precipitar a revolução diplomática, levando os ingleses a fazerem esforços diplomáticos, para prevenirem ataque contra Hannover.[664]
>
> A carga financeira, causada pela intervenção na guerra da independência americana, foi em grande parte responsável pelo fraco desempenho da diplomacia francesa, na Europa, entre 1787 e 1789. Os benefícios econômicos das possessões extra europeias e do comércio também podiam ser extremamente significativos nas relações internacionais. Traziam lucros, e embora nem sempre, aumentavam a força fiscal de governos. Isso permitiu a certo número de potências, notadamente a Inglaterra, a França, a Espanha, e as Províncias Unidas, a pagar subsídios a outros estados europeus, que poderiam ser de considerável importância, para afetar a diplomacia, em tempos de paz, e a durabilidade e a força de alianças, em tempos de guerra.[665]

As colônias inglesas na América passavam a podem desenvolver-se sem ameaça direta da França: "desde sua fundação, as colônias americanas foram parte integrante do império britânico e, assim, também de uma

of the settlement". No ano seguinte, algumas das estipulações da paz de Utrecht, de 1713, seriam revisadas pela paz de Rastatt.

663 Cujo exame prossegue no **Tratado** (tomo 11 – **Direito internacional no tempo do iluminismo**).

664 Jeremy BLACK, **The rise of the European Powers 1679-1793** (London: Edward Arnold, 1990).

665 J. BLACK, **The rise of the European Powers 1679-1793** (op. cit., 1990, esp. II – *Europe and the non-European world in the eighteenth century*, p. 60-66, cit. p. 60).

comunidade atlântica de comércio".[666] E, nesse meio tempo, a união, entre a Inglaterra e a Escócia, tinha sido consolidada.[667]

A morte de CARLOS II, o último rei da dinastia HABSBURGO da Espanha, desencadeia outra grande guerra europeia, para estabelecer nova ordem internacional. A chamada "guerra da sucessão espanhola" durou mais de uma década, e envolveu França, Áustria, Espanha e Inglaterra.

A guerra da sucessão espanhola

A sucessão da Espanha suscitou uma longa e terrível guerra na Europa, na qual uma ampla coalizão se opôs à França, desta vez aliada da Espanha. Logo, o problema da sucessão protestante na Inglaterra se tornou outra vertente dessa confrontação.

> Se a guerra pareceu resolvida pelos tratados de Utrecht, a partir de 1713, foram ainda necessários vários anos, para serem solucionadas as questões de sucessão na Espanha e na Inglaterra, de modo que a paz se impusesse em quase toda parte e um equilíbrio global se instalasse.[668]

[666] George C. HERRING, **From colony to superpower** – U.S. Foreign relations since 1776 (Oxford: Oxford Univ. Press, 2008, cit. p. 12): "But the Americans also broke from prescribed trade patterns. New England and New York developed an extensive illicit commerce with French Canada, even while Britain was at war with France. They also opened a lucrative commerce with Dutch and French colonies, in the West Indies, selling food and other necessities and buying sugar more cheaply than it could be acquired from the British West Indies. Americans benefited in many ways from Britain's mercantilist Navigation Acts, but they staunchly resisted efforts to curb their trade with the colonies of other European nations." [...] "The American colonies were also part of a Eurocentric 'international' community. Formed at the Peace of Westphalia, in 1648, this new system sought to end years of bloody religious strife by enlarging the stature and role of the nation-state."

[667] Michel DUCHEIN, **Histoire de l'Écosse** (Paris: Tallandier, orig. publ. 1998, nova edição atualizada, 2013, esp. chap. VII – *un roi (et une république) pour deux royaumes, 1603-1707*, p. 331-434, e chap. VIII – *le premier siècle de l'Union: des nostalgies jacobites à l'éclosion des lumières 1707-1815*, p. 435-518, cit. p. 435): "Après le XVIIe siècle, où l'Écosse a fait, bon gré mal gré, l'apprentissage de la coexistence avec l'Angleterre, dans un régime ambigu d'"union des couronnes', le XVIIIe siècle s'ouvre en 1707 par l'union des Parlements, prélude à une fusion institutionnelle et économique entre les deux pays".

[668] Lucien BÉLY, **Les relations internationales en Europe** – XVIIe-XVIIIe siècle (orig. publ. 1992, Paris: PUF – Thémis – Histoire, 4e éd., 2013, chap. 13 – *la guerre de succession d'Espagne*, p. 382-414, cit. p. 382): "La succession d'Espagne allait susciter une longue et terrible guerre en Europe où une large coalition s'opposa à la France, pour une fois alliée à l'Espagne. Très tôt, le

Esta assim chamada "guerra da sucessão espanhola" acarretou, também, consideráveis mudanças territoriais, inclusive na Itália: em 1707, a Áustria conquista a Lombardia e, sete anos mais tarde, pelo tratado de Rastatt, passa a controlar o ducado de Mântua, e toda a região sul continental. Assim, esta se torna a potência dominante na Itália, sucedendo à Espanha. A Sicília, brevemente controlada pela Espanha, também passa para o controle da Áustria em 1720.

Modena, Parma, e o pequeno estado costeiro de Massa continuaram como ducados; a Toscana se estabiliza, como grão-ducado; Veneza,[669] Gênova e Lucca continuaram como repúblicas. O duque da Savóia, que tinha apoiado, primeiro os espanhóis, e depois fez a paz, em separado, com LUÍS XIV, ainda conseguiu, da França, a fortaleza de Pinerolo. A seguir, o mesmo hábil e pouco escrupuloso duque conseguiu se beneficiar, por ter apoiado os ingleses, e se viu atribuído o controle sobre Alessandria,

problème de la succession protestante en Angleterre devint un autre enjeu de cet affrontement. [...] Si la guerre sembla résolue par les traités d'Utrecht à partir de 1713, il fallut encore de nombreuses années pour que les questions de succession en Espagne et en Angleterre fussent enfin réglées, pour que la paix s'imposât presque partout et qu'un équilibre global s'installât."

669 Interessante notar a contraditória situação da República de Veneza, no século XVIII – o último período de vida independente desta – entre as glórias do passado e as profundas mudanças em curso na Europa, o que se reflete também do ponto de vista das artes, como considera, por exemplo, Terisio PIGNATTI, em seu ensaio sobre **Antonio Canal, detto il Canaletto** (Florença: Giunti, 2001, esp. *Il Settecento a Venezia*, p. 7-17): "L'ultimo secolo della storia di Venezia indipendente è difficile da capire, perché è un secolo fatto di contradizioni. Troppo vicina ancora al 'mito' dei tempi d'oro, la Repubblica di San Marco si esalta nei trionfi passati e cerca addiritura, con le imprese del doge Francesco MOROSINI e dello SCHULENBURG in Morea e nel Peloponneso, un'impossibile rivincita militare. Sommersa poi dalla lotta tra le grande potenze, crede di salvarsi dichiarandosi neutrale, e spera che la buffera che scuote e rinnova l'Europa possa scavalcarla indenne. Speranza vana, che non corrisponde più alla realtà politica." Mas, "in contraddizione con tutto ciò, Venezia tiene aperti i propri confini alla penetrazione di scritti, persone e ideali moderni, mentre gli intellettuali italiani e stranieri vi trovano ospitale accoglienza". E desse modo, avalia: "Anche nello sviluppo artistico la contraddizione è sconcertante: in un primo tempo son di moda gli architetti che guardano indietro al PALLADIO e i pittori che sembrano perpetuare uno stanco accademismo tardoseicentesco; poi Venezia scopre la nuova generazione settecentesca di respiro europeo." Assim se mesclam barroco, rococó e classicismo no curso desse último século de vida independente da República de Veneza. E, assim, se pode, segundo a avaliação de PIGNATTI (op. cit., 2001, loc. cit.), situar a figura e a obra de CANALETTO: "È cosi che il CANALETTO, più di ogni altro pittore attivo in quel tempo, invera nelle proprie opere quella tradizione di cultura e di poesia, tanto da potersi collocare senza incertezza fra i più tipici esponenti dell'Illuminismo europeo."

Valenza, a Lomelina, e lhe foi entregue a coroa da Sicília, esta coroa logo depois trocada, em 1718, pela coroa da Sardenha, o que permitiu aos duques da Savóia conservar a pretensão ao uso do título real.

A guerra da sucessão polonesa

Em fevereiro de 1733, com a morte de AUGUSTO II, que ocupava o trono da Polônia desde 1694, se desencadeia nova guerra europeia, desta vez, a chamada "guerra da sucessão polonesa". Em 12 de setembro de 1733, a Dieta polonesa elege ESTANISLAU Lesczynski, rei da Polônia. Este já tinha ocupado o trono da Polônia, por breve período, em 1704.

Sob pressão de exército russo de 30 mil homens, para dar apoio à minoria, favorável a AUGUSTO III, acontece nova eleição, em favor deste. Filho do falecido rei, AUGUSTO III conta com o apoio, além da Rússia, também da Áustria e da Prússia,[670] que reagem com grande vigor. Depois que o exército russo invade a Polônia, em 22 de setembro, ESTANISLAU teve de fugir para Danzig (hoje, Gdansk), contando com o apoio e as intrigas da França.

Em 10 de outubro de 1733, LUÍS XV declara guerra ao imperador, em favor da defesa dos interesses de seu sogro. A França faz alianças com a Sardenha e com a Baviera. A diplomacia francesa não consegue desencadear uma intervenção da Suécia – que muito já tinha perdido em operações continentais – nem tampouco da Turquia, engajada em guerra com a Pérsia.

A Inglaterra promete não se opor à candidatura de ESTANISLAU, mas temia as consequências da guerra. E se viu obrigada a seguir o exemplo holandês, para obter do imperador e da França, a neutralização dos Países Baixos. O que o imperador recusou. E as potências marítimas se colocam como mediadoras. Diante da atitude ambígua dos britânicos, a França de FLEURY abandona ESTANISLAU à sua sorte.[671]

[670] Para situar a ampliação da participação prussiana nos destinos da Europa, ao tempo de FREDERICO II, ver Jacob BURCKHARDT, **Das Zeitalter Friedrichs des Grossen** (hrsg von Ernst ZIEGLER, mit einem Essay von Hans PLESCHINSKI, Munique: Beck, 2012); Johannes KUNISCH, **Friedrich der Grosse** – Der König unz seine Zeit (Munique: Beck, © 2011, 2ª ed. 2012); Theodor SCHIEDER (1908-1984), **Friedrich der Grosse** – Ein Königtum der Widersprüche (1983, Berlim – Munique: Propyläen, 2002).

[671] L. BÉLY (op. cit., 2013, p. 473): "FLEURY était hostile à toute opération en Pologne, car il craignait qu'une intervention dans la Baltique ne mit fin à la neutralité des puissances maritimes et il n'avait donné son accord à l'aventure polonaise qu'avec bien des réticences."

Em 27 de novembro de 1733, um tratado de neutralidade foi assinado em favor dos Países Baixos e do Luxemburgo. A ofensiva, assim, teria lugar na Alemanha.

A Lorena, que era neutra, nesse conflito, teve de receber considerável contingente de tropas francesas, garantindo alojamento, fornecimento de feno e de madeira, bem como o atendimento de múltiplas requisições francesas.

Em lugar de atacar a Rússia, considerada como inimiga excessivamente poderosa, a França ataca territórios italianos, controlados pela Áustria, e ocupa Novara, Pavia e o ducado de Milão, além de importante vitória sobre as tropas imperiais em Parma.

Operações militares francesas na Lombardia paralisam o exército austríaco. Depois do desembarque de frota francesa na Sicília, esta se alia.

Nesse meio tempo, outras operações avançaram no sul da península: dom CARLOS entra triunfalmente em Nápoles, e em novembro de 1734 praticamente todo o reino de Nápoles estava nas mãos dos BOURBON.

Da guerra da sucessão polonesa também resultou novo desenho político da Itália: CARLOS de BOURBON, filho de FELIPE V da Espanha, tomou Nápoles dos austríacos, e assumiu o antigo título de rei das duas Sicílias.

A Áustria recebeu compensação, em 1737, quando o grão-ducado da Toscana passou para a casa de LORENA, ramo da família HABSBURGO, depois da morte de GIAN GASTONE, o último governante da família MEDICI.

As negociações preliminares de paz, já encetadas em 1735, prolongam-se até ser assinado o tratado de paz, em Viena, em 18 de novembro de 1738. Este confirmou[672] as condições da paz, já definidas três anos antes: a França reconheceu a *Sanção pragmática*, que determinava, desde 1713, a sucessão para o trono da Áustria, com base no direito de primogenitura, e consequentemente visando assegurar MARIA THERESA como imperatriz.

[672] L. BÉLY, **Les relations internationales en Europe** – XVIIe-XVIIIe siècle (ed. 2013, chap. 15 – *l'Europe de FLEURY et de WALPOLE*, p. 448-484, esp. item 3 – *la guerre de succession de Pologne*, p. 468-480, cit. p. 480): "Le traité définitif fut conclu le 2 mai 1738 pour être communiqué aux puissances intéressées comme préliminaires – et confirmé, le 18 novembre 1738, sous le nom de Troisième traité de Vienne, alors que la plupart des clauses avaient reçu leur exécution. Il fut ratifié le 31 décembre par l'empereur, par LOUIS XV le 7 janvier, par le roi de Sardaigne le 3 février, par la reine d'Espagne le 21 avril, par l'Electeur-Roi et la tsarine le 26 mai. À Paris, la publication de la paix fut faite le 1er juin 1739."

Conjugada com a declaração de ESTANISLAU Lesczynski, em Königsberg (atualmente Kaliningrado), em 27 de janeiro de 1736, que "livremente renunciava ao trono da Polônia" – para salvar as aparências. E, como compensação pela perda do trono da Polônia, lhe foram atribuídos os ducados de Bar e da Lorena. A família ducal de Lorena desocupa o castelo, para dar lugar a ESTANISLAU.

Esta "província rica e cobiçada há séculos", a Lorena, foi cedida[673] por FRANCISCO III da casa de Lorena, que recebeu, por sua vez, a Toscana como compensação.[674] Depois da morte de ESTANISLAU, que era o sogro de LUÍS XV, a Lorena voltaria definitivamente à França.

A Lorena foi outro pequeno ducado, que sofre nas garras das potências maiores da época, até desaparecer, como estado independente. No final do século XVII, com o tratado de paz de Ryswick, em 1697, a França devolvera a Lorena à família que a tinha governado durante setecentos anos. Mas, algumas décadas depois, volta a entrar esse território no jogo das potências europeias.[675]

[673] Algo inconclusiva a observação de L. BÉLY, **Les relations internationales en Europe – XVIIe-XVIIIe siècle** (ed. 2013, chap. 15 – *l'Europe de FLEURY et de WALPOLE*, p. 448-484, item 2 – *la paix sauvegardée*, n. 7 – *la question de la Lorraine*, p. 467): "En effet le jeune FRANÇOIS-ÉTIENNE de Lorraine vivait depuis 1723 à Vienne, où l'on avait le dessein de le faire épouser MARIE-THÉRÈSE et d'obtenir pour lui la couronne impériale. Pour faire accepter la Pragmatique à la France, le gouvernement britannique de WALPOLE était prêt à bien des concessions, et sans doute sur la Lorraine. CHAUVELIN se bornait à répondre que '*nous ne souffririons jamais la Lorraine et la Couronne impériale dans la même maison*' (28 janvier 1733). En réalité la diplomatie française pensait que la solution du problème autrichien ne pouvait être que '*le fruit d'une grande guerre*'. En 1729, à la mort de son père LÉOPOLD, FRANÇOIS-ÉTIENNE était devenu le duc FRANÇOIS III de Lorraine, mais il ne rentra que peu de temps dans sa patrie. En avril 1731, il confia la régence à sa mère, la duchesse douairière ELISABETH-CHARLOTTE, fille de PHILIPPE d'Orléans et de la Princesse palatine."

[674] Em seu pequeno reino de fantasia, e somente exercido como usufruto vitalício, "o novo rei reúne em torno dele, em Lunéville e em Nancy, brilhante corte de letrados e de artistas". Sem qualquer consideração pelo antigo ducado de Lorena, sua milenar história e a identidade de seu povo, vendo a questão somente do ponto de vista dos interesses da França, observa Catherine SALLES, **Louis XV** – les ombres et les lumières (Paris: Tallandier, 2006, p. 51): "La succession de Pologne a été fort avantageuse pour la France qui, sans grand engagement militaire, s'est assuré la possession d'une province riche et convoitée depuis des siècles." Além de tudo, a anexação da Lorena permitiu à França consolidar a sua alegada 'fronteira oriental', mantendo a continuidade territorial entre a Alsácia, anteriormente ocupada por LUÍS XIV e o restante do seu território.

[675] L. BÉLY (op. cit., 2013, p. 478): "Dans tous ces cas, le sacrifice de la Lorraine eût été grand. En Lorraine, les habitants et la régente n'acceptaient pas de gaieté de cœur cette cession;

O duque CARLOS V, da casa de Lorena, que tinha apoiado o Império e lutado contra os turcos, tinha morrido. Seu filho, LEOPOLDO, desde a paz de Ryswick, retomara a soberania, sobre o seu estado, embora "despojado de seus direitos reais, pois não era permitido ao duque ter muralhas em torno de sua capital". Mas, como observava VOLTAIRE, a respeito de LEOPOLDO de LORENA, "não se pôde tirar o seu mais belo direito, o de fazer o bem aos seus súditos; direito do qual príncipe algum jamais usou tão bem quanto ele".[676]

Depois de sucessivos ataques e incursões, contra este antigo estado independente e aliado, a França termina o processo de absorção do ducado de Lorena, quando ocorre a morte de ESTANISLAU, em 1766. Esse último ato não passou de encenação de 'protetorado',[677] desse antigo estado soberano, que teve o azar de estar no caminho da consolidação, das supostas 'fronteiras naturais' da França, e desse modo, acaba por ser eliminado.

Quanto às lições que podem ser tiradas desse conflito: a guerra foi curta, mas eclodiu na Alemanha, na Itália e na Polônia. Aquele por quem a guerra tinha sido desencadeada, ESTANISLAU, logo se viu esquecido e seus interesses não foram defendidos.[678]

FRANÇOIS voulait examiner, avec le chef de ses conseils, RICHECOURT, '*les moyens de sauver ses sujets ou tout au moins d'adoucir leur malheur*'."

676 VOLTAIRE, **Le siècle de Louis XIV** (in **Œuvres historiques**, éd. R. POMEAU, 2010, chap. XVII, cit. p. 790-791): "Il est à souhaiter que la dernière postérité apprenne qu'un des moins grands souverains de l'Europe a été celui qui a fait le plus de bien à son peuple. Il trouva la Loraine désolée et déserte: il la repeupla, il l'enrichit. Il l'a conservée toujours en paix, pendant que le reste de l'Europe a été ravagée par la guerre. Il a eu la prudence d'être toujours bien avec la France, et d'être aimé dans l'Empire; tenant heureusement ce juste milieu qu'un prince sans pouvoir n'a jamais pu garder entre deux grandes puissances."

677 Depois de ter sido espécie de rei-fantoche da Polônia (1704-1710 e 1733-1735) e destronado, o sogro de LUÍS XV foi instalado como duque da Lorena. Em outubro de 1735, as negociações preliminares de Viena entregam à França o ducado da Lorena, antes satélite da Áustria. Neste LESZCZYNSKI seria autorizado a governar como duque nominal. Quando da morte deste, o ducado de Lorena reverteria à França. Até lá, ele poderia conservar seu título de rei da Polônia. Como notam Jerzy LUKOWSKI e Hubert ZAWADZKI, **Histoire de la Pologne** (do original **A concise History of Poland** © 2001, 2006, trad. Eric CHÉDAILLE, Paris: Perrin, 2010, p. 140): "Nul ne consulta les Polonais relativement à ces dispositions – c'eut été oiseux".

678 L. BÉLY, **Les relations internationales en Europe** – XVIIe-XVIIIe siècle (ed. 2013, item 3 – *la guerre de succession de Pologne*, p. 468-480, cit. p. 480) acrescenta: "La Russie était une puissance avec laquelle il fallait compter, et elle pouvait intervenir militairement en Europe occidentale. Les puissances maritimes avaient conservé une neutralité, ce qui empêcha la guerre de s'étendre et de durer. Les ambitions d'Élisabeth FARNÈSE pour ses fils avaient permis à la puissance

A guerra russo-turca de 1736

Em 1736, depois de impor AUGUSTO III na Polônia, os russos atacam a Turquia, invadem a Criméia e tomam Azov. Em 1737, o imperador, nos termos do acordo austro-russo de 1726, é levado a intervir em território controlado pelos otomanos: coube o comando a FRANCISCO-ESTEVÃO de Lorena, assistido pelo general SECKENDORF. As tropas imperiais entram na Macedônia e ocupam Nis. Para a França, que considerava a preservação do Império otomano como questão de princípio, apoiou o sultão MAHMUD I, que reinou de 1730 a 1754, e contribuiu para a reação otomana. Os turcos lançam uma contra ofensiva e a cidade de Nis foi evacuada.

Da guerra russo-turca resultou a aceitação pelos austríacos das exigências otomanas.[679] Pelo tratado de Belgrado, de 18 de setembro de 1739, abandonaram as conquistas de 1718, o norte da Sérvia, a Valáquia e, sobretudo, Belgrado. Somente o Banat de Temesvar (Timisoara) foi conservado pela Áustria – fronteira que se manteria até 1914.

Os russos somente obtiveram pequeno distrito no mar Negro. Mas não poderiam manter frota nesse litoral.

Além disso, uma aliança se desenvolveu no Norte, com tratado entre a Suécia e os otomanos, em julho de 1740. A França desejava não somente afastar a Dinamarca da Inglaterra, como também constituir uma frente unida, entre Copenhagen, Berlim e Estocolmo, para conter a Rússia.[680]

Quem mais se beneficiou nessa guerra foi a França: em maio de 1740, consegue a renovação das capitulações, concedendo privilégios aos mercadores franceses no Império otomano, e garantindo à França a prerrogativa de garantir a proteção dos Lugares santos e das populações católicas.[681]

espagnole de s'installer de nouveau solidement dans la péninsule italienne. / FLEURY avait réussi à rester le symbole d'une politique de paix, tout en faisant la guerre: selon FRÉDÉRIC de Prusse, si CHAUVELIN lui avait escamoté la guerre, FLEURY lui escamotait la paix."

[679] L. BÉLY (op. cit., 2013, p. 482): "Perte de prestige pour la monarchie habsbourgeoise, arrêt de la reconquête face aux Turcs, besoin évident d'une aide étrangère dans toute opération militaire ou diplomatique: le génie militaire et politique d'EUGÈNE, mort en 1736, ne manquait-il pas à la monarchie autrichienne?"

[680] L. BÉLY (op. cit., 2013, loc. cit.).

[681] Que se perpetuariam como a 'questão do Oriente', nos séculos seguintes. Ver **Tratado** (tomo 20 – **Direito internacional, história e cultura**, esp. 4.2.1 – a proteção das minorias religiosas); A. DALACHANIS, *Confessions et minorités* (in **Le Moyen-Orient** – fin XIXe-XXe, dir. de L. DAKHLI, Paris: Seuil, 2016, p. 73-98, cit. p. 73): "Au Moyen-Orient, pendant des siècles, des populations majoritaires ou minoritaires *de fait* ou *de droit* cohabitent pacifiquement, même si cette cohabitation est parfois interrompue par des périodes de conflit plus ou moins

Na década de 1740, nova guerra de dimensões europeias assola o continente, desta vez a assim chamada "guerra da sucessão austríaca". Ainda neste grande conflito foi a busca do assim chamado 'sistema de equilíbrio europeu', que pauta as alianças e as flutuações destas.[682]

A guerra da sucessão austríaca

Em 20 de outubro de 1740 morre o imperador CARLOS VI. Embora este tivesse cuidadosamente preparado a sucessão em favor de sua filha MARIA THERESA, promovendo o reconhecimento da *Sanção pragmática*, junto à maioria das cortes europeias, esta era promessa que poderia ser tida como não vinculante, dado que a arquiduquesa era jovem – vinte e três anos –[683] na visão da época pesava contra ela o fato de ser mulher, e seu marido, da Lorena, não parecia ter se tornado alemão, além de pouco estimado por não se ter distinguido nos campos de batalha; ademais somente contava com ministros idosos – como SINZENDORF, por exemplo –; derrotas tinham marcado o fim do reino de seu pai, o tesouro estava vazio, as dívidas eram pesadas; o exército era inexistente; e o conjunto dos territórios imperiais não tinham unidade e eram difíceis de ser governados.[684]

longues. Ces populations se sont forgées autour d'appartenances multiples – impériales, étatiques, ethniques, linguistiques, nationales, territoriales, confessionnelles, religieuses – qui se sont juxtaposées, superposées et/ou synchronisées". Sobre as capitulações: D. ALLAND, *Capitulations* (in **Dictionnaire de la culture juridique**, dir. D. ALLAND e S. RIALS, Paris: Lamy, PUF, Quadrige, 2003, p. 167-168); U. ÖZSU, *Ottoman Empire* (in **The Oxford Handbook of the History of International Law**, ed. by B. FASSBENDER and A. PETERS, Oxford: Univ. Press, 2012, chap. 18, p. 429-448, esp. sec. 2 – A short history of the capitulations, p. 433-445).

682 Ver adiante, neste tomo, o item – *literatura sobre o sistema de equilíbrio da Europa*; e tb. Wilhelm GREWE, **Epochen der Völkerrechtsgeschichte** (Baden-Baden: Nomos, 1984, parte III – *Droit public de l'Europe – Die Völkerrechtsordnung des französischen Zeitalters (1648-1815)*, esp. cap. II – *Die Grundlagen der Völkerrechtsgemeinschaft: Europäisches Gleichgewicht, dynastische Solidarität, koloniale Expansion*, p. 332-368).

683 O desempenho desta como imperatriz superou todas as expectativas, pela eficiência e dedicação demonstradas, no exercício de seu cargo. Tornou-se, ainda em vida, uma figura querida e respeitada, como mãe da pátria – *Landesmutter* – e sua memória é cultivada com carinho até nossos dias, na Áustria. Ver, por exemplo: Richard SUCHENWIRTH, **Maria Theresia** – Ein Kaiserleben (orig. publicado, 1975, Leipzig: Reprint Verlag, s/d); Dietmar PIEPER e Johannes SALTZWEDEL (Hg.), **Die Welt der Habsburger** – Glanz und Tragik eines europäischen Herrscherhauses (Munique: Wilhelm Goldmann, 2011).

684 L. BÉLY (op. cit., 2013, chap. 16 – *la guerre de succession d'Autriche et l'émergence de la Prusse*, p. 487-515, item 1 – *FRÉDÉRIC et MARIE-THÉRÈSE*, p. 487-494, n. 2 – *la succession d'Autriche*,

Após a morte do imperador CARLOS VI, decidiu FREDERICO II da Prússia atacar a Silésia, então com população de cerca de 1 milhão de habitantes, dos quais parte considerável eram alemães. Invadida em dezembro de 1740, as poucas tropas austríacas no território somente puderam defender algumas praças fortes. Em troca da Silésia, FREDERICO estava disposto a oferecer a MARIA THERESA vultosa quantia em dinheiro, além de ajudar na defesa das possessões hereditárias, e apoiar FRANCISCO-ESTEVÃO de Lorena como candidato a imperador. A proposta foi recusada.[685]

> As grandes agitações tinham começado a estabelecer novo equilíbrio na Alemanha, pela elevação da casa de Baviera. Esse projeto tinha fracassado, mas havia outro equilíbrio, mais firme, estabelecido pelo rei da Prússia.[686]

Sobre esta, também escreveu o prolífico VOLTAIRE, na sua **História da guerra de 1741**, em termos escancaradamente elogiosos à monarquia francesa:[687] "a constância de LUÍS XV em propor a paz e a sua palavra, tantas vezes dada, e sempre sujeita a suspeitas, de não tirar qualquer vantagem de suas conquistas, finalmente abriram os olhos de tantas potências".[688]

No final de junho de 1741, MARIA THERESA foi a Pressburgo e lá confirmou todos os privilégios da Hungria. De volta a Pressburgo, proclamou diante da Dieta, em 11 de setembro: "*Trata-se do reino da Hungria, da nossa pessoa, de nossos filhos, da coroa. Abandonada por todos, buscamos nosso único e exclusivo refúgio na fidelidade dos húngaros...*". O apelo foi ouvido, e mesmo se não foi formado exército de 100 mil homens, como esperado, mas somente 40 mil, dos quais 15 mil cavaleiros, e este somente estivesse pronto para

p. 490): "La jeune archiduchesse avait néanmoins de grandes qualités: le courage dans l'adversité, qui lui permit de sauver la situation en 1740-1741, l'enthousiasme et le dynamisme qu'elle insuffla à son entourage, l'esprit de décision qui manquait à ses prédécesseurs, la générosité qui lui valut l'amour de ses sujets".

685 L. BÉLY (op. cit., 2013, 16.1.4 – *l'agression prussienne contre la Silésie*, p. 492-494): "Marie-Thérèse était presque seule contre Frédéric".

686 VOLTAIRE, **Histoire de la guerre de 1741** (ed. POMEAU, 2010, p. 1650, cf. ref. completa na nota seguinte).

687 VOLTAIRE, **Histoire de la guerre de 1741** ('extraits', in VOLTAIRE, **Œuvres historiques**, édition présentée, établie et annotée par René POMEAU, Paris: Gallimard – Pléiade, © 1957, impr. 2010, p. 1573-1656).

688 VOLTAIRE, **Histoire de la guerre de 1741** (ed. POMEAU, 2010, p. 1650-1651).

entrar em ação no outono de 1742, a reputação das tropas húngaras era tal que essa mobilização impressionou a Europa.[689]

Do lado oposto, a França comprou o apoio do Eleitor de Saxe, com a promessa da Morávia, e o apoio da Baviera, com a promessa da Boêmia, nos termos do acordo de 19 de setembro de 1741. O foco da investida militar francesa deveriam ser os Países Baixos austríacos (basicamente a atual Bélgica). Pela primeira vez, LUÍS XV participou de uma guerra, passando em revista as tropas. Simultaneamente, prosseguiam as negociações: em 22 de maio, em Frankfurt, FREDERICO II concluiu com o imperador acordo de defesa das liberdades germânicas, bem como união com a Baviera, com o Eleitor do Palatinado, e o Landgrave de Hesse. LUÍS XV secretamente aderiu a esse pacto. E, em 5 de junho, assinava tratado com FREDERICO.[690]

A batalha de Fontenoy, em 11 de maio de 1745, apesar de inicialmente favorável aos ingleses, termina com vitória francesa: "*tudo vem de Deus e de MAURÍCIO DE SAXE*" teria declarado LUÍS XV. A cidade de Tournai capitulou em 23 de maio, a cidadela desta, em 19 de junho. A seguir, Gand, Bruges, Oudenarde, Dendermonde, Ostende, Nieuwport e Ath se renderam.

Se, de um lado, em 26 de agosto de 1745, a convenção de Hannover suspende a guerra entre a Inglaterra e a Prússia, reconhecendo a posse da Silésia para FREDERICO. De outro lado, a eleição de FRANCISCO de Lorena como imperador, em 13 de outubro de 1745, foi uma revanche para a casa Lorena-Habsburgo e para MARIA THERESA.[691]

> Toda a diplomacia francesa, a partir de 1740, foi um fracasso, como foi a política do marquês de ARGENSON. Apesar de tudo, o marquês se obstinava em considerar FREDERICO como um aliado. Imaginava um partido dos

[689] L. BÉLY (op. cit., 2013, 16.2 – *une nouvelle guerre continentale*, n.1 – *la reine de Hongrie*, p. 494-496): "La cause de la reine de Hongrie suscita des soutiens, comme celle souscription en Angleterre pour laquelle la vieille duchesse de Marlborough fut la première à s'inscrire".

[690] L. BÉLY (op. cit., 2013, 16.3.1 – *Fontenoy et les triomphes de MAURICE DE SAXE*, p. 504-507): "Le roi de Prusse attaquerait la Bohême pendant que le maréchal DE COIGNY attaquerait CHARLES DE LORRAINE sur le Rhin, pour l'empêcher de se retourner contre les Prussiens."

[691] Peter WILSON, **The Holy Roman Empire** – a thousand years of Europe's history (orig. publ. 2016, Londres: Penguin, 2017, cit. p. 750) a respeito de 1745: "The death of CHARLES VII and the election of MARIA THERESA's husband as FRANCIS I. The Electors recognized that only the HABSBURGS had sufficient direct possessions to sustain an imperial role. Prussia accepted FRANCIS's accession and withdrew from the war in return for Austria's reluctant acknowledgment of its retention of Silesia."

príncipes na Alemanha, para se contrapor ao poder imperial (6 de janeiro de 1746). Todos os embaixadores franceses, no norte ou no leste, deveriam tomar ordens de Berlim, de modo a constituir um 'sistema', entre a França, a Prússia, a Suécia e a Dinamarca.[692]

A situação na América do Norte tampouco era favorável aos franceses. Colonos franceses tinham começado hostilidades contra Annapolis – a capital da Acádia. O que suscitou reação dos governadores de Massachusetts, do Maine e de New Hampshire, contra os "papistas", que ocupavam a foz do rio São Lourenço.

A guerra tinha igualmente eclodido nas Antilhas. A concorrência entre as ilhas produtoras de açúcar se fazia mais e mais acirrada, tanto mais que as ilhas francesas eram maiores e tinham solos menos esgotados. A isso se juntavam os efeitos da lei inglesa de 1733, o *Molasses Act*, cujo propósito era interromper o comércio das Antilhas francesas com a América do Norte inglesa, e assegurar o monopólio de comércio com a metrópole: "mesmo se os confrontos foram limitados, essa guerra foi uma lição".[693]

O comandante de SAXE surpreendeu os inimigos com uma campanha militar durante o inverno, no início de 1746: atacou Bruxelas, que capitulou em 20 de fevereiro, deixando nas mãos do vencedor milhares de prisioneiros, mantimentos, armas e munições. A seguir, em setembro e outubro, o ataque foi dirigido contra Namur. Alarmados, os holandeses pediram ajuda a MARIA THERESA, que enviou CARLOS de Lorena, com 50 mil homens.

Nomeado marechal geral dos campos e armas, em janeiro de 1747, SAXE obteve livre ação nas Províncias Unidas e tomou fortificações ao longo do rio Escalda (Escaut). Enquanto as tropas inimigas se concentravam em Lawfeld, próximo a Maastricht, SAXE se voltou para o Oeste, provocando pânico nas províncias e nas populações. A batalha foi travada perto de Lawfeld, e a vitória francesa foi alcançada com grandes sacrifícios. SAXE confiou a LOWENDAL a missão de sitiar Berg-op-Zoom – que era considerada inexpugnável – mas capitulou em 16 de setembro de 1747.

[692] L. BÉLY (op. cit., 2013, 16.3.3 – *la politique française en échec*, p. 509-510).

[693] L. BÉLY (op. cit., 2013, 16.3.4 – *le conflit en Amérique*, p. 510-511): "Du côté anglais, il était évident que la guerre n'empêchait pas les Américains du nord de faire du commerce avec l'ennemi et avec les corsaires français."

Em 29 de maio de 1747, foi assinado um tratado entre a Suécia e a Prússia. Ao qual aderiu a França.

Diante do desejo geral de paz, negociações foram encetadas no final de março de 1748. As preliminares de paz, com 24 artigos, foram assinadas em abril.

A situação militar exigia acordo rápido. Assediada, por tropas comandadas por Maurício de SAXE, Maastricht capitulou em 7 de maio.

Em relação às vitórias francesas e à ocupação de várias cidades nos Países Baixos, LUÍS XV teria declarado, tanto a respeito da capitulação de Maastricht, em maio de 1748, bem como das negociações de paz de Aquisgrana, em outubro, "sua intenção de fazer a paz não como mercador, mas como rei". O que causou grande decepção na França.[694]

A moderação de LUÍS XV se explica, sem dúvida, pela ideia corrente que a França, com a Lorena, que logo se reuniria ao reino, tinha alcançado o termo de seu desenvolvimento e que uma anexação na Bélgica provocaria a hostilidade de ingleses e holandeses.[695]

A respeito da paz de 1748: "é preciso confessar que a Europa pode datar a sua felicidade do dia dessa paz".[696] Essa afirmação de VOLTAIRE parece questionável, se considerarmos que, em menos de uma década, desencadeia-se novo conflito, de ainda maiores proporções, com a violenta guerra dos sete anos, a partir de 1756.

694 C. SALLES, **Louis XV** (op. cit., 2006, p. 58) dataria dessa ocasião a expressão *bête comme la paix* – tolo, ou sem graça, como a paz – e a crítica de ter a França lutado para depois abrir mão do que alcançara, em benefício de FREDERICO II da Prússia, que ficou com a Silesia, ocupada durante a guerra com a Áustria, enquanto a França devolveu todos os territórios ocupados nos então Países Baixos austríacos. Ver tb. S. BELLER, **Histoire de l'Autriche** (do original **A concise history of Austria**, trad. Sylvie KLEINMAN-LAFON, Paris: Perrin, 2011, esp. chap. 3 – *contrer les réformes (1740-1866)*, p. 89-155) onde se considera o impacto da perda da Silésia, e a necessidade de, doravante, "proteger os seus interesses contra a Prússia, que se tornara o árbitro do jogo político europeu".

695 L. BÉLY (op. cit., 2013, 16.3.6 – *la paix d'Aix-la-Chapelle*, p. 512-515): "c'est surtout dans la formation intellectuelle et religieuse de LOUIS XV qu'il faudrait chercher une explication: un roi juste ne pouvait consentir à un agrandissement injuste. / Les difficultés demeuraient. La paix fut mal accueillie en France. L'expression bête comme la paix devint commune et les Français ne comprirent pas pourquoi nul avantage n'avait été gagné du côté des Pays-Bas. La guerre avait été faite *'pour le roi de Prusse'*."

696 VOLTAIRE, **Histoire de la guerre de 1741** (ed. POMEAU, 2010, p. 1654).

A guerra dos sete anos

A Espanha adota política neutra, em detrimento da França, e os holandeses também escolhem a neutralidade (25 de maio de 1756), embora fossem aliados tradicionais de Londres. A Suécia e a Dinamarca armaram esquadra para proteger os seus navios (12 de julho de 1756), e a Suécia recebeu subsídios para ajudar LUÍS XV contra a Inglaterra. A França estava vinculada por tratado defensivo com a Áustria, e por intermédio dessa potência, com a Rússia. Ela foi assim arrastada para o conflito que eclodiu no continente. Mas também tinha a França de combater a Inglaterra no mar e no ultramar.[697]

> A guerra dos sete anos foi uma guerra mundial. Na Europa, ela acarretou o ofuscamento temporário da França, e deixou as mãos livres às três potências orientais, para começarem a fracionar a Polônia. Enquanto a Inglaterra, isolada diplomaticamente, mais e mais se preocupava com a situação americana.[698]

Se na guerra anterior a França tinha conseguido a Lorena, com perdas humanas e materiais consideravelmente menores, nesta fora feito grande investimento francês, em homens e em armas, para serem devolvidas praticamente todas as cidades ocupadas pelas tropas francesas, no que hoje é território da Bélgica. Mas, na seguinte grande guerra europeia, de 1756 a 1763, o saldo da participação[699] seria ainda mais negativo para o reino da França.

Embora tivesse, por vezes, momentos de inspiração pacifista, VOLTAIRE normalmente defendia as guerras, sobretudo quando os resultados destas tinham sido favoráveis às armas francesas.[700] Por vezes se indig-

[697] L. BÉLY, **Les relations internationales en Europe** (op. cit., 2013, sixième partie – *L'Europe des despotes éclairés*, p. 485-606, chap. 18 – *la guerre de sept ans et ses conséquences*, p. 538-582, cit. p. 538).

[698] L. BÉLY, **Les relations internationales en Europe** (op. cit., 2013, chap. 18 – *la guerre de Sept ans et ses conséquences*, p. 538-582, cit. p. 582).

[699] Jean-Jacques BOUCHER, **Le comte de Lowendal** Ulrich-Frédéric WOLDEMAR Maréchal de France (1700-1755) (Paris: Lanore, 2012, p. 174): "La paix d'Aix la Chapelle donne la paix à l'Europe entière". Mas esquece de assinalar que essa paz durou somente oito anos, pois já em 1756 começaria a 'guerra dos sete anos', cujos resultados foram ainda mais negativos para a França.

[700] Normalmente conivente ou pelo menos pouco crítico em relação às guerras de agressão, promovidas por LUÍS XIV, se faz VOLTAIRE ainda mais abertamente defensor das armas e

nava contra "sangue inutilmente derramado", na sua **História do século de LUÍS XV**.[701]

O mesmo VOLTAIRE concluía seu livro sobre a guerra de 1741, afirmando ser a guerra o maior dos flagelos, que podem atingir a terra e, a paz o maior dos bens, que a possa consolar.[702] Pode-se questionar tenha sido este, efetivamente, o primeiro, pois a prática se tornava corrente na primeira metade do século XVIII, como relata o próprio VOLTAIRE.[703]

Sinal eloquente da mudança dos tempos, foi o fato de se ter deixado de lado o latim, de uso até então corrente pela chancelaria imperial,[704] para a redação de documentos oficiais e tratados. Como também passa a ocorrer, na redação e publicação de obras de direito internacional – em pou-

dos interesses da França, em relação às guerras do tempo de LUÍS XV, como se pode ler no **Précis du siècle de Louis XV** (in **Œuvres historiques**, éd. R. POMEAU, 2010, p. 1297-1571, chap. XIX – *succès de l'infant don PHILIPPE et du maréchal de MAILLEBOIS, suivis des plus grands désastres*, p. 1402-1410, cit. p. 1402), como bem exemplifica esta passagem: "Les plus tristes revers avaient succédé aux prospérités les plus rapides. La maison de France perdait en Italie plus qu'elle ne gagnait en Flandre, et les pertes semblaient même plus irréparables que les succès de Flandre ne paraissaient utiles."

[701] VOLTAIRE, **Précis du siècle de Louis XV** (ed. POMEAU, 2010, chap. XVIII – *suite de la conquête des Pays-Bas autrichiens – bataille de Liège ou de Rocoux*, p. 1397-1401, concluía p. 1401): "Cette bataille ne fut que du sang inutilement répandu, et une calamité de plus pour tous les partis. Aucun ne gagna ni ne perdit de terrain. Chacun prit ses quartiers."

[702] VOLTAIRE, **Histoire de la guerre de 1741** (ed. POMEAU, 2010, p. 1654).

[703] As contradições dos *philosophes* entre a paz e a guerra são ainda examinadas no **Tratado** (tomo 11 – **Direito internacional no tempo do iluminismo**). V. tb. L. BÉLY, **Les relations internationales en Europe** (op. cit., 2013, sixième partie – *L'Europe des despotes éclairés*, p. 485-606, cit. p. 485) trata da relação entre os 'déspotas esclarecidos' – como FREDERICO II e CATARINA II – e a relação daquele com VOLTAIRE e desta com DIDEROT – "Ce fut surtout avec les hommes de lettres, les savants, les artistes qu'ils nouèrent des relations qui servaient leur gloire et leur propagande". Fica a indagação: "Ces souverains furent-ils 'éclairés' dans leurs rapports entre eux?" Considerando que as reformas, quando existiram, se destinaram sobretudo a reforçar o estado, e as finanças, para manter exércitos mais numerosos e mais eficazes. A complacência dos escritores frequentemente foi útil para melhor dissimular as agressões militares, como a de FREDERICO II na Silésia. As ideias audaciosas escondiam, enfim, apetites bem tradicionais: a vontade de expansão territorial, as ameaças às potências mais fracas, a engrenagem das guerras. Não devemos nos surpreender em ver MARIA THERESA, FREDERICO e CATARINA proceder sem vergonha à primeira partilha da Polônia. Assim, esses monarcas foram cuidadosos, sobretudo, em se verem iluminados pelos raios da glória militar.

[704] O que se acentua no momento seguinte, do assim chamado 'iluminismo', cfr. **Tratado** (tomo 11 – **Direito internacional no tempo do iluminismo**).

cos anos, entre a obra de WOLFF, em 1749, ainda em latim, e as obras de BURLAMAQUI, em 1747 e 1751, e de VATTEL, em 1758, já publicadas em francês.[705]

Observava VOLTAIRE, ademais, ter sido o tratado de paz de Aquisgrana,[706] de 1748, redigido somente em francês:

> Esse tratado de paz foi o primeiro, a ser redigido somente em língua francesa. Nada é mais conveniente, nem mais cômodo. Das doze línguas, que se falam na Europa, é preciso que se escolha uma, que seja comum. As nações, insensivelmente, escolheram o francês como a língua, que leva com ela mais clareza, a que deu o maior número de livros em uso, a única na qual se recolheram todos os últimos tratados, e enfim a de um país situado entre a Espanha e a Alemanha, a Inglaterra e a Itália.[707]

Sintoma da internacionalização do conflito – e de quanto eram recorrentes as guerras entre os cristãos, na Europa ocidental – não deixava de notar VOLTAIRE ter havido oferta de mediação do conflito, entre esses mesmos príncipes cristãos, feita "pelo Grão turco".[708] Também serve para mostrar a extensão, na qual o Império Otomano era participante e estava integrado às questões europeias,[709] já naquela época[710] – e isso mais de um

[705] Cf. **Tratado** (tomo 10 – **Direito internacional no tempo de C. van Bynkershoek e Christian Wolff**, caps. 22 e 23, e tomo 12 – **Direito internacional no tempo de Vattel e von Martens**, cap. 24).

[706] Em francês, Aix-la-Chapelle, em alemão, Aachen e, em português, Aquisgrana, forma correta, mas de uso pouco corrente.

[707] VOLTAIRE, **Histoire de la guerre de 1741** (ed. POMEAU, 2010, p. 1654).

[708] Em outra obra, VOLTAIRE, **Précis du siècle de Louis XV** (ed. 2010, p. 1297-1571, cit. p. 1395) repete o parágrafo inteiro, com menção à oferta de mediação turca, mas o faz em termos mais contidos, chamando-o "*Grand Seigneur*", e concluía a passagem, de maneira diferente: "Au reste, cette médiation du sultan des Turcs était le prix de la paix que le roi de France avait ménagée entre l'empereur d'Allemagne CHARLES VI et la Porte ottomane en 1739".

[709] Jean-Jacques BOUCHER, **Le comte de Lowendal** Ulrich-Frédéric WOLDEMAR Maréchal de France (1700-1755) (Paris: Lanore, 2012, p. 37) lembra a intrigante figura do renegado conde de BONNEVAL, oficial francês, que depois de ter lutado contra o papa CLEMENTE XI, tinha desenvolvido trabalho de reordenação e disciplina das tropas otomanas, e em 1720 se tornara muçulmano, sob o nome de ACHMET: "Il fut assisté dans cette tentative d'organisation des troupes régulières de Turquie par messieurs de RAMSEY et de MONTCHEVREUIL".

[710] VOLTAIRE, **Histoire de la guerre de 1741** (ed. POMEAU, 2010, p. 1635).

século antes do tratado de Paris, de 1856, quando somente o Império turco foi declarado 'parcialmente' admitido ao sistema internacional (europeu):[711]

> Em meio a tais circunstâncias – que tinha descrito – recebeu-se a inusitada oferta de mediação, pela qual ninguém esperava. Foi feita pelo Grão turco. Seu grão vizir escreveu, a todas as cortes europeias, que estavam em guerra, exortando-as a fazer cessar o derramamento de sangue humano, e lhes oferecendo a mediação, de seu mestre. Uma tal oferta não teve qualquer sequência. Mas ela deveria ter servido, ao menos, para fazer se darem conta do que ocorria tantas potências cristãs, tendo começado a guerra por interesse, a continuaram por obstinação, e a tiveram de terminar, por necessidade.[712]

A "guerra da sucessão austríaca", mais uma vez, acarretou modificações territoriais na Itália: Modena foi ocupada pelos HABSBURGOS, enquanto Parma, Piacenza e Guastala foram ocupadas pelos BOURBON. Mais uma vez, na esteira de guerras conduzidas por outros, a casa de SAVÓIA soubera acrescentar aos seus domínios algumas novas províncias, no flanco oriental de seu território.

Em boa parte da Europa, logo começaria a "guerra dos sete anos", e esta se estendeu de 1756 até 1763. Com extensos reajustes territoriais entre as potências europeias,[713] na Europa e em outros continentes.

Para a Itália, contudo, a partir de 1748, com o tratado de Aquisgrana, se abre duradoura fase de paz: este foi o mais longo período de paz na história moderna da Itália, e diversamente do ocorrido, até então, o mapa político da península permaneceria basicamente inalterado – descontado o interlúdio das invasões napoleônicas – até se completar a unificação, em 1860.

A respeito dos resultados da "guerra da sucessão austríaca" e do tratado de paz de Aquisgrana, em 18 de outubro de 1748, curiosamente se observa,[714]

711 Sobre esta e outras contradições do sistema internacional da época, ver (tomos 11 – **Direito internacional no tempo do iluminismo** e 13 – **Direito internacional no tempo do concerto europeu**).

712 VOLTAIRE, **Histoire de la guerre de 1741** (ed. POMEAU, 2010, p. 1635)

713 Conforme se examina no **Tratado** (tomo 11 – **Direito internacional no tempo do iluminismo**).

714 Tim BLANNING, **The Pursuit of Glory: Europe 1648-1815** (orig. publ. 2007, London: Penguin, 2008).

> Quase uma década de luta, que se espalhou pelo mundo, não causou correspondente extensão de mutações territoriais. Fora da Europa, a Grã-Bretanha e a França trocaram as suas possessões canadenses e indianas. No continente, os franceses devolveram aos holandeses e aos HABSBURGO todas as suas conquistas nos Países Baixos. O único ganho territorial se deu por procuração, quando dom FILIPE da Espanha, o genro de LUÍS XV, adquire os ducados italianos de Parma, Piacenza e Guastala.[715]

Todo esse quadro da península itálica deixava ao reino da Sardenha pouca margem de ação nas relações internacionais.[716] Os estados pontifícios pouco contribuíram para a unidade do conjunto da península: situados em faixa central da Itália, bloqueariam qualquer tentativa de construção de conjunto nacional unido, até a 'conquista' de Roma, que completa o processo de unificação, somente na segunda metade do século XIX.

A Itália, enfraquecida e dividida, continuava a ser joguete manipulado pelas mãos de outras potências europeias:

> As guerras, da primeira metade do século XVIII, colocaram forte pressão sobre a economia e a administração dos estados italianos, e deixaram patente a fraqueza destes, de maneira devastadora. Depois de dois séculos, de deformadora fossilização, sob domínio da Espanha, ficarem expostos aos mais eficientes e centralizados regimes do norte da Europa produziu uma crise de identidade na Itália, que teve caráter simultaneamente político e cultural, e isso levou praticamente todos os governos a tentar grandes programas de reformas, em esforços desesperados para aumentar os seus rendimentos, e reduzir as ameaças de inquietação social – *social unrest*.[717]

[715] BLANNING (op. cit., 2008, p. 574).

[716] Christopher DUGGAN, **A concise History of Italy** (Cambridge: Univ. Press, 1st publ., 1994, 14th printing, 2012, esp. chap. 4 – *The emergence of the national question 1789-1849*, p. 87-116).

[717] C. DUGGAN (op. cit., 2012, cap. 3, p. 76-77): "The first Italian state to introduce a serious program of reforms was Piedmont, whose dukes and then kings, had expansionist aims, that would have been hard to achieve without an efficient, centralizes bureaucracy". Este acrescenta (op. cit., 2012, p. 78): "the reforms in Piedmont were carried out within the traditional framework of absolutism".

A Córsega, antes dependência rebelde da República de Gênova, em 1768-69 é comprada e anexada pela França.[718] E permanece fonte de problemas e tensões até hoje.

Perdidos imensos territórios no Canadá e seus entrepostos na Índia, a França, nessa altura, compra e anexa a Córsega. Depois de manter tais veleidades, durante tempo considerável, tinha a França de fato abandonado as pretensões de expansão para o leste, como causa necessária e consequência da aliança com a Áustria, que duraria até 1791.[719]

Se a aquisição da Córsega foi pretendida como maneira de compensar aos olhos da opinião pública a perda das colônias francesas no Canadá, logo se deram conta, tanto o governo do rei LUÍS, como seu ministro das relações exteriores, o duque de CHOISEUL,[720] e também viram os '*philosophes*', no seu papel crítico de intelectuais da época, que esta pequena nova possessão custaria mais e representaria esforço de mobilização de forças armadas e de recursos humanos e materiais, muito mais considerável,[721] do que a manutenção de presença francesa, em enormes extensões da América do Norte.

Como resultado dessa reorientação da política externa francesa, em seu conjunto, os Países Baixos ficaram livres de guerras externas, de 1748 até 1792.[722] Embora tanto os Países Baixos austríacos, como as Províncias Unidas,[723] foram sacudidos por guerras civis, no final da década de 1780,

718 .Jean-Marie ARRIGHI e Olivier JEHASSE, **Histoire de la Corse et des corses** (orig. publ. 2008, Paris: Perrin-Colonna, nova ed., 2013, esp. chap. IX – *La Corse génoise (1567-1729)*, p. 361-392; chap. X – *Le XVIIIe siècle: la révolution corse (172901769)*, p. 393-456; chap. XI – *La Corse française et la révolution*, p. 457-495).

719 A respeito, ver **Tratado** (tomo II – **Direito internacional no tempo do iluminismo**).

720 Étienne-François, duque de CHOISEUL-STAINVILLE (1719-1785), ministro das relações exteriores e primeiro ministro, de fato, embora sem o título, de 1758 até 1770.

721 J.-M. ARRIGHI e O. JEHASSE, **Histoire de la Corse et des corses** (ed. 2013, chap. X – *Le XVIIIe siècle: la révolution corse (172901769)*, p. 393-456, esp. o item *La conquête française*, p. 444-451, cit. p. 446): "La monarchie française vient en Corse dans un souci stratégique: il faut éviter qu'elle ne tombe entre les mains d'une autre puissance, notamment de l'Angleterre. Malgré sa tentative de négociation avec Pascal PAOLI, alors traité de fait en chef d'état, elle assume finalement la succession de l'état génois vaincu, qu'elle déclare 'légitime', sans tenir compte de la volonté du peuple concerné. Cette décision, contraire à l'esprit des lumières, est totalement dans la logique de l'absolutisme traditionnel".

722 Também se examina no **Tratado** (tomo II – **Direito internacional no tempo do iluminismo**).

723 Paul ARBLASTER, **A History of the Low Countries** (orig. publ. 2006, New York: Palgrave-Macmillan, 2012, esp. chap. 4 – *From Delftware to porcelain (1609-1780)*, p. 131-166

o que levou à intervenção da Prússia, em 1787, para 'restabelecer a ordem' na região. Da mesma forma, a Renânia e as áreas ocidentais do Império permanecem em paz, de 1763 até 1792.[724]

Falar em estabilidade relativa não quer dizer que não tenham ocorrido grandes mudanças.[725] Como mostra o avanço da Rússia sobre território antes dominado pelo Império otomano, com a anexação da Crimeia, em 1782-83, além do território a leste do rio Dniester, levando à consolidação da Rússia, como potência na região do Mar Negro.[726] O interesse russo, pelo acesso ao mar Negro, parece extremamente atual e familiar, neste momento em que se retoma o foco de tensão internacional na Crimeia, na região trans Dniester da Moldávia, bem como a invasão da Ucrânia pela Rússia.[727]

No contexto europeu do século XVIII, a Rússia, a partir de PEDRO I, o grande, passa a ser protagonista, com peso crescente. Não somente por seu tamanho e peso específicos, como por seus desdobramentos, sobre o conjunto dos demais países europeus, e sobre o decadente Império otomano.[728]

e chap. 5 – *The rise and fall of the liberal order 1776-1914*, p. 167-210, cit. p. 167-168) reporta teria havido certa influência da independência das antigas colônias inglesas da América do Norte: "In 1782 Patriot militias of citizen volunteers were formed in the Netherlands. In parts of the Republic, they seized power. Meetings of patriots from various provinces began to take place from 1783 onwards. In 1784, a national meeting of Patriots was held in Utrecht, with every appearance of a national convention, perhaps as many as 28,000 men were under arms. By 1785, the effective power of the stadholder had become negligible. Pressure for democracy on the American model increased, and the reform-minded Regents began to dissociate themselves from the radical Patriots".

[724] Fred E. SCHRADER, **L'Allemagne avant l'État-nation**: le 'corps germanique' (1648-1806) (Paris: PUF, 1998).

[725] A. BLACK (op. cit., 1990, p. 119): "Nevertheless, stability did not preclude change".

[726] Ver A. N. MANDELSTAM, **La politique russe d'accès à la Méditerranée au XXe siècle** (RCADI, 1934, t. 47, p. 597-802); Felipe N. P. ALAMINO, **Anexação da Crimeia** – o conceito de agressão no direito internacional (pref. P. B. CASELLA, Curitiba: Instituto Memória Ed., 2021).

[727] Cfr. **Tratado** (tomo 2 – **Direito internacional dos espaços**, item 29.3 – *dimensão humana do território como expressão da relação entre espacialidade e direitos fundamentais*); ver tb. Jean RADVANYI, **Russie – um vertige de puissance** – une analyse critique et cartographique (Paris: La découverte, 2023, *Introduction*, p. 8-17, cit. p. 8 e 17): "L'agression russe lancé par Vladimir POUTINE le 24 février 2022 contre l'Ukraïne, un état européen souverain, constitue un véritable séisme mondial. [...] En déclarant le 24 février 2022 cette guerre au nom d'une prétendue dénazification de l'Ukraine contemporaine, POUTINE semble défier toute rationalité."

[728] Conforme se examina no **Tratado** (tomo 11 – **Direito internacional no tempo do iluminismo**).

O avanço russo e de outras potências europeias sobre território, até então, sob controle otomano, prosseguirá no curso do século XVIII. A concessão de direito de navegação no mar Negro foi formalizada, entre a Porta otomana e a Rússia, por meio de tratado de paz, em 1774; para a Áustria, no tratado de paz de 1784; com a Grã-Bretanha, conforme a nota de 30 de outubro de 1799; para a França, nos termos do tratado de paz, de 1802; e para a Prússia, conforme a nota, emanada da Porta, em 17 de julho de 1806.[729]

Como já enxergava VOLTAIRE, em seu livro sobre a **História do império russo sob PEDRO, o grande**:[730]

> Quando, no início do século em que estamos, o czar PEDRO lançava os fundamentos de Petersburgo, ou antes de seu império, ninguém poderia ter previsto o sucesso. Quem poderia ter, então, imaginado que um soberano da Rússia poderia enviar frotas vitoriosas sobre os Dardanelos, subjugar a Criméia, expulsar os Turcos de quatro grandes províncias, dominar o mar Negro, estabelecer a mais brilhante corte da Europa, e fazer florescer todas as artes em meio à guerra, qualquer um que o tivesse dito teria passado por um visionário.[731]

Além da mudança de equilíbrio relativo de poder entre os impérios russo e otomano,[732] motivo de ainda maior preocupação para o equilíbrio

[729] Apontava G. F. de MARTENS, **Précis du droit des gens moderne de l'Europe** (1788, éd. revue et augmentée, Paris: Guillaumin, 1858, vol. I, livre IV, chap. IV – des droits des nations sur la mer, p. 405-432, cit. p. 419): "La Porte, maîtresse des Dardanelles, regarde la mer Noire comme une mer fermée aux étrangers; cependant elle en a accordé la navigation à la Russie, avec bien de difficultés, depuis 1774, à l'Autriche en 1784, à l'Angleterre en 1799, à la France en 1802, à la Prusse en 1806."

[730] VOLTAIRE, **Histoire de l'empire de Russie sous Pierre le grand**, divisée en deux parties (1760-1762, in VOLTAIRE, **Œuvres historiques**, édition présentée, établie et annotée par René POMEAU, Paris: Gallimard – Pléiade, © 1957, impr. 2010, p. 337-602).

[731] VOLTAIRE (op. cit., 1760-1762, ed. 2010, *Préface historique et critique*, cit. p. 339): "Lorsque, vers le commencement du siècle où nous sommes, le czar PIERRE jetait les fondements de Pétersbourg ou plutôt de son empire, personne ne prévoyait le succès. Quiconque aurait imaginé alors qu'un souverain de Russie pourrait envoyer des flottes victorieuses aux Dardanelles, subjuguer la Crimée, chasser les Turcs de quatre grandes provinces, dominer sur la mer Noire, établir la plus brillante cour de l'Europe, et faire fleurir tous les arts au milieu de la guerre, quiconque l'eût dit n'eut passé que pour un visionnaire".

[732] Klaus KREISER e Christoph K. NEUMANN, **Kleine Geschichte der Türkei** (orig. publ. 2003 e 2008, Stuttgart: Reclam, '2., aktualisierte und erweiterte Auflage', 2009); Alan

da Europa, por parte da Inglaterra e da França, foram as sucessivas divisões da Polônia,[733] a partir de 1772, progressivamente ocupada e fracionada, entre a Prússia, a Rússia e o Império austríaco. O que prosseguiu até o virtual desaparecimento da Polônia como estado independente.[734]

Em 3 de janeiro de 1795, diplomatas austríacos e russos assinam, em São Petersburgo, mais uma convenção de repartição, que punha fim ao que ainda restara de uma Polônia independente, cedendo uma terceira parte à Prússia. À Rússia coube a parte do leão. A parcela atribuída à Áustria embora menos extensa, era economicamente muito mais atraente, que aquela entregue à Prússia.

Esses avanços, dos vizinhos que progressivamente retalham a Polônia até o total desaparecimento desta, serviram para mostrar não somente o que poderia acontecer com países mais fracos, diante de vizinhos que se fortaleciam, militar, política e economicamente. Como também marca o fim do modelo até então vigente de equilíbrio de poder[735] e de antiga concepção de certa legalidade internacional – como vigera entre as cidades-estado da Grécia antiga[736] ou as da Itália renascentista – e até certo ponto, ao menos, na Europa, em razão da substancial igualdade de forças entre as potências do antigo regime.[737]

PALMER, **Declínio e queda do império otomano** (orig. publ. **The decline and fall of the Ottoman Empire**, 1992, trad. Gleuber VIEIRA, Rio de Janeiro: Globo livros, 2013); Yves TERNON, **Empire ottoman** – le déclin, la chute, l'effacement (orig. publ. 2002, Paris: Michel de Maule, 2005); e tb. a clássica obra de Alphonse de LAMARTINE (1790-1869), **Histoire de la Turquie** (orig. publ. Paris: Librairie Le Constitutionnel, 1854; meu exemplar da edição de Paris: Adolphe Delahays, 8 vols., 1859-1861; do volume I – **Histoire de la Turquie – La vie de Mahomet**, a 'édition spéciale publiée en collaboration avec la Fondation Abdulaziz Saud Al-Babtin pour la Création poétique', intr. et annotations d'Ali KURHAN, ouvrage révisé par Osama KHALIL, Paris: Institut des arts et lettres arabes / Harmattan, 2006).

733 Conforme se examina no **Tratado** (tomo 11 – **Direito internacional no tempo do iluminismo**).

734 Jerzy LUKOWSKI e Hubert ZAWADZKI, **Histoire de la Pologne** (orig. publ. **A concise History of Poland**, 2001 e 2006, trad. Eric CHÉDAILLE, Paris: Perrin, 2010, chap. 3 – *La république des deux nations, 1572-1795*, p. 114-158, cit. p. 158): "Le 12 janvier 1796, une convention tripartite réunissant Russie, Autriche et Prusse à Saint-Pétersbourg insista sur '*la nécessité d'abolir tout ce qui pouvait évoquer le souvenir de l'existence du royaume de Pologne*'."

735 Como se considera, neste tomo, no item – *literatura sobre o sistema de equilíbrio da Europa*.

736 Ver **Tratado** (tomo 3 B – **Gregos, romanos, chineses, indianos**, cap. 5 – *as cidades-estado gregas e o mundo helenístico*).

737 Henry KISSINGER, **Diplomacy** (New York: Simon & Schuster, 1994, chapter one – *The new world order*, p. 17-28, cit. p. 21): "In the West, the only examples of functioning balance of

Também a independência das 'Treze colônias' inglesas na América do Norte parece apontar para o início de nova era. Depois da independência dos Estados Unidos,[738] no final do século XVIII, seguido da independência das colônias da Espanha e de Portugal na América, no início do século XIX, o até então direito internacional 'clássico' e quase exclusivamente europeu, passa a ser direito internacional europeu e americano.[739]

Aí o marco poderia ser 1776: "a bem sucedida rejeição da autoridade e soberania de potência europeia sobre anterior estado colonial e o fortalecimento de sentimento nacional em uma república transoceânica, com população de origem europeia, era algo sem precedentes e sugeria que a combinação de novas ideologias e má gestão política poderia derrubar os vínculos e lealdades tradicionais que se estendiam pelo mundo europeu".[740]

França, Espanha e as Províncias Unidas tinham feito intervenções na guerra de independência das antigas colônias inglesas da América do Norte, para ajudar os rebeldes, mas embora a guerra tenha levado a alguns ajustes territoriais na Europa, com a perda, pela Inglaterra, tanto da ilha de Minorca como da Flórida, que passam ao controle da Espanha, enquanto Tobago e Senegal passam para o controle da França, a consequência mais relevante dessas intervenções foi a criação de novo estado, que nada devia ao mundo dos reis e das cortes. Este, depois de ter sido colonizado, como os Países Baixos, também passaria a atuar como colonizador.[741]

Parecia então considerável a extensão na qual poderia se desintegrar o Império britânico, na década de 1780: havia receio de que tanto a então Índia britânica – *British Raj* –[742] como também a Irlanda –[743] ambas 'colo-

power systems were among the city-states of ancient Greece and Renaissance Italy, and the European state system which arose out of the Peace of Westphalia in 1648. The distinguishing feature of these systems was to elevate a fact of life – the existence of a number of states of substantially equal strength – into a guiding principle of world order".

738 George C. HERRING, **From colony to superpower** – U.S. Foreign relations since 1776 (Oxford: Oxford Univ. Press, 2008).

739 Como se examina no **Tratado** (tomos 11 – **Direito internacional no tempo do iluminismo** e 13 – **Direito internacional no tempo do concerto europeu**).

740 A. BLACK (op. cit., 1990, loc. cit.).

741 Cf. **Tratado** (tomos 14 a 17 – **Direito internacional no tempo do colonialismo**, cap. 3 – *a colonização holandesa* e cap. 9 – *a colonização pelos Estados Unidos*).

742 Abraham ERALY, **The Mughal throne**: the Saga of India's great emperors (orig. publ. 1997 e 2000, Londres: Phoenix, 2004); Bernard de GIVE, **Les rapports de l'Inde et de l'Occident**: des origines au règne d'Asoka (Paris: Les Indes Savantes, 2005); William Wilson

nizadas' pelos britânicos – pudessem se tornar independentes. Cada um dos quais tomou rumos consideravelmente distintos, mas ambos permaneceram subordinados por vínculos coloniais ao Império britânico, até o século XX: no caso da Irlanda, até o início da década de 1920; e no da Índia, até meados da década de 1940.

O direito internacional 'clássico', materialmente mais extenso, pode ser temporalmente inscrito entre estes dois marcos, '1660' e '1756' – com o início da guerra dos sete anos, e no curso desta, a publicação das obras de WOLFF, em 1749, de BURLAMAQUI, em 1747 e 1751, e VATTEL, em 1758 – tem ao menos, a virtude da concisão. Um e outro de tais marcos nos permitem situar o fenômeno institucional e jurídico internacional, dentro de parâmetros correntes de periodização da história.[744]

De certo modo, isso se põe em conformidade com estes, do ponto de vista da história geral e do que antes era a assim chamada 'história diplomática'. Esta parece ter sido de moda, para dar lugar aos manuais de 'relações internacionais' – por vezes o mesmo livro, que muda de nome, de uma para outra edição.

Mesmo quando os marcos temporais exigem alguns reparos – quanto ao conteúdo do 'clássico' e quanto ao método para determinar quando e como este surge e se instaura como modelo dominante. São, aqui, adotados esses parâmetros, mesmo se estamos conscientes: primeiro da relatividade intrínseca a qualquer tentativa de periodização da história, e segundo,

HUNTER, **The Indian Empire**: its people, history and products (1886, reprinted New Delhi: Asian Educational Services, 2009); Barbara D. METCALF and Thomas R. METCALF, **A concise History of modern India** (Cambridge: Univ. Press, 3rd ed., 2012); Percival SPEAR, **A History of India** (volume two: from the sixteenth century to the twentieth century, 1st. publ, 1965, New Delhi: Penguin Books India, with Epilogue, 1970, with revisions, 1973 and 1978, reprinted 1990); Romila THAPAR, **A History of India** (Londres: Penguin, lst. publ, 1966, reprinted 1990).

743 Dentre outras, ver: Thomas BARTLETT, **Ireland – a History** (Cambridge: Univ. Press, originalmente publicado 2010, 6th printing, 2012); Hubert BUTLER, **Ten thousand saints** – a Study in Irish and European Origins (© 2972, Dublin: The Lilliput Press, 2011); Máire and Conor Cruise O'BRIEN, **Ireland** – a concise History (Londres: Thames and Hudson, © 1972, 3rd ed., 1985, reprinted, 1999); Martin WALLACE, **A Short History of Ireland** (© 1973, Belfast: Appletree Press, 2008).

744 No **Tratado** (tomos 10 – **Direito internacional no tempo de C. van Bynkershoek e Christian Wolff**, caps. 22 e 23, e 12 – **Direito internacional no tempo de Vattel e von Martens**, cap. 24).

também das outras datas possíveis, para assinalar mudanças de fase histórica, que poderiam ser lembradas.[745]

Problemas e incompreensões surgem não em torno do direito internacional 'clássico', tal como este, *in illo tempore*, existiu e operou mas, sobretudo, porque muitos ainda veem e querem continuar a aplicar esse direito internacional 'clássico', em nossos tempos pós-modernos.[746] E isso se faz, em alguns autores, não somente até meados do século passado. Ou pode ocorrer, mesmo mais recentemente, quando internacionalistas ainda vivos parecem conceber e operar somente o modelo interestatal 'clássico', com estrito conjunto de relações interestatais como o único modo possível de ser, para o direito internacional. Daí avultam as distorções, diante de mundo, que não mais comporta a operação de tal modelo.

É simplesmente inexorável levar em conta as mudanças em curso no mundo. E a necessidade de constante mutação, não somente no direito internacional pós-moderno. Como em várias das fases anteriores da sua evolução.

O tempo e o contexto são relevantes para a compreensão do direito internacional, como de qualquer fenômeno cultural. Por esse motivo, "qualquer solução de problemas intertemporais no campo internacional tem de levar em conta essa dupla exigência do desenvolvimento e da estabilidade".[747] Lição que merece ser meditada.

[745] A caracterização desse fenômeno exige, preliminarmente, o exame de algumas premissas a respeito de '*o que é, e como é o clássico?*' que pode ser compreendido de múltiplas e distintas maneiras. Por isso, é útil situar a corrente, na qual se inscreva essa caracterização. É possível conviver com a diversidade de opiniões e de convicções: desde que existam honestidade intelectual e respeito à diversidade de opinião. Ver, neste tomo, o item – *o que é e como é o clássico?* bem como **Tratado** (tomo 11 – **Direito internacional no tempo do iluminismo**, item – *mutação de fase histórica e reformulação das bases do sistema internacional*).

[746] Como se examina nos **Fundamentos do direito internacional pós-moderno** (op. cit., 2008), bem como no **Tratado** (tomo 20 – **Direito internacional, história e cultura**, cap. 5 – *desafios e desenvolvimentos do direito internacional no contexto pós-moderno*).

[747] O *Instituto de direito internacional*, em sua Resolução de Wiesbaden, em 1975, já apontava a dicotomia central do direito internacional, em nossos tempos, entre o *status quo* e as forças em mutação. Ver INSTITUT DE DROIT INTERNATIONAL, Session de Wiesbaden, 1975, **Le problème intertemporel en droit international public** *(Onzième Commission, Rapporteur: Max SORENSEN) (Le texte français fait foi. Le texte anglais est une traduction.)* na qual o IDI situa a matéria nos *Consideranda*: '*Considérant* que le problème intertemporel général, dans l'ordre juridique international comme en droit national, concerne la délimitation du domaine d'application des normes dans le temps'; '*Considérant* le besoin de favoriser l'évolution de

Cabe apontar a necessidade de refazer, de maneira criativa, a base de sustentação do direito internacional,[748] para enfrentar condições societárias, em mudança muito rápida, bem como necessidades e expectativas dessa comunidade internacional, e insistir na necessidade de "responder a todas as pressões por mutação jurídica fundamental, em comunidade mundial que, claramente, vive uma era de transição, desde o 'velho' e 'clássico' sistema de ordem pública, de base ocidental, para um sistema 'novo', cujos exatos contornos e direções nem sempre são claros".[749]

A perspectiva histórica pode ser modo útil de contribuir para a compreensão da essência e das mutações, vividas pelo direito internacional, desde o tempo 'clássico' até o direito internacional em nossos tempos pós-modernos.[750] Essa é a convicção norteadora do presente trabalho: mostrar a capacidade do direito internacional de se reinventar e de se recriar, a cada fase histórica, e como este tem missão fundamental a cumprir, para manter alguma forma de convivência institucionalmente ordenada no mundo.

A missão do direito internacional prossegue, e tem de ser sempre renovada, para fazer frente aos desafios, que traz cada época, com as suas especificidades. Aqui se considera o modelo 'clássico' de direito internacional, no contexto de seu tempo.

O estado é dado marcante desse período: consolidado como estrutura política e modelo de ordenação das sociedades, a partir do Renascimento

l'ordre juridique international tout en sauvegardant le principe de la sécurité juridique, élément essentiel de tout système de droit'; '*Considérant* que toute solution d'un problème intertemporel dans le domaine international doit tenir compte de ce double impératif de l'evolution et de la sécurité'; '*Considérant* qu'un problème comparable se pose quand une règle se réfère à une notion dont la portée ou la signification a varié dans le temps'.

748 Edward McWHINNEY, *The time dimension in international law, historical relativism and intertemporal law* (in **Essays in international law in honour of judge Manfred LACHS / Études de droit international en l'honneur du juge Manfred LACHS**, ed. by Jerzy MAKARCZYK, The Hague: Martinus Nijhoff / Institute of State and Law of the Polish Academy of Sciences-Institut de l'état et de droit de l'Académie polonaise des sciences, p. 179-199, cit. p. 179) mencionava "the imaginative remaking of international law to meet rapidly changing societal conditions and needs and also community expectations".

749 E. McWHINNEY (art. cit., in **Essays Manfred LACHS**, 1984, cit. p. 181) onde se põe a necessidade de "responding to all pressures for fundamental legal change in a world community clearly in an era of transition from the 'old', 'classical', Western-based, public order system to a 'new' one whose exact contours and directions are not always clear".

750 Etapas ulteriores da evolução da matéria, conforme se examina no **Tratado** (tomos 11 – **Direito internacional no tempo do iluminismo**, 13 – **Direito internacional no tempo do concerto europeu** e 20 – **Direito internacional, história e cultura**).

e dos primórdios da era moderna, e tem seu apogeu na era clássica, não é, contudo, e nem pode ser considerado como o único modo de ordenar um sistema institucional e normativo internacional.[751] É preciso situar o estado, em contexto histórico e cultural específicos,[752] sob pena de subverter a compreensão do que é, do que pode ser e como operar o direito internacional. Não somente nas eras moderna e clássica.

O direito internacional é, e tem de ser, visto como dado relevante, na luta contra a força bruta e a barbárie, como componente relevante da civilização, no que esta tem de mais humano.[753] Como exemplo da força do direito, em contraposição ao direito da força. Essa necessidade se renova, e se retoma, em todos os tempos, e se exprime de maneira particular no direito internacional.

Por esse necessário encadeamento entre força e justiça, advertia Blaise PASCAL, "é justo que o justo seja seguido. É necessário que o que é mais forte seja seguido":[754]

> A justiça sem a força é impotente; a força, sem a justiça, é tirânica. A justiça, sem a força, será contestada, porque há sempre maus; a força, sem a justiça,

[751] No **Tratado** (tomo 5 – **Direito internacional no tempo de Francisco de Vitória**, cap. 13 – *estado como sujeito de direito internacional*).

[752] Pierre BOURDIEU, no volume **Sur l'état** ('Cours au Collège de France 1989-1992', édition établie par Patrick CHAMPAGNE, Remi LENOIR, Franck POUPEAU et Marie-Christine RIVIÈRE, Paris: Seuil – Raisons d'agir, 2012, 'cours du 18 janvier 1990', p. 13-44, cit. p. 13) advertia constituir o estado 'um objeto impensável' e expunha as razões para o seu entendimento: "S'agissant d'étudier l'état, nous devons être en garde, plus que jamais, contre les prénotions au sens de DURKHEIM, contre les idées reçues, contre la sociologie spontanée". E por isso, particularmente na análise histórica – insistia BOURDIEU, "en particulier l'analyse historique des rapports entre la sociologie et l'état" – onde temos necessidade de nos precaver contra pensar o estado, segundo moldes do próprio estado: "appliquer à l'état une pensée d'état" e assim "notre pensée, les structures mêmes de la conscience à travers laquelle nous construisons le monde social et cet objet particulier qui est l'état, ont des bonnes chances d'être le produit de l'état".

[753] Por isso, no **Tratado** (tomo 20 – **Direito internacional, história e cultura**, cap. 4 – *papel da proteção internacional dos direitos fundamentais como fator de renovação e de transformação do direito internacional*).

[754] Blaise PASCAL (1623-1662), **Pensées** (in **Œuvres complètes**, texte établi, présenté et annoté par Jacques CHEVALIER, Paris: Gallimard-Pléiade, © 1954, impr. 1991, p. 1081-1345); tb. na edição brasileira, PASCAL, **Pensamentos** (introdução e notas de Ch.-M. des GRANGES, trad. Sérgio MILLIET, São Paulo: Abril – Os pensadores, vol. XVI, 1973).

será acusada. É preciso, pois, reunir a justiça e a força; e, dessa forma, fazer com que o que é justo seja forte, e o que é forte seja justo.[755]

A reflexão de PASCAL pode ser diretamente aplicada ao direito internacional. Em todos os tempos: este precisa não somente ser justo, mas também ser forte, no sentido de estar revestido dos necessários mecanismos de controle e de aplicação.

Tinha consciência PASCAL e bem exprimia o encadeamento entre o tempo e a compreensão humana: "Se consideramos a nossa obra imediatamente depois de a termos executado, ainda estamos prevenidos; se muito depois, não a entendemos mais".[756] E também: "Não posso julgar a minha obra, fazendo-a; preciso, como os pintores, afastar-me, mas não demais".[757]

A compreensão histórica do fenômeno jurídico internacional enfatiza, justamente, essa dimensão: foi preciso afastar-se um tempo, para alcançar a compreensão. E, depois do direito internacional no tempo antigo, no tempo medieval e no tempo moderno,[758] doravante se passa a considerar, na perspectiva do direito internacional clássico. Antes de passar a seus desenvolvimentos ulteriores.[759]

A configuração do 'clássico' se mostra fascinante aventura, por vários campos do saber humano e das artes. Até se pode chegar a desejar um suposto 'retorno ao clássico', como resposta – por vezes ilusória – aos desafios do tempo presente.

Essas oscilações se veem nas artes. Isso se produz, como espécie de crise de legitimidade – ou de identidade – da arte contemporânea. O que já foi

755 PASCAL (op. cit., n. 298, p. 117).

756 PASCAL (op. cit., n. 381, p. 133).

757 PASCAL (op. cit., n. 114, p. 72).

758 Como se examinou no **Tratado** (tomos precedentes, 3 A – **Direito internacional no tempo antigo**, 3 B – **Gregos, romanos, chineses, indianos**, 4 – **Direito internacional no tempo medieval**, 5 – **Direito internacional no tempo de Francisco de VITORIA**, 6 – **Direito internacional no tempo de Suarez, Gentili e Zouch**, 7 – **Direito internacional no tempo de Hugo Grócio**), e prossegue no presente tomo.

759 Conforme se examina no **Tratado** (tomos 9 – **Direito internacional no tempo de Samuel Pufendorf**, 10 – **Direito internacional no tempo de C. van Bynkershoek e Christian Wolff**, 11 – **Direito internacional no tempo do iluminismo**, 12 – **Direito internacional no tempo de Vattel e von Martens**, 13 – **Direito internacional no tempo do concerto europeu**, 14 a 17 – **Direito internacional no tempo do colonialismo** até 20 – **Direito internacional, história e cultura**).

chamado "cadáver da beleza", e descrito como "a crise na arte".[760] Crise que, diante da liquefação de critérios estéticos,[761] parece levar alguns a quererem retomar o 'classicismo'.[762]

[760] S. BULGAKOV e N. BERDJAEV, **Il cadavere della bellezza – La crisi dell'arte** (postfazione Marco VALLORA, Milano: Medusa, 2012), com o ensaio de Sergej BULGAKOV (1871-1944), *Il cadavere della bellezza* (orig. publ. em russo, 1915, ed. cit., 2012, p. 5-38) e o ensaio de Nicolaj BERDJAEV (1874-1948), **La crisi dell'arte** (orig. publ. em 1918, ed. cit., p. 39-74), ambos completados com posfácio de Marco VALLORA (2012, p. 75-141).

[761] David HARVEY, **Condição pós-moderna** – uma pesquisa sobre as origens da mudança cultural (orig. publ. **The condition of post-modernity**, 1989, trad. Adail Ubirajara SOBRAL e Maria Stela GONÇALVES, São Paulo: Loyola, 18ª ed., 2009, esp. 19 – *a pós-modernidade como condição histórica*, p. 293-294): "As práticas estéticas e culturais têm particular suscetibilidade à experiência cambiante do espaço e do tempo exatamente por envolverem a construção de representações e artefatos espaciais a partir do fluxo da experiência humana"; Zygmunt BAUMAN – Ezio MAURO, **Babel** (Roma – Bari: Laterza, 2015, p. 18) insiste BAUMAN na capacidade e decisão de pensar, olhar e agir além dos limites dos estados territoriais – *capacità e risolutezza nel guardare, pensare e agire al di sopra dei confini degli stati territoriali*; Z. BAUMAN, **Ensaios sobre o conceito de cultura** (orig. publ. **Culture as Praxis**, 1975, trad. Carlos Alberto MEDEIROS, Rio de Janeiro: Zahar, 2012); ___, **O mal estar da pós-modernidade** (orig. publ. **Postmodernity and its Discontents**, 1997, trad. M. GAMA e C. M. GAMA, Rio de Janeiro: Zahar, 1998); ___, **Ética pós-moderna** (orig. publ. **Postmodern Ethics**, 1993, trad. J. R. COSTA, São Paulo: Paulus, 2ª ed., 2003); ___, **Vida em fragmentos** – sobre a ética pós-moderna (orig. publ. **Life in fragments** – Essays in Postmodern morality, 1995, trad. A. WERNECK, Rio de Janeiro: Zahar, 2011); ___, **Vida líquida** (orig. publ. **Liquid life**, 2005, trad. C. A. MEDEIROS, Rio de Janeiro: Zahar, 2007); ___, **44 cartas do mundo líquido moderno** (orig. publ., **44 Letters from the liquid modern world**, 2010, trad. Vera PEREIRA, Rio de Janeiro: Zahar, 2011); ___, **Amor líquido** – sobre a fragilidade dos laços humanos (orig. publ. **Liquid love** – On the frailty of human bonds, 2003, trad. C. A. MEDEIROS, Rio de Janeiro: Zahar, 2004); ___, **Vida a crédito** – conversas com Citlali ROVIROSA-MADRAZO (orig. publ. **Living on borrowed time** – conversations with C. ROVIROSA-MADRAZO, 2010, trad. A. WERNECK, Rio de Janeiro: Zahar, 2010); ___, **Medo líquido** (orig. publ. **Liquid fear**, 2006, trad. C. A. MEDEIROS, Rio de Janeiro: Zahar, 2008); ___, **Sobre educação e juventude** – conversas com Riccardo MAZZEO (orig. publ. **On Education** – conversations with R. MAZZEO, 2012, trad. C. A. MEDEIROS, Rio de Janeiro, Zahar, 2013); ___, **Europa** – uma aventura inacabada (orig. publ. **Europe** – an unfinished adventure, 2004, trad. C. A. MEDEIROS, Rio de Janeiro: Zahar, 2006); ___, **A arte da vida** (orig. publ. **The art of life**, 2008, trad. C. A. MEDEIROS, Rio de Janeiro: Zahar, 2009); ___, **Identidade** – entrevista a Benedetto VECCHI (orig. publ. **Identity** – conversations with B. VECCHI, 2004, trad. C. A. MEDEIROS, Rio de Janeiro: Zahar, 2005).

[762] Considera, por exemplo, Jean-Marie SCHAEFFER, em **L'art de l'âge moderne** – L'esthétique et la philosophie de l'art du XVIIIe siècle à nos jours (orig. publ. 1992, Paris: Gallimard – NRF – Essais, 2010, *Introduction*, p. 11-24) quando fala em singular agravamento da crise de legitimação – e da identidade – da arte contemporânea. E a perplexidade a respeito

Esses dados, a respeito da configuração do 'clássico', na arquitetura, na música, na literatura e nas artes plásticas, podem nos ajudar a situar o fenômeno, em relação ao direito internacional, deste que se pode, justamente, configurar como *'clássico'*.

de como pudemos chegar até tal ponto – *arriver jusque-là*: "Les réponses à cette question sont diverses, mais presque toutes passent par une remise en cause de l'art dit 'moderniste', et nombreuses sont celles qui prônent un retour au classicisme ou chantent les louanges d'un éclectisme tempéré". Reflexão particularmente presente em relação às artes plásticas, a mesma reação pode ser observada em relação à música, onde começam a se fazer ouvir balanços críticos a respeito do serialismo. Ou mesmo na literatura, onde em toda parte se exige o retorno (ou o que se acredita ser tal) à 'grande tradição'.

O QUE É, E COMO É O 'CLÁSSICO'?

Protejamo-nos das injúrias do tempo.

Nicolas BOILEAU (1636-1711)[763]

Como acontece em toda a vida, a história não é um desenvolvimento fechado, contínuo, orgânico, e não devemos querer reduzi-la a tal, sob pena de criar uma pré-construção arbitrária.

Roberto LONGHI (1914, ed. 2005)[764]

Cada época, para encontrar identidade e força, inventou uma ideia diversa de 'clássico'. Assim, o 'clássico' diz sempre respeito não somente ao passado, mas ao presente e a uma visão do futuro. Para dar forma ao mundo de amanhã é necessário repensar as nossas múltiplas raízes.

Salvatore SETTIS (2008)[765]

763 Nicolas BOILEAU (1636-1711), **Satires, épîtres, art poétique** (édition présentée, établie et annotée par Jean-Pierre COLLINET, Paris: Gallimard, © 1985, impr. 2000, cit. 'Satire I', l. 28, p. 67): "Mettons-nous à l'abri des injures du temps".

764 Roberto LONGHI (1890-1970), **Breve, mas verídica história da pintura italiana** (1914, do original **Breve ma veridica storia della pittura italiana**, trad. Denise BOTTMANN, posfácio Luciano MIGLIACCIO, São Paulo: Cosac & Naify, 2005, cit. p. 56).

765 Salvatore SETTIS, **Il futuro del 'classico'** (orig. publ. 2004, Torino: Einaudi, 'nuova edizione', 8° ristampa, 2008, quarta capa e a seguir, p. 31) observa que a natureza não faz saltos, mas a história sim: "*natura non facit saltus*, la storia si" e ilustra o fenômeno com a adoção do estilo dórico – o mais 'antigo', mais 'primitivo' e mais 'puro' da arquitetura grega, pela nossa pós-modernidade, com a releitura deste estilo 'clássico' grego, como "ripudio del decorativismo degli stili 'storici' (compreso il 'classico') si poté sposare all'esaltazione del dorico come pietra di paragone della modernità".

A construção do direito internacional 'clássico' se põe na continuação da primeira modernidade,[766] e congrega, como se deu em fases anteriores,[767] elementos de inovação ao lado de elementos de continuidade. Entre os marcos, aqui escolhidos, desde meados do século XVII até meados do século XVIII.[768]

O direito internacional 'clássico' não se instaura de maneira unívoca, nem tampouco simultânea, em todos os quadrantes, nem tampouco em todas as diferentes áreas da vida da época. Elementos herdados de outros tempos continuam presentes, e estes se manifestam ao lado dos elementos recentes, característicos da 'modernidade', que então se construíra. E se conjugam o perfil clássico, ou 'classicista', no sentido de busca do clássico, que se sobrepõe, ao momento inicial da anterior era 'moderna', com a busca extremada da racionalidade, que pautará o momento seguinte. No assim chamado tempo do 'iluminismo'.[769]

766 Sobre o conjunto da evolução do direito internacional na primeira fase da era moderna ver **Tratado** (tomos 5 – **Direito internacional no tempo de Francisco de Vitória**, 6 – **Direito internacional no tempo de Suarez, Gentili e Zouch** e 7 – **Direito internacional no tempo de Hugo Grócio**). Como observava James L. BRIERLY (1881-1955), **Brierly's Law of Nations** – An introduction to the role of law in international relations (orig. publ. 1928, rev. Andrew CLAPHAM, Oxford: Univ. Press, 7ª ed., 2012, p. 1): "Rules which may be described as rules of international law are to be found in the history of the ancient and medieval worlds. But as a definite branch of jurisprudence, the system now known as international law is relatively modern. It dates only from the sixteenth and seventeenth centuries. Its special character was determined by that of the European modern state system, which was itself shaped in the ferment of the Renaissance and the Reformation. Some understanding of the main features of this European state system is therefore necessary for an understanding of the nature of international law."

767 Ver **Tratado** (tomos 3 A – **Direito internacional no tempo antigo**, 3 B – **Gregos, romanos, chineses, indianos** e 4 – **Direito internacional no tempo medieval**).

768 Como se explicitou na *Introdução*. Pode-se considerar como parâmetros dois autores: considerando da morte de Richard ZOUCH, em 1660, cuja obra e contribuição para o direito internacional moderno se examinou no **Tratado** (tomo 6 – **Direito internacional no tempo de Suarez, Gentili e Zouch**, cap. 17) até a publicação das obras de J.-J. BURLAMAQUI, 1747 e 1751, e de Emer de VATTEL, 1758, examinadas no **Tratado** (tomo 10 – **Direito internacional no tempo de C. van Bynkershoek e Christian Wolff**, cap. 23 e tomo 12 – **Direito internacional no tempo de Vattel e von Martens**, cap. 24) ou, no plano da história europeia, entre o final da 'guerra dos trinta anos' (1618-1648) até a 'guerra dos sete anos' (1756-1763).

769 Como se considera no **Tratado** (tomo 11 – **Direito internacional no tempo do iluminismo**).

A continuidade existe ao lado da inovação. O clássico convive com o moderno. E ambos preparam o caminho para o 'iluminismo'.

Por esse motivo, se lembrou a invocação de BOILEAU, quanto a proteger-se das "injúrias do tempo".[770] O que vale para qualquer obra humana: tratar de proteger-se das injúrias do tempo. Tanto mais quanto já se passaram mais de três séculos desde a morte do autor, em 1711, ao voltarmos para ele nosso olhar pós-moderno. E nos vemos diante das mesmas contingências da vida humana – ao buscarmos nos proteger das "injúrias do tempo".

BOILEAU, em sua longa trajetória, vital e artística, no conturbado 'século de LUÍS XIV', teve de mostrar-se apto a sobreviver, e sofreu não poucas agruras:

> *que eu vá gritar nesse país bárbaro,*
> *onde se vê todos os dias a inocência ameaçada*
> *errar nos descaminhos de um labirinto de leis*
> *e nessa montanha confusa de enormes chicanas,*
> *o que foi branco tornado preto pelas formas.*[771]

"Gritar nesse país bárbaro" parece muito atual e muito familiar. Exatamente o mesmo se vê, de maneira escandalosa, em nosso tempo e lugar na história.

A reflexão de BOILEAU não vale somente em relação à França de LUÍS XIV: gritar em país bárbaro, onde se vê todos os dias a inocência ameaçada, errar nos descaminhos de um labirinto de leis e nessa montanha confusa de enormes chicanas, o que foi branco, tendo se tornado preto, pelas formas. Enquanto a honestidade, o bom senso e a verdade são humilhados e maltratados. Parece-nos familiar?

BOILEAU, há mais de trezentos anos, parece descrever o cenário do Brasil de hoje. Acrescentando-se aos riscos de ruptura institucional e de instauração de regime ditatorial – dos quais por pouco escapamos, porque as instituições funcionaram – se afastou a demagogia oficial, que nada

[770] BOILEAU (op. cit., impr. 2000, Satire I, l. 28, p. 67): "Mettons-nous à l'abri des injures du temps".

[771] BOILEAU (op. cit., impr. 2000, Satire I, l. 118-121, p. 70): "Moi! que j'aille crier dans ce pays barbare, / Où l'on voit tous les jours l'innocence aux abois / Errer dans les détours d'un dédale de lois, / Et, dans l'amas confus des chicanes énormes / Ce qui fut blanc au fond rendu noir par les formes".

constrói, mas semeia a diferença, o confronto entre facetas e grupos integrantes da sociedade. Em tempos assim, é preciso retomar a compreensão do 'clássico' – que exprima o anseio por algo que dure, que transcenda as mazelas do dia-a-dia.

BOILEAU tinha diante de si a França, por tantos considerada gloriosa, agressiva e excessivamente orgulhosa, do tempo de LUÍS XIV. Outros viam o longevo e vaidoso rei como conquistador sanguinário e sem escrúpulos: aquele que descumpria tratados, que desencadeou várias guerras de agressão, que violava direitos, historicamente consolidados, em sua sanha de glória e de engrandecimento próprio, ainda que dizendo fazê-lo também em nome da França.[772]

No mesmo sentido, oportuna e necessária a advertência de ONUMA, para nos precavermos em relação a pensar todo o mundo a partir de parâmetros e conceitos somente europeus.[773] Estes podem se ter

[772] John A. LYNN, **The French Wars 1677-1714**: the Sun King at war (Oxford: Osprey, © 2002, second impression, 2009, *The fighting – The campaigns for gloire*, p. 40-75) resumia a ideia central, no início do capítulo: "The Sun King's five wars arched the span of nearly 50 years, LOUIS would be one of the very few individuals who lasted the full odyssey; most fell by the wayside at some point during the trek, while others joined in down the road. The constant presence of LOUIS gave may give an impression of continuity that masks contrast and evolution. Without denying common elements that allow us to generalize about this era of conflict, no simple statements can fully encompass such a breadth of time and action. Only a narrative of the wars, their course from day to day, can reveal them". Surpreende que historiador como Lucien BÉLY – que eu muito aprecio e muitas vezes cito, por seus relevantes estudos sobre o século XVII – tenha publicado livro intitulado **Louis XIV – le plus grand roi du monde** (Quintin: Jean-Paul Gisserot, 2005). Parece preferível a ponderação de Jacques WILHELM, **Paris no tempo do rei sol** (1660-1715) (orig. publ. **La vie quotidienne des parisiens au temps du Roi-soleil** (1660-1715), 1977, trad. Cássia R. da SILVEIRA e Denise M. PEGORIM, São Paulo: Companhia das letras – Círculo do livro, 1988, *Introdução*, p. 9-12, cit. p. 11): "Todo julgamento objetivo deve se situar entre uma visão beatificamente admirativa ou sistematicamente crítica. A grandeza do reinado e da França, indiscutível em diversas áreas, custou, ao que parece, um preço bastante elevado aos que não pertenciam às classes privilegiadas. Tanta desigualdade, injustiça, arbitrariedade e intolerância, que subsistiram, apesar dos muitos melhoramentos, causam menos indignação quando se sabe que isso era característico de toda a Europa."

[773] Como adverte Yasuaki ONUMA, ao situar no tempo e na história das ideias as contribuições dos filósofos e dos pensadores do direito internacional é preciso ter em mente que a própria noção de 'direito natural universal' era a construção teórica dos europeus da época. Ver ONUMA, **A Transcivilizational Perspective on International Law** (RCADI, 2009, vol. 342; tb. publ. Haia: Pocketbooks of the Hague Academy of International Law, 2010).

universalizado,[774] mas não são necessariamente *universais*.[775] Em sentido diverso, BAUMAN enfatiza "um senso de desconforto causado pela facilidade com que qualquer afirmação das qualidades e do papel histórico da Europa pode ser acusada do pecado do 'eurocentrismo'."[776]

Entre pensadores europeus, dos séculos XVII e XVIII, se põem reflexões sobre o tema clássico do 'direito natural':[777] essa é indagação europeia, que se estende sobre o direito internacional. E teve enorme impacto sobre a evolução deste.

A diversidade de civilizações tem de ser levada em conta, ao se pensar o modelo de direito internacional 'clássico', como também em outras eras. Conceitos, como o de 'direito natural', tão caro a autores como, muito especialmente, PUFENDORF e WOLFF, é construção intelectual, marcadamente europeia, cristã e ocidental,[778] que pouco ou nenhum sentido teria,

[774] François JULLIEN, em seu **O diálogo entre as culturas** – do universal ao multiculturalismo (orig. publ. **De l'universel, de l'uniforme, du commun et du dialogue entre les cultures**, 2008, trad. André TELLES, apres. e rev. técnica Danilo MARCONDES, Rio de Janeiro: Zahar, 2009, *Do universal*, p. 19-28, cit. p. 20-21): "nunca é demais insistir, para começar, no caráter de necessidade lógica, não empírica, não constatada, mas *decretada*, em suma, na dissociação deliberada em relação a todo e qualquer dado, nessa súbita guinada de regime do relativo, para o absoluto, mediante a qual define-se instantaneamente, na filosofia clássica europeia, o juízo de universalidade".

[775] Herança grega, que pelas mãos dos pensadores e juristas romanos, passou para a assim chamada 'civilização ocidental', mas configura percurso muito menos linear, direto e ininterrupto do que se poderia supor. Como se examinou no **Tratado** (tomos 3 A – **Direito internacional no tempo antigo**, 3 B – **Gregos, romanos, chineses, indianos**, esp. cap. 5 – *as cidades-estado gregas e mundo helenístico* e cap. 6 – *na formação e no desenvolvimento de Roma*, 4 – **Direito internacional no tempo medieval** e 5 – **Direito internacional no tempo de Francisco de Vitória**).

[776] Zygmunt BAUMAN, **Europa** – uma aventura inacabada (orig. publ. **Europe** – an unfinished adventure, 2004, trad. C. A. MEDEIROS, Rio de Janeiro: Zahar, 2006, cit. p. 15): "A Europa pode ter sido, de modo consistente e por longo tempo, um recanto atipicamente arriscado do planeta – mas as aventuras em que ela se lançou em mais de dois milênios de história 'mostraram-se decisivas para o conjunto da humanidade'. Com efeito, tentem imaginar a história do mundo sem a presença da Europa."

[777] Como examinam, e.g.: Simone GOYARD-FABRE, **Les embarras philosophiques du droit naturel** (Paris: Vrin, 2002); ___, **Pufendorf et le droit naturel** (Paris: PUF, 1994); T. J. HOCHSTRASSER, **Natural law theories in the Early Enlightenment** (Cambridge : Univ. Press, 2000).

[778] Como se examina no **Tratado** (tomo 9 – **Direito internacional no tempo de Samuel Pufendorf**, cap. 20 e tomo 10 – **Direito internacional no tempo de C. van Bynkershoek e Christian Wolff**, cap. 22).

em relação a outras grandes civilizações, nos mesmos séculos XVI ao XVIII. Como ilustram o sistema internacional otomano, ou o sistema internacional chinês, nesse mesmo período. Sem esquecer o conjunto do continente americano, da África, da Ásia e da Oceania,[779] que não se defrontavam, à época, com as mesmas questões que os europeus desse tempo, para eles, 'clássico'.

Em instigante ensaio, sobre o que chamou "futuro do 'clássico'", Salvatore SETTIS adverte sobre "dar forma ao mundo de amanhã", onde se faz "necessário repensar as nossas múltiplas raízes", ao assinalar essa relação, entre 'clássico' e a pós-modernidade,[780] como "a inclusão caracterizante de elementos ou segmentos destacados de origem clássica ou neoclássica, é parte essencial da poética do pós-moderno, especialmente na arquitetura".[781] SETTIS tem em mente a compreensão da arquitetura, mas esse mesmo processo pode ser aplicado ao objeto do presente estudo.

É, exatamente, o que aqui se aplica – a partir da lição de SETTIS – para a compreensão do direito internacional: 'clássico', e isso diz, sempre, respeito não somente ao passado, mas ao presente e, também, a uma visão do futuro. Por isso, se constrói todo este conjunto do direito internacional no tempo. E tem, aqui, o eixo no direito internacional chamado 'clássico' – que se impõe situar, como conceito e como fase histórica, em relação ao conjunto da evolução do sistema institucional e normativo internacional.

[779] Somente como breve aceno a outras civilizações, que compõem igualmente o conjunto do mundo, nos cinco continentes, nesse mesmo tempo histórico – séculos XVI a XVIII – ver, por exemplo, a coletânea da UNESCO, **Histoire de l'humanité** (vol. V – 1492-1789, do original **History of humanity** – from the sixteenth to the eighteenth century, © 1999, Paris: UNESCO, 2008).

[780] S. SETTIS (op. cit., 2004, reimpr, 2008, *Il 'classico' come discrimine, fra postmoderno e moderno*, p. 21-25).

[781] S. SETTIS (op. cit., 2004, reimpr, 2008, cir. p. 22) menciona o exemplo do DONNELLY Building de Chicago (1992), obra de Ricardo BOFIL, "un architetto che ha caratterizzato il proprio stile come *modern classicism*". Mas a utilização de elementos greco-romanos – a recorrência insistente de mármores, colunas, volutas e outros elementos entendidos como greco-romanos – nesta obra como em outros edifícios de arquitetos pós-modernos, não comporta um projeto de retorno ao 'clássico', depois da era do modernismo, nem tampouco implica qualquer hierarquia de valores, em tudo o que vem reconhecido e reutilizado como 'clássico', deva ter papel privilegiado: "Al contrario, i progetti del postmoderno fanno riferimento a un modello storico assai semplificato, costruito sull'opposizione binaria fra il moderno e ciò che lo precede (visto in blocco). 'Classico', in questo senso vuol dire essenzialmente pre-moderno, e il post-moderno ne è la ripresa, in una temporalità lineare assai compressa, e dichiarata con eloquenza minimalistica dal *post* che precede 'moderno'."

SETTIS também mostra a fluidez das interpretações possíveis, que deste suposto 'clássico' se faça:

> se quisermos entender o significado do 'clássico', é oportuno simultaneamente recusar, tanto a ideia de que a tradição cultural do Ocidente se fecha e se conclui sobre si mesma, graças a particularidades únicas e irrepetíveis (ademais raramente explicitadas), como também a ideia oposta, de que a tradição cultural ocidental não existe como tal (ou, o que dá no mesmo, não pode ser descrita em termos unitários), na medida em que não tenha qualquer peculiaridade distintiva, que lhe seja própria.[782]

Ambas atitudes são igualmente negativas e distorcivas:

> A primeira destas duas posições, facilmente, se traduz em preconcebida posição de 'superioridade' de um Ocidente, cuja forma descende, em última análise, não de características de sua cultura, mas da sua posição dominante, no cenário político e militar dos últimos séculos, e até hoje; a segunda (que muitas vezes não passa de reação negativa aos excessos da primeira), ao segmentar *ad libitum* as culturas que compõem a tradição ocidental, renunciando a buscar os seus elementos unificantes, corre o risco de nivelar, por baixo, processos culturais, de grande complexidade, abdicando da tarefa de compreender seu sentido e seu alcance.[783]

Entre tempos que se sucedem, continuidades e rupturas se alternam e se combinam. Habitualmente se faz a divisão entre uma primeira modernidade – o tempo 'moderno' – da Renascença a meados do século XVII – [784] e o subsequente tempo 'clássico' – na sequência do anterior, até meados do século XVIII. Existem, como em períodos anteriores, continuidades e rupturas.[785] E levam, a seguir, para o tempo do 'iluminismo'.

Logicamente, essas delimitações de fases históricas não são estanques – são, entre outros movimentos, em curso no mundo, pautados pela expan-

[782] S. SETTIS (op. cit., 2004, reimpr. 2008, *Storie di ritorni*, p. 102-111, cit. p. 102).

[783] S. SETTIS (op. cit., 2004, reimpr. 2008, loc. cit.).

[784] Objeto de exame no precedente **Direito internacional no tempo moderno de SUAREZ a GRÓCIO**.

[785] Como se considera no **Tratado** (tomo 11 – **Direito internacional no tempo do iluminismo**).

são do Ocidente, como pela mutação de padrões culturais, e de modelos civilizacionais. E das múltiplas interações entre estes. Valendo-se de todas as armas e todos os meios, deu-se essa projeção da Europa ocidental sobre consideráveis extensões de outros continentes. 'Projeções' essas sobre outros continentes levadas a extremos no tempo do colonialismo.[786]

Os europeus, ao se expandirem pelo mundo, carregam consigo muitas coisas, para o bem e para o mal, e dentre estas, expandem o direito internacional, europeu, cristão, ocidental, pelo mundo. E essa herança se reformula, à medida que evolui a comunidade internacional, e nela se desdobra e se amplia o papel do direito internacional, até os nossos tempos pós-modernos.

O sombrio Emile CIORAN bem caracterizava o que pode representar o 'ideal ocidental'[787]. Com algumas personagens marcantes:

> CARLOS MAGNO, FREDERICO II de HOHENSTAUFEN, CARLOS V, BONAPARTE, HITLER, tiveram a tentação, cada um à sua maneira, de realizar a ideia do império universal: fracassaram, com mais ou menos felicidade. O Ocidente, onde essa ideia suscita apenas ironia ou mal estar, vive agora na vergonha de suas conquistas, mas, curiosamente, é no momento mesmo em que ele se volta para si próprio, que suas fórmulas triunfam e se propagam, dirigidas contra seu poder e sua supremacia, elas encontram eco fora de suas fronteiras. Ele ganha, perdendo-se.[788] [...] Da mesma maneira, pode-se roubar tudo do Ocidente, salvo seu gênio. Uma civilização se revela fecunda, pela capacidade que tem, de incitar as outras a imitá-la; se cessa de deslumbrá-las, reduz-se a um conjunto de resíduos e de vestígios.[789]

[786] Cf. **Tratado** (tomos 14 a 17 – **Direito internacional no tempo do colonialismo**).

[787] Emile M. CIORAN (1911-1995), **História e utopia** (orig. publ **Histoire et utopie**, 1960, trad. José Thomaz BRUM, Rio de Janeiro: Rocco, 2011, cap. II – *A Rússia e o vírus da liberdade*, p. 30-46).

[788] E. M. CIORAN (op. cit., 1960, ed. 2011, cit. p. 32): "Foi assim que a Grécia só triunfou no domínio do espírito quando deixou de ser uma potência e mesmo uma nação: saquearam sua filosofia e suas artes, asseguraram o sucesso às suas produções, mas não assimilaram seus talentos."

[789] E. M. CIORAN (op. cit., 1960, ed. 2011, loc. cit.): "Quando a ideia de império abandonou essa parte do mundo, encontrou o seu clima ideal na Rússia, onde, aliás, sempre existiu, singularmente, no plano espiritual."

Do contexto 'moderno' ao 'clássico', as continuidades são tão relevantes quanto as rupturas. Ambas se combinam e se conjugam, na história política, como na história das ideias e das instituições. Por isso se justificou a escolha dos marcos históricos, no interior dos quais é situado o período dito 'clássico' no processo de evolução do direito internacional: entre o final da 'guerra dos trinta anos', na primeira metade do século XVII, até a guerra dos sete anos, em meados do século XVIII.[790]

Assim, no direito internacional 'clássico', PUFENDORF não pode ser entendido sem GRÓCIO, este 'moderno' e cuja obra mergulha na Antiguidade e nos autores medievais. Existe herança direta e ambos se encadeiam. Mas, se PUFENDORF tem, simultaneamente, elementos 'clássicos' e 'modernos', GRÓCIO, por sua vez, tinha e tem, ao mesmo tempo, elementos 'modernos' e também representou – e ele mesmo se via – antes como o perfazimento da tradição 'medieval', dos tratados sobre a guerra e da escolástica, mais do que como inovador.[791] Ao tentar perfazer a tradição medieval dos tratadistas da guerra e dos escolásticos, GRÓCIO escreve a grande obra 'moderna' do direito da guerra medieval, e foi adotado, como paradigma do direito internacional. Mas, sem chegar a se lhe atribuir a 'paternidade' do direito internacional.

A obra principal de GRÓCIO, seu **Direito da guerra e da paz** (1625), se inscreve, de maneira deliberada e erudita, na continuidade da Antiguidade, greco-romana e bíblica, como também buscou perfazer a tradição medieval, dos tratadistas da guerra e da escolástica tardia. Nessa inserção, GRÓCIO buscava exprimir-se, como um 'clássico': ele almejava, antes, perfazer tradição de tratados sobre o direito da guerra e da paz, do que fazer um 'manual' de direito internacional moderno. Sua obra foi divisor de águas entre duas épocas.[792]

Quando GRÓCIO retoma o desafio e cuida do tema "da guerra e da paz", ao mesmo tempo em que expõe o padrão máximo do direito da guerra (medieval), também expõe o seu entendimento, a respeito do direito (inter-

[790] Cujo exame prossegue no **Tratado** (tomo 11 – **Direito internacional no tempo do iluminismo**).

[791] Sobre GRÓCIO e PUFENDORF ver **Tratado** (tomo 7 – **Direito internacional no tempo de Hugo Grócio**, cap. 18 e tomo 9 – **Direito internacional no tempo de Samuel Pufendorf**, cap. 20).

[792] Como se examinou no **Tratado** (tomo 7 – **Direito internacional no tempo de Hugo Grócio**, esp. cap. 18), também para referências à extensa bibliografia grociana.

nacional) 'moderno'. Mas GRÓCIO também, de certa forma, já prepara o caminho para o advento do direito internacional 'clássico'.

Ao ser retomado, estudado e mesmo criticado, por praticamente todos os que o sucederam, este direito internacional (moderno), na linha de GRÓCIO, se expande e se transforma no direito internacional 'clássico'. E por que 'clássico'? Porque, em sentido estrito, passa a ser visto como disciplina autônoma, crescentemente ordenada, e sistematizada. Como ilustram as obras de seu contemporâneo ZOUCH (1590-1660), ao lado de outros mais jovens, notadamente PUFENDORF (1632-1694)[793]

No século seguinte, novo patamar é alcançado com a obra, extensa e profunda, de Christian WOLFF (1679-1754), que inova, na esteira da continuidade de seus predecessores. Este se via como parte dessa grande tradição intelectual e filosófica. Dentre outros, reportando-se à relevante contribuição de seu mestre G. W. LEIBNIZ (1646-1716).[794]

Por sua vez, retomar a obra de seu mestre WOLFF, permite a Emer de VATTEL (1714-1767), avançar do então existente para o perfazimento do que a seguir se convencionou chamar de direito internacional 'clássico'. É preciso que se encaminhe o olhar para VATTEL, para compreender esse ponto de inflexão e de mudança, no processo de evolução do direito internacional.[795]

No encadeamento da história, entre continuidade e mudança, não se pode compreender a evolução do direito internacional 'moderno' para o 'clássico', sem se levar em conta a relevante influência grociana sobre PUFENDORF. Mas a contribuição deste último não se resume a, simplesmente, continuar o passado: ele inova em seu contexto, agrega novos elementos e novos temas ao direito internacional, em conjunto que se perfaz como 'clássico'.

PUFENDORF muito dialoga com GRÓCIO, quer para com ele concordar, quer para discordar dele, especialmente em seus três principais textos

[793] A contribuição de ZOUCH e de PUFENDORF para o direito internacional 'moderno' são examinadas no **Tratado** (tomo 6 – **Direito internacional no tempo de Suarez, Gentili e Zouch**, cap. 17, e tomo 9 – **Direito internacional no tempo de Samuel Pufendorf**, cap. 20).

[794] Ver **Tratado** (tomo 10 – **Direito internacional no tempo de C. van Bynkershoek e Christian Wolff**, cap. 22 sobre Christian WOLFF, e especificamente, item 22.1 – *direito segundo LEIBNIZ*).

[795] A contribuição de VATTEL para o direito internacional é examinada no **Tratado** (tomo 12 – **Direito internacional no tempo de Vattel e von Martens**, cap. 24, em encadeamento que prolonga o tomo 11 – **Direito internacional no tempo do iluminismo**).

sobre o direito natural, publicados em 1660 – os **Elementos de jurisprudência universal**,[796] em 1672 – o **Direito natural e das gentes** em oito livros,[797] e em 1673 – **Dos deveres do homem e do cidadão segundo a lei natural**.[798] Mas, também é relevante a contribuição de PUFENDORF pela sua análise da constituição imperial alemã, na obra, publicada sob pseudônimo, a respeito do **Estado do império germânico**, de 1667.[799] Ainda

[796] Samuel L. B. a PUFENDORF, **Elementa** ou **Elementorum juris prudentiae universalis**, libri duo (orig. publ. 1660, in **Gesammelte Werke**, Band 3, hrsg. Thomas BEHME, Berlim: Akademie Verlag, 1999). A respeito, ver Luiz Felipe Netto de Andrade e Silva SAHD, *Samuel Pufendorf e a diferença entre direitos perfeitos e imperfeitos* (Pensando – Revista de Filosofia, vol. 3, no. 6, 2012, p. 49-63 – online https://revistas.ufpi.br > article 920-12765-1-PB).

[797] S. PUFENDORF, **De jure naturae et gentium libri octo** (orig. publ. Lund, 1672) ___, ___ (cum integris Commentariis Virorum Classirimorum Jo. Nicolai HERTII atque Joannis BARBEYRACI, recensuit & animadversionibus illustravit Gottfridus MASCOVIUS, Francofurti & Lipsiae: ex officina Knochiana, MDCCXLIV); ___, ___ (in **Gesammelte Werke**, Band 4.1 – liber primus – liber quartus, Band 4.2 – liber quintus – liber octavus, hrsg. Frank BÖHLING, Berlim: Akademie Verlag, 1998). Na sua obra maior sobre o direito natural e das gentes (1672), especialmente no livro VIII, em muitas passagens PUFENDORF simplesmente anota: "isso foi bem tratado por GRÓCIO", e com a remissão à passagem da obra deste (1625) se abstém de retomar o tratamento da mesma questão. Em muitas outras passagens, contudo, cita a opinião de GRÓCIO, mas afirma não poder concordar com ele, e justifica o motivo para divergir. Ver a respeito **Tratado** (tomo 9 – **Direito internacional no tempo de Samuel Pufendorf**, cap. 20).

[798] PUFENDORF, **De officio hominis et civis iuxta legem naturalem** (orig. publ. Lund, 1673); ___, ___ (in **Gesammelte Werke**, Band 2, hrsg. Gerald HARTUNG, Berlim: Akademie Verlag, 1997); ___, **On the duty of man and citizen according to natural law** (ed. by James TULLY, transl. by Michael SILVERTHRONE, Cambridge: Univ. Press – Cambridge texts in the history of political thought, 1991); ___, **Les devoirs de l'homme et du citoyen** – tels qu'ils sont prescrits par la loi naturelle (trad. du latin par Jean BARBEYRAC, Londres: chez Jean Nourse, MDCCXII – ed. facsimilar Caen: Univ. de Caen – Centre de philosophie politique et juridique – Bibliothèque de philosophie politique et juridique, 1989, 2 tomes); ___, **Os deveres do homem e do cidadão de acordo com as leis do direito natural** (trad. para o inglês de Andrew TOOKE, 1691, org. e introdução Ian HUNTER e David SAUNDERS, [seguido de] *Dois discursos e um comentário* por Jean BARBEYRAC, trad. D. SAUNDERS, 2003, trad. Eduardo FRANCISCO ALVES, Rio de Janeiro: Topbooks – Liberty Fund, 2007).

[799] PUFENDORF, sob o pseudônimo Severinus de MONZAMBANO, **De statu imperii germanici** (1667). Em muitas edições circulou essa obra, publicada com o nome do autor, depois da morte deste. S. PUFENDORF, **De statu imperii germanici**, liber unus (Latin edition, reprint Charleston: Nabu Press, 2013); ___, **Die Verfassung des deutschen Reiches** (Übersetzung, Anmerkungen und Nachwwort von H. DENZER, Stuttgart: Reclam Verlag – Universal Bibliothek, vol. 966[3]. 1985). A respeito, ver tb. **Tratado** (tomo 9 – **Direito internacional no tempo de Samuel Pufendorf**, item 20.2 – *PUFENDORF como historiador*); Luiz Felipe Netto de Andrade e Silva SAHD, *Sacro Império Romano de Severinus de Monzambano*

agrega outros elementos PUFENDORF, nas três coletâneas de esclarecimentos e de respostas aos seus críticos, estas publicadas em 1675 – **Dissertações acadêmicas selecionadas**, em 1677 – **Seleção de controvérsias**, contendo o ensaio sobre – *A origem e o progresso da disciplina do direito natural* e, em 1686 – **Polêmicas escandinavas** – nas quais são refutadas as objeções contra o livro sobre Direito natural e das gentes.[800]

Do mesmo modo, é preciso situar PUFENDORF em relação a Samuel RACHEL, que constrói boa parte de sua obra como crítica à concepção de PUFENDORF.[801] Dentre outros autores, que dialogam com a obra de PUFENDORF, grandes destaques são WOLFF e VATTEL.[802]

Mais adiante, já no início do século XIX, ainda o fará VON MARTENS. Também trazem inovações, cada um destes autores, para explicar e justificar sejam lembrados separadamente,[803] no exame da evolução conceitual e institucional do direito internacional.

Como em relação a séculos anteriores, ao lado destes expoentes específicos do direito internacional, também devem ser lembrados outros juristas e pensadores, como LEIBNIZ. Este, além de escrever sobre direito internacional, também dialoga com a obra e critica PUFENDORF.[804] Quiçá, mesmo, de maneira nem sempre leal, como enfaticamente defende BAR-

(Fortaleza: Univ. fed. do Ceará – Revista Sofia – Programa de pós-graduação em filosofia UFES, vol. 12(1), e12140722, publ. 11.05-2023 – online https://doi.org/10.47456/sofia.v12i1.40722) considera que "PUFENDORF estava fortemente interessado na questão da soberania, e que a complexa realidade do Sacro Império Romano exigia uma abordagem completamente nova para a questão de onde residia a soberania dentro do Império". Argumenta que o tipo de estado que PUFENDORF tinha em mente era o *estado composto,* representado pelo Sacro Império Romano, consistindo em muitas comunidades diferentes, divididas por religião, mas compartilhando o mesmo soberano, o Sacro Imperador Romano católico.

800 PUFENDORF, **Dissertationes academicae selectiores** (1675), **Specimen controversiarum** (1677) – contendo *De origine et progressu disciplinae juris naturalis,* e **Eris scandica, qua adversus libro de jure naturali et gentium objecta diluuntur** (1686).

801 Sobre a relação crítica de Samuel RACHEL e Samuel PUFENDORF ver **Tratado** (tomo 9 – **Direito internacional no tempo de Samuel Pufendorf**, item 20.1 – *crítica da concepção de PUFENDORF*).

802 A contribuição de VATTEL para o direito internacional 'clássico' é examinada no **Tratado** (tomo 12 – **Direito internacional no tempo de Vattel e von Martens**, cap. 24).

803 Ver **Tratado** (tomo 10 – **Direito internacional no tempo de C. van Bynkershoek e Christian Wolff**, cap. 22, e tomo 12 – **Direito internacional no tempo de Vattel e von Martens**, capítulos 24 e 25).

804 Ver **Tratado** (tomo 9 – **Direito internacional no tempo de Samuel Pufendorf**, item 20.1 – *crítica da concepção de PUFENDORF*), as observações de LEIBNIZ a respeito da obra

BEYRAC, tradutor de PUFENDORF para o francês, e autor de candente defesas da doutrina de PUFENDORF, contra as críticas de LEIBNIZ.[805]

LEIBNIZ, que dialoga com PUFENDORF, será o mestre de WOLFF, que também dialoga com a obra de PUFENDORF. A seguir, WOLFF será o mestre de VATTEL, que também dialoga com a obra de PUFENDORF.

Paradigma do 'clássico', o grande filósofo Gottfried Wilhelm LEIBNIZ (1646-1716) me parece, muitas vezes, ter sido injustiçado: ele, que foi tão relevante como filósofo, costuma ser negligenciado, como internacionalista – e merece esse título, não somente por sua coletânea de tratados com suas considerações sobre o direito internacional, como também pelas suas reflexões a respeito da paz perpétua – além de ter sido pioneiro e destacado expoente do movimento de abertura da mente europeia para outras civilizações, e que enfatizava a necessidade de reconhecer e conviver com a diversidade das culturas.

LEIBNIZ manteve, durante vinte e cinco anos, extensa e variada correspondência com os missionários católicos na China.[806] Para tentar entender essa grande e antiquíssima civilização, que parecia mais desenvolvida, que a então existente na Europa, LEIBNIZ faz perguntas a quem lá vivia e tinha conhecimento direto a respeito:[807] esse fascínio exercido pela China e pelas grandes civilizações orientais, suscitado por LEIBNIZ, é depois passado para WOLFF, alcança e se difunde pela geração dos enciclopedistas franceses.[808] Faz parte do vocabulário e das ideias do 'iluminismo'

sobre os deveres do homem e do cidadão segundo a lei natural de PUFENDORF (1673) e a defesa de BARBEYRAC, contra as críticas de LEIBNIZ.

805 Cfr. **Tratado** (tomo 9 – **Direito internacional no tempo de Samuel Pufendorf**, item 20.1 – *crítica da concepção de PUFENDORF*); ver LEIBNIZ, **Textes inédits** – d'après les manuscrits de la Bibliothèque provinciale de Hanovre (publiés et annotés par Gaston GRUA, Paris: PUF, 1ere éd., 1948; 2e éd., 1998, 2 tomos, esp. p. 685-686), na correspondência de LEIBNIZ com KESTNER, onde julga severamente a obra **De officio hominis et civis** de S. PUFENDORF. Cf. Carta de 29 set. 1709: *"Pufendorfii hypotheses omnes non quidem approbaverim"*.

806 Gottfried Wilhelm LEIBNIZ, **Der Briefwechsel mit den Jesuiten in China** (1689-1714) (edição em latim, alemão e francês, hrsg. und mit einer Einleitung versehen von Rita WIDMAIER, Textherstellung und Übersetzung von Malte-Ludolf BABIN, Hamburgo: Felix Meiner, 2006, *Einführung: Leibniz und China*, p. XIII-CXXXIII).

807 G. W. LEIBNIZ, **Discurso sobre a teologia natural dos chineses** (orig. publ. **Lettre de Mr. G. G. LEIBNIZ sur la philosophie chinoise à Mr. de RÉMOND**, 1716, introdução, tradução e notas de Adelino CARDOSO, Lisboa: Colibri-Universalia-Fundação Oriente, 1991).

808 Cujo exame segue no **Tratado** (tomo 11 – **Direito internacional no tempo do iluminismo**).

fascinar-se com a China e o 'Oriente',[809] bem como tentar fazer comparações, entre este e a Europa.

Mas, mesmo quando se voltam para a China e outras civilizações da Ásia, não deixam os europeus de incorrer em considerável dose de 'eurocentrismo'. No sentido de se verem sempre como o centro do mundo. De onde veriam gravitar outras civilizações. Elementos desse conjunto, complexo e variado, de relações entre civilizações – descrito como parte de processo vivido na Europa do século XVIII, no sentido de desmistificação ou 'desencantamento' – *Entzauberung* – da Ásia.[810]

LEIBNIZ, sabiamente, defendia a necessidade, não somente de diálogo, entre civilizações, como também sustentava ser ferramenta, para aprimorar o entendimento humano,[811] sendo indispensável o conhecimento, pelos ocidentais, da contribuição da China, para o conjunto da civilização e da história do mundo: "os autores chineses e sobretudo os antigos, são passíveis de um sentido racional e que de modo nenhum se deve obs-

[809] A noção de 'Oriente' é bastante problemática, enquanto produto fabricado pelo e para consumo do 'Ocidente'. Ver a respeito: **Les peuples de l'Orient** – au milieu du XVIe siècle – Le Codex 1889 de la Bibliothèque Casanatense de Rome (préface de Sanjay SUBRAHMANYAM, Paris: Chandeigne, 2022); **Le voyage en Orient** – Anthologie des voyageurs français dans le Levant au XIXe siècle (introduction, chronologie, notices biographiques et index par Jean-Claude BERCHET, Paris: Robert Laffont, 1985); de Edward W. SAID, **Orientalism** (orig. publ. 1978, Londres: Penguin, 1985), e alguns de seus outros estudos: SAID, **Cultura e política** (org. Emir SADER, trad. Luiz Bernardo PERICÁS, São Paulo: Boitempo, 2003, reimpressão 2007); ___, **Humanismo e crítica democrática** (orig. publ. **Humanism and democratic criticism**, 2004, trad. Rosaura EICHENBERG, São Paulo: Companhia das Letras, 2007); ___, **Fora do lugar: memórias** (orig. publ. **Out of place – a Memoir**, 1999, trad. José Geraldo COUTO, São Paulo: Companhia das Letras, 2004); ___, **Reflexões sobre o exílio e outros ensaios** (orig. publ. **Reflections on exile and other essays**, 2001, trad. Pedro Maia SOARES, São Paulo: Companhia das Letras, 2003).

[810] Jürgen OSTERHAMMEL, **Die Entzauberung Asiens** – Europa und die asiatische Reiche im 18. Jahrhundert (orig. publ. 1998, Munique: Beck, 2010, *Vorbemerkung*, p. 11-14) considera não haver período mais rico e mais propício do que o século XVIII para situar o lugar da Europa no mundo, bem como em relação a outras civilizações e culturas, mesmo sem deixar de ser etnocêntrico.

[811] G. W. LEIBNIZ (1646-1716), **Neue Abhandlungen über den menschlichen Verstand** (escritos em 1704, publicados em 1765, do original **Nouveaux essais sur l'entendement humain**, übersetzt, eingeleitert und erläutert von Ernst CASSIRER, © 1915, Hamburg: Felix Meiner, reimpressão, 1971); **Novos ensaios sobre o entendimento humano** (trad. L. J. BARAÚNA, São Paulo: Abril – Os pensadores, vol. XIX, 1974, p. 111-389). Muitos séculos antes do modismo recente do assim chamado '*interculturalismo*' fazer a sua aparição.

tar concede-lo".[812] LEIBNIZ via a China como experiência relevante, não somente pelo cunho histórico de tal conhecimento, de outra civilização, inteiramente diversa da europeia, cristã e 'ocidental', mas pela sua relevância para o conjunto da humanidade, e de sua evolução:

> Como a China é um grande império, que não fica nada atrás em extensão à Europa cultivada, e a ultrapassa pelo número de habitantes, e em boa política; e como há na China uma moral exterior admirável sob muitos aspectos, junto a uma doutrina filosófica, ou antes, a uma teologia natural, venerável pela sua antiguidade, estabelecida e autorizada, desde há aproximadamente três mil anos, muito antes da filosofia dos gregos, a qual é, contudo, a primeira de que o resto da terra tem obras, excetuando sempre os nossos livros santos; seria uma grande imprudência e presunção, para nós que viemos depois deles, e saídos a custo da barbárie, querermos condenar uma doutrina, tão antiga, porque ela não parece concordar, em primeiro lugar, com as nossas noções escolásticas ordinárias. [...] Assim, é racional ver se não se poderá dar-lhe um bom sentido.[813]

Contemporaneamente a essas reflexões de LEIBNIZ, os europeus mataram a possibilidade de construção do diálogo, entre a Europa e a China, e a possibilidade de expansão do cristianismo, no Império do meio, em iniciativa, começada desde o século XVI, ampliada no século XVII, com Matteo RICCI e outros missionários europeus, junto à corte imperial chinesa, e que foi envenenada, no século XVIII, pelas intrigas em torno da controvérsia, sobre os assim chamados "ritos chineses":[814] esta foi oportunidade única de diálogo, irremediavelmente perdida.[815]

[812] Como ilustrava LEIBNIZ, no seu já mencionado **Discurso sobre a teologia natural dos chineses** (1716, ed. 1991, n. I, p. 37-38).

[813] LEIBNIZ, **Discurso sobre a teologia natural dos chineses** (1716, ed. 1991, n. III, p. 40)

[814] Ver **Tratado** (tomo 3 B – **Gregos, romanos, chineses, indianos**, item 7.2 – *a controvérsia sobre os ritos chineses*); algumas fontes portuguesas a respeito do tema, ver: Horácio Peixoto de ARAÚJO, **Os Jesuítas no império da China: o primeiro século (1582-1680)** (Macau Instituto português do Oriente, 2000, esp. cap. III – *a questão dos ritos chineses*, p. 203-284, cit. p. 284): "torna-se inevitável perguntar, ou simplesmente imaginar, qual teria sido o futuro do cristianismo no mais vasto império asiático, se o esforço e a larga visão desse enorme rol de missionários não tivessem sido esterilizados em lutas e quezílias, com objetivos não raras vezes duvidosos". Ver tb. Antonio Vasconcelos de SALDANHA, **De KANGXI para o papa, pela via de Portugal** – memória e documentos relativos à intervenção de Portugal e da

O que se deu, ao menos em parte, em razão da rivalidade, entre o padroado português do Oriente e as missões francesas ao Oriente, foi alimentado por intrigas, junto à corte pontifícia em Roma, e culminou, com o golpe final da intolerância, em não aceitar a observância da tradição confuciana e do culto dos ancestrais, pelos chineses, que sob o reinado tolerante do imperador KANG XI, se mostravam dispostos a ouvir – e quiçá, acolher – a mensagem cristã. Comentava VOLTAIRE (1751, ed. 2010):

> Soube-se que, precisamente nesse tempo, as controvérsias, que amargavam entre os missionários, das diferentes ordens, uns contra os outros, tinham produzido a extirpação da religião cristã na região de Tonquim; e essas mesmas controvérsias que se produziam, ainda mais na China, indispuseram todos os tribunais, contra aqueles que, vindo pregar a sua lei, não estavam de acordo, entre eles, sobre essa mesma lei.[816]

Companhia de Jesus na questão dos Ritos Chineses e nas relações entre o imperador Kangxi e a santa Sé (traduções chinesas por JIN Guo Ping, Macau: Instituto Português do Oriente, 2002, em 3 vols.); em linha semelhante ver, do mesmo A. V. SALDANHA e JIN Guo Ping, **Para a vista do imperador – memoriais da dinastia Qing sobre o estabelecimento dos portugueses em Macau (1808-1887)** (Macau: Instituto português do Oriente, 2000); e, ainda, A. V. SALDANHA, **A 'memória' sobre o estabelecimento dos portugueses em Macau do Visconde de Santarém (1845): os primórdios da discussão da legitimidade da presença dos portugueses em Macau** (Macau: Instituto português do Oriente, 1995).

[815] Oportunidade perdida, que muito lamentava VOLTAIRE, no seu **Le siècle de Louis XIV** (orig. publ. 1751, édition établie, présentée et annotée par Jacqueline HELLEGOUARCH et Sylvain MENANT, avec la collaboration de Philippe BONNICHON et Anne-Sophie BARROVECCHIO, Paris: Libr. Génerale Française, © 2005, 2ª. ed., 2008); tb. ___, ___ (in **Œuvres historiques**, édition présentée, établie et annotée par René POMEAU, Paris: Gallimard-Pléiade, © 1957, impr. 2010, p. 603-1274), concluía o cap. XXXV (op. cit., 1751, ed. 2010, p. 1041), com a seguinte observação: "L'esprit vraiment philosophique, qui n'a pris racine que vers le milieu de ce siècle, n'éteignit point les anciennes et les nouvelles querelles théologiques, qui n'étaient pas de son ressort. On va parler de ces dissensions qui font la honte de la raison humaine".

[816] VOLTAIRE, **Le siècle de Louis XIV** (op. cit., 1751, ed. 2010, esp. chap. XXXIX – *Disputes sur les cérémonies chinoises – comment ces querelles contribuèrent à faire proscrire le christianisme à la Chine*, p. 1101-1109, cit. 1108) examina a questão: "On sut que, précisément en ce temps-là, les disputes qui aigrissaient les missionnaires des différents ordres les uns contre les autres avaient produit l'extirpation de la religion chrétienne dans le Tunquin; et ces mêmes disputes qui éclataient encore plus à la Chine indisposèrent tous les tribunaux contre ceux qui, venant prêcher leur loi, n'étaient pas d'accord entr'eux sur cette loi même."

Ao mesmo tempo em que escrevia LEIBNIZ, e quiçá independentemente da reflexão deste, também Giambattista VICO (1668-1744) apontava a relevância da civilização chinesa, nos seus **Princípios de uma ciência nova em torno à comum natureza das nações**, originalmente publicados em 1725 e, em edição definitiva, em 1744:[817] menciona o cultivo das artes e das letras entre os chineses, e que, não somente, a imprensa, entre eles, datava de cerca de duzentos anos, antes da equivalente europeia, mas também escrevia, a respeito de CONFÚCIO, tendo vivido cerca de quinhentos anos antes de CRISTO.[818]

A contribuição de LEIBNIZ também se reflete na obra de Christian WOLFF (1679-1754).[819] Este se declara 'discípulo' de LEIBNIZ, e segue seu mestre, não somente em relação ao direito internacional, mas também no mesmo interesse, de ambos, pela China e sua civilização. O que, como se sabe, teve enormes e diretas consequências, sobre a vida e a carreira de WOLFF.

Na sua palestra, sobre a filosofia prática chinesa, **Oratio de sinarum philosophia practica**, apresentada em 12 de julho de 1721, na Universidade de Halle, WOLFF insistia no perfil de CONFÚCIO, como pessoa.[820] Superando as distâncias temporais e culturais, compreendeu WOLFF,[821] a figura de CONFÚCIO, em sentido substancialmente diverso, do que o fizera outro humanista e internacionalista, como Christian THOMASIUS.

Não se trataria, assim, de colocar o papel de CONFÚCIO, para a civilização chinesa, como comparável ao "de MOISÉS para os judeus, de MAOMÉ

[817] Giambattista VICO, **Principi d'una scienza nuova d'intorno alla commune natura delle nazioni** (1725, ed. definitiva 1744, in G. VICO, **Opere**, a cura di A. BATTISTINI, Milano: Mondadori, 1990, 2 vols., t. I, p. 409-971 e ***la Prima scienza nuova*** (1725) no t. II, p. 975-1229).

[818] G. VICO, **Scienza nuova** (1744, ed. BATTISTINI, 1990, Libro primo – *dello stabilimento dei principi*, p. 447-555, cit. p. 459-460), mesmo se VICO se exprime de maneira bastante desabusada a respeito da filosofia de CONFÚCIO: "La filosofia confuciana, conforme ai libri sacerdotali egiziaci, nelle poche cose naturali ella è rozza e goffa, e quasi tutta si rivolge ad una volgar morale, o sia moral comandata a que' popoli con le leggi."

[819] A respeito de WOLFF e da relação deste com LEIBNIZ, ver **Tratado** (tomo 10 – **Direito internacional no tempo de C. van Bynkershoek e Christian Wolff**, cap. 22).

[820] Christiani WOLFFI, **Oratio de sinarum philosophia practica** – in solemni panegyri recitata in ipso Academiae Hallensis (1721, Francofurti ad Moenum: apud Joh. B. Andreae & Heinr. Hort., MDCCXXVI).

[821] Ver **Tratado** (tomo 10 – **Direito internacional no tempo de C. van Bynkershoek e Christian Wolff**, cap. 22 – *Christian WOLFF (1679-1754)*).

para os turcos, ou mesmo como o de CRISTO para nós", na medida em que "nós o [CRISTO] honramos como profeta ou como mestre, que nos foi concedido por Deus". Enquanto é marcante, no caso da confissão de CONFÚCIO, quanto este insistia em nada ter descoberto, e que somente teria renovado o antigo, que já antes existira.

O diálogo intercultural é enorme e vasto campo do conhecimento. E tem relevância específica, para se pensar e se compreender o fenômeno da evolução do direito internacional.

Aí se põe modelo 'clássico', no sentido de ser este considerado digno de ser imitado e retomado. CONFÚCIO é também aqui digno de ser lembrado por essa concepção do 'clássico'. Onde a perfeição estaria em passado, tanto mais idealizado, quanto mais remoto (*in illo tempore*), e que pode chegar a alcançar o presente, como inspiração teórica e como orientação prática.

É possível reunir conjunto de princípios jurídicos, que possa ser compartilhado pelo conjunto do gênero humano? Essa indagação – que nos faz pensar no debate pós-moderno em torno do *jus cogens* – não vem de hoje,[822] e continua a ser necessária e oportuna, sobretudo no direito internacional.

[822] Paul VINOGRADOFF, **Principes historiques du droit** – introduction – le droit de la tribu (trad. de l'anglais par P. DUEZ et F. JOÜON DES LONGRAIS, Paris: Payot, 1924, esp. chap. VIII – *Les tendances modernes dans le droit*, p. 160-173, cit. p. 166-167) indagava quanto à possibilidade de "reunir certo número de princípios fundamentais do direito, derivados das existências universais do espírito humano, e de constituir dessa maneira uma teoria formal do direito, independentemente das modificações trazidas pelas particularidades nacionais, geográficas, políticas? Esta é a pretensão do direito geral. Pode-se observar, antes de mais nada, tal pretensão parecer estranha, por parte de autores que renunciaram à concepção do direito natural e se vinculam ao direito positivo. Se WOLFF e KANT tivessem o direito de traçar os planos do direito geral, perguntamo-nos sobre qual fundamento AUSTIN e HOLLAND agem assim. O fato que limitem o direito ao direito do mundo civilizado não torna essa tentativa menos inconsequente do ponto de vista desses últimos autores. O que é o mundo civilizado? Quando este começou a existir? Deve aí estar compreendida a civilização cristã? O direito dos jurisconsultos romanos deve ser levado em consideração? PLATÃO e ARISTÓTELES têm direito de falar em filosofia do direito? As concepções maometanas e bramânicas devem ser excluídas do exame? O estudo do início da autoridade judiciária, da sanção pública, do direito privado, da organização familiar da propriedade, da posse, da cooperação, devem ser estranhas aos juristas? Seria, com certeza, difícil abranger o conjunto do desenvolvimento humano, por meio das ideias de uma ciência do direito universal, mas se devemos, arbitrariamente afastar as partes desse desenvolvimento, em vista da unidade de tratamento, isso mostra certamente que, para tratar cientificamente do assunto é preciso visar construções não mais absolutas, nem universais, mas relativas". Advertia, assim, VINOGRADOFF, que a pretensão de ser, ao mesmo tempo, 'científico' e 'universal' pode ser dificilmente compatível. Esse dilema se faz presente no direito internacional 'clássico' e prosseguirá nos séculos seguintes.

Sintomaticamente, WOLFF pagou caro por fazer elogios à civilização e à filosofia chinesas. E por dizer que seu sistema, com esta se identificava. Com a arrogância, típica dos seus colegas europeus, os teólogos de Halle passaram a condenar as teorias, supostamente perniciosas, de WOLFF, já a partir do dia seguinte à palestra do ilustre professor, matemático, jurista e filósofo. E tanto fizeram, que conseguiram que este perdesse a sua cátedra em Halle. E tivesse de se deslocar para outra universidade. Até ser convidado a voltar para lecionar em sua antiga universidade, depois de FREDERICO II suceder a seu pai, no trono da Prússia, em 1740.[823]

O preconceito, em relação aos estrangeiros, não acontece somente na Europa. Como também se pode observar na tradição chinesa.[824] E como sempre, em maior ou menor grau, existirão razões para os ressentimentos.[825]

Na tradição chinesa, também, se ouvem vozes, afirmando a igualdade, entre os homens, e a iniquidade de se pretender ser 'povo eleito' Nesse sentido, entre os século IV e III a. C. se consolida e se transmite o venerável ensinamento do 'velho mestre', como se conhece LAO TSÉ. Este ensinava: "todos os seres no mundo tem uma vida da mesma qualidade que a nossa".[826]

[823] Ver **Tratado** (tomo 10 – **Direito internacional no tempo de C. van Bynkershoek e Christian Wolff**, cap. 22 – *Christian WOLFF (1679-1754)*).

[824] Cabe referir o exemplo de WANG Fuzhi (1619-1692), a respeito da "guerra justa" que os chineses deveriam fazer contra os bárbaros – em alusão flagrante aos *manchus*, da dinastia então reinante: "um conflito entre o País do meio (*Zhongguo*) e os bárbaros não pode ser chamado de guerra. [...] Aniquilá-los não deve ser considerado desumano, enganá-los não pode ser desleal, ocupar seus territórios e confiscar seus bens não pode ser injusto. [...] Aniquilá-los, a fim de preservar a integridade de nosso povo, é questão de humanidade; enganá-los, a fim de infligir o que eles detestam, com certeza não é deslealdade; ocupar seus territórios, para os fazer aprimorar seus costumes, por meio da nossa cultura e dos nossos valores, e confiscar seus bens, para aumentar os recursos de nosso povo, é questão de justiça. WANG Fuzhi, **Chunqiu jiashuo** (*Interprétation des 'Annales des printemps et des automnes' dans la tradition familiale*, de 1646, *juan 3*, in **Chuanshan yishu quanji**, ou Recueil complet des œuvres encore existantes de Wang Fuzhi, 22 vols., Taipei: Zhongguo Chuanshan xuehui et Ziyou chubanshe, 1972, t. 7, p. 3648-3649).

[825] O caso de WANG Fuzhi (1619-1692) é explicado por Anne CHENG, **Histoire de la pensée chinoise** (Paris: Seuil, 1997, impr. 2002, p. 575 e nota 26, p. 603-604): "la virulence toute juvénile qui se dégage de ce commentaire sonne en fait comme un aveu d'impuissance car, dès la trentaine, WANG Fuzhi est contraint de renoncer à l'engagement politique, de passer le restant de ses jours caché par refus de transiger avec les autorités mandchoues et de chercher dans une retraite studieuse ce qui était sans doute tout à la fois une évasion et une nouvelle forme d'action."

[826] LIE-TSEU, **Sur le destin** et autres textes (trad. du chinois et annoté par Benedykt GRYNPAS, 'textes extraits du recueil' **Le vrai classique du vide parfait**, ©1961 UNESCO

A veia crítica e a sátira também fazem parte dessa tradição 'clássica'. No caso chinês, bom exemplo seria a "história da floresta dos letrados" (*Rulin waishi*), romance satírico sobre a hipocrisia social, entre os mandarins, escrito em 1745, por WU Jingzi (1701-1754), e que se tornou clássico da literatura narrativa chinesa.

Não se pode deixar de notar, que muito dessa admiração pela China foi retomada, por VOLTAIRE e a partir deste, também se refletiu entre os 'enciclopedistas' franceses e, em geral, no contexto do 'iluminismo'.[827] Mas, sintomaticamente, apresentam a China e o pensamento chinês, como se fosse iniciativa e descoberta destes, sem se 'lembrarem' de creditar a LEIBNIZ, e depois dele, a VICO, e igualmente, a WOLFF, a ideia fundamentalmente original da necessidade desse diálogo intercivilizacional, do Ocidente europeu com a China:

> Parece bem, que os nossos europeus, estivessem bastante informados da literatura chinesa, a ajuda da lógica, da crítica, da matemática e da nossa maneira de nos exprimir, mais determinada que a deles, nos faria descobrir, nos monumentos chineses, de uma antiguidade tão recuada, muitas coisas, desconhecidas dos chineses modernos; e mesmo dos seus intérpretes posteriores, por muito clássicos que os julguem.[828]

Paris: Gallimard-Folio, 2009, livre VIII, chap. 28 – pas de privilégiés dans le monde des vivants, pp. 92-93): "Tous les êtres , dans le monde, possèdent une vie de même qualité que la nôtre. Il n'y en a pas de nobles et des vils, mais les uns surpassent les autres par la taille, la ruse et la force et non pas parce que les uns seraient nés pour les autres. Ce que l'homme trouve comestible il le mange. Mais il n'a pas été créé à l'origine par le ciel pour les hommes." ou também na edição **Le vrai classique du vide parfait** (in **Les fleurs de la pensée chinoise**, introduction et notes complémentaires par Guy ROCHET, Paris: Presses du Châtelet, 2007, 3 vols., vol II, pp. 87-192, cit. VIII.Y, p. 190): "Même le ciel et la terre sont des êtres comme tous les êtres. Il n'y a pas d'êtres supérieurs, il n'y en a pas d'inférieurs. C'est un fait que les plus ingénieux et les plus forts mangent les plus sots et les plus faibles, mais il ne faut dire pour cela que ceux-ci aient été faits ou soient nés pour l'usage de ceux-là. L'homme mange les êtres qu'il peut manger, mais le ciel n'a pas fait naître ces êtres pour que l'homme les mangeât. Autrement, il faudrait dire que le ciel a fait naître les hommes, pour que les moustiques et les cousins les sucent, pour que les tigres et les loups le dévorent."

[827] Ver a respeito **Tratado** (tomo 11 – **Direito internacional no tempo do iluminismo**).

[828] G. W. LEIBNIZ, **Discurso sobre a teologia natural dos chineses** (do original **Lettre de Mr. G. G. LEIBNIZ sur la philosophie chinoise à Mr. de RÉMOND**, de 1716, introdução, tradução e notas de Adelino CARDOSO, Lisboa: Colibri-Universalia-Fundação Oriente, 1991, seção IV, n. LXVIII, p. 85).

A perspectiva de abertura para o mundo, e de diálogo com outras civilizações e modos de percepção da realidade, são sempre complexas. Mas, sobretudo, no direito internacional isso se faz necessário e tem de ser construído.

No direito internacional do tempo 'clássico' alguns filósofos e pensadores políticos não podem ser simplesmente referidos de maneira incidental. Parece centralmente necessário situar obras da relevância das contribuições de LEIBNIZ como de VICO. Inclusive porque este constrói a ideia de "ciência nova" – direito das gentes – em torno da "comum natureza das nações".

A obra de VICO merece aprofundamento, sobretudo por ter ele escolhido GRÓCIO – este, ao lado de PLATÃO, TÁCITO e BACON –, como um dos quatro pilares, os paladinos intelectuais, para a construção dos seus **Princípios de uma ciência nova em torno à comum natureza das nações** (1725 e 1744, ed. 1990).[829] A obra de VICO dialoga, continuamente, com a de GRÓCIO. Como também com PLATÃO e com BACON. Ao lado das leituras de uma vida inteira.

Também cabe traçar numerosas linhas comparativas, entre a obra de VICO, e a do seu contemporâneo mais jovem, MONTESQUIEU:[830] as grandes obras, de um e de outro, colocam o 'direito', como parte da vida em sociedade, e, sobretudo, o direito internacional, como fenômenos culturais e como bagagem intelectual. De cada civilização; e do conjunto destas. Com inexoráveis interações entre umas e outras.

VICO e MONTESQUIEU são modos 'clássicos', porém relevantes, de compreender o 'direito', como elemento, para a ordenação da vida em sociedade. E para compreender, por meio do direito, as diferenças entre as sociedades. E nessa atuação do direito, compondo as diferenças, entre as sociedades, se inscreve o papel específico do direito internacional, no tempo 'clássico'.

[829] Giambattista VICO, **Principi d'una scienza nuova d'intorno alla commune natura delle nazioni** (1725, ed. definitiva 1744, in G. VICO, **Opere**, a cura di A. BATTISTINI, Milano: Mondadori, 1990, 2 vols., t. I, p. 409-971 e ***la Prima scienza nuova*** (1725) no t. II, p. 975-1229).

[830] Charles de Secondat, Barão de La Brède et de MONTESQUIEU (1689-1755), **De l'esprit des lois** (texte présenté et annoté par Roger CAILLOIS, Paris: Gallimard-NRF-Pléiade, © 1951, impr. 1994); tb. na ed. brasileira, MONTESQUIEU, **Espírito das leis** (intr. e notas de Gonzague TRUC, trad. Fernando Henrique CARDOSO e Leôncio Martins RODRIGUES, São Paulo: Abril – Os pensadores, vol. XXI, 1973).

São eles relevantes. E tem de ser lembrados. A crítica de VICO,[831] contra GRÓCIO, contra SELDEN e também contra PUFENDORF, merece ser considerada, como parte da história das ideias, e do desenvolvimento do direito internacional 'clássico'.[832]

VICO e MONTESQUIEU, como outros filósofos e pensadores tiveram impacto direto, e relação estrita com o direito internacional. No tempo 'clássico', faz-se menção específica a algumas das facetas da obra de LEIBNIZ, [833] também pela ligação direta deste com WOLFF. E pela linhagem intelectual, que parte de LEIBNIZ a WOLFF, e de WOLFF chega a VATTEL.[834]

Tais pensadores e filósofos foram marcantes para o conjunto da civilização, e contribuíram para consolidar o contexto intelectual da época, com as suas obras, as suas teorias e as controvérsias, das quais tenham participado, mesmo que não tenham a mesma relevância direta, com contribuições específicas, para o direito internacional. Como neste tomo se apontam, em relação a PUFENDORF, Samuel RACHEL, BYNKERSHOEK, WOLFF e a BURLAMAQUI. E, nessa mesma vertente, ainda VATTEL.[835]

Estes expoentes internacionalistas são, aqui, examinados em maior extensão. Assim como, na fase anterior, tiveram grande relevância filósofos, como HOBBES e ESPINOZA, ambos já mencionados.[836] Não somente tiveram grande papel, na evolução do pensamento, mas também, por vezes, influência direta sobre o direito internacional. Do mesmo modo, nesta fase 'clássica', não podem deixar de ser lembrados autores, como LOCKE,[837]

[831] Giambattista VICO, **Principi d'una scienza nuova d'intorno alla commune natura delle nazioni** (1725, ed. definitiva 1744, in G. VICO, **Opere**, a cura di A. BATTISTINI, Milano: Mondadori, 1990, 2 vols., tomo I, p. 409-971 e tomo II, p. 975-1229).

[832] Como se menciona no **Tratado** (tomo 9 – **Direito internacional no tempo de Samuel Pufendorf**, cap. 20 – *Samuel PUFENDORF (1632-1694)*).

[833] Ver **Tratado** (tomo 10 – **Direito internacional no tempo de C. van Bynkershoek e Christian Wolff**, item 22.1 – *direito segundo LEIBNIZ*).

[834] A contribuição de VATTEL para o direito internacional é examinada no **Tratado** (tomo 12 – **Direito internacional no tempo de Vattel e von Martens**).

[835] A respeito de PUFENDORF e RACHEL, de BYNKERSHOEK, WOLFF e BURLAMAQUI, bem como de VATTEL, ver **Tratado** (tomo 9 – **Direito internacional no tempo de Samuel Pufendorf**, caps. 19 e 20, tomo 10 – **Direito internacional no tempo de C. van Bynkershoek e Christian Wolff**, caps. 21, 22 23, e tomo 12 – **Direito internacional no tempo de Vattel e von Martens**, cap. 24).

[836] Ver **Tratado** (tomo 7 – **Direito internacional no tempo de Hugo Grócio**).

[837] Sobretudo por seu ensaio sobre o entendimento humano e os dois tratados sobre o governo. Ver John LOCKE (1632-1704), **An Essay concerning Human Understanding** (1689,

VICO e LEIBNIZ. São marcos da história intelectual e das ideias no Ocidente.[838] Um e outro, com impacto direto sobre o direito internacional.

Gottfried LEIBNIZ dialoga com a obra de John LOCKE – sobretudo os **Ensaios sobre o entendimento humano**, que LEIBNIZ considerava "um dos mais belos e mais estimados livros do tempo atual" – e, não menos sintomaticamente, LEIBNIZ denomina o seu livro **Novos ensaios sobre o entendimento humano**, onde, com a sua habitual honestidade e humildade intelectual, expunha:

> Acreditei poder aproveitar o trabalho de outrem, não somente para reduzir o meu (pois de fato é menos trabalhoso seguir o fio de um bom autor do que trabalhar à própria custa em tudo), mas também para acrescentar algo, ao que este insigne autor nos deu, o que é sempre mais fácil do que começar.[839]

Também merece respeito e ser estudado MONTESQUIEU, por seu monumental esforço,[840] em "esclarecer a história pelas leis, e as leis, pela história", para compreender e situar o direito, como fenômeno cultural

abridged, with an Introduction by Pauline PHEMISTER, Oxford: Univ. Press, 2008); LOCKE, **Two treatises of government** (ed. by Peter LASLETT, Cambridge: Syndicate Press of the Univ. of Cambridge, © 1960, reimpressão 1995); LOCKE, **Dois tratados sobre o governo** trad. Júlio FISCHER, rev. técnica Renato J. RIBEIRO, rev. da trad. Eunice OSTRENSKY São Paulo: Martins Fontes, 2ª ed., 2005).

838 O que prossegue no **Tratado** (tomo 11 – **Direito internacional no tempo do iluminismo**)

839 Ver LEIBNIZ, **Nouveaux essais sur l'entendement humain – Neue Abhandlungen über den menschlichen Verstand – Novos ensaios sobre o entendimento humano** (escritos em 1704, publicados em 1765, edições de 1971 e 1974, *Prefácio*, p. 113-129, cit. p. 113): "sendo do meu estilo fazer justiça aos outros, e bem longe de querer diminuir a estima que merece esta obra eu até a aumentaria, se a minha opinião tivesse alguma importância. É verdade que em muitos pontos partilho outra opinião. Todavia, bem longe de discordarmos do mérito dos escritores célebres, prestamos-lhe testemunho ao manifestarmos em que e por que nos distanciamos dos seus pontos de vista, quando julgamos necessário impedir que a sua autoridade prevaleça sobre a razão em certos pontos de importância: além disso, satisfazendo a homens tão importantes, tornamos a verdade mais aceitável, devendo-se supor que é antes de tudo por amor à verdade que tais homens trabalham". Grande honestidade intelectual de LEIBNIZ, que por citar as suas fontes passou à história como 'erudito', enquanto outros, que não costumam citar as suas fontes, como DESCARTES, pretenderam passar por pensadores originais.

840 Sobretudo no 'espírito das leis' – conforme referido desde a epígrafe do presente volume. Ver Charles de Secondat, Barão de La Brède et de MONTESQUIEU (1689-1755), **De l'esprit des lois** (texte présenté et annoté par Roger CAILLOIS, Paris: Gallimard-NRF-Pléiade, © 1951, impr. 1994); ou tb. na ed. brasileira, MONTESQUIEU, **Espírito das leis** (intr. e notas de

e expressão da vida de sociedades organizadas.[841] A obra de MONTESQUIEU contém muito mais que a esquemática separação dos três poderes – que ele ademais não expõe diretamente, nem o faz da maneira, como se aplica hoje, nos estados democráticos de direito – mas, astutamente, expôs somente de maneira velada e bastante anódina, em seu capítulo sobre "a constituição da Inglaterra".[842] Para não levantar suspeitas, porque MONTESQUIEU bem sabia que deveria tomar cuidado, vivendo na França absolutista, no tempo de LUÍS XV.

Também VOLTAIRE, discutível como filósofo, mas útil e merecedor de estudo como historiador e por sua contribuição inovadora na compreensão da filosofia da história.[843] Afirmava, desabusadamente, ser "a história, em parte, o relato das opiniões dos homens".[844]

Em outra de suas obras, comentava VOLTAIRE não passar a história de "uma sequência dos mesmos eventos, renovados e variados".[845] Por vezes, parece que VOLTAIRE não resiste a atropelar uma boa ideia, para não perder a *boutade*, o jogo de palavras, o ataque insidioso contra um rival ou um oponente intelectual. Como ilustram as suas observações sobre a controvérsia em torno dos projetos de institucionalização da paz na Europa, que almejariam a tornar a paz, perpétua.

A crítica, por exemplo, quanto à viabilidade de se institucionalizar a paz perpétua –[846] propósito tão nobre e tão útil, quanto difícil de ser alcan-

Gonzague TRUC, trad. Fernando Henrique CARDOSO e Leôncio Martins RODRIGUES, São Paulo: Abril – Os pensadores, vol. XXI, 1973).

841 Ver **Tratado** (tomo 9 – **Direito internacional no tempo de Samuel Pufendorf**, item – *sistemas internacionais coesos*).

842 MONTESQUIEU, **De l'esprit des lois** (ed. CAILLOIS, 1994); ed. bras., **Espírito das leis** (trad. F. H. CARDOSO e L. M. RODRIGUES, 1973), no livro XI – *das leis que formam a liberdade política em sua relação com a constituição*, cap. VI – *da constituição da Inglaterra*.

843 Extensamente citado neste volume, e cuja presença prossegue no **Tratado** (tomo 11 – **Direito internacional no tempo do iluminismo**).

844 Com seu cinismo habitual, notava VOLTAIRE, **Le siècle de Louis XIV** (orig. publ. em Berlim, 1751, in VOLTAIRE, **Œuvres historiques**, édition présentée, établie et annotée par René POMEAU, Paris: Gallimard – Pléiade, © 1957, impr. 2010, p. 603-1274, chapitre XX, cit. p. 840): "L'histoire est en partie le récit des opinions des hommes".

845 VOLTAIRE, **Précis du siècle de Louis XV** (éd. R. POMEAU, 2010, p. 1297-1571, cit. p. 1370-1371): "l'histoire n'est qu'une suite des mêmes évènements renouvelés et variés".

846 Projetos de paz perpétua e relacionados com a integração europeia, na coletânea de textos **Die Idee Europa 1300-1946** – Quellen zur Geschichte der politischen Einigung (hrsg. von Rolf H. FOERSTER, Munique: DTV, 1963), tb. examinado em CASELLA, **União europeia** –

çado – foi compartilhada, ao longo de mais um século, por LEIBNIZ, por SAINT-PIERRE, por ROUSSEAU, por VOLTAIRE e por KANT.[847] Com especificidades em cada um destes autores.

O mais significativo, no plano da história das ideias, é o fato de ocorrer, no século XVII, mutação relevante, em relação aos temas da paz e da guerra, que assumem envergadura espetacular,[848] com o fim do elogio aos guerreiros das gestas medievais.[849] Fica para trás o elogio do suposto heroísmo desinteressado dos guerreiros. Começa a se acentuar a visão crítica, a respeito da guerra. Como ilustram personagens como *Dom Quixote* e o *Simplicissimus*.[850]

instituições e ordenamento jurídico (São Paulo: LTr, 2002, esp. item 1.2 – *Projetos e experiências de união europeia: antecedentes históricos*, p. 54-71); CASELLA, *Pax perpetua – a review of the concept from the perspective of economic integration* (in **Dimensão internacional do direito: estudos em homenagem a G.E. do NASCIMENTO E SILVA**, São Paulo: LTr, 2000, pp. 69-88); **Tratado** (tomo 11 – **Direito internacional no tempo do iluminismo**, item – *império, estado moderno e ascensão do absolutismo*).

847 Immanuel KANT, **Zum ewigen Frieden: ein philosophischer Entwurf** (mit Einleitung und Anmerkungen, Bibliographie und Registern kritisch herausgegeben von Heiner F. KLEMME, Hamburgo: Felix Meiner – Philosophische Bibliothek Band Nr. 443, 1992, precedido de **Über den Gemeinspruch: Das mag in der Theorie richtig sein, taugt aber nicht für die Praxis**); I. KANT et al., **A paz perpétua** – um projeto para hoje (org. J. GUINSBURG, textos de KANT, DERRIDA, ROSENFELD e ROMANO, São Paulo: Perspectiva, 2004).

848 Ver os estudos reunidos no volume, **L'année 1796 – sur la paix perpétuelle** – de LEIBNIZ aux héritiers de KANT (dir. de Jean FERRARI e Simone GOYARD-FABRE, Paris: Vrin, 1998), e assinala S. GOYARD-FABRE (*Introduction*, p. 11-15): "L'idée de paix est l'une de celles qui éloignent les temps modernes des siècles où la geste des guerriers s'auréolait de gloire [...] Le XVIIe siècle est le temps de ce retournement intellectuel et, dans l'histoire des idées le nouveau regard qui s'attache à la guerre et à la paix est appelé à prendre une envergure spectaculaire".

849 Ver **Tratado** (tomo 4 – **Direito internacional no tempo medieval**, cap. 11 – *tratadistas da guerra: Balthazar AYALA e Pierino BELLI*, esp. item 11.3 – *herança antiga e medieval na concepção moderna da guerra* e tomo 12 – **Direito internacional no tempo de Vattel e von Martens**, item – *mutações do direito internacional no século XVIII, ilustradas pelo tema da guerra*).

850 Tanto o *Quixote* como *Simplicissimus* são arautos de novo tempo, que se esforça por se destacar do legado medieval, de profundas raízes históricas. Modernos – como são até hoje vistos – mas existiram a partir do medieval: ambos estão embebidos de pesado legado medieval, das sombras do passado, mas com irreverência moderna, no tratamento de temas como a guerra, o heroísmo e desencanto diante de alegados motivos nobres para as ações humanas. A respeito, ver **Tratado** (tomo 6 – **Direito internacional no tempo de Suarez, Gentili e Zouch**, esp. item – *do direito internacional moderno ao clássico*).

O ideal da paz perpétua é, pioneiramente, estudado nas *Reflexões sobre a segurança pública interna e externa da Europa*, de 1670, por Gottfried Wilhelm LEIBNIZ.[851] Décadas antes de SAINT-PIERRE e dos demais pensadores, do século XVIII, a respeito do tema. Nesse ensaio, ele expunha as suas ideias, sobre a construção da paz geral na Europa.[852]

Existe linha de continuidade em tais reflexões, que se estendem de LEIBNIZ, em 1670, até KANT – com o **Ensaio sobre a paz perpétua**, de 1795.[853] E, depois, com os herdeiros de KANT.

O tema foi levado à sua formulação mais conhecida pelo ensaio de 1795: considerava KANT ser a maior tarefa da humanidade alcançar a regulação da convivência pelo direito. Ao mesmo tempo em que se diversificaram as formulações[854] sobre sistemas institucionais para a manutenção da

[851] G. W. LEIBNIZ, *Bedenken, welchergestalt Securitas publica interna et externa et Status praesens im Reich jetzigen Umständen nach auf festen Fuss zu stellen* (1670, in **Die Idee Europa 1300-1946** – Quellen zur Geschichte der politischen Einigung, hrsg. Rolf Hellmut FOERSTER, Munique, DTV, 1963, p. 73-78).

[852] LEIBNIZ, *Bedenken* (1670, ed. FOERSTER, 1963; I. 86, cit. p. 73): "Gewisslich, wer sein Gemüt etwas höher schwinget und gleichsam mit einem Blick den Zustand von Europa durchgehet wird mir Beifall geben, dass diese Allianz eines von den nützlichsten Vorhaben sei, so jemals zu allgemeinen Besten der Christenheit im Werk gewesen".

[853] Ver **Tratado** (tomo 10 – **Direito internacional no tempo de C. van Bynkershoek e Christian Wolff**, item 22.1 – *direito segundo LEIBNIZ*); CASELLA, **União europeia** – instituições e ordenamento jurídico (São Paulo: LTr, 2002, esp. item 1.2 – *Projetos e experiências de união europeia: antecedentes históricos*, p. 54-71); CASELLA, *Pax perpetua – a review of the concept from the perspective of economic integration* (in **Dimensão internacional do direito: estudos em homenagem a G.E. do NASCIMENTO E SILVA**, São Paulo: LTr, 2000, pp. 69-88). Assinala J. FERRARI (in **L'année 1796 – sur la paix perpétuelle** – de LEIBNIZ aux héritiers de KANT, op. cit. 1998, *Avant-propos*, p. 9-10): "L'idée de paix perpétuelle n'appartient pas à KANT" e essa temática abrange diversos autores, que se debruçaram sobre o tema, antes e depois dele, nos séculos XVII e XVIII.

[854] Isaiah BERLIN, *KANT as an unfamiliar source of nationalism* (in **The sense of reality**: Studies in ideas and their history, London: Chatto & Windus, 1st publ. 1996, p. 232-248) ; Evelyn BARRETO, **Projetos de paz perpétua no direito internacional contemporâneo** (prefácio P. B. CASELLA, apresentação C. P. MOISÉS, São Paulo: Martins Fontes, 2021); Jean-Michel BESNIER, *Le droit international chez KANT et HEGEL* (in **Le droit international** Archives de philosophie du droit, vol 32, Paris: Sirey, 1987, p. 85-99); James BOHMAN and Matthias LUTZ-BACHMANN (eds.), **Perpetual peace**: essay on KANT's cosmopolitan ideal (Cambridge, Ma.: MIT Press, 1997); P. B. CASELLA, *Pax perpetua – a review of the concept from the perspective of economic integration* (in **Dimensão internacional do direito: estudos em homenagem a G.E. do NASCIMENTO E SILVA**, São Paulo: LTr, 2000, p. 69-88); A. DELORENZO Neto, *Duas concepções do pacifismo: os projetos de KANT e Max SCHELER* (in **Estudos jurídicos em**

paz, se multiplicavam as guerras, em todo o tempo 'clássico'. E isso ainda se acirra na fase seguinte, quando os exércitos aumentam em número de integrantes, registram-se grandes progressos técnicos nos seus equipamentos, e a guerra passa de questão entre príncipes para a confrontação de nações inteiras.[855]

No texto de 1670, escrito aos vinte e quatro anos, LEIBNIZ nos descreve a vantagem do império equitativo – *imperium aequabile in socios* – entre os participantes, em relação à violência, exercida sobre os vencidos – *violentum in victos* –[856] e este império contaria, inclusive, com tribunal internacional, para resolver as controvérsias entre os participantes (europeus). Exprimia LEIBNIZ, a convicção da conveniência, de que os europeus utilizassem as suas forças, não uns contra os outros, mas sobre outros povos e continentes, com o que ele afirmava ser o nobre propósito de expandir os limites da cristandade.[857]

homenagem ao professor Haroldo VALLADÃO, Rio de Janeiro: Freitas Bastos, 1983, p. 24-33); Jean-Pierre DERRIENNIC, *Droit de sécession et droit à la citoyenneté: réflexions à partir d'une note de KANT dans le* ***Projet de paix perpétuelle*** (in **Entre Kant et Kosovo** – études offertes à Pierre HASSNER, sous la direction de Anne-Marie LE GLOANNEC et Aleksander SMOLAR, Paris: Presses de Sciences Po, 2003, p. 459-476); Michel VILLEY, *La doctrine du droit dans l'histoire de la science juridique: préface à Emmanuel KANT* (in E. KANT, **Métaphysique des mœurs**, première partie, **Doctrine du droit**, trad. A. PHILONENKO, Paris: Vrin, 1979); Jürgen HABERMAS, **La paix perpétuelle**: le bicentenaire d'une idée kantienne (trad. de l'allemand Rainer HOCHLITZ, Paris : Cerf, 1996); Soraya NOUR, **À paz perpétua de KANT** – filosofia do direito internacional e das relações internacionais (prefácio Carlos Henrique CARDIM, São Paulo: Martins Fontes, 2004); Walter SCHÜCKING, **Le développement du Pacte de la Société des Nations** (RCADI, 1927, t. 20, p. 349-458, cit. p. 353): "résoudre une tâche désignée par le grand philosophe allemand KANT comme le plus grand problème du genre humain: créer une organisation de l'humanité réposant sur le droit".

[855] Ver **Tratado** (tomo 12 – **Direito internacional no tempo de Vattel e von Martens**, item – *mutações no direito internacional no século XVIII, ilustradas pelo tema da guerra*).

[856] LEIBNIZ, *Bedenken* (1670, ed. FOERSTER, 1963; II. 22, cit. p. 78): "Daraus zu sehen, was für ein Unterschied sei inter *imperium aequabile in socios*, et *violentum in victos* oder inter *monarchiam* et *arbitrium rerum*. Denn ja doch endlich, wenn man's recht überlegt, vernunfmässiger Glimpf und Billigkeit die beste Staatsregel ist".

[857] LEIBNIZ, *Bedenken* (1670, ed. FOERSTER, 1963; I. 98, cit. p. 77): "die Christen in ein Regiment zu ihrem Besten zu vereinigen im Vorschlag haben mag"; como antes já expusera LEIBNIZ, **Bedenken** (I. 86, cit. p. 73): "Gewisslich diese Allianz eines von den nützlichsten Vorhaben sei, so jemals zu allgemeinen Besten der Christenheit im Werk gewesen". Ver **Tratado** (tomo 5 – **Direito internacional no tempo de Francisco de Vitória**, item – *relação entre comunidades cristãs e não-cristãs no contexto medieval*).

Essa linha de reflexão, sobre a construção da paz perpétua, por meio de mecanismos institucionais, LEIBNIZ a retomaria, décadas mais tarde, nas considerações introdutórias ao **Codex juris gentium** (1693).[858] Pouco antes de morrer, em 1716, LEIBNIZ ainda comenta o, então recém publicado, trabalho do abade de SAINT-PIERRE, sobre a paz perpétua.[859]

Existe, assim, reivindicação de autoria a fazer,[860] em favor de LEIBNIZ. Tanto nas *Reflexões sobre a segurança pública interna e externa da Europa*, de 1670, como no estudo preliminar à codificação de tratados, no **Codex** de 1693, e ainda, vinte anos mais tarde, LEIBNIZ ainda escreveu sobre esse célebre tema, tão difícil de ser implementado.[861] Assinalem-se as contribuições

[858] Em sua coletânea de tratados, nas suas considerações preliminares a respeito da matéria. Ver LEIBNIZ, **Codex juris gentium diplomaticus** – in quo tabulae authenticae actorum publicorum, tractatum aliarumque rerum maiores momenti per Europa gestarum, pleraque inedita vel selecta, ipso verborum tenore expressae ac temporum serie digestae continentur; a fine seculi undecimi ad nostra usque tempora aliquot tomis comprehensus; quem ex manuscriptis praesertim Bibliothecae Augustae Guelfebytanae Codicibus, ex monumentis regiorum aliorumque archivorum, ac propriis denique Collectaneis edidit G. G. L. [Gottf. Guil. LEIBNITZIUS] (Hannoverae: literis & impensis Samuelis Ammonii, MDCXCIII).

[859] G. W. LEIBNIZ, *Lettre de LEIBNIZ à l'abbé de Saint-Pierre, 7 février 1715* suivie de *Observations sur le Projet de paix perpétuelle* (in **Œuvres** de LEIBNIZ, publiées pour la première fois d'après les manuscrits originaux par A. FOUCHER DE CAREIL, tome quatrième – **Histoire et politique**, Paris: Firmin Didot Frères, 1862, p. 325-336, ed. facsimilar LEIBNIZ, **Observations sur le Projet de paix perpétuelle de l'abbé de Saint-Pierre**, Avant-propos de Simone GOYARD-FABRE, Caen: Univ. de Caen – Centre de philosophie politique et juridique – Bibliothèque de philosophie politique et juridique – Textes et documents, 1993, cit. p. 328): "je l'ai lu avec attention, et je suis persuadé qu'un tel projet en gros est faisable, et que son exécution seroit une des plus utiles choses du monde."

[860] Sem esquecer autores, como DANTE Alighieri e Pierre DUBOIS, que desde o século XIV escreveram sobre o tema. Até o tema ser retomado por LEIBNIZ, no século XVII, e mais ou menos diretamente influenciou diversos autores do século XVIII, que voltam a escrever sobre o assunto. Textos coligidos em **Die Idee Europa 1300-1946** – Quellen zur Geschichte der politischen Einigung, hrsg. von Rolf H. FOERSTER, Munique: DTV, 1963); tb. CASELLA, **União europeia** – instituições e ordenamento jurídico (São Paulo: LTr, 2002, esp. item 1.2 – *Projetos e experiências de união europeia: antecedentes históricos*, p. 54-71); CASELLA, *Pax perpetua – a review of the concept from the perspective of economic integration* (in **Dimensão internacional do direito: estudos em homenagem a G.E. do NASCIMENTO E SILVA**, São Paulo: LTr, 2000, p. 69-88); e **Tratado** (tomo 4 – **Direito internacional no tempo medieval**, cap. 11 – *tratadistas da guerra* e tomo 11 – **Direito internacional no tempo do iluminismo**, item – *império, estado moderno e ascensão do absolutismo*).

[861] Existe continuidade histórica e encadeamento de ideias – e obras – entre os autores que trataram do tema da paz perpétua. Cfr. **L'année 1796 – sur la paix perpétuelle** – de LEIBNIZ

de LEIBNIZ ao tema,[862] muito tempo antes do abade de St. PIERRE, no início do século XVIII, mais tempo ainda, antes de, em meados deste, ROUSSEAU, D'ALEMBERT[863] e VOLTAIRE.[864] Portanto, mais de um século,[865] antes do "ensaio sobre a paz perpétua" de KANT.[866]

No caso de LEIBNIZ, a abrangência de interesses o levou, também, a cuidar de matérias jurídicas, e especificamente de direito internacional. De certo modo, LEIBNIZ fez 'escola' em direito internacional, sendo ademais apontado como o mestre de Christian WOLFF. Tendo LEIBNIZ como elo, para questões como a discussão a respeito do papel do direito internacional:[867]

> Com certeza, esta é a condição das coisas humanas. E, muitas vezes, ocorre que, em razão da situação dos territórios ou da conformação dos tempos, um

aux héritiers de KANT (dir. de Jean FERRARI e Simone GOYARD-FABRE, Paris: Vrin, 1998), já citado.

862 Ver **Tratado** (tomo 10 – **Direito internacional no tempo de C. van Bynkershoek e Christian Wolff**, item 22.1 – *direito segundo LEIBNIZ*).

863 D'ALEMBERT (1717-1783), *Éloge de l'abbé de Saint-Pierre* (1775, in **Histoire des membres de l'Académie française** – morts depuis 1700 jusqu'en 1771, par Mr. D'ALEMBERT, Secrétaire perpétuel de l'Académie française, Paris: chez Moutard, Imprimeur-Libraire, MDCCLXXXVII, p. 95-131, ed. facsimilar, Avant-propos de Simone GOAYARD-FABRE, Caen: Univ. de Caen – Centre de philosophie politique et juridique – Bibliothèque de philosophie politique et juridique – Textes et documents, 1993).

864 VOLTAIRE, *Rescrit de l'empereur de la Chine à l'occasion du projet de paix perpétuelle* (1761, no volume, **L'année 1796 – sur la paix perpétuelle** – de LEIBNIZ aux héritiers de KANT, dir. de J. FERRARI e S. GOYARD-FABRE, Paris: Vrin, 1998, p. 202-203).

865 O tema prossegue no **Tratado** (tomo 11 – **Direito internacional no tempo do iluminismo**)

866 Immanuel KANT, **Zum ewigen Frieden: ein philosophischer Entwurf** (mit Einleitung und Anmerkungen, Bibliographie und Registern kritisch hrsg. von Heiner F. KLEMME, Hamburgo: Felix Meiner – Philosophische Bibliothek Band Nr. 443, 1992, precedido de **Über den Gemeinspruch: Das mag in der Theorie richtig sein, taugt aber nicht für die Praxis**); I. KANT et al., **A paz perpétua** – um projeto para hoje (org. J. GUINSBURG, textos de KANT, DERRIDA, ROSENFELD e ROMANO, São Paulo: Perspectiva, 2004).

867 LEIBNIZ, **Codex juris gentium diplomaticus** – in quo tabulae authenticae actorum publicorum, tractatum aliarumque rerum maiores momenti per Europa gestarum, pleraque inedita vel selecta, ipso verborum tenore expressae ac temporum serie digestae continentur; a fine seculi undecimi ad nostra usque tempora aliquot tomis comprehensus; quem ex manuscriptis praesertim Bibliothecae Augustae Guelfebytanae Codicibus, ex monumentis regiorum aliorumque archivorum, ac propriis denique Collectaneis edidit G. G. L. [Gottf. Guil. LEIBNITZIUS] (Hannoverae: literis & impensis Samuelis Ammonii, MDCXCIII).

príncipe deva sempre estar em guerra, e contudo, sempre celebrar tratados de paz e alianças.[868]

Além de sua contribuição específica, cabe relembrar o encadeamento direto entre LEIBNIZ e a evolução histórica do direito internacional: WOLFF se declara discípulo de LEIBNIZ.[869] E, por sua vez, VATTEL, ainda que de maneira tortuosa, se inscreve como discípulo de WOLFF.[870]

Apesar da complexidade, da abrangência e das múltiplas linhas, constrói-se, assim, encadeamento direto, entre o pensamento filosófico, jurídico e político do tempo 'clássico', e especificamente, em relação ao direito internacional. LEIBNIZ tinha consciência do encadeamento histórico das ideias e do percurso da razão humana:

> A própria razão aconselha, que esperemos, em geral, ver chegar no futuro, o que é conforme a uma longa experiência do passado, mas nem por isso é uma verdade necessária e infalível; o acontecimento pode cessar, quando menos se espera, quando se alteram as razões, que o causaram.[871]

Essa lição, merece ser lembrada: estudar o passado, não pelo próprio passado – que já passou. Mas porque este se põe, como dado relevante, para compreendermos, o que hoje existe, e o que pode vir, a seguir.

Ensina LEIBNIZ quanto devemos nos alinhar pela razão: "a reflexão não constitui outra coisa, senão a atenção, àquilo que está em nós, uma vez que os sentidos não nos dão, aquilo que já trazemos dentro de nós". Aduzia:

> Só a razão é capaz de estabelecer regras seguras, e de suprir o que falta, nas regras, que não eram seguras, inserindo as suas exceções; só a razão é capaz de encontrar, finalmente, conexões certas, na força das consequências neces-

[868] LEIBNIZ, *Code diplomatique du droit des gens* (1693, in **Le droit de la raison**, textes réunis et présentés par René SÈVE, Paris: Vrin, 1994, p. 156-169, cit. p. 158).

[869] Ver **Tratado** (tomo 10 – **Direito internacional no tempo de C. van Bynkershoek e Christian Wolff**, no cap. 22, dedicado a WOLFF, especificamente o item 22.1 – *direito segundo LEIBNIZ*).

[870] A contribuição de VATTEL para o direito internacional é examinada no **Tratado** (tomo 12 – **Direito internacional no tempo de Vattel e von Martens**, cap. 24).

[871] LEIBNIZ, **Nouveaux essais sur l'entendement humain – Neue Abhandlungen über den menschlichen Verstand – Novos ensaios sobre o entendimento humano** (escritos em 1704, publicados em 1765, edições de 1971 e 1974, *Prefácio*, cit. p. 116).

sárias, o que dá, muitas vezes, a possibilidade de prever o acontecimento, sem ter necessidade de experimentar as conexões sensíveis das imagens, às quais estão reduzidos os animais; assim sendo, o que justifica os princípios internos das verdades necessárias constitui um outro elemento, que distingue o homem do animal irracional.[872]

Ao situar, no tempo e na história das ideias, as contribuições destes filósofos e pensadores do direito internacional é preciso ter em mente que a própria noção de um 'direito natural universal' era, contudo, uma construção teórica dos europeus da época – deles e para eles, sem atentar para a diversidade e a amplitude das possíveis visões do mundo.[873]

Os principais expoentes da doutrina do direito natural, entre os séculos XVI e XVIII, normalmente davam por certo que o seu direito natural era válido para todos os seres humanos. Contudo, essa noção eurocêntrica de universalidade não era aceita – o que era perfeitamente natural! – pela grande maioria da população do mundo naqueles tempos. Para os contemporâneos muçulmanos, que dominavam vastas porções da Eurásia, a universalidade do Islão, com seu *siyar* – o sistema normativo aplicável às relações externas – era muito mais relevante e realista. Para o povo das dinastias MING e QING, que eram economicamente muito mais poderosos que as nações europeias, o direito natural europeu nada mais era do que uma ilusão dos 'bárbaros'.
Na corte imperial, de sucessivas dinastias chinesas, vários príncipes locais, diplomatas, agentes de companhias marítimas europeias e outras personalidades importantes eram tratadas como missões, prestando tributo, e desejosas de participar da civilização chinesa. Muitos deles reconheciam a autoridade universal do imperador da China. Apesar disso, nós raramente pensamos em tratar, tal reconhecimento, como prova da universalidade do sinocentrismo naqueles tempos. O sinocentrismo poderia ter sido uma noção universalista, mas não chegou a ser efetivamente uma noção universal, que seja válida para o mundo todo.

872 LEIBNIZ, **Nouveaux essais sur l'entendement humain – Novos ensaios sobre o entendimento humano** (escritos em 1704, publicados em 1765, edições de 1971 e 1974, *Prefácio*, cit. p. 116).

873 Como se examina no **Tratado** (tomos 7 – **Direito internacional no tempo de Hugo Grócio** e 11 – **Direito internacional no tempo do iluminismo**).

> Comparativamente falando, contudo, na maior parte da história do mundo, antes do século XIX, a pretensão universalista do sinocentrismo tinha bases, muito mais substanciais, do que as pretensões universalistas do sistema europeu de direito natural. É somente por meio de projeção acrítica, da atual noção eurocêntrica, sobre o passado, que se pode chegar a ser tentado, em buscar tal universalidade – não a pretensão universalista – do direito natural ou do direito internacional europeu, durante a era moderna.[874]

Em exame, dos princípios de direito internacional, à luz da doutrina confuciana, Keishiro IRIYE observava[875] que, durante o longo período da dinastia CHOU entre os séculos XI até 221 a.C., ao se ver diminuído o poder central da dinastia, no período dito das "primaveras e outonos", acontece a multiplicação de entidades políticas independentes – tais como principados, ducados, marquesados, condados, vice condados, baronatos, como também senhores da guerra e outros estados dependentes – e essa proliferação de centros de poder teria levado à configuração de sistema, assemelhado a sistema internacional.[876] Isso já na Antiguidade chinesa.[877]

874 Y. ONUMA, **A Transcivilizational Perspective on International Law** (RCADI, 2009, vol. 342; tb. publ. Haia: Pocketbooks of the Hague Academy of International Law, 2010, cit. p. 362-363) observava pouco antes, na mesma passagem: "Without such scrutiny, the mere fact that some European thinkers or rulers construed these treaty practices as evidence of the universality of *European* international law has only a limited meaning for arguing the existence of universal international law at the time of this treaty practice or universalistic theories on international law held by Europeans."

875 Keishiro IRIYE, **The principles of international law in the light of Confucian doctrine** (RCADI, 1967, t. 120, p. 1-60).

876 K. IRIYE (op. cit., 1967, p. 6): "A quasi-international law developed to govern the relationship among these states". O que pode levar a ser questionado se "uma sociedade internacional existiu no período das primaveras e outonos (*Ch'un Ch'iu period*)" e mesmo que "este tenha constituído o primeiro sistema mundial, e àquela época, o único sistema internacional existente no mundo". O enfraquecimento do poder central – da dinastia CHOU – teria levado outros poderes políticos circunstantes a se tornarem equivalentes a 'sujeitos' de direito internacional. Embora formalmente se mantivessem relações de vassalagem e de prestação de tributo, ainda que nominal, ao poder central. Afirmava IRIYE (op. cit., 1967, p. 7), contudo: "I believe that there are a number of difficulties in seeing the *Ch'un Ch'iu* period as having established a pure system of international relations and a genuine order of international law." Porquanto, em suma, primeiro, "the *ch'un Ch'iu* system was not horizontal or parallel law among equal sovereign states; rather, it retained, even if only formally, a hierarchical relationship based on higher and lower status; e, em segundo lugar, mesmo entre os senhores da guerra, não existiam relações de igualdade, mas estas eram norteadas como emanadas

A conclusão, se põe no sentido de que a pretensão universalista do sinocentrismo tinha bases, muito mais substanciais, do que as pretensões universalistas, do sistema europeu de direito natural. Esta tradição chinesa tinha, inclusive, o respaldo de longa tradição histórica. O que parece ter sido 'esquecido', pelos europeus modernos.

Por meio de projeção acrítica, da noção eurocêntrica do passado, puderam os europeus ser tentados a buscar tal universalidade, em sua tradição 'local'. O que distorce a realidade, empurrando para fora do quadro central da história, outros grandes conjuntos de civilização, em escala 'mundial' – embora compreensível, por parte destes, e a tanto podemos ser levados, se nos ativermos somente à perspectiva dos próprios europeus, a respeito de si e do mundo. Felizmente, outros campos do saber e da experiência contribuem para o alargamento das perspectivas do mundo, nessa mesma época.

O que pode ser visto como parte de estratégia de construção de imagem do mundo e de si mesmos.[878] Quando se perde o sentido de universalidade, se propõe o sentimento de querer pertencer ao mundo, de ser 'cosmopolita'. Mas, cabe indagar, quanto de efetividade pode alcançar tal sentimento.

Sintomaticamente, isso é ilustrado pelo que acontece na Europa do século XVIII, em formas curiosas. Como exclamava Louis-Charles FOU-

do 'superior' para o 'inferior', com base em diferenças de posição e de poder efetivo. Mas, apesar de tudo, concluía, "given these qualifications, it would not be wrong to understand their inter-state relations in terms of international law."

[877] Ver **Tratado** (tomo 3 B – **Gregos, romanos, chineses, indianos**, item 7.2 – *China*).

[878] Brendan SIMMS, **Europe – the struggle for supremacy** – 1453 to the present (Londres: Allen Lane-Penguin, 2013, p. 1-2): "Unlike the nearby Ottoman Empire or remoter Asian polities, therefore, European political culture was characterized by intense public or semi-public debate: about how much tax should be paid, by whom, to whom and for what purpose (almost always military). Although they were subjects rather than citizens in the modern sense, most Europeans believed in government by consent. Defending their rights – or 'privileges' in contemporary parlance – against princely encroachment was a constant preoccupation. Europeans did not live in democracies, but their elites were in an important sense 'free'. Moreover, there was an increasing desire for political freedom throughout late-medieval Europe, even if this was more aspiration than reality the further down the social scale one went. This freedom was defended at home in the first instance, but sometimes a domestic tyrant could only be defeated with the help of neighbouring princes. For this reason, Europeans did not have a profound sense of sovereignty: many considered external intervention against 'tyrannical' rule not only legitimate, but desirable and even incumbent on all right-thinking princes".

GERET DE MONBRON, em seu ensaio de 1750, **o Cosmopolita ou o cidadão do mundo**,[879]

> todos os países são iguais para mim, desde que eu possa gozar da liberdade e da clareza de ambos, e que eu possa conservar, adequadamente, a minha individualidade, até o fim do seu termo. Mestre absoluto das minhas vontades e soberanamente independente, mudando de casa, de hábitos, de clima, segundo o meu capricho, eu me importo com tudo e com nada. Hoje estou em Londres, talvez daqui a seis meses estarei em Moscou, ou em São Petersburgo, que sei eu, afinal? Não seria milagre que eu estivesse, um dia, em Isfahã ou em Pequim.[880]

Nessa mesma fase histórica, estudos científicos e viagens contribuem para mais extenso e mais preciso conhecimento do mundo. Para tanto contribuem desde figuras tais como o geodésico e naturalista LA CONDAMINE,[881] aos relatos de grandes viagens, como a viagem de volta ao mundo, pelo navegador BOUGAINVILLE.[882] Tais iniciativas, científicas ou semi científicas, como a viagem de BOUGAINVILLE, contaram com

[879] Louis-Charles FOUGERET DE MONBRON (1706-1760), **Le Cosmopolite ou le citoyen du monde** (1750, préface de Cécile GUILBERT, Paris: Rivages, 2014). A respeito do curioso personagem e de sua obra sem equivalente na literatura da época e "espelho exemplar" de seu autor, ver o ensaio de Emmanuel BOUSSUGE, **Situations de FOUGERET DE MONBRON** (1706-1760) (Paris: Honoré Champion, 2010).

[880] Louis-Charles FOUGERET DE MONBRON, **Le Cosmopolite ou le citoyen du monde** (1750, Préface de Cécile GUILBERT, Paris: Rivages, 2014, p. 125): "Tous les pays me sont égaux" faz eco a CÍCERO, *"patria est ubicumque est bene"* – a minha pátria encontra-se em toda parte, onde se estiver bem – e reivindica a ideia central do individualismo alinhado com o universo, segundo os seus gostos.

[881] Charles-Louis de LA CONDAMINE (1701-1774) efetuou numerosas viagens, nas quais coletou grande volume de informações. Dentre outras, participou, com BOUGUER, da expedição ao Peru, de 1735 a 1744, a fim de medir o cumprimento de um arco de meridiano de 1 grau. Dessa viagem resultou também, em 1738, a descoberta e a primeira descrição da *seringueira*, da qual se extrai o *látex*. Da qual resultou a invenção da borracha, em 1740.

[882] Louis-Antoine, conde de BOUGAINVILLE (1729-1811), **Voyage autour du monde** (1771, ed de Jacques PROUST, Paris: Gallimard-Folio classique, vol. 1385, © 1982, impr. 2010, *Préface*, cit. p. 15): "L'auteur du **Voyage autour du monde** ne fut peut-être pas un grand savant, mais il était sans conteste un bon écrivain". Dentre outras, fez tentativa infrutífera de fundação de uma colônia nas Malvinas-Falklands, antes de fazer com P. COMMERSON a sua grande viagem científica, durante uma volta ao mundo, de 1766 a 1769.

apoio, mais ou menos direto, por parte do governo de LUÍS XV.[883] Como parte de programa de políticas públicas de expansão francesa, de exploração e de reconhecimento do mundo.[884]

Cabe administrar o dilema, que se assinala,[885] em relação a qualquer tentativa de fazer cortes de períodos históricos: ao mesmo tempo em que isso é necessário, para o estudo de qualquer matéria, e especificamente, em relação ao direito internacional, a periodização sempre conterá algum grau de arbitrariedade, ou ao menos padecerá de alguma seletividade a escolha. Tais exercícios podem ser úteis, apesar dos riscos que acarretam, ao destacar períodos e fases, de determinado processo histórico e cultural. Mas, estes cortes serão sempre somente um modo de ver, e uma escolha possível, para mostrar as coisas, para se buscar alcançar a compreensão de determinado fenômeno, em determinada época.[886] E depois de seccionar, haverá a necessidade de, a seguir, também se fazer o processo inverso: de se tentar reagrupar as tendências e elementos, para vislumbrar a compreensão do todo.

Em consonância com a proposta central, de mostrar as mutações do direito internacional no tempo, vem a necessidade de situar os dados específicos do que pode ser caracterizado como o direito internacional no tempo, dito 'clássico'.[887]

[883] Catherine SALLES, **Louis XV** – les ombres et les lumières (Paris: Tallandier, 2006, p. 105): "L'importance accordé par l'état à la marine se traduit par la transformation en 1769 de l'Académie de marine de Brest en Académie royale, par la création des écoles de santé navale dans les principaux ports, et enfin par les appuis fournis par le comte de CHOISEUL-PRASLIN aux expéditions maritimes scientifique ou semi-scientifiques, comme celle de BOUGAINVILLE."

[884] Movimento que prossegue e se internacionaliza no século XIX, com grande impulso no sentido da codificação e normatização internacional, como se examina no **Tratado** (tomo 13 – **Direito internacional no tempo do concerto europeu**, esp. 28.2 – *codificação e normatização internacional* e seus subitens: 28.2.1 – *classificação internacional de doenças*, 28.2.2 – *uniformização da mensuração do tempo* e 28.2.3 – *padronização internacional de pesos e medidas*).

[885] Neste tomo, item – *intercâmbio cultural, ruptura e renovação no direito internacional clássico*. Se a periodização da história, de um lado, é inexorável – pois não se pode alcançar tudo a respeito de tudo simultaneamente – por outro lado é igualmente necessário ter consciência de que tais cortes e escolhas introduzem cisões que podem não necessariamente corresponder à realidade. E, sobretudo, em relação a diferentes estratos e diferentes contextos, em relação aos quais se faça a determinação e o corte de tais períodos e tendências predominantes.

[886] O que prossegue no **Direito internacional no tempo do iluminismo**.

[887] E, por isso, cabe indagar: *o que é*, afinal, o *'clássico'*? E *como é o 'clássico'*? Este termo tem sido usado para designar tantas coisas, em tantos momentos da história, de tal modo que a

Além da complexidade específica do 'clássico', a partir deste, como distinguir a forma variante do 'classicismo'? Outras áreas do conhecimento podem nos ajudar a esclarecer e situar o fenômeno. Na medida em que este se manifesta, igualmente, em outras áreas do saber e da criação humanas, pode-se, a partir destas, determinar elementos comuns, e por meio destes, situar o termo 'clássico', em relação ao campo específico do direito internacional.

A caracterização do 'clássico' suscita controvérsias, porque o termo se presta a descrever fenômenos bastante distintos. Isso pode oscilar, conforme o momento histórico e o contexto cultural, do qual se fale. Sobretudo, quando contraposto a outros momentos e fases da história.[888]

A controvérsia, a respeito do 'clássico', pode ser ilustrada pela diversidade das experiências, a respeito daquilo que pode ser considerado 'clás-

amplitude de acepções possíveis exige situar o *conteúdo* do conceito, bem como o *contexto* no qual se empregue o termo.

[888] A respeito, ver também o **Tratado** (tomo 11 – **Direito internacional no tempo do iluminismo**). Poder-se-ia falar-se em "mais de um mundo" ao referir "as artes do iluminismo", sugerem Moritz WULLEM e outros, **Von mehr als einer Welt – die Künste der Aufklärung** (Berlim: Kunstbibliothek – Staatlichen Museen zu Berlin, 2012, *Von mehr als einer Welt: die Künste der Aufklärung – Einführung*, p. 13-31, cit. p. 14): "*Die Künste der Aufklärung* – hat es sie je gegeben? Die Frage muss man sich stellen, deen die Aufklärung gilt nicht als Zeitalter der Künstler, sondern der Dichter und Denker. Zumindest ist die Bildende Kunst des 18. Jahrhunderts in kollektiven Gedächtnis weit weniger präsent als die Philosophie und Literatur jener Zeit". Ver tb. Daniela TARABRA, **Settecento** (Milano: Mondadori-Electa, 2006), tb. publicada em inglês, **European Art of the Eighteenth century** (trad. Rosanna M. Giammanco FRONGIA, Los Angeles: J. Paul Getty Museum, 2008), bem como a perspectiva apresentada por Lorenza MOCHI ONORE, **Dipinti del '700** (Roma: Galleria Nazionale d'Arte Ântica di Palazzo Barberini, 2007). E, mais uma vez, o referido ensaio de Salvatore SETTIS, **Il futuro del classico** (Torino: Einaudi, 2004, 8ª ristampa, 2008). Ver ainda, para a perspectiva desse período na literatura, de Alberto BENISCELLI, **Il Settecento** (da **Storia delle letteratura italiana**, a cura di Andrea BATTISTINI, vol. 4, Bologna: Il Mulino, 2005). E para situar a perspectiva 'clássica' na evolução da filosofia, e na história das ideias, de Bertrando SPAVENTA (1817-1883), **La filosofia italiana nelle sue relazioni con la filosofia europea** (in B. SPAVENTA, **Opere**, saggio introduttivo, prefazioni, note e apparati di Francesco VALAGUSSA, postfazione di Vincenzo VITIELLO, Milão: Bompiani, 2008, p. 1161-1362, cit. p. 1178): "non basta il dire: la filosofia è l'ultima e la più chiara espressione della vita di un popolo. Oltre questa determinazione astratta, io devo mostrare come tale espressione abbia avuto un'esistenza storica". Isso porque, como considerava SPAVENTA (op. cit., ed. 2008, p. 1185): "Il germe della filosofia moderna bisogna cercarlo nelle rovine della filosofia greco-romana". Aduzia logo adiante (op. cit., ed., 2008, p. 1189): "la filosofia moderna non è dunque nè inglese, nè francese, né italiana, nè allemana solamente, ma europea."

sico'. Isso se estende desde a arquitetura – pois "uma metáfora filosófica é realizada pela arquitetura barroca" –[889] até a música – como "conjunto das manifestações do universo sonoro".[890]

O 'clássico' também ocorre desde a literatura,[891] até a filosofia. E aí cabe inquirir *qual* filosofia merece receber a qualificação de 'clássica' –

[889] Carlos Antonio Leite BRANDÃO, **A formação do homem moderno vista através da arquitetura** (1999, Belo Horizonte: Ed. UFMG, 2ª ed., 2006, no cap. IV – *o barroco*, p. 131-219, esp. os itens: *arquitetura e significado: o espaço no século XVII*, p. 143-188; *da arquitetura ao mundo barroco*, p. 188-200, e *a arquitetura barroca e a filosofia moderna*, p. 200-219, onde examina, sucessivamente *a arquitetura barroca e o racionalismo cartesiano* e *o barroco em PASCAL e LEIBNIZ*, cit. supra, p. 200, e a seguir p. 212 e p. 215): "PASCAL (1623-1662) explicita o caráter trágico fundante do homem moderno, e compreende a problemática relação do homem seiscentista com a natureza e as consequências da antinaturalidade da sua existência." [...] "LEIBNIZ (1646-1716). Onde sua filosofia encontra a arquitetura barroca? Primeiramente, na vontade de dominar a natureza, como aconselha LEIBNIZ ao soberano que pretende tornar os homens felizes. Vimos que a arquitetura barroca busca a totalidade, fundindo e entrelaçando suas formas, alcançando, como diz WÖLFFLIN, a unidade indivisível".

[890] Evangelos MOUTSOPOULOS, no prefácio ao conjunto de ensaios, reunidos no volume **La philosophie de la musique dans la dramaturgie antique** – formation et structure (Atenas: Publications de la Société hellénique des études philosophiques – Ed. Hermès, 1975, *Avant-propos*, p. 5) alerta o sentido abrangente no qual deve ser compreendido o termo 'música': "une acception élargie du terme de musique. Pour les représentants du théâtre classique grec, comme pour PLATON, la musique englobe tout ce qui constitue une présence sonore: chant et parole chez l'homme, résonance dans la nature. Le pouvoir enchanteur, voire incantatoire, de la musique domine le monde et la vie, mais peut-être, à son tour, dominé et utilisé par l'homme. La conception, exclusivement magique, des manifestations de l'univers sonore est, en revanche, tant soit peu amoindrie par celle qui fait de la raison et de son expression articulé le véhicule du pouvoir exercé sur les forces naturelles par l'esprit humain qui se trouve en communion continue avec elles." Ver tb. E. MOUTSOPOULOS, **Conformisme et déformation**: mythes conformistes et structures déformantes (Paris: PUF, 1978).

[891] No sentido das controvérsias entre a pretensa superioridade de 'antigos' ou de 'modernos' se põe a discussão a respeito de modelos literários e de parâmetros estéticos: quem teve mais? São os criadores atuais, é esta geração, ou são os que vieram antes de nós? Com curiosas observações, veja-se o quase anônimo ensaio (1715) – pois do autor somente as iniciais são apontadas, no qual pretende vingar-se de críticas feitas ao poeta grego antigo HOMERO, autor da **Ilíada** e da **Odisséia**, e sobre a autoria de cujas obras reina antiga e todavia ainda acesa controvérsia. Ver: ANÔNIMO L.P.S.F. (1715), **Homère vengé** – ou réponse à M. DE LA MOTTE sur l'Iliade (Paris: Étienne Ganeau, MDCCXV, cit. a epígrafe do volume): *Conduite par l'orgueil l'envie au regard sombre / Veut attaquer Homère et n'atteint que son ombre: / Mais les verges en main sur Pégase monté / Le poète S. F. venge Homère insulté.* Como também discorre a respeito Marc FUMAROLI (1932-2020), **Dans ma bibliothèque** – la guerre et la paix (Paris: Gallimard – tel, 2023, i.a. no item – *Revivre l'antique est devenu, mais de plusieurs manières opposées, un projet et un programme pour l'Europe moderne*, p. 26-28, ou – *1714, réveil de la Querelle des Anciens et des*

trata-se da trindade SÓCRATES, PLATÃO, ARISTÓTELES, entre os antigos gregos – [892] ou devemos considerar 'clássica' a filosofia, mas em relação a KANT e HEGEL, e quem sabe quais outros filósofos – quem sabe, SCHELLING ou SCHOPENHAUER –, como expressão do que pode ser considerado o padrão 'clássico' na filosofia ocidental? Isso sem esquecer tradições totalmente independentes desta,[893] tais como, por exemplo, a filosofia chinesa,[894] a filosofia indiana,[895] a filosofia japonesa,[896] ou a filosofia islâmica,[897] e esta última teve enorme influência sobre a filosofia

Modernes, p. 397-401, cit. p. 398): "La première Querelle portait sur la comparaison entre les 'grands siècles' anciens et le 'grand siècle' contemporain. [...] La nouvelle dispute homérique, sous les apparences étroites de deux lectures opposées de l'**Iliade**, est grosse d'un grave conflit idéologique et politique qui ne cessa de s'amplifier au XVIIIe siècle et qui remit en cause le régime monarchique français. Il s'était trop tourné du côté de la guerre sous LOUIS XIV, il se trouvera trop tourné du côté de la paix sous la Régence et le ministère FLEURY."

892 Jean BRUN, **Sócrates – Platão – Aristóteles** (orig. publ. **Socrate – Platon – Aristote**, 1960, trad. Carlos PITTA, Filipe JARRO, Liz da SILVA, Lisboa: Dom Quixote, 1994); Jacobo MUÑOZ Veiga, *Filosofía* (in **Diccionario Espasa Filosofia**, dir. por Jacobo MUÑOZ, Madri: Espasa-Calpe, 2003, p. 274-277) assinala: "o termo *filosofia* foi utilizado de modo muito diverso na própria filosofia clássica, desde as suas primeiras manifestações entre os pré-socráticos até às muito mais tardias, seja em sua consumação, na altura do século IV d.C."

893 Bertrando SPAVENTA (1817-1883), **La filosofia italiana nelle sue relazioni con la filosofia europea** (in B. SPAVENTA, **Opere**, saggio introduttivo, prefazioni, note e apparati di Francesco VALAGUSSA, postfazione di Vincenzo VITIELLO, Milão: Bompiani, 2008, p. 1161-1362, cit. p. 1189): "la filosofia moderna non è dunque nè inglese, nè francese, né italiana, nè allemana solamente, ma europea."

894 Como, por exemplo, expõe Anne CHENG, em seu **Histoire de la pensée chinoise** (© 1997, Paris: Seuil, 2002).

895 A respeito, dentre outros, ver: Ananda K. COOMARASWAMY and Sister NIVEDITA, **Myths of the Hindus and Buddhists** (originalmente publicado em 1913, New York: Norton, 1967); Sue HAMILTON, **Indian philosophy** – a very short introduction (Oxofrd: Univ. Press, 2000, reprint, 2001); Heinrich Robert ZIMMER (1890-1943), **Die indische Weltmutter** – Aufsätze (hg. und eingeleitet von Friedrich WILHELM, Frankfurt: Insel, 1980); H. ZIMMER, **As filosofias da Índia** (do original **Philosophies of India** © 1951, compilado por Joseph CAMPBELL, trad. Nilton A. SILVA, Cláudia G. BOZZA e outros, São Paulo: Palas Atena, 1986).

896 Ver, por exemplo, na coletânea de textos, reunidos por M. DALISSSIER, S. NAGAL e Y. SUGIMURA, **La philosophie japonaise** – le néant, le monde et le corps (Paris: Vrin, 2013, cit. texto da quarta capa) estes apontam para o sentido de algo inclassificável em outras categorias: "cette philosophie n'est ni purement shintoïste, bouddique, chrétienne, néoconfucianiste; elle n'est ni 'orientale' ni 'occidentale', mais proprement japonaise".

897 I. a., AL-FARABI, **Philosopher à Bagdad au Xe siècle** (bilingue arabe-français, présentation et dossier par Ali BENMAKHLOUF, trad. Stéphane DIEBLER, glossaire par Pauline KOETSCHET, Paris: Seuil 2007); ___, **A cidade virtuosa** (trad. do árabe, introdução,

medieval ocidental, por meio dos estudos árabes – *studia arabum*.[898] Para citar somente algumas.

Também ocorre o mesmo termo – 'clássico' – no próprio conceito de fase histórica do direito internacional, supostamente passível de ser caracterizada como 'clássica'. Este, que aqui se inscreve, seria o marco característico do seu tempo, entre a grande mutação ocorrida, desde a precedente fase 'moderna' – ou primeira modernidade, marcada pelos impactos dos grandes 'descobrimentos' e das guerras de religião – e, a seguir, este tempo que se define e que se quer 'clássico', em relação à fase seguinte, fase essa dita do 'iluminismo' e, mais adiante, do assim chamado 'concerto europeu'.[899]

notas e glossário Catarina BELO, Lisboa: Fund. C. Gulbernkian, 2018); ___, **De l'obtention du bonheur** (orig. **Tahsil al-sa'ada**, trad. Olivier SEDEYN & Nassim LÉVY, présenté et annoté par Olivier SEDEYN, Paris: Alia, 2010); ___, **La philosophie de Platon, ses parties, l'ordre de ses parties, du commencement jusqu'à la fin** (trad. Olivier SEDEYN & Nassim LÉVY, présenté et annoté par Olivier SEDEYN, Paris: Alia, 2013); Philippe BÜTTGEN, Alain de LIBERA, Marwan RASHED, Irène ROSIER-CATACH, **Les Grecs, les Arabes et nous** – enquête sur l'islamophobie savante (Paris: Fayard – ouvertures, 2009); IBN KHALDUN, **Discours sur l'histoire universelle** (orig. **Al-Muqaddima**, trad. nouvelle, préface et notes par Vincent MONTEIL, Paris: Sindbad, 1978, 3 vols.); IBN SINA [AVICENA], **A origem e o retorno** (orig. **Al-Mahda wa al-Maad**, trad. e aparelho crítico Jamil Ibrahim ISKANDAR, São Paulo: Martins Fontes, 2005); IBN TUFAYL, **Le philosophe sans maître** (trad. Étienne-Marc de QUATREMÈRE, éd. du texte, notes et préface de J.-B. BRENET, Paris: Payot & Rivages, 2021); Christian JAMBET, **Qu'est-ce que la philosophie islamique?** (Paris: Gallimard – Folio – Essais – Inédit, 2011); Pauline KOETSCHET (textes choisis et présentés par), **La philosophie arabe** – IXe-XIVe siècle (Paris: Seuil – points – essais, 2011); Tadeu Mazzola VERZA, *Kalãm – a escolástica islâmica* (in **O Islã clássico** – itinerários de uma cultura, org. Rosalie H. de Souza PEREIRA, São Paulo: Perspectiva, 2007, parte II, cap. 5, p. 149-175).

[898] Os exemplos de ABELARDO de Bath, ESTEVÃO de Pisa e outros pioneiros dos *studia arabum*, comenta Jonathan LYONS, **A casa da sabedoria** – como a valorização do conhecimento pelos árabes transformou a civilização ocidental (orig. publ. **The house of wisdom** – How the Arabs transformed Western civilization, 2009, trad. Pedro Maia SOARES, Rio de Janeiro: Zahar, 2011, parte III, cap. 7 – *os filósofos mais sábios do mundo*, p. 180-203, cit. p. 180): "A partir do segundo quartel do século XII, estudiosos ocidentais se estabeleceram onde quer que encontrassem suprimento confiável de livros árabes e patronos influentes para sustentá-los. Na Espanha – o destino mais popular devido tanto à proximidade quanto à sua enorme riqueza cultural – muitos dos tradutores trabalhavam em equipe, empregando intelectuais judeus locais ou cristãos versados em árabe e no vernáculo, como intermediários entre o texto original e a versão latina final. Outros aprendiam árabe e até hebraico, decididos a tirar o máximo do rico ambiente de Al-Andalus, onde o saber judaico florescera ao lado do árabe."

[899] Importa sobretudo situar, esses grandes conjuntos. Como se examina no **Tratado** (tomos **4 – Direito internacional no tempo medieval**, 5 – **Direito internacional no tempo de Francisco de Vitória**, 6 – **Direito internacional no tempo de Suarez, Gentili e Zouch**,

Apesar de alguma flutuação, quer temporal ou contextual, existe e permite se vejam os elementos, característicos desse tempo, aqui descrito como 'clássico' – também em relação ao direito internacional. E o fenômeno 'clássico' pode, facilmente, estender-se para sua exacerbação formal, e esta, por vezes, levará ao 'classicismo', ou ainda, à distorção adicional deste, sob a forma do 'neoclassicismo' – como estética de retomada de elementos greco-romanos:

> O próprio termo revela, não somente, o desejo de recuperar estilos antigos, nas artes figurativas e arquitetura, mas também as antigas virtudes, valores éticos e cívicos. A arqueologia e o iluminismo proporcionaram o fundamento, para muitos escritos teórico e ensaios, e embora estes fossem escritos, principalmente na Itália e na França, sua influência, progressivamente, alcançou outras partes da Europa e também os Estados Unidos. O centro, onde o novo estilo se desenvolveu, foi Roma, capital antiga e moderna, rica em monumentos históricos, bem preservados e extraordinariamente importantes.
> O 'neoclassicismo', também, foi adequado para configurar a rejeição às redundâncias do barroco e do rococó, e excessos, que naquela altura passam a ser sentidos, como anacrônicos e inadequados, para exprimir e representar o novo pensamento, dos *philosophes* do iluminismo. Além de objetos gregos e romanos, outros artefatos, egípcios e etruscos, encontrados em escavações arqueológicas, também foram estudados.[900]

A cada reformulação, o 'clássico' assume contornos e conteúdos distintos. Embora se pretenda *estável*, *racional* e *equilibrado*, o 'clássico' pode ser e frequentemente se mostra dinâmico.[901] E pode mudar, de um para outro campo do conhecimento e da atividade humana.

7 – **Direito internacional no tempo de Hugo Grócio** e prossegue nos tomos 9 – **Direito internacional no tempo de Samuel Pufendorf**, 10 – **Direito internacional no tempo de C. van Bynkershoek e Christian Wolff**, 11 – **Direito internacional no tempo do iluminismo**, 12 – **Direito internacional no tempo de Vattel e von Martens** e 13 – **Direito internacional no tempo do concerto europeu**).

[900] Sobre os 'philosophes' e o direito internacional, ver **Tratado** (tomo 11 – **Direito internacional no tempo do iluminismo**). D. TARABRA, **Settecento** (op. cit., 2006, ed. 2008, p. 109-115) situa o fenômeno do *neoclassicismo* como característico do final do século XVIII, que amadurece no contexto do Iluminismo e de renovado interesse pela Antiguidade clássica.

[901] O que, para uns, pode parecer progresso, o já mencionado S. BULGAKOV (1871-1944) chamava de "cadáver da beleza". E Nicolai A. BERDJAEV (1874-1948) descrevia como "a crise

Considerar "a estética e a filosofia da arte do século XVIII aos nossos tempos",[902] parece levar alguns a pretender retomar o 'classicismo'.[903] O que incide em certo grau de circularidade, para explicar o fenômeno.

Complexidade adicional decorre do fato de que o 'clássico' de um pode ser diverso do de outrem. E isso pode ser movimento oscilatório 'clássico', passível de ser ilustrado em diferentes campos.

Como se produz com o texto dito 'clássico'. Isso porque o texto clássico tem a capacidade de preservar a atividade cultural: ele revela capacidade de acumular informação, ou seja a capacidade de memória. Ele é o texto da época, de determinada época, emanado de determinado autor, e que passou pelos contemporâneos deste, mas também é nosso. Ele é 'clássico' porque existe por si, mas também por poder ser nosso, poder ser apropriado em cada leitura, ao alcance de cada um de nós.

Ao texto 'clássico' se agregam, também, as leituras dele feitas, e as que continuam a ser feitas. Traz a memória de todas as interpretações que foram feitas, como a memória dos acontecimentos históricos, que embora fora

na arte". Em S. BULGAKOV e N. BERDJAEV, **Il cadavere della bellezza** – La crisi dell'arte (postfazione Marco VALLORA, Milano: Medusa, 2012): o ensaio de Sergej BULGAKOV, *Il cadavere della bellezza*, foi orig. publ. 1915 (ed. cit., 2012, p. 5-38); o ensaio de Nicolaj BERDJAEV, **La crisi dell'arte**, orig. publ. 1918 (ed. cit., p. 39-74); e o posfácio de Marco VALLORA (2012, p. 75-141).

[902] Cabe enfatizar a contribuição de alemães, como Johann Joachim WINCKELMANN (1717-1768) e o pintor neoclássico Anton Raphael MENGS (1728-1779), ambos estabelecidos em Roma, na década de 1750. Texto fundador da história da arte, a obra de J. J. WINCKELMANN, **Geschichte der Kunst des Alterthums** (orig. publ. Dresden, 1764) conta diversas edições, como **Histoire de l'art dans l'Antiquité** (trad. Dominique TASSEL, introduction et notes de Daniella GALLO, Paris: Librairie générale française, 2005), em considerável medida, o neoclassicismo do final do século XVIII e início do século XIX derivam das ideias de WINCKELMANN sobre a arte antiga.

[903] Considera Jean-Marie SCHAEFFER, **L'art de l'âge moderne** – L'esthétique et la philosophie de l'art du XVIIIe siècle à nos jours (orig. publ. 1992, Paris: Gallimard – NRF – Essais, 2010, *Introduction*, p. 11-24), ao falar em singular agravamento da crise de legitimação – e da identidade – da arte contemporânea. E a perplexidade a respeito de como chegamos a tal ponto (*arriver jusque-là*): "Les réponses à cette question sont diverses, mais presque toutes passent par une remise en cause de l'art dit 'moderniste', et nombreuses sont celles qui prônent un retour au classicisme ou chantent les louanges d'un éclectisme tempéré". Reflexão particularmente presente em relação às artes plásticas, a mesma reação pode ser observada em relação à música, onde começam a se fazer ouvir balanços críticos a respeito do serialismo. Ou mesmo na literatura, onde em toda parte se exige o retorno (ou o que se acredita ser tal) à 'grande tradição'.

do texto, possa por este ser evocada. E estes dados podem ser dimensão, a ser agregada ao conteúdo do 'clássico'.

Cabe frisar,[904]

> O texto, que sobrevive à sua época, aos seus contemporâneos e ultrapassa as fronteiras nacionais, desencadeando-se no percurso dos tempos, por um lado, revela vários sentidos preliminares, que estão latentes nele e, por outro, acumula dentro de si a memória cultural, que estabelece ligações, entre a tradição e contemporaneidade.[905]

O texto 'clássico', aquele que "preserva a atividade cultural", seria, assim, marcado pela complexa dualidade, dentro de sua estrutura: em si, contém sempre aquilo que permanece, o parâmetro de fundo e de forma, a qualidade intrínseca do texto, apresenta certo tipo de invariantes, que funcionam como os mecanismos de unidade da história cultural – essa constância possibilita à obra 'clássica' ser fator que restabelece a conexão das épocas, ou seja, cria uma invisível ponte cultural, que proporciona sensação de continuidade, permitindo encontrar posição, em meio a realidade em mudança, e restaurar a integridade perdida da visão de mundo e de si mesmo, onde "os textos clássicos representam um *continuum* vivo da cultura universal".[906]

Por outro lado, no texto clássico, sempre existe também, como constituinte mutável, que se desenvolve como a própria vida, recebendo novas conotações e significados, e estes são definidos pelo contexto: "no momento da interpretação do texto clássico acontece a atualização, de certo tipo de sentido",[907] conjugado com a tradição – "o jugo do passado" – e da atualidade, que sempre se projeta para o futuro.[908]

[904] Elena VÁSSINA, *Encenações das obras clássicas no teatro russo* (in **Teatro russo** – literatura e espetáculo, org. Arlete CAVALIERE e Elena VÁSSINA, São Paulo: Ateliê, 2011, p. 329-342).
[905] E. VÁSSINA (op. cit., 2011, cap. cit., *obra clássica: constâncias e transformações*, p. 338-339).
[906] E. VÁSSINA (op. cit., 2011, cap. cit., p. 339).
[907] E. VÁSSINA (op. cit., 2011, loc. cit.): "se usarmos a definição de Mikhail BAKHTIN, a 'reacentuação' das potencialidades já existentes na imagem artística do autor cuja intencionalidade direta pode ser fortalecida e aprofundada ou não. Segundo BAKHTIN, o significado do processo de reacentuação é enorme, especialmente no ato criativo de transformação das imagens da literatura para as outras artes".
[908] E. VÁSSINA (op. cit., 2011, cap. cit., p. 340), como não poderia deixar de ser, cita M. BAKHTIN: "Cada época reacentua a seu modo as obras de um passado recente. A vida

A caracterização do 'clássico', nas artes e na literatura, pode ser apropriada, para fazer a operação equivalente, no direito internacional. Como produto humano inserto no tempo histórico e no contexto cultural.

No direito internacional, igualmente se combinam a atualização de certo tipo de sentido – a recuperação do 'clássico', com a assim chamada "conjugação da tradição". Mas não se trata de "jugo do passado", porque este dialoga com a atualidade. E sempre se projeta para o futuro. Assim, como dito, o direito internacional 'clássico' é útil, e deve ser cultivado, não somente para conhecer o registro do passado desta matéria, mas também porque a leitura desses textos 'clássicos' se combina com a atualidade, e nos permite projetar soluções para o futuro – essa é a tônica da pós-modernidade, na leitura e tratamento dos textos 'clássicos' do direito internacional.

Por sua vez, o clássico pode ser repensado a cada geração. Como forma de se situar em relação ao espaço e ao tempo, em cada cultura. E mais ainda, em relação a disciplina, como o direito internacional, que faz constantes cortes históricos, e adota indispensáveis vertentes analíticas intercivilizacionais.[909]

No ensaio sobre o *neobarroco* – termo que Omar CALABRESE (1949-2012) utilizava para designar "formas e dinâmicas da cultura contemporânea" (2013) –formas essas, por ele caracterizadas como 'neobarrocas' – chamava a atenção para a fluidez e a mutabilidade da forma 'clássica'. Onde alguns diziam gostar de clássico – *a qualcuno piace classico* – basicamente assinalava quanto "se torna interessante observar como as diversas formas em competição se estruturam, não somente em si, mas também em relação com as formas *outras*".[910]

Esse diálogo e também essa oposição se fazem, claramente, entre *barroco* e *clássico*, de uma em relação à outra. Isso pode ser visto a partir de

histórica das obras clássicas é, em suma, um processo ininterrupto de sua reacentuação socioideológica. Graças às possibilidades intencionais nelas incluídas, elas, em cada época, são capazes de revelar sobre o seu novo fundo dialógico os momentos semânticos sempre novos; a sua composição semântica literalmente continua a crescer, a se recriar". Ver 'questões de literatura e de estética' de Mikhail BAKHTIN, **Vaprossi literatúry i estetiki** (Moscou, 1975, p. 231-232).

[909] Cujo exame prossegue no **Tratado** (tomos 11 – **Direito internacional no tempo do iluminismo** e 20 – **Direito internacional, história e cultura**).

[910] Omar CALABRESE, **Il neobarocco** – Forma e dinamiche della cultura contemporanea (presentazione di Umberto ECO, postfazione di Stefano JACOVIELLO, Firenze – Lucca: Volo – La Casa di Usher, 2013).

"hipotético sistema 'neobarroco', e este funciona tanto intrinsecamente, como em relação ao seu polo oposto, um igualmente eventual sistema *clássico*".[911] Ou seja, assim se manifesta a pós-modernidade, também nas artes e na reflexão sobre estas.

Como, em suma, deve ser entendido o termo 'clássico'? Não se trata de simples repetição das figuras e parâmetros da Antiguidade, grega ou romana, nem da releitura renascentista, ou ainda da recriação do século XVIII – cada uma das quais se quis, a seu tempo e a seu modo, 'clássica' ou 'neoclássica', como depuração racional e despojamento escolhido, como caminho para a verdade e a perfeição – isso, sobretudo, depois das volutas e dos excessos de forma e de conteúdo do 'barroco'.

No 'clássico', não se trata de reaparecimento iconográfico de objetos de passado ideal, mas a releitura destes, nos quais se configuram novos conteúdos. Nessa matéria permanece marco a **Iconologia**.[912] Ou a releitura, seja iconológica,[913] seja a interpretação iconoclasta.[914]

O uso da 'iconologia', no século 'clássico', pode ser situado:

> No século XVIII, a secular tradição icônica se revigorou, graças ao influxo preciso de certos pintores. As personificações alegóricas se tornaram o ponto central do cenário paisagístico, evocado por James THOMSON, o célebre inventor da paisagem 'heroica', na literatura. Em torno às personificações dos fenômenos naturais se organizou e ganhou novas cores a natureza. A descri-

[911] O. CALABRESE (op. cit., 2013, *A qualcuno piace classico*, p. 204-214, cit. p. 204-205): "diventa interessante osservare come le diverse forme in competizione si strutturano non solo in sé, ma anche in relazione con le forme 'altre'." [...] "un ipotetico sistema 'neobarocco' funzioni tanto intrinsecamente come rispetto al suo polo oposto, un altretanto eventuale sistema 'classico'."

[912] Cesare RIPA (ca. 1560- falecido antes de 1625), **Nova Iconologia** del Cavalier Cesare RIPA Perugino (orig. publ. 1593, segunda edição ilustrada 1603, edizione pratica a cura di Pietro BUSCAROLI, prefazione di Mario PRAZ, Milano: TEA, (c) 1992, 5° ed., 2008).

[913] Erwin PANOFSKY (1892-1968), **Essais d'iconologie** – thèmes humanistes dans l'art de la Renaissance (orig. publ. **Studies in iconology**, 1939, trad. Claude HERBETTE e Bernard TEYSSÈDRE, présenté et annoté par Bernard TEYSSÈDRE, Paris: Gallimard – tel, 2021); ___, **La Renaissance et ses avant-courriers dans l'art d'Occident** (orig. publ. **Renaissance and Renascences in Western Art**, 1960, trad. Laure MEYER, Paris: Flammarion – champs – arts, 2012).

[914] André GRABAR (1896-1990) propõe interpretação do iconoclasmo bizantino (728-843), estudando diretamente as obras de arte da época da perseguição das imagens, em seu **L'iconoclasme byzantin** – le dossier archéologique (orig. publ. 1984, Paris: Flammarion – champs – arts, 2011).

ção da *Aurora* em THOMSON, tendo como centro o *Sol*, em torno a cuja carruagem dourada dançam as *Horas* de dedos vermelhos, se inspirou da famosa pintura do teto do Casino PALLAVICINI de Guido RENI. Também as alegorias de William COLLINS mostram a influência de RENI e do GUERCINO, e aos pintores romanos do século XVI e aos bolonheses do século XVII se reporta Thomas GRAY que, como THOMSON, subordinou a cena natural a uma certa mítica personificação, da qual se irradia, sobre a natureza circunstante uma aura animística. Essas alegorias – descendentes da numerosa progênie iconológica de RIPA – tem na poesia as mesmas funções, que tinham as estátuas de *Musas* e das *Estações do ano* nos jardins: conferiam à cena uma nota de meditação e de sonho, aquele não sei o que – *non so che* –, o qual dentro em pouco terá novo nome: sensibilidade romântica.[915]

A idealização pode ser argumentada, como premissa implícita, em tentar recapturar ou reviver o 'clássico', para poder falar em tentativas mais ou menos extremadas de 'classicismo'. Mas "isso consiste, antes, no completar-se de certas morfologias subjacentes aos fenômenos, dotadas de ordem, estabilidade e simetria", como também no "caráter de coerência dos respectivos juízos de valor sobre esses fenômenos". E, desse modo, "os vários classicismos nunca são simples retornos ao passado":

> Cada classicismo é uma nova forma de ordem, que aquela antiga eventualmente relê, para fazer uma componente idealizada da cultura contemporânea.

[915] Mario PRAZ, em *La tradizione iconologica* – estudo introdutório à **Nova Iconologia** del Cavalier Cesare RIPA (1593 e 1603, ed. P. BUSCAROLI, 2008, p. XIII-XVIII, cit. p. XVII): "Nel settecento, la secolare tradizione iconica venne a rinvingorirsi grazie allo influsso preciso di certi pittori. Le personificazioni allegoriche divennero il punto centrale della scena paesistica evvocata da James THOMSON, il celebre inventore del paesaggio 'eroico' in letteratura. Attorno alle personificazioni dei fenomeni naturali si organizzò e intonò la natura. La descrizione dell'*Aurora* in THOMSON, che ha per centro il *Sole*, sul cocchio aurato in torno a cui danzano le *Ore* dalle rosse dita, s'ispirò al famoso soffitto dal Casino PALLAVICINI di Guido RENI. Anche le allegorie di William COLLINS risentono dell'influsso del RENI e del GUERCINO, e ai pittori romani del Cinquecento e ai bolognesi del Seicento si rifà Thomas GRAY che, come THOMSON subordinò la scena naturale a qualche mitica personificazione da cui s'irradia sulla natura circostante un'aura animistica. Queste allegorie – rampolle della numerosa progenie iconologica del RIPA – hanno nella poesia le medesine funzioni che avevano le statue di Muse e Stagioni nei giardini: conferivano alla scena una nota di meditazione e di sogno, un 'non so che' il quale di li a poco avrà un nuovo nome: sensibilità romantica".

> Por isso, cada classicismo pode ser constituído, tanto por figuras que pertencem ao passado, de modo direto, como por figuras que, com este, aparentemente, não tem qualquer relação.[916]

Essa contraposição, entre presente e passado, terá assim, efeitos diretos claros, sobre o presente:

> O que é conforme ao ideal físico se torna, necessariamente, também bom, eufórico e belo; o que é disforme se faz, forçosamente, também mau, disfórico e feio. Um sistema 'clássico', assim concebido, habitualmente, tem caráter rigorosamente normativo e prescritivo. Sistemas anticlássicos ou barrocos são, inversamente, gerados pela ruptura de simetrias, e pelo surgimento de flutuações, no interior dos vários ordenamentos categoriais, e por isso são muito menos regulados.[917]

Para situar o fenômeno, pode-se falar em "reencontro ou constituição de subgênero do clássico".[918] Em suma, não existe somente uma forma de 'clássico', mas para alguns tal forma agrada, justamente em contraposição às morfologias, irregulares e instáveis, da concepção 'barroca':

> Cada bom classicismo evita colocar-se o problema da história dos fatos culturais. A reavaliação do passado (por exemplo na arqueologia), é com muita frequência sustentada por uma idealização, a tal ponto que o estudioso queira sustentar 'restituir' uma antiga civilização à compreensão do presente. [...] Se o conceito fundamental é o da universalidade do 'clássico', ocorrerá então, com frequência, que se queira sancioná-lo, com a ideia de uma já transcorrida existência.[919]

916 O. CALABRESE (op. cit., 2013, p. 205): "Rimane identica la sola morfologia interna e la struttura dei giudizi di valore ordinata per coerenza dei termini categoriali positivi e negativi".

917 O. CALABRESE (op. cit., 2013, p. 205): "Nel caso del nostro 'neobarocco', addirittura è saltata l'opposizione rigida col classico, e l'instabilità se manifesta come sospensione delle categorie".

918 O. CALABRESE (op. cit., 2013, loc. cit.).

919 Para ilustrar a sua tese, O. CALABRESE (op. cit., 2013, p. 205 ss.) faz a "ricerca di forme del classico entrate nella cultura contemporanea", comparando por exemplo os modelos esculturais de corpos em bronzes antigos, em relação ao fisiculturismo, o culto do corpo e a idealização deste, não somente como ideal estético, mas como modelo de vida, no contexto 'neobarroco': "Probabilmente bisogna riconoscere che la 'borsa del sociale', mentre persino

A cada nova encarnação, o 'clássico' é apresentado como postulado, mais ou menos construído, mas na verdade, reflete sempre um *projeto*, e por isso, pode servir para compreender, caso a caso, as suas coordenadas e as suas implicações. E, assim, o 'neoclassicismo' se põe, como movimento intencional de *releitura*, a partir do padrão 'clássico', tal como feita para adequar-se ao contexto *racionalista*, do final do século XVIII, após os excessos do Barroco e do Rococó.[920]

Depois de Idade dita 'média', que se construiu, progressivamente, como identidade de civilização, e como modelos político, jurídico e cultural, mas se afastara do antigo, e também do 'clássico' – na medida em que esse legado original se diluíra, no curso de seus longos séculos –, o medieval se constrói, conjugado com adaptações e aportes trazidos de outros quadrantes.[921] Do medieval se chega ao 'moderno', passando pelo 'Renascimento'.

O Renascimento, por sua vez, se opõe e pretendeu inovar em relação ao 'medieval', retomando elementos do antigo, daquilo que era anterior ao medieval, como expressão do 'clássico', que mais se reconstrói do que se 'restaura'. E este muito mais inovou, do que recriou.

Do 'moderno', por sua vez, se afirma a passagem para o 'clássico'. Este representava a tentativa de resgate da pureza das formas e da grandeza antigas. De busca de racionalidade, de despojamento e de equilíbrio – mas isto se faz de maneira cheia de paixão, e de volutas. O processo se faz de tal modo que, quando o percurso é exagerado, derrapa quer para um extremo, o 'barroco', quer para o outro extremo, o 'classicismo'.

Ulteriormente, se vai do 'clássico', rumo ao racionalismo iluminista.[922] E deste, novamente, por jogo de compensação, tende para o extremo oposto, com a sensibilidade romântica: esses jogos de contraposição, entre 'razão' e 'emoção', se sucedem no campo das ideias, como as gerações, umas depois das outras. Afirmar a identidade e o espaço de uma significa contestar as premissas norteadoras da geração precedente.

apprezza certi ribaldamenti del sistema, nello stesso tempo inconsciamente richiede la sua stabilizzazione e la sua continuità".

920 Que se exprime no contexto do iluminismo, cf. **Tratado** (tomo 11 – **Direito internacional no tempo do iluminismo**).

921 Como se examinou no **Tratado** (tomos 4 – **Direito internacional no tempo medieval** e 5 – **Direito internacional no tempo de Francisco de Vitória**).

922 Cujo encadeamento prossegue na história e no direito internacional, como se examina no **Tratado** (tomos 11 – **Direito internacional no tempo do iluminismo** e 13 – **Direito internacional no tempo do concerto europeu**).

Mas, não se pode esquecer, durante considerável parte da Idade média também se mantivera esse parâmetro 'antigo', como dado informador, e este mesmo padrão, 'clássico' e antigo, se renova e se repete, nos longos séculos do tempo medieval,[923] como parâmetro do real e do presente. Isso se deu, notadamente, com os estudos do direito romano: o resgate das fontes antigas permitiu, não somente, construir o direito internacional privado, como também o direito internacional público 'moderno'.

Essa interação constante se vê, mesmo quando esse resgate e essa busca se fazem de modo idealizado, e aparentemente distante da realidade – como mostra o estudo das imagens e das representações alegóricas, por exemplo na já mencionada **Iconologia**.[924] Alguns exemplos podem ilustrar esse movimento pendular.

Para Giorgio VASARI,[925] e seus contemporâneos italianos do Renascimento, a caracterização do 'clássico' representava a tentativa de engrandecimento, mediante a reapropriação do legado da Antiguidade, sobretudo romana, mais que grega. Este legado, aplicado à Itália, politicamente fracionada e enfraquecida, do seu tempo, o 'clássico' tinha o papel de programa político e de estratégia: visava elevar o conjunto contemporâneo às mesmas alturas do passado glorioso do Ocidente greco-romano.

Propugnava a quase identidade entre o passado e o presente, mas simultaneamente, está presente em VASARI, o tema recorrente e permanente fonte de inquietação para os homens: o efeito devorador do tempo – *la voracità del tempo.*[926] Mesmo ao apresentar a suposta continuidade e o encadeamento entre o passado 'clássico' idealizado e a realidade presente, VASARI não deixava de perceber o impacto do tempo, sobre os seres e as obras humanas.

[923] Cfr. **Tratado** (tomo 4 – **Direito internacional no tempo medieval**, esp. itens 8.3 – *caminhos da instauração medieval* e 8.4 – *continuidade e mudança do contexto medieval ao moderno*).

[924] Cesare RIPA, **Nova Iconologia** (1593 e 1603, edizione pratica a cura di Pietro BUSCAROLI, prefazione di Mario PRAZ, Milano: TEA, (c) 1992, 5° ed., 2008).

[925] Giorgio VASARI (1511-1574), **Le vite dei più eccellenti pittori, scultori e architetti** (orig, publ, 1550, edizione integrale, intr. Maurizio MARINI, Roma: Newton Compton, 1991).

[926] VASARI (1550, ed. 1991, *Proemio di tutta l'opera*, p. 31-38, cit. p. 31): "la voracità del tempo, nondimeno, si vede manifestamente che non solo ha scemate le opere proprie e le altrui onorate testimonianze di una gran parte, ma cancellato e spento i nomi di tutti quelli che ci sono stati serbati da qualunque altra cosa, che dalle sole vivacissime e pietosissime penne delli scritori."

A relação com o tempo significa poder almejar ao clássico, mas não se pode repeti-lo, tal como este existiu antes. Cada 'clássico' é, assim, renovação, mesmo quando busca se alinhar com padrão ou configuração, que se pretenda estável e racional.

Da mesma forma, Pietro BEMBO,[927] como também Nicolau MAQUIAVEL,[928] e Francesco GUICCIARDINI,[929] mesmo quando cuidam das coisas do seu tempo, as contemplam com o olhar dos antigos romanos,[930] cada um a seu modo. Eles não somente se inspiram, como seguem, deliberada e abertamente, o parâmetro cultural da Antiguidade, que cada um destes, como também seus coetâneos procuravam restaurar, como 'paradigma' de civilização 'clássica', impressa sobre o curso do tempo presente, e dos dilemas, com os quais se defrontavam.

O mesmo grande historiador, GUICCIARDINI, nas suas **Memórias**,[931] traçava paralelo entre o corpo humano e o corpo político: "é verdade que as cidades são mortais, como o são os homens", mas diversamente destes, que morrem, por serem feitos de matéria perecível, "as cidades não morrem, por defeito da matéria, a qual sempre se renova, mas ou por desventura – *mala fortuna* –, ou por mau governo – *male regimento* –, ou seja, pelos partidos imprudentes, tomados por quem governa".[932]

[927] O nobre veneziano e também cardeal Pietro BEMBO (1470-1547), **Historiae Venetae libri XII / History of Venice** (edição bilingue, "edited and translated" by Robert J. ULERY Jr., Cambridge, Mass.: Harvard – The I Tatti Renaissance Library, vol. I – Books I-IV, 2007; vol. II – Books V-VIII, 2008; vol. III – Books IX-XII, 2009).

[928] Sintomaticamente, a mais importante obra de MAQUIAVEL se vale da fórmula de **Comentários sobre a primeira década de TITO LÍVIO**, para cuidar das questões da Itália do seu tempo. Ver **Tratado** (tomo 5 – **Direito internacional no tempo de Francisco de Vitória**, cap. 13 – *estado como sujeito de direito internacional – a contribuição de MAQUIAVEL e BODIN*); N. MACHIAVELLI, **Tutte le opere** (a cura di Mario MARTELLI, Firenze: Sansoni, 1971); e ed. brasileira, MAQUIAVEL, **Comentários** (trad. Sérgio BATH, Brasília: Ed. UnB, 1979).

[929] Francesco GUICCIARDINI, **Storia d'Italia** (a cura di Silvana Seidl MENCHI, saggio introduttivo di Felix GILBERT, Turim: Einaudi, © 1971, ristampa 2008, 3 vols.).

[930] Ver tb. de FREDERICO II da Prússia (1712-1786), **L'antimachiavel** – ou examen du Prince de Machiavel (1740, orig. publ. Haia: Van Duren, 1741, ed. crítica de Ch. FLEISCHAUER, Genebra, 1958; seguido de **Réfutation du prince de Machiavel**, 1848; ed. rev. por Jean-Robert ARMOGATHE e Dominique BOUREL, in FRÉDÉRIC II, **Œuvres philosophiques**, 1740-1780, Paris: Fayard – Corpus des œuvres de philosophie en langue française, 1985).

[931] Francesco GUICCIARDINI, **Ricordi** (1512-1530, ed. a cura di Vincenzo DI CAPRIO, Roma: Salerno Editrice, 1990).

[932] F. GUICCIARDINI, **Ricordi** (ed. 1990, n. 139, p. 100-101) completava a explanação das duas causas de ruína das cidades: "El capitare male per mala fortuna, schiettamente, è rarissimo,

O 'clássico' se reporta à arte. E isso, na tradição italiana é igualmente questão de política pública e de estratégia de inserção em longa e prestigiosa tradição.

Em vasto e abrangente estudo da arte italiana, comentava Giulio Carlo ARGAN,[933] como e quanto "a arte é um modo de interpretar a realidade, e os aspectos da realidade são infinitos, belos e feios, mas todos interessam igualmente ao artista".[934] A lição de ARGAN pode, facilmente, ser transposta para o objeto central deste estudo.

O ensinamento sobre a arte pode ser aplicado ao direito internacional, desse tempo, supostamente 'clássico': são construções teóricas e conceituais, que se inscrevem no tempo e no contexto cultural de uma tradição. Ao mesmo tempo em que almeja, por definição, o direito internacional à universalidade. Mesmo quando, paradoxalmente, se vale de perspectivas estritamente nacionais.[935]

Em contraposição ao vasto panorama de ARGAN, tratando da arte italiana, aposta LONGHI na concisão:[936] "o espaço impera sobre a forma, que por sua vez cria o espaço, com seu assentamento de volume: o círculo da vida se fecha, e circula, vivendo pelos mesmos pontos, para sempre".[937] LONGHI também ressaltava: "como acontece em toda a vida,

perchè, essendo una città corpo gagliardo e di grande resistenza, bisogna bene che la violenza sia straordinaria e impetuosissima a atterrarla: sono adunque gli errori di chi governa quasi sempre causa delle ruine delle città, e si una città si governassi sempre bene, saria possibile che la fussi perpetua o almanco arebbe vita più lunga senza comparazione di quello che non ha".

933 Belo conjunto apresentado por Giulio Carlo ARGAN (1909-1992), **História da arte italiana** (orig. publ. **Storia dell'arte italiana**, 1968, 1988 e 2002, trad. Wilma de KATINSZKY, São Paulo: Cosac & Naify, 2003, vol. I – Da Antiguidade a DUCCIO; vol. II – de GIOTTO a LEONARDO; vol. III – de MICHELANGELO ao Futurismo).

934 G. C. ARGAN (op. cit., 1968, ed. bras., 2003, vol. I, p. 95), na mesma passagem: "ARISTÓTELES dizia que se pode imitar as coisas como se gostaria que fossem, como são ou pior do que são: portanto, não é a beleza do modelo, mas o talento do artista que faz a beleza da arte".

935 Ver **Tratado** (tomo 13 – **Direito internacional no tempo do concerto europeu**, item – *J.-G. FICHTE (1762-1814) – racionalismo, direito natural e nacionalismo?*).

936 Roberto LONGHI (1890-1970), **Breve, mas verídica história da pintura italiana** (orig. publ. **Breve ma veridica storia della pittura italiana**, 1914, trad. Denise BOTTMANN, posfácio Luciano MIGLIACCIO, São Paulo: Cosac & Naify, 2005); tb. Roberto LONGHI **Caravaggio** (pref. Lorenzo MAMMÍ, trad. Denise BOTTMANN, São Paulo: Cosac & Naify, 2012).

937 R. LONGHI (op. cit., 1914, ed. bras., 2005, p. 91): "Além disso, vocês entenderam para que efeito ele serve, na representação do mundo, totalmente transubstanciado em cor."

a história não é um desenvolvimento fechado, contínuo, orgânico, e não devemos querer reduzi-la a tal, sob pena de criar uma pré-construção arbitrária".[938]

Sob a égide e a inspiração do 'clássico' múltiplas foram as leituras, e ainda mais numerosas as interpretações. Pois, como adverte Émile BRÉHIER,[939]

> se é verdade que o espírito não é uma coisa fixa, que possa se apoiar sobre coisas fixas, se ele é essencialmente liberdade, espontaneidade e capacidade de invenção, ele corre, por isso mesmo, o risco da decadência e do desaparecimento; e não é uma necessidade bruta, mas antes uma obrigação para o homem, não somente manter os bens intelectuais que possui, mas renová-los e recriá-los incessantemente.[940]

A reapropriação do 'clássico', pelo Renascimento italiano,[941] se fez com ênfase sobretudo na contribuição romana, como modo de assinalar o vin-

[938] R. LONGHI (op. cit., 1914, ed. bras., 2005, p. 56), pouco antes, na mesma passagem, comentava: "a época dos grandes iniciadores se encerrou, agora que os grandes antigos deixaram no mundo da pintura as grandes criações das quais, por diversas vias, ainda deriva a arte moderna – pois lhes asseguro que desde 1420, aproximadamente, não foi criada nenhuma ideia artística nova".

[939] Émile BRÉHIER, *La notion de Renaissance dans l'histoire de la philosophie* (in E. BRÉHIER, **Études de philosophie moderne**, Paris: PUF, 1965, p. 3-17).

[940] É. BRÉHIER (op. cit., 1965, cit. p. 17).

[941] A caracterização do 'Renascimento' também suscita várias interpretações e discussões. O uso do termo, tal como se transmite, data somente do século XIX, com MICHELET (1840) e BURCKHARDT (1860). Algumas referências, para situar o conjunto do fenômeno, cuja interpretação não é unívoca: o clássico do séc. XV, Leon Battista ALBERTI, **De pictura** (redazione volgare) (a cura di Lucia BERTOLINI, Firenze: Polistampa – Ed. nazionale delle opere di L. B. ALBERTI, 2011); Charles BATTEUX (1713-1780), **As belas artes reduzidas a um mesmo princípio** (orig. publ. **Les beaux arts réduits à un même principe**, 1746, trad. Natalia MARUYAMA, Adriano RIBEIRO, rev. Victor KNOLL, apres. e notas Marco Aurélio WERLE, São Paulo: Imprensa oficial do estado – Humanitas, coleção 'formação da estética', vol. 3, 2009); Enrico CASTELNUOVO, **Retrato e sociedade na arte italiana** – Ensaios de história social da arte (sel. de textos e coord. Sérgio MICELI, trad. Franklin de MATTOS, São Paulo: Companhia das Letras, 2006); Karl Philipp MORITZ (1756-1793), **Viagem de um alemão à Itália** (1786-1788) (orig. publ. **Reisen eines Deutschen in Italien**, trad., introd. e notas Olivier TOLLE, São Paulo: Imprensa oficial do estado – Humanitas, coleção 'formação da estética', vol. 2, 2007); Erwin PANOFSKY, **La Renaissance et ses avant courriers dans l'art d'Occident** (orig. publ. **Renaissance and renascences in Western Art**, Estocolmo, 1960, trad. Laure MEYER, © 1976, Paris: Flammarion – Champs, 2012); Aloïs RIEGL, **L'origine de l'art baroque à Rome** (curso ministrado na Univ. de Viena em

culo direto, entre a grandeza e a tradição da Roma antiga, e a sua versão então reconstituída, e levada ao paroxismo pelo 'barroco' italiano. [942] O legado pode ser considerado direto, mas a leitura deste é sempre feita, de maneira seletiva. Até se chegar à invenção do Renascimento, no sentido hoje usual – *l'invenzione del 'Rinascimento', nel senso oggi usuale.*[943]

Fenômeno também característico do tempo 'clássico', foi a construção da estética, como disciplina, o que acontece, justamente, entre a segunda metade do século XVII e a primeira do século XVIII, principalmente na França, na Inglaterra e na Alemanha, a partir de investigações, teóricas e críticas, sobre a obra de arte. Dessas investigações resultou o estabelecimento da 'estética' como disciplina autônoma.

Deu-se, nessa altura, a passagem do discurso tradicional e do grande racionalismo do século XVII – do apelo ao conceito de imitação da natureza, na filiação às poéticas e na valorização dos modelos da retórica – para a postulação da necessidade de unificação, insistindo na ideia de princípio

1898-1899, publicado postumamente em 1907, trad. Sibylle MULLER, prés. Paul PHILIPPOT, © 1993, Paris: Klincksieck, impr. 2005); b/c algumas outras fontes, já apontadas no **Tratado** (tomo 5 – **Direito internacional no tempo de Francisco de Vitória**, *Introdução* e retomadas no tomo 6 – **Direito internacional no tempo de Suarez, Gentili e Zouch**), dado que o questionamento sobre o conteúdo e o alcance do 'Renascimento' ocorre desde os próprios tempos de ocorrência do fenômeno, como assinala Egon FRIEDELL, na perspectiva da História cultural da era moderna – **Kulturgeschichte der Neuzeit** (orig. publ. 1927-1931, Munique: Beck, "Um ein Nachwort ergänzte Sonderausgabe", 2007, esp. livro I – "Renaissance und Reformation", p. 57-408).

[942] Nesse sentido, o já referido Aloïs RIEGL, **L'origine de l'art baroque à Rome** (curso de 1898-1899, ed. 2005, esp. *L'évolution du style baroque*, p. 65-104) situa em Michelangelo BUONAROTTI (nascido em 1475) a ocorrência de uma nova vontade artística, que se quer realizar em todos os campos das artes plásticas, e que se manifestou pela obra deste, não somente na arquitetura, como também nas artes plásticas, sobretudo nas criações da maturidade, a partir de 1515-1520.

[943] O já mencionado Salvatore SETTIS, **Il futuro del classico** (Torino: Einaudi, 2004, 8ª ristampa, 2008, esp. 10 – *Rinascimento dell'antichità*, p. 54-61, cit. p. 59) fala a respeito do 'rótulo Renascimento', "frequentemente usado, dado como certo, como se fosse uma explicação e não uma coisa a ser explicada", as vezes utilizado para "designar qualquer insurgência de temas, motivos, formas anti-arcaizantes, outras vezes com significado meramente cronológico, como sinônimo da Idade moderna, que sucede à Idade média. A ideia de renovação das artes, ocorrida com GIOTTO, no início do século XIV, percorre linha de análise, desde BOCCACCIO, que escreve por volta de 1350, até Leon Battista ALBERTI, em pleno 'Renascimento'. Mas fenômeno diverso, somente ocorrido no século XIX, com MICHELET (1840) e BURCKHARDT (1860).

único, pautado no conceito de imitação, como base de toda criação artística e poética.[944]

A consolidação da estética é fenômeno intelectual, simultâneo ao direito internacional desse tempo, supostamente 'clássico'. O 'clássico', além de projeto *estético*, é também projeto *político*, e programa *estratégico*, de conjugada apropriação do legado e renovação da linguagem, a partir dessa matriz antiga, cujos indícios afloravam e bastava ordenar e sistematizar ao novo gosto do tempo.

O paradigma 'clássico' do Renascimento foi, assim, antes romano que grego. O elemento romano estava mais perto da realidade diária e sua presença direta era perceptível, na Itália, embora o legado grego estivesse igualmente presente, tanto de maneira subjacente, como também sempre pairasse acima das contingências dos modelos do dia-a-dia. Basta voltar o olhar para a Sicília e os remanescentes helênicos em solo italiano, do conjunto da 'Magna Grécia'.

Movimento que leva à configuração da estética, como disciplina autônoma, e também da história da arte, a configuração do 'clássico', como legado grego – que hoje pode nos parecer óbvia – deve muito a Johann Joachim WINCKELMANN. Este resgata o lugar e o papel dos gregos, ao lado ou mesmo além dos romanos antigos, para o estabelecimento do paradigma 'clássico'.

O modelo de WINCKELMANN passa a pautar a arte dos séculos XVIII e XIX. E se difunde de tal maneira, que a matriz 'clássica' passa a ser antes grega que romana: estes a teriam tomado emprestado dos primeiros.[945]

944 Marco Aurélio WERLE, *Apresentação* (in Charles BATTEUX, **As belas artes reduzidas a um mesmo princípio**, op. cit., 1746, ed. bras., 2009, p. 9-13, cit. p. 10): "A importância de BATTEUX consiste, assim, em estar situado em um momento de transição. [...] Em seu tratado já se insinua a passagem entre uma poética que estabelece somente regras objetivas de produção artística e o domínio de uma filosofia da poesia e da arte, que não se contentará apenas com a fixação dessas regras, mas questionará seu princípio especulativo e interno."

945 Em estudos sobre a evolução das artes nos séculos XVIII e XIX. Ver, por exemplo, Moritz WULLEN com a colab. de Michael LAILACH e Jörg VÖLLNAGEL, **Von mehr als eine Welt** – Die Künste der Aufklärung (Berlim: Staatliche Museen Preussischer Kulturbesitz – Michael Imhof Verlag, 2012); **Regards sur l'Europe** – L'Europe et la peinture allemande du XIXe siècle (coord. Bernhard MAAZ, Ulrich BISCHOFF e Joachim KAAK, Berlim: Staatliche Museen / Kulturstiftung des Bundes / Ostfilden: Hatje-Cantz, 2007).

Com sua **História da arte na Antiguidade**, em 1764,[946] WINCKELMANN não somente marca a compreensão da arte antiga, mas igualmente se situa, como criador da história da arte ocidental, enquanto disciplina autônoma. Ele construiu a história da arte como sentido narrativo – *Erzählung* – e também como sistema de arte – *Versuch eines Lehrgebäudes*.[947] O movimento de WINCKELMANN seria expressão de pós-modernidade – muito antes de ser utilizado o termo – mas essencialmente, como diálogo com as fontes, releitura e reinterpretação do passado 'clássico'.

Coube a WINCKELMANN fixar a Antiguidade greco-romana como 'padrão de excelência' e norteador da era 'clássica', não somente em boa parte da Europa, como a partir desta, se reflete e se difunde o 'padrão clássico' pelo mundo afora. Mesmo em relação a países e povos que pouca ou nenhuma influência direta tiveram, quer de Roma ou da Grécia. Desde a Rússia aos países escandinavos, da Austrália e Nova Zelândia ao conjunto do continente americano.

WINCKELMANN explicava o propósito de sua obra:

> Esses monumentos ampliam o domínio da arte, mais do que se fez até aqui. Revelam noções e imagens que em parte se perderam nos testemunhos dos antigos, e em mais de um ponto, que não se pudera até aqui compreender, e chegou a ser impossível compreender sem a ajuda dessas obras, cujos escritos recebem uma explicação e podem ser vistos em sua justa luz.[948]

A contribuição de WINCKELMANN foi decisiva para a construção do parâmetro 'clássico' e do seu subproduto tardio, o assim chamado 'classicismo'. Ambos não somente marcam o século XVIII, como ainda repercutem sobre consideráveis partes do mundo nos séculos seguintes, mesmo em relação a países que nada tiveram de experiência direta da Antiguidade greco-romana, como 'paradigma', que se vê presente e adotado, em considerável extensão, e mantendo parâmetros muito semelhantes, na Rússia, na Suécia e demais escandinavos, no Brasil e outros países do continente

[946] Johann WINCKELMANNS, **Geschichte der Kunst des Altertums** (orig. publ. Dresden: In der Waltherischen Hof-Buchhandlung, 1764).

[947] Johann Joachim WINCKELMANN, **Histoire de l'art dans l'Antiquité** (do original **Geschichte der Kunst des Altertums**, 1764, trad. de Dominique TASSEL, intr. et notes de Daniela GALLO, Paris: Librairie générale française, 2005, *Note sur la traduction*, p. 7-8).

[948] J. WINCKELMANN (op. cit., 1764, ed. francesa, 2005, *Préface*, p. 39-68, cit. p. 67).

americano ou mesmo na Austrália e na Nova Zelândia, com instituições e prédios usando elementos gregos e romanos.

Os ecos desses modelos 'clássicos' podem ser ouvidos mesmo até nossos dias. O 'clássico' permeia as nossas vidas e pode ser indistintamente utilizado, para designar muitas coisas diversas. Mesmo quando deturpado como 'neoclássico', sob todas as suas curiosas formas e combinações.

Não somente se pode apontar e distinguir um 'clássico' antigo, de outro 'clássico' moderno, mas também, pode-se pretender configurar um estilo 'clássico', como apanágio e expressão do que pode ser 'nacional' – como, por exemplo, pretende ser o dito estilo 'clássico francês'. Ou alemão, ou russo, ou sueco. Ou brasileiro, ou australiano. Cada um dos quais pode ser eloquente extensão dessas transformações e mutações, mesmo quando apresentado como se fosse contribuição original – e isso se faz sentir de novo:

> 'Clássico' podia, ser, assim, um modelo antigo, mas também um mais recente e pertencente às várias culturas nacionais, e nesse caso, poderia merecer a denominação de 'clássico', ou porque perfeitamente aderente aos modelos greco-romanos, ou pela razão oposta, de ter conseguido superar e ignorar esses modelos, criando do nada – *ex nihilo* –, uma nova normatividade.[949]

A leitura do 'clássico' muda de tom, quando se passa da Itália, para a França. O mesmo termo ganha outros contornos.

'Clássico' seria, por exemplo, para MOLIÈRE, no seu sombrio **Misantropo**, de 1666,[950] ter consciência da necessidade de fugir do perigo de "alinhar-se por maus modelos" onde "as expressões em nada são naturais".[951] Contra isso, advertia:

[949] Salvatore SETTIS, **Il futuro del classico** (Torino: Einaudi, 2004, 8ª ristampa, 2008, esp. 11 – *Il 'classico' prima dell'antichità classica,* p. 61-73, cit. p. 68) enfatiza que "para designar a Antiguidade, que nós chamamos 'clássica', WINCKELMANN não usava o termo 'clássico', nem o usaram nesse sentido GHIBERTI, VASARI, ou outros escritores, entre os séculos XV e XVIII".

[950] MOLIÈRE [Jean-Baptiste POQUELIN] (1622-1673), **Le misanthrope** (1666, texte établi par Jacques CHUPEAU, Paris: Gallimard-Folio téâtre n. 28, © 1996, ed. 2000).

[951] MOLIÈRE, Misanthrope (1666, ed. 2000, ato I, cena 2, vv. 377-378): "Vous vous êtes réglé sur de méchants modèles, / Et vos expressions ne sont point naturelles".

Esse estilo figurado, do qual se envaidecem,
Foge do bom caráter e da verdade:
Não passa de jogo de palavras, de pura afetação,
E não é assim que fala a natureza.
O mau gosto do século nisso me dá medo.[952]

Existe aí relação, claramente ambivalente, de amor e ódio, em relação com certo padrão clássico, que pode nem sempre ser seguido. Mas, ao menos, o '*clássico*' coloca parâmetro, que pode ser almejado.

Nessa peça, MOLIÈRE, desgastado com as intrigas da corte do tempo de LUÍS XIV, talvez tenha deixado fluir um pouco mais dos seus verdadeiros sentimentos, e mesmo de maneira polida e bastante disfarçada, fazia, pela voz daquele mal humorado personagem, Alceste, que MOLIÈRE denominou o **Misantropo**, mas traria, justamente, as suas mais sentidas críticas, contra os excessos de seu tempo, e isso não somente no tocante aos exageros de forma e de ornamentação:

Perversidade demais reina no século em que estamos,
E eu quero me retirar do comércio com os homens.[953]

A busca do sentido, do alcance do conteúdo, combinado com o despojamento da forma, se renovam e se repetem, ao longo do tempo.[954] Como notoriamente se produz em relação aos termos 'clássico' e 'classicismo'. Transformando a configuração do espírito em 'produto de exportação' da França para vários países do mundo.[955]

[952] MOLIÈRE, **Misanthrope** (1666, ed. 2000, ato I, cena 2, vv. 385-389): "Ce style figuré, dont on fait vanité, / Sort du bon caractère et de la vérité: / Ce n'est que jeux de mots, qu'affectation pure, / Et ce n'est point ainsi que parle la nature. / Le méchant goût du siècle en cela me fait peur."

[953] MOLIÈRE, **Misanthrope** (1666, ed. 2000, ato V, cena 1, vv. 1485-1486): "Trop de perversité règne au siècle où nous sommes, / Et je veux me tirer du commerce des hommes."

[954] Passados séculos, desde que MOLIÈRE estreou o **Misantropo**, em 1666, faz eco, com sentimentos equivalentes – e quase exatamente os mesmos termos – a escritora canadense, Alice MUNRO (1931-), Nobel de literatura de 2013, em seu conto *Antes da mudança*: "Nunca subestime a maldade que existe na alma das pessoas". No volume de contos de Alice MUNRO, **O amor de uma boa mulher** (orig. publ. **The love of a good woman**, 1998, trad. Jório DAUSTER, São Paulo: Companhia das Letras, 2013, p. 311).

[955] Como expunha Marc FUMAROLI (1932-2020), **La diplomatie de l'esprit** – de Montaigne à La Fontaine (orig. publ. 1998, Paris: Gallimard, 2001).

O que é e como podem ser 'clássico' e 'classicismo', para um brasileiro? A mesma diversidade e riqueza de acepções se manifesta.

Registra o **Dicionário** da Academia Brasileira de Letras: o 'classicismo' como "doutrina estética fundada no culto da tradição greco-romana e que confere maior importância às faculdades *intelectuais*, do que às *emocionais*, na criação da obra de arte".[956] O que pode parecer bastante preciso. Mas poderá variar, enormemente, conforme o modo, pelo qual se aplique.

Já em relação ao termo '*clássico*', o leque de sentidos se amplia, no mesmo dicionário. Isso vai desde a designação do 'clássico' como aquilo que é: (1) de uso nas classes; (2) que, nas artes em geral, segue a doutrina estética greco-romana – como no caso dos *poetas clássicos do Renascimento*; (3) relativo à Antiguidade grega ou latina – como na *filologia clássica*; (4) obra artística, que serve de modelo, obra exemplar – *"o romance **Vidas secas**, de Graciliano RAMOS, é um livro clássico"*; (5) autor clássico: "*interessado em cultura, leu todos os clássicos*"; (6) autor de obra clássica, consagrada: *"Graciliano RAMOS é um clássico"*; (7) jogo de futebol entre dois clubes importantes; (8) antigo currículo do ensino secundário (ensino médio), que priorizava as áreas de humanas.[957]

A riqueza de sentidos e de possibilidades de interpretação nos deixa diante da necessidade de escolhas e delimitações estritas. Para poder situar, a seguir, especificamente, o direito internacional 'clássico'.

A configuração do 'clássico' se mostra, assim, complexa e polissêmica. Com consideráveis oscilações, quanto ao sentido e ao alcance do termo: de um jogo de futebol 'clássico', ao modelo estético e cultural 'clássico', porque este se faz segundo a tradição greco-romana. Em todas as épocas e distintos contextos, nos quais o termo tem sido utilizado, caberá assim precisar o sentido, no qual o termo 'clássico' possa ser empregado.

Para situar o fenômeno, apontam-se primeiro as configurações do 'estilo clássico', como se viu na arte que aspira a estado de equilíbrio físico e emocional, onde este é antes racional do que intuitivamente construído – *art which aspires to a state of emotional and physical equilibrium, and which is rationally rather than intuitively constructed.*[958]

956 ACADEMIA BRASILEIRA DE LETRAS, **Dicionário escolar da língua portuguesa** (São Paulo: Cia. Ed. Nacional, 2008, 2ª reimpressão, 2010).

957 ACADEMIA BRASILEIRA DE LETRAS, **Dicionário** (2008, reimpr. 2010, p. 312).

958 Edward LUCIE-SMITH, **Dictionary of Art Terms** (Londres: Thames & Hudson, 1984, p. 50): "*classical*. 1. Strictly, of the art and architecture of Greek and Roman Antiquity, especially

O que ocorre também na arquitetura e, mais ainda, na música – muitas vezes abusivamente enfeixada sob a denominação 'clássica', abrangendo vários outros períodos, além do clássico, propriamente dito – como seriam HAYDN, MOZART e BEETHOVEN.

Antes de considerar especificamente o 'clássico' no âmbito do direito internacional. Porquanto é igualmente controvertido como e quando este pode ser caracterizado como 'clássico'. Justamente o objeto do presente tópico, no conjunto do direito internacional no tempo.

A configuração de estilo 'clássico' se põe, assim na arquitetura. Nesta, representa todo um modelo e programa de ação. Marcantes por sua serenidade e por seu despojamento seriam as *villas* de PALLADIO: a Antiguidade parece reviver e respirar nessas isoladas obras primas, de equilíbrio e de aparente simplicidade. Ao mesmo tempo em que são construções muito 'italianas' e muito 'modernas', estão em atmosfera embebida da busca do equilíbrio e do refinamento 'clássicos'.

Existe, em PALLADIO, claramente, o olhar voltado para o seu tempo: ele encontra soluções arquitetônicas inovadoras, como no teatro olímpico de Vicenza, mas as suas obras tem sempre algo 'clássico' e atemporal que as caracteriza.[959] Em suas obras, o gênio de PALLADIO se mostra como 'clássico' – mas este é também 'renascentista', e é 'moderno', tanto pelas formas, quanto pelo conteúdo, pela qualidade das soluções arquitetônicas, encontradas em suas obras.

Essa tradição arquitetônica de PALLADIO se conecta com a 'arte da memória'.[960] Se, de um lado, remete a tempos anteriores, por outro, ela é

Greek work of the 5th and 4th century BC and faithful Roman copies; 2. More generally, of art and architecture which conforms to Greek and Roman models; 3. More generally still, of art which aspires to a state of emotional and physical equilibrium, and which is rationally rather than intuitively constructed."

959 Dentre grande volume de referências, vejam-se, por exemplo: Paolo PORTOGHESI, **La mano di Palladio** (fotografie Lorenzo CAPELLINI Torino: Umberto Allemandi, 2008); Lionello PUPPI, **Palladio – Introduzione alle Architetture e al Pensiero teorico** (fotografie di Piero CODATO e Massimo VENCHIERUTTI, Venezia: Regione del Veneto – San Giovanni Lupatoto, VR, Italia: Arsenale, 2005); Leonello PUPPI (a cura di), **Palladio e Venezia** (Firenze: Sansoni, 1982); Franco BARBIERI, Gian Antonio GOLIN, Fernando RIGON e Remo SCHIAVO, **Vicenza & Palladio** (prefazione di Alvise ZORZI, fotografia di Chiara SAMUGHEO, Torino: ERI, 1987).

960 Ver o ensaio de Giuseppe BARBIERI, *La natura discendente: Danielle BARBARO, Andrea PALLADIO e l'arte della memoria* (in **Palladio e Venezia**, a cura di Leonello PUPPI, Firenze: Sansoni, 1982, esp. p. 29-54). Para interpretação algo diversa da relação entre arquitetura e memória,

também pensada e praticada, por pensadores que vão em novas direções, tais como Matteo RICCI,[961] Francis BACON, como René DESCARTES e, ainda, por Gottfried Wilhelm LEIBNIZ.[962]

"É fascinante observar como a arte da memória sobrevive entre as orientações do novo século, e como esta se torna fator de desenvolvimento do método científico".[963] Esta mesma 'arte da memória' prossegue no tempo clássico, considerado neste período:

> O **Orbis Pictus** de COMENIUS (primeira edição em 1658) oferece exemplo interessante, do modo como método mais racional, se destaca do ocultismo da Renascença. Era manual elementar, para ensinar as línguas para as crianças, por meio de imagens. [...] Nessa época, era um método pedagógico, admiravelmente original, e deve ter tornado agradável o aprendizado das línguas, para muitas crianças do século XVII.[964]

e as representações arquitetônicas do 'teatro da memória', ver o ensaio da inglesa Frances A. YATES, **The art of memory** (orig. publ. 1966; tb. na trad. francesa de Daniel ARASSE, © 1975, Paris: Gallimard, 1982, esp. chap. VI – *La mémoire de la Renaissance: le théâtre de la mémoire de Giulio CAMILLO*, p. 144-174 e chap. VII – *Le théâtre de CAMILLO et la Renaissance vénitienne*, p. 175-187).

[961] A respeito de Matteo RICCI (1552-1610), ver por ex.: Jonathan D. SPENCE, **The memory palace of Matteo Ricci** (orig. publ. 1984, London / Boston: Faber and Faber, 1988); Vincent CRONIN, **Matteo Ricci, le sage venu de l'Occident** (préface d'Élisabeth ROCHAT DE LA VALLÉE, trad. Jane FILLION, Paris: Albin Michel, 2010).

[962] Como se examina no **Tratado** (tomo 10 – **Direito internacional no tempo de C. van Bynkershoek e Christian Wolff**, item 22.1 – *direito segundo LEIBNIZ* e tomo 20 – **Direito internacional, história e cultura**, cap. 1 – *direito internacional no tempo e seu papel na história*, item 1.3 – *do mundo fechado ao universo infinito*).

[963] Em seu instigante e algo controvertido ensaio, Frances YATES (1966, ed. 1982, chap. XVII – *L'art de la mémoire et le développement de la méthode scientifique*, p. 395-418, cit. p. 395-396) mostra a mudança que ocorre em relação aos 'teatros da memória' no curso do século XVII: estes tinham desempenhado papel central durante o período medieval e ainda o conservam no contexto renascentista, mas com deslocamento do contexto humanista mais amplo para certa tradição hermética, mais restrita, mas ressurge e se renova em várias facetas: "é interessante e significativo constatar que no século XVII, a arte da memória não é conhecida e discutida somente por autor como Robert FLUDD, que continua a seguir a tradição da Renascença; ela o é também por pensadores que vão em novas direções, por Francis BACON, por DESCARTES e por LEIBNIZ. Pois, nesse século, a arte da memória conheceu ainda mais uma metamorfose: de método para memorizar a enciclopédia do saber, para refletir o mundo na memória, tornou-se ferramenta permitindo estudar essa enciclopédia e esse mundo, para aqueles que se fixaram como propósito descobrir um novo conhecimento."

[964] F. YATES (op. cit., 1966, ed. 1982, p. 404-405). Segundo esta (op. cit., 1966, ed. 1982, p. 407-408 e 408-409): "LEIBNIZ ilustraria, da maneira de longe a mais admirável, o modo

A atuação de COMENIUS se estende desde o apoio ao radicalismo protestante da coroa da Suécia,[965] durante a guerra dos trinta anos, às suas publicações didáticas, como o novo método para o aprendizado de línguas – **Janua linguarum reserata**, de 1631, à sua **Didática magna**, de 1640.[966]

Na arquitetura, o *'clássico'* se põe de maneira recorrente, com encadeamentos e mutações, nos quais se passa do medieval, a algo que busca ser novo, embora embebido em legado, mais ou menos idealizado, da Antiguidade, grega e romana, fenômeno complexo, que se conhece como o "Renascimento".[967] O renascentista seria a busca de resgate de algo 'clássico', que foi postergado pelo 'gótico'.[968] Renega-se o passado medieval e 'gótico', para construir o Renascimento, embebido de Antiguidade grega e romana, mas que muito inova em relação a esse legado.

como a arte da memória e o Lullismo [a tradição que parte de Raimundo LULLIO] continuam a influenciar o espírito das grandes figuras do século XVII", e naturalmente se sabe que LEIBNIZ se tinha interessado pelo Lullismo, e escrevera uma obra, a **Dissertatio de arte combinatoria**, fundada na adaptação do Lullismo. O que se sabe menos, é que LEIBNIZ conhecia muito bem as tradições da arte clássica da memória. "Encontram-se, nos manuscritos não publicados de LEIBNIZ, que se conservam em Hannover, referências à arte da memória". [...] "LEIBNIZ conhecia, assim, muito bem, a tradição sobre a memória; ele tinha estudado os tratados mnemônicos e não somente tinha extraído ideias gerais das regras clássicas; como tinha igualmente se debruçado sobre as complicações que a tradição tinha desenvolvido em torno dessas ideias. E ele se interessava pelos princípios sobre os quais estava fundada a arte clássica".

965 Nascido na Morávia, Jan Amós KOMENSKY (1592-1670), latinizado para COMENIUS, foi ministro de importante centro dos Irmãos da Morávia, em Fulnek. Protegido pela família LESZCZYNSKI, atuou na escola de Lissa, e mantinha contatos com a Hungria, a Suécia, a Holanda e a Inglaterra. Expulso da Polônia, em 1656, seus manuscritos da obra **Pansophia** foram queimados, e terminou seus dias em Amsterdam. Ver Lucien BÉLY, **Les relations internationales en Europe** – XVIIe-XVIIIe siècle (orig. publ. 1992, Paris: PUF – Thémis – Histoire, 4e éd., 2013, Troisième partie, chap. 6 – *L'affirmation de la présence française*, item 3 – *La guerre du Nord*, no. 2 – *L'entrée en guerre de la Suède*, p. 182-185, cit. p. 183).

966 COMÊNIO, **Didáctica magna** (orig. publ. 1640, introdução, trad. e notas de Joaquim Ferreira GOMES, Lisboa: Fundação C. Gulbenkian, 2015).

967 Algumas referências apontadas supra. Matéria também antes considerada no **Tratado** (tomo 5 – **Direito internacional no tempo de Francisco de Vitória**, *Introdução* e 6 – **Direito internacional no tempo de Suarez, Gentili e Zouch**, esp. – *do direito internacional moderno ao clássico*).

968 Para situar os termos e a mutação de contexto do 'medieval' para o 'renascentista' e, por sua vez, deste para o 'moderno', ver **Tratado** (tomo 4 – **Direito internacional no tempo medieval**, 5 – **Direito internacional no tempo de Francisco de Vitória** e 6 – **Direito internacional no tempo de Suarez, Gentili e Zouch**).

Em simplificação algo excessiva, a cada vez, o passado mais próximo era visto como disforme e bárbaro, a ser suplantado, pelo resgate de mundo idealizado, que ficara para trás, e que se busca reviver, em tempos e condições diversas, das originalmente ocorridas. Dos bons velhos tempos que mudam ao sabor das recriações que são ensaiadas em diversos momentos da história.

Como se deu com a filosofia:

> A filosofia medieval se inscreve aproximadamente entre o ano 476 e o início do século XVI. Sua exata determinação é tão complexa quanto a da própria Idade média. De um lado, a filosofia medieval dá prosseguimento a diversas posições dos antigos, de outro lado, recebe sempre mais influência da doutrina cristã e da igreja. Essa influência finalmente se tornou de tal ordem, que a filosofia e muitas outras ciências foram direcionadas pela igreja e passaram a ser pesquisadas somente nos parâmetros assinalados pela igreja que, naquele tempo, se sobrepunha a tudo, sem questionamentos, e não precisava se fundamentar. De tal modo, era corrente buscar a fundamentação de teorias em autoridades, como a da **Bíblia**. Os textos originais foram assim trabalhados pela escolástica. Contudo, a religião cristã não foi a única, que exerceu influência sobre a filosofia. Também o neoplatonismo, que se harmonizava com as posições da igreja, atraiu, na primeira metade da Idade média sempre mais atenção. Apesar da harmonia, as tradições da igreja e do neoplatonismo, que propugnava a visão pessoal, também se colocavam em oposição.
> O crescente interesse pelo neoplatonismo e também pela filosofia de ARISTÓTELES leva a mudança, na segunda metade da Idade média, que contribui decisivamente para o desenvolvimento de consciência mais científica e, mais e mais, se volta para o exame da realidade. Daí surge a controvérsia sobre os *universais*, na qual se colocava a indagação, se os conceitos gerais (= universais – *Universalien*) ou específicos – *Einzeldinge* – exprimiam a realidade. Dessa consciência se ocuparam, mais e mais, com diversas problemáticas da teoria do conhecimento e da relação entre *ciência* e *fé*, extensamente discutidas. Desse modo, muitas ciências se tornaram independentes dos parâmetros colocados pela igreja e levaram a uma era, na qual a total independência das ciências passou a reinar.[969]

[969] Wolfgang HILBER, **Lexikon der Philosophie** (Königswinter: Tandem, 2009, *Mittelalterliche Philosophie*, p. 275-276).

Essa reflexão contribui para situar a relação e o encadeamento entre o antigo, o medieval e o moderno. O percurso da filosofia, durante cerca de um milênio medieval, mostra quanto dos temas da Antiguidade reaparecem e florescem no terreno da modernidade, mas suas raízes são muito mais profundas.

A partir do que se poderia tentar caracterizar como 'medieval' se passa à arquitetura do Renascimento – como busca de clássico, bastante idealizado e inovador, em relação aos modelos antigos, tanto por suas formas, como por suas funções. Tudo isso fazendo enormes generalizações, em relação a tempos intermediários, e regiões onde as transições se fazem de modo menos marcado, e as confluências se intercruzam, em resultados por vezes criativos e inovadores.

Dessa arquitetura do 'Renascimento', se passa à do Barroco, que leva adiante essa releitura e essa reinterpretação dos antigos, instalados em contexto do tempo e do meio cultural – considerando-se a Roma barroca como o modelo e o momento em que, mais avantajada, se exacerba essa concepção. O que igualmente pressupõe algumas generalizações e simplificações arriscadas.

O 'barroco' – igualmente sujeito a controvérsias e a diversidade de interpretações e leituras – se mostra como momento, e como modo de ver, e de fazer sentir o mundo. Que por vezes dialoga e outras vezes se sobrepõe ao antigo. Como exemplarmente mostra a Roma barroca.[970]

O barroco se mostra, conjugado com a modernidade, na literatura latino-americana, com o realismo fantástico. Ocorre curioso processo de reapropriação do barroco no ocaso da modernidade.[971] Sempre recriando formas e conteúdo. E nesse sentido, podem ser situados 'ciclos e reciclagens do barroco'.[972]

[970] Jean DELUMEAU (1923-2020), **La seconde gloire de Rome** – XVe-XVIIe siècle (Paris: Perrin – histoire, 2013, *Préface*, p. 7-8) propõe reflexão histórica sobre a "remontée spectaculaire d'une ville qui semblait moribonde au sortir du Grand Schisme (1417) et qui, deux cents ans plus tard, apparaîtra comme la plus brillante ville d'Occident [...] une somptueuse capitale de rayonnement mondial dans la première moitié du XVIIe siècle."

[971] Irlemar CHIAMPI, **Barroco e modernidade** – ensaios sobre literatura latino-americana (São Paulo: Perspectiva / FAPESP, 1998); ___, **O realismo maravilhoso** (São Paulo: Perspectiva, 1980).

[972] I. CHIAMPI (op. cit., 1998, cap. 1, p. 3-22, e item 1.1, p. 5-6): "A plena 'modernização' do barroco não se cumpre, ao meu modo de ver, senão até o momento em que se realiza a revisão crítica do significado cultural dessa estética."

O barroco, cabe examinar,[973] "o êxito procedia, em grande parte, de sua identidade eufônica, nas mais diversas línguas: com ligeira diferença da terminação, conserva o mesmo som nos idiomas latinos, eslavos ou germânicos". A palavra, "com suas duas claras vogais, bem engastadas, que parecem evocar sua amplitude e brilho, assumiu, por isso, uma autoridade europeia, depois mundial".[974]

Na pintura, o barroco se mostra sob muitas faces: de CARAVAGGIO[975] a RUBENS, mas também muitos outros,[976] dos irmãos CARRACI a DALLA PORTA, são nomes que nos vem facilmente à lembrança. Enquanto na arquitetura BERNINI e BORROMINI,[977] como também MADERNO e RAINALDI.

Mas não podemos esquecer, tampouco, manifestações mais tardias, que se alçam do 'barroco', e depois tendem para o clássico, como exprimem, por exemplo, RASTRELLI e QUARENGHI, nos imensos palácios de São Petersburgo e de Tsarskoie Zelo, como algumas das suas expressões mais marcantes – e monumentais.[978] Assim se manifesta a arte como estratégia: não somente estética, como também política. A construção desses imensos palácios além de acomodar – àquela altura a família imperial – tam-

[973] Victor-Lucien TAPIÉ (1900-1974), **O barroco** (orig. publ. **Le baroque**, 1961, trad. Armando Ribeiro PINTO, São Paulo: Cultrix / EDUSP, 1983).

[974] V.-L. TAPIÉ (op. cit., 1961, ed. bras., 1983, cit. p. 7).

[975] Sobre CARAVAGGIO, ver Dominique FERNANDEZ, **La course à l'abîme** (Paris: Grasset, 2002, cit. p. 18): "La recherche de la beauté et la pratique du vice, le seul à les unir"; Roberto LONGHI (1890-1970), **Caravaggio** (pref. Lorenzo MAMMÍ, trad. Denise BOTTMANN, São Paulo: Cosac & Naify, 2012) e ver tb. Roberto LONGHI, **Breve, mas verídica história da pintura italiana** (orig. publ. **Breve ma veridica storia della pittura italiana**, 1914, trad. Denise BOTTMANN, posfácio Luciano MIGLIACCIO, São Paulo: Cosac & Naify, 2005).

[976] Vittorio SGARBI e Fábio MAGALHÃES, **Luce e ombra** – nella pittura italiana tra Rinascimento e Barocco (Milão: Torcular srl. / São Paulo: Pinacoteca do Estado, 28 de março a 23 de abril de 2006).

[977] Paolo PORTOGHESI, **Francesco Borromini** (Milão: Electa, ristampa, 1994, p. 7): "A una architettura intesa come sistema autonomo di segni corrisponde una critica paga di riconoscere e analizzare strutture o di ricostruire condizioni storiche con rigore scientifico per stabilire anzitutto le convenzioni attraverso le quali il processo di communicazione si compie."

[978] Emmanuel DUCAMP (dir. de), **Tsarskoie Selo** – De Catherine II à Nicolas II: trois siècles de splendeur impériale (photographies de Marc WALTER, Paris: Swan éd., 2010, exemplar no. 0899); Erich DONNERT, **La Russie au siècle des Lumières** (orig. publ. 1983, trad. de l'allemand par Sophie ALLOYER, Leipzig: éd. Leipzig, 1986); Marcello FRANCONE (art director), **Impérial Saint-Pétersbourg** – de Pierre le Grand à Catherine II (Monaco: Grimaldi Forum – Skira, 2004).

bém se destinavam a ser espaços de representação – tanto para demonstrar poder, como para acomodar as enormes coleções de arte. Com o interesse adicional de projetarem esse conjunto de referências culturais para a nova capital do Império russo, no século XVIII: nessa transposição de modelos, do barroco italiano para o solo russo, se exprimem premissas de diálogo intercultural. Muito antes de estarem na moda tais conceitos.

A questão era de certo modo antecipada por LEIBNIZ, em memoriais ao czar, PEDRO I. O primeiro memorial, em 1708, quando descrevia a vantagem de "uma cidade nova, construída de única vez, segundo plano especial, contrariamente às velhas cidades, que crescem pouco a pouco, quase sempre sem ordem nenhuma".[979] Exatamente como se deu com a nova capital, São Petersburgo.

E LEIBNIZ prosseguia, em outro memorial ao czar, em 1711,[980] no qual enfatizava a necessidade do diálogo intercultural, e que a Rússia, pela sua posição geográfica e enorme extensão, deveria "fazer uma seleção dos conhecimentos reunidos da China e da Europa, e importá-los para os estados do czar", o que se traduziria em atos de "fundar bibliotecas e gabinetes de artes, colecionar todos os conhecimentos, quer sejam da China, como da Europa, atrair pessoas experimentadas e artistas, em suma, ter sempre em vista a prosperidade, o esplendor e a vida dos estados do czar, pelos progressos das artes e das ciências".[981]

Pautando sua busca pessoal e as suas recomendações pela universalidade e unidade do conhecimento, LEIBNIZ parece trilhar linha inovadora na teoria do conhecimento, e esta permanece útil e necessária até nossos tempos. Ele se põe em linha divisória entre o barroco e o iluminismo. Como dado característico desse tempo 'clássico', que conclui uma época e prepara outra. Pois, bem percebia: "como nada é mais precioso do que

979 G. W. LEIBNIZ, *Projet d'un mémoire pour le Tzar* (orig. 1708, in **Le droit de la raison**, textes réunis et présentés par René SÈVE, Paris: Vrin, 1994, p. 241-246): a partir do momento em que lá tudo está por fazer (*tabula rasa*), e que em matéria de estudos é como se fosse uma ânfora virgem, que ainda não ficou embebida do odor de um líquido estranho, eu penso que muitos erros, que se produziram entre nós, poderão ser evitados e corrigidos, sobretudo com a sábia direção de um mestre experimentado que, graças a uma visão de conjunto em perfeita harmonia, saberá tudo regular, para o fim a ser alcançado".

980 LEIBNIZ, *Entretien avec le Tzar à Torgau* (orig. 1711, in **Le droit de la raison**, textes réunis et présentés par René SÈVE, Paris: Vrin, 1994, p. 247-251).

981 LEIBNIZ, *Entretien avec le Tzar à Torgau* (1711, ed. R. SÈVE, cit., 1994, p. 247-251).

o tempo, dada a pouca duração da vida humana, e a necessidade de nada adiar, que se deva mais tarde lamentar, por ter deixado para depois".[982]

Esse modelo 'barroco', de Roma e da Itália se espalha não somente pela Europa católica da contrarreforma,[983] em Portugal e Espanha e nas colônias – das americanas às asiáticas – se expande muito além de tais limites geográficos e culturais.[984] Não somente no sul da Alemanha e na Áustria, como também na Hungria e na Polônia.[985] Em escala grandiosa, se mescla o 'barroco' ao legado medieval, na cidade de Praga.[986]

O barroco floresce, em escala ainda mais imponente, na Rússia e na Suécia: cidades do norte da Europa, como São Petersburgo e Estocolmo, são marcadas por arquitetos e por modelos italianos. Imbuídos de modelos 'clássicos', transplantados do Mediterrâneo para as brumas do Norte. Como projetos de poder, passíveis de serem captados em sua expressão plástica, de beleza e de perfeição.

O barroco, levado ao paroxismo de suas curvas e volutas, por sua vez dá lugar à retomada das linhas retar e da sobriedade da arquitetura dita

[982] LEIBNIZ, *Entretien avec le Tzar à Torgau* (1711, ed. R. SÈVE, cit., 1994, p. 247-251).

[983] Jean DELUMEAU, **La seconde gloire de Rome** – XVe-XVIIe siècle (Paris: Perrin, 2013) comete algumas imprecisões, mas descreve de maneira eloquente essa fase de renovação de Roma, cujos efeitos se projetam sobre consideráveis extensões de tempo e de espaço.

[984] Ver o ensaio, muito preciso, focado nas artes e na arquitetura, de Yves BONNEFOY, **Rome, 1630** – L'horizon du premier baroque *suivi de* – Un des siècles du culte des images (orig. publ 1970 e 1989, nova edição, 1994, Paris: Flammarion, 2012, cit. p. 260-261): "Le baroque est-il la dissipation de l'illusoire, a-t-il substitué, aussi bien, l'architecture, fille du lieu, à la spécieuse peinture, fille du songe? Oui, mais qu'est-ce alors, parmi ces esprits résolus, que BORROMINI, sinon l'étranger, l'irrégulier qui infléchit l'acte instaurateur de BERNINI d'une façon qui transporte le lieu réel, le lieu de l'incarnation, dans un espace d'on ne sait où hors du monde?'

[985] Laszló KONTLER, **Uma história da Hungria** (orig. publ. **A history of Hungary**, 2009, trad. Leila V. B. GOUVÊA, São Paulo: Edusp, 2021, parte IV – *encravada entre impérios – 1526-1711*, p. 207-278 e V – *Iluminismo, reforma e revolução – 1711-1849*, p. 279-371); Miklós MOLNAR, **Histoire de la Hongrie** (© 1980, Paris: Perrin – Coll. tempus, vol. 78, 1996, impr. 2010, esp. chap. III – *Un pays sous trois couronnes, 1526-1711*, p. 125-191); Jerzy LUKOWSKI e Hubert ZAWADZKI, **Histoire de la Pologne** (orig. publ. **A concise History of Poland**, © 2001, 2006, trad. Eric CHÉDAILLE, Paris: Perrin, 2010, première partie – *La Pologne jusqu'en 1795*, p. 31-158).

[986] Antoine MARÈS, **Histoire des tchèques et des slovaques** (Paris: Perrin, 2005, esp. chap. IX – *Du baroque aux lumières*, p. 195-221); Ève MENKE-BERTRAND, **L'image de Vienne et de Prague à l'époque baroque (1650-1740)** – Essai d'histoire des représentations (Estrasburgo: Presses Universitaires de Strasbourg, 2008); Karel NEUBERT e Jan ROYT, **Praga Caput Regni** (trad. du tchèque par M. POGNAN, Praga: Odeon, 1991).

'clássica'. E como caracterizar este momento e este modelo? Este se pauta pelo 'ressurgimento do clássico'. Que vem, novamente, a ser idealizado e do qual se faz a releitura conforme o gosto do tempo. E, por sua vez, desemboca no exagero adicional do assim chamado 'classicismo'. Como exemplo de movimento pendular entre estilos e épocas.[987]

Depois do 'barroco' ter levado a inventividade e a fantasia ao limite da resistência dos materiais e dos modelos conceituais, assiste-se ao ressurgimento do clássico, e de sua manifestação ulterior, como 'classicismo'. Estes se pautam pela sobriedade, pela limpeza da estrutura, pela limitação dos ornamentos, pela funcionalidade dos modelos.

Novamente se volta a atenção para a Antiguidade grega e romana, revista com os olhos do século XVIII. Mais uma vez, a Antiguidade, mais ou menos idealizada, ressurge como inspiradora de movimento 'novo', de renovação, mediante a busca das raízes, e da durabilidade.

O renascimento do 'clássico' – e as múltiplas leituras possíveis deste – podem ser dados característicos da história cultural: seriam dados típicos da nossa memória cultural 'ocidental'. Não somente pelo 'clássico', como pelo implacável retorno cíclico dos modelos. Daí apontar-se a recorrência, como pista interpretativa importante, que traz também o questionamento: quanto se põe, mesmo como "forma rítmica", dado peculiar da tradição ocidental e porque isso assim seria.

Ao se estudarem estas referências ao 'clássico', em suma, fica patente não se tratar de passado, mas de buscar situar o presente, e determinar a adoção de 'modelo inspirador', de parâmetro, que possa orientar o futuro. O 'clássico' assume, e mantém assim, valor paradigmático. Esse retorno cíclico como fonte de inspiração de modelos tem múltiplas facetas pós-modernas. Este movimento não é somente *estético*, como também *político* e *estratégico*.

Equivalente periodização pode igualmente ser apontada na pintura inglesa: com a clara passagem de período 'barroco' para dar lugar a uma subsequente fase 'clássica'.[988] Que, por sua vez, se encaminhará para a

[987] Este movimento pendular da história e das ideias se mostra ulteriormente na fase seguinte, considerada no **Tratado** (tomos 11 – **Direito internacional no tempo do iluminismo** e 13 – **Direito internacional no tempo do concerto europeu**).

[988] Ellis WATERHOUSE (1905-1985), **Painting in Britain 1530-1790** (with an introduction by Michael KITSON, Londres: Penguin, 1953, new edition, New Haven and London: Yale Univ. Press, 1994, partes III, IV e V, p. 125-336) considerava, sucessivamente, *a era de KNELLER*

seguinte fase 'romântica'.[989] O mesmo movimento e sucessão de fases e de estilos se põe na história das ideias.

A "análise das várias declinações do 'clássico', não diz respeito somente à história cultural do passado, mas também ao horizonte intelectual do presente".[990] Isso permite traçar paralelo interessante entre um 'excesso de continuidade' e um 'excesso de descontinuidade'. Ambos teriam enormes efeitos. Inclusive no direito internacional.[991]

A respeito da alternância, entre continuidade e ruptura, cada civilização precisa encontrar o seu ponto de equilíbrio. Ou soçobrar.

Existem numerosos excessos, quer de continuidade ou de descontinuidade, conforme o caso: na civilização bizantina,[992] como na civilização

e o barroco inglês e a seguir *HOGARTH e os precursores da era clássica,* antes da *'era clássica'*, propriamente dita, com destaque para as obras de *sir* Joshua REYNOLDS (1723-1792), Richard WILSON (1713-1782), bem como Thomas GAINSBOROUGH (1727-1788), e outros pintores, tais como os membros fundadores da Royal Academy e os assim chamados 'pintores históricos' – *the painters of history.*

989 Como se considera, a seguir, no **Tratado** (tomos 11 – **Direito internacional no tempo do iluminismo** e 13 – **Direito internacional no tempo do concerto europeu**).

990 S. SETTIS, **Il futuro del 'classico'** (Turim: Einaudi, 2004, 8ª reimpr., 2008, 13 – *Eternità delle rovine,* p. 82-91, cit. p. 84). Dado característico da tradição ocidental seria – se efetivamente assim é – a matriz em evento que assinala, com força indelével, a história e a memória cultural do que chamamos Ocidente: a brusca, traumática fratura, assinalada pela queda de Roma. S. SETTIS (op. cit., 2004, reimpr. 2008, p. 86): "Se temos em mente ROMULO AUGUSTO e a data, fatídica somente para os manuais, de 476 d.C." – esse que foi, na verdade, o fim sem rumor de um império – mas se põe como lento processo daquele fim, a longa agonia, começada séculos antes, comportou no seu conjunto, uma drástica ruptura de continuidade: o desabamento, mais ou menos simultâneo e definitivo de uma religião, de uma organização do estado e do território, e de uma sociedade com os seus paradigmas de cultura e de comportamento, com as suas instituições, com os seus valores, "infine, l'intimo fondersi di quello che ne restava con pensieri, valori e memorie di matrice giudaico-cristiana". Essa ruptura teria caráter paradigmático: "Sebbene ci siano numerose fratture di discontinuità nella storia di ogni popolo, nulla di paragonabile a questa 'fine del mondo antico' (anche per l'ampiezza del palcoscenico) è mai accaduto in altre grandi tradizioni culturali, come quella dell'India, della Cina e del Giappone."

991 O que se vê a seguir, no **Tratado** (tomos 11 – **Direito internacional no tempo do iluminismo** e 13 – **Direito internacional no tempo do concerto europeu**).

992 Ivan DJURIC, **Le crépuscule de Byzance** (Paris: Maisonneuve et Larose, 1996); Alain DUCELIER, **Les byzantins** – Histoire et culture (Paris: Seuil, 1988); Bernard FLUSIN, **La civilisation byzantine** (Paris: PUF, 2006); Sir GALAHAD, **Byzance** (trad. Jacques CHIFELLE-ASTIER, Paris: Payot, 1937); André GRABAR, **L'iconoclasme byzantin** – le dossier archéologique (orig. publ. 1984, Paris: Flammarion – champs – arts, 2011); Jacques

chinesa, teria havido excesso de continuidade – e isso teve como resultado paralisar a inovação e 'congelar' viva aquela civilização – trazendo à mente a imagem do 'império imóvel'.[993] Enquanto nas civilizações pré-colombianas, dada a ruptura traumática, decorrente da invasão europeia, e prática da destruição maciça, que totalmente ou praticamente aniquilou essas civilizações,[994] trata-se do fenômeno oposto, e igualmente problemático

HEERS, **Chute et mort de Constantinople** (1204-1453) (Paris: Perrin tempus, 2007); Donald M. NICOL, **Les derniers siècles de Byzance** (1261-1453) (orig. publ. **The last centuries of Byzantium**, 1972, trad. Hughes DEFRANCE, Paris: Tallandier, 2008); John Julius NORWICH, **Histoire de Byzance** (330-1453) (orig. publ. **A short history of Byzantium**, 1988, trad. Dominique PETERS, Paris: Perrin tempus, 2009); Steven RUNCIMAN, **A teocracia bizantina** (orig. publ. **The byzantine theocracy**, 1977, trad. Heloisa Toller GOMES, Rio de Janeiro: Zahar, 1978, cit. p. 131): "Nenhuma forma de governo pode sobreviver, por muito tempo, sem a aprovação geral do povo".

993 Um dos livros de Alain PEYREFITTE sobre a China justamente se intitula **L'empire immobile** – ou le choc des mondes – récit historique (Paris: Fayard, 1989, p. 32), no qual observava: "Toujours la même société qui se défait et se reconstitue. L'éternel retour de l'ordre et du désordre fait une histoire immobile. Le contraire de l'Angleterre, modèle de progrès continu, à la conquête d'un monde en expansion."

994 Sobre a conquista da América e os debates sobre o tratamento a ser dispensado aos povos autóctones pelos conquistadores, ver **Tratado** (tomo 5 – **Direito internacional no tempo de Francisco de Vitória**, tomo 6 – **Direito internacional no tempo de Suarez, Gentili e Zouch**, esp. item – *outras vozes no direito internacional: Domingo de SOTO e VAZQUEZ DE MENCHACA* e tomos 14 a 17 – **Direito internacional no tempo do colonialismo**); Márcia ARCURI (curadoria), **Por ti América** – arte pré-colombiana ("exposição realizada no Centro Cultural Banco do Brasil, Rio de Janeiro: 10 de out. de 2005 a 29 de jan. de 2006; Brasília: 20 de fev. a 23 de abril de 2006; São Paulo: 13 de maio a 16 de julho de 2006", Rio de Janeiro: Pancrom, 2005); Márcia ARCURI (coord. e texto), **Ouros de Eldorado** – Arte pré-hispânica da Colômbia ("exposição realizada na Pinacoteca do Estado de São Paulo, de 29 de maio a 22 de agosto de 2010", organizada pelo Museo del Oro del Banco de la República, Bogotá, Colômbia, coord. e texto Márcia ARCURI; curadoria e texto Efraín SÁNCHEZ; texto Clara Isabel BOTERO, São Paulo: Pinacoteca do Estado, 2010); Jérôme BASCHET, **La civilisation féodale**: de l'an mil à la colonisation de l'Amérique (Paris: Aubier, 2004); Cristovão COLOMBO, **Diários da descoberta da América** – as quatro viagens e o testamento (trad. Milton PERSSON, intr. Marcos FAERMAN, Porto Alegre: L&PM, 2001); ___, **The four voyages of Columbus** (ed. and translated by Cecil JANE, New York: Dover, 1988); Jean CRUSOL, **Les Îles à sucre** – de la colonisation à la mondialisation (Bécherel: Les Perséides, 2ᵉ ed., 2008); Valeri GULIÁEV, *Antiguas civilizaciones de Mexico* (in **Mexico** – historia, cultura, desarrollo contemporaneo, redac. general J. GRIGULÉVICH, Moscou: Academia de ciencias de la URSS – America Latina: estudios de científicos soviéticos, vols. 9 e 10, 1981, tomo 9, p. 30-53); B. R. HAMMET, **A concise history of Mexico** (orig. publ., 1999, Cambridge: Univ. Press, 2nd ed., 2006, reprint 2007); B. W. HIGMAN, **A concise History of the Caribbean** (Cambridge: Univ. Press, 2011); George PENDLE, **A history of Latin America** (orig. publ. 1963, Londres: Penguin, 1990,

de 'excesso de descontinuidade': a ruptura foi de tal ordem que rompe qualquer liame com o passado, e qualquer ligação direta, entre a civilização precedente,[995] e aquela que vem a se instalar, no lugar da precedente, hispanizada e cristianizada:

> A nostalgia, que o fim de tais civilizações, com certeza, deixou para trás, não teve modo de exprimir-se, do próprio interior, ou ao menos de poder veicular a própria voz, justamente com a brusca e radical exclusão, daqueles que poderiam ter elaborado tal sentimento. Quando, muito mais tarde, os arqueólogos redescobrem e se põem a estudar aquelas ruínas, o ponto de vista foi, fatalmente, aquele de uma arqueologia de referência europeia, nascida como evolução da perquirição de antiguidades, dos séculos XVI e XVII.[996]

Em suma, à luz sobretudo da tradição 'clássica', tal como esta foi entendida e praticada, no século XX, cabe apontar ao menos duas visões:

- a primeira opção, tendencialmente a-histórica, quer ver no 'clássico' um inalterável e perpétuo sistema de valores universais, fora do tempo e do espaço, que por feliz coincidência, não foram outros,

esp. 3 – *Discovery and conquest*, p. 32-50); RODRIGO OCTÁVIO [LANGGAARD MENEZES], **Les sauvages américains devant le droit** (RCADI, 1930, t. 31, p. 177-292); P. L. RUSSELL, **The History of Mexico – From Pre-Conquest to the Present** (New York, Routledge, 2010); Jacques SOUSTELLE, **Os astecas na véspera da conquista espanhola** (orig. publ. **Les aztèques à la veille de la conquête espagnole**, 1955, trad. Eduardo BRANDÃO, São Paulo: Companhia das Letras, 1990); ___, **Os Astecas** (orig. publ. **Les Aztèques**, trad. Luiz Carlos Roque da SILVA, São Paulo: Difel, 1972); Loris ZANATTA, **Historia de América Latina** – de la Colonia al siglo XXI (orig. publ. **Storia dela America Latina contemporanea**, 2010, trad. Alfredo GRIECO Y BAVIO y Guillermo DAVID, Buenos Aires: Siglo Veintiuno Ed., 5ª ed., 2022, Introducción, p. 11-15, cit. p. 12): "Existe un acontecimiento traumático por todos conocido: la conquista española y, luego, la colonización y evangelización conducida hasta fines del siglo XVI por las coronas de España y Portugal."

995 Guillermo CÉSPEDES DEL CASTILLO, *Les contacts et les échanges culturels* (in **Histoire de l'humanité** – vol. V – 1492-1789, orig. publ. **History of Humanity** – vol. V – **From the sixteenth to the eighteenth century**, 1999, Paris: UNESCO / Londres: Routledge, 2008, p. 115-142, cit. p. 134): "L'européanisation de l'Amérique fut aussi rigoureuse et lourde de conséquences qu'elle fut rapide. En général, les cultures indigènes ne survécurent longtemps quand les colons européens vinrent s'installer progressivement dans les diverses régions. Des cultures mixtes, amérindiennes et espagnoles n'apparurent qu'en des rares zones de l'Amérique espagnole."

996 S. SETTIS (op. cit., 2004, ristampa, 2008, p. 90).

se não aqueles colocados pelos gregos, difundidos e transmitidos pelos romanos, e devidamente transmitidos até nós;

- a outra visão se esforçou, inversamente, em historicizar o 'clássico', fixando-o em vários momentos (e com as contradições e segmentações internas), não somente na sequência dos anos e dos eventos, mas também, na rede das relações interculturais, vendo-o, em suma, não como imaculada origem, mas como árvore, com muitas raízes, com ramos dispersos em várias direções. E assim, por isso, se provocou a comparação com o retorno cíclico, com fenômenos semelhantes, em outras culturas.[997]

A respeito do modelo *'clássico'*, sobretudo no caso francês, cumpre observar,[998]

> na arquitetura monumental francesa, o período de RICHELIEU e, ainda mais, o de MAZARINO, são caracterizados por um intenso e novo fluxo de ideias italianas – que, então, seriam ideias do Barroco – e pelo modo como foram desenvolvidas nas mãos dos arquitetos mais importantes, no estilo clássico francês.[999]

A partir do 'barroco', supostamente italiano, se chega, por oposição, ao modelo 'clássico', supostamente francês. O que merece vários reparos, e faz tão pouco sentido como pretender determinar a 'nacionalidade' da filosofia. Como advertia o já mencionado Bertrando SPAVENTA, o fato é que "a filosofia moderna não é, assim, nem inglesa, nem francesa, nem italiana, nem alemã somente, mas europeia".[1000]

997 S. SETTIS (op. cit., 2004, ristampa, 2008, p. 92).

998 Nikolaus PEVSNER (1902-1983), **Panorama da arquitetura ocidental** (orig. publ. **An outline of European Architecture**, 1943, trad. José Teixeira COELHO Neto e Silvana GARCIA, São Paulo: Martins Fontes, 2ª ed., 2002).

999 N. PEVSNER (op. cit., 1943, ed. bras. 2002, p. 319) prosseguia, na mesma passagem: "Essa fase não encontra paralelo na Inglaterra, embora a partir de 1660 esse paralelismo, em diferentes idiomas nacionais, volte a ser patente".

1000 Na já mencionada passagem, observava Bertrando SPAVENTA (1817-1883), **La filosofia italiana nelle sue relazioni con la filosofia europea** (in B. SPAVENTA, **Opere**, saggio introduttivo, prefazioni, note e apparati di Francesco VALAGUSSA, postfazione di Vincenzo VITIELLO, Milão: Bompiani, 2008, p. 1161-1362, cit. p. 1189): "la filosofia moderna non è dunque nè inglese, nè francese, né italiana, nè allemana solamente, ma europea."

A conclusão de SPAVENTA simplesmente significa passar a contradição para outro plano: seria distinta a filosofia 'europeia', da filosofia em si, ou das manifestações desta, em outros continentes? Como se poderia falar se não em 'nacionalidade' – o que nega SPAVENTA, mas somente para afirmar, a seguir, o caráter 'continental' de uma filosofia? O que se procuraria caracterizar – como especificamente europeu? Isso somente poderia ser situado em relação a outras tradições, como conhecido.[1001]

O caráter de uma identidade – quer 'nacional' ou 'continental' – talvez seja mais viável de se determinar e perceber, quando se contempla de fora, do que quando se vive o fenômeno 'por dentro'. E por isso, o diálogo entre culturas pode ser, e normalmente se mostra, muito enriquecedor, para ambos os lados. Mas isso tem de ser construído.[1002]

Os aportes do 'renascimento' e do 'barroco' são necessários e estão presentes, ainda que por oposição, ao se reelaborar a linguagem arquitetônica do tempo 'clássico'. Estas outras concepções se contrapõem como "antecedente lógico da fase clássica da arquitetura francesa do século XVII".[1003] A correspondência entre as artes se faz necessária, para tentar situar o conjunto do fenômeno 'clássico', nas suas manifestações em diversos campos do saber e da criação humana.

A este modo *'clássico'* de pensar e fazer as construções – do qual François MANSART (1598-1664) seria o primeiro grande protagonista, e Louis LEVAU (1612-1670) o segundo – se vê o padrão equivalente, em outras artes: corresponderia a Nicolas POUSSIN na pintura, e a esse mesmo padrão responderiam, por exemplo, CORNEILLE e RACINE no teatro. Sem esquecer, também, a contribuição de DESCARTES e PASCAL na filosofia. Coexistem neste 'clássico' francês, ao lado da racionalidade, também paixão e angústia.

[1001] Algumas outras tradições filosóficas, totalmente independentes da tradição 'ocidental', tais como a chinesa, a japonesa, a islâmica e a indiana, são mencionadas supra, no presente item.

[1002] Expõe François JULLIEN, **O dialogo entre as culturas** – do universal ao multiculturalismo (do original **De l'universel, de l'uniforme, du commun et du dialogue entre les cultures** © 2008, trad. André TELLES, apres. e rev. técnica Danilo MARCONDES, Rio de Janeiro: Zahar, 2009, *Advertência*, p. 11-13) ter sido necessário que "a cultura então dominante durante os últimos séculos – a 'ocidental' – visse sua posição soberana em vias de se fissurar e não pudesse mais ser tão peremptória quanto à sua legitimidade de princípio".

[1003] N. PEVSNER (op. cit., 1943, ed. bras. 2002, p. 318); v. tb. Étienne SOURIAU (1892-1979), **La correspondance des arts** – Élements d'esthétique comparée (Paris: Flammarion, 1969).

Apesar do absolutismo,[1004] que se acentua na fase final do muito longo reinado de LUÍS XIV, começaram a se esboçar mudanças na literatura, com escritores que questionam as crenças e as instituições. Não obstante o aparato policial de espionagem e de controle da sociedade e as severas punições às vozes críticas do regime, novas vozes se fazem ouvir.

O espírito crítico, que tudo queria examinar à luz da razão, fazia apelo em favor da tolerância, e afirmava a relatividade dos costumes, ao mesmo tempo em que traçava quadro crítico da sociedade francesa. Nessa linha – por assim dizer precursora do movimento 'iluminista' – já se coloca Pierre BAYLE,[1005] com seu **Dicionário histórico e crítico,**[1006] e será modelo para sucessivas gerações de 'filósofos' do século XVIII.

A premissa lançada por BAYLE, com seu **Dicionário**, em 1695-97, é continuada por outras 'histórias', tais como as de RAPIN, COSTE e THOMASSIN. Até se chegar, em 1737, ao salto qualitativo,[1007] dado pela obra de DESLANDES, **História crítica da filosofia.**[1008]

[1004] Ver **Tratado** (tomo 11 – **Direito internacional no tempo do iluminismo**, item – *império, estado moderno e ascensão do absolutismo*); Jacques WILHELM, **Paris no tempo do rei sol** (1660-1715) (orig. publ. **La vie quotidienne des parisiens au temps du Roi-soleil** (1660-1715), 1977, trad. Cássia R. da SILVEIRA e Denise M. PEGORIM, São Paulo: Companhia das letras – Círculo do livro, 1988); excelente contextualização no várias vezes mencionado volume de Marc FUMAROLI (1932-2020), **Dans ma bibliothèque** – la guerre et la paix (Paris: Gallimard – tel, 2023).

[1005] Inicialmente Pierre BAYLE (1647-1706) publica os 'pensamentos diversos sobre o cometa de 1680', **Pensées diverses écrites à un docteur de la Sorbonne à l'occasion de la comète qui parut au mois de décembre 1680** (orig. publ. 1682, Paris: Garnier-Flammarion, 2007) tb. disponível in **Œuvres de Pierre Bayle** (Editions la bibliothèque digitale, EAN 9791021300651 babelio.com) nos quais argumentara em favor da tese que não se poderia automaticamente qualificar o comportamento de um ateu, como necessariamente imoral e destituído de sentido: *"Il n'est pas plus étrange qu'un athée vive vertueusement qu'il n'est étrange qu'um chrétien se porte à toutes sortes de crimes"*; posteriormente BAYLE publicou, o 'comentário filosófico sobre as palavras de Jesus Cristo – obrigai-os a entrar' **Commentaire philosophique sur ces paroles de Jésus-Christ *'Contrains-les-d'entrer'*** (em 1687, éd. 1688 online google.books archive.wikiwix.com), onde defendia a liberdade de consciência, como premissa da razão, e esta aplicável não somente aos seguidores de todas as confissões religiosas, como também em relação aos ateus.

[1006] Pierre BAYLE, **Dictionnaire historique et critique par M. BAYLE** (Rotterdam: Reinier Leers, 1697; segunda edição, substancialmente ampliada, 1702, em 4 vols) representou inovação, não somente pela sistematização das matérias nele contidas, como, sobretudo, pelo espírito crítico que permeava os verbetes.

[1007] Gregorio PIAIA, *Philosophical historiography in France from BAYLE to DESLANDES* (in **Models of the History of Philosophy**, ed. by G. PIAIA & G. SANTINELLO, International

BAYLE também pode e deve ser lembrado por sua defesa da tolerância,[1009] de 1686, como valor para a construção da convivência socialmente organizada.[1010] A tolerância é afirmada como "sustentáculo dos direitos humanos, do pluralismo (inclusive o pluralismo cultural), da democracia e do estado de direito", conforme expressamente declara a **Declaração de princípios sobre a tolerância**, adotada pela UNESCO, em 1995.[1011]

Desse modo, pode-se ver como a corajosa herança teórica de BAYLE se incorpora, na qualidade de princípio, positivado no direito internacional pós-moderno. Dialogando com a carta sobre a tolerância de John LOCKE, antes mencionada.[1012]

Magistralmente ilustram esse espírito crítico as **Cartas persas** de MONTESQUIEU.[1013] Originalmente publicadas, em Amsterdam, em 1721 – não por acaso, e ademais, sem nome do autor. Disfarçado de '*persa*', o autor do **Espírito das leis** se permite fazer sátira, tão divertida quanto audaciosa e lúcida, da sociedade francesa do seu tempo. E dos exageros desta.

Archives of the History of Ideas – Archives internationales d'histoire des idées, DOI 10.1007/9789048195077_2 © Springer Science+Business Media B.V., 2011, p. 93 ss.).

1008 André-François BOUREAU-DESLANDES, **Histoire critique de la philosophie** (Amsterdam: chez François Changuion, 1737, 3 vols., e quarto vol., 1756).

1009 Pierre BAYLE, **De la tolérance – commentaire philosophique** (orig. publ. 1686); ___, **Les fondements philosophiques de la tolérance** (dir. de Yves-Charles ZARKA, Frank LESSAY, John ROGERS, tome III – Pierre BAYLE, Supplément du Commentaire philosophique, introduction et annotations par Martine PÉCHARMAN, Paris: PUF – fondements de la politique, 2002).

1010 Maria Cecília ALMEIDA, *O elogio da tolerância em Pierre Bayle* (in **Cadernos espinosanos** – estudos sobre o século XVII, São Paulo: FFLCH-USP, vol. XXIII, jan.-jun. 2011, p. 115-139).

1011 UNESCO, **Declaração de princípios sobre a tolerância** (adotada em 16 de novembro de 1995, art. 1º, inciso 3): "A tolerância é o sustentáculo dos direitos humanos, do pluralismo (inclusive o pluralismo cultural), da democracia e do estado de direito. Implica a rejeição do dogmatismo e do absolutismo e fortalece as normas enunciadas nos instrumentos internacionais relativos aos direitos humanos."

1012 Cfr., supra, neste tomo, item – *além do paradigma vestfaliano*. John LOCKE, **Carta sobre a tolerância** (org., introdução, revisão técnica, notas e comentários Flávio F. LOQUE, trad. do latim Fábio FORTES e Wellington F. LIMA, trad, do inglês Flávio F. LOQUE, Belo Horizonte: Autêntica, 2019); ___, ___ (org. e trad. Ari Ricardo Tank BRITO, São Paulo: Hedra, 2012); ___, ___ (trad. Anoar ALEX, São Paulo: Abril – Os pensadores, 1973 vol. XVIII, p. 9-35); LOCKE, **Lettre sur la tolérance** (Paris: PUF, © 1965, ed. revista, 1995).

1013 Charles de Sécondat [barão] de La BRÈDE et de MONTESQUIEU (1689-1755), **Lettres persanes** (prefácio, comentários e notas de Georges GUSDORF, Paris: Le livre de poche, © 1989, impr. 1990).

Esta obra genial do século XVIII soube conservar toda a sua atualidade: sempre existem homens para se questionarem 'como se pode ser persa?' – *comment peut-on être persan?* –, exprimindo o ponto de vista de dois supostos persas, Usbeck e Rica, que visitam a Europa e escrevem aos seus amigos na Pérsia. Esses viajantes se surpreendem a todo momento, diante de "verdade de menos, e erros demais" – *vérité en deçà, erreur au delà.* Eles colocam em discussão tudo o que encontram: os costumes parisienses, o teatro, a Academia francesa, a religião católica e o regime político. Tudo parece oscilar, ante o olhar crítico destes dois estrangeiros: os persas parecem querer derrubar a orgulhosa Europa de seu pedestal. Eles também revelam à Europa, que a Pérsia também existe, e esta tem costumes e leis que valem as da Europa.[1014]

Mas essa lição tinha de ser ouvida. E depois aplicada.

O exagero formal nessa civilização francesa do antigo regime, que se pretendia 'clássica', racional e cartesiana, também foi lúcida e causticamente descrito, em ensaio, publicado anonimamente em Roterdam, em 1765, como o que se poderia chamar de 'empapelotamento' – *papillotage* –[1015] o equivalente, para o conjunto da vida social, ao uso de papelotes nos cabelos:

> Se nos tivessem perguntado, há cem anos, o que significava o empapelotamento – *papillotage* –, teria sido preciso explicá-lo, como um enigma; mas, graças aos nossos costumes, nos todos conhecemos, hoje, o que se entende por esse termo. Este não é o único termo, que nossas gentilezas colocaram em uso, nós temos hoje muito mais, que os nossos pais ignoravam,[1016] e que depõem

[1014] Ver Yves PORTER, **Les iraniens** – Histoire d'un peuple (Paris: Armand Colin, 2006, reimpr. 2007, esp. IIIe partie, chap. 10 – *L'empire des Safavides* esp. *Le déclin des Safavides (1666-1732)* até '*bilan*', p. 217-230).

[1015] ANÔNIMO (1765), **Le papillotage** – Ouvrage comique et moral (Rotterdam: chez E.V.D.V. et Compagnie, MDCCLXV).

[1016] Nessa passagem '*nous en avons plus de cinq cens que nos Pères ignoroient*' – literalmente, 'temos hoje mais de quinhentos que nossos pais ignoravam'; caso se tratasse de 'sens', na acepção de 'sentidos', a tradução seria: 'temos mais do que os cinco sentidos, o que os nossos pais ignoravam'. Preferi traduzir de maneira neutra, entre as duas interpretações, assinalando, aqui, em nota, essa configuração da frase original, que não deixa de ser sugestiva: fala em exacerbação e em excesso de refinamento, exatamente o sentido do fenômeno, que se quer assinalar com o uso do termo '*papillotage*'.

> em favor de nossa elegância: se isso continua, a nossa língua se tornará rica, e a história de nossas modas será tão volumosa quanto variada.
> Esta brochura é, ao mesmo tempo, séria e divertida (*badine*): ou seja, como o público, a quem eu a ofereço, do qual a metade ri, e a outra moraliza; mas, muitas vezes, um livro desagrada, por se parecer demais com os que o leem.
> Para quem se formaliza, por causa da crítica que se encontra nessa pequena obra, não mais será permitido brincar. [...]
> A ironia sempre foi um meio de corrigir os ridículos, e espero que esta aqui tenha o mesmo efeito; então, haverá entre nós uma grande metamorfose, e se poderá anunciar um milagre.[1017]

Sinal dos tempos, a porventura salutar publicação desse ensaio irônico, condenando os excessos de refinamento e de ornamentação da civilização francesa, ainda em 1765, na segunda metade do século XVIII, também teve de se fazer anonimamente, e somente foi possível publicar em Roterdam – território consideravelmente mais livre e mais tolerante, que a França absolutista, do antigo regime, nos sucessivos reinados de LUÍS XIV, LUÍS XV e do malfadado LUÍS XVI.

A definição do fenômeno do 'empapelotamento' vem logo a seguir:

> Os papelotes são antigos; o empapelotamento – *papillotage* – é novo. Os papelotes somente contribuem para o ornamento dos cabelos; o empapelotamento embeleza a pessoa inteira. É ele que confere essa fascinante leveza, tão própria a fazer brilhar os espíritos, a ornar a sociedade, que espalha essas gentilezas, das quais nosso século tira, com razão, seu mérito e sua glória, que enfeita os homens de graça e as mulheres de atrativos, que comunica, ao

[1017] ANÔNIMO (1765, *Prélude*, p. 3-4): "On eut demandé il y a cent ans ce que signifioit le *Papillotage*, et il eut fallu l'expliquer comme une énigme; mais grâce à nos mœurs, nous connoissons tous aujourd'hui ce qu'on entend par ce terme. Ce n'est pas le seul mot que nos gentillesses aient mis en usage, nous en avons plus de cinq cens que nos Pères ignoroient, & qui déposent en faveur de notre élégance; si cela continue notre langue deviendra riche, & l'histoire de nos modes sera aussi volumineuse que variée. // Cette brochure est, tout à la fois, sérieuse & badine; c'est à dire, comme le public à qui je l'offre, dont la moitié rit & l'autre moralise; mais souvent un livre déplaît, parce qu'il ressemble trop à ceux qui le lisent. // Si l'on se formalise de la critique qui se trouve dans ce petit ouvrage, il ne sera plus permis de badiner. [...] // L'ironie fut toujours un moyen de corriger les ridicules, je souhaite que celle-ci ait le même effet; alor il y aura parmi une grande métamorphose, & l'on aura lieu de crier au miracle."

menor gesto, uma impressão de amabilidade, ao menor sorriso uma nuança de encantamento, e que, deixando de lado qualquer sistema econômico e político, somente conhece o estudo das modas e dos prazeres.[1018]

O refinamento, levado ao excesso, tornar-se-ia algo destituído de função e de sentido. Com certeza, a civilidade tem papel a cumprir, na ordenação das relações sociais,[1019] mas o 'empapelotamento' levaria ao paroxismo e tornaria inúteis e excessivas tais precauções e hábitos de condução da vida em sociedade: perdido o sentido, tornam-se enfeites supérfluos, papelotes colados ao indivíduo – que se torna ridículo.

Esse excesso de formalismo e de refinamento pode ser elemento útil para caracterizar o período. E o período que se segue – sob a égide da racionalidade e do despojamento –, como sempre na história, se põe, em certa medida, como reação ao anterior.

> Nada há que não seja testado pelas vicissitudes do tempo e das modas. Ao majestoso, sucede o agradável, ao belo o formoso; esta é a marcha da Natureza e das artes. A França fastuosa engendrou a Saxônia galante [refere-se às porcelanas de Meissen] – como o século de AUGUSTO trouxe o de SÊNECA; e essas soberbas festas, e essa nobre magnificência, que suscitava a admiração de nossos pais, insensivelmente se eclipsaram, para dar lugar ao empapelotamento, dos quais nossos móveis, nossos hábitos, nossos costumes, nossas pessoas trazem o uniforme e a marca.[1020]

1018 ANÔNIMO (1765, *Le Papillotage*, p. 5-136, cit. p. 5-6): "Les papillotes sont anciennes et le papillotage est nouveau. Les papillotes ne contribuent qu'à l'ornement des cheveux, & le Papillotage embellit toute une personne. C'est lui qui donne cette sémillante légèreté, si propre à faire briller les esprits, & à orner la société, qui répand ces gentillesses, dont notre siècle tire avec raison son mérite & sa gloire, qui chamarre les hommes de grâces, & les femmes d'agréments, qui communique au moindre geste une impression d'amabilité, au moindre sourire une nuance d'enchantement, & qui laissant à l'écart tout système économique et politique, ne connoit d'étude que celle des modes et des plaisirs".

1019 Nossos tempos tendem para o extremo oposto, da excessiva informalidade e da falta de todo cuidado no trato social. A brutalidade e a barbárie passam por 'espontâneas' e 'autênticas'.

1020 ANÔNIMO (1765, *Le Papillotage*, p. 5-136, cit. p. 7): "Il n'y a rien qui n'éprouve les vicissitudes du tems & des modes. Au majestueux succède l'agréable, au beau le joli; telle est la marche de la Nature & des Arts. La France fastueuse engendra la Saxe galante, comme le siècle d'Auguste amena celui de Sénèque; & ces superbes fêtes, & cette noble magnificence, qui excitèrent l'admiration de nos Pères, s'eclipsèrent insensiblement pour faire place au

Sintomaticamente, na França do século XVIII, que se pretende foco do 'iluminismo',[1021] dos 'filósofos' e das 'luzes' da razão e do espírito crítico, para poder apontar esse ridículo, se teve de fazer a crítica anonimamente, e esta teve de ser publicada no exterior. Em Roterdam, como território livre da perseguição pelos esbirros da coroa francesa absolutista do antigo regime. Quem terá sido o autor desse ensaio,[1022] anonimamente publicado em 1765?

Comentava FUMAROLI a respeito:

> Esse pérfido tratado sobre os costumes parisienses da moda era tanto mais perigoso, na medida em que impunha uma ideia efeminada de todo o regime monárquico, e uma ideia degenerada da nação, encarnada no seu rei. Na ausência de guerra e de glórias militares, parecia que todas as virtudes guerreiras tinham abandonado a pátria de CONDÉ e de TURENNE.[1023]

papillotage, dont nos meubles, nos habits, nos mœurs, nos personnes portent la livrée et l'empreinte."

1021 Ver tb.: Peter GAY, **The Enlightenment** – an interpretation – The rise of modern paganism (originalmente publicado em 1966, New York & London: Norton, 1977); Peter GAY, **The Enlightenment** – an interpretation – The science of freedom (originalmente publicado em 1969, New York & London: Norton, 1977); Geoffrey HAWTHORN, **Enlightenment and despair** – a history of social theory (originalmente publicado em 1976, Cambridge: Univ. Press, 2nd ed., 1987, reprinted 1992); Klaus HERDING, **Im Zeichen der Aufklärung** – Studien zur Moderne (Frankfurt: Fischer, 1989); Werner SCHNEIDERS, **Die Zeit der Aufklärung** (orig. publ. 1997, Munique: Beck, 4a. ed., 2008); Jean STAROBINSKI, **A invenção da liberdade 1700-1789** (do original **L'invention de la liberté** © 1987, trad. Fulvia Maria Luiza MORENO, São Paulo: Ed. UNESP / Col. Studium, 1994); Moritz WULLEM e outros, **Von mehr als einer Welt – die Künste der Aufklärung** (Berlim: Kunstbibliothek – Staatlichen Museen zu Berlin, 2012); Daniela TARABRA, **Settecento** (Milano: Mondadori-Electa, 2006); tb. publicado em inglês, **European Art of the eighteenth century** (trad. Rosanna M. Giammanco FRONGIA, Los Angeles: J. Paul Getty Museum, 2008), bem como o várias vezes referido ensaio de Salvatore SETTIS, **Il futuro del classico** (Torino: Einaudi, 2004, 8ª ristampa, 2008).

1022 O já mencionado ANÔNIMO (1765), **Le papillotage** – Ouvrage comique et moral (Rotterdam: chez E.V.D.V. et Compagnie, MDCCLXV), cuja identidade não se tem como averiguar. Meu exemplar de 1765 – não brochura, é encadernado.

1023 Marc FUMAROLI, **Dans ma bibliothèque** – La guerre et la paix (Paris: Gallimard – tel, 2023, cit. p. 377-378) atribui, errroneamente, como data de publicação '1767' e menciona 'brochura': "en 1767, une jolie brochure anonyme, publiée en Hollande, **Le papillotage, ouvrage comique et moral**, décrit avec une verve férocement satirique les mœurs françaises sous LOUIS XV en termes de coquetterie, d'affectation, d'alcôve et de boudoir".

Curioso ver como VOLTAIRE parecia alinhar-se com a posição oficial da coroa francesa, na sua **História da guerra de 1741**,[1024] criticando duramente os autores de livros e libelos, que não poderiam ser publicados nem na França absolutista da regência,[1025] nem tampouco, a seguir, durante o longo reinado de LUÍS XV, mas eram impressos com mais liberdade nos Países Baixos,[1026] e a partir de lá, extensamente distribuídos em toda a Europa,[1027] onde quer que houvesse público leitor de língua francesa:

> Um grupo insolente de escritores, licenciosos e mercenários, para o escândalo de todos que não tenham ainda abjurado da honra e do bom comportamento,

[1024] VOLTAIRE, **Histoire de la guerre de 1741** ('extraits', in VOLTAIRE, **Œuvres historiques**, édition présentée, établie et annotée par René POMEAU, Paris: Gallimard – Pléiade, © 1957, impr. 2010, p. 1573-1656).

[1025] Catherine SALLES, em seu livro **Louis XV** – les ombres et les lumières (Paris: Tallandier, 2006, p. 18-19) situa algumas de tais manifestações, inicialmente voltadas contra o regente, FILIPE DE ORLEANS: "les débauches des 'roués' de l'entourage du Régent et le scandaleux enrichissement des spéculateurs qui savent profiter du 'système de Law' provoquent des pamphlets incendiaires, dont les plus virulents s'en prennent au duc d'ORLÉANS, '*tyran inhumain, fameux par le poison, l'athéisme et l'inceste*'. Le dramaturge LAGRANGE-CHANCEL lance, en 1720, trois *Philippiques* contre le Régent, dans lesquelles il l'accuse de comploter la mort de LOUIS XV et appelle de ses vœux son assassinat."

[1026] Jean-Jacques BOUCHER, **Le comte de Lowendal** Ulrich-Frédéric WOLDEMAR Maréchal de France (1700-1755) (Paris: Lanore, 2012, p. 145-146) menciona quanto representavam ponto de tensão e de atritos diplomáticos entre o então reino da França e a então República das Províncias Unidas a publicação de tais "libelles diffamatoires qui n'avaient pas même épargné le Roi". E em relação aos quais o governo francês reiteradamente exigia satisfações e providências para a repressão das publicações, sem conseguir medidas concretas por parte dos holandeses.

[1027] Paul HAZARD, **La crise de la conscience européenne 1680-1715** (Paris: Boivin et Cie., 1935; nova ed. © 1961, Paris: Fayard, impr. 1994, p. 86 a 88) se estende a respeito do fenômeno da proliferação das publicações em língua francesa, no exterior, em parte causado pelo próprio governo francês, a partir da revogação do Édito de Nantes, em 1685, quando a perseguição contra os protestantes causou o deslocamento de numeroso contingente para outros países, tais como a Prússia e as Províncias Unidas, e o daí resultante fenômeno: "Le véritable esprit des gazettes françaises de Hollande, celui même que nous cherchons à définir, le voici: elles sont non conformistes; elles font entendre la voix de l'hétérodoxie". Teria havido mudança nos temas de preferência do público, ao longo do tempo: "avant 1715, ce qui les interesse essentiellement, ce n'est pas la littérature, c'est la pensée". E o mesmo se produzia, em ainda maior escala, em relação aos livros: "Il n'en allait pas autrement pour les livres que la Hollande imprimait à tour de bras. [...] Il y avait, nous dit-on, quatre cents imprimeurs ou libraires à Amsterdam".

vomitam impunemente, no seio da República, as calúnias mais atrozes, contra o bom nome e o governo francês.

Com efeito, há muito tempo, as impressoras holandesas foram desonradas, por um número prodigioso de miseráveis libelos, com os quais a Europa é inundada. Quanto mais a língua francesa teve curso na Europa, tanto mais esses indignos escritos se multiplicaram. Tudo é considerado, na Holanda, como objeto de comércio, e os livreiros desse país traficam na Europa escândalos e calúnias contra as cabeças coroadas, como se vendessem trigo ou óleo. Mas o mais vergonhoso é se contarem muitos franceses, dentre os autores de tais libelos. Um grupo de refugiados, que não tinham qualquer profissão, monges libertinos, saídos de seus conventos, vagabundos sem caráter e sem profissão, que tinham infelizmente aprendido a ler e a escrever, vinham vender a sua pluma aos impressores desse país. Não se viam senão jornais infiéis, compostos por ignorantes, que mentiam e caluniavam para viver. Levou-se a turpitude e a insolência até o ponto de imprimir e mesmo até de representar não sei quais farsas, dignas do mais grosseiro populacho, nas quais o rei era pessoalmente ofendido. A reputação que a literatura francesa tem na Europa contribuía a fazer vender em toda parte, e principalmente no Norte, essas produções, tão ineptas quanto informes, e como o bom gosto é menos universal que a língua francesa, muitas vezes essas produções, que ninguém lia na França, eram bem acolhidas, nos países estrangeiros. Esse indigno comércio corrompia a língua, o espírito e os costumes. Os Estados gerais [das Províncias Unidas] prometeram reprimir esse escândalo, e o deixaram subsistir.[1028]

Exatamente um século antes, de maneira não menos desabusada e cética, mas publicado com nome de autor, o duque de LA ROCHEFOUCAULD, nas suas **Máximas**, de 1665,[1029] advertia: "nossas virtudes, muitas vezes, não passam de vícios disfarçados",[1030] e "não temos força suficiente

[1028] VOLTAIRE, **Histoire de la guerre de 1741** (ed. R. POMEAU, 2010, p. 1640).

[1029] François de LA ROCHEFOUCAULD (1613-1680), **Réflexions ou sentences et maximes morales** (orig. publ. 1665, quinta edição, em 1678, in LA ROCHEFOUCAULD, **Œuvres complètes**, texte établi et annoté par L. MARTIN-CHAUFFIER, Paris: Gallimard-Pléiade, 1935, p. 235-400).

[1030] LA ROCHEFOUCAULD, **Maximes** (ed. cit., 1935, p. 241): *Nos vertus ne sont le plus souvent que des vices déguisés*. E também a primeira reflexão: *Ce que nous prenons pour des vertus n'est souvent qu'un assemblage de diverses actions et de divers intérêts, que la fortune ou notre industrie savent arranger*. A seguir, na mesma linha, trecho do 'prefácio da quinta edição' (em 1678, ed. 1935, p. 239): "celui qui les a faites n'a considéré les hommes que dans cet état déplorable de la nature

para seguir toda a nossa razão".[1031] Causaram escândalo pela total falta de ilusões que revelam,[1032] segundo visão decididamente pessimista do homem e da natureza humana,[1033] denunciando as razões egoístas das paixões, dos sentimentos e das relações sociais: "todos temos força para suportar os males dos outros".[1034]

Desde que possamos enfrentar a realidade, LA ROCHEFOUCAULD põe as coisas de maneira extremamente lúcida: "O mal que fazemos não nos acarreta tanta perseguição e ódio como nossas boas qualidades".[1035] Ele parece descrever o meio universitário, quando observa: "Os que se dedicam demais às pequenas coisas tornam-se ordinariamente incapazes das grandes".[1036]

Pelos mesmos motivos, são lidas até hoje: "essas grandes e vistosas ações, que enchem os olhos, são representadas pelos políticos como os efeitos de grandes desígnios, quando ordinariamente não passam de efeito de humor ou de paixões".[1037] E, adiante: "Embora os homens se orgulhem de suas

corrompue par le péché, et qu'ainsi la manière dont il parle de ce nombre infini de défauts qui se rencontrent dans leurs vertus apparentes, ne regarde point ceux qui Dieu en préserve par une grâce particulière".

1031 LA ROCHEFOUCAULD, **Maximes** (1678, ed. 1935, n. 42, p. 249): "Nous n'avons pas assez de force pour suivre toute notre raison ".

1032 Cinco edições das **Maximes** se sucedem, ainda durante a vida do autor (desde a primeira, em 1665, até a quinta edição, em 1678, ed. 1935, p. 239): "L'approbation que le public leur a donné est au dessus de ce que je puis dire en leur faveur". Nestas sucessivas edições, vê-se, ao mesmo tempo, a evolução da análise e o aperfeiçoamento do estilo, exigido pela busca de formulação, breve e densa, que permita destacar o pensamento austero, que prima pelo dever de lucidez, como qualidade intelectual e também virtude moral. Apesar de parecer desabusado e cético, quanto aos homens e à natureza humana, a lição de LA ROCHEFOUCAULD é antes positiva que destrutiva: ensina a necessidade de algum distanciamento e do espírito crítico. Mencionava no prefácio da primeira edição (1665, ed. 1935, p. 237-238): "Comme ces **Maximes** sont remplies de ces sortes de vérités que dont l'orgueil humain ne se peut accommoder, il est presque impossible qu'il ne se soulève contre elles et qu'elles ne s'attirent des censeurs."

1033 LA ROCHEFOUCAULD, **Maximes** (1678, ed. 1935, n. 31, p. 248): "Si nous n'avions point de défauts, nous ne prendrions pas tant de plaisir à en remarquer dans les autres".

1034 LA ROCHEFOUCAULD, **Maximes** (1678, ed. 1935, n. 19, p. 246): "Nous avons tous assez de force pour supporter les maux d'autrui".

1035 LA ROCHEFOUCAULD, **Maximes** (1678, ed. 1935, n. 29, p. 247): "Le mal que nous faisons ne nous attire pas tant de persécution et de haine que nos bonnes qualités".

1036 LA ROCHEFOUCAULD, **Maximes** (1678, ed. 1935, n. 41, p. 249): "Ceux qui s'appliquent trop aux petites choses deviennent ordinairement incapables des grandes".

1037 LA ROCHEFOUCAULD, **Maximes** (1678, ed. 1935, n. 7, p. 244): "Ces grandes et éclatantes actions, qui éblouissent les yeux sont représentées par les politiques comme

grandes ações, estas muitas vezes não são efeitos de um grande desígnio, mas efeitos do acaso".[1038]

Por vezes a transposição de experimentos e de modelos de uma para outra das nações europeias da época pode não ter dado resultados adequados. Como ilustra, de maneira tristemente célebre, a breve e malfadada permanência de René DESCARTES (1596-1650), junto à corte da rainha CRISTINA da Suécia (1626-1689):[1039] "nenhuma das personalidades culturais internacionais, que foram chamadas a Estocolmo, pela rainha CRISTINA, deixa qualquer coisa, durável e de valor, na Suécia, nem tampouco deixaram a sua marca quaisquer dos esforços culturais de CRISTINA".[1040]

Exemplo de exagero barroco, com certeza, a abdicação do trono sueco e a conversão de CRISTINA ao catolicismo, instalando-se em Roma, sob a proteção do papa ALEXANDRE VII, foram fatos que tiveram imensa repercussão na época. Bem deve ter avaliado o impacto do gesto, esse mesmo papa, que antes, quando ainda cardeal Fábio CHIGI, fora o chefe da delegação do Vaticano, durante as negociações do tratado de paz de Münster, um dos dois instrumentos da paz de Vestfália, de 1648. Ele viveu a reacomodação de forças, entre as facções católica e protestante, na Europa doravante institucionalmente dividida, em dois campos opostos, e que mal superava a violência sectária, que acabava de guerrear, durante não somente os trinta anos anteriores, mas por mais de um século, tomando-se o conjunto das guerras de religião.

Muito mais traumática e mais próxima, essa cisão irreversível, em vários campos cristãos opostos – entre católicos, luteranos, calvinistas e outras

les effets des grands desseins, au lieu que ce sont d'ordinaire les effets de l'humeur et des passions".

1038 LA ROCHEFOUCAULD, **Maximes** (1678, ed. 1935, n. 57, p. 249): "Quoique les hommes se flattent de leurs grandes actions, elles ne sont pas souvent les effets d'un grand dessein, mais des effets du hasard".

1039 Herman LINDQVIST, **A History of Sweden** – from Ice Age to our Age (orig. publ. 2002, transl. by Rod BRADBURY, Estocolmo: Norstedts Förlag, 2006, p. 208-215) a respeito de intelectuais e figuras de destaque da época: "She has been called the great Queen of Culture, since she summoned a number of European cultural figures to Srockholm. The most famous was perhaps the French philosopher René DESCARTES (CARTESIUS) who came in the autumn of 1649 and to his horror was forced to engage in philosophical conversation at five o'clock in the winter mornings. He was appalled by the darkness and the cold, and wrote home that '*people's thoughts seem to freeze here in the winter, just like the water does*'. And DESCARTES more or less froze to death too. He developed pneumonia and died."

1040 H. LINDQVIST (op. cit., 2002, p. 208-209).

denominações – em relação ao ocorrido, séculos antes, quando aconteceu a cisão entre católicos e ortodoxos, no século XI, com o cisma de MIGUEL CERULÁRIO, em 1054. Fora das elites, poucos devem se ter dado conta dessa grande ruptura do mundo cristão, no século XI; diversamente da crise europeia ocidental, em grande escala, das guerras religiosas dos séculos XVI e XVII.

Imagine-se o impacto de se ver a rainha CRISTINA, filha do grande campeão da luta protestante, na guerra dos trinta anos, GUSTAVO II ADOLFO, renunciar ao trono autocrático de uma grande potência, como era ainda naquele tempo a Suécia, para se tornar católica e passar a fazer cavalgadas na cidade dos papas.[1041] Personalidade complexa, mas sobremodo interessante, durante seu breve reinado fez mudanças significativas, no governo da Suécia, não somente quanto à representação na Câmara dos nobres, cuja composição ela ampliou consideravelmente, como também aumentou os privilégios da aristocracia e fundou novas cidades. As reformas da rainha CRISTINA também alcançaram os estratos inferiores, da assim chamada baixa nobreza, que foi aumentada, em ainda maior proporção, dobrando de trezentos para seiscentos. O que reduziu os efeitos de suas reformas em favor do terceiro estado, ou seja, dos não-nobres.

Apesar dos resultados favoráveis para a Suécia, em decorrência da guerra dos trinta anos, o reinado de CRISTINA foi pautado por sérios problemas internos. Por volta de 1650, havia problemas de fome, assolando o país, tanto em decorrência de más colheitas como de epidemias, entre o gado e outros animais domésticos.

As pressões externas também se acumulavam. Em 1654, eclodiu a primeira guerra de Bremen, em razão da disputa, pelos direitos dessa cidade, formalmente integrante do Sacro império, permanecer sob controle da Suécia, como decorrera dos tratados da guerra dos trinta anos. A Dinamarca, cada vez mais alinhada com a Holanda, também multiplicava as

[1041] H. LINDQVIST (op. cit., 2002, p. 213): "It is difficult for us in our liberal and secularised times, when there is a struggle for the equality of the sexes, to really be able to understand how great the shock was for her contemporaries when she disappeared from Sweden and turned up in Rome as a Catholic. And it is equally difficult to understand what an enormous propaganda jackpot her conversion was for the Pope and the Catholic Church, when the daughter of the greatest opponent of Catholicism, of her own free will, renounced the autocratic throne in a new great power in order to become a Roman Catholic and be able to ride in the Pope's capital This far exceeded the wildest fantasies of the Jesuit propaganda department".

suas ameaças, visando coarctar o crescimento da Suécia, como potência marítima.

Depois da abdicação, a rainha CRISTINA foi forçada ao exílio,[1042] por se ter convertido ao catolicismo. A intrigante personagem serviu para a propaganda católica.[1043] No trono da Suécia, ela seria sucedida por CARLOS X GUSTAVO (1622-1660).[1044] Este e seu filho, CARLOS XI, seriam paradigmas da "autocracia carolina" na Suécia.[1045] Ilustram esses monarcas o 'barroco' e a transição para o 'clássico', no contexto sueco.

A mutação do 'barroco', para modelo 'clássico', como questão de moda, e também mudança de atitude, manifesta-se também em outros países, na mesma época. Além da Alemanha e da Áustria, nos estados da Europa central, como a Hungria, se vai do 'barroco' para o 'clássico', sem rupturas, mas antes com continuidade e encadeamento de temas e de tratamento de soluções arquitetônicas.[1046]

[1042] Neil KENT, **A concise History of Sweden** (Cambridge: Univ. Press, 1st publ., 2008, reprinted, 2010, esp. chap. 4 – *Towards a centralist and military state*, p. 61-100, cit. p. 85-86): "Ex-Queen KRISTINA had, meanwhile, been forced into official exile by reason of her conversion to Catholicism. She travelled first to Brussels, where she was formally received into the Catholic Church, and then, the following year, she retired to Rome, having taken many royal treasures abroad with her, a good number of which were sold to help pay her expenses."

[1043] N. KENT, **A concise History of Sweden** (op. cit., 2010, p. 86) comenta quanto a conversão da filha do paladino defensor do protestantismo tinha sido útil e foi eficazmente explorada pela propaganda católica. Na sua chegada a Roma, o papa ALEXANDRE VII a recebeu com grande pompa e circunstância. CRISTINA instalou-se no Palácio Riario, do século XV, e exceto por algumas discretas viagens à Suécia, permaneceu em Roma, até a sua morte, em 1689. Sua boa reputação, como boa fiel, foi afetada por vários relacionamentos, mantidos pela antiga soberana, mas os seus sacrifícios, em favor dos cristãos, em luta contra a ocupação do Império otomano, nas guerras dos Bálcãs, de certo modo resgatam a sua boa imagem e reputação. Ao morrer CRISTINA, seu corpo foi enterrado na basílica de São Pedro, no Vaticano, "where pope INNOCENT XII commissioned the artists G. THEUDON and L. OTTANI to erect a bronze and marble monument in her honour. This was completed in 1702 and shows KRISTINA in an allegory of queenly virtue relinquishing her throne for the sake of true religion."

[1044] Para exame desse período da História da Suécia, ver H. LINDQVIST, **A History of Sweden** (op. cit., 2002, *The Caroline autocracy*, p. 230-330, esp. p. 215-229).

[1045] Ver **Tratado** (tomo 11 – **Direito internacional no tempo do iluminismo**, item – *império, estado moderno e ascensão do absolutismo*).

[1046] Ver, por exemplo: Michael PRATT, **The great country houses of central Europe** – Czechoslovakia, Hungary, Poland (photography by Gerhard TRUMLER, New York: Abbeville Press, 1001); Hermann BOEKHOFF, Gerhard JOPP e Fritz WINZER (hrsg.), **Paläste, Schlösser, Residenzen** – Zentren europäischer Geschichte (Erlangen: Karl Muller, 1986).

Essa mudança do 'barroco' para o 'clássico' se percebe, de modo austero em Estocolmo, na mesma época em que se exibe, de modo grandioso, e se exprime na escala de grandeza e de ambição, sobretudo na nova capital do Império russo, com as obras monumentais de RASTRELLI, em São Petersburgo, depois deste, com outros grandes arquitetos italianos, convidados a trabalhar na Rússia, tais como QUARENGHI.

Os Países Baixos, que nessa época assumem a liderança do comércio ocidental, são invejados, tanto pela França de COLBERT, como pelos ingleses. Destacam-se também nas ciências e podem ostentar, com orgulho, muitos gênios artísticos,[1047] mais do que em qualquer outro período de sua existência.[1048]

Na arquitetura, [1049] o estilo, leve e agradável dos anos 1600, com certo paralelo ao estilo de HENRIQUE IV ou dos jacobinos, evolui para novo 'classicismo', comparável ao de MANSART, na França, e ao de Inigo JONES, na Grã-Bretanha. Nos Países Baixos, o maior arquiteto da época foi Jacob van CAMPEN (1595-1657). Dentre outras construções 'clássicas', como a casa COYMANS, no Kaizersgracht de Amsterdam, em 1626, ou a *Mauritshuis*, para João Maurício de NASSAU-SIEGEN, em 1633-1636, também construiu van CAMPEN, em 1634-1635, a casa de Constantyn HUYGENS, diplomata, amigo de RUBENS, e pai de um dos mais famosos cientistas do período.

[1047] Bob HAAK, **The Golden Age** – Dutch Painters of the Seventeenth Century (translated from the Dutch and edited by Elizabeth WILLEMS-TREEMAN, Londres: Thames & Hudson, 1984, p. 14): "The great flowering of the Northern Netherlands in the seventeenth century can be understood only in the light of the tremendous changes that took place during the sixteenth century in the political, economic, religious, social and cultural spheres."

[1048] Paul ARBLASTER, **A History of the Low Countries** (Londres: Palgrave-Macmillan, 1st. publ., 2006, 2nd. ed., 2012); Renee KISTEMAKER and Roelof VAN GELDER, **Amsterdam** – The Golden Age 1275-1795 (orig. publ. **Amsterdam 1275-1795, Buono governo e cultura in una metropoli di mercanti**, 1982, transl. by Paul FOULKES, New York: Abbeville Press, 1983); Peter PADFIELD, **Maritime supremacy and the opening of the Western mind**: naval campaigns that shaped the modern world 1588-1782 (orig. publ. 1999, Londres: Random House, 2000, esp. chap. 4 – *The Dutch Golden Age*, p. 68-86); Simon SCHAMA, **The embarrassment of riches**: an interpretation of Dutch culture in the Golden Age (Berkeley and Los Angeles: Univ. of California Press, 1988); Brendan SIMMS, **Europe – the struggle for supremacy** – 1453 to the present (Londres: Allen Lane-Penguin, 2013, esp. chap. 2 – *Sucessions 1649-1755*, p. 42-105).

[1049] N. PEVSNER (op. cit., 1943, ed. bras. 2002, p. 324-325).

HUYGENS, em carta a RUBENS, escreve que em sua casa revive a arquitetura antiga – *l'architecture ancienne*. A respeito destas construções ponderava PEVSNER: "não podemos dizer que esta casa ou a *Mauritshuis* sejam antigas no estilo; mas, sem dúvida, são *clássicas*".[1050]

Se a arquitetura, assim, nos dá parâmetro, para situar a mutação de modelo, que ocorre, e se pode caracterizar como 'clássica', a mesma análise pode ser feita, em relação à música. E aí se pode dizer: o que representaram as catedrais, para a era medieval, por sua vez representaria a sinfonia, para a era clássica. A sinfonia 'clássica' seria a catedral da música, a sua mais alta e mais refinada expressão.

LEIBNIZ, nos **Princípios da natureza e da graça, fundados na razão**, de 1714, procurava explicar o fascínio, que sobre nós exerce a música:[1051]

> A música nos encanta, ainda que a sua beleza só consista nas correlações dos números, e dos cálculos, de que não nos apercebemos, e que a alma não deixa de fazer, das batidas ou vibrações dos corpos sonoros, que se encontram, em intervalos determinados. Os prazeres, que a visão encontra nas proporções, são da mesma natureza; e os causados, pelos demais sentidos, têm algo semelhante, embora não o possamos explicar tão claramente.[1052]

O termo 'clássico' e as suas formas correlatas, tais como 'classicismo' e 'classicista', também podem ser referidos, em relação à música.[1053] Esses

[1050] N. PEVSNER (op. cit., 1943, ed. bras. 2002, p. 324-325).

[1051] LEIBNIZ, **Principes de la nature et de la grâce fondés en raison / Vernunftprinzipien der Natur und der Gnade** (1714, seguido de **Monadologie**, auf Grunde der kritischen Ausgabe von André ROBINET, 1954, und der Übersetzung von Artur BUCHENAU, mit Einführung und Anmerkungen hrsg. von Herbert HERRING, edição bilíngue, Hamburgo: Felix Meiner, © 1982, zweite, verbesserte Auflage, 1982, p. VII-XIV + 1-25); LEIBNIZ, *Princípios da natureza e da graça, fundados na razão* (in **Discurso de metafísica e outros textos**, apres. Tessa M. LACERDA, trad. Alexandre C. BONILHA, São Paulo: Marttins Fontes, 2004, p. 151-163).

[1052] LEIBNIZ, *Princípios* (1714, eds. 1982 e 2004, § 17).

[1053] Ver Vladimir JANKÉLÉVITCH, **La musique et l'ineffable** (orig. publ. 1961, Paris: Seuil, 1983, cit. p. 5): "Qu'est-ce que la musique? se demande Gabriel FAURÉ à la recherche du 'point intraduisible', de la très irréelle chimère qui nous élève 'au-dessus de ce qui est ...'. C'est l'époque où FAURÉ ébauche le second mouvement de son premier *Quintette*, et il ne sait pas ce qu'est la musique, ni même si elle est *quelque chose*! Il y a dans la musique une double complication, génératrice de problèmes métaphysiques et de problèmes moraux, et bien faite pour entretenir notre perplexité"; v. tb. Flô MENEZES, **Matemática dos afetos** – Tratado de (re)composição musical (São Paulo: EDUSP-FAPESP, 2013), bem como o já ref.

termos foram empregados em relação a ampla variedade de música, de diversas culturas. Ao mesmo tempo em que parece sugerir algo estável, e de qualidade acima de controvérsias e de modismos.

O termo chega às línguas contemporâneas a partir do latim, *classicus*, que denotava "o cidadão, e depois o escritor, da mais alta classe", passando pelo francês, *classique*, pelo alemão, *Klassik*, pelo inglês, *classic*,[1054] bem como pelo português – espanhol e italiano – *clássico*. Daí se podem expor suas vertentes: primeiro, a disciplina formal; segundo, o modelo de excelência, bem como, por terceiro aspecto, que se relaciona com a Antiguidade grega ou latina.[1055]

Esses três dados podem ser suplementados, pela contraposição do modelo clássico, em relação ao superveniente modelo 'romântico'. Este entendido como sombrio e desordenado, ligado aos sentimentos, à sensibilidade.

Entre o final do século XVIII e início do século XIX, GOETHE apontava e contrapunha os dois modelos.[1056] Sem esquecer a também fortemente presente herança medieval, e o tratamento barroco, dos temas por ele abordados – na obra da vida inteira, o **Fausto**. Mesmo quando GOETHE se põe em relação aos seus temas com distanciamento, marcadamente 'clássico'.

Contribui o próprio GOETHE para a determinação desse padrão *'clássico'* na literatura alemã – como paradigma dos *Weimarer Klassik*, os clássicos de Weimar.[1057] Curiosamente, o próprio 'clássico' GOETHE foi também

conjunto de ensaios de Evangelos MOUTSOPOULOS, **La philosophie de la musique dans la dramaturgie antique** – formation et structure (Atenas: Publications de la Société hellénique des études philosophiques – Ed. Hermès, 1975).

1054 Daniel HEARTZ, *Classical* (in **The New GROVE Dictionary of Music and Musicians**, ed. by Stanley SADIE, Londres: Macmillan, 1980, vol. 4, p. 449-454) menciona uma das mais antigas definições do termo, conforme R. COTGRAVE, **Dictionarie of the French and English tongues** (1611), onde 'classique' é traduzido como "classical, formall, orderlie, in due or fit ranke; also, approved, authenticall, chiefe, principall".

1055 No mesmo sentido, o **Dictionnaire de l'Académie** (1694).

1056 Johann Wolfgang von GOETHE, **Werke – Hamburger Ausgabe** (Munique: D.T.V., © 1981, nova ed., 1982, 14 volumes). Ver tb. Peter BOERNER, **Johann Wolfgang von Goethe** (Hamburgo: Rowohlt, © 1964, impr. 1979); Richard FRIEDENTHAL (1896-1979), **Goethe** – sein Leben und seine Zeit (Munique: Piper, orig. publ. 1963, nona ed., 1982); Georg LUKACS, **Goethe et son époque** (orig. de 1930-1940, trad. L. GOLDMANN et FRANK, Paris: Nagel, 1949); K. R. EISSLER, **Goethe – eine psychoanalytische Studie** 1775-1786 (Munique: D.T.V., © 1983, nova ed., 1987, dois tomos).

1057 Ver Bernd LEISTNER, **Spielraum des Poetischen** – GOETHE, SCHILLER, KLEIST, HEINE (Berlim e Weimar: Aufbau, 2a. ed., 1989, esp. cap. I – *Im Zeichen des Grossen Anspruchs – Goethes Entwicklung zum Weimarer Klassik*, p. 7-58).

marco, desse mesmo movimento 'romântico', como já exprime, por exemplo, o **Werther**, em 1774.[1058] O que, depois, o próprio autor critica.

GOETHE também traz as sombras, de passado mais distante, das profundezas medievais, ou mesmo ainda mais longínquas, pelas quais perpassa a eterna e sempre renovada busca do homem pelo sentido, no seu longo e complexo poema, o **Fausto**.[1059] A obra prima do 'clássico' GOETHE é um mergulho nas sombras mais profundas, da era medieval e dos mistérios da alma humana.

O mesmo GOETHE também constrói o personagem-paradigma do romance de formação – *Bildungsroman* –, o **Wilhelm Meister**,[1060] este como 'o' padrão do que se pode considerar 'clássico'. E, ainda, mais uma vez, o mesmo GOETHE se faz personagem, de sua própria obra, e se constrói, como personagem, em seus numerosos escritos autobiográficos.[1061] Neste

[1058] J. W. von GOETHE, **Die Leiden des jungen Werther** (Textkritisch durchgesehen von Erich TRUNZ, kommentiert von Erich TRUNZ und Benno von WIESE, in J. W. von GOETHE **Werke – Hamburger Ausgabe**, Munique: D.T.V., 1982, vol. 6, p. 7-124, cit. p. 31-32) exclamava querer gozar o contemporâneo e que o passado permaneça passado: "Ich will das Gegenwärtige geniessen, und das Vergangene soll mir vergangen sein". A influência do modelo romântico de GOETHE sobre os seus contemporâneos foi objeto de muita especulação: quantos suicídios de jovens apaixonados sem esperança podem ter ocorrido, na esteira e imitação do herói do romance?

[1059] J. W. von GOETHE, **Faust I und II – Urfaust** (Textkritisch durchgesehen und kommentiert von Erich TRUNZ, in J. W. GOETHE, **Werke – Hamburger Ausgabe**, Munique: D.T.V., 1982, vol. 3, 692 p., *Zueignung*, p. 9): "Der Schmerz wird neu, es wiederholt die Klage / Des Lebens labyrintisch irren Lauf." Ver tb. **Fausto** (texto integral, trad. Agostinho D'ORNELLAS (1867), São Paulo: Martin Claret, 2003, *Dedicatória*, p. 25-26): "Trazeis convosco bem doces dias / A saudosa lembrança. Sombras caras / Ressurgem numerosas; qual remota / Tradição esquecida vão volvendo."

[1060] J. W. von GOETHE, **Wilhelm Meisters Lehrjahre** (Textkritisch durchgesehen und kommentiert von Erich TRUNZ, in J. W. GOETHE, **Werke – Hamburger Ausgabe**, Munique: D.T.V., 1982, vol. 7, 828 p.); **Wilhelm Meisters Wanderjahre** (Textkritisch durchgesehen und kommentiert von Erich TRUNZ, in J. W. GOETHE, **Werke – Hamburger Ausgabe**, Munique: D.T.V., 1982, vol. 8, 704 p.).

[1061] J. W. von GOETHE, **Aus meinem Leben – Dichtung und Wahrheit** (Buch 1-13, Textkritisch durchgesehen von Lieselotte BLUMENTHAL, kommentiert von Erich TRUNZ, in J. W. GOETHE, **Werke – Hamburger Ausgabe**, Munique: D.T.V., 1982, vol. 9, *Autobiographische Schriften I*, 876 p.); **Aus meinem Leben – Dichtung und Wahrheit** (Buch 14-20, Textkritisch durchgesehen von Lieselotte BLUMENTHAL und Waltraud LOOS, kommentiert von Waltraud LOOS und Erich TRUNZ, in J. W. GOETHE, **Werke – Hamburger Ausgabe**, Munique: D.T.V., 1982, vol. 10, *Autobiographische Schriften II*, tb. **Campagne in Frankreich**, 1792, p. 188-362, e *Autobiographische Einzelheiten*, p. 529-547).

'clássico', que já é 'romântico', ele antecipa a obsessão de nossos tempos, pela personalidade e pelo culto desta.[1062]

GOETHE também faz e relata, em detalhes, a sua trajetória de resgate da Antiguidade clássica, na sua "viagem à Itália".[1063] Nele se reúnem o barroco, o clássico e o romântico.

Na vasta e complexa obra de GOETHE, se constrói unidade de tempo e de modo de ver o mundo, tudo isso sempre alinhado pela personalidade do autor, que se desprende do conjuntural, para aceder ao universal. Ao mesmo tempo, é 'barroco', é 'clássico' e é 'romântico'.

Como situar a contraposição entre 'clássico' e 'romântico'? Pois, a contraposição em relação ao 'barroco' marca o início do clássico. Depois, o fim do 'clássico' dará lugar ao 'romântico'.[1064]

Seria característica do 'romântico' a revolta contra o "excesso de civilização" – quase antecipando o freudiano "mal estar da civilização" –[1065] e a busca de "emancipação dos sentimentos". Depois de ter sido o modelo 'clássico' levado ao seu paroxismo, sob o 'classicismo', a razão dá lugar aos sentimentos e aos impulsos.

Apontava Thomas MANN, no primeiro centenário da morte de GOETHE, em 1932, pautar-se, o movimento 'romântico',[1066] por anseio de volta

[1062] Ver, por exemplo: Leo BRAUDY, **The Frenzy of Renown** – Fame and its History ('With a new Afterword', orig. publ. 1986, New York: Vintage, 1997); ou o conjunto de ensaios **The agony and the ego** – The art and strategy of fiction-writing explored (ed. by Clare BOYLAN, Londres: Penguin, 1993).

[1063] J. W. von GOETHE, **Italienische Reise** (Textkritisch durchgesehen von Erich TRUNZ, kommentiert von Herbert von EINEM, in J. W. GOETHE, **Werke – Hamburger Ausgabe**, Munique: D.T.V., 1982, vol. 11, 748 p.); e tb. na ed. italiana, GOETHE, **Viaggio in Italia** (tradotto e illustrato da Eugenio ZANIBONI, Firenze: Sansoni, 1948, 3 vols.).

[1064] O que no presente contexto se enfeixa no **Tratado** (tomos 11 – **Direito internacional no tempo do iluminismo**, e 13 – **Direito internacional no tempo do concerto europeu**).

[1065] S. FREUD, **O mal estar na civilização** (orig. publ. **Das Unbehagen in der Kultur**, 1930, ed. standard bras. das obras psicológicas completas de S. F. – comentários e notas de J. STRACHEY, com Anna FREUD et al., trad. do alemão e do inglês, direção geral de J. SALOMÃO, trad. J. O. de A. ABREU, ver. técnica de W. I. da SILVEIRA, Rio de Janeiro: Imago, 1969, ed. 1974, vol. XXI (1927-1931), p. 73-171).

[1066] Thomas MANN (1875-1955), *Goethes Werther* (in **Goethe im XX. Jahrhundert** – Spiegelungen und Deutungen, Hg. von Hans MAYER, Hamburg, 1967, p. 7): "Überdruss an der Zivilisation. Emancipation des Gefühls, wühlende Sehnsucht nach Heimkehr ins Natürlich-Elementare, Rütteln an den Fesseln einer erstarrten Kultur, Revolte gegen Konvention und bürgerliche Enge, alles trat zusammen, um den Geist gegen die Beschränkung der Individuation selbst anrennen und ein schwärmerisch grenzenloses Lebensverlangen die

ao natural-elemental – *Natürlich-Elementare* –, pela revolta, contra as correntes de cultura estática, e também contra as convenções e a estreiteza burguesa, onde tudo isso se compôs, para levar o espírito a lutar, contra as limitações da individuação, e chegar a ponto de deixar o ilimitado anseio vital tomar a forma de expectativa de morte – *Gestalt der Todessehnsucht*.

Ou seja, o 'clássico' GOETHE foi também, na sua juventude, protótipo e arauto do modelo 'romântico'. Que depois vem a criticar – como acontece a cada geração? É preciso detestar as instituições, e querer tudo abolir, para depois se deixar de lado a revolta, e os ímpetos revolucionários, para buscar construir alguma coisa, justamente pela inserção nestas mesmas instituições, antes tão desprezíveis e declaradamente desprezadas?

Dentre as várias acepções do termo 'clássico', como modelo de excelência, o sentido mais amplamente empregado, é o paradigma de excelência. E é nesta acepção, que o termo se estende mais amplamente no tempo. Esteja ou não lastreado no paradigma da Antiguidade clássica greco-romana.

Outro marco da literatura mundial, mostra a passagem, ou antes oscila entre 'barroco' e 'clássico', é a obra de Laurence STERNE (1713-1768),[1067] o inquieto e inquietante romance **Tristram Shandy**, cuja publicação se estendeu de 1759 a 1767.[1068] A vida de STERNE parece refletir e dialogar com a sua obra: joga com camadas de significado do texto, usa a erudição de maneira jocosa, mescla obscenidade e habilidade retórica, na condução da narrativa.[1069] Ao mesmo tempo, STERNE observava que "o desejo por

Gestalt der Todessehnsucht annehmen zu lassen". Ver ainda, Thomas MANN, *Goethe als Repräsentant des bürgerlichen Zeitalters* (1932, in Thomas MANN, **Essays**, Band 1 – Literatur, Frankfurt: Fischer, 1977, p. 216-244).

1067 Laurence STERNE, **The life and opinions of Tristram Shandy gentleman** (introduction by George SAINTSBURY, London: Dent – Everyman's Library, edição de 1912, reprinted 1982, Book IX – *Dedication*, p. 440) continuamente constrói e desconstrói: "In a word, by introducing an entire new set of objects to his Imagination, I shall unavoidably give a Diversion to the passionate and love-sick Contemplation. In the meantime, I am THE AUTHOR."

1068 Laurence STERNE, **The life and opinions of Tristram Shandy gentleman** (orig. publ., livros I e II, em pequena edição, em York, 1759; a seguir, Londres, 1760; livros III e IV, 1761; livros V e VI, 1762; livros VII e VIII, 1765; e livro IX, 1767).

1069 Como observa Angus ROSS, da Universidade de Sussex (in **The Penguin Companion to Literature** – vol. I – Britain and the Commonwealth, ed. by David DAICHES, Londres: Penguin, 1971, p. 499-501): "He intended to issue **Tristram Shandy** in annual instalments until he died, so he said, and the way it was composed and issued has important consequences for the work, emphasizing the extemporary nature of the narrative and making room for the deliberately chaotic treatment of time." E aduz: "**Tristram Shandy** is seen to be one of the

conhecimento, como a sede de riquezas, crescem sempre, à medida que se alcançam", e "não ter fim a busca da verdade".[1070] Expunha o seu modo de construir a sua obra, e o papel das digressões nesta:

> A maquinaria de minha obra é de espécie toda sua; duas moções contrárias são nesta introduzidas, e reconciliadas, que poderiam ser consideradas, como divergentes uma da outra. Em outras palavras, minha obra é digressiva, e é progressiva também – ao mesmo tempo. [...]
> Digressões, incontestavelmente, são como o brilho do sol – são a vida e a alma da leitura! Tire-as deste livro, por exemplo, e poderia também tirar junto este livro todo; um longo e eterno inverno reinaria em cada página.[1071]

A literatura de STERNE poderia ser *'clássica'*, pelo menos como período histórico, mas não o é como proposta: "O desejo de vida e de saúde está implantado na natureza do homem – o amor pela liberdade e pelo progresso é a paixão irmã desta".[1072] Esta, de modo 'barroco', se constrói e se desconstrói, diante do leitor. E pode, assim, ser considerada como pre-

most remarkable works of the century. Starting with a saying of EPICTETUS, that 'not actions but opinions of actions are the concern of men', STERNE creates a Shandean world that leads the reader to explore the meeting in common life of thought, feeling and action." Por sua vez, D. W. JEFFERSON, ***Tristram Shandy*** *and its tradition* (in **The Pelican Guide to English Literature**, ed. by Boris FORD, London: Pelican, s/d, vol. 4 – From DRYDEN to JOHNSON, p. 333-345, cit. p. 333): "**Tristram Shandy** certainly does not satisfy the usual expectations as to how a novel should be organized, but the tendency among critics has been to comment on its structural oddities without first discovering to what literary kind it belongs and what is author was trying to do."

1070 L. STERNE, **Tristram Shandy** (ed. cit., 1982, livro II, cap. III, p. 64-65): "desire of knowledge, like the thirst of riches, increases ever with the acquisition of it" [...] "Endless is the search of truth."

1071 L. STERNE, **Tristram Shandy** (ed. cit., 1982, livro I, cap. XXII, p. 53): "the machinery of my work is of a species by itself; two contrary motions are introduced into it, and reconciled, which were thought to be at variance with each other. In a word, my work is digressive, and it is progressive too, – and at the same time." [...] "Digressions, incontestably, are the sunshine; – they are the life, the soul of reading! – take them out of this book, for instance, – you might as well take the book along with them; – one cold eternal winter would reign in every page of it; restore them to the writer; – he steps forth like a bridegroom, – bids All-hail; brings in variety, and forbids the appetite to fail."

1072 L. STERNE, **Tristram Shandy** (ed. cit. 1982, livro II, cap. IV, p. 67): "The desire of life and health is implanted in man's nature; – the love of liberty and enlargement is a sister-passion to it."

cursora do que viria a ser chamado pós-moderno: "Quando um homem se entrega ao governo de uma paixão dominante [...] adeus à fria razão e à justa discrição".[1073]

Para contemporâneo de STERNE, e apesar de francês, nutria grande admiração e simpatia pelos ingleses, FOUGERET DE MONBRON (1706-1760), em seu **o Cosmopolita ou o cidadão do mundo**, de 1750, exclamava[1074]

> O mundo é como um livro, do qual só lemos a primeira página, enquanto se viu somente o seu país. Eu folheei um número bastante grande, que me pareceram praticamente igualmente ruins. Esse exame não me foi, contudo, infrutífero. Eu odiava a minha pátria, mas as impertinências de todos os povos, entre os quais eu vivi, me reconciliaram com ela. Mesmo que não tivesse tirado qualquer outro benefício, além deste, não lamentaria, nem os custos nem as fatigas.[1075]

A evolução da música pode permitir outra vertente, para a apreciação do fenômeno 'clássico'. Embora, também neste campo, exista igualmente vasta e diversificada utilização do termo.

O primeiro biógrafo de J. S. BACH (1685-1750), J. N. FORKEL, em seu livro de 1802, recomendava[1076] as principais obras de BACH para teclado como 'clássicas'. Este seria corroborado, por extensa linhagem de biógrafos e estudiosos do maior expoente da música.[1077]

1073 L. STERNE, **Tristram Shandy** (ed. cit. 1982, livro II, cap. V, p. 67): "When a man gives himself up to the government of a ruling passion, – or, in other words, when his HOBBY-HORSE grows headstrong, – farewell cool reason and fair discretion."

1074 Louis-Charles FOUGERET DE MONBRON, **Le Cosmopolite ou le citoyen du monde** (1750, préface de Cécile GUILBERT, Paris: Rivages, 2014).

1075 FOUGERET DE MONBRON (op. cit., 1750, ed. 2014, p. 23).

1076 J. N. FORKEL, **Sobre vida, arte y obras de J. S. BACH** (1802, in, **BACH – Pequeña antologia biográfica**, org. Ernesto EPSTEIN, trad. de los documentos originales de Emiliano AGUIRRE, Buenos Aires: Ricordi Americana, 1950, p. 81-182).

1077 Dentre enorme bibliografia disponível, a respeito de J. S. BACH (1685-1750) e família, ver: Douglas R. HOFSTADTER, **Gödel, Escher, Bach** – um entrelaçamento de gênios brilhantes (orig. publ. 1979, Basic Books Inc., trad. José VIEGAS Filho, Brasília: Ed. UnB / São Paulo: Imprensa Oficial do Estado, 2001); Franz RUEB, **48 variações sobre BACH** (orig. publ. **48 Variationen über BACH**, 2000, trad. João AZENHA, rev. Marcos B. LACERDA, São Paulo: Companhia das Letras, 2001); Albert SCHWEITZER, **J. S. BACH** (orig. publ. em francês em 1903; edição ampliada em alemão em 1908; trad. inglesa de Ernest NEWMAN, da edição alemã

Equivalentes caracterizações de *'clássico'*, como padrão de excelência, foram aplicadas, também, a grandes obras de muitas épocas: já em relação aos motetos de JOSQUIN DES PRÈS, passa pelas missas de PALESTRINA, pelas suítes de COUPERIN, os concertos de CORELLI, os oratórios de HAENDEL, até os *Lieder* de SCHUBERT. Isso se estende até se chegar ao uso do termo 'clássico', que se transformou em expressão de uso corrente, para designar a música clássica vienense, composta por HAYDN, MOZART e BEETHOVEN:

> A noção de que estes – HAYDN, MOZART e BEETHOVEN – constituíam um 'período clássico' surge entre os autores alemães, do século XIX, por analogia em relação aos 'clássicos de Weimar' – *Weimarer Klassik* –, criado por GOETHE, e em menor medida, por SCHILLER.[1078]

Ou se pode aceitar o *conteúdo* 'clássico', sem necessariamente aceitar a configuração de um *período* 'clássico', para definir a linguagem musical: "a existência de linguagem musical 'clássica', compartilhada por HAYDN e MOZART, e também em certa medida por BEETHOVEN, é mais amplamente aceita que a existência de 'período clássico'."[1079]

A exata determinação do conteúdo e do tempo *'clássicos'*, na música, podem oscilar. Isso, como dito, tanto no tempo, como em relação ao conteúdo. Podem, por exemplo, se estender os limites desse 'período', para abranger desde a metade do século XVIII – e assim alcançar a fase final da obra de BACH – até incluir o conjunto da produção de SCHUBERT. Isso resulta no enfraquecimento de qualquer concepção de movimento coeso e passível de ser determinado com precisão: especificamente pode se questionar e mesmo recusar a possibilidade de unidade estilística, no período – bastante longo – entre a morte de BACH e a de BEETHOVEN.

de 1911, pref. C. M. WIDOR, Neptune City, N.J.: Paganiniana Publications, 1980, dois tomos); Christoph WOLFF, Walter EMERY, Richard JONES, Eugene HELM, Ernest WARBURTON e Ellwood S. DERR, *Bach* (verbetes no **The New GROVE Dictionary of Music and Musicians**, ed. by Stanley SADIE, Londres: Macmillan, 1980, em vinte tomos, vol. 1, p. 774-877).

1078 Cf. situa Bernd LEISTNER, *Im Zeichen des Grossen Anspruchs – Goethes Entwicklung zum Weimarer Klassik* (no vol. **Spielraum des Poetischen**, Berlim e Weimar: Aufbau, 2a. ed., 1989, cap. I, p. 7-58).

1079 D. HEARTZ, *Classical* (in **The GROVE Dictionary**, ed. 1980, vol. 4, *The Viennese Classical Idiom*, p. 450-451).

A caracterização da música *'clássica'*, em sua acepção mais estrita, seria apta para designar a *música instrumental composta na maturidade de MOZART, de HAYDN e de BEETHOVEN*. Mesmo assim, podem oscilar os marcos, inicial e final, desse trio e desse período: entre *quais* peças de HAYDN se deve situar o começo do 'clássico', por volta de 1770? E tampouco, se pode deixar de ver a mudança de estilo, em BEETHOVEN, na sua fase final, onde as formas 'clássicas' supostamente já se mostravam superadas, ou mesmo em processo de desintegração. O que seria considerado como a quintessência do 'romantismo'. Que, por sua vez, se colocará em confrontação com o 'clássico'.[1080]

Útil e corrente a denominação, embora a sua configuração temporal e temática do 'clássico' possa, também na música, oscilar consideravelmente. Ocorre mudança de linguagem, como também de estrutura, o que se vê acontecer na música, como se vira também na arquitetura e na literatura.

Na música instrumental europeia da época se vê a passagem concomitante da mudança de estilo e da base instrumental, sobre a qual esta se exercia, e para a qual compunham os compositores do tempo. No arco de tempo, que vai de 1780 a 1795 ou 1800, se dá não somente o deslocamento para o estilo 'clássico', como também o afastamento do centro instrumental do 'cravo' para o 'piano' – ou seu predecessor, o pianoforte.

Justamente os grandes compositores 'clássicos' vivem e ilustram, em suas obras, essa prolongada e oscilante transição, quanto ao instrumento de base, e quanto à linguagem musical: assistimos a isso na obra de Georg Friedrich HÄNDEL (1685-1759), como na de Domenico SCARLATTI (1685-1757) e, sobretudo, na de Franz Joseph HAYDN (1732-1809). Imersos no espírito do tempo, refletem com genialidade essas mudanças, em curso na época.

O grande Johann Sebastian BACH (1685-1750) não parece ter sido igualmente afetado, por essa mutação: em sua trajetória, BACH leva ao ponto mais alto a tradição contrapontística. Cria música, de tal perfeição formal, que esta se mostra atemporal e eterna. Até hoje, BACH permanece intocado, como um dos pontos mais altos da criação humana.

Mesmo que seus próprios filhos, também compositores, tolamente, o considerassem 'ultrapassado': e é saboroso o paradoxo – é fácil ver quanto

1080 Como se situa no **Tratado** (tomos 11 – **Direito internacional no tempo do iluminismo** e 13 – **Direito internacional no tempo do concerto europeu**).

envelheceram as obras dos vários filhos de BACH, muito mais que as criações, atemporais e eternas, do pai deles. Que a geração seguinte chegou a considerar ultrapassada.

Depois dos experimentos, com vários modelos de 'pianoforte', se consolida o sistema de cordas percutidas no 'piano', e este passa a ser o centro da música instrumental – e isso não somente na música europeia. O 'piano' suplantaria totalmente o 'cravo' e a 'espineta', nos duzentos e cinquenta anos seguintes.

Como em outras áreas do conhecimento e da criatividade humana, o enorme desenvolvimento do 'piano' acontece sem que o 'cravo' e outros instrumentos de cordas pinçadas sejam deixados totalmente de lado. Muitos compositores, nessa fase final do século XVIII, deixam a indicação, em suas peças, de que estas poderiam ser executadas quer em '*cembalo o fortepiano*' – no 'cravo' ou no 'pianoforte', e mais adiante, simplesmente o '*piano*'. Essa indicação de livre escolha, no frontispício de tantas obras instrumentais, dessa fase final do século XVIII, deixava a cargo dos sentimentos ou da disponibilidade do executante, em qual instrumento de teclado a pudesse tocar, faria seguir um ou outro caminho.

O '*clássico*', na música, se diferencia dos anteriores modelos, renascentista e barroco. Como se distinguirá do posterior modelo 'romântico'. Como reação visceral de emotividade, de impulsividade, de sentimentos, em contraposição à suposta frieza e racionalidade do anterior modelo 'clássico'.

Na música, ao menos, isso se demonstra e se percebe, pela estrutura tonal utilizada: em contraposição ao uso de intervalos de *quintas* e *quartas*, na música do período anterior, as *terças*, como base operacional e desafio da era clássica, e o posterior tratamento das *segundas*, pelos românticos, na fase seguinte. A estrutura tonal permite o 'enquadramento' temporal da música, mesmo sem conhecimento de quaisquer dados da biografia do compositor.

Estruturalmente a música nos faz ouvir a qual fase histórica se filia. A história da música ocidental permite, assim, separar com nitidez o período aqui examinado. O que foi 'renascentista' ou 'barroco', em relação ao que é, e ao que já deixava de ser 'clássico'. O que se poderia dizer, já prenuncia o 'romântico'. Tudo isso, com base em mutações estruturais nesta verificadas. E essas mutações são passíveis de contraposição com relação, de um lado, ao período precedente e, de outro, em relação ao tempo seguinte.

Ocorrem transformações estruturais, que permitem situar fases da história da música. De maneira bastante sucinta, como em uma "pequena história da música", estas mudanças consistiriam em "questionar a partir de que momento se tentou dar conta, em termos de racionalização, em relação ao quadro unitário de uma dissonância".[1081]

Existem fases, estruturalmente passíveis de delimitação, na mutação entre sucessivos períodos, ocorrida na música ocidental: desde a música antiga e medieval, que utilizava o caráter modal, até a música renascentista, desta para a música barroca, e a romântica, até chegar ao dodecafonismo e à atonalidade, que irrompem nos séculos XX e XXI.

As principais etapas dessa evolução da música podem ser úteis, no propósito de fazer paralelo com as fases da evolução do direito internacional.[1082] Assim, na música antiga e medieval, de caráter modal:

> É música, onde as gamas propostas são constituídas por intervalos, que nada tem a ver, com a lógica interna da sistematização, a partir do mesmo; esta marca a alteridade, de maneira a poder ser trazida, de volta ao mesmo, onde as gamas modais tem intervalos, que são muito maiores que os intervalos de meio tom, da gama platônica – e que nada tem com a lógica interna, do dispositivo platônico.[1083]

Inicialmente, no quadro da *oitava*, já se tinha notado que a *quinta* era uma dissonância. Aí se deu passo considerável, na evolução da música ocidental.

Logo se viu, com a *quinta* se poderia operar um acordo, que o ouvido suportava bastante bem, e daí se passou à *quarta*. Essa foi outra mutação significativa. A partir do momento, em que se opera com a *quinta* e com a *quarta*, se tem o essencial da música da Renascença:

> Nesta, quando se escutam os 'motetos', por exemplo, todas as cadências, pelas quais se volta à tonalidade são caracterizadas por uma espécie de mecanismo que faz tocar a *quinta* e a *quarta*, de tal maneira que reencontramos a tonalidade. Eis o que o nosso ouvido identifica, como a música do Renascimento.

1081 Heinz WISMANN, **Penser entre les langues** (Paris: Albin Michel, 2012, p. 145-146).
1082 Cujo exame prossegue no **Tratado** (tomos 11 – **Direito internacional no tempo do iluminismo** e 13 – **Direito internacional no tempo do concerto europeu**).
1083 H. WISMANN (op. cit., 2012, *Le caractère modal*, p. 242-244).

> Ora, nessa época, a *terça* ainda era considerada como uma dissonância. Ela era mesmo proscrita, com poucas exceções. E é somente com a música barroca, que se vê aparecer as *terças*. E na medida em que a *terça* pode se apresentar, como maior ou como menor, percebe-se, de repente, que se redescobrem dois modos, no interior de um sistema, inteiramente racional, de modulação: um modo heroico e alegre, e um modo triste – os modos maior e menor. Isso somente é possível a partir da *terça*.[1084]

Em seguida, por volta de 1750, ano da morte de J. S. BACH, ocorre outra mutação crucial na história da música. Nesta altura, se opõem RAMEAU – com sua concepção pitagórica e platônica –, em relação a ROUSSEAU – este que defende, sob os auspícios da horizontalidade, o princípio de uma melodia desenvolvida.[1085]

Nessa transição, figura o filho de BACH, Carl Philipp Emmanuel, tão importante, por ser literalmente obcecado pelas modulações, que podem ser feitas em torno da terça, de intuição pré-mozartiana. Esta intuição é chamada de 'pré-mozartiana', no sentido estrito de que "MOZART tomará uma harmonia e a desenvolverá, na linearidade da melodia, engendrando um tipo de expressividade subjetiva, a melodia, em oposição à expressividade objetiva, que é a do sistema harmônico".[1086]

1084 H. WISMANN (op. cit., 2012, *Bach, de l'harmonie à la mélodie*, p. 244-247).

1085 Mesmo que se façam sérios reparos a J.-J. ROUSSEAU como ser humano e como '*philosophe*' é admirável a extensão e a complexidade de sua obra. Foi também autor de dicionário de música, originalmente publicado em 1768. Ver Jean-Jacques ROUSSEAU, **Dictionnaire de musique** (facsimilé de l'édition de 1768, édition préparée et présentée par Claude DAUPHIN, Arles: Actes Sud, 2007). Dentre os comentários de Claude DAUPHIN à obra musical de ROUSSEAU (1768, ed. cit., 2007, *La modernité du* ***Dictionnaire de musique*** *de ROUSSEAU*, p. LVIII-LXVIII, cit. p. LVIII): "La modernité du siècle des Lumières est un fait quotidiennement célébré en ce XXIe siècle débutant. Notre époque n'a de cesse qu'elle ne reconnaisse ses propres aspirations dans les idéaux des philosophes de la seconde moitié du XVIIIe siècle. L'intégrité de la personne, la démocratisation du savoir et de l'information, le pacifisme, le refus de la peine de mort, la relativité culturelle, l'émancipation des femmes et l'écologie semblent plonger leurs racines dans le terreau des Lumières." E aduzia: "L'attention fervente accordée à la musique en cette période, comme nous l'a rappelé l'épisode de la Querelle des Bouffons, anticipe aussi l'ascension de cet art au faîte des manifestations de médiatisation les plus percutantes de notre temps."

1086 H. WISMANN (op. cit., 2012, p. 246 e 247): "La manière dont la musique fonctionne se trouve radicalement changée. Or, ce n'est évidemment pas en quittant l'harmonie que la mélodie se déploie. Le cadre de l'harmonie est toujours sous-jacent, il est présent mais il n'est

Na medida em que se conseguiu domesticar a *quinta*, depois a *quarta*, e também a *terça*, nessa perspectiva da música, que se desenvolveu desde BACH e os corais protestantes, com Paul GERHARDT e outros, é preciso que a música vá sempre mais longe na provocação, pela dissonância a ser domesticada, para que uma composição musical seja percebida como necessária.[1087]
Ora, a partir do momento em que a *terça* é intensamente trabalhada, durante décadas, por compositores como HAYDN, MOZART e BEETHOVEN, a nova provocação vem necessariamente da *segunda*, que é a dissonância por excelência, de dois tons que se tocam.
A hipótese, que vem então, em descrição dessa ordem, é que a música romântica é, essencialmente, um trabalho sobre a *segunda*. Evidentemente, ela mobiliza todo o resto – toda a herança aí está presente – mas a nova dificuldade, o novo desafio, é a dissonância, ou seja a *segunda*. Encontramos magníficos exemplos em SCHUMANN, nas "cenas infantis" – *Kinderszenen* –, e mesmo em SCHUBERT.[1088]

A mudança ocorrida teve e tem enorme alcance, para o conjunto da cultura ocidental. A música deixa de ser um *programa*, de suporte para o culto ou para o espetáculo, passa a ser música totalmente *autônoma*: ela trabalha, sobre problema harmônico, como seu único e exclusivo propósito. Essa grande mudança se dá, de fato, a partir da música de BACH.[1089] Por isso, ele é eterno, e sua música não envelhece; enquanto a produção de contemporâ-

simplement plus, de manière verticale, stoppé par le bâton de LULLY; maintenant, ce même rapport, par exemple, trois ou quatre notes qui entrent dans un accord, va être déployé dans la succession, ce qui fait exemplairement MOZART. C'est d'une simplicité!"

1087 H. WISMANN (op. cit., 2012, *Découverte de la dissonance*, p. 248-253, cit. p. 250-251). Pastor do século XVII, Paul GERHARDT (1607-1676) é, depois de LUTERO, o mais importante compositor de cânticos.

1088 H. WISMANN (op. cit., 2012, p. 251): "Pour que le travail musical ne soit pas simplement une agréable répétition de quelque chose qu'on sait déjà faire, il faut que le défi soit de taille. Il faut travailler sur un problème qui dramatise le mouvement musical pour en faire le symbole d'un enjeu existentiel."

1089 H. WISMANN (op. cit., 2012, p. 251-252): "Aussi le reproche qui a été fait à BACH d'utiliser un thème des Passions pour un concert brandebourgeois s'effondre-t-il, fondé qu'il est sur une analyse un peu marxisante, qui voudrait que le pauvre BACH, devant fournir et gagner sa vie pour ses nombreux enfants, ait été conduit à faire une chose contraire à l'éthique du compositeur. Or, c'est strictement l'inverse, puisque, pour BACH, seule la musique compte. La musique a son enjeu immanent, qu'elle soit utilisée dans un contexte de célébration liturgique ou dans un contexte de divertissement".

neos, como de seus muitos filhos, igualmente compositores, mas sem genialidade comparável, se tornaram expressões de música datada, característica de uma certa época, de certo gosto, de certo tempo e de certo contexto.

No século XVIII, sobretudo na Alemanha, acontecem duas invenções que não tem equivalente, em qualquer outra parte do mundo, mais ou menos ao mesmo tempo: de um lado, a filosofia especulativa e, de outro, a música – independente de culto ou espetáculo, música que vale por si mesma.[1090] Tendo como configuração inaugural, de uma, LEIBNIZ e, da outra, BACH. E os dois contemporâneos são parte desses gigantescos avanços.

Existe paralelo, entre o desenvolvimento da música e o desenvolvimento da filosofia: "a música e a filosofia conhecem, exatamente o mesmo destino, e no mesmo momento histórico – com alguns anos de diferença". Estamos no momento em que se vai ultrapassar o ponto de convergência, do topo da pirâmide:

> À imagem de uma pirâmide, chega-se a um ponto de integração do diverso, que faz que, pelo ponto de culminância da convergência, seja como se expulso e que se encontre agora um além, onde já se dispõe de material: isso feito do conjunto das soluções, propostas pelos séculos precedentes. Isso faz que se possa opor o modo como a matéria foi, em primeiro movimento, dominada pela forma, dessa música.
> Tudo isso corresponde, muito precisamente, à época em que se criavam os sistemas de metafísica. De PLATÃO, retomado na Idade média, até HEGEL, *grosso modo*, busca-se reduzir o diverso: faz-se triunfar o mesmo. É exatamente paralelo com a história da música: cada grande sistema metafísico tenta dar um pouco mais de força ao princípio negativo de força. Isso vale até HEGEL, onde a própria negatividade, chamada de *espírito*, se reconverte em *ideia*, ou seja em *identidade* e essa identidade é plena de todas as contradições passadas, de tudo o que ela pode absorver ao longo da sua história.[1091]

[1090] H. WISMANN (op. cit., 2012, p. 100): "Voilà, selon moi, ce que les Allemands ont légué à l'humanité. [...] Or, cette musique allemande – pour parler de musique – est une musique dans laquelle la référence à un contexte social, ou à une histoire qu'on raconte est secondaire. C'est une musique qui ne vaut que par elle-même". Ver tb. o jornalístico mas abrangente ensaio de Peter WATSON, **The German Genius** – Europe's Third Renaissance, the Second Scientific Revolution and the Twentieth Century (orig. publ. 2010, Londres: Simon & Schuster, 2011).

[1091] H. WISMANN (op. cit., 2012, p. 254): "La question qui se pose ainsi est tout à fait différente: il ne s'agit plus de faire triompher la forme, l'Un, mais de faire que ce qui est matériau, c'est-à-

A mutação estrutural da música prossegue, quando a corrente que vai rumo ao triunfo da tonalidade bascula, obrigatoriamente, na conquista da atonalidade, a partir de formas que são formas-matéria, e assim, são materiais. A contraposição passa a se colocar entre a 'tonalidade' e a 'atonalidade'. A atonalidade aparece nos anos 1920, não mais como contraposição entre tons inteiros, mas entre frações destes:

> Toca-se em quartos de som, ou coisas como isso, o que no sistema platônico, seria da ordem do absurdo, o que ele chama de anomalia. O quarto de tom se coloca logo antes do fim, porque não se pode absorvê-lo em qualquer inteligibilidade. São provocações dos sentidos. VARÈSE fazia poemas com as cores de som.[1092]

Este contexto pode ser útil – tanto quanto expressivo – e contribuir para situar o fenômeno da evolução do direito internacional, por meio do paralelo com a evolução da música e a da filosofia ocidentais. E, assim, dar imagens mais eloquentes e visualmente mais fáceis de serem captadas, para ensejar a caracterização, do que pode ser considerado como o modelo teórico e o quadro institucional do direito internacional 'clássico'.

E sem deixar de notar quanto são marcantes os desenvolvimentos paralelos, em diferentes campos do conhecimento. E que estes se produzem quase contemporaneamente.

Especificamente em relação ao direito internacional, pode igualmente oscilar o período 'clássico' do direito internacional: alguns exemplos podem bastar para ilustrar essas flutuações, que são consideráveis.[1093] Por exemplo, uma *breve história do direito internacional,*[1094] situa o período, chamado

dire matière formée, produise une nouvelle matière, une nouvelle matérialité, une nouvelle densité. C'est une densité matérielle qui est par définition irréductible au principe de l'Un".

1092 H. WISMANN (op. cit., 2012, , p. 255): "Ce sont des dissonances nouvelles, mais beaucoup plus intellectuelles, car les matériaux ne sont évidemment pas quelque chose d'intellectuellement brut. C'est à partir de là que l'entreprise de SCHÖNBERG prend tout son sens. La dodécaphonie est une manière de mettre la forme au début de la composition et de fabriquer avec cette forme, qui est arrêtée, ce qui est une certaine gamme chromatique obligée – comme pour des formes littéraires arbitraires (sonnet, rimes, etc.)".

1093 Cujo exame prossegue no **Tratado** (tomos 11 – **Direito internacional no tempo do iluminismo** e 13 – **Direito internacional no tempo do concerto europeu**).

1094 Stephen C. NEFF, *A short History of International Law* (in **International law** ed. by Malcolm EVANS, Oxford: Univ. Press, third ed., 2010, p. 3-31, cit. p. 4) comenta "the ambiguity of the

'clássico' – de maneira bastante extensa – entre os marcos temporais de 1600 até 1815:

> O período clássico (1600-1815) testemunhou a emergência de visão dualista do direito internacional, com o direito natural – *law of nature* – e o direito das gentes – *law of nations* – coexistindo, mais ou menos amigavelmente. No século XIX – a parte menos conhecida do direito internacional – o positivismo doutrinário, foi o ponto de vista predominante, embora não exclusivo.[1095]

Entender o positivismo no contexto histórico é possível e útil.[1096] O que não se pode é pretender continuar a querer explicar o mundo, pela

term 'international law' leads to various different answers to the question of when international law 'began'." O que, em visão minimalista, a respeito do que seja direito internacional, se pode fazer remontar a sua origem ao início da História. Se for desejado código de conduta, mais ou menos suficientemente abrangente, aplicável às 'nações' – *nations* –, então se pode situar o nascimento do direito internacional na Antiguidade clássica, ou na Idade média. Se direito internacional for aceito como significando conjunto substantivo de princípios, aplicáveis somente aos estados, como tais, então o marco inicial seria o século XVII. Se o direito internacional for definido como a integração do mundo inteiro, em algo como comunidade única, regida por princípios jurídicos – *a single community under a rule of law* –, então o século XIX seria a data inicial possível e isso talvez de modo excessivamente otimista – *perhaps a trifle optimistically*. Se o direito internacional for entendido como direito codificado e conjunto de decisões judiciais, emanadas de instituições internacionais, então este somente pode ter seu termo inicial no século XX. E, finalmente, se o direito internacional for entendido como elemento jurídico de governo mundial – *world government* – seu surgimento – se vier a ocorrer – tem de remetido ao futuro – e esse pode ser bem distante.

1095 S. NEFF (cap. cit., 2010, p. 3) igualmente enfatizava: "No area of international law has been so little explored by scholars as the history of the subject. This is a remarkable state of affairs, probably without parallel in any other academic discipline (including other branches of law). Although this intellectual scandal (as it well deserves to be called) is now being remedied, we are still only in the earliest stages of the serious study of international legal history." E de que se cuida: "Both ideas and state practice will be covered. The ideas chiefly concern what international was thought to consist of in past times".

1096 Emmanuel LEVINAS, **La compréhension de la spiritualité dans les cultures française et allemande** (orig. publ. *Dvasiskumo supratimas prancuzu ir vokieciu kulturoje*, Kaunas: *Vairas* – Revista cultural mensal, n. 7-8, jul.-ago., 1933, p. 271-280, préf. Danielle COHEN-LEVINAS, Paris: Payot-Rivages, 2014, p. 62), do qual traduzo o seguinte trecho: "o que se costuma chamar de positivismo francês não se confunde com o positivismo vulgar da filosofia popular, mas reside na convicção de que somente o espírito teórico é o verdadeiro espírito e que somente na ciência exata o espírito pode se realizar. Todo o resto é anarquia completa, uma mistura confusa de percepção sensorial e de biologia, o domínio da matéria."

ótica deste estrito positivismo, como tampouco pela ótica do direito natural 'moderno'. Não se constrói adequadamente os fundamentos do direito internacional sobre base estritamente positivista.[1097]

Ao situar o início do período 'clássico' por volta de 1600 – isso nos põe ainda em tempo de vida, simultaneamente, de Alberico GENTILI (1552-1608), de Francisco SUAREZ (1548-1617), de Hugo GRÓCIO (1583-1645), e também dos primeiros anos de vida do então muito jovem Richard ZOUCH (1590-1660). Esse período foi tratado como fase característica do que se denomina o direito internacional 'moderno'.[1098]

Tem mérito a tentativa de buscar fixar parâmetro do direito internacional 'clássico'.[1099] Há quem ponha o marco inicial em 'Emer de VATTEL e a emergência doutrinal do direito internacional clássico.[1100] Nessa linha, somente com VATTEL, ocorreria a 'emergência do direito internacional clássico'.[1101]

Ou seja, VATTEL ainda se reporta a base comum e legado compartilhado de um "direito natural e das gentes", mas ele, ao mesmo tempo, nos

[1097] Como se examina nos **Fundamentos** (2008).

[1098] Ver **Tratado** (tomos 6 – **Direito internacional no tempo de Suarez, Gentili e Zouch** e 7 – **Direito internacional no tempo de Hugo Grócio**).

[1099] Emmanuelle JOUANNET, **Emer de Vattel et l'émergence doctrinale du droit international classique** (Paris: Pedone, 1998), como esta então assim o denominou. E assim prossegue, em sua história do direito internacional: Emmanuelle JOUANNET, **Le droit international libéral-providence**: Une histoire du droit international (Bruxelles: Bruylant / Ed. de l'Université de Bruxelles, 2011); tb. a formulação anterior, E. JOUANNET, *À quoi sert le droit international? Le droit international providence du XXIe siècle* (Revue belge de droit international, 2007/1, Bruxelles: Bruylant, p. 5-51).

[1100] Em boa medida, mesmo se nem sempre fazemos a divisão de modelos e tempos históricos exatamente da mesma maneira, a proposta metodológica de JOUANNET (1998) pode ser compartilhada. O que não necessariamente constitui uma oposição irremediável.

[1101] E. JOUANNET (op. cit., 1998, *Introduction*, p. 9-29, cit. § 1, p. 9) declara: "O objeto desta obra é mostrar como, com Emer de VATTEL (1714-1767), jurista e diplomata da Suíça *romande*, emerge, do seio da escola do direito natural e das gentes, o direito internacional clássico, ou dito de outra forma, o direito das gentes, concebido como sistema jurídico da comunidade dos estados soberanos, que realmente nasce no seio da corrente jusnaturalista, não no século XVII, com os fundadores da escola, mas em meados do século XVIII, por meio da obra de um dos últimos representantes dessa corrente. Inversamente, para alguns de seus predecessores mais conhecidos, VATTEL é, de fato, o primeiro a ter exposto, e que teve a vontade de expor como tal, um conjunto de normas individualizadas, formando todo completo, coerente e autônomo de normas aptas a reger uma sociedade internacional não hierarquizada, cujo fundamento repousa na noção de soberania estatal."

descreve e nos põe em presença de conjunto de práticas dos estados, que não se pautava por esse mesmo legado comum do passado. Existe sinal de transição em VATTEL.[1102]

Sobremodo interessante a afirmação de VATTEL de que "os direitos cuja reunião constitui a soberania podem ser divididos". E que isso pode ser feito "se a nação assim desejar".[1103] O que ainda pode parecer novo, por exemplo no âmbito da divisão de competências soberanas, no seio da União Europeia – sobretudo para os mais empedernidos defensores da soberania absoluta, de escola estatizante francesa – já parece ter sido antecipado por VATTEL. Tanto mais interessante se consideramos que este se insere em tempos de acirramento das soberanias dos estados absolutistas.[1104] O que mostra quanto é necessário contextualizar, adequadamente, fenômenos históricos e culturais, como o direito internacional, para se poder alcançar compreensão adequada.

No tocante ao marco temporal do direito internacional *'clássico'*, de um lado, se aponta a convivência, na assim chamada visão dualista do direito internacional, entre o direito natural – *law of nature* – e o direito das gentes – *law of nations* –, e estes teriam "coexistido mais ou menos amigavelmente". Com termo inicial do 'período clássico' situado por volta de 1600. De outro lado, se traz até a obra de VATTEL o marco inicial do que chama de período, quando emergiria, do seio da escola do direito natural e das gentes, o direito internacional 'clássico'. Especificamente, se admite a confluência e a convivência.[1105]

[1102] Cf. **Tratado** (tomo 12 – **Direito internacional no tempo de Vattel e von Martens**, cap. 24).

[1103] Emer de VATTEL, **O direito das gentes** (1758, ed. bras., 2004, livro I, §§ 31 e 45; tb. livro III.II, § 7).

[1104] Ver **Tratado** (tomo 11 – **Direito internacional no tempo do iluminismo**, item – *império, estado moderno e ascensão do absolutismo*).

[1105] Ver: Emmanuelle TOURME-JOUANNET, **Le droit international** (Paris: PUF – Que sais-je? 2013); E. TOURME-JOUANNET, **What is a fair international society?** – International law between development and recognition (Oxford and Portland, Oregon: Hart, 2013); E. TOURME-JOUANNET, M. TOUFAYAN, H. RUIZ-FABRI (dir. de), **Droit international et nouvelles approches sur le tiers monde: entre répetition et renouveau / International law and new approaches to the third world: between repetition and renewal**, Paris: Société de législation comparée, 2013), com capítulo P. B. CASELLA, *International development law and the right to development in post-modern international law* (op. cit., 2013, p. 261-280); além de sua já referida história do direito internacional, E. JOUANNET, **Le droit international libéral-**

Existe, contudo, interação entre essas duas vertentes.[1106] O que aparece quando se expõe "o direito das gentes, concebido como sistema jurídico da comunidade dos estados soberanos".[1107] Isso significa, em termos cronológicos, que este direito internacional 'clássico' – segundo tal concepção – nasceria "no seio da corrente jusnaturalista, não no século XVII, com os fundadores da escola, mas em meados do século XVIII, por meio da obra de um dos últimos representantes desta". Não se trata de jogar com as palavras, mas as posições aparentemente díspares, não me parecem substancial e diametralmente antagônicas. Ambas as concepções – por exemplo, NEFF e JOUANNET – falam em direito internacional 'clássico', mas cada um situa diversamente o marco temporal no qual se inscreve essa fase da evolução do direito internacional.

Aqui foi colocado o direito internacional 'clássico' de meados do século XVII até meados do século XVIII. Este é o sentido no qual se trabalha, no presente tomo, o direito internacional no tempo 'clássico': como e quando emergiu como sistema? quando e como instaurou-se como disciplina autônoma? quando e como se inscreve na continuidade histórica, a partir dos elementos antigos e medievais, como também a partir da base dos modernos?

O critério, aqui adotado, foi o de situar o direito internacional 'clássico' entre a morte de ZOUCH, em 1660, pelas razões já expostas,[1108] até a guerra dos sete anos, de 1756-1763. E, cabe apontar que exista, ademais, continuidade 'estrutural', apesar de ampliações sucessivas, nesse direito internacional 'clássico', que se prolongam no direito internacional no tempo do 'iluminismo', com o superveniente sistema dito do 'concerto europeu', por mais um século.[1109]

providence: Une histoire du droit international (Bruxelles: Bruylant / Ed. de l'Université de Bruxelles, 2011).

1106 Como se examina no **Tratado** (tomos 11 – **Direito internacional no tempo do iluminismo** e 12 – **Direito internacional no tempo do concerto europeu**).

1107 Como também expõe Paulo Emílio Borges de MACEDO, **O nascimento do direito internacional** (São Leopoldo: Ed. Unisinos, 2009, *Síntese*, p. 360-361): "A sociedade mundial de GRÓCIO coincide, pois, com a própria humanidade: não consiste numa associação de estados independentes, mas de povos, seres humanos."

1108 A respeito de Richard ZOUCH (1590-1660) ver **Tratado** (tomo 6 – **Direito internacional no tempo de Suarez, Gentili e Zouch**, cap. 17).

1109 Como se considera no **Tratado** (tomos 11 – **Direito internacional no tempo do iluminismo** e 13 – **Direito internacional no tempo do concerto europeu**). Este último nos traz para novo momento de grandes desenvolvimentos institucionais e conceituais do

Apontei algumas outras opiniões, a respeito da configuração do conteúdo e do marco temporal, no qual se inscreva o direito internacional 'clássico'. Com as quais, ademais, é perfeitamente possível conviver, por não haver colidência estrutural incontornável.

Existem correntes paralelas que se mantém, uma ao lado da outra, durante fases consideravelmente longas, no curso da evolução do direito internacional. Nesse conjunto, enfatizar o dado – ainda – 'moderno', ou o dado – já de certo modo – '*clássico*', pode ser questão de qual dessas correntes se destaca, como predominante e como característica de determinado período, como se produz em relação ao tempo do '*iluminismo*'. Sem esquecer de outras correntes, que fluem, paralelamente. Inclusive em contextos civilizacionais diversos, para os quais essas divisões 'moderno' e 'clássico' se mostram inoperantes.

E tudo isso, ademais, considerando se não exclusiva, ao menos preponderantemente o direito internacional 'europeu' – essa contradição em termos. O que alguns sumariamente designam como corrente principal – *mainstream*.[1110] E coloca todas as demais vertentes como secundárias...

Permanece oportuna e relevante, também para o direito internacional, a já mencionada advertência, que fazia Roberto LONGHI, em 1914:[1111] "como acontece em toda a vida, a história não é um desenvolvimento fechado, contínuo, orgânico, e não devemos querer reduzi-la a tal, sob pena de criar uma pré-construção arbitrária".[1112] Também enfatizava "a importância das características étnicas na arte". E explicava: "a etnicidade é um dos elementos usuais, que servem aos falsos críticos para ambientar – dizem eles

direito internacional, ao mesmo tempo em que se exacerbam os nacionalismos, até o momento de ruptura do então vigente sistema institucional e normativo internacional, representado pela primeira guerra mundial (1914-1918). Com a subsequente crise do modelo anterior e refundação do sistema institucional e normativo internacional, simbolizada pela Sociedade das Nações e pela Organização Internacional do Trabalho.

1110 S. NEFF (cap. cit., 2010, p. 3-4) advertia "It will accordingly not be possible to give more than the most token attention to developments outside the Western mainstream".

1111 Roberto LONGHI (1890-1970), **Breve, mas verídica história da pintura italiana** (orig. publ. **Breve ma veridica storia della pittura italiana**, 1914, trad. Denise BOTTMANN, posfácio Luciano MIGLIACCIO, São Paulo: Cosac & Naify, 2005); tb. Roberto LONGHI: **Caravaggio** (pref. Lorenzo MAMMÍ, trad. Denise BOTTMANN, São Paulo: Cosac & Naify, 2012) e o seu igualmente instigante **Piero della Francesca** (orig. publ. 1963, introd. Carlo GINZBURG, trad. Denise BOTTMANN, São Paulo: Cosac & Naify, 2007).

1112 R. LONGHI (op. cit., 1914, ed. bras., 2005, p. 56).

– a arte, já que não a sabem interpretar." Eu acrescentaria – também para o equivalente tratamento do direito internacional.

Além dos limites da nacionalidade, os artistas "se dão as mãos, para formar a cadeia de tradição histórica" – o que se faz acima da etnicidade e do ambiente. Isso porque "não é preciso que o espírito se deixe manietar pela geografia ou pela topografia. O único *a priori* é a história da arte; 'italiana' é um *a posteriori*.[1113]

Diria: o único que importa é o direito internacional. A suposta nacionalidade ou continentalidade que a este possa ser imputada é dado superveniente e de menor relevância.

O que nos traz para o dilema do direito internacional. Sobretudo de determinada concepção do direito internacional, que se quer nacional, como apanágio deste ou daquele estado, ou como manifestação cultural exclusiva de um continente, de aplicação discricionária e reservada em relação a outros. É preciso compreender que essa imputação de 'nacionalidade', 'regionalidade' ou 'continentalidade' pode significar a negação do direito internacional.

Mas, apesar desses reparos conceituais e operacionais, em relação a um direito internacional, deste ou daquele povo, de um ou de outro continente, infelizmente é termo que se utilizou como expressão corrente – e porventura ainda se utilize, em alguns grotões intelectuais de linha dura realista – a respeito de um 'direito internacional europeu'. Como também é distorção condenável pretender falar de um 'direito internacional americano', como distinto ou mesmo colocado em oposição ao direito internacional *tout court*.

Como dito, esse engano também se cometeu, em relação a um suposto 'direito internacional americano' – defendido pelo chileno A. ALVAREZ (1910) – que a doutrina brasileira, na linha de SÁ VIANNA (1912), sempre majoritariamente combateu.[1114] E com a qual, substancialmente, me alinho.

1113 R. LONGHI (op. cit., 1914, ed. 2005, *Conclusão*, p. 114-120, cit. p. 115) concluía o raciocínio com comparação entre a literatura e as artes visuais: "Aprendam meia dúzia de línguas e vocês estarão dispostos a admitir que a literatura como arte é internacional; mas para a arte figurativa isso é ainda mais claro, a menos que vocês não tenham jamais receado não entender as *figuras* inglesas ou alemãs. Eis mais uma prova da independência da arte figurativa em relação ao fato representado: o fato pode ter raízes étnicas, a arte não."

1114 A questão da existência ou não de direito internacional tipicamente americano e quanto ao conteúdo deste será colocada, em toda a sua amplitude, na controvérsia entre o chileno

Enquanto o mexicano J. CASTAÑEDA (1954) mostra como se tornou obsoleta essa tradição,[1115] o argentino J. BARBERIS (1992) retoma e examina tradição,[1116] que remonta à primeira metade do século XIX, no contexto latino-americano.[1117]

Alejandro ALVAREZ, **Le droit international américain: son fondement, sa nature** (Paris, 1910) em relação ao brasileiro M. A. de Souza SÁ VIANNA, **De la non-existence d'un droit international américain** (Rio de Janeiro, 1912).

[1115] Na linha da tese negativa, destaque-se o mexicano Jorge CASTAÑEDA, **México y el orden internacional** (México, 1954), com síntese admirável da questão, onde pondera que a partir da ideia pan-americana, ou 'continental americana', a partir do final do século XIX, se passa a outra concepção, em razão do crescente distanciamento, ocorrido entre a América anglo-saxã e a latina, desde a situação em que uma e outra se encontravam, em relação à Europa, como em razão da diversificação crescente das situações sociais e econômicas. De tal forma que se esvazia de sentido a ideia de 'comunidade pan-americana', e se põe a necessidade de considerar, antes, uma 'comunidade latino-americana'. O que tampouco tem sido claro, nem viável manejar, nas últimas décadas.

[1116] J. BARBERIS, **Les règles spécifiques du droit international en Amérique latine** (RCADI, 1992, t. 235, pp. 81-230).

[1117] Em defesa da tese afirmativa, as contribuições de F. J. URRUTIA e acaloradamente de José Maria YEPES, ambos colombianos, e seguindo a tese negativa, o argentino Daniel ANTOKOLETZ e o salvadorenho José Gustavo GUERRERO. Depois de consideráveis excessos cometidos, pelos partidários de 'americanismo engajado', merece menção o 'americanismo crítico', na linha da avaliação objetiva, desenvolvida pelo internacionalista argentino Juan Carlos PUIG, **Les principes du droit international public américain** (Paris, 1954). Nessa perspectiva se pode admitir a existência de elementos especificamente interamericanos, inseridos no conjunto do direito internacional mais A respeito, diversos cursos ministrados na Haia, dentre os quais: S. PLANAS SUAREZ, **L'extension de la doctrine de Monroe dans l'Amérique du Sud** (RCADI, 1924, t. 5, pp. 267-366); A. GUANI, **La solidarité internationale dans l'Amérique latine** (RCADI, 1925, t. 8, pp. 203-340); F.-J. URRUTIA, **La codification du droit international en Amérique** (RCADI, 1928, t. 22, pp. 81-236); J.-M. YEPES, **La contribution de l'Amérique latine au développement du droit international public et privé** (RCADI, 1930, t. 32, pp. 691-800); J.-M YEPES, **Les problèmes fondamentaux du droit des gens en Amérique** (RCADI, 1934, t. 47, pp. 1-144); F. C. PONTES DE MIRANDA, **La conception du droit international privé d'après la doctrine et la pratique au Brésil** (RCADI, 1932, t. 39, pp. 551-678); Ruy BARBOSA, *Os conceitos modernos do Direito Intenacional* (conferência de Buenos Aires, 1916; orig. em espanhol, trad., notas e intr. Sérgio PACHÁ; Rio de Janeiro: Fund. Casa de Rui Barbosa, 1983); Clóvis BEVILÁQUA, **Direito Público Internacional: a synthese dos principios e a contribuição do Brasil** (Rio de Janeiro: Freitas Bastos, 1ª ed., 1910; 2ª. ed., 1939, 2 vols.); Manoel BONFIM, **O Brazil na América: caracterização da formação brasileira** (Rio de Janeiro: F. Alves, 1929), Manuel BONFIM, **A América Latina: males de origem** (Rio de Janeiro/Paris: H. Garnier, 1905); Lafayette RODRIGUES PEREIRA, **Princípios de direito internacional** (Rio de Janeiro: Jacinto Ribeiro dos Santos Ed., 1903); José MENDES, **Direito internacional público: preleções**

Essa atribuição de 'nacionalidade', 'regionalidade' ou 'continentalidade' ao direito internacional, já então criticável, foi, contudo, sistematicamente adotada, por autores como MOSER e outros,[1118] na transição da fase 'clássica' para a fase '*iluminista*' do direito internacional. De maneira contraditória, o desenvolvimento institucional se faz acompanhar de 'nacionalização' do direito internacional, que lhe compromete a natureza, o conteúdo e a amplitude da aplicação.

Mas, a esta corrente de 'direito internacional europeu', então predominante, é preciso que se somem outras vertentes distintas, de dimensão e repercussões igualmente relevantes, e de dimensões igualmente continentais, não somente na longa, rica e variada tradição da Ásia e da África, como em relação ao conjunto do continente americano: o direito internacional ocorre em várias partes do mundo, simultaneamente, de várias formas. E todas e cada uma destas é direito internacional! Não somente o que, como tal, é chancelado pela prática europeia.

Houve influência direta e transposição de institutos para outros continentes, obviamente. Este direito internacional 'clássico' se projeta para os então recém independentes Estados Unidos, a partir do final do século XVIII, para as antigas colônias da Espanha, a partir de 1810, e da antiga colônia de Portugal, desde antes da independência do Brasil, em 1822.[1119]

O legado das Américas, sobretudo na América do Sul, traz a busca, tanto no plano doutrinal como no das instituições, das fórmulas jurídicas tendentes à codificação. Segundo Pierre CHAUNU:[1120] "não há continente que mais tenha feito para trazer soluções jurídicas aos conflitos internacionais, que tenha estudado com tanto empenho as questões do direito internacional".[1121]

(São Paulo: Duprat & Comp., 1913). Ver tb. David HERRERA, **El siglo del americanismo** – una interpretación histórica y geoestratégica de la hegemonía de los E.U. (Mexico: Univ Nac. autónoma de Mexico – Akal – Edtrl. Mexico, 2020).

1118 A respeito de J. J. MOSER e sua obra, ver **Tratado** (tomo 12 – **Direito internacional no tempo de Vattel e von Martens**, especificamente o item 25.1).

1119 Justamente o foco do exame no **Tratado** (tomo 11 – **Direito internacional no tempo do iluminismo**).

1120 Pierre CHAUNU, **Histoire de l'Amérique latine** (orig. publ. 1949, Paris: PUF – Que sais-je?, vol. 361, 3e éd., 1964).

1121 P. CHAUNU (op. cit., 1964, p. 102). Na mesma linha, P. B. CASELLA, *The Latin American Context Around 1873* (in **Au service du droit international / To the benefit of International**

Existiu e operou a fase histórica característica do direito internacional 'clássico', como sistema e como modelo da coexistência entre estados. Por isso, "alguma compreensão das principais características desse sistema interestatal europeu é necessário para o entendimento da natureza do direito internacional".[1122] O *estado* é o agente central desse modelo internacional 'clássico',[1123] de natureza intrínseca e essencialmente interestatal.[1124]

Pode este direito internacional *'clássico'* ter o seu marco inicial situado no início do século XVII – como querem alguns, com GENTILI e SUAREZ – ou em meados do século XVII, como aqui adotado, tendo como marcos, Samuel RACHEL e Samuel PUFENDORF.[1125] Ou mesmo em meados do século XVIII, com VATTEL, como exprimem outros.[1126]

Como se expôs, é possível conviver com tais diferenças de interpretação, porque o sentido de cada uma destas converge, a meu ver, para a busca da compreensão do modelo de direito internacional que se pauta pela época histórica e pelo contexto cultural. Claramente acontece mudança no paradigma do direito internacional 'moderno' para o direito internacional 'clássico'.

law, ed. by C. KESSEDJIAN, O. DESCAMPS & T. FABRIZI, Paris: Pedone – Éd. Panthéon-Assas, 2023, p. 57-68).

1122 Por isso, cabe lembrar a lição de J. L. BRIERLY's **Law of Nations** – An Introduction to the role of law in international relations (orig. publ. 1928, revisto e atualizado por Andrew CLAPHAM, Oxford: University Press, 7th ed., 2012, cit. p. 1): "Some understanding of the main features of this European state system is therefore necessary for an understanding of the nature of international law."

1123 Como se examina no **Tratado** (tomo 5 – **Direito internacional no tempo de Francisco de Vitória**, cap. 13 – *estado como sujeito de direito internacional: a contribuição de MAQUIAVEL e BODIN*).

1124 Na extensa e abrangente obra, em quatro volumes, de Eduardo JIMÉNEZ DE ARÉCHAGA, Heber ARBUET-VIGNALI e Roberto PUCEIRO RIPOLL, **Derecho internacional público** (Montevidéu: Fundación de cultura universitária, tomo I, 2005, p. 23) dedicam somente algumas linhas ao tema: "Desde que se tiene notícia histórica existieron relaciones entre centros de poder independientes. Desde el siglo XVII e hasta casi fines del siglo XX, se dieron relaciones internacionales entre estados, y otros sujetos, desarrolladas de formas diferentes, pero esencialmente semejantes a las que conocimos hasta el siglo XX. Al abrirse el siglo XXI el relacionamiento internacional se juega sobre bases distintas".

1125 Cf. **Tratado** (tomo 9 – **Direito internacional no tempo de Samuel Pufendorf**, caps. 19 e 20).

1126 Emmanuelle TOURME-JOUANNET, **What is a fair international society?** – International law between development and recognition (Oxford and Portland, Oregon: Hart, 2013), e tb. seu **Le droit international** (Paris: PUF – Que sais-je? 2013).

Mas, o que mais surpreende é ainda existir quem não veja o término desta fase historicamente determinada, e de longa data encerrada. Esse direito internacional '*clássico*', pronto e acabado, faz muito tempo, deixou de ser o modelo vigente.[1127] Mesmo se ainda existe quem entenda e exponha o direito internacional como aquele que regula tão somente relações interestatais. Isso é muito mais preocupante e difícil de conciliar do que pequenas flutuações quanto ao marco inicial do direito internacional 'clássico'.

É possível considerar como termo final do período 'clássico', a convivência entre as obras de WOLFF, especialmente 1749, e de BURLAMAQUI, em 1747 e 1751. O primeiro ainda publica em latim; BURLAMAQUI e VATTEL já publicam em francês.[1128] Como também o marco histórico de meados do século, no início da guerra dos sete anos. O que aqui se adota.

Esse grande conflito, de 1756-1763, com repercussões em vários continentes, foi seguido por três décadas de paz relativa na Europa, e estas, por sua vez, darão lugar às grandes conflagrações bélicas, que se estendem de 1792 a 1815, paradoxalmente, o tempo no qual acreditava-se no poder da razão humana e na tendência ao progresso.[1129] A partir desse marco, inaugura-se nova fase do sistema institucional e normativo internacional.

Nessa oscilação, referente à periodização da evolução do direito internacional, outros preferem estender o 'clássico' até 1815. E existe mesmo quem prolongue a incidência do modelo do direito internacional 'clássico' até 1914. O que, entendo, se inscreve como o direito internacional no tempo do 'iluminismo' e no tempo do 'concerto europeu': as premissas da convivência interestatal são semelhantes, mas ainda que informalmente, agregam-se relevantes elementos de institucionalização da convivência, que não existiam nos períodos anteriores.

Mas, quer se trate de um ou outro marco histórico – em torno de 1750, como aqui se adota, ou 1792, 1815 ou mesmo 1914 – de qualquer modo, há muito se encerrou o tempo de vigência do modelo 'clássico'. Não é possível pretender estender e reviver esse modelo até os dias que correm.

1127 Já no final do século XVIII suplantado pelo que veio a seguir, cf. se examina no **Tratado** (tomos 11 – **Direito internacional no tempo do iluminismo** e 13 – **Direito internacional no tempo do concerto europeu**).

1128 Cf. **Tratado** (tomo 10 – **Direito internacional no tempo de C. van Bynkershoek e Christian Wolff**, caps. 22 e 23 e tomo 12 – **Direito internacional no tempo de Vattel e von Martens**, cap. 24).

1129 Objeto de exame no **Tratado** (tomos 11 – **Direito internacional no tempo do iluminismo** e 13 – **Direito internacional no tempo do concerto europeu**).

Este modelo de direito internacional, estritamente interestatal, de viés 'clássico', contudo, para alguns, ainda parece ser, até hoje, o único modelo institucional possível. Onde se mostra, ou a dificuldade de entender a mutação ocorrida nestes dois séculos – o mundo mudou substancialmente desde o Congresso de Viena. O apego excessivo e extemporâneo ao 'estado' e aos modelos estatais de ordenação interna, e ao peso excessivo desse modelo obsoleto de interação internacional, pontual e interestatal, talvez se exprima nessa recusa obstinada, em enxergar a mutação irreversível do direito internacional, ocorrida no curso dos últimos cem ou mesmo duzentos anos.

Em busca de figuras paradigmáticas, para simbolizar o período, se *Dom Quixote* e o *Simplicissimus* poderiam ser considerados paradigmas da primeira modernidade,[1130] tanto na Espanha, como na Alemanha, ambas então fortemente marcadas pela permanência dos elementos medievais, que permeavam e conviviam com essa modernidade. O que podem ter em comum?

Tanto o *Quixote* como *Simplicissimus* se mostram arautos de novo tempo. Esse tempo, que se esforça por se destacar de legado do passado, de profundas raízes históricas. Eram modernos – e como tal são até hoje vistos –, mas existiram a partir do medieval: ambos estão embebidos de pesado legado medieval, das sombras do passado.

Pode-se ter, aqui, nesta fase, como paradigmáticas outras duas figuras – *Tristram Shandy* e o *Fausto* – que apontaria como poderosos marcos deste período, dito *'clássico'* – sem esquecer que outros personagens poderiam ser lembrados. São, a meu ver, especialmente característicos, de um lado *Tristram Shandy* e, de outro, o *Fausto*, por serem, um e outro, e cada um a seu modo, eixos onde a luminosidade e o equilíbrio não escondem as sombras e os meandros da alma humana: existe racionalidade, mas também existe angústia; coexistem luz e sombra.

> *Que ruído! Que terror!*
> *Tremem muros, que pavor!*
> *Reluz na fresta mortiça,*
> *O fulgor da trovoada.* [1131]

[1130] A respeito, ver **Tratado** (tomo 6 – **Direito internacional no tempo de Suarez, Gentili e Zouch**, esp. item – *do direito internacional moderno ao clássico*).

[1131] Johann Wolfgang von GOETHE, **Faust – eine Tragödie** (in **Werke**, Hamburger Ausgabe in 14 Bänden, Textkritisch durchgesehen und kommentiert von Erich TRUNZ, Munique:

Essa combinação de luz e de sombra se renova e se estende em muitas das áreas da ação e do conhecimento humano. Como marcadamente ocorre quando se considera o direito internacional, e se aponta a necessidade de que seja ao mesmo tempo 'forte' e 'justo', como queria PASCAL.[1132]

Este legado do tempo clássico marca profundamente o direito internacional, no esforço de construção de sistemas coesos, que se propõe examinar, como períodos históricos, no presente tomo entre os marcos da paz de Vestfália (1648) até pouco antes do início da guerra dos sete anos (1756-1763).

São numerosos os paralelos que podem ser apontados entre essas duas fases intermediárias, de grandes transições e de ajustes na história, e de extraordinárias mutações no direito internacional: com todo o esforço que então se faz para consolidar modelo e estancar as mudanças, no contexto do *iluminismo* ao *concerto europeu*;[1133] e, de outro, o tempo não menos fascinante, frágil e instável, de experimentações e de discussões conceituais,[1134] que se situa entre as duas guerras mundiais, de 1919 a 1939.

A seguir se pode passar ao exame das considerações iniciais (título II), sobre a 'construção de sistemas coesos: de Vestfália (1648) até a guerra dos sete anos (1756-1763)'. Esse marco temporal – se computadas as décadas até o final do 'antigo regime' – ultrapassa o conteúdo do presente direito

DTV, 1982, vol. III, Faust I, Faust II, Urfaust, Kommentar); GOETHE, **Fausto** (trad. Agostinho D'ORNELLAS, São Paulo: Martin Claret, 2003, versos 6568-6571).

1132 Blaise PASCAL (1623-1662), **Pensées** (in **Œuvres complètes**, texte établi, présenté et annoté par Jacques CHEVALIER, Paris: Gallimard-Pléiade, © 1954, impr. 1991, p. 1081-1345); ___, **Pensamentos** (introdução e notas de Ch.-M. des GRANGES, trad. Sérgio MILLIET, São Paulo: Abril – Os pensadores, vol. XVI, 1973, op. cit., n. 298, p. 117), já citado: "é justo que o justo seja seguido. É necessário que o que é mais forte seja seguido" [...] "A justiça sem a força é impotente; a força, sem a justiça, é tirânica. A justiça, sem a força, será contestada, porque há sempre maus; a força, sem a justiça, será acusada. É preciso, pois, reunir a justiça e a força; e, dessa forma, fazer com que o que é justo seja forte, e o que é forte seja justo."

1133 Como se considera no **Tratado** (tomos 11 – **Direito internacional no tempo do iluminismo** e 13 – **Direito internacional no tempo do concerto europeu**).

1134 Como parte da movimentação de ideias e tendências desse tempo, ver, por exemplo: Carl BOUCHARD, **Le citoyen et l'ordre mondial (1914-1919)** – le rêve d'une paix durable au lendemain de la grande guerre, en France, en Grande-Bretagne et aux États-Unis (Paris: Pedone, 2008); Margareth MACMILLAN, **Les artisans de la paix** – comment LLOYD GEORGE, CLEMENCEAU et WILSON ont redessiné la carte du monde (do original **Peacemakers**, 2001, trad. de l'anglais par A. ZAVRIEW, Paris: J. C. Lattès, 2006, impr. 2008).

internacional no tempo 'clássico', e já nos traz para o direito internacional no tempo do *iluminismo* e do *concerto europeu*.[1135]

Como elementos de modernidade que se constrói progressivamente, somam-se dados de várias fontes, e agregam-se elementos de várias épocas. Por mais heterogêneo que o conjunto possa parecer, criou-se conjunto que recebeu o nome de direito internacional 'clássico'. Este como foco do presente estudo.

Mais uma vez, cumpre apontar existirem rupturas e encadeamentos entre um direito internacional 'clássico' e outro, o direito internacional no tempo do *iluminismo*. E outro tanto a partir deste, até se chegar ao assim chamado direito internacional no tempo do *concerto europeu*, e da exacerbação do *colonialismo*.[1136] Sempre com continuidades e com mutações, que se conjugam e se intercalam.

Como toda periodização histórica, ou qualquer tentativa de compartimentação do conhecimento, se houver alguma utilidade, estas servem para isolar dados, visando permitir compreender certos aspectos de determinado fenômeno. Mas, depois, importa voltar a reunir, para ter a visão e a dimensão do todo.

Ainda uma vez, lembre-se a oportuna a lição de LA ROCHEFOUCAULD, de 1665, como expressão do assim chamado espírito '*clássico*', quando este enfatizava:[1137] "deve haver certa proporção entre as ações e os desígnios, se quisermos extrair todos os efeitos que estas podem produzir".[1138]

1135 Como se examina no **Tratado** (tomos 11 – **Direito internacional no tempo do iluminismo** e 13 – **Direito internacional no tempo do concerto europeu**).

1136 O que se passa a considerar no **Tratado** (tomos 11 – **Direito internacional no tempo do iluminismo** e 13 – **Direito internacional no tempo do concerto europeu**), enquanto expressão do direito internacional que se manifestou como subproduto da expansão europeia sobre outros continentes, com a exportação do modelo 'colonialista', imbuído de desempenhar a alegada 'missão civilizadora do homem branco' – manchas das quais custou a se libertar o direito internacional, até chegar ao contexto pós-moderno, como se examina no **Tratado** (tomos 14 a 17 – **Direito internacional no tempo do colonialismo**).

1137 François de LA ROCHEFOUCAULD (1613-1680), **Reflexions ou sentences et maximes morales** (orig. publ. em 1665, quinta edição, em 1678, texto integral in LA ROCHEFOUCAULD, **Œuvres complètes**, texte établi et annoté par L. MARTIN-CHAUFFIER, Paris: Gallimard-Pléiade, 1935, p. 235-400).

1138 LA ROCHEFOUCAULD, **Maximes** (ed. 1935, n. 161, p. 267). Quanto o próprio LA ROCHEFOUCAULD tenha aplicado essa máxima para si mesmo, permanece fácil de ser questionado.

A necessidade da proporção entre as ações e os desígnios também pode ser aplicada ao direito internacional 'clássico'. À medida em que este avança, tem de ser dotado dos mecanismos operacionais adequados, para permitir o seu bom funcionamento.[1139]

[1139] Como se experimenta na fase seguinte, e se examina no **Tratado** (tomo 9 – **Direito internacional no tempo de Samuel Pufendorf**, tomo 10 – **Direito internacional no tempo de C. van Bynkershoek e Christian Wolff**, tomo 11 – o assim chamado **Direito internacional no tempo do iluminismo**, tomo 12 – **Direito internacional no tempo de Vattel e von Martens** e a mutação deste, tomo 13 – o assim chamado **Direito internacional no tempo do concerto europeu**).

TÍTULO II
DA CONSTRUÇÃO DE SISTEMAS COESOS: DE VESTFÁLIA (1648) ATÉ A GUERRA DOS SETE ANOS (1756-1763)

A guerra no Santo Império era, por natureza, uma confrontação internacional, pois os príncipes alemães se consideravam soberanos independentes e buscavam ajuda fora do Império. Os dois ramos da casa de HABSBURGO estavam ligados por sólida aliança e por política comum. Mas sua vitória militar significava uma reconquista religiosa e uma reorganização do Império, do qual o Edito de restituição foi o símbolo: este indignou os protestantes da Alemanha – *Radix omnium malorum*, a raiz de todos os males, escreveu-se à mão sobre um exemplar do Edito – e desencadeou uma reação geral.

Lucien BÉLY (2013)[1140]

O Santo Império, da Paz de Vestfália até sua dissolução (1648-1806), constituiu o laboratório para tentar estabelecer a unidade do 'corpo germânico', antes do triunfo do estado-nação

Pascal PAYEN (2001, ed. 2005) [1141]

[1140] Lucien BÉLY, **Les relations internationales en Europe** – XVIIe-XVIIIe siècle (orig. publ. 1992, Paris: PUF – Thémis – Histoire, 4e éd., 2013, chap. 3 – *de la révolte en Bohême à la guerre européenne*, p. 61-97, cit. p. 97).

[1141] Pascal PAYEN, *Johann Gustav DROYSEN et l'histoire de l'Hellénisme: l'époque hellénistique entre ALEXANDRE et la Prusse* (no volume Johann Gustav DROYSEN, **Histoire de l'Hellénisme (édition intégrale)**, trad. de l'allemand sous la direction d'Auguste BOUCHÉ-LECLERCQ, préface, note sur la traduction, bibliographie Pascal PAYEN, Grenoble: Éd. Jérôme Millon, 2005, 2 vols., vol. I, pp. 5-82, cit. p. 31-32): "Le Saint Empire, de la Paix de Westphalie à sa dissolution (1648-1806), a constitué un laboratoire pour tenter d'établir une unité du 'corps germanique' avant le triomphe de l'État-nation."

O princípio essencial do direito público revolucionário é que as decisões essenciais devem ser a expressão da vontade geral. Em outros termos, estas decorrem da lei. As escolhas políticas devem assim necessariamente tomar forma legislativa. O resto, que se situa no plano da execução, é somente a implementação das decisões legislativas. Contudo, a latitude deixada à autoridade executiva, encarregada dessa implementação, varia segundo os domínios, e encontra a sua maior extensão na condução das relações exteriores. Isso se verifica em relação aos poderes para fazer a guerra e para a celebração de tratados.

Michel TROPER (1998)[1142]

Implicitamente, se não por suas claras estipulações, a Paz de Vestfália criou o que foi de fato uma nova sociedade das nações e deu a essa sociedade a sua lei fundamental.

Charles G. FENWICK (1934) [1143]

A 'modernidade' não se instaurara de maneira unívoca, nem tampouco simultânea, em todos os quadrantes, nem tampouco em todas as diferentes áreas da vida da época. Elementos de outros tempos continuam presentes, ao lado dos elementos recentes, característicos da 'modernidade', que se construíra.[1144] E desta se passa, pela via do 'barroco', até o tempo 'clássico'. E, como dito, pode ainda derrapar para o excesso, que se chamaria de 'classicismo'.[1145]

1142 Michel TROPER, *Les relations extérieures dans la Convention de l'an III – vers la fonction gouvernementale* (in **L'évolution du droit international**: Mélanges offerts à Hubert THIERRY, Paris: Pedone, 1998, pp. 403-417, cit. p. 405).

1143 C. G. FENWICK, **International Law** (1st. publ., 1924, New York / London: D. Appleton-Century Co. Inc., 2nd ed. revised and enlarged, 1934, p. 18): "Implicitly, if not by its definite provisions, the Peace of Westphalia created what was in effect a new society of nations and gave to that society a fundamental law". Prossegue: "Henceforth the international community was to consist of co-equal members independent of any higher authority. The principle of territorial sovereignty was definitely established in both political and religious matters."

1144 Como se examinou no **Tratado** (tomos 5 – **Direito internacional no tempo de Francisco de Vitória**, 6 – **Direito internacional no tempo de Suarez, Gentili e Zouch** e 7 – **Direito internacional no tempo de Hugo Grócio**).

1145 Para situar o conceito de 'clássico' como conjunto de interpretações do fenômeno cultural, ver o item precedente – *o que é, e como é o 'clássico'?*

Assim, não cabe falar em *uma* modernidade, tampouco cabe falar em *uma* filosofia moderna, ou em *um* sistema jurídico moderno. Por esse motivo também se considerou quanto é preciso – e quanto é complexo – conceituar o 'clássico', justamente para se poder utilizar essa multifacetada noção de modo útil. São várias facetas e correntes, que se intercruzam e terão desdobramentos, em climas intelectuais, substancialmente diversos, mas que convergem em suas premissas básicas, de modo a permitir utilização válida do conceito.[1146]

Igualmente, em relação ao direito internacional: não cabe enxergar somente uma visão e uma corrente internacionalista, durante o tempo 'clássico'. Mesmo em se tratando somente de alguns estados, na Europa da época, existem múltiplas linhas marcantes, que não podem ser ignoradas, ao considerar a história dos séculos XVII e XVIII. E tiveram impacto, direto e enorme, sobre a configuração do sistema institucional e normativo internacional, que se esboça naquele tempo.

Ao mesmo tempo, outros sistemas regionais operavam no mundo. Simultaneamente ao sistema regional europeu, estendiam-se sobre enormes áreas o sistema sinocêntrico, e os três impérios muçulmanos, compreendendo seus subsistemas: o turco otomano, o império persa sob a dinastia safávida e o império moghul, na Índia.

Dentre esses protagonistas, em maior ou menor grau, cumpre considerar além do conjunto dos belicosos estados da Europa 'ocidental', também o vasto império da Rússia e das relações desta não somente com o restante da Europa, como também com o império otomano. E isso se põe como necessário, dado que o império russo e o império otomano pautam a história do continente europeu nesse período, tanto quanto o faz o sacro Império romano germânico.

Decididamente engajado no jogo dos grandes interesses do continente europeu, ao menos a partir do reinado de PEDRO, o grande[1147] (de 1682-

[1146] Conforme considerado no item precedente – *o que é, e como é o 'clássico'?* Ver tb. Edmilson MENEZES e Marisa DONATELLI (orgs.), **Modernidade e a ideia de história** (Ilhéus, Ba.: Editora da Universidade estadual de Santa Cruz, 2003, cit. p. 13): "as transformações decisivas que o mundo hodierno vê diante de si contém implicações históricas, o que nos convoca a atualizar o debate acerca da história e seu sentido". Isso se põe como "discussões sobre a história e seu objeto, desde o século XVII até a contemporaneidade, que comportam uma amostragem do que se está trabalhando no âmbito da filosofia da história".

[1147] Ver, por exemplo, Erich DONNERT, *Peter, der Grosse, 1682/89-1725* (in **Die russische Zaren** 1547-1917, Hg. Hans-Joachim TORKE, Munique: Beck, 4a. ed., 2012, p. 155-178, cit. p. 155): não foi somente o primeiro *czar* a utilizar também o título de 'imperador', como empenhou-se em fazer da Rússia partícipe do jogo europeu, não somente pelas guerras e

1689 até 1725), até as revoluções do início do século XX, o império russo passa da periferia da Europa, como ainda era o caso, durante os reinados de IVÃ IV, o terrível (1533-1584) e de seu filho, FIODOR I (1584-1598),[1148] para o centro desta. Imenso processo,[1149] onde se conjugam a consolidação interna[1150] e a crescente inserção internacional.[1151]

No século XVII, os cavaleiros mongóis, até então a mais temível máquina de guerra, e considerados formando a cavalaria leve mais eficaz de toda a história militar,[1152] se viram sem defesa, diante do aperfeiçoamento das armas de fogo, então ocorrido, revelando assim estarem eles em atraso, em relação ao seu tempo: "a partir do século XVIII, as estepes foram invadidas por camponeses russos, que lá se implantaram e tomaram posse, em sua busca de novas terras aráveis disponíveis".[1153]

conquistas militares, mas também no plano das ideias e da vida social russa, jogada a força da Idade média, para o século das Luzes: "Schon der von ihm inspirierte zeitgenössische vaterländische Geschichtsschreibung brachte zahlreiche Legenden im Umlauf, in denen der erste Kaiser Russlands mit höchsten Lob bedacht wurde."

1148 Ver Frank KÄMPFER, *Ivan (IV.) der Schreckliche 1533-1584* (in **Die russische Zaren** 1547-1917, Hg. Hans-Joachim TORKE, Munique: Beck, 4a. ed., 2012, p. 27-49).

1149 Ver Nicholas V. RIASANOVSKY e Mark D. STEINBERG, **A History of Russia** (Oxford: Oxford Univ. Press, 7th. ed., 2005).

1150 Francis CONTE, **Les slaves** – aux origines des civilisations d'Europe centrale et orientale (VIe – XIIIe siècles) (Paris: Albin Michel, 1996, *La Russie de Pierre le grand*, p. 608-609) enfatiza o esforço por PEDRO, também no plano interno, para limitar o alcance da influência da igreja ortodoxa sobre o poder temporal.

1151 Dentre outros, ver os já mencionados: Hans-Heinrich NOLTE, **Geschichte Russlands** (orig. publ. 1998, Stuttgart: Reclam, vol. 18960, nova ed., 2012); Kurt KERSTEN, **Peter der Grosse** - Vom Wesen und von den Ursachen historischer Grosse (Amsterdam: Querido Verlag, 1935); Anatole LEROY-BEAULIEU, **L'empire des Tsars et les Russes** (orig. publ. 1881-1882, éd. présentée par Marc RAEFF, Paris: Robert Laffont, 1990); Valeri LOBACHEV e Vladimir PRAVOTOROV, **A Millenium of Russian Orthodoxy** (Moscow: Novosti Press, 1988); observava René GROUSSET (1885-1952), **L'empire des steppes** - Attila, Gengis-Khan, Tamerlan (orig. publ. 1965, Paris: Payot, 2009, esp. chap. III – *Les derniers mongols*, item 1 – *Les mongols de Russie*, p. 547-556): "La puissance mongole ne disparut pas d'un seul coup". Com o desaparecimento da Horda de ouro, o lugar desta foi ocupado pelos três *Khanatos*, da Crimeia, de Astrakan e de Kazan. O khanato da Crimeia, fundado por volta de 1430, durou até a conquista russa, em 1771, e a anexação definitiva da península, em 1783.

1152 Gérard CHALIAND, **Les empires nomades** - de la Mongolie au Danube – Ve siècle av. J.-C. – XVIe siècle (Paris: Perrin – tempus, 2006); b/c o já referido R. GROUSSET, **L'empire des steppes** – ATTILA, GENGIS-KHAN, TAMERLAN (orig. publ. 1965, Paris: Payot, 2009).

1153 Guillermo CÉSPEDES DEL CASTILLO, *Le contact et les échanges culturels* (in UNESCO, **Histoire de l'humanité**, vol. V – 1492-1789, orig. publ. **History of humanity** – from the sixteenth to the eighteenth century, © 1999, Paris: UNESCO, 2008, p. 115-142, cit. p. 131).

Com o reinado de PEDRO I, nas décadas entre o final do século XVII e o início do século XVIII, a Rússia passou a ser potência europeia de primeira grandeza. Depois de derrotar os suecos,[1154] na 'grande guerra do norte', o novo equilíbrio de forças no norte da Europa foi selado pelo tratado de paz de Nystad, assinado em 30 de agosto de 1721, entre a Rússia e a Suécia.[1155]

Dentre outros territórios, a Rússia de PEDRO assegurou para si o controle de extensos territórios bálticos, com a conquista da Livônia e da Curlândia, o que permitiu a instalação da nova capital, São Petersburgo, a partir de 1703. Esta, muito além de nova e grandiosa capital de grandiloquente padrão e modelo europeu,[1156] representou programa estratégico: a afirmação da Rússia como potência, com a sua nova capital voltada para a cena europeia.

Com determinação e vontade política de PEDRO se deu a entrada da Rússia, como potência de primeira grandeza, no jogo internacional. Ao mesmo tempo, foi internamente imposta à Rússia a passagem brutal, no curso de uma geração, da Idade média para a modernidade.[1157]

Não menos complexa que a situação do império russo, também se inscreve permanentemente no jogo europeu o império otomano. Nem sempre bem vindo, mas sempre presente nas relações entre potências europeias, embora com consideráveis ambiguidades, de lado a lado.

[1154] VOLTAIRE, **Histoire de Charles XII roi de Suède** (in **Œuvres historiques**, édition présentée, établie et annotée par René POMEAU, Paris: Gallimard – Pléiade, © 1957, impr. 2010, p. 51-319, cit. p. 245): "La Suède, au contraire, privée de presque toutes ses provinces au-delà de la mer, n'avait plus ni commerce, ni argent, ni crédit. Ses vieilles troupes, si redoutables, avaient péri dans les batailles ou de misère. Plus de cent mille suédois étaient esclaves dans les vastes états du czar, et presque autant avaient été vendus aux turcs ou aux tartares".

[1155] O texto do tratado de paz de Nystad, **Treaty of Peace between Russia and Sweden**, signed 30 August 1721 (in **Consolidated treaty series 1648-1919**, ed. by C. PARRY, Dobbs Ferry-New York: Oceana Publications, 1969-1981, 231 vols., [1721] 31 CTS 399).

[1156] Dentre outros, ver Massimo ZANELLA e Alessandra CHIOETTO (coord.), **Impérial Saint-Pétersbourg** – de Pierre le Grand à Catherine II (Milão: Skira / Monaco: Grimaldi Forum, 2004).

[1157] Como examinam Nicholas V. RIASANOVSKY e Mark D. STEINBERG, em seu já mencionado **A History of Russia** (Oxford: Oxford Univ. Press, 7th. ed., 2005); ver tb. Erich DONNERT, **La Russie au siècle des Lumières** (orig. publ., 1983, trad. de l'allemand par Sophie ALLOYER, Leipzig: Ed. Leipzig, 1986); FONDATION SINGER-POLIGNAC e SOCIÉTÉ D'HISTOIRE DIPLOMATIQUE, **La Russie et l'Europe** (Colloque organisé par la S.H.D., tenu le 9 mai 2009, Paris: Société d'histoire diplomatique, 2009).

A condição do império otomano no jogo europeu, se faz diretamente, por meio de tratados e alianças – desde as capitulações dos séculos XV a XX, bem como a aliança com FRANCISCO I, da França, no início do século XVI – e sucessivamente, estas se estabelecem além dos constantes conflitos e enfrentamentos armados. Também se fazem presentes os otomanos na Europa, nas relações internacionais com parte considerável da Europa.

As relações internacionais otomanas com as potências europeias se estendem desde a ambígua relação com as Repúblicas de Veneza e Gênova, por meio de capitulações – que permitiam aos mercadores residir e comerciar em território muçulmano – aos sucessivos tratados otomanos com a França, a partir do tratado de 2 de fevereiro de 1536, celebrado entre FRANCISCO I da França com o sultão SOLIMÃO. Para sucessivos soberanos franceses, a aliança com os turcos era modo de tentar enfraquecer ou ao menos manter sob risco o poder do Sacro império romano germânico.

O império otomano ameaçou e atacou reinos europeus: grande parte da península balcânica[1158] é mantida sob ocupação turca durante séculos, antes e depois da derrubada do Império romano do oriente e a tomada de Bizâncio, em 1453.[1159] Depois de muitas tentativas, ocorre, em 1683, a última grande investida – e a mais ameaçadora – quando o exército otomano chega a assediar a cidade de Viena, antes de ser repelido pelas tropas

[1158] E deixa marcas profundas sobre toda a região, cujos efeitos continuam a ser sentidos, em séculos posteriores, como examina, por exemplo Ernest WEIBEL, em seu extenso e fartamente documentado, **Histoire et géopolitique des Balkans de 1800 à nos jours** (Paris: Ellipses, 2002); ver tb. Larry WOLFF, **Inventing Eastern Europe** – The map of civilization on the mind of the Enlightenment (Stanford: Univ. Press, 1994).

[1159] Christoph K. NEUMANN, *Ein besonderes Imperium (1512-1596)* e deste tb. *Der frühmoderne Staat und seine Gesellschaft (1596-1703)* (in Klaus KREISER e Christoph K. NEUMANN, **Kleine Geschichte der Türkei**, Stuttgart: Reclam, orig. publ. 2003, 2008, '2., aktualisierte und erweiterte Auflage', 2009, p. 105-185 e 187-241); tb. os já mencionados estudos Alan PALMER, **Declínio e queda do império otomano** (orig, publ. **The decline and fall of the Ottoman Empire**, 1992, trad. Gleuber VIEIRA, Rio de Janeiro: Globo livros, 2013); Yves TERNON, **Empire ottoman** – le déclin, la chute, l'effacement (orig. publ. 2002, Paris: Michel de Maule, 2005); Alphonse de LAMARTINE (1790-1869), **Histoire de la Turquie** (orig. publ. Paris: Librairie Le Constitutionnel, 1854; meu exemplar da edição de Paris: Adolphe Delahays, 8 vols., 1859-1861; do volume I – **Histoire de la Turquie – La vie de Mahomet**, foi feita 'édition spéciale publiée en collaboration avec la Fondation Abdulaziz Saud Al-Babtin pour la Création poétique', intr. et annotations d'Ali KURHAN, ouvrage révisé par Osama KHALIL, Paris: Institut des arts et lettres arabes / Harmattan, 2006).

imperiais.[1160] E, a partir daí, segue-se a progressiva retração dos domínios otomanos na Europa, como assinalam, sucessivamente a paz de Carlowitz, em 1699 e, quatro décadas mais tarde, a paz de Belgrado, em 1739.

Na altura do cerco de Viena, em 1683, neste perdeu a vida o compositor Alessandro POGLIETTI, cujas composições se inscreviam, no gosto do tempo, não somente como imitações de pássaros – como o ciclo de composições para instrumento de teclado, o **Rouxinol**, dedicado ao imperador LEOPOLDO I, em 1677, especialmente rico em movimentos programáticos. Em suas composições POGLIETTI também imitou os sons de outros instrumentos musicais, de sinos. E fez composições sobre eventos político-militares, tais como a *Toccatina sobre a rebelião na Hungria* ou a *Toccata sobre o assédio de Filipsburgo*. Essas composições exprimem o que sentiu esse italiano, radicado em Viena, a respeito dos numerosos e complexos conflitos do seu tempo.[1161]

Na passagem do direito internacional 'moderno' ao 'clássico', como mencionado, somente nas décadas posteriores a Hugo GRÓCIO,[1162] entre este e Richard ZOUCH, até Samuel PUFENDORF,[1163] existem linhas divergentes de encadeamento histórico, e de menções ao direito internacional, e concepções antagônicas deste. Também ocorreram as severas e contun-

[1160] Depois da incursão de Kara MUSTAFÁ sobre a Hungria, em 1682, decidiu-se ampliar as operações contra Viena, no ano seguinte, com a ofensiva de grande exército otomano contra esse bastião da cristandade, contra o qual os turcos tinham se batido desde o século XV. Como observa Steven BELLER, **Histoire de l'Autriche** (do original **A concise History of Austria**, © 2006, trad. Sylvie KLEINMAN-LAFON, Paris: Perrin, 2011, esp. chap. 2 – *AEIOU 1439-1740*, p. 40-88, cit. p. 77): "O avanço turco sobre Viena em 1682-1683 mostrou-se favorável a LEOPOLDO e aos HABSBURGO. De fato, apesar das manobras dilatórias da França, a maioria dos estados do império e da Europa central se alia ao imperador. O papa INOCÊNCIO XI, bem como a maior parte dos estados italianos, além da Espanha e de Portugal, mandaram-lhe dinheiro". A cidade de Viena foi sitiada em meados de julho de 1683, mas conseguiu resistir aos ataques turcos. Em 12 de setembro de 1683 foi lançada a ofensiva a partir do Kahlenberg, que esmaga o exército turco e obtém a vitória, depois de longa batalha.

[1161] Alessandro POGLIETTI, **Il Rossignolo** – oeuvres pour clavecin, executadas por Jörg-Andreas BÖTTICHER (Schola Cantorum Basiliensis – Documenta, Colonia: Westdeutsche Rundfunk / Arles: Harmonia Mundi HMC 905242 © 1998); ver tb. verbete de Friedrich W RIEDEL, *POGLIETTI, Alessandro* (in **The New GROVE Dictionary of Music and Musicians** ed. by Stanley SADIE, Londres: Macmillan, 1980, vol. 15, p. 19).

[1162] A respeito de Hugo GRÓCIO (1583-1646), ver **Tratado** (tomo 7 – **Direito internacional no tempo de Hugo Grócio**, cap. 18).

[1163] Sobre a contribuição de Samuel PUFENDORF (1632-1694) para o direito internacional, ver **Tratado** (tomo 9 – **Direito internacional no tempo de Samuel Pufendorf**, cap. 20).

dentes críticas contra o direito internacional, por parte de filósofos como Thomas HOBBES e Benedito ESPINOZA.[1164]

Outros nomes também apontam. Além dos já referidos Richard ZOUCH[1165] e John SELDEN, também outros expoentes menores, tais como Robert SCHARROCK (1640-1684), Gottfried VOGEL e David MEVIUS (1609-1670).

Os contatos e as trocas entre povos sempre ocorreram, o que justifica falar em elementos de direito internacional, desde a Antiguidade.[1166] Mas estes passam a operar em escala ainda mais extensa, e de certo modo, se 'institucionalizam' nestes séculos, e sobretudo, desde o tempo 'moderno' e 'clássico'. Com direta influência e impacto decorrente dos progressos tecnológicos, que se acentuaram desde então. Nesse processo de ordenação da convivência, sempre se faz necessário encontrar princípios ou valores, que possam ser compartilhados pela comunidade, à qual se aplicam tais normas, em cada época.

Entre os europeus, no contexto do direito internacional 'moderno' e 'clássico', teve papel relevante a busca de tais elementos, que pudessem ser compartilhados e reconhecidos, como universalmente aceitáveis. Daí a importância da busca de um 'direito natural', que pudesse representar elo comum: este foi relevante,[1167] sobretudo depois do enfraquecimento e virtual desaparecimento de qualquer autoridade central, como ocorrera, ao menos nominalmente, no passado.

Depois do desaparecimento dos dois eixos centrais de poder do passado medieval e da primeira modernidade – tanto o poder temporal do Sacro império, que enfraquece progressivamente, até desaparecer totalmente, em 1806 –[1168] quanto o poder espiritual do papado – que perde a sua pre-

[1164] Como referido neste tomo – *além do paradigma vestfaliano* e *o que é e como é o 'clássico'?*, bem como no **Tratado** (tomos 6 – **Direito internacional no tempo de Suarez, Gentili e Zouch** e 7 – **Direito internacional no tempo de Hugo Grócio**).

[1165] A respeito de Richard ZOUCH (1590-1660), ver **Tratado** (tomo 6 – **Direito internacional no tempo de Suarez, Gentili e Zouch**, cap. 17).

[1166] Alguns exemplos dos quais são considerados no **Tratado** (tomos 3 A – **Direito internacional no tempo antigo** e 3 B – **Gregos, romanos, chineses, indianos**).

[1167] Como se examina no **Tratado** (tomo 4 – **Direito internacional no tempo medieval** e tomo 5 – **Direito internacional no tempo de Francisco de Vitória**, cap. 12 – *jus gentium, jus commune, jus europaeum – entre a teoria e a prática)*, b/c, neste tomo, o item – *sobre a origem e o conteúdo do direito natural*.

[1168] A respeito, ver **Tratado** (tomos 11 – **Direito internacional no tempo do iluminismo** e 13 – **Direito internacional no tempo do concerto europeu**).

tensão de 'universalidade' sobre a Europa ocidental, depois das reformas protestantes, iniciadas a partir de 1517, e tem seu poder temporal progressivamente exaurido. Essa cisão é ulteriormente marcada pela divisão de 'áreas de influência' entre católicos e protestantes,[1169] como consolidam a paz religiosa de Augsburgo, em 1555, e depois os tratados de paz de Vestfália, de 1648.

A partir desse duplo enfraquecimento – do império e do papado –, se instaura a multipolarização da Europa e, não por acaso, se multiplicam as discussões a respeito de 'direito natural'. As "ligações entre os povos" não estando, em regra, "sujeitas a uma coação jurídica positiva, o direito natural mostrou, a partir desse fato, a sua força para, no domínio do direito internacional, fundamentar uma regra racional" – embora seja este processo de construção de um 'direito natural' característico somente da Europa ocidental.

O 'direito natural' pode não ser universal, mas teve papel relevante na história europeia.[1170] A respeito, se pode ponderar,

> Uma vez que as ligações entre os povos não estão em regra sujeitas a uma coação jurídica positiva, o direito natural mostrou a partir desse fato a sua força, para no domínio do direito internacional poder fundamentar uma regra racional. Os argumentos de direito natural vinham normalmente ao de cima quando da desintegração de comunidades internacionais historicamente fundadas. Do mesmo modo, foi também sob a impressão da divisão do *corpus christianum* pelas guerras religiosas, pelos conflitos com as culturas coloniais exóticas e pelas novas constelações do poder político e econômico, que o jus racionalismo apareceu como vocacionado para a reconstrução de um direito internacional cogente.[1171]

1169 Como extensamente se considerou no item – *além do paradigma vestfaliano.*

1170 Cfr. **Tratado** (tomo 5 – **Direito internacional no tempo de Francisco de Vitória**, cap. 12 – *jus gentium, jus commune, jus europaeum – entre a teoria e a prática)*, b/c, neste tomo o item – *sobre a origem e o conteúdo do direito natural.*

1171 Franz WIEACKER (1908-1994), **Privatrechtsgechichte der Neuzeit unter besonderen Berücksichtigung der deutscher Entwicklung** (Göttingen: Vandenhoeck-Ruprecht, 2a. ed. revista, 1967) ou tb. na trad. portuguesa, **História do direito privado moderno** (com prefácio à edição portuguesa de F. WIEACKER, 1980, trad. A. M. Botelho HESPANHA, Lisboa, Fundação C. Gulbenkian, 4ª ed., 2010, cit. p. 307 e nota 88) observava como característica da época a confrontação ocorrida entre PUFENDORF e Valentin ALBERTI, em seu **Compendium juris naturalis** (I, §§ 14-19), teólogo em Leipzig e escolástico tardio,

De tal maneira, os dois grupos de potências que disputavam a hegemonia do sistema internacional da época – a contrarreforma espanhola e o calvinismo atlântico – se combateram também com armas culturais, ao lado de enfrentamentos militares, tais como a guerra de libertação dos Países Baixos, a partir de 1571, a derrota da Invencível armada, em 1588, o *Test Act* inglês de 1651, a revolução gloriosa de 1688 e a paz de Utrecht, em 1713.

Para o jus racionalismo, de HOBBES e PUFENDORF,[1172] "a demonstração lógica de um sistema fechado tornou-se, em contrapartida, a pedra de toque da plausibilidade dos seus axiomas metodológicos" e "quando, no século XVIII, ele começou também a ordenar as exposições do direito *positivo*, facultou-lhes o sistema; aquele sistema que ainda hoje domina os códigos e os manuais".[1173]

> O direito internacional de GRÓCIO não é, porventura, pensável sem os teólogos morais e internacionalistas do século XVI. Assim, foi no domínio do direito internacional que o direito racionalista mais cedo e mais diretamente se converteu num direito vigente.[1174]

Deve ser reconhecido a HOBBES o mérito de ter adequadamente distinguido 'lei' – *law* – e 'direito' – *right*. Especialmente no tocante à diferença entre lei natural – *natural law* – e direito natural – *natural right*. Como HOBBES expõe no **Leviatã**, em 1651.[1175]

A passagem do centro de gravidade da lei natural – *natural law* – para o direito natural – *natural right* – é "a chave, para explicar o processo, pelo

sobre o caráter vinculativo, independente de fundamentos confessionais e teológicos, da ética jurídica e social do jusnaturalismo.

1172 Sobre a contribuição de Samuel PUFENDORF (1632-1694) para o direito internacional ver **Tratado** (tomo 9 – **Direito internacional no tempo de Samuel Pufendorf**, cap. 20).

1173 F. WIEACKER (op. cit., ed. 2010, p. 307 e 309-310):

1174 Cfr. **Tratado** (tomo 7 – **Direito internacional no tempo de Hugo Grócio**, cap. 18, esp. 18.3 – *sistema de direito internacional no* ***De jure belli ac pacis***); a respeito da ulterior evolução do direito internacional, observava F. WIEACKER (op. cit., ed. 2010, p. 307 e 309-310):

1175 Thomas HOBBES, **Leviathan** (1651, ed. by Richard TUCK, Cambridge: Univ. Press – Cambridge Texts in the History of Political Thought, 1991); ed. bras., **Leviatã** (trad. de João Paulo MONTEIRO e Maria Beatriz Nizza da SILVA, São Paulo: Abril cult. – Os pensadores vol. XIV, 1974), a enumeração das *Natural Lawes* e das *Lawes of Nature* (nos capítulos 14 e 15, parte I).

qual as modernas teorias, a respeito da lei natural, se transformaram nos dogmas revolucionários, que mudaram o mundo".[1176]

Nesse contexto, é revelador que GRÓCIO tenha completamente deixado de considerar a possibilidade do direito – *right* –, vir a se separar da lei – *law*. No sistema de GRÓCIO, o direito interno, que seja contrário à lei natural, não pode ter qualquer força vinculante, e contrariamente, nos campos, nos quais a lei interna tenha competência para restringir as liberdades, que o indivíduo tinha, antes da instauração dos estados, é impossível aprovar resistência ou revolução, para alcançar direitos naturais.[1177] Nesse sentido, a posição de GRÓCIO se afasta de concepções posteriores, a respeito de direito natural.

Mesmo sendo útil, para situar grandes planos e poder encaminhar a compreensão de mutações entre uma e outra fase histórica, é sempre perigoso fazer tal espécie de generalização. Mesmo porque, GRÓCIO traz visão tão ampla do conhecimento humano, que tais avaliações podem soar reducionistas.[1178]

Pensador, como Jean-Jacques ROUSSEAU, no século XVIII, não se enquadra nessa categorização, a respeito de 'lei' e 'direito natural'.[1179] Mas, como tendência geral, se pode compreender, que as distintas teorias de direitos naturais forneceram impulso, para a assim chamada 'era das revoluções'.[1180]

[1176] Tadashi TANAKA, *Grotius's concept of law* (in **A normative approach to war**: peace, war and justice in Hugo Grotius, ed. by Y. ONUMA, Oxford: Clarendon Press, 1993, chap. 2, p. 32-56, cit. p. 36): "On the one hand, HOBBES placed the laws of nature outside the scope of law properly so called, stating that these are 'laws' only when a commonwealth is established and only so far as they are incorporated in the positive law of the commonwealth, defined as the command of the sovereign. On the other hand, he claimed that, though most of the liberty men enjoyed in the state of nature is given up, the natural right to defend one's body continues to exist even after the establishment of the commonwealth. For HOBBES, the state or commonwealth is established on the basis of a social contract to secure self-preservation which lies at the core of natural right."

[1177] T. TANAKA (cit., 1993, in ONUMA, 1993, p. 36): "it is impossible to approve of resistance or revolution to attain natural rights."

[1178] Para o exame da contribuição de Hugo GRÓCIO (1583-1646), ver **Tratado** (tomo 7 – **Direito internacional no tempo de Hugo Grócio**, cap. 18).

[1179] A respeito de J.-J. ROUSSEAU, ver supra, item – *intercâmbio cultural, ruptura e renovação no direito internacional clássico*, no presente tomo, bem como prossegue no **Tratado** (tomo 11 – **Direito internacional no tempo do iluminismo**).

[1180] Georges LEFEBVRE, **A revolução francesa** (orig. publ. **La révolution française**, 1951, trad. Ely B. de Melo PATI, São Paulo: Ibrasa, 1966); Eric HOBSBAWM, **A era das revoluções**

Por isso, o positivismo jurídico – inclusive a jurisprudência analítica de John L. AUSTIN –[1181] se viu obrigado a separar 'justiça' e 'lei'.[1182] O que teve consideráveis e por vezes nefastas consequências.[1183]

Dado que o positivismo jurídico concentra seu foco na lei positiva somente, não pode conter qualquer padrão mais alto, por meio do qual a lei positiva possa ser julgada. Assim, o positivismo, prontamente, serve como ideologia, para justificar a ordem legal existente.

Como efeito da ascensão e queda do fascismo na Itália, do nazismo na Alemanha, e do militarismo no Japão, produziu-se forte corrente, em favor do renascimento do direito natural.[1184] Em resposta aos absurdos cometidos, sob a fria égide do positivismo.

A compreensão do direito internacional, aqui buscada em seu tempo histórico e contexto cultural, permite situar como este se forma e se desenvolve, entre os aqui referidos momentos assinalados, desde Vestfália (1648)

1789-1848 (orig. publ. **The age of Revolution 1789-1848**, 1977, trad. Maria Tereza TEIXEIRA e Marcos PENCHEL, São Paulo: Paz e Terra, 25ª ed., 2ª reimpr., 2010); à qual segue-se o que HOBSBAWM chamou **A era do capital 1848-1875** (orig. publ. **The age of capital 1848-1875**, 1977, trad. Luciano COSTA Neto, São Paulo: Paz e Terra, 15ª ed., 2ª reimpr., 2011); e o quadro se completa com assim chamada **A era dos impérios 1875-1914** (orig. publ. **The age of empire 1875-1914**, 1988, trad. Sieni Maria CAMPOS e Yolanda S. de TOLEDO, São Paulo: Paz e Terra, 13ª ed., 2ª reimpr., 2011).

1181 John Langshaw AUSTIN (1911-1960), ao lado de WITTGENSTEIN e Gilbert RYLE, podem ser considerados figuras determinantes do pensamento inglês das três décadas posteriores à segunda guerra mundial. O nome de AUSTIN ficou indissoluvelmente ligado à assim chamada 'escola da linguagem ordinária', que durante anos dominou a filosofia em Oxford, e imprimiu a esta seu selo característico. Os escassos sete trabalhos, que publicou em vida, foram compilados, com outros textos inéditos, no volume **Philosophical essays** (1961 e 1970, ed. by J. O. URMSON and G. J. WARNOCK). Sua obra se completa com outros dois volumes póstumos: **Sense and sensibilia**, reconstrução feita por WARNOCK dos cursos sobre teoria do conhecimento, ministrados em Oxford e Berkeley, entre 1947 e 1959, e **Como fazer coisas com palavras**, seus cursos sobre filosofia da linguagem, iniciados em 1952, que culminaram com as 'William James Lectures' em Harvard, em 1955, volume supervisionado por URMSON. Ver tb. J. L. AUSTIN, **Other minds** (Londres: Clarendon Press, 1946) ou na ed. brasileira, **Outras mentes** (trad. Marcelo Guimarães da Silva LIMA, São Paulo: Abril cult. – Os pensadores, vol. LII, 1975, p. 91-119).

1182 Louis Érasme LE FUR, **La théorie du droit naturel depuis le XVIIe siècle et la doctrine moderne** (RCADI, 1927, t. 18, p. 259-442, cit. p. 263-264).

1183 A respeito, ver **Tratado** (tomo 13 – **Direito internacional no tempo do concerto europeu**).

1184 T. TANAKA (cit., 1993, in ONUMA, 1993, p. 37).

até pouco antes da guerra dos sete anos (1756-1763).[1185] E desde então, os desenvolvimentos ulteriores,[1186] nos encaminham para o estado presente de evolução da matéria.

Se não como marco fundador do sistema internacional, o que se mostrou até aqui ser inadequado sustentar, ao menos, inegavelmente, como marco simbólico, a paz dita de Vestfália, em 1648, seria catalizador de correntes e de opiniões, em torno do direito internacional.[1187] Este marco operacional se mantém, de maneira recorrente, e também, como 'modelo', que se conserva, em suas grandes linhas, até o Congresso de Viena, de 1815, quando a organização do sistema internacional ingressa em outra fase.[1188]

Mesmo se o ponto de origem do sistema e do direito internacional pode e é objeto de controvérsias, como se viu, mesmo os mais céticos e os que mais tendam a restringir o ponto focal inicial do sistema, convergem para esse marco temporal e institucional. Os tratados de Münster e de Osnabrück, que selam a assim chamada "paz de Vestfália" em 1648, são, assim, com algum excesso, apontados como uma espécie de marco fundador do sistema moderno interestatal de direito internacional. Por mais que isso possa ser questionado, tais marcos podem ter relativa utilidade, desde que mantidos somente como indício de delimitação de fases e tendências, na evolução do sistema institucional e normativo internacional.[1189]

Em toda essa fase histórica de transição do direito internacional 'moderno' para o 'clássico' teve – e ainda tem, nos séculos seguintes – papel relevante a desempenhar o estado-nação.[1190] Outra praga, de nefastos

1185 A respeito, o conjunto do presente tomo, bem como **Tratado** (tomos 11 – **Direito internacional no tempo do iluminismo** e 13 – **Direito internacional no tempo do concerto europeu**).

1186 Ver a indagação de Emmanuelle TOURME-JOUANNET, **What is a fair international society?** – International law between development and recognition (Oxford and Portland, Oregon: Hart, 2013).

1187 Como se considerou, extensamente, neste tomo, no item – *além do paradigma vestfaliano.*

1188 Objeto de exame no **Tratado** (tomos 11 – **Direito internacional no tempo do iluminismo** e 13 – **Direito internacional no tempo do concerto europeu**). Essa ruptura de modelo não se dá nem naquela fase, nem tampouco em outras, como escolha, mas decorre de imposição da necessidade. Cessa de funcionar o que até então existia e passa a ser necessário experimentar novos formatos.

1189 Pelos motivos expostos, neste tomo, no já referido item – *além do paradigma vestfaliano.*

1190 Ver **Tratado** (tomo 5 – **Direito internacional no tempo de Francisco de Vitória**, cap. 13 – *estado como sujeito de direito internacional* e tomo 11 – **Direito internacional no tempo do iluminismo**, item – *império, estado moderno e ascensão do absolutismo*).

efeitos, que se conjuga com os do positivismo: a combinação de supremacia estatal e positivismo foram responsáveis por algumas dentre as maiores atrocidades até hoje cometidas pela humanidade.

Esse modelo do estado-nação contém elementos característicos, que devem ser levados em conta, quando se constroem modelos dos direitos 'nacionais', do direito interestatal – como direito público externo – e das relações internacionais, como projeção dos interesses nacionais. As relações internacionais, vistas sobretudo, se não exclusivamente, como questões entre estados – e, consequentemente, um direito internacional, como estritamente interestatal, foram paradigmas da modernidade e da era clássica. Que, todavia, ainda não foram totalmente suplantados.

A explicação da existência da 'comunidade internacional', apesar da enorme diversidade entre os estados, se explica por meio do desenvolvimento histórico do direito internacional.[1191] Para se tomar o ano de 1648, como marco inicial do sistema internacional é preciso reduzir a comunidade internacional, então existente, a tão somente um pequeno número de estados europeus: "já contavam com direito internacional, altamente desenvolvido, consistente em tradições provenientes da Grécia antiga e de Roma, suplementado por princípios de moralidade cristã, formulados pelos doutores da igreja, e pelos canonistas".[1192]

Cada novo estado, ao ingressar nesse 'clube fechado' de 1648 – que se descreve como o "grupo fechado de integrantes europeus do sistema", *the exclusive European circle of charter members* – formulava a sua respectiva aceitação das normas, e com isso produzia ulterior legitimação do sistema. Como lógica e com a operacionalidade de grupo fechado, contido em si mesmo. Mas contendo regulação organizada da vida internacional para esses mesmos estados.

Na era moderna, a Rússia já estava em contato e em oposição aos estados da Europa central e ocidental. Como ilustra controvérsia da época

1191 Charles G. FENWICK, **The progress of international law during the past forty years** (RCADI, 1951, t. 79, p. 1-72, chap. III – *Membership in the international community*, p. 19-27, cit. p. 19-20): "It was this system of law, recognized by the small group of Central and Western European states forming the international community of 1648, that was to become the nucleus of an ever widening system of law, which now embraces all the nations of the world."

1192 Opinava C. FENWICK (op. cit., 1951, loc. cit.), cometendo várias imprecisões: "Quão elaboradas eram essas tradições e esses princípios cristãos podemos constatar com o mais perfunctório exame do grande tratado do jurista holandês, Hugo GRÓCIO, que foi propriamente chamado de 'pai do direito internacional'."

moderna a respeito da adequação ou da contestação da legitimidade do uso do título *César* = *Czar* pelos soberanos russos.[1193] Ter o Ocidente como modelo hostil – *der Westen als feindliches Vorbild* –[1194] depois de séculos, permanece e se acentua, em nossos tempos, na aberta confrontação com o Ocidente pela Rússia.[1195]

Desde o final da era medieval, vastas extensões – ocupadas por eslavos[1196] e escandinavos –[1197] progressivamente, ao longo dos séculos seguintes, se

1193 Sobre o uso do título imperial russo: Everb. OTTO, **Tract. iuris gentium de titulo Imperatores Russorum** (Ultraj., 1722; Halae, 1724); Mart. SCHMEIZEL, **Oratio de Imperatoris titulo, quem Czaarus Russorum sibi dari praetendit** (Jena, 1722); Fried Lud. Nob. Dom. de BERGER, **Politisches Bedenken über die Frage: ob der kaiserliche Titel und Namen unbeschadet kaiserliche Majestät und des römischen Reichs allerhöchsten Würde, nicht weniger derer christliche Könige und freyen Staaten Vorrecht und Interessen dem Czaaren communiciret werden könne** verfasset von F. L. N. D. D. B. (1722); [Burch. Gotth. STRUVENS] **Grundmässige Untersuchung von den kaiserlichen Titel und Würde** wobey auch von der czaarischen Titulatur, und was massen von Ihro czaarischen Majestät der kaiserliche Titul geführet und prätendiret werde, gehandelt wird (Cölln, 1723); [Jac. Paul von GRUNDLING] **Bestand des russischen Kaisertitels** (Riga, 1724); ver tb. D. von OMPTEDA (op. cit., 1785, reed. 1963, § 210, p. 508-509).

1194 Hans-Heinrich NOLTE, **Geschichte Russlands** (orig. publ. 1998, Stuttgart: Reclam Universal Bibliothek, Nr. 18960, 3a. ed., 2012, esp. cap. 4 – *Der Aufstieg Russlands zur Grossmacht*, p. 54-68, cap. 7 – *Der Aufstieg zur europäischen Grossmacht*, p. 91-106, cap. 8 – *Das Peterburger Imperium*, p. 106-128, cap. 9 – *Russland als Gendarm Europas*, p. 129-141, cap. 10 – *Russland im Imperialismus*, p. 142-167, mas particularmente cap. 5 – *Die Zeit der Wirren*, p. 69-73, item 1 – *Der Westen als feindliches Vorbild*, p. 69-70); tb. Hans-Joachim TORKE (hg.), **Die russische Zaren 1547-1917** (orig. publ., 1995, Municque: Beck, 4a. ed., 2012).

1195 Como ilustra a absurda – e imotivada – guerra de agressão da Rússia contra a Ucrânia, em curso desde fevereiro de 2022, cf. **Tratado** (tomo 2 – **Direito internacional dos espaços**, item 29.3 – *dimensão humana do território como expressão da relação entre espacialidade e direitos fundamentais*); ver tb. Jean RADVANYI, **Russie un vertige de puissance** – une analyse critique et cartographique (Paris: La découverte, 2023).

1196 Nesse sentido, os já referidos estudos de B. RYBAKOV, **Early centuries of Russian History** (translated from the Russian by John WEIR, Moscou: Progress Publishers, 1965) e tb. Nicholas V. RIASANOVSKY e Mark D. STEINBERG, **A History of Russia** (Oxford: Oxford Univ. Press, 7th. ed., 2005).

1197 A partir do século IX, os *Vikings* da Escandinávia – suecos, godos, dinamarqueses, noruegueses e outros – pela combinação de pilhagem e de comércio, causaram grandes transformações em consideráveis extensões da Europa, caracterizando o período de hegemonia 'viking' no Norte da Europa. A respeito: Neil KENT, **A concise History of Sweden** (orig. publ. 2008, Cambridge: Univ. Press, 2010, esp. chap. I – *From prehistory to Viking hegemony*, p. 1-15, e II – *The formation and growth of the Swedish state*, p. 16-48); Herman LINDQVIST, **A History of Sweden** – from Ice Age to our Age (orig. publ. 2002, transl. by Rod BRADBURY,

agregam ao conjunto 'europeu' –[1198] mais ou menos 'ocidental'. Termo que tem de ser tomado com as cautelas habituais e indispensáveis, com relação ao uso quer de um, quer do outro termo.[1199]

Assim, não teria cabimento falar em 'reconhecimento', por parte da Rússia, das normas componentes do sistema internacional da época. Isso não se colocou, formalmente. Mas, na medida em que a Rússia derrota militarmente,[1200] e põe termo às aspirações hegemônicas da

Estocolmo: Norstedts Förlag, 2006, esp. *Ancient times*, p. 7-50, e *The Middle Ages*, p. 51-90; cit. p. 51): "The people who lived during the Middle Ages had no idea that they were living during the Middle Ages. The very name sounds like a parenthesis. The adjective referring to the Middle Ages, is 'medieval'. And that word has a negative ring to it: when we say something is medieval, we usually mean that it is narrowminded and backward. But the people who lived then, especially in Sweden, did not see their time on Earth as a long period of darkness between two bright spots, Antiquity and the Renaissance. They lived in exciting times. Filled with upheaval and progress. The concept of the Middle Ages was created in the fifteenth and sixteenth centuries by Italian humanists who wanted to revive Antiquity, the Renaissance, as against those who lived *media aetas*, in the period between Antiquity and the Renaissance."

[1198] Estima-se que entre 1142 e 1446 o Principado de Novgorod tenha lutado contra os Suecos vinte e seis vezes, contra os Cavaleiros teutônicos onze vezes, contra os Lituanos quatorze vezes e contra os Noruegueses cinco vezes. Foi preciso prestar vassalagem aos mongóis, mas assim se manteve ao menos autonomia parcial. Em 1471, a cidade se submete a IVAN III de Moscou. Depois de várias manifestações de resistência, em 1478, os moscovitas suprimem toda a oposição, exilam muitos e incorporam a cidade organicamente ao estado moscovita. Henry BOGDAN, **Histoire des pays de l'Est** – des origines à nos jours (orig. publ. 1991, Paris: Perrin – tempus, edição atualizada, 2008); Henry BOGDAN, **Histoire des peuples de l'ex-URSS** – du IXe siècle à nos jours (Paris: Hachette – pluriel, 1995). Sobre as guerras dos Cavaleiros teutônicos ver: Henry BOGDAN, **Les chevaliers teutoniques** (orig. publ. 1995, Paris: Perrin – tempus, 2009); William URBAN, **The Teutonic Knights** – a military history (London: Greenhill Books/Mechanicsburg, PA.: Stackpole Books, 2003); Francis CONTE, **Les Slaves** – aux origines des civilisations d'Europe centrale et orientale (orig. publ. 1986, Paris: Albin Michel, 1996).

[1199] Como considerado no **Tratado** (tomo 4 – **Direito internacional no tempo medieval**, item 8.3 – *caminhos da instauração medieval*, esp. 8.3.3 – *dimensão espacial: onde cabe falar em Idade média?*) quer em relação aos eslavos, como aos escandinavos, o uso do termo 'Idade média' faz pouco ou nenhum sentido. Mas, em relação a ambos os grupos de povos, ocorre a progressiva integração de ambos ao conjunto da história europeia e a respectiva inserção no sistema internacional vigente.

[1200] Como consideram os já referidos Neil KENT, **A concise History of Sweden** (Cambridge: Univ. Press, 2010) e Herman LINDQVIST, **A History of Sweden** – from Ice Age to our Age (Estocolmo: Norstedts Förlag, 2006). Cabe a indagação: se o fato de a Suécia deixar de ser uma potência da época teria sido o suficiente para a transformar a Rússia em uma das grandes potências da época?

Suécia,[1201] na 'grande guerra do norte', se exprime a inserção do Império russo, no sistema europeu. O novo equilíbrio de forças no norte da Europa é assinalado, pelo tratado de paz de Nystad, de 30 de agosto de 1721, entre Rússia e Suécia.[1202]

Nessa mesma altura, os estados do Oriente médio e do Extremo oriente simplesmente estavam fora do sistema europeu de relações internacionais. Assim pensava FENWICK,[1203] e ainda existe quem sustente isso.[1204] Segundo o argumento que tais estados não eram reconhecidos, como vinculados pelo sistema vigente, mas simplesmente eram estados com os quais comerciantes europeus podiam fazer negócios, por sua conta e risco.

Curiosa categoria sugerida: não somente simplista, como reducionista. Pouco clara, ademais, a condição desses 'estados com os quais os estados europeus poderiam celebrar acordos', que bem entendessem, com o efeito tal, que o poder daquele específico estado europeu, que tivesse celebrado o acordo, pudesse determinar.

Diverso é o entendimento de Charles Henry ALEXANDROWICZ a respeito:[1205] "ao chegarem na Ásia, os europeus encontraram uma rede, perfeitamente organizada de entidades políticas independentes, quer

1201 VOLTAIRE, **Histoire de Charles XII roi de Suède** (in **Œuvres historiques**, édition présentée, établie et annotée par René POMEAU, Paris: Gallimard – Pléiade, © 1957, impr. 2010, p. 51-319, cit. p. 245): "La Suède, au contraire, privée de presque toutes ses provinces au-delà de la mer, n'avait plus ni commerce, ni argent, ni crédit. Ses vieilles troupes, si redoutables, avaient péri dans les batailles ou de misère. Plus de cent mille suédois étaient esclaves dans les vastes états du czar, et presque autant avaient été vendus aux turcs ou aux tartares"

1202 Texto do tratado de paz de Nystad, **Treaty of Peace between Russia and Sweden**, signed 30 August 1721 (in **Consolidated treaty series 1648-1919**, ed. by C. PARRY, Dobbs Ferry-New York: Oceana Publications, 1969-1981, 231 vols., [1721] 31 CTS 399).

1203 Mencione-se, uma vez mais: Charles G. FENWICK, **The progress of international law during the past forty years** (RCADI, 1951, t. 79, p. 1-72, chap. III – *Membership in the international community*, p. 19-27, cit. p. 19-20): "It was this system of law, recognized by the small group of Central and Western European states forming the international community of 1648, that was to become the nucleus of an ever widening system of law, which now embraces all the nations of the world."

1204 Cfr. a obra coletiva, coordenada por Hedley BULL, Benedict KINGSBURY e Adam ROBERTS, **Hugo Grotius and international relations**, Oxford: Clarendon Press, 1990).

1205 Dentre outros estudos de C. H ALEXANDROWICZ, **The Afro-Asian world and the law of nations: historical aspects** (RCADI, 1968, t. 123, pp. 117-214) e C. H. ALEXANDROWICZ, **Treaty and diplomatic relations between European and South Asian powers in the seventeenth and eighteenth centuries** (RCADI, 1960, t. 100, p. 203-322).

hindus, budistas ou muçulmanas".[1206] Com esse entendimento me alinho, no sentido de permitir o indispensável alargamento da perspectiva intercivilizacional do direito internacional.

Enquanto permanecer tão estreito quadro mental dessa "visão eurocêntrica ortodoxa" – *orthodox eurocentric view* –, para análise do fenômeno jurídico internacional, não se poderá compreender, adequadamente, a diversidade do mundo.

Seguindo essa visão tradicional e ultrapassada, teria sido somente com o tratado de Paris, de 1856, que o Império otomano foi admitido parcialmente – como registra textualmente o instrumento – "a participar do direito público e concerto da Europa". Isso, mesmo depois de terem ocorrido vários séculos de relações formais, tratados e embaixadas, trocadas com as potências europeias, além de fluxos de comércio e alianças militares.[1207]

Por sua vez, o Japão tinha celebrado – ou sido mais ou menos obrigado a celebrar – tratados desiguais com os Estados Unidos, a partir do desembarque da frota do comodoro PERRY, em 1853. O tratado (desigual) de "amizade e comércio" de 1858 estipulava a prática de comércio em portos e cidades abertas aos estrangeiros, mas o interior permanecia fechado. Situação substancialmente diversa do que, na mesma época, ocorria com a China.

Na década de 1870, os tratados são revisados e se estipula a abertura também do interior. A situação perdura até 1899, quando o Japão põe termo aos tratados desiguais.

Pouco antes, o Japão tinha provado, com a sua vitória sobre a China, em 1895, poder suficiente para ser considerado habilitado aos plenos direitos e privilégios da condição de membro da comunidade internacional.[1208]

1206 C. H. ALEXANDROWICZ, **Treaty and diplomatic relations between European and South Asian powers in the seventeenth and eighteenth centuries** (op. cit., 1960, chapter III – '*The GROTIUS-FREITAS controversy*', p. 218-230, cit. p. 221): "Thus, unlike in the case of the Spanish discovery of most American lands, there was no question of claiming a title by discovery, in the East Indies. [...] Thus, there was no reason for discriminating against them on grounds of civilization or religion."

1207 Como se considera no **Tratado** (tomo 13 – **Direito internacional no tempo do concerto europeu**).

1208 Informações apresentadas pelo prof. Kaoru IOKIBE, em palestra sobre *Japanese unequal treaties*, na Faculdade de Direito da USP, em 6 de setembro de 2023, organizada pelo prof. Masato NINOMYIA, *cátedra Fujita-Ninomyia*; v. tb. Edwin O. REISCHAUER (1910-1990), **Histoire du Japon et des japonais** (orig. publ. **Japan, past and present**, orig, publ. 1946,

Da mesma forma, numerosos tratados, celebrados com a China, eram o reconhecimento da sua condição de estado soberano, muito antes do reconhecimento formal desta, como membro da comunidade internacional.

Nessa mesma linha – que é necessário repudiar – tanto a antiga Pérsia – hoje, Irã – e o antigo Sião – hoje, Tailândia – somente se tornariam integrantes da comunidade internacional, no início do século XX. E isso, somente depois de terem participado da conferência de paz de 1907, na Haia. Mesmo em se tratando de estados, cuja condição de estados, desde longa data, não suscitava qualquer dúvida.

A aceitação, deste ou daquele estado, nessa suposta 'comunidade internacional', dependia somente do interesse, de uns e outros de seus integrantes, para ensejar a ampliação da participação no sistema. A seletividade de tal aceitação é reflexo gritante e descabido do 'eurocentrismo', então reinante, no direito internacional da época.[1209]

O dilema do 'eurocentrismo' continua a ser muito marcante na análise histórica do direito internacional. E isso precisa ser primeiro conhecido, para depois poder ser combatido e controlado.

> Historiadores do direito internacional, antes de embarcarem na tarefa de escrever, enfrentam certo número de escolhas, relativas à definição de seu tema: é a história do direito internacional uma história das normas – *history of rules* –, ou das ideias jurídicas – *legal ideas* –, cuida esta dos estados soberanos ou dos autores internacionalistas – *international lawyers*? Considerando que o direito internacional abrange normas, estados, internacionalistas, e soberanos, interagindo por todo o globo, existe outra escolha metodológica, que tem de ser enfrentada pelo historiador: deve uma história do direito internacional ser escrita do ponto de vista ocidental – *Western point of view* –, ou do ponto de visto do centro do mundo internacional? Ou deveria uma nar-

1952, 1964, 1970, trad. Richard DUBREUIL, Paris: Seuil, 3e éd. revue et corrigée, 1997, t. I – des origines à 1945, t. II – de 1945 à nos jours, mise à jour et completée par R. DUBREUIL, esp. t. I, chap. 8 – *À l'école de l'Occident (1850-1890)*, p. 133-168, cit. p. 168) mostra como, por volta de 1911, o Japão já tinha conseguido recuperar a sua integral independência alfandegária e se tinha libertado dos antigos tratados desiguais: "Le Japon était alors le seul pays oriental à avoir conquis l'égalité diplomatique avec l'Occident".

1209 A respeito do fenômeno e das distorções causadas pelo 'eurocentrismo', ver **Tratado** (tomos 11 – **Direito internacional no tempo do iluminismo**, 13 – **Direito internacional no tempo do concerto europeu** e tomos 14-17 – **Direito internacional no tempo do colonialismo**).

rativa histórica considerar também o direito internacional, nas periferias do mundo internacional?[1210]

Em seguida, comparece e passa a integrar a comunidade internacional, outro grupo de estados, que antes se encontravam na condição de 'colônias', nas Américas. E, depois, se tornam estados independentes. Ao ingressarem no sistema internacional europeu, este passa a ser – oficialmente – um sistema de direito internacional europeu e americano.[1211]

Isso se deu, inicialmente, com as antigas treze colônias inglesas, depois da independência, até chegar à configuração dos Estados Unidos. Estes parecem se comprazer em descrever a sua trajetória, "de colônia a superpotência", desde 1776 aos nossos dias.[1212] Sequer se constrangendo com o paradoxo do antigo colonizado se tornar colonizador obstinado.

Em 1776, depois da independência, declaram novo princípio, que, hoje poderíamos chamar de "autodeterminação" nacional.[1213] E esta, depois viria

[1210] Arnulf BECKER LORCA, **Mestizo international law** – a global intellectual history 1842-1933 (orig. publ. 2014, Cambridge: Univ. Press, 2016); ___, *Eurocentrism in the History of International Law* (in **The Oxford Handbook of the History of International Law**, ed. by B. FASSBENDER e A. PETERS, Oxford: Univ. Press, 2012, cap. 43, p. 1034-1057, cit. p. 1034): "Historians of international law, before embarking on the task of writing, face a number of choices regarding the definition of their subject: is the history of international law a history of rules, or legal ideas, is it about sovereign states or international lawyers? Given that international law involves rules, states, lawyers, and sovereigns interacting across the globe, there is another methodological choice that the historian faces: should a history of international law be written from the Western point of view, from the standpoint of the centre of the international world? Or should a historical narrative consider also international law in the peripheries of the international world?"

[1211] A respeito, ver **Tratado** (tomos 11 – **Direito internacional no tempo do iluminismo** e 13 – **Direito internacional no tempo do concerto europeu**).

[1212] George C. HERRING, **From colony to superpower** – U.S. Foreign relations since 1776 (Oxford: Univ. Press, 2008, *Introduction*, p. 1-10, cit. p. 1): "Comparisons were drawn with Ancient Rome, the only historical example that seemed adequately to describe America's global preeminence".

[1213] C. FENWICK (op. cit., 1951, p. 21-22): "The United States appealed to the fundamental and inherent rights of man, to the principle that governments derived their just powers from the consent of the governed. The principle was a broad one, involving not only the relations of citizens to their immediate colonial rulers but the relations of the colony itself to the mother country. But the appeal of the United States to the fundamental rights of man did not come within the rules of international law which the British courts of that day proclaimed to be 'the law of the land' and the United States had to fight its way to independence. Having done so successfully, the new Republic was duly recognized as a member of the international

a ser chamada "autodeterminação dos povos". Tem longa e complexa trajetória esse princípio no direito internacional pós-moderno.

Duas gerações mais tarde, foi a vez dos estados latino-americanos se tornarem independentes, a partir de 1810. Estes foram progressivamente admitidos na comunidade internacional, não com base na 'autodeterminação', mas pela necessidade decorrente da dura situação *de facto*.[1214]

O Brasil teve mais sorte – declarava, ainda, FENWICK – na medida em que o seu libertador foi o filho do rei de Portugal, que lá tinha se refugiado, durante as guerras napoleônicas, "com o resultado que Portugal fez pouco esforço, para recuperar a sua colônia rebelde".[1215] O que não é de todo preciso, considerando ter havido luta de tropas portuguesas, contra a independência no Brasil.[1216]

É importante observar como, no sistema internacional, a partir de Vestfália, 1648, até a guerra dos sete anos, 1756-1763, é possível caracterizar o assim chamado direito internacional no tempo 'clássico'. O corte é aqui feito em meados do século – por volta da guerra dos sete anos – mas alguns elementos se prolongam, no direito internacional no tempo do 'iluminismo', ao menos até as mudanças conceituais trazidas pela Revolução francesa,[1217] no final do século XVIII.

community. It is true that help was forthcoming from France; but that help was not given on the basis of the principle of self-determination, but merely because France had a personal interest in the independence of the American colonies; and in giving the aid, France took the risk of a war with Great Britain."

1214 Igualmente a ser desenvolvido no **Tratado** (tomo 11 – **Direito internacional no tempo do iluminismo**).

1215 C. FENWICK (op. cit., 1951, p. 22) prossegue: "By this time, Great Britain had learned the lesson that it was better to grant to Canada a large measure of self-determination, so that the desire for complete independence might lose its appeal. The famous act of 1867 became in due time the model for similar grants of partial self-determination to Australia, New Zealand and South Africa, as a result of which the three colonies were spared the throes of revolution and the strained relations inevitably following."

1216 Matéria desenvolvida no **Tratado** (tomo 13 – **Direito internacional no tempo do concerto europeu**).

1217 Cf. **Tratado** (tomos 11 – **Direito internacional no tempo do iluminismo**); Vladimir-Djuro DEGAN, *L'affirmation des principes du droit naturel par la Révolution française* (AFDI, 1989, vol. XXV, pp. 99-116); René-Jean DUPUY, *La révolution française et le droit international actuel* (RCADI, 1989, t. 214, pp. 9-30); B. MIRKINE-GUETZÉVITCH, **L'influence de la révolution française sur le développement du droit international dans l'Europe orientale** (RCADI, 1928, t. 22, pp. 295-458)

Quando se consideram os primeiros séculos da era moderna, o estado é o marco central do sistema internacional 'clássico'. Se isso ainda mais se acentua, nos séculos XIX e boa parte do XX, convivem os estados, mais e mais, com formas não estatais de exercício do poder na sociedade civil internacional.[1218]

O estado não foi e não é, contudo, o único meio de ordenação do sistema internacional. Isso mostram os séculos de existência e de operação do sistema internacional medieval.[1219] E o mostra também o longo período da transição deste modelo medieval para o contexto da primeira modernidade.[1220] E isso se vê, de lá para o contexto, aqui chamado 'clássico'.

Quanto pode ser complexa e tortuosa a relação entre 'estado' e 'nação',[1221] bem mostram os patriotas e juristas italianos, do século XIX, que tanto se bateram pela proclamação do "princípio da nacionalidade", como afirmação do direito de povos, com a mesma raça, língua, religião e cultura, de se unirem por meio de instituições comuns, sob as mesmas leis.[1222] Para esses juristas italianos, mais que o 'estado', seria, antes, a 'nação', o eixo ordenador de identidades e de atuação, em sistema internacional organizado. Mas os desvios decorrem do exacerbamento da noção, quando

1218 Nesse período, funciona como um todo a Europa, com muito menos ênfase, e de modo muito menos centrado no elemento 'estado', do que se fará a partir desse marco. A respeito, ver **Tratado** (tomos 11 – **Direito internacional no tempo do iluminismo**, 13 – **Direito internacional no tempo do concerto europeu** e 20 – **Direito internacional, história e cultura**).

1219 Como se considerou no **Tratado** (tomo 4 – **Direito internacional no tempo medieval**); ver tb. Brendan SIMMS, **Europe – the struggle for supremacy, 1453 to the present** (Londres: Allen Lane, 2013); Michael MITTERAUER, **Warum Europa?** – Mittelalterliche Grundlage eines Sonderwegs (orig. publ. 2003, Munique: Beck, 5ª ed., 2009).

1220 Ver **Tratado** (tomos 5 – **Direito internacional no tempo de Francisco de Vitória**, 6 – **Direito internacional no tempo de Suarez, Gentili e Zouch** e 7 – **Direito internacional no tempo de Hugo Grócio**).

1221 A respeito, ver **Tratado** (tomo 5 – **Direito internacional no tempo de Francisco de Vitória**, cap. 13 – *estado como sujeito de direito internacional,* bem como os tomos 11 – **Direito internacional no tempo do iluminismo** e 13 – **Direito internacional no tempo do concerto europeu**).

1222 C. FENWICK (op. cit., 1951, chap. III – *Membership in the international community*, p. 19-27, cit. p. 23): "The fact that their belief that nationalities, once unified, would assure the peace of the world failed to take into account that the new 'national states' might be led to violate the principle in the quest for greater national power does not lessen the value of the principle they asserted. It merely indicates that there are other passions that may come to dominate a people once the primary passion for national unity has been satisfied."

levada ao paroxismo do 'nacionalismo', outra praga que incontáveis males causou à humanidade.

Na Itália, dos séculos XV e XVI, se desenvolve convivência institucional, entre diferentes estados, de certo modo comparável ao ocorrido nas cidades-estado da Grécia antiga: "uma vida social de diversos estados, suscetível de ser, segundo as mesmas regras, imitada pela vida social de todos os estados do mundo":[1223]

> No estudo das normas, que devem disciplinar a vida social dos estados, a ciência italiana se vinculava, assim, às autoridades do passado, ou seja os autores que tinham feito progredir as doutrinas do direito público, e que tinham criado a doutrina do direito internacional, na idade de ouro, durante a qual a Itália era um microcosmo de estados, regido pelas mesmas leis de sociabilidade e de equilíbrio, que se impuseram desde então, a toda a comunidade, sempre mais vasta e abrangente, dos estados modernos.[1224]

Nessa linha de reflexão, os internacionalistas italianos do século XIX se veem confrontados com o dilema da Itália dividida. Autor como Pasquale MANCINI, engajado na ideia de unificação italiana,[1225] argumentou em favor do princípio das nacionalidades.[1226]

Que o estado não seja o único meio de ordenação do sistema internacional mostram muitos séculos de sistema 'internacional', que precedem o estado.[1227] É importante ressaltar que o modelo interestatal, apesar de ainda se ver como predominante, no direito internacional 'clássico', claramente não o único possível, como antes ocorreu e como se manifestam forças não-estatais no plano internacional, em nossos tempos pós-modernos.

1223 Enrico CATELLANI, **Les maîtres de l'école italienne du droit international au XIXe siècle** (RCADI, 1933, t. 46, pp. 704-826, cit. p. 710).

1224 E. CATELANI (op. cit., 1933, p. 710-711).

1225 Pasquale Stanislao MANCINI, **Direito internacional** (orig. publ. **Diritto internazionale. Prelezioni**, trad. Ciro MIORANZA, Ijuí, R.S.: Ed. Unijuí, 2003).

1226 Ver o estudo de Erik JAYME, **Pasquale Stanislao Mancini**: il diritto internazionale privato tra Risorgimento e attività forense (trad. italiana Antonio RUINI, Padova: CEDAM, 1988), ou na edição original, **Pasquale Stanislao Mancini**: Internationales Privatrecht zwischen Risorgimento und praktischer Jurisprudenz (Ebersbach: Verlag Rolf Gremer, 1980).

1227 Como mostrado no **Tratado** (tomos 3 A – **Direito internacional no tempo antigo**, 3 B – **Gregos, romanos, chineses, indianos**, 4 – **Direito internacional no tempo medieval**, 5 – **Direito internacional no tempo de Francisco de Vitória**).

E, desde então, novamente, de maneira crescente, se evidenciam os sintomas de incapacidade dos estados, em gerenciar todo o conjunto do sistema internacional, e isso se acentua nos presentes tempos pós-modernos. Claramente estes sintomas – crise do estado, positivismo, nacionalismo –[1228] sugerem a necessidade da superação do quadro estritamente interestatal de ordenação do sistema político do mundo, embora as alternativas que se lhe sucederiam não estejam todavia claramente delineadas.

Nesse mesmo sentido de hipertrofia do papel do estado no direito internacional se mostra a recorrente excessiva ênfase na importância histórica da paz de Vestfália, de 1648. E, sintomaticamente, para não distorcer a compreensão da evolução do sistema institucional e normativo internacional,[1229] é preciso situar adequadamente o que representaram os tratados de paz da Vestfália, em 1648. Para limitar os efeitos do assim chamado "mito de 1648":[1230]

> O sistema clássico, emanado de Vestfália, baseado na primazia do estado moderno, territorialmente soberano, se vê progressivamente substituído por uma ordem global, pós-moderna e pós-territorial. A velha ordem da segurança geopolítica se vê subordinada à geoeconomia, à governança global em múltiplos níveis, às demandas de sociedade civil internacional com múltiplos atores. A transformação fundamental da estrutura do sistema internacional e das suas normas de conflito e de cooperação estão se mostrando diante de nossos olhos.[1231]

[1228] Constante a necessidade de lutar contra pragas recorrentes da história como o nacionalismo. A existência e a operacionalidade de sistema internacional dependem de se colocarem freios a esses descaminhos. Algumas dessas questões são consideradas no **Tratado** (tomo 13 – **Direito internacional no tempo do concerto europeu**, item – *J. G. FICHTE (1762-1814) – racionalismo, direito natural e nacionalismo?* e tomos 14 a 17 – **Direito internacional no tempo do colonialismo**); v. tb. Nathaniel BERMAN, **Passions et ambivalences** – Le colonialisme, le nationalisme et le droit international (prés. E. JOUANNET, Paris: Pedone – coll. Doctrines, 2008).

[1229] Como exposto neste tomo, no item – *além do paradigma vestfaliano.*

[1230] Benno TESCHKE, **The myth of 1648** (orig. publ. 2003, Londres: Verso, 2009).

[1231] Enquanto se produzem tais transformações B. TESCHKE (op. cit., 2003, ed. 2009, *Introduction*, p. 1-12, *The myth of 1648*, p. 1-6, cit. p. 1) observa que "scholars are united in invoking the Westphalian states-system as the benchmark for measuring the present-day structure of world politics".

Cabe reiterar, que a própria existência e operação de sistema internacional ordenado pressupõe limites aos estados. O que precisa ser adequadamente situado em seu contexto histórico e cultural.[1232]

Não somente em relação a caso extremo de ineficiência do estado como a Itália, ou ao precedente histórico da paz de Vestfália, se mostra o lado problemático do estado, como centro do sistema e critério ordenador do sistema internacional. Pode ser também lembrado o ainda mais problemático caso da Polônia. De maneira muito direta e clara, observa-se:[1233] "o estado-nação não morreu, mas se tivesse, a leitura da história polonesa ficaria, em muito, facilitada".[1234]

De modo semelhante, pode ser ampliado o raciocínio, para o conjunto do direito internacional. Para o direito internacional, 'moderno' e 'clássico', a consolidação do estado, como elemento básico de ordenação política nacional, e o surgimento de sistema ordenado, somente pautado pela interação entre estados-nação se põe como o marco histórico e contextual básico, para o final do mundo moderno.[1235]

Existe paradoxo a ser observado. Em considerável medida, somente se cria sistema institucional e normativo internacional na medida em que se ponham limites aos estados. Ao menos à discricionariedade da ação do

[1232] E tb. se considera no **Tratado** (tomo 11 – **Direito internacional no tempo do iluminismo**, item – *império, estado moderno e ascensão do absolutismo*); cfr. **Fundamentos do direito internacional pós-moderno** (2008, esp. item IV – *sujeito e objeto: estado de natureza, natureza do estado e relações entre estados*, p. 381-448); C. Wilfred JENKS, **Economic and social change and the law of nations** (RCADI, 1973, t. 138, p. 455-502, cit. p. 495): "o estado existe para o homem e não o homem para o estado"; Juan-Antonio CARRILLO SALCEDO, **Droit international et souveraineté des états**: cours général de droit international public (RCADI, 1996, t. 257, p. 35-221) enumerava e analisava as limitações à soberania – *limitations apportées à la souveraineté dans le droit international contemporain*; tb. Hubert THIERRY, **L'évolution du droit international**: cours général de droit international public (RCADI, 1990, t. 222, p. 9-186); b/c autores de vários ensaios no volume, **L'évolution du droit international**: Mélanges offerts à Hubert THIERRY, Paris: Pedone, 1998); e ainda M. BEDJAOUI e H. THIERRY, *Avenir du droit international* (in **Droit international**: bilan et perspectives, Paris: Pedone / UNESCO, 1991, chap. LVI, p. 1305-1317, cit. p. 1313, par. 29): "C'est ainsi en fonction des limitations qu'il impose à la souveraineté que le droit international se construit."

[1233] Jerzy LUKOWSKI e Hubert ZAWADZKI, **Histoire de la Pologne** (orig. publ. **A concise History of Poland**, 2001, 2006, trad. Eric CHÉDAILLE, Paris: Perrin, 2010).

[1234] J. LUKOWSKI e H. ZAWADZKI (op. cit., ed. 2010, p. 28).

[1235] Como se considerou no **Tratado** (tomo 6 – **Direito internacional no tempo de Suarez, Gentili e Zouch**, item – *do direito internacional moderno ao clássico*).

estado-nação. Como também tem de ser colocados limites ao 'positivismo' e ao 'nacionalismo'.

O direito internacional existiu antes de haver estados e, consequentemente, também pode existir além e ao lado destes – como já se experimenta, em nossos tempos pós-modernos. Justamente, o contexto histórico é relevante para compreender o estado como marco simbólico. Isso é o que se tem de considerar, para compreender o direito internacional em sua perspectiva de evolução institucional no tempo.

As transformações, ocorridas na Europa, entre a segunda metade do século XV e a primeira metade do século XVII, puseram termo aos pressupostos ideológicos e às próprias bases sociológicas da função supranacional do papado e do império. Em grande e bastante simplificada generalização, que pode valer como vale, para designar o esgotamento do modelo medieval.[1236]

Depois do esgotamento do modelo medieval, se vê a progressiva consolidação de modelos internacionais caracteristicamente 'modernos', na esteira das guerras de religião, e novas formulações do sistema, dentre as quais a "guerra dos trinta anos". Este foi o direito internacional da primeira modernidade. Predominante até meados do século XVII.[1237]

Podem, ocasionalmente, variar os termos iniciais e finais, podem também variar os contextos de uma região a outra, mas se assiste, ao surgimento do modelo renascentista-moderno, que se exprime em dois planos: no plano inter-humano, como *individualista*, lastreado em visão humanista,[1238] e centrado no ser; e no plano das coletividades humanas, a

[1236] Cf. **Tratado** (tomos 4 – **Direito internacional no tempo medieval** e 5 – **Direito internacional no tempo de Francisco de Vitória**, título I – *multipolarização da Europa na era moderna e advento do direito internacional como sistema*) e tb. os já referidos Brendan SIMMS, **Europe – the struggle for supremacy, 1453 to the present** (Londres: Allen Lane, 2013) e Michael MITTERAUER, **Warum Europa?** – Mittelalterliche Grundlage eines Sonderwegs (orig. publ. 2003, Munique: Beck, 5ª ed., 2009).

[1237] Período examinado no **Tratado** (tomos 5 – **Direito internacional no tempo de Francisco de Vitória** e 6 – **Direito internacional no tempo de Suarez, Gentili e Zouch**).

[1238] Dentre outros, pode ser exemplo desse espírito humanista, Pico dela MIRANDOLA (1463-1494), com seu 'ensaio', no qual retoma o curso da história, para submeter a apreciação uma imensa tradição – da escolástica a Zoroastro, passando pelos árabes, os cabalistas, os comentadores de ARISTÓTELES e de PLATÃO – a **Oratio de hominis dignitate** (1487, ed. bilingue, trad., préfacé et annoté par Yves HERSANT, © 1993, Paris: Éds. de l'éclat, 2016, cit. p. 84-85): *quod scio esse plures qui, sicut canes ignotos semper adlatrant, ita et ipsi saepe damnant*

mesma vertente, de caracterização de cada sociedade, e da ordenação da convivência entre estas – *interestatal*, com convivência de caráter pontual.

Em seguida, ocorrem mudanças relevantes. Estas precisam ser compreendidas, em seu encadeamento, para que se perceba como de uma fase se passa a outra. Dentre as ordens de fatores que concorrem, de modo determinante, para o fim do sistema antigo e instauração do sistema 'moderno' multipolarizado de estados, cabe apontar:

- o primeiro dado, foi a ampliação do movimento das sucessivas 'reformas' protestantes,[1239] com suas implicações não somente religiosas, como também políticas e sociais, que rompem irreversivelmente a unidade religiosa da Europa ocidental, sobre a qual se apoiava e da qual traziam justificação e se nutriam as pretensões supranacionais da Sede apostólica;[1240]
- o segundo dado foi a 'contrarreforma', em reação ao movimento anterior, coordenado pelo Concílio ecumênico de Trento, de 1542-1563, que traz reposicionamento da esfera internacional[1241] de atuação da Igreja católica, na Europa.[1242] A reforma e a contrarreforma tiveram

oderuntque quae non intelligunt – "eu sei que não falta gente para detestar e condenar o que não compreende, como os cães sempre latem, diante de desconhecidos".

1239 Ulrich KÖPF (hrsg. von), **Deutsche Geschichte in Quellen und Darstellung** Band 3: **Reformationszeit 1495-1555** (Stuttgart: Reclam – Univ. Bibl. Nr. 17003, (c) 2001, impr. 2001) mostra a extensão da mutação, em escala pan-europeia, da controvérsia teológica desencadeada em 1517, por um professor da pequena Universidade de Wittenberg, que durante décadas abalou até os fundamentos o conjunto da Europa ocidental, e literalmente incendiou grandes extensões do Sacro império românico da nação alemã, e mudou irreversivelmente o caráter religioso, cultural e político da identidade nacional alemã, bem como a inserção desta no centro da Europa.

1240 M. BOEGNER, **L'influence de la Réforme sur le développement du droit international** (RCADI, 1925, t. 6, p. 241-324); ver tb. G. GOYAU, **L'église catholique et le droit des gens** (RCADI, 1925, t. 6, p. 123-240).

1241 Ver Bernd ROECK (hrsg. von), **Deutsche Geschichte in Quellen und Darstellung** Band 4: **Gegenreformation und Dreissigjähriger Krieg 1555-1648** (Stuttgart: Reclam – Univ. Bibl. Nr. 17004, (c) 1996, impr. 2002).

1242 Do já referido G. GOYAU, **L'église catholique et le droit des gens** (RCADI, 1925, t. 6, p. 123-240), descontada a vertente 'apologética', várias considerações e dados podem ser úteis. Sobretudo na contraposição deste, com o também já mencionado trabalho de M. BOEGNER, **L'influence de la Réforme sur le développement du droit international** (RCADI, 1925, t. 6, p. 241-324). Ver tb. Henri de RIEDMATTEN, **Le catholicisme et le développement du droit international** (RCADI, 1976, t. 151, p. 115-159, cit. p. 135), onde mencionava 'o

repercussão direta, muito mais considerável que a anterior cisão do mundo 'cristão', depois do 'cisma do Oriente', em 1054, quando se dera o rompimento entre Roma e Constantinopla, e se instaurara a cisão entre os católicos, de rito latino, e os autoproclamados ortodoxos. O que ocorreu nos séculos XVI e XVII, com mais de um século de lutas armadas e incontáveis barbaridades, cometidas entre católicos e protestantes, afetou e marcou, de maneira muito mais próxima e presente, toda a Europa ocidental. Isso se fez sentir muito mais do que a ruptura do século XI, porque esta se dera entre 'nós' e os 'gregos'. A nova ruptura se deu, no interior da Europa, no seio de vários estados, e muitas vezes entre grupos, ciosa e violentamente marcados, no interior das mesmas cidades;

- o terceiro dado, marcante da mutação de modelo geral de ordenação das relações, ao menos na Europa ocidental, em certa medida já se instaura a partir do final do século XV, quando o Sacro Império românico da nação alemã, na chefia do qual se instalara a casa de HABSBURGO, perde seu caráter central, de ordenação das relações de poder na Europa.[1243] Progressivamente, nos séculos XVII e XVIII,

estabelecimento dessa ordem jurídica da comunidade mundial cuja criação é, hoje, tão imperiosamente reclamada pelas exigências do bem comum universal."

[1243] A respeito da configuração jurídica – *'monstro simile'* – e do papel do Sacro império, ver a obra de Samuel PUFENDORF sob o pseudônimo Severinus de MONZAMBANO, **De statu imperii germanici** (1667). Cfr. **Tratado** (tomo 9 – **Direito internacional no tempo de Samuel Pufendorf**, cap. 20). Somente depois da morte de PUFENDORF foi esta publicada com o nome do autor. Anteriormente, diversas edições circularam pela Europa, tais como, com o título completo: Severini de MONZAMBANO Veronensis, **De statu imperii germanici ad Laelium fratrem** Dominum Trezolani, Líber Unus (Veronae: apud Franciscum Giulium, MDCLXVII); Severini de MONZAMBANO Veronensis, **De statu imperii germanici ad Laelium fratrem** Dominum Trezolani, Líber Unus (Genevae: apud Petrum Columesium, MDCLXVII); ou a curiosa edição da mesma obra, Dominus de MONZAMBANO, Illustratus & Restrictus sive Severini de Monzambano, Veronensis, **De statu imperii germanici ad Laelium fratrem** Dominum Trezolani, Líber Unus – Discursibus Ivridico-Politicis explicatus & restrictus: in quibus *Elegantíssima iuris publici Romano-Germanici materia v.g. de finibus ac limitibus Germânia antiquis et hodiernis; de Germanorum Imperio Romano; de variis exterorum adversus Imperium molitionibus; de Maiestati Imperatoris & libertate Imperii Ordinum; de Reip. Imperii forma prasenti per Instrumentum Pacis stabilita etc. aliaque, quas Index discursuum in sinenotarum exhibet, ad modernum seculi genium curiose firmissimis rationibus deducuntur* (Opera & Studio Pacifici a Lapide, Germano Constantiensis, Utopiae apud Vdonem Neminem, Vico ubique, ad insigne veritatis, 1668) publicada em lugar nenhum (*utopia*), por ninguém (*neminem*), na rua em toda parte (*vico ubique*), pela insigne verdade. A edição de 1671, além da obra Severini de MONZAMBANO

este experimento de sistema internacional perde qualquer resíduo, de caráter de poder universal. E a igreja, depois das reformas, não mais podia invocar a aura de supranacionalidade e de universalidade – ao menos para todo o conjunto da Europa ocidental – como até então exercera.

De resto, mesmo nos séculos precedentes, este Sacro império nunca se fez valer além da Europa central, antes de se tornar estritamente o Sacro império romano da nação germânica – *Heiliger römisches Reich teutscher Nation* –, e se encontrava condicionado, nessa mesma área geográfica, não somente pelos poderes dos príncipes eleitores, árbitros da atribuição da dignidade imperial, mas também pela independência de fato e a divisão religiosa dos cerca de 400 principados e cidades livres, entre componentes grandes, médias e pequenas, que constituíam as peças do mosaico imperial.[1244]

Veronensis, **De statu imperii germanici ad Laelium fratrem** Dominum Trezolani, Líber Unus, contém o texto de ensaio de Samuelis PUFENDORFII, **Disquisitio de Republica Irregulari** ad Severini MOMBANZANO (*Ad exemplar Londinense*, MDCLXXI). Foi também utilizado exemplar da edição de 1684: SEVERINUS DE MONZANBANO, Veronensis, **De statu Imperii germanici ad Laelium fratrem, Dominum Trezolani, Líber unus** (originalmente publicado em 1667, edição datada de 1684, mas publicada em 1685 "editio novíssima, additionibus necessariis aucta atque emendata", MDCLXXXIV).

[1244] Veja-se **Tratado** (tomo II – **Direito internacional no tempo do iluminismo**, item – *império estado moderno e ascensão do absolutismo*); tb. Peter H. WILSON, **The Holy Roman Empire** – a Thousand Years of Europe's History (orig. publ. 2016, Londres: Penguin, 2017); Francis RAPP, **Le Saint Empire romain germanique**: d'Otton le grand à Charles Quint (Paris: Tallandier, 2000, impr. 2003, *Introduction*, p. 7-13, cit. p. 7) mostra a complexidade e a multiplicidade dos paradoxos da história do Santo império romano da nação germânica: "Santo, esse império? Ele assim se qualificava, quando seus chefes afrontavam o papado. Romano, esse império, do qual a cidade eterna somente foi a capital, em sentido estrito do termo, durante muito pouco tempo, e para infelicidade daqueles que tentaram essa experiência? Germânico, enfim, esse império não o poderia ser, pura e simplesmente; por definição, ele deveria, ao menos, elevar-se rumo ao universal, acima de todas as nações, que pretendia englobar; certamente, eram muito estreitos os laços do império, com a Alemanha; os alemães se constituíram em nação, porque levados, para longe de casa, pela grande aventura imperial, tomaram consciência de sua unidade; contudo, o rei, que elegiam, não era o rei dos alemães, mas o dos romanos, porque tinha vocação para, um dia, se tornar imperador – como o filho do imperador dos franceses, NAPOLEÃO, deveria um dia ser o rei de Roma –; o reino germânico e o império supranacional estavam, de tal forma, imbricados, e de modo tão estrito, a tal ponto que, em alemão, um único termo, *Reich*, designa um e outro, enquanto em latim se distinguem o *regnum* e o *imperium*."

Império e frações de império

Contraposição entre o desaparecimento do *sistema imperial*, com a possibilidade de permanência do *império*, ao menos enquanto 'ideal' e 'conceito' foi matéria, considerada por Alberico GENTILI, em 1598, quando expunha a sua opinião sobre a "destruição dos reinos",[1245] e a determinação dos efeitos do que hoje chamamos 'sucessão de estado'.[1246] A respeito consignava seu entendimento: "as cidades e o povo não mudam com o tempo, mas permanecem sempre os mesmos em virtude da sucessão".[1247]

GENTILI aduzia: "o imperador romano já não existe e o império romano desapareceu. Se o imperador romano pode reivindicar para si o império do mundo é questão frívola, embora alguns de nossos intérpretes andem bisbilhotando sobre isso".[1248] Ponderava:

> A questão que ora propomos é esta: se aquele que tem o título de imperador dos romanos o seja realmente. Entrementes, todos sabem que império dos romanos hoje é aquele, que tem sua sede na Alemanha. Assim ouvimos falar de imperador dos romanos, de sacro império romano, de eleitores do sacro império romano e assim por diante. Apesar de tudo isso, poder-se-ia questionar se realmente o império dos romanos é este, porque do império romano

[1245] A. GENTILI, **Direito de guerra** (orig. publ. **De Iure belli libri tres**, op. cit., 1598, ed. 2004, I.XXIII – *destruição dos reinos*, p. 192-202). A respeito de GENTILI e sua obra, ver **Tratado** (tomo 6 – **Direito internacional no tempo de Suarez, Gentili e Zouch**, cap. 16).

[1246] Ainda a respeito das considerações de Samuel PUFENDORF sobre a matéria da sucessão de estado, **Tratado** (tomo 9 – **Direito internacional no tempo de Samuel Pufendorf**, cap. 20), b/c P. B. CASELLA, *Sucessão de estado no direito internacional pós-moderno* (São Paulo: Revista da Faculdade de Direito da USP, 2007, vol. 102, p. 1155-1170).

[1247] A. GENTILI (op. cit., 1598, ed. 2004, I.XXIV – *se a guerra contra os sucessores é lícita*, p. 203-205, cit. p. 204, e a seguir, p. 203): "Como porém poderá a guerra ser feita por sucessores contra sucessores? Em outras palavras, a guerra que teria sido lícito mover contra os predecessores será igualmente lícito movê-la contra os sucessores e seus pósteros?" E considera a continuidade da existência de um grupo nacional, em contraposição ao possível desaparecimento deste ou daquele indivíduo: "Com os povos, contudo, não é assim porque de algum modo não morrem nunca".

[1248] A. GENTILI (op. cit., 1598, ed. 2004, I.XXIII, p. 192): "Contra eles argumenta muito bem e amplamente Diego de COVARRUVIAS e conclui que o imperador não teria direito a não ser sobre aquelas províncias que já foram do império e que é falso dizer que ele seria dono do mundo inteiro. Afirmamos que nem sobre aquelas províncias que alguns séculos antes pertenceram ao império ele teria direito."

parece que, pouco ou nada, ainda sobre hoje. Foi esfacelado e agora o detém os vários povos, que o ocuparam.[1249]

Aí se inscreveriam vários novos reinos e sistemas políticos. Tentando distinguir as partes:

– uma seria a que hoje é ocupada pelos turcos e outros bárbaros:
Ninguém acredito, quererá procurar entre os turcos o império romano, do qual sequer conservaram o nome. Mais propriamente se deveria requerer o império dos sarracenos, uma vez que estes o receberam como por herança, juntamente com a religião. Eles tem uma parte daquilo que foi o império romano, mas não tem o império romano.[1250]

– outra seria a que foi ocupada pelos franceses:
Nem poderíamos procurá-lo na França, onde há muito tempo não subsistem sequer imperadores e francos quiseram sempre ser chamados os franceses, do nome de sua nação que obtiveram dos imperadores romanos, destacada do restante corpo do império. Por isso é que ATANÁSIO concede aos reis francos clâmide de imperadores e coroa de ouro e JUSTINIANO com um Rescrito, confirma para eles o domínio da Gália.[1251] E acrescenta:
Há também alguns que afirmam que, antes de CARLOS [MAGNO] os direitos do império ocidental haviam sido conferidos a ATANÁSIO e a CLÓVIS, também rei dos francos, e sustentam que desse reino dos francos não poderiam se destacar. Outros afirmam também que foram transferidos a CARLOS e aos reis dos francos e duvidam que os eleitores pudessem ter essa autoridade a eles concedida, dizem, pelo papa GREGÓRIO, de origem germânica e cunhado de OTÃO III, por mercê da pátria e do sangue. Mas não sou obrigado pelo tema que tenho em mãos a entrar nessa controvérsia.[1252]

– pelos espanhóis e ingleses:
Nem o haveremos de procurar entre os espanhóis e os ingleses. Esses povos, abandonados pelos imperadores romanos ou não tendo nunca estado sujeitos a Roma, formaram seus reinos raptando-os do império, ou cedidos aos con-

[1249] A. GENTILI (op. cit., 1598, ed. 2004, I.XXIII, p. 193).
[1250] A. GENTILI (op. cit., 1598, ed. 2004, I.XXIII, p. 193).
[1251] A. GENTILI (op. cit., 1598, ed. 2004, I.XXIII, p. 193).
[1252] A. GENTILI (op. cit., 1598, ed. 2004, I.XXIII.5, p. 199).

quistadores desse, há séculos usufruem desses seus reinos. Fazem rir esses que pretendem que também esses povos sejam de direito submetidos ao imperador, embora não o sejam de fato.[1253]

– uma terceira, aquela que já foi sede do império e hoje é ocupada pelo papa: Tem-se ainda o papa, que de algum modo tem a ver com o império e são feudatários do papa os duques de Ferrara, de Parma e outros, além do próprio rei de Nápoles. Falo aqui do pontífice na situação medíocre a que se reduziu no presente, porquanto houve época em que possuía a Ligúria, a Córsega, a Lombardia, Veneza, a Ístria e que coisa não teve na Itália? Pelo contrário, até mesmo fora da Itália teve feudatários ou pelo menos tributários, como os reinos da Irlanda, da Inglaterra, da Escócia, da Polônia e o próprio império germânico, o próprio reino dos francos. Ainda hoje quer sempre meter as mãos no império, ora para governá-lo quando sede vacante, ora para julgá-lo quando for vivo o imperador.[1254]

– pelos venezianos – "partes da Itália, como o Vêneto, que não dependem daquele império e nada tem a ver com ele" –[1255] e por outros príncipes da Itália: Quanto aos italianos não se pode fazer deles um julgamento único. Desde que algumas partes da Itália são dominadas pelo império germânico ou romano, como se queira dizer, a respeito destas se deve dizer o mesmo que se diz com relação ao império germânico.
A seguir, especificava:
Na Itália, as cidades da Toscana, como Florença e outras, foram destacadas do corpo do império romano, tendo há mais de trezentos anos recuperado a sua liberdade por intermédio do imperador RODOLFO, embora alguns insistam em dizer que o grão-ducado da Toscana é ainda hoje, de algum modo, sujeito e como que enfeudado ao império. Sendo assim (não é propósito meu entrar nessa questão), pretende-se reduzir o grão-ducado ao mesmo direito do império.[1256]

– a última seria aquela que os germânicos possuem,
Penso, com a maioria, que esse é o antigo império romano. Aqui de fato, CARLOS MAGNO recebeu do pontífice romano, por decreto do povo romano e

[1253] A. GENTILI (op. cit., 1598, ed. 2004, I.XXIII, p. 193).
[1254] A. GENTILI (op. cit., 1598, ed. 2004, I.XXIII, p. 194).
[1255] A. GENTILI (op. cit., 1598, ed. 2004, I.XXIII, p. 194).
[1256] A. GENTILI (op. cit., 1598, ed. 2004, I.XXIII, p. 194).

restaurou, acrescenta ALCIATO, o império dos romanos no Ocidente. Outros afirmam que CARLOS [MAGNO] conquistou pelas armas esse império e há cartas pontifícias que levam a crer nessa hipótese. Que seja. Que outros, porém o dessem a ele ou que ele o tivesse conquistado ele próprio, não vem ao caso. Basta saber que ele teve o império romano.[1257]

Aduzia GENTILI, terem sido os germânicos os únicos que conservaram esse título de império romano:

Nem é relevante que CARLOS [MAGNO] fosse estrangeiro, como se por isso o império não pudesse conservar-se romano, quando romano permaneceu o império, embora NUMA, PRISCO e SÉRVIO não fossem romanos. Se TARQUÍNIO e SÉRVIO quando foram feitos reis já se haviam tornado romanos, outro não era, e assim também CARLOS [MAGNO], antes de ser coroado imperador era romano, porque era patrício e não sei o que mais de Roma. Sem dizer que, ao receber o império, se tornava por isso mesmo romano, sendo o imperador com relação ao estado como a cabeça com relação ao corpo. Nem se poderia extrair argumento contrário daquilo que sustento da qualidade daqueles que o elegeram e afirmar que não era romano o povo que o elegeu, mas um misto de povos que choveram de todas as partes do mundo e ainda que nem o povo nem o pontífice poderiam tê-lo eleito sem a ordem ou o consenso do imperador romano que residia em Constantinopla. Ao que responde GENTILI, no tocante à identidade do povo romano: a identidade do povo, pode-se dizer que é o mesmo povo aquele que, vindo de fora, substitui o antigo que desapareceu há tempo, o mesmo ocorre certamente se, alterando-se aos poucos, acabe por mudar-se, até mesmo totalmente.[1258]

1257 A. GENTILI (op. cit., 1598, ed. 2004, I.XXIII, p. 194-5).

1258 A. GENTILI (op. cit., 1598, ed. 2004, I.XXIII, p. 195). A respeito da aprovação pelo imperador romano do Oriente, manifestava-se GENTILI (op. cit., 1598, ed. 2004, p. 196): "Os súditos abandonados pelo príncipe à própria sorte, sem auxílio, sem defesa, como foram os romanos reduzidos pelo imperador em Constantinopla, como também eram os romanos afligidos pelas armas dos longobardos, podem nomear para si próprios um novo príncipe que os proteja e defenda. [...] Termos correlativos são senhor e vassalo, príncipe e súditos porque, como estes são obrigados a obedecer bem, aquele é obrigado a comandar bem."

No tocante à permanência do título,[1259] GENTILI considerava questionável o caráter 'romano' do império fundado por CARLOS MAGNO: "o império de CARLOS [MAGNO] teria sido, portanto, o romano, ainda que godos e longobardos já tivessem conquistado, havia muito tempo a Itália, e tivessem feito em pedaços o império romano, a partir da Itália".[1260] E fazia comparação:

> Assim o Niger e o Tigre, embora corram muitas milhas por baixo da terra, não deixam de ser os mesmos rios. O império romano foi mais rapidamente coberto que extinto, por aquelas inundações de bárbaros,[1261] da mesma maneira que o terreno, transitoriamente inundado, não muda de sorte, mas continua pertencendo ao mesmo proprietário.[1262]

[1259] A. GENTILI (op. cit., 1598, ed. 2004, I.XXIII, nos. 1, 2 e 3, p. 192-198) concluía: "transferida de Roma para a Grécia a sede do império, deixada Roma a um prefeito como cidade secundária quando, ao contrário, parecia repousar nela as sortes do império."

[1260] A. GENTILI (op. cit., 1598, ed. 2004, I.XXIII.6, p. 199-200): "Depois de CARLOS, embora o nome de império romano pareça ter sido esquecido por seus sucessores por quase sessenta anos, realmente não o foi porque HUGO, RODOLFO e LOTÁRIO de quando em vez o retomaram e interromperam a posse dos ocupantes. Também era costume naquela época criar dois imperadores, um na Alemanha e um na Itália. Até HENRIQUE I foram todos descendentes por linha masculina da estirpe de CARLOS e quase todos foram coroados. Embora mantivessem em paz todo o império os príncipes de sangue longobardo, descendentes de BERENGÁRIO, o império não desapareceu quando os descendentes de CARLOS cessaram de tê-lo em suas mãos."

[1261] A. GENTILI (op. cit., 1598, ed. 2004, I.XXIII.4, p. 199): "como escreve BEDA (**Historia Angl.**, 21), enquanto na Itália ou no Ocidente não tivesse havido nenhum povo que tivesse ocupado a sede do reino por mais de 300 anos, isto é, de AUGUSTULO a CARLOS ou também de VALENTINIANO III, com o qual desapareceu o reino do Ocidente, havia contudo sempre alguns que, em nome e com a autoridade dos imperadores do Oriente, mantiveram o reino e certamente confirmaram as jurisdições e autoridade imperial por lá. Por isso os pontífices romanos costumavam chamar de seus senhores os imperadores gregos até CARLOS."

[1262] A. GENTILI (op. cit., 1598, ed. 2004, I.XXIII.4, p. 198-9): "Além disso, porém, os godos somente tiveram uma parte da Itália e essa parte lhes foi confiada pelos imperadores do Oriente. A TEODORICO, rei dos godos, adotado como filho e feito cônsul e partícipe do estado, ZENON confia o senado e o povo romano, além da própria Roma e da Itália. Mais ainda, como se pode ver em CASSIODORO (**Variae**, I,1), os godos queriam ser considerados parte do império romano. Como depois TEODORICO recebeu a Itália dos hérulos, então a seguir JUSTINIANO a livrou dos godos. Perdida depois sob JUSTINO e outros, e ocupada pelos longobardos, CARLOS MAGNO reconstitui-a como estado e se autonomeou príncipe dela. Os longobardos jamais ocuparam Roma, nem conquistaram o exarcado, embora submetessem

GENTILI considerava possível sustentar se teria mantido a 'personalidade jurídica' do 'império romano', ao longo de séculos: "o império é sempre o mesmo, embora a família dos CÉSARES não impere mais, é sempre o mesmo, embora mude de sede". Mudaria de sede, mas "o império é sempre romano, seja em Constantinopla, em Ravena ou em Praga. Conquistou no norte, o que havia perdido em outras regiões".[1263]

> O império permanece romano, ainda que passe dos reis aos cônsules, dos cônsules aos imperadores, e esses agora subsistam ora por sucessão, ora por eleição e a eleição seja feita, ora por soldados, ora pelo senado, ora por esses eleitores. A forma do império romano mudou, muitas vezes, mas o império persiste.[1264]

O que é no mínimo curioso, porquanto o mesmo GENTILI antes se mostrava cético quanto aos fundamentos, para a alegada continuidade histórica dessa entidade 'imperial':[1265]

outras províncias até o Abruzzo. Muitas vezes também se reconheciam submissos ao imperador e com frequência foram vencidos pelos romanos gregos e seu poder foi reprimido".

1263 A. GENTILI (op. cit., 1598, ed. 2004, I.XXIII.6, p. 200): "Foi uma espécie de aluvião, pelo qual por vezes ocorre que um campo diminua de um lado e aumente do outro, mas o campo permanece o mesmo, como o mesmo é o mar, que abandona de um lado o leito e o alarga do outro, e o rio permanece o mesmo, ainda que mude seu leito."

1264 A. GENTILI (op. cit., 1598, ed. 2004, I.XXIII.6, p. 200-201): "Tantos outros reinos e repúblicas conheceram a ruína porquanto oprimidos pelas armas romanas e de livres foram transformados em submissos. Assim se torna outro e deixa de ser livre quem é feito escravo e, ao contrário, deixa de ser escravo quem se torna livre e se torna outro e somente então começa a ser realmente. Assim também o rio que desemboca em outro rio e se confunde com este ou quando desemboca no mar perde nome e substância. Assim o império assírio deixou de existir. Assim também o império persa sob os partas e antes sob os macedônios. Assim também o império macedônio. Também o império romano se extinguiu em muitas regiões, anexadas ao domínio de outrem ou de servas feitas livres. Extinto, porém, não pode ser considerado um império que sobreviva em alguma parte, por menor que seja."

1265 Na passagem supra referida: "o imperador romano já não existe e o império romano desapareceu. Se o imperador romano pode reivindicar para si o império do mundo é questão frívola, embora alguns de nossos intérpretes andem bisbilhotando sobre isso". A. GENTILI (op. cit., 1598, ed. 2004, I.XXIII, p. 192): "Contra eles argumenta muito bem e amplamente Diego de COVARRUVIAS e conclui que o imperador não teria direito a não ser sobre aquelas províncias que já foram do império e que é falso dizer que ele seria dono do mundo inteiro. Afirmamos que nem sobre aquelas províncias que alguns séculos antes pertenceram ao império ele teria direito."

> Se nada mais restasse do império romano, não nos importaríamos de modo algum com um nome vão, sem sujeito, ou diríamos que aquele, que hoje chamamos e temos como império romano, seria substituição do antigo. Isso, porém, não afirmo. Ao contrário, afirmo que o império ainda perdura. [...] Minha opinião é que um império somente pode dizer-se que desapareceu quando parte alguma dele ainda restar, além de ter seu nome extinto.[1266]

A última tentativa de afirmação, no Ocidente, de sistema internacional centralizado teocrático se fez, com o apoio da Contrarreforma, na tentativa política de contrastar a difusão do protestantismo nos países germânicos. Ao se tentar afirmar sobre renovadas e mais sólidas bases o poder imperial, deu lugar à longa e conturbada crise das guerras de religião.[1267] Estas calamidades públicas, de extensão geográfica considerável, que se estendem sob as assim chamadas 'guerras de religião', por mais de cem anos, vão desde a segunda década do século XVI até a metade do século XVII. Ocorreram intervalos, mas estas foram recorrentes confrontações militares de destruição recíproca. Foram tais carnificinas feitas em nome da religião, e sua ocorrência são eloquente sinal do fim do antigo sistema europeu centralizado.[1268] Falido e soçobrado, teve de dar lugar a nova configuração do sistema institucional e normativo internacional, baseado no jogo de forças entre estados.

Desse tempo, o período que se pautou pela maior violência e destruição, recebe o nome de '*guerra dos trinta anos*', de 1618-1648. Nesta, praticamente, toda a Europa continental se viu envolvida, embora a destruição, em ondas sucessivas, tenha varrido principalmente a região central, onde

[1266] A. GENTILI (op. cit., 1598, ed. 2004, I.XXIII.6, p. 202): "Não me parece que aduzem isso aqueles que dizem que se deve chamar novo império aquele que é diferente do antigo em língua, costumes e leis. Do mesmo modo, também o império romano, que surgiu com Rômulo, teria mais vezes desaparecido e muito tempo antes da invasão dos bárbaros. Esses fatos podem mudar a forma de um império, mas não podem anulá-lo." E isso não obstante as mudanças externas acontecidas: "Afirma-se que a forma monárquica, uma vez expulsos os reis, desaparece. De igual modo desaparece o império monárquico de Roma, mas não desaparece o império de Roma."

[1267] Ver, também, **Tratado** (tomo 11 – **Direito internacional no tempo do iluminismo**, item – *império, estado moderno e ascensão do absolutismo*).

[1268] Como considerado no **Tratado** (tomo 5 – **Direito internacional no tempo de Francisco de Vitória**, título I – *multipolarização da Europa na era moderna e advento do direito internacional como sistema*).

se situa a Alemanha, e sobretudo algumas regiões desta, que nessas três décadas perde cerca de 40% do total de sua população.[1269]

Esse enfrentamento de grandes forças da história, depois de outros percalços, se resolveu com a *débacle* – a liquidação do império: com os tratados de Vestfália, a paz foi restabelecida separadamente, em dois instrumentos, considerados constituindo todo único, ambos assinados em 24 de outubro de 1648, na cidade de Münster, depois de terem sido longamente negociados, nessa cidade bem como na cidade próxima de Osnabrück.[1270] Por isso, podem ser referidos como os tratados de Münster e de Osnabrück, que compõem conjuntamente a 'paz de Vestfália'.[1271] Um e outro foram firmados ao termo de longo e complexo processo de negociação,[1272] entre os plenipotenciários dos soberanos protestantes e, respectivamente, dos soberanos católicos, de um lado, e os plenipotenciários do imperador e dos seus aliados, de outro lado.[1273]

Friedrich SCHILLER, em seu estudo, de 1791-93, sobre a guerra dos trinta anos,[1274] apontava que na França, a reforma desencadeara a guerra civil, abalando profundamente, até os seus fundamentos, e "levara armas estrangeiras até o coração desse reino".[1275] Além de transformar o reino da França, durante meio século, no cenário da mais triste destruição.

[1269] Como se considerou no **Tratado** (tomos 6 – **Direito internacional no tempo de Suarez, Gentili e Zouch**, e 7 – **Direito internacional no tempo de Hugo Grócio**).

[1270] Textos desses tratados de paz e de outros instrumentos internacionais, no período de 1648 até 1919 podem ser consultados na coletânea de atos internacionais, **Consolidated treaty series 1648-1919** (ed. by C. PARRY, Dobbs Ferry-New York: Oceana Publications, 1969-1981, em 231 volumes, citados como "CTS", com menção do ano, volume e página inicial). Para a paz de Vestfália ver [1648] 1 CTS 119.

[1271] Bardo FASSBENDER, *Westphalia, peace of (1648)* (in **The Max Planck Encyclopedia of Public International Law**, 2012, vol. X, p. 865-869); ver tb. Stephan VEROSTA, *History of International Law, 1648 to 1815* (in **The Max Planck Encyclopedia of Public International Law**, 2012, vol. IV, p. 823-843).

[1272] Conforme exposto no item – *além do paradigma vestfaliano.*

[1273] Veja-se tb. Fred E. SCHRADER, **L'Allemagne avant l'État-nation**: le 'corps germanique' (1648-1806) (Paris: PUF, 1998).

[1274] Friedrich SCHILLER (1759-1805), **Geschichte des dreissigjährigen Kriegs** (Gütersloh: P. P. Kelen, s/d, posfácio de Herbert REINOSS, datado de 1964); tb. ___, ___ (orig. publ. 1792, in F. SCHILLER, **Werke in drei Bänden**, unter Mitwirkung von Gerhard FRICKE, hrsg. von Herbert G. GÖPFERT, Munique: Carl Hanser, 1966, vol. II, p. 34-320).

[1275] F. SCHILLER (op. cit., ed. 1964, *Erstes Buch*, p. 5).

Na Holanda, a reforma tornou intolerável o jugo espanhol, e despertou no povo holandês a necessidade e a coragem para romper esse jugo. Essa luta que se estendeu por oito décadas.[1276]

A separação entre as duas igrejas teve, por sua vez, na Alemanha, como consequência, uma duradoura separação política, que nessa terra se arrastou, por bem mais de um século. Para SCHILLER, a reforma foi marco da transformação do sistema internacional, que trouxe para atuar, no conjunto da Europa, os poderes do norte, como a Dinamarca e a Suécia. Estes poderes, alinhados com a corrente protestante, passaram a ter engajamento com o sistema europeu, que antes não tinham manifestado:

> Estados, que antes mal tinham tomado conhecimento uns dos outros, começaram, por meio da reforma, a se sensibilizarem uns em relação aos outros, e a se aliarem, em razão de novas simpatias políticas. Assim como cidadãos contra cidadãos, senhores contra os súditos, em razão da reforma tinham estabelecido novas relações sociais, também se voltaram inteiros estados a novas relações, uns com os outros. E deu-se, assim, essa coisa curiosa, que em razão da separação das igrejas, vieram a unir-se os estados.[1277]

Considerava SCHILLER terrível e deplorável que o primeiro efeito essa união entre os estados os levasse à guerra, e guerra essa que se estendeu por trinta anos. E cujos estragos se estenderam, "desde o interior da Boêmia até a foz do Scheldt, do rio Pó às costas do mar Báltico, matando as populações, destruindo as colheitas, deixando cidades e vilarejos reduzidos a cinzas". Uma guerra, na qual muitos milhares de combatentes pereceram, que extinguiu o progresso da cultura na Alemanha, ao menos por meio século, e no lugar desta deixou a mais selvagem e antiga barbárie:

[1276] Ver **Tratado** (tomo 7 – **Direito internacional no tempo de Hugo Grócio**, esp. item 18.2 – *GRÓCIO na evolução da identidade nacional*); Paul ARBLASTER, **A History of the Low Countries** (orig. publ. 2006, New York: Palgrave – Macmillan, 2012); Catherine DENYS e Isabelle PARESYS, **Les anciens Pays-Bas à l'époque moderne (1404-1815)** (Paris: Ellipses, 2007, chap. 4 – *Les Pays-Bas, enjeu international (1609-1713)*, p. 79-95, e tb. chap. 7 – *Un siècle de malheurs aux Pays-Bas méridionaux (1609-1715)*, p. 141-157); depois de superada essa fase de catástrofes se deu, nos Países Baixos, o assim chamado século de ouro, como analisa Simon SCHAMA, **The embarrassment of riches**: an interpretation of Dutch culture in the Golden Age (Berkeley and Los Angeles: Univ. of California Press, 1988).

[1277] F. SCHILLER (op. cit., ed. 1964, p. 6) põe de maneira expressiva o fenômeno: "so musste es durch einen seltsamen Gang der Dinge die Kirchentrennung sein, was die Staaten unter sich zu einer engern Vereinigung führte".

> Mas a Europa ressurgiu, livre e desimpedida, dessa terrível guerra, na qual pela primeira vez uma liga internacional de estados se fizera presente. E essa participação dos estados, uns com os outros, que se inaugurara nesse conflito, já teria sido ganho suficiente, para compensar o medo do cidadão do mundo. A mão trabalhadora logo deixaria apagados os traços de destruição, deixados pela guerra, mas as consequências positivas que dela resultaram, continuaram presentes. Mesmo essa generalizada coalizão entre os estados – *allgemeine Staatensympathie* –, que depois do impacto na Boêmia rachou a Europa pela metade, trouxe a paz, que pôs fim a essa guerra. E assim, a chama de destruição, que partiu do interior da Boêmia e Morávia, passou pela Áustria, Alemanha e França, e pôs fogo em metade da Europa, assim o facho de luz da cultura desses estados, pelos caminhos assim então abertos, passou a iluminar todas as terras.[1278]

A respeito da extensão da matança entre seitas cristãs, estima-se, como referido, que a "Alemanha perdeu 40% do total de sua população",[1279] na guerra dos trinta anos. Nesse catastrófico quadro,[1280] nem todas as regiões da Alemanha teriam sofrido a mesma escala de destruição. Essa destruição se fez sobretudo seguindo uma diagonal, desde o mar Báltico até o Sudoeste do Império, indo da Pomerânia e do Mecklemburgo, passando pela Turíngia, e parte da Saxônia, até alcançar o Palatinado, além de considerável parte do Württemberg.

Outros historiadores põem reparos à tal extensão de destruição. Questionam se teria sido possível acontecer grau tamanho de destruição ao longo de tanto tempo, e espalhado por tão consideráveis extensões.

1278 F. SCHILLER (op. cit., ed. 1964, p. 6).

1279 Heinz Dieter KITTSTEINER (1942-2008), **Die Stabilisierungsmoderne** – Deutschland und Europa 1618-1715 (Munique: Carl Hanser, 2010).

1280 Um bom historiador sabe o impacto das frases de efeito, e H. D. KITTSTEINER (op. cit., 2010, p. 88-89) o faz de modo adequado: "Das Leben bewegte sich in diesen Zeiten zwischen Alltag und Katastrophe". Nas áreas mais intensamente atingidas, pereceu metade da população. Em outras áreas, as mortes somaram cerca de um terço. E a necessidade de contar não somente pelas mortes diretamente decorrentes da guerra, como também as resultantes dos saques e depredações de cidades e propriedades rurais e castelos, como ainda pela subnutrição e as epidemias, decorrentes da guerra. E por isso: – a vida nesse tempo oscilava entre o dia-a-dia e a catástrofe.

Chegam certos autores a falar em 'mitificação' dessa guerra.[1281] No mesmo sentido 'revisionista' crítico, também obra coletiva, ressaltando que depois de longas e conturbadas negociações de paz, o império fundado por esses atos internacionais, teve tal complexidade, e ao mesmo tempo duração que superou tentativas anteriores e posteriores de ordenação do sistema internacional no centro da Europa.[1282]

Do ponto de vista alemão, se podem distinguir, ao longo do conflito de "trinta anos", quatro distintas fases:

- primeira fase, foi a guerra na região da Boêmia e do Palatinado – *Böhmisch-Pfälzischen Krieg*, de 1618 a 1623 – desencadeada com a rebelião dos habitantes da Boêmia, contra a dominação austríaca dos HABSBURGOS, quando elegem FREDERICO V, como seu rei, mas este acaba por ser expulso pelo imperador, não somente da Boêmia, mas de todo o território do Império – quando, justamente, FREDERICO V parte para o exílio, na Holanda, de onde, com dinheiro holandês, fomenta o início da fase seguinte da guerra;
- segunda fase, foi a guerra na região da Baixa Saxônia e Dinamarca – *Niedersächsisch-Dänische Krieg*, de 1625 a 1629 – quando os protestantes escolhem seguir o rei da Dinamarca, a quem como Duque de Holstein também pertencia a região da Baixa Saxônia; mas este não consegue enfrentar e vencer as tropas de WALLENSTEIN, e ao ser celebrada a paz de Lübeck, o dinamarquês é obrigado a renunciar ao trono – do que resulta a extensão do poder imperial até o Mar Báltico, e WALLENSTEIN se autonomeia "general do Báltico", em

1281 Johannes BURKHARDT, **Der Dreissigjährige Krieg** (Frankfurt-Main: Suhrkamp, 1992, *Vorbemerkung*, p. 7-8) mostra a evolução do tratamento do conflito, passando da catástrofe da guerra, cuja extensão foi depois questionada e relativizada, e desde então, situada no contexto da história cultural, voltada para o exame da vida diária, acaba por levar a diferenciação estatística em mais justa medida.

1282 Dietmar PIEPER e Johannes SALTZWEDEL (Hg.), **Der Dreissigjährige Krieg** – Europa im Kampf um Glaube und Macht 1618-1648 (Munique: Deutsche Verlags-Anstalt, 2012) reúne contribuições de mais de vinte historiadores, e estes estudos mostram que a destruição foi grande, mas não ocorreu uniformemente, em escala continental. Regiões inteiras foram poupadas e puderam tirar proveito econômico do estado de guerra: como se dá com a cidade de Hamburgo, cuja combinação de espírito mercantil e habilidade diplomática a leva a ocupar lugar preponderante como praça econômica no norte da Europa.

razão do que os suecos, depois de se sentirem diretamente ameaçados, ingressam no conflito, e daí começa;

- terceira fase, foi a guerra sueca – *Schwedische Krieg* –, que começa com o desembarque e a vitória de GUSTAVO ADOLFO da Suécia, em 1630, mas a repentina morte deste obriga as potências protestantes a fazerem com o imperador a chamada Paz de Praga, em 1635, essa paz que pouco durou, pois o poder atribuído ao Imperador pareceu excessivo à França – e sob a égide da política de estado de RICHELIEU – se engaja ao lado dos príncipes protestantes; e assim se passa
- quarta fase, que foi a guerra franco-sueca – *Schwedisch-Französische Krieg*, e que se estende de 1635 a 1648 –, quando os (protestantes) suecos e os (católicos) franceses[1283] se aliam, contra a casa HABSBURGO: foi esta a pior fase da guerra, e na qual consideráveis extensões do Sacro Império Romano Germânico foram devastadas.

Como principais partes combatentes, nessas três décadas, estavam: Áustria, Espanha, França, Holanda e Suécia – e estas não combateram somente em solo alemão. Também foram feitas operações de guerra no norte da Itália – conflito este que, entre 1627 e 1631 se acirra, e acaba por se tornar decisivo, para a definição do futuro papel da Espanha, que praticamente desaparece como potência, na região europeia central.

A Espanha, ademais, já há muito estava em guerra com as Províncias Unidas, lideradas pela Holanda. E fará paz em separado com estas, em janeiro de 1648.

Além disso, a guerra em curso entre a Espanha e a França se prolonga, após 1648, até o tratado de paz dos Pirineus, em 1659.[1284]

1283 Ver **Tratado** (tomo 9 – **Direito internacional no tempo de Samuel Pufendorf**, item – *o teatro europeu segundo RICHELIEU*); papeis do cardeal de RICHELIEU – esse príncipe da igreja católica, que preferiu fazer a França se aliar aos protestantes, do que permitir que os católicos soberanos HABSBURGO do Sacro império pudessem ganhar a guerra. Primorosa edição: Armand Jean du PLESSIS, cardeal de RICHELIEU, **Les papiers de Richelieu** – section politique extérieure / correspondance et papiers d'état (**Empire allemand** tome I (1616-1629), par Adolf WILD, préf. Stephan SKALWEIT, Paris: Pedone, 1982; **Empire allemand** tome II (1630-1635), par Anja Victorine HARTMANN, préfaces Hermann WEBER et Klaus MALETTKE, Paris: Pedone, 1997, **Empire allemand** tome III (1636-1642), par Anja Victorine HARTMANN, préfaces Hermann WEBER et Klaus MALETTKE, Paris: Pedone, 1999; Index des tomes I, II et III **Empire allemand** (1616-1642) par Aurélia BERGER, Paris: Pedone, 2003).

1284 Lucien BÈLY, **La France au XVIIe siècle** (Paris: PUF, 2009, *La paix des Pyrenées*, p. 325-332).

A irreversível decadência da Espanha como potência se espelha no registro que ficou dos sucessivos governantes desta, nessa época. A curva descendente é marcante.

Cabe assinalar como, dentre os cinco reis da dinastia austro-hispânica:[1285] CARLOS V suscita a nossa admiração, FELIPE II a nossa consideração, FELIPE III a nossa indiferença, FELIPE IV a nossa simpatia, e CARLOS II nos dá pena.[1286] Pondere-se que o princípio – "a natureza não aceita vácuo" – aplica-se também à vida política dos povos.[1287]

Desse enorme conjunto da guerra dos trinta anos,

> Contando essas guerras regionais, chegamos a 13 guerras separadas e 10 tratados de paz. Como poderiam saber os contemporâneos, que estes se achavam em meio à guerra 'dos trinta anos'? Para começar, claro, quanto mais duravam as consequências da guerra, mais se tendia a ver todo o período, como único conflito, que ultrapassava as dimensões de todos os enfrentamentos militares daquele tempo, como da Antiguidade. Pois se comparavam com a Antiguidade e também com a história bíblica: 27 anos tinha durado a guerra do Peloponeso, entre Atenas e Esparta; já TUCÍDIDES tinha mostrado, que esta se destacava pelo seu tamanho e pela sua duração. Agora esse número tinha sido ultrapassado.[1288]

Interessa, aqui, sobretudo, outra dimensão do conflito, ao considerarmos a guerra dos trinta anos como "guerra de fundação" dos estados nacionais, e a partir da qual pode ser assinalado o surgimento da Europa moderna dos estados – *die staatliche Geburt des modernen Europa* –, e onde

[1285] Gregorio MARAÑON, **Olivares** – der Niedergang Spaniens als Weltmacht (do original **El Conde-Duque de Olivares – La pasión de mandar**, s/d, übersetzt und eingeleitet von Ludwig PFANDL, München: Hermann Rinn, s/d, *Published under Military Government Information Control License Nr. US-E-161*).

[1286] G. MARAÑON (op. cit., s/d, cap. XIV – *Die königliche Familie*, p. 228-262, cit. p. 228).

[1287] G. MARAÑON (op. cit., s/d, cap. XIV, p. 235).

[1288] H. D. KITTSTEINER (op. cit., 2010, p. 40-42) reporta comparação de humanista da época, que fez paralelo entre as fases da vida e as da Alemanha, na guerra: "o tempo até 1617-18: *Germania florens et vivida* – florescente e viva; de 1618 até 1628: *Germania descrescens et morbida* – decadente e doente; de 1628 até 1638: *Germania emarcescens et squalida* – definhante e destruída; de 1638 até 1648: *Germania agonizans et moribunda* – agonizante e moribunda (*im Todeskampf*) em combate mortal; desde 1648: *Germania renascens et pullulans* – renascida e de novo florescente".

nem os nobres nem os reis desempenharam o papel principal. O que precisa ser entendido com alguma cautela.[1289]

Entende-se também que a paz de Vestfália marcaria também o nascimento da moderna diplomacia europeia.[1290] O que também precisa ser tomado com cautela: porquanto convém marcar o começo da diplomacia moderna, em meados do século XV: após a paz de Lodi, na Itália, em 1454, constata-se o surgimento da prática de manter embaixadores residentes, entre as cidades-estado italianas.[1291]

Em Osnabrück, as tratativas foram feitas entre o Imperador, os nobres e os suecos – porque estes últimos tinham se recusado a qualquer encontro com o representante do papa; em Münster, as tratativas ocorreram entre os HABSBURGOS e a França. Já em agosto de 1645, o imperador tinha convocado todos os Estamentos – *Stände* – que tinham direito de voto, a comparecerem a uma Assembleia geral imperial – *Reichstag*. Aos quais se somaram os representantes diplomáticos da Suécia, da França, da Dinamarca, da Espanha e dos Países Baixos.

Os tratados de paz – assinados simultaneamente em Münster, em 24 de outubro de 1648 – somente se tornaram possíveis porque o imperador tinha se empenhado nisso, não somente junto aos nobres, como também junto aos governos da Suécia, França e Espanha. Personalidades tão marcantes e tão díspares, como o chanceler sueco OXENSTIERNA, o cardeal RICHELIEU pela França, o conde-duque de OLIVARES pela Espanha,[1292]

[1289] Como se enfatizou no item – *além do paradigma vestfaliano*. Ver também: Jean-Pierre BOIS, **La paix** – histoire politique et militaire 1435-1878 (Paris: Perrin – histoire, 2012); Simone GOYARD-FABRE, **La construction de la paix** – ou le travail de Sisyphe (Paris: Vrin, 1994); Hans von HENTIG, **Der Friedensschluss** – Geist und Technik einer verlorenen Kunst (Munique: dtv – Deutscher Taschenbuch Verlag, 1965).

[1290] H. D. KITTSTEINER (op. cit., 2010, p. 98-99): "Der Westfälische Friede ist zugleich die Geburtstunde der modernen europäischen Diplomatie"; por sua vez, Lucien BÉLY situa o nascimento da diplomacia moderna no século XVI, cf. Lucien BÉLY, **L'art de la paix en Europe** – naissance de la diplomatie moderne XVIe – XVIIIe siècle (Paris: PUF, 2023); ___. **Les relations internationales de l'Europe** – XVIIe – XVIIIe siècles (orig. publ. 1992, Paris: PUF, 4e éd., 2013)

[1291] Nesse sentido, ver G. E. do NASCIMENTO E SILVA, P. B. CASELLA, O. BITTENCOURT Neto, **Direito internacional diplomático** – Convenção de Viena sobre relações diplomáticas na teoria e na prática (São Paulo: Saraiva, 4ª ed., 2012, esp. itens – *Surgimento e desenvolvimento da diplomacia tradicional* e *Embaixadores residentes, a partir do século XV, na Itália*).

[1292] A personalidade e a atuação de Don Gaspar de Guzmán y Pimentel, Rivera y Velasco y de Tovar, conde e duque de OLIVARES, são descritas por Gregorio MARAÑON, **Olivares** – der

se tinham igualmente engajado em compensação pragmática, com manutenção dos respectivos interesses.

Sobretudo o cardeal de RICHELIEU, durante décadas apontado, pela historiografia de língua alemã, como inescrupuloso e maquiavelicamente antialemão,[1293] tem de ser reconhecido como tendo trabalhado para desenvolver os fundamentos de estrutura de paz moderna, de viés secularizado, estrutura que pudesse finalmente conduzir a Europa para novo modelo, capaz de superar a crise fratricida das guerras de religião. Curiosamente, coube a um príncipe da igreja, primeiro ministro da França católica, aliar-se aos protestantes, para solapar as bases do poder supranacional da igreja católica e do – predominantemente católico – 'Sacro império romano da nação alemã', *Heiliges Römisches Reich deutscher Nation.*

As guerras de religião – entre confissões cristãs, na Europa ocidental – duraram mais de um século, com incontáveis danos, causados a todas as potências envolvidas. Perigosa combinação de enfrentamento entre grandes potências, exacerbada pelas lutas entre as confissões religiosas, em busca de legitimação. Essa conjugação de forças levou a quadro desastroso, de guerras assassinas, sem perspectiva de solução.

Niedergang Spaniens als Weltmacht (do original **El Conde-Duque de Olivares** – La pasión de mandar, s/d, übersetzt und eingeleitet von Ludwig PFANDL, München: Hermann Rinn, s/d, mas *„Published under Military Government Information Control License Nr. US-E-161"*, o que situa a publicação na segunda metade da década de 1940, na Alemanha militarmente ocupada, cit. parte I, cap. I, p. 57-73) foi durante mais de vinte anos o senhor absoluto do imenso império espanhol, até que, finalmente, o início da derrocada deste mundo tenha também acarretado a sua queda. Já o avô, Don Pedro, primeiro conde de OLIVARES, tinha lutado ao lado do imperador CARLOS V, e se destacado nas lutas em defesa do Império espanhol, na Itália, em Tunis, na Alemanha e em Flandres, tinha sido, várias vezes, ferido e aprisionado, recompensado e condecorado. O pai, Enrique tinha feito carreira na administração civil, sido embaixador da Espanha no Vaticano durante dez anos – vendo passar os pontificados de GREGÓRIO XIII, SIXTO V e GREGÓRIO XIV – depois nomeado vice-rei da Espanha, em Nápoles, e na Sicília.

1293 FREDERICO II da Prússia (1712-1786), **L'antimachiavel** – ou examen du Prince de Machiavel (1740, originalmente publicado na Haia: Van Duren, 1741, ed. crítica de Ch. FLEISCHAUER, Genebra, 1958; seguido de **Réfutation du prince de Machiavel**, 1848; edição revista por Jean-Robert ARMOGATHE e Dominique BOUREL, in FRÉDÉRIC II, **Oeuvres philosophiques**, 1740-1780, Paris: Fayard – Corpus des oeuvres de philosophie en langue française, 1985); e ver tb. o injustamente esquecido ensaio de Egon FRIEDELL, **Kulturgeschichte der Neuzeit** – Die Krisis der Europäischen Seele von der Schwarzen Pest bis zum Erster Weltkrieg (originalmente publicado 1927-1931, Munique: C. H. Beck, "Um ein Nachwort ergänzte Sonderausgabe", 2007).

Dessas tratativas, resultam efeitos que marcam o futuro da história do continente:

- os suecos constatam ter perdido a sua breve fase como potência europeia, mas conseguem algumas compensações territoriais, com bases no Mar Báltico e no Mar do Norte;
- os franceses estiveram empenhados em quebrar qualquer possível continuidade entre os territórios austríacos e espanhóis sob comando dos HABSBURGO: por pressão de Paris, estes se veem alijados da região de Flandres, o que obriga a Áustria a abandonar as suas bases na região norte do Reno – que até então tinham assegurado os fluxos de comércio e de comunicação entre os territórios até então controlados pelos espanhóis no norte da Itália e nos Países Baixos – a entregar parte da Alsácia, embora os austríacos tenham conservado Breisgau;[1294]
- os espanhóis, alarmados com o rumo da guerra, em janeiro de 1648, assinam tratado de paz, em separado, com as Províncias Unidas, de modo a neutralizar ao menos esse oponente: a Holanda recebeu a sua independência, e se retirou do Império; com isso, mais as perdas territoriais, resultantes do final da guerra geral, a Espanha, como potência, no centro da Europa, estava acabada,[1295] e daí em diante se

[1294] Béatrice NICOLLIER, **Le Saint Empire romain germanique (1495-1648)** (Paris: Ellipses, 2012); Francis RAPP, **Le Saint Empire romain germanique**: d'Otton le grand à Charles Quint (Paris: Tallandier, 2000, impr. 2003); Peter WILSON, **The Holy Roman Empire** – a thousand years of Europe's History (orig. publ. 2016, Londres: Penguin, 2017).

[1295] Dentre outros, o já mencionado estudo de Gregorio MARAÑON, **Olivares** – der Niedergang Spaniens als Weltmacht (do original **El Conde-Duque de Olivares** – La pasión de mandar, s/d, übersetzt und eingeleitet von Ludwig PFANDL, München: Hermann Rinn, s/d, *Published under Military Government Information Control License Nr. US-E-161*) enfatiza o enorme papel desempenhado pelo então homem forte do reino, ante um rei fraco e omisso, como o conde de LERMA em relação a FELIPE III, figura menor em relação ao seu avô CARLOS V e seu pai, FELIPE II, e isso teve variadas e graves consequências não somente para a Espanha, mas para a Europa em geral. De FELIPE II para FELIPE III houve mudança de época histórica. E desta caricatura de reis, que foram FELIPE III, e depois também FELIPE IV, este tendo como homem forte do reino, a seu tempo, o conde-duque de OLIVARES, e a seguir, até a morte de CARLOS II, a Espanha se vê mergulhada em profunda névoa de bruxaria, feitiçaria, pseudorrevelações e outros enganos, cujo mais forte opositor se põe justamente na poderosa Inquisição, antes voltada para o combate contra maometanos, judeus e hereges, que passa a ter de lutar também contra as superstições. A Espanha, até o Iluminismo do século XVIII, e

limitava aos seus territórios na península Ibérica; e também tinham se distanciado as duas linhas da família HABSBURGO, reinantes na Áustria e na Espanha.

No grande jogo da política externa, ficaram colocadas premissas norteadoras da fase seguinte, sem alterações de grande monta, em termos de mudanças territoriais: tais como as satisfações territoriais para a Suécia, e também a entrega do sul da Alsácia para a França. Ou diferentes compensações, a outras potências menores: por exemplo, o Brandemburgo anexou a Pomerânia ocidental, em relação à qual a casa reinante dos HOHENZOLLERN tinha formulado pretensões sucessórias.[1296]

Na conclusão dos tratados da paz de Vestfália, importava sobretudo fortalecer e determinar, mais claramente, a condição dos nobres, em relação ao que fora antes tentado, na altura da paz religiosa de Augsburgo, em 1555. Depois das violentas oscilações das respectivas posições de poder, entre as facções em conflito, nas guerras de religião, importava estabelecer sistema, que pudesse doravante permitir a convivência organizada, entre católicos e protestantes.[1297]

o liberalismo do século XIX, parece seguir a figura do seu rei, para o bem e para o mal: não somente os bons como também os maus exemplos e modelos são copiados, a partir de cima, e acabam por se refletir na sociedade.

1296 As pretensões territoriais do futuro reino da Prússia sobre partes da Polônia já tinham alguns séculos de história, remontando aos cavaleiros teutônicos e pioneiros que avançam em território pagão, no século XIII, conseguem alguns avanços, nos séculos seguintes. Nessa altura do século XVII, ocorre a anexação da Pomerânia ocidental pelo Brandemburgo. Territórios poloneses voltarão a ser parte da agenda internacional, no século XVIII, com os sucessivos fracionamentos e absorção da Polônia pelos vizinhos – Prússia, Rússia e o Império austro-húngaro, e isso prossegue até a primeira guerra mundial. A Polônia reconstituída e independente, de 1920 a 1939, foi vítima de dupla invasão, a partir do oeste, pelas tropas do III Reich de HITLER, que desencadeia a segunda guerra mundial, mas também, do leste a União Soviética de STALIN ocupa a metade oriental da Polônia, nos termos do Pacto germano-soviético de 23-24 de agosto de 1939. A Alemanha nazista invade a Polônia, em 17 de setembro de 1939 e é estabelecida a linha de demarcação entre as zonas de ocupação alemã e soviética do território polonês, em 28 de setembro de 1939. A respeito, Jerzy LUKOWSKI e Hubert ZAWADZKI, **Histoire de la Pologne** (orig. publ. **A concise History of Poland,** 2001 e 2006, trad. Eric CHÉDAILLE, Paris: Perrin, 2010, seconde partie, chap. 6 – *une indépendance retrouvée et perdue, 1914-1945,* p. 244-303 e 381).

1297 Christoph SEIDLER, *Westfälisches Vexierbild* (in **Der Dreissigjährige Krieg** – Europa im Kampf um Glaube und Macht 1618-1648, hrsg. von Dietmar PIEPER e Johannes SALTZWEDEL, Munique: Deutsche Verlags-Anstalt, 2012, p. 251-258) relativiza o impacto

A paz de Vestfália foi marco relevante na remodelação do sistema político da Europa. Mas não se pode nem deve fazer de 1648 um 'mito'. Essa mitificação de 1648, como marco fundador do sistema internacional mais cria problemas do que os resolve.[1298]

A inserção da paz de 1648 é parte de conjunto histórico mais amplo. Os conceitos chave, para a definição desse esforço de ordenação de sistema internacional, em 1648, foram dois: estabilidade e modernidade. Os dois conceitos mostraram seus efeitos, ao longo das décadas seguintes:

> A paz de Vestfália, em 1648, significou, com a paz de Oliva, em 1660, e a paz dos Pirineus, em 1659, a ascensão da França e a queda da Espanha como potências europeias. E também mudança de fase, na história da Europa, e na história da Alemanha.[1299]

Desses sucessivos tratados de paz – Vestfália, 1648; paz dos Pirineus, 1659 e paz de Oliva, 1660 – surgem elementos para um novo sistema internacional organizado.[1300] Também suscitam reflexões sobre o papel destes instrumentos, no tocante à formação do sistema da época: "a construção da paz permanece uma questão infinita".[1301]

A reconstrução da ordem europeia é matéria interessante de estudo, como tudo o que diz respeito à aplicação dos tratados. Parte da derrocada

da paz de Vestfália, como formulação do marco fundador do moderno sistema interestatal moderno.

1298 Como considerado neste tomo, item – *além do paradigma vestfaliano.* Ver tb. Benno TESCHKE, **The myth of 1648** – Class, geopolitics and the making of modern international relations (orig. publ. 2003, Londres: Verso, 2009).

1299 H. D. KITTSTEINER (op. cit., 2010, p. 100).

1300 Ver, neste tomo, o item – *ensaio de balanço do direito internacional no século XVII.*

1301 Especificamente a respeito da 'paz de Vestfália' (1648), da 'paz dos Pirineus' (1659) e da 'paz de Oliva' (1660) ver, neste tomo – *algumas coletâneas de atos internacionais*; Lucien BÉLY, **La France au XVIIe siècle** – puissance de l'état, contrôle de la société (Paris: PUF, 2009); ___, **Les relations internationales de l'Europe** – XVIIe – XVIIIe siècles (orig. publ. 1992, Paris: PUF, 4e éd., 2013); ___, **L'art de la paix en Europe** – naissance de la diplomatie moderne XVIe – XVIIIe siècle (Paris: PUF, 2023, 2e partie, chap. 12 – *la paix, dynamique de l'Europe moderne: l'exemple de Westphalie,* p. 239-258, cit. p. 258): "La mise en place de la paix reste une question infinie, car si l'avant-Westphalie et le congrès lui-même sont de mieux en mieux connus, la reconstruction de l'ordre européen est un terrain intéressant d'étude, comme tout ce qui touche à l'application des traités."

da Espanha, como potência dominante, e da ascensão da França, para ocupar esse papel.[1302]

Para a França, a 'paz dos Pirineus', em 7 de novembro de 1659 não somente assinala o fim da guerra com a Espanha, como o início de nova fase, no processo de reformulação do sistema de equilíbrio de poder na Europa da época:[1303] decadência espanhola, e ascensão francesa, em relação ao conjunto da Europa ocidental.[1304]

Esboçam-se as premissas e as bases operacionais de 'sistema de equilíbrio de poder',[1305]

> Intelectualmente, o conceito de equilíbrio de poder refletia as convicções dos maiores pensadores políticos do Iluminismo. Na opinião deles, o universo, incluindo a esfera política, operava segundo princípios racionais, que se equilibravam uns aos outros. Atos aparentemente resultantes do acaso, praticados por homens razoáveis, tenderiam, na sua totalidade, para o bem comum, embora a comprovação de tal proposição fosse dificilmente aplicável no século de conflitos praticamente constantes que se seguiu à guerra dos trinta anos.[1306]

O dado fundamental a ser assinalado, em relação à construção de sistemas coesos, apesar dos reparos já formulados a respeito da 'paz de

1302 Na passagem do anterior sistema de direito internacional da era espanhola – *Ius inter gentes: Die Völkerrechtsordnung des spanischen Zeitalters (1494-1648)* – rumo ao sistema de direito internacional da era francesa – *Droit public de l'Europe: Die Völkerrechtsordnung des französischen Zeitalters (1648-1815)*, como os denominou Wilhelm GREWE, no seu **Epochen der Völkerrechtsgeschichte** (Baden-Baden: Nomos, 1984, parte II, p. 163-322 e parte III, p. 323-498); b/c Jacques DROZ, **Histoire diplomatique de 1648 à 1919** (Paris: Dalloz, 3ª ed., 1972, esp. première partie – *La préponderance française (1648-1715)*, p. 3-63).

1303 Ver tb., adiante, o item – *literatura sobre o equilíbrio da Europa.*

1304 A respeito do **tratado de paz dos Pirineus**, assinado em 7 de novembro de 1659, observa Lucien BÉLY, **La France au XVIIe siècle** – puissance de l'état, contrôle de la société (Paris: PUF, 2009, p. 325-331): "MAZARIN assure aussi une plus grande sécurité du territoire, par les possessions d'Alsace, le contrôle de la Lorraine, l'éloignement de la frontière au nord, la ligne des Pyrénées sur toute leur longueur. Il offre enfin la sécurité de l'avenir, parce qu'il laisse une carte diplomatique essentielle à la maison de BOURBON: des prétentions à la couronne d'Espagne."

1305 Ver tb., neste tomo, *literatura sobre o sistema de equilíbrio da Europa.*

1306 Henry KISSINGER, **Diplomacy** (New York: Simon & Schuster, 1994, chap. one – *the new world order*, p. 17-28, cit. p. 21).

Vestfália', de 1648, como marco ordenador de sistema jurídica e politicamente organizado, de caráter intrinsecamente internacional:[1307]

> A Paz de Vestfália foi um tratado de paz entre as grandes potências europeias – garantido pela França e a Suécia – mas também a paz entre as confissões religiosas no Império – *Reichsreligionsfrieden*. [...]
> A Paz de Vestfália não foi somente acordo de direito internacional, entre as potências contratantes, mas também lei de fundação do Império – *Reichsgründungsgesetz* –, que como tal consolidou os vínculos entre os estamentos imperiais – *Reichsstände* –, e limitou os poderes de ingerência do imperador sobre os outros poderes. Assim, os estamentos imperiais se tornaram sujeitos de direito internacional público, no contexto do sistema europeu de equilíbrio entre as potências – mas inversamente levou a permanentes possibilidades de intervenção, por parte de outras potências, em relação às questões internas do Império.[1308]

No centro da Europa, o império como confederação de estados, mantinha a autoridade monárquica, como poder supremo.[1309] Esta não se coadunava com os modelos de estados, como os tinha definido ARISTÓTELES.

O Império foi chamado por Samuel PUFENDORF de *monstro simile* –[1310] o que não quer dizer literalmente '*monstro*', mas reflete a natureza híbrida, a forma mesclada, a combinação de diferentes modelos constitucionais, como ocorria no seio do Sacro Império romano germânico, ou mais precisamente, do 'Sacro império romano da nação alemã' – *Heiliges Römisches Reich deutscher Nation* – menos corrente, mas a tradução mais precisa da

[1307] Como exposto no item – *além do paradigma vestfaliano.*

[1308] Justifica mais esta remissão à obra instigante, infelizmente deixada inacabada pela morte do autor H. D. KITTSTEINER (1942-2008) (op. cit., 2010, p. 101): "Damit wurden die Reichsstände zu Völkerrechtssubjekten im Rahmen des europäischen Mächtesystems, was umgekehrt einer permanenter Interventionsmöglichkeit anderer Großmächte in die inneren Angelegenheiten des Reiches gleichkam".

[1309] Ver **Tratado** (tomo 11 – **Direito internacional no tempo do iluminismo**, item – *império, estado moderno e ascensão do absolutismo*).

[1310] Ver **Tratado** (tomo 9 – **Direito internacional no tempo de Samuel Pufendorf**, cap. 20 sobre Samuel PUFENDORF, item 20.1 – *crítica da concepção de PUFENDORF* e item 20.2 – *PUFENDORF como historiador*' e ainda, tomo 11 – **Direito internacional no tempo do iluminismo**, item – *império, estado moderno e ascensão do absolutismo*).

expressão em alemão. Pois é assim que convém traduzir a expressão alemã, e não como 'Sacro Império romano germânico'.

Nesse sentido, quando o grande jurista Samuel PUFENDORF escreve, após os tratados de Vestfália, que o Império – *Reich* – era, aos olhos da lógica aristotélica, *semelhante a um monstro*, havia motivos para a existência do modelo adotado, e havia também dinâmica política, que visava proteger contra o absolutismo: "tratava-se, de fato, de entidade de gênero absolutamente particular, mas que possuía uma profunda lógica histórica, face à ideologia do absolutismo que triunfava, na maioria dos estados europeus, mesmo que fosse sob a forma nobre do despotismo esclarecido":[1311]

> O 'Sacro Império romano da nação alemã' mantinha, em certa medida, a unidade política e jurídica da nação e assegurava também, ao menos parcialmente, a defesa dos súditos contra os seus senhores e dos pequenos estamentos – *Stände* – contra os grandes. Não havia assim, na Alemanha, naquela época, somente a consciência negativa do império – *negatives Reichsbewusstsein* –, mas em muitos meios, também um verdadeiro patriotismo imperial – *Reichspatriotismus* –, que desejava reforçar os poderes do Império, sem sacrificar completamente os particularismos nascidos da história.[1312]

A mesma expressão de "patriotismo imperial" e explicação do fenômeno intrinsecamente internacional, que representou a experiência impe-

[1311] Joseph ROVAN, **Gechichte der Deutschen**: Von ihren Ursprüngen bis heute (trad. do francês por Enrico HEINEMANN, Rainer PFLAIDERER e Reinhard TIFERT, Munique: DTV, 1998, 3a. ed., 2001) e J. ROVAN, **Histoire de l'Allemagne**: des origines à nos jours (© 1994, Paris: Seuil, , "édition revue et augmentée par l'auteur", 1999).

[1312] J. ROVAN (op. cit., ed. 1999, p. 381): "Le grand juriste Samuel PUFENDORF avait pu écrire au lendemain des traités de Westphalie que le Reich était au regard de la logique aristotélicienne '*pareil à un monstre*'. C'était en effet une entité d'un genre absolumment particulier mais qui possédait une profonde logique historique, face à l'idéologie de l'absolutisme qui triomphait dans la plupart des états européens, fût-ce sous la forme noble du despotisme éclairé: le 'Sacré Empire romain de la nation allemande' (car c'est ainsi qu'il convient de traduire l'expression allemande, et non pas 'Saint-Empire romain germanique') maintenait dans une certaine mesure l'unité politique et juridique de la nation et assurait aussi, au moins partiellement, la défense des sujets contre leurs seigneurs et des petits *Stände* contre les grands. Il n'y avait donc pas alors en Allemagne, qu'un *negatives Reichsbewusstsein* (une conscience négative d'empire), mais dans certains milieus, un véritable *Reichspatriotismus*, qui souhaitait renforcer les pouvoirs du Reich sans lui immoler complètement les particularismes nés de l'histoire."

rial pós-vestfaliana, são também dados relevantes: "não se deve crer que o Império fosse, aos olhos dos contemporâneos, uma expressão destituída de sentido".[1313]

Desenvolveu-se um patriotismo imperial do qual LEIBNIZ foi o mais ilustre representante, e as novas instituições parecem garantidoras da segurança coletiva, para o conjunto dos alemães, e emanam de direito federativo, que excluía a arbitrariedade e a violência.[1314]

Advertia LEIBNIZ, nas suas **Reflexões**, de 1670, sobre o que chamava de 'segurança pública interna e externa',[1315] do conjunto da Europa: "quem levanta o olhar, e considera um pouco acima das atuais circunstâncias da Europa, concordará comigo que essa aliança é uma das coisas mais úteis, que já possam ter sido tentadas para o bem de toda a cristandade".[1316]

A experiência multissecular do Sacro império romano germânico foi e é relevante. Merece ser conhecida e compreendida: não é somente excrescência histórica,[1317] no período de 1648 até 1806, mas foi espaço de experimentação de fórmulas políticas.[1318] Estas, ademais, contribuem para entender

[1313] Jacques DROZ, **Histoire diplomatique de 1648 à 1919** (Paris: Dalloz, 3ª ed., 1972).

[1314] J. DROZ (op. cit., 1972, p. 9); ver **Tratado** (tomo 10 – **Direito internacional no tempo de C. van Bynkershoek e Christian Wolff**, item 22.1 – *direito segundo LEIBNIZ*).

[1315] Gottfried Wilhelm LEIBNIZ, *Bedenken, welchergestalt* Securitas publica interna et externa et status praesens *im Reich jetzigen Umständen nach auf festen Fuss zu stellen* (1670, **Bedenken**, I,86, reproduzido em **Die Idee Europa 1300-1946** – Quellen zur Geschichte der politischen Einigung, Hg. von Rolf H. FOERSTER, Munique: DTV, 1963, p. 73 ss.), ver **Tratado** (tomo 10 – **Direito internacional no tempo de C. van Bynkershoek e Christian Wolff**, item 22.1 – *direito segundo LEIBNIZ*), bem como, anos antes, P. B. CASELLA, **União europeia** – instituições e ordenamento jurídico (São Paulo: LTr, 2002, item 1.2 – *Projetos e experiências de união europeia: antecedentes históricos*, p. 54-71).

[1316] G. W. LEIBNIZ, **Bedenken** (1670, cit. I,86): 'Gewisslich, wer sein Gemüt etwas hoher schwinget und gleichsam mit einem Blick den Zustand von Europa durchgehet wird mir Beifall geben, dass diese Allianz eines von den nützlichsten Vorhaben sei, so jemals zu allgemeinen Besten der Christenheit im Werk gewesen'.

[1317] Nesse sentido, ver **Tratado** (tomo 11 – **Direito internacional no tempo do iluminismo**, item – *império, estado moderno e ascensão do absolutismo*); Fred E. SCHRADER, **L'Allemagne avant l'État-nation: le 'corps germanique' (1648-1806)** (Paris: PUF, 1998, cit. p. 77) descreve o fenômeno como "construire des moyens d'adaptation aux besoins de la modernité avec des éléments anciens"; ver tb. Béatrice NICOLLIER, **Le saint empire romain germanique** (Paris: Ellipses, 2012); Peter WILSON, **The Holy Roman Empire** – a thousand years of Europe's history (orig. publ. 2016, Londres: Penguin, 2017).

[1318] Ver **Tratado** (tomo 5 – **Direito internacional no tempo de Francisco de Vitória**, título I – *multipolarização da Europa na era moderna e advento do direito internacional como sistema*); E.

e explicar, não somente as experiências subsequentes,[1319] do federalismo alemão, como também do modelo, adotado para a integração europeia:

> Essa consciência de unidade nacional, forte e múltipla, aliada a certo desprezo, em relação aos pequenos príncipes, imbuídos de sua própria importância, se exprime no pensamento alemão, do Barroco ao Iluminismo – *Aufklärung* –, de LEIBNIZ a LESSING, a HERDER e SCHILLER. Depois do longo triunfo dos nacionalismos simplificadores, a Alemanha reunificada no final do século XX, teria algumas razões para se lembrar, com nova compreensão, desse 'monstro' flexível, realista e pluralista, que foi o seu antigo Império, esse Império que não era um estado, mas, de alguma forma, uma espécie de casa de todos. De qualquer forma, apesar das guerras interiores e exteriores, é no Império dos séculos XVI, XVII e XVIII, que se criou e se desenvolveu a tradição do federalismo, de uma divisão de competências estatais entre diversos níveis, que é o verdadeiro coração da ordem forjada na República Federal da Alemanha, a partir de 1948, e à qual a antiga República Democrática Alemã reuniu-se, em 1990 – e esse federalismo, a conjugação da unidade e da diversidade – é também a lei fundamental da construção europeia. A Alemanha é o único grande país europeu, que traz a essa construção uma experiência federalista tão antiga, e vivida durante tanto tempo, sob grande número de formas e de regimes – com a única exceção do centralismo totalitário da era hitlerista.[1320]

Esse mesmo Império se conservou durante séculos, até a sua extinção formal em 1806. Alguns elementos sobrevivem a 1871, e se prolongam até o final da primeira guerra mundial, em 1918.[1321]

SIMMS, **Europe – the struggle for supremacy, 1453 to the present** (Londres: Allen Lane, 2013); M. MITTERAUER, **Warum Europa?** – Mittelalterliche Grundlage eines Sonderwegs (orig. publ. 2003, Munique: Beck, 5ª ed., 2009); P. B. CASELLA, **União europeia** – instituições e ordenamento jurídico (São Paulo: LTr, 2002); e o tb. já citado Jeremy BLACK, **The rise of the European Powers 1678-1793** (London: Edward Arnold, 1990), apesar de semelhanças com quadros subsequentes, mencionava a inexistência de qualquer monopolização de poderes soberanos por estados coerentes com fronteiras definidas: "absence of any monopolization of sovereign powers by coherent states with clear frontiers".

1319 Ver P. B. CASELLA, *Perspectivas da integração europeia – entre mito e operacionalidade?* (Revista FDUSP, 2014, vol. 109, p. 25-74).

1320 J. ROVAN (op. cit., ed. 1999, p. 382).

1321 Como se examina no **Tratado** (tomos 11 – **Direito internacional no tempo do iluminismo** e 13 – **Direito internacional no tempo do concerto europeu**). Não se deve esquecer que

Na esteira do acordo de paz religiosa de Augsburgo, de 1555, com a paz de Vestfália, em 1648, doravante a diversidade religiosa estava assegurada, por instrumentos de direito internacional, e se apaziguaram, aos poucos, as confrontações confessionais.[1322] O estado normal da convivência, entre os poderes componentes do Império, passou a ser a paz e não mais a guerra.[1323] Mesmo se muitas outras guerras continuem a ser travadas em torno dele.

Aí está dado inovador do sistema, inaugurado com a paz de Vestfália. E com os desdobramentos que teve desde então: a paz de 1648 fecha o ciclo das guerras de religião, ou mais precisamente, das confrontações entre potências europeias, exacerbadas pelas divisões confessionais, entre cristãos europeus.

Várias outras tentativas de pacificação são feitas após sucessivas guerras na Europa, como a paz dos Pirineus, em 1659, a paz de Oliva, em 1660, a paz franco-espanhola de Aquisgrana, em 1668, a paz de Nijmegen, de 1679, a paz de Ryswick, em 1697, a paz da Haia, em 1698, renovada em 1700, a paz de Carlowitz, em 1699, a paz de Utrecht, em 1713 e sua complementação, a paz de Rastatt, em 1714, a paz de Nystadt, em 1721, a paz de Belgrado, em 1739, a paz de Aquisgrana, em 1748, a paz de Paris, de 1763, que põe fim à guerra dos sete anos, e tantas outras. Sem falar de tantos outros tratados e alianças, que configuram o direito e o sistema internacional da época. A lista dos tratados de paz, desse período, pode ser bastante extensa.[1324]

Ocorre, no tempo 'clássico', mudança conceitual, que pode ser assinalada a partir desse marco da história europeia. Por exemplo, a paz de Utrecht, em 1713, foi o resultado de negociação secular, entre posições de poder no comércio mundial, exercitadas por estados territoriais modernos.

certos elementos medievais desse complexo conjunto sobrevivem ao advento do Império alemão, em 1871 – pois fez parte do 'acordo' entre a Prússia e as dinastias dos antigos reinos, que estes conservariam as suas coroas e seus privilégios, embora daí em diante destituídos de qualquer efetivo poder político. E esses direitos históricos se conservaram até o final do Império e da primeira guerra mundial. Assim, o legado 'medieval' das estruturas políticas alemãs somente se encerra com o golpe de estado, do qual resulta a criação da República de Weimar.

1322 Ver também o item – *além do paradigma vestfaliano.*

1323 H. D. KITTSTEINER (op. cit., 2010, p. 102): "Der Westfälische Friede beendete das europäische Chaos, das auch aus der lange Zeit friedensunfähigen und friedensunwilligen Überlagerung von Konfessionen und Politik hervorgegangen war".

1324 Ver, neste tomo, item – *algumas coletâneas de atos internacionais,* b/c **Tratado** (tomo 12 – **Direito internacional no tempo do iluminismo,** item – *ensaio de balanço do direito internacional no século XVIII*).

Vê-se o início de nova constelação europeia, apesar das constantes mutações das alianças, entre os seguintes poderes: Inglaterra, França, a casa HABSBURGO como detentora do título imperial, e a Rússia. Na segunda linha, passam a operar a Espanha, a Holanda e a Suécia. Na rota de ascensão, ao longo do século XVIII, se inscreve a Prússia, como novata, que se insere progressivamente no sistema de equilíbrio de poder no continente.[1325]

> Pouco convincente como pareça a tese, que individualiza nos referidos tratados – Münster e Osnabrück –, as origens da sociedade internacional e do direito internacional, está fora de dúvida que o Congresso de Vestfália constituiu uma das manifestações mais significativas, da nova estrutura social, estabelecida na Europa, e antecipou, com a técnica dos grandes congressos diplomáticos, nesse inaugurada, as linhas da evolução posterior, dessa sociedade e do seu direito.[1326]

Contudo, o mesmo GIULIANO, em essência, manifesta a sua concordância com essa corrente: "prescindindo de diferenças menores, parte substancial da doutrina internacionalista concorda em reportar as origens da sociedade internacional ao período":

> É verdade que o ângulo visual, a partir do qual os diversos estudiosos consideram o problema, se concentra, sobretudo, nas origens do 'direito', mais do que da 'sociedade' internacional. Mas as implicações das soluções assim acolhidas se refletem, de modo transparente, também sobre as origens da sociedade internacional.[1327]

1325 Ver, adiante, neste tomo, item – *literatura sobre o equilíbrio da Europa*, bem como os desenvolvimentos ulteriores, examinados no **Tratado** (tomos 11 – **Direito internacional no tempo do iluminismo** e 13 – **Direito internacional no tempo do concerto europeu**).

1326 Mario GIULIANO, *La 'Respublica Christiana' medioevale e le pretese origini della società e del diritto internazionale* (in **Multitudo legum, ius unum**: Mélanges en l'honneur de / Essays in honour of / Festschrift für Wilhelm Wengler zu seinem 65. Geburtstag, herausgegeben von Josef TITEL et al., Berlin: Interrecht, 1973, Band I – Allgemeine Rechtslehre und Völkerrecht, p. 155-163).

1327 M. GIULIANO (texto cit., 1973, p. 159): "Prescindendo da differenze di minor momento, una non trascurabile parte della dottrina internazionalistica concorda nel riportare le origini della società internazionale al período storico di cui si è detto. È vero che l'angolo visuale sotto il quale i diversi studiosi considerano il problema si incentra prevalentemente sulle

Furiosa, porém não surpreendente, foi a reação da hierarquia católica contra os dois tratados, que selam a paz de Vestfália, em 1648. Tanto mais que a Igreja – apesar de ter participado das negociações de paz – não era parte contratante destes. Estes consolidavam a expropriação de antigos bens eclesiásticos, nos territórios passados ao controle protestante. E deixavam patente que a igreja não mais representava eixo de poder para o conjunto da Europa.

Depois de três protestos do núncio em Colônia, Fabio CHIGI, no curso dos anos 1648 e 1649, o breve foi publicado pela Cúria pontifícia em 1649.

O protesto do papa INOCÊNCIO X foi expresso no 'breve' **Zelo domus Dei**, de 26 de novembro de 1648, manifestando-se solenemente contra os dispositivos político religiosos dos instrumentos da paz de Vestfália, na qual declarava:

> juridicamente nulas, inválidas, sem força ou efeito algum, todas as estipulações pactuadas, em prejuízo, direto ou indireto, da Sede apostólica, das igrejas inferiores, das ordens e estado eclesiástico, e das respectivas autoridades, jurisdições, imunidades, liberdades, privilégios e prerrogativas, desvinculando as pessoas, às quais incumbia respeitar tais obrigações, e acrescentando que nenhum título legal poderia jamais decorrer de referidas estipulações![1328]

origini del 'diritto' anzi che della 'società' internazionale. Ma le implicazioni delle soluzioni così accolte si riflettono in modo trasparente anche sulle origini della società internazionale."

[1328] INOCÊNCIO X, nascido Giambattista PAMPHILI (1574-1655), foi papa de 15 de setembro de 1644 até a data da sua morte, em 7 de janeiro de 1655, **Zelo domus Dei**, Bulla Pontificia adversus instrumentum Pacis Westphalicae (26 Nov. 1648) ... S. D. N. D. Innocentii Divina Providentia Papae. Ver edição crítica do texto por Michael F. FELDKAMP, *Das Breve 'Zelo Domus Dei' vom 26. November 1648* (in Archivium Historiae Pontificiae, 1993, vol. 31, p. 293-305, publ. GBP – Gregorian Biblical Press, https://www.jstor.org/stable/23564987) e este observa "a redação original conservada nos arquivos do Vaticano menciona tratar-se de *duplicatum*. Esse texto foi a base para a presente edição. O aparato crítico textual aponta variantes encontradas no registro, em edições contemporâneas e em outras publicações, que manifestam claramente as deficiências da base textual a partir da qual o documento foi discutido, desde o século XVII". Quanto à oscilação da denominação entre *breve* e *bulla*, observa o autor (cit., 1993, p. 293, nota 1): "Nach den Kriterion der modernen Urkundenlehre handelt es sich bei dem päpstilichen Protest **Zelo domus Dei** eindeutig um ein Breve. Doch schon Zeitgenossen haben dieses sehr feierlich formulierte Breve als Bulle bezeichnet. [...] Neue Untersuchungen haben gezeigt, dass noch bis in die zweite Hälfte des 17. Jahrhunderts der Terminus *Bulle* eine viel umfassendere Anwendung gefunden hat, als von der Urkundenlehre seit dem ausgehenden 17. Jahrhundert gelehrt wird".

Em que pesem os percalços, decorrentes das alterações administrativas de competência e de atuação de certos bispados e abadias, ressentidos como influência indevida do braço secular, sobre as questões da igreja, o pontífice romano, ao fazer essa condenação do instrumento, que punha termo a trinta anos de guerra, parecia não se dar conta que depois de três décadas de matança generalizada, em escala nunca antes experimentada na Europa, havia, antes e acima de tudo, a necessidade de solução do conflito, e a tentativa de reconstrução de patamar de convivência organizada, como peça fundamental para a sobrevivência da Europa. E apesar de tudo, negava a validade e condenava a obrigatoriedade do cumprimento dessas estipulações, com respaldo na autoridade papal!

Ensaios de justificação dessa atitude foram formulados, apontando:[1329]

> Quando a Paz de Vestfália, sob a rubrica de mediatização ou de secularização, realizou a supressão de certo número de bispados e de abadias católicas, e quando esta pretendeu, ao se pôr em vigor esse princípio, tão contrário ao nosso direito moderno, como ao direito da Idade média, que a religião dos príncipes é a única que tenha o direito estrito de ser legalmente e publicamente exercida, o núncio CHIGI se opôs, com todo o seu poder, à ratificação dessa paz, pelas potências.[1330]

Apesar dos ataques pontifícios, prevaleceu o entendimento do 'concerto das nações' da época,[1331] tal como expresso[1332] nos tratados de Münster e de Osnabrück, em 1648. O que representou sério revés, para a Cúria romana e a projeção política internacional da igreja.[1333] O próprio INOCÊNCIO X,

[1329] G. GOYAU, **L'église catholique et le droit des gens** (RCADI, 1925, t. 6, p. 123-240).

[1330] G. GOYAU (op. cit., 1925, cap. V – L'effacement international de la papauté au XVIIe et XVIIIe siècles, cit. p. 209): "Lorsque la Paix de Westphalie sous l'étiquette de médiatisation ou de sécularisation, eut réalisé la suppression d'un certain nombre d'évêchés et d'abbayes catholiques, et lorsqu'elle prétendit mettre en vigueur ce principe, aussi contraire à notre droit moderne qu'au droit du moyen âge, que la religion des princes a seule le droit strict d'être exercée légalement et publiquement, le nonce CHIGI s'opposa de tout son pouvoir à la ratification de cette paix par les puissances."

[1331] O termo 'concerto das nações' é aqui utilizado entre aspas, em relação ao século XVII, porquanto este somente foi criado por METTERNICH, no século XIX. Conforme se analisa no **Tratado** (tomo 13 – **Direito internacional no tempo do concerto europeu**).

[1332] Ver tb., neste tomo, o item – *além do paradigma vestfaliano.*

[1333] G. GOYAU (op. cit., 1925, p. 210): "Ainsi négociés, puis ainsi accueillis par la papauté, les traités de Westphalie marquaient une disgrâce momentanée, dans le domaine international, de cette puissance spirituelle qui si longtemps y avait fait grande figure et joué un rôle utile."

enfim, vendo que todas as críticas – *remontrances* – de seu núncio eram inúteis, publicou seu protesto em forma de 'bula', na qual apresentava os tratados, como infinitamente prejudiciais à religião católica.[1334] A ponto de G. GOYAU, em curso na Haia, em 1925, reconhecer: "a potência pontifical parece ter sido tirada do direito internacional".[1335]

A guerra dos trinta anos foi guerra entre as grandes potências da época e também guerra de religião.[1336] Os dados históricos são conhecidos e extensamente discutidos.[1337]

Em relação à "guerra dos trinta anos", aqui interessa considerar a intrínseca dimensão jurídica internacional desta: não somente se celebram tratados, que instauram regime de paz e de convivência organizada, entre as potências contratantes, como também se impõe a paz, entre as confissões cristãs, no seio da Europa, em convivência a partir daí controlada. Foi guerra de religião, encerrada por meio de tratados, também elemento de instauração de sistema internacional organizado: especificamente 'moderno' e 'interestatal'.

Nesse sentido, foi também a paz de Vestfália a guerra pela constituição interna do Império – que tinha sido acirrada, pelas confissões religiosas, em conflito. Agora, a política pragmática tinha se sobreposto as disputas interconfessionais, que tenderiam a se prolongar.

1334 G. GOYAU (op. cit., 1925, cap. V – L'effacement international de la papauté au XVIIe et XVIIIe siècles, cit. p. 209): "INNOCENT X, enfin, voyant que toutes les remontrances de son nonce étaient inutiles, publia lui-même une protestation en forme de bulle, dans laquelle il représentait les traités comme infiniment préjudiciables à la religion catholique."

1335 G. GOYAU (op. cit., 1925, p. 211).

1336 Como se considera no **Tratado** (tomos 5 – **Direito internacional no tempo de Francisco de Vitória**, 6 – **Direito internacional no tempo de Suarez, Gentili e Zouch** e 7 – **Direito internacional no tempo de Hugo Grócio**) e examinam os já mencionados Brendan SIMMS, **Europe – the struggle for supremacy, 1453 to the present** (Londres: Allen Lane, 2013) e Michael MITTERAUER, **Warum Europa?** – Mittelalterliche Grundlage eines Sonderwegs (orig. publ. 2003, Munique: Beck, 5ª ed., 2009).

1337 No sentido dos já referidos estudos de: Johannes BURKHARDT, **Der Dreissigjährige Krieg** (Frankfurt-Main: Suhrkamp, 1992); Heinz Dieter KITTSTEINER (1942-2008), **Die Stabilisierungsmoderne** – Deutschland und Europa 1618-1715 (Munique: Carl Hanser, 2010); a obra coletiva, coordenada por Dietmar PIEPER e Johannes SALTZWEDEL (Hg.), **Der Dreissigjährige Krieg** – Europa im Kampf um Glaube und Macht 1618-1648 (Munique: Deutsche Verlags-Anstalt, 2012), e o clássico estudo de Friedrich SCHILLER, **Geschichte des dreissigjährigen Kriegs** (orig. publ. 1792, Gütersloh: P. P. Kelen, s/d, posfácio de Herbert REINOSS, datado de 1964).

Por isso, o protesto de INOCÊNCIO X contra a paz de Vestfália não teve repercussão: tinha ficado para trás a precedência gozada pela igreja, na política europeia, em séculos anteriores,[1338] e esta passava a ser tão somente vista e tratada pelas demais potencias seculares como um igual, entre iguais. Felizmente, o grande tempo das guerras religiosas na Europa tinha acabado.[1339]

Com a estabilização política consolidada, e o crescimento econômico, daí decorrente, acentua-se a "era do mercantilismo". E deste se passa à evolução posterior que, em vão, tentou construir a racionalidade e o ideal de progresso como bases para atuação dos estados, bem como para o sistema internacional.[1340]

Negociadas e ratificadas as condições da paz, assim acolhidas, foram estes tratados marcos relevantes, não somente para a solução do problema que àquele tempo se enfrentara, como também no sentido da institucionalização do direito internacional moderno. Sem que possa ser alçado a marco fundador do sistema internacional moderno, assinala também feliz mudança de rumos e salutar realinhamento, no cenário daquele tempo, e no equilíbrio internacional das forças.[1341]

Os tratados de Vestfália, 1648, se inscrevem em rico e extenso conjunto – anteriores, contemporâneos e posteriores – que, conjuntamente ordenam o sistema internacional da época moderna e seu encaminhamento para o direito internacional clássico. Como a paz dos Pirineus, em 1659, a paz de Oliva, em 1660, a paz franco-espanhola de Aquisgrana, em 1668, a paz de Nijmegen, de 1679, a paz de Ryswick, em 1697, a paz da Haia, em

1338 Como se considera no **Tratado** (tomo 4 – **Direito internacional no tempo medieval**).

1339 H. D. KITTSTEINER (op. cit., 2010, p. 136-137): "Als Papst INNOZENZ X. gegen den Westfälischen Frieden protestierte, verhallte sein Ruf wirkungslos".

1340 Como se considera no **Tratado** (tomo 11 – **Direito internacional no tempo do iluminismo** e tomo 20 – **Direito internacional, história e cultura**, cap. 1 – direito internacional no tempo e seu papel na história); v. tb. João BERNARDO, **Poder e dinheiro** – do poder pessoal ao estado impessoal no regime senhorial, séculos V-XV (Porto: Afrontamento/Biblioteca das Ciências do Homem: t. I: Sincronia. Estrutura econômica e social do século VI ao século IX, 1995; t. II: Diacronia. Conflitos sociais do século V ao século XIV, 1997; t. III: Sincronia. Família, dinheiro e estado do século XI ao século XIV, 2002), e de Jürgen HABERMAS, **Mudança estrutural da esfera pública** – investigações quanto a uma categoria da sociedade burguesa (orig. publ. **Strukturwandel der Öffentlichkeit**, 1961, trad. Flávio R. KOTHE, Rio de Janeiro: Tempo brasileiro, 2003).

1341 Mesmo sem aumentar excessivamente o papel desempenhado pelos tratados de 'paz de Vestfália', como se expõe no item – *além do paradigma vestfaliano*.

1698, renovada em 1700, a paz de Carlowitz, em 1699, a paz de Utrecht, em 1713 e sua complementação, a paz de Rastatt, em 1714, a paz de Nystadt, em 1721, a paz de Belgrado, em 1739, a paz de Aquisgrana, em 1748, a paz de Paris, de 1763, que põe fim à guerra dos sete anos, e tantas outras. Sem falar de tantos outros tratados e alianças, que configuram o direito e o sistema internacional da época.

A compreensão do direito em geral e especificamente do direito internacional não se pode fazer sem situar os desenvolvimentos específicos do campo jurídico em relação à história e à evolução das ideias. O direito é parte das assim chamadas "ciências sociais aplicadas" e, mais amplamente, das assim chamadas "ciências humanas" e, não obstante todas as diferenças, entre estes dois ramos do conhecimento, quanto aos métodos, quanto aos propósitos e quanto ao conteúdo, tem vínculos diretos e necessários com a filosofia, assim como o direito tem laços, com a política, e com as demais ciências sociais, notadamente com a história.[1342] A interdisciplinaridade se faz necessária, sobretudo quando se trata de compreender o fenômeno jurídico internacional.

O esboço de construção de sistemas internacionais coesos não foi somente necessidade política e institucional, sentida como necessária, depois de muitas décadas de matança, entre católicos e protestantes, na esteira das guerras de religião na Europa. Isso também se reflete na história das ideias. Consequentemente, se reflete no direito internacional 'clássico'. A construção de sistemas coesos foi também discutida e experimentada por diversos pensadores e filósofos dessa mesma época.[1343]

No continente europeu, e sobretudo na região do que hoje é a Alemanha, a escola *racionalista*, influenciada por DESCARTES,[1344] se esforça em

1342 Dado o desenvolvimento de cada um destes ramos do conhecimento, nos últimos duzentos anos, não se pode pretender abarcar tudo sob a égide de uma mesma e única formação. 'Direito' e 'ciências sociais' tornaram-se formações completas e distintas. Não se pode, lucidamente, pretender colocar tudo de volta no mesmo saco, indistintamente. Mas todas essas disciplinas partem de matrizes comuns, tais como estas se esboçaram, desde o início da era moderna, até os nossos dias.

1343 E prossegue no **Tratado** (tomo 9 – **Direito internacional no tempo de Samuel Pufendorf**, item – *sistemas internacionais coesos* e tomo 11 – a respeito do assim chamado **Direito internacional no tempo do iluminismo**).

1344 René DESCARTES (1596-1650), desde as **Normas para a direção do espírito** (publ. póstuma 1701) passando pelo **Discurso do método** (1637) e outras obras, como **Os princípios da filosofia** (1644) e o **Tratado do homem**. Ver René DESCARTES, **Discurso do método – Meditações – Objeções e respostas – As paixões da alma – Cartas** (São Paulo: Abril

construir *sistemas* de direito natural, ou racional, axiomáticos, a partir da geometria como modelo – *more geometrico* – na linha também adotada por ESPINOZA.[1345] A linha racionalista teria longa e profícua presença na evolução posterior das ideias políticas e dos modelos de institucionalização das sociedades e da convivência entre estas.[1346]

Este filósofo, ESPINOZA, enfrenta oposição tão acirrada quanto terá de fazer face o livre pensador Claude Adrien HELVÉTIUS (1715-1771), cujas obras foram condenadas e queimadas: tanto a obra maior sobre o espírito, **De l'esprit** (1758) – publicada no mesmo ano que o **Droit des gens** de VATTEL – como também a obra final de HELVÉTIUS, sobre "o homem, as suas faculdades intelectuais e a sua educação", **De l'homme, de ses facultés intellectuelles et de son éducation** em 1772, um ano após a morte do autor – obra também queimada em praça pública.

Traço característico,[1347] mesmo os filósofos materialistas do século XVIII, tais como DIDEROT, d'HOLBACH e HELVÉTIUS, se inscrevem na linha dessa tradição cultural francesa: "o materialismo não os leva a concluir pela incapacidade do homem se opor à natureza". Isso porque os seres devem somente chegar a apreender a sua realidade social com mais uso da razão e a organizar com mais sabedoria: "nenhuma força secreta da psicologia humana, seja esta social ou individual, é passível de se opor à razão sadia".[1348]

cultural – os Pensadores, vol. XV, 1973); ___, **Œuvres et lettres** (textes présentés para André BRIDOUX, Paris: Gallimard – Pléiade, 1952); ed. de referência, ___, **Œuvres** (par Ch. ADAM et P. TANNERY, Paris: CNRS – Vrin, rééd. 1964-1974, 11 vols.).

1345 De Benedito de ESPINOZA (1632-1677), ver esp. B. de SPINOZA, **Éthique démontrée selon la méthode géométrique** (notice, trad., prés. et annotée par R. CAILLOIS, in **Œuvres complètes**, Paris: Gallimard-Pléiade, © 1954, impr. 1992, pp. 301/596); b/c ___, **Traité des autorités théologique et politique** (do original latino **Tractatus theologico-politicus** publ. 1670, notice par Madeleine FRANCÈS e Raymond MISRAHI, in **Œuvres complètes**, Paris: Gallimard-Pléiade, © 1954, impr. 1992, pp. 597/908); ___, **Traité de l'autorité politique** (notices par Madeleine FRANCÈS, in **Œuvres complètes**, Paris: Gallimard-Pléiade, © 1954, impr. 1992, pp. 909/1044).

1346 Como justamente se considera no **Tratado** (tomo 11 – **Direito internacional no tempo do iluminismo**).

1347 Emmanuel LEVINAS, **La comprehénsion de la spiritualité dans les cultures française et allemande** (orig. publ. *Dvasiskumo supratimas prancuzu ir vokieciu kulturoje*, Kaunas: *Vairas* – Revista cultural mensal, n. 7-8, jul.-ago., 1933, p. 271-280, préf. Danielle COHEN-LEVINAS, Paris: Payot-Rivages, 2014).

1348 E. LEVINAS (1933, ed. 2014, p. 64-65).

O materialismo francês do século XVIII se considerava capaz de reformar os homens, influenciando diretamente a sua psicologia. LEVINAS prosseguia:

> Influenciar significa iluminar. A bondade se tornará acessível quando, desejando racionalmente chegar até ela, as pessoas aprenderão a influir sobre a razão humana, de maneira a tender todos para o mesmo fim, e não mais a buscar os seus próprios interesses, ou não dar atenção se não à sua situação pessoal. Não se deve confundir o universalismo das Luzes com o internacionalismo moderno. O primeiro se funda não sobre uma comunidade de interesses, mas sobre a universalidade da razão que faz que as mesmas verdades eternas se imponham a todos os homens.[1349]

Da mesma forma, pode-se explicar o interesse, tipicamente francês, por moral universal, suscetível de fazer apelo diretamente à razão, e de ser aceita como verdadeira – aduzia LEVINAS:

> Na França, foram feitos grandes esforços para a criar: os moralistas, quer sejam do século XVIII, ou contemporâneos, como DURKHEIM, RAUH, LÉVY-BRUHL, partem todos da convicção de que o espírito do homem reside na razão, e que ele é capaz de raciocinar e de refletir sobre a conduta e, como dizia PASCAL, depois de ter mensurado outros abismos do espírito humano, 'a honra do homem é o seu pensamento'.[1350]

Desde LEIBNIZ, o conceito de subconsciente se tornou legítimo na filosofia, mas este sempre fez parte do domínio do intelecto e foi considerado como complemento do conceito de consciência.[1351] A psicanálise não é o único modo filosófico pelo qual se exprime a compreensão alemã do espírito.[1352] Podem ser encontradas numerosas encarnações dessa con-

[1349] E. LEVINAS (1933, ed. 2014, p. 65-66): Com algumas exceções, parece-nos que os políticos franceses de hoje tendem a resolver os problemas examinando-os com as lentes da universalidade. Os conflitos não passam de batalhas de ideias.

[1350] E. LEVINAS (1933, ed. 2014, p. 66-67).

[1351] Como se examina no **Tratado** (tomo 10 – **Direito internacional no tempo de C. van Bynkershoek e Christian Wolff**, item 22.1 – *direito segundo LEIBNIZ*).

[1352] E. LEVINAS (1933, ed. 2014, p. 73): "Segundo FREUD, ao contrário, a vida clara e consciente do espírito não passa de manifestação superficial de realidade espiritual bem mais

cepção alemã, nas assim chamadas 'filosofias da vida' que, na Alemanha, surgem, atualmente, em grande número.[1353]

LEIBNIZ escreve obra inteira – os seus 'novos ensaios sobre o entendimento humano' –[1354] dialogando com os ensaios de LOCKE.[1355]

Enquanto isso, na Inglaterra, Francis BACON ou John LOCKE, tão admirados por MONTESQUIEU e por VOLTAIRE, se empenhavam em método *empirista*. Exatamente o oposto, do que tentavam os intelectuais do outro lado do canal da Mancha.

Francis BACON,[1356] não somente deu os fundamentos para o empirismo moderno, como é considerado o impulsionador das ciências naturais experimentais:

profunda. Essa realidade espiritual não é o pensamento imparcial, mas a mutante e dramática libido. A realidade espiritual não mais é a consciência moderada de DESCARTES, mas são os desejos inconscientes da libido. Esta é propriamente um princípio espiritual. Nada é menos materialista (no sentido que o século XIX confere ao termo) do que FREUD. Mas, em nome da psiquiatria pura, ele se confronta violentamente com aqueles que consideram a loucura como espécie de desordem orgânica. Se rememoramos a percepção que os franceses tem do espírito, não deveríamos nos surpreender que a psicanálise tenha tido poucos seguidores na França. Ela se situa em confronto com as convicções mais profundas da alma francesa."

1353 E. LEVINAS (1933, ed. 2014, p. 74-75): "NIETZSCHE, SIMMEL, DILTHEY, SCHELER e mais recentemente, a filosofia existencialista de HEIDEGGER, são tantas formas do ideal espiritual alemão. A filosofia de HEIDEGGER exerce hoje excepcional influência sobre os estudantes das universidades alemãs. Quando HEIDEGGER fala na realidade espiritual, ele não utiliza o termo 'consciência', mas antes o de 'existência' (e daí vem o termo 'existencialista', que qualifica a sua filosofia), porque ele entende salientar os aspectos concretos e dramáticos do espírito. / Não é por acaso que os partidos políticos extremistas, atualmente tão fortes na Alemanha, se encantam com essa noção do espírito. Eles não confiam na razão, porque esta resiste à sua vitalidade".

1354 Como referido no **Tratado** (tomo 10 – **Direito internacional no tempo de C. van Bynkershoek e Christian Wolff**, item 22.1 – *direito segundo LEIBNIZ*). Ao contrapor à obra de LOCKE, os seus 'novos ensaios sobre o entendimento humano' LEIBNIZ considera que "o pensamento não pode ser uma modificação inteligível da matéria, e que não pode ser compreendido e explicado só no âmbito da matéria". LEIBNIZ, **Nouveaux essais sur l'entendement humain – Neue Abhandlungen über den menschlichen Verstand – Novos ensaios sobre o entendimento humano** (escritos em 1704, publicados em 1765, edições de 1971 e 1974, *Prefácio*, p. 113-129, cit. p. 128).

1355 John LOCKE (1632-1704), **An Essay concerning Human Understanding** (1689, abridged, with an Introduction by Pauline PHEMISTER, Oxford: Univ. Press, 2008).

1356 Para acesso aos principais textos da obra de Francis BACON (1561-1623), ver a edição, **The major works** (ed. with an introduction and notes by Brian VICKERS, Oxford: Univ. Press, 1st. publ., 1996, reissued, 2008), incluindo **The advancement of learning** (in **The major**

> Não é de se desprezar o fato de que, pelas navegações longínquas e explorações tão numerosas, em nosso tempo, muitas coisas que se descortinaram e descobriram podem levar nova luz à filosofia. Assim, será vergonhoso para os homens que, tendo sido tão imensamente abertas e perlustradas em nossos tempos as regiões do globo material, ou seja, da terra, dos astros e dos mares, permaneça o globo intelectual – *orbis intellectualis* – adstrito aos augustos confins traçados pelos antigos.[1357]

Sua ênfase, no combate ao que ele chamou os 'ídolos', ou seja, a necessidade de lutar contra os preconceitos, como modo de alcançar a verdade.[1358] Ele também sugeriu elementos, para um conceito de justiça universal.

BACON trata dessa matéria, em seu "ensaio de tratado sobre a justiça universal ou as fontes do direito", o **Exemplum tractatus de justitia universali sive de fontibus juris**, de 1622.[1359] Este breve ensaio – que, aparentemente, ficou inacabado – poderia ter sido contribuição relevante, para o direito internacional moderno.[1360] Somente podemos lamentar não tenha

works, ed. VICKERS, 2008, p. 120-299); trad. francesa, **Du progrès et de la promotion des savoirs** (1605, avant-propos, trad. et notes par Michèlle LE BOEUF, Paris: Gallimard-tel, 1991). Ver, ainda: F. BACON, **A sabedoria dos antigos** (do original **Wisdom of the Ancients**, trad. Gilson César Cardoso de SOUZA, São Paulo: UNESP, 2002); F. BACON, **Sa vie, son œuvre** (avec un exposé de sa philosophie, par André CRESSON, Paris: PUF, 1948); Michel MALHERBE, **La philosophie de Francis Bacon** (Paris: Vrin, 2011); Michel MALHERBE avec J.-M. POUSSEUR, **Francis Bacon: science et méthode** (Paris: Vrin, 2002). Algumas considerações a respeito de BACON, ver **Tratado** (tomo 5 – **Direito internacional no tempo de Francisco de Vitória**, cap. 13 – *estado como sujeito de direito internacional – a contribuição de MAQUIAVEL e BODIN*).

1357 Francis BACON, **Novum organum** ou verdadeiras indicações acerca da interpretação da natureza (orig. publ. 1620, trad. e notas José Aluysio Reis de ANDRADE, São Paulo: Abril cultural – Os pensadores, vol. XIII, 1973, p. 1-237, Aforismo LXXXIV, p. 57-58).

1358 Como se considera no **Tratado** (tomo 5 – **Direito internacional no tempo de Francisco de Vitória**, cap. 13 – *estado como sujeito de direito internacional – a contribuição de MAQUIAVEL e BODIN*).

1359 De Francis BACON, seu breve ensaio **Exemplum tractatus de justitia universali sive de fontibus juris / Essai d'un traité sur la justice universelle** ou les sources du droit suivi de quelques écrits juridiques (1622, biographie, traduction et notes par Jean-Baptiste de VAUZELLES, 1824, intr. par Angèle KREMER-MARIETTI, (c) 1985, Paris: L'Harmattan, 2006).

1360 Ver **Tratado** (tomo 6 – **Direito internacional no tempo de Suarez, Gentili e Zouch**, cap. 17 – Richard ZOUCH). Francis BACON teria podido prestar grandes serviços ao direito das gentes: "Como John SELDEN, como Thomas HOBBES, ele somente trouxe fraca assistência

BACON, ulteriormente, desenvolvido a sua contribuição, para o direito internacional.[1361]

> Vão seria esperar-se grande aumento nas ciências pela superposição ou pelo enxerto do novo sobre o velho. É preciso que se faça uma restauração da empresa a partir do âmago de suas fundações, se não se quiser girar perpetuamente em círculos, com magro e quase desprezível progresso.[1362]

São caminhos percorridos, desde a modernidade, até os paradigmas do tempo 'clássico', tais como se desenvolveram, entre BACON[1363] e LOCKE, como entre MONTESQUIEU e VOLTAIRE. Por sua vez, cada um destes terá seus desdobramentos, no contexto ulterior do 'iluminismo'.[1364] Com relevância para a assim chamada 'construção de sistemas coesos'.

John LOCKE teve enorme importância, não somente como filósofo e pensador político,[1365] mas também por sua concepção do conhecimento.[1366]

– *une faible assistance*. Ele se ocupa, em algumas passagens de suas obras, da guerra e de sua legitimidade", comentava Ernest NYS, em seu já citado **Les origines du droit international** (Bruxelles: Alfred Chastaigne / Paris: Thorin & Fils, 1894, chap. VII – *La guerre contre les infidèles et contre les hérétiques*, p. 140-164).

1361 E. NYS (op. cit., 1894, p. 158-159). BACON proclama as guerras 'as supremas provações do direito, onde os príncipes e os estados, que não reconhecem superior sobre a terra, se reportam à justiça de Deus para a solução de suas contestações, por meio da decisão que aprouver ao Todo poderoso de dar em favor de uma ou de outra parte'.

1362 Francis BACON, **Novum organum** ou verdadeiras indicações acerca da interpretação da natureza (orig. publ. 1620, trad. e notas José Aluysio Reis de ANDRADE, São Paulo: Abril cultural – Os pensadores, vol. XIII, 1973, p. 1-237, Aforismo XXXI, p. 25).

1363 A respeito de BACON, como ref., ver **Tratado** (tomo 5 – **Direito internacional no tempo de Francisco de Vitória**, cap. 13 – *estado como sujeito de direito internacional – a contribuição de MAQUIAVEL e BODIN*); F. BACON, **Sa vie, son oeuvre** (avec un exposé de sa philosophie, par André CRESSON, Paris: PUF, 1948); Michel MALHERBE, **La philosophie de Francis Bacon** (Paris: Vrin, 2011); Michel MALHERBE avec J.-M. POUSSEUR, **Francis Bacon: science et méthode** (Paris: Vrin, 2002).

1364 Cujo exame prossegue no **Tratado** (tomo 11 – **Direito internacional no tempo do iluminismo**).

1365 Como os dois tratados de John LOCKE (1632-1704) sobre o governo civil, **Two treatises on civil government** (1690), **Dois tratados sobre o governo** (trad. Julio FISCHER, revisão técnica Renato Janine RIBEIRO, rev. da trad. Eunice OSTRENSKY, São Paulo: Martins Fontes, 2ª ed., 2005); J. LOCKE, **An essay concerning human understanding** (1689, abridged with an Introduction and Notes by Pauline PHEMISTER, Oxford: Univ. Press, 2008); bem como as suas cartas sobre a tolerância, **Letters on toleration**. Dentre numerosas edições, ver: LOCKE, **Segundo tratado sobre o governo** – Ensaio relativo à verdadeira origem, extensão e objetivo

Este tem como base o legado da Antiguidade clássica, mas inova ao construir a sua teoria do conhecimento, com ênfase no empirismo. A grande rapidez e a extensão da aceitação, encontrada pelo pensamento de LOCKE, com pronta inserção na corrente principal da tradição intelectual moderna, fazem esquecer quanto foram inovadoras as suas concepções.[1367]

LOCKE se inscreve, nesse rico período de transformações, depois do final da Idade média, do Renascimento e primeira modernidade, rumo ao tempo 'clássico'. Exerceu profunda influência, sobre a evolução posterior da filosofia, não somente quanto ao conteúdo, mas também quanto ao modo, como a filosofia é compreendida e aplicada, no Ocidente.

O pensamento de LOCKE, em relação ao conhecimento, com certa semelhança com o de Thomas HOBBES,[1368] se distingue das correntes ainda predominantes àquela época. Isso se constata, quando ambos insistiam na necessidade de se compreenderem as palavras, somente como sinais e indícios das coisas, e não as confundir com os objetos, que estas designam.[1369]

do governo civil (trad. de E. Jacy MONTEIRO, São Paulo: Abril – Os pensadores, 1973 vol. XVIII, p. 37-137); John LOCKE, **Carta sobre a tolerância** (ed. bilingue, trad. F. FORTES e W. F. LIMA, org., introdução, notas e comentários F. F. LOQUE, Belo Horizonte: Autêntica, 2019); ___, ___ (org. e trad. Ari Ricardo Tank BRITO, São Paulo: Hedra, 2012), bem como ___, ___ (trad. Anoar ALEX, São Paulo: Abril – Os pensadores, 1973 vol. XVIII, p. 9-35); tb. o volume LOCKE, **Lettre sur la tolérance** (Paris: PUF, © 1965, ed. revista, 1995); e ainda, **La tolérance** (textes choisis et présentés par Julie SAADA-GENDRON, Paris: GF- Flammarion – Corpus, 1999, esp. LOCKE, caps. XVII e XVIII, p. 125-133).

[1366] John LOCKE, **An Essay concerning Human Understanding** (1689, abridged, with an Introduction by Pauline PHEMISTER, Oxford: Univ. Press, 2008).

[1367] P. PHEMISTER (op. cit., 2008, *Introduction*, p. VII): "The speed and extent of the acceptance of John LOCKE's **Essay** into mainstream philosophical thought obscures the innovation his views represented in his own age".

[1368] A respeito de Thomas HOBBES (1588-1679) e sua contribuição para o direito internacional ver, neste tomo, item – *sob o signo do Leviatã* e ainda **Tratado** (tomo 20 – **Direito internacional, história e cultura**, item 1.1 – *o Leviatã e suas transformações*).

[1369] Ver **Tratado** (tomo 4 – **Direito internacional no tempo medieval**, cap. 9 – MARSÍLIO DE PÁDUA e GUILHERME DE OCKHAM), onde se examina a importância da contribuição de GUILHERME DE OCKHAM não somente para a inaugurar mentalidade 'moderna', como para a criação de direito 'moderno', ao insistir que, deixando de lado a busca dos 'universais', a ciência deve se preocupar com seu ponto de partida, atentar para a apreensão direta das coisas particulares, que são as únicas que existem; ver John LOCKE, **Of the abuse of words** ('extracts from **An Essay concerning Human Understanding**', London: Penguin – Great

Grande admirador de LOCKE, não por acaso, VOLTAIRE é considerado o primeiro autor da História cultural.[1370] Aí se pode apontar a influência de LOCKE – resultado do tempo de exílio de VOLTAIRE na Inglaterra. E, se foi VOLTAIRE o criador da expressão "filosofia da história",[1371] como "alicerce da ciência histórica moderna", certamente existe aí a influência de LOCKE e, indiretamente, também de HOBBES, sobre a construção intelectual que VOLTAIRE mais tarde desenvolveria.

VOLTAIRE, muito mais do que por suas obras ditas 'filosóficas', pode ser respeitado por suas obras históricas,[1372] como o abrangente "ensaio sobre a história geral e sobre os costumes e o espírito das nações", ou **Essai sur l'histoire générale et sur les mœurs et l'esprit des nations depuis Charlemagne jusqu'à nos jours**, normalmente referido como o "ensaio sobre os costumes", de 1756.[1373] Com seu habitual toque mordaz, expõe: "a maior parte do gênero humano foi e será, por muito tempo, insensata e

Ideas, 2009, cit. p. 98): "we should have a great many fewer disputes in the world, if words were taken for what they are, the signs of our ideas only, and not for things themselves".

1370 VOLTAIRE – aliás François-Marie AROUET (1694-1778) – ver Daniela KERN, *Voltaire* (in Jurandir MALERBA, org., **Lições da história**: o caminho da ciência no longo século XIX, Rio de Janeiro: Ed. FGV, 2010, pp. 33-62); o "Projeto VOLTAIRE Vivo", coordenado por Acrísio TORRES, comporta a republicação da obra de VOLTAIRE em português, pela editora Martins Fontes, dentre as quais, justamente, **A filosofia da história** (orig. publ. *Essai sur les moeurs et l'esprit des nations – Introduction*, publicada em 1765, bem como os verbetes *Histoire* e *Historiographie* escritos por VOLTAIRE para a **Encyclopédie**, de DIDEROT e D'ALEMBERT, bem como *La défense de mon oncle*, a resposta de VOLTAIRE a uma violenta crítica contra *A flosofia da história*, trad. Eduardo BRANDÃO, São Paulo: Martins Fontes, 2007). Ver tb., sobre DIDEROT: Jacques ATTALI, **Diderot ou le bonheur de penser** (Paris: Fayard, 2012); Dominique LECOURT, **Diderot** (Paris: PUF, 2013); Pierre LEPAPE, **Diderot** (orig. publ. 1991, Paris: Flammarion-Coll. Champs, 2000); Eric-Emmanuel SCHMITT, **Diderot** ou la philosophie de la séduction (Paris: Albin Michel, 1997); Jean STAROBINSKI, **Diderot** un diable de ramage (Paris: Gallimard, 2012); Arthur M. WILSON, **Diderot** (orig. publ. em inglês, **Diderot**, 1957 e 1972, trad. Bruna TORLAY, São Paulo: Perspectiva, 2012).

1371 Paulo D. de GUSMÃO, **Filosofia atual da história** (Rio de Janeiro: Forense, 1967): "Teve VOLTAIRE o mérito de criar a expressão 'filosofia da história', pela primeira vez empregada em seu *Essai sur les mœurs*, no qual, além de uma posição racionalista, explicou o curso histórico partindo de onde acabara BOSSUET, ou seja, de CARLOS MAGNO, para acabar na época de LUIS XIII".

1372 VOLTAIRE, **Œuvres historiques**, édition présentée, établie et annotée par René POMEAU, Paris: Gallimard – Pléiade, © 1957, impr. 2010).

1373 VOLTAIRE, **Essai sur l'histoire générale et sur les mœurs et l'esprit des nations depuis Charlemagne jusqu'à nos jours** (1756, in **Œuvres complètes** publicada pela Voltaire Foundation for Enlightenment Studies – University of Oxford, em 205 volumes – https://

imbecil".[1374] Este, apesar de ser inveterado provocador, afirma a intenção norteadora, no sentido de que: "buscamos a verdade, não a querela".[1375]

Não deixa de causar surpresa, quanto o iluminista VOLTAIRE se mostra profundamente imbuído de jusnaturalismo: "o que não está na natureza nunca é verdadeiro".[1376] No entanto, não deixa de aduzir, com sua habitual verve desabusada: "o fanatismo e as contradições são o apanágio da natureza humana".[1377] Ao mesmo tempo, VOLTAIRE afirma: não ser verdade o que não está na natureza; mas também que 'fanatismo' e 'contradições' são parte inerente da natureza humana!

A transição entre tempos históricos e contextos culturais não se faz de um dia para outro, nem os cortes costumam ser estanques.[1378] Essa flexibilidade pode ser ilustrada pela flutuação da avaliação histórica de figura tão controvertida como o imperador JULIANO, ao tentar reinstaurar o paganismo,[1379] na segunda metade do século IV.

Da longa e tortuosa tradição crítica[1380] a respeito da figura do imperador JULIANO, podem ser destacadas as opiniões de dois autores do

www.voltaire.ox.ac.uk – volumes 21 a 27, **Essai sur les mœurs et l'esprit des nations**, I-IX); VOLTAIRE, **A filosofia da história** (ed. cit., 2007).

1374 VOLTAIRE, **A filosofia da história** (ed. cit., 2007, p. 54).

1375 VOLTAIRE, **A filosofia da história** (ed. cit., 2007, p. 85).

1376 VOLTAIRE, **A filosofia da história** (ed. cit., 2007, p. 78).

1377 VOLTAIRE, **A filosofia da história** (ed. cit., 2007, p. 97).

1378 Como se examina no **Tratado** (tomo 3 A – **Direito internacional no tempo antigo**, tomo 3 B – **Gregos, romanos, chineses, indianos**, tomo 4 – **Direito internacional no tempo medieval**, esp. título II – *direito internacional entre o mundo tardo-antigo e o medieval* e prossegue no tomo 11 – **Direito internacional no tempo do iluminismo**).

1379 A respeito do imperador JULIANO, ou Flavius Claudianus JULIANUS (332-363 d. C.), ver René BRAUN, **L'empereur Julien** – de l'histoire à la légende (Paris: Les belles lettres, 1978, p. 9-14): além de alguns dados biográficos, se conservaram alguns textos do próprio imperador JULIANO, como "o inimigo das barbas". JULIEN, **Misopogon** (edição bilingue, texte établi et traduit par Ch. LACOMBRADE, introduction et notes par Aude de SAINT-LOUP, Paris: Les belles lettres, 2003). A edição de referência continua a ser: L'empereur JULIEN, **Œuvres complètes** (tomo I, texte établi et trad. par J. BIDEZ, parte I, 1932 e parte II, © 1924, 3ª ed., 1972; tomo II, parte I, texte établi et trad. par G. ROCHEFORT, 1963; tomo II – parte II, texte établi et trad. par Chr. LACOMBRADE, 1964).

1380 Sobre a herança histórica e as oscilações de avaliação na transmissão ao longo dos séculos – sobretudo, como ora nos interessa, em relação aos séculos XVIII, XIX e XX – da figura do imperador Flávio Cláudio JULIANO, estudos inteiros foram desenvolvidos. Nascido em Constantinopla, em 332, reinou de 361 a 363 d. C. Quando acede ao trono, embora proclame a tolerância em relação a todas as religiões, priva a igreja cristã dos privilégios

'tempo clássico', justamente nossos já conhecidos, Laurence STERNE e VOLTAIRE. Ocorre no **Tristam Shandy** de Laurence STERNE,[1381] e também em VOLTAIRE, deplorar a maneira, pela qual a figura do imperador JULIANO, passou à história, cognominado "o apóstata". E apontar quanto tem de original o personagem.[1382]

econômicos que esta tinha antes conquistado, e em punição dos distúrbios assim causados, os sacerdotes cristãos foram penalizados muito mais duramente que os transgressores de fé pagã. De JULIANO se conservaram alguns textos, dentre os quais o **Misopogon**, resposta em chave satírica aos críticos de Antioquia, que o tinham ridicularizado por usar barba e pela simplicidade da vida que levava. Conservou-se este texto do imperador JULIANO (ver, por exemplo, JULIEN, **Misopogon** – edição bilingue, texte établi et traduit par Ch. LACOMBRADE, introduction et notes par Aude de SAINT-LOUP, Paris: Les belles lettres, 2003), mas, de outra obra de JULIANO, **Contra os galileus**, na qual formulava acerba crítica ao cristianismo, somente chegaram até nós alguns fragmentos. Em outro texto, **Os césares**, JULIANO tratava de maneira jocosa os precedentes imperadores romanos: MARCO AURÉLIO tem o maior destaque, mas sobretudo se indignava contra o cristianismo de CONSTANTINO, pela excessiva facilidade com a qual podiam ser remidos os pecados. Todas as histórias de Roma cuidarão também deste. Dentre tantos, ver Michael GRANT, **Gli imperatori romani** (orig. publ. 1983, Roma: Newton, 1994, *Giuliano*, p. 243-248).

1381 Laurence STERNE (1713-1768), **The life and opinions of Tristam Shandy gentleman** (introduction by George SAINTSBURY, London: Dent – Everyman's Library, © 1912, reprinted 1982, Book VI, Chapter V, p. 303-304): "There is [...] a certain mien and motion of the body and all its parts, both in acting and speaking, which argues a man well within; and I am not at all surprised that GREGORY OF NAZIANZUM, upon observing the hasty and untoward gestures of JULIAN, should foretell he would one day become an apostate." A linguagem corporal do imperador JULIANO teria sido suficiente para são GREGÓRIO DE NAZIANZA detectar que este, um dia, viria a renegar a fé cristã, e pretenderia reinstaurar o paganismo, como religião 'oficial' do Império romano.

1382 Dentre os estudos a respeito da instigante figura do imperador JULIANO, ver, por exemplo, o admirável conjunto de ensaios, reunidos nos dois tomos do GROUPE DE RECHERCHES DE NICE et associés de Paris, Caen, Lyon, Montpellier, Athènes et Copenhague, **L'empereur Julien – de la légende au mythe** – De VOLTAIRE à nos jours (études rassemblées par Jean RICHER, Paris: Les belles lettres, 1981, t. II, première partie – JULIEN au dix-huitième siècle, p. 9-80, *JULIEN au siècle des Lumières en France*, p. 11-39, cit. p. 11): "Existe-t-il un philosophe français du siècle des Lumières qui n'ait pas cité, commenté des écrits de l'empereur JULIEN, ou tenté une peinture, une analyse du personnage? Seul ROUSSEAU s'en abstient, supprimant de la version définitive du **Discours sur les sciences et les arts** l'opinion, déjà rapporté par MONTAIGNE, que JULIEN avait des éloges faits par des courtisans. Mais MONTESQUIEU évoque l'empereurs dans les **Considérations** et **L'esprit des lois**; DIDEROT le cite dans les **Pensées philosophiques** avant de s'intéresser de nouveau à lui dans l'article *Éclectisme* de l'**Encyclopédie**; le marquis d'ARGENS le justifie dans la préface à son édition du traité **Contre les galiléens**. Quant à VOLTAIRE, il se réfère à son exemple pendant une quarantaine

Por sua vez, VOLTAIRE descrevia o quadro: "aquele JULIANO, que teve a infelicidade de abandonar a religião cristã, mas que tanta honra fez à religião natural – JULIANO, escândalo da nossa igreja e glória do Império romano".[1383] Mas, na verdade, VOLTAIRE acolhe o imperador JULIANO – atente-se para o motivo – isso porque "tanta honra fez à religião natural":[1384]

> É necessário – diz ele –, 'instruir os ignorantes, em vez de puni-los, sentir dó deles, em vez de odiá-los. O dever de um imperador é imitar Deus: imitá-lo é ter o mínimo de necessidades, e fazer o máximo bem possível'. Portanto, que os que insultem a Antiguidade aprendam a conhecê-la; que não confundam os sábios legisladores, com contadores de fábulas, que saibam distinguir as leis dos mais sábios magistrados e os usos ridículos dos povos, que não digam: 'Inventaram-se cerimônias supersticiosas, prodigalizaram-se falsos oraculos e falsos prodígios; logo, todos os magistrados da Grécia e de Roma que os toleraram eram cegos, enganados ou enganadores'. É como se dissessem: 'Há bonzos na China, que abusam do populacho; logo, o sábio CONFÚCIO era um impostor miserável'.[1385]

No seu "ensaio sobre os costumes" VOLTAIRE desenvolve estudo, do que viria a ser chamado de 'filosofia da história', a respeito do progresso humano. Faz paralelo com os egípcios e os gregos na Antiguidade,[1386] e, a seguir, aduz: "em nossos dias a nação inglesa tornou-se a mais esclarecida, porque nela se pode pensar impunemente".[1387] A liberdade de pensamento e de expressão são bens preciosos, que precisam ser protegidos e conservados.

VOLTAIRE não esconde a sua preferência, ao escolher entre 'antigo' e 'moderno', e não disfarçava a sua alta consideração, pela obra maior de LOCKE: "há que convir que homens sensatos, que viessem a ler **O enten-**

d'années, comme le montre sa correspondance, et multiplie dans son oeuvre, allusions ou réflexions détaillées de 1756 à sa mort."

1383 VOLTAIRE, **A filosofia da história** (ed. cit., 2007, p. 131).

1384 VOLTAIRE, **A filosofia da história** (ed. cit., 2007, p. 131).

1385 VOLTAIRE, **A filosofia da história** (ed. cit., 2007, p. 132).

1386 VOLTAIRE, **A filosofia da história** (ed. cit., 2007, p. 129): "Atenas deu inteira liberdade não apenas à filosofia mas a todas as religiões. Recebia todos os deuses estrangeiros, tinha até um altar dedicado a todos os deuses desconhecidos".

1387 VOLTAIRE, **A filosofia da história** (ed. cit., 2007, p. 128).

dimento humano de LOCKE, pediriam a PLATÃO, que fosse à escola dele".[1388]

A respeito de LOCKE, mais uma vez, VOLTAIRE segue os passos de LEIBNIZ. Este também, ao menos até certo ponto, defensor das ideias de LOCKE.[1389]

Ainda desta vez, VOLTAIRE parece 'se esquecer' de reconhecer os seus débitos para com LEIBNIZ,[1390] que tanto elogiara LOCKE e escrevera obra inteira – os seus 'novos ensaios sobre o entendimento humano' – dialogando com os ensaios de LOCKE (1632-1704).[1391] Ambos compartilham a admiração pela obra de LOCKE, em geral, e especialmente pelos ensaios sobre o entendimento humano. Mas, não esqueçamos que VOLTAIRE o faz, algumas décadas depois de LEIBNIZ.

Conceitualmente, já mostra e aplica VOLTAIRE a sua concepção, a respeito do papel da história, para o conhecimento do progresso humano, em seu igualmente notável estudo, sobre "o século de LUIS XIV", **Le siècle de Louis XIV**, originalmente publicado em 1751.[1392] Enfatizava, também VOLTAIRE, nas "novas considerações sobre a história" o papel que tinha esta a cumprir, para assegurar o progresso humano:

1388 VOLTAIRE, **A filosofia da história** (ed. cit., 2007, p. 129).

1389 Como referido, LEIBNIZ escreve obra inteira, os seus "novos ensaios sobre o entendimento humano", para dialogar com os "ensaios sobre o entendimento humano" de LOCKE. Como se examina no **Tratado** (tomo 10 – **Direito internacional no tempo de C. van Bynkershoek e Christian Wolff**, item 22.1 – *direito segundo LEIBNIZ*).

1390 Como referido, ver **Tratado** (tomo 10 – **Direito internacional no tempo**, item 22.1 – *direito segundo LEIBNIZ*). Ao contrapor à obra de LOCKE, os seus 'novos ensaios sobre o entendimento humano' LEIBNIZ considera que "o pensamento não pode ser uma modificação inteligível da matéria, e que não pode ser compreendido e explicado só no âmbito da matéria". LEIBNIZ, **Nouveaux essais sur l'entendement humain – Neue Abhandlungen über den menschlichen Verstand – Novos ensaios sobre o entendimento humano** (escritos em 1704, publicados em 1765, edições de 1971 e 1974, *Prefácio*, p. 113-129, cit. p. 128).

1391 John LOCKE, **An Essay concerning Human Understanding** (1689, abridged, with an Introduction by Pauline PHEMISTER, Oxford: Univ. Press, 2008).

1392 VOLTAIRE, **Essai sur l'histoire générale et sur les mœurs et l'esprit des nations depuis Charlemagne jusqu'à nos jours** (1756, in **Œuvres complètes** publicada pela Voltaire Foundation for Enlightenment Studies – University of Oxford, em 205 volumes – https://www.voltaire.ox.ac.uk – volumes 21 a 27, **Essai sur les mœurs et l'esprit des nations**, I-IX); VOLTAIRE, **Le siècle de Louis XIV** (orig. publ. 1751, édition établie, présentée et annotée par Jacqueline HELLEGOUARCH et Sylvain MENANT, avec Philippe BONNICHON et Anne-Sophie BARROVECCHIO, Paris: Libr. Génerale Française, © 2005, 2ª ed., 2008); tb. ___, ___ (in **Œuvres historiques**, édition présentée, établie et annotée par René POMEAU, Paris: Gallimard-Pléiade, (c) 1957, impr. 2010, p. 603-1274).

> Talvez, logo chegaremos na maneira de escrever a história, ao que aconteceu na física. As novas descobertas fizeram proscrever os antigos sistemas. Vai-se desejar conhecer o ser humano, nesse detalhe interessante, que é hoje a base da filosofia natural.[1393]

VOLTAIRE procurou "elevar-se acima da contingência dos acontecimentos singulares, para encontrar o espírito das épocas e das nações".[1394] Com ele se perfaz trajetória de evolução da história, e do papel desta.

Qual a lição a tirar desse diálogo entre as obras de LOCKE, LEIBNIZ e VOLTAIRE? Uma clara e marcante linha de evolução do pensamento ocidental. Na qual se encadeiam também, de um lado BOSSUET e, de outro, VICO.

Para nos atermos à era moderna, ocorre mutação substancial em período histórico bastante curto: em BOSSUET, no seu **Discurso sobre a história universal**, de 1681, ainda a Providência divina se punha como a chave, para a leitura e o encadeamento dos acontecimentos humanos.[1395] Nas gerações seguintes, em pensadores tais como ALFIERI,[1396] e, sobretudo, em VICO, já se constata mudança irreversível, quanto ao foco e quanto ao modo de ver o mundo.[1397] Enorme transformação, em tempo histórico relativamente curto.

[1393] VOLTAIRE, *Nouvelles considérations sur l'histoire* (ed. cit., 2010, p. 46-49, cit. p. 46-47) avaliava como oportuna e necessária a existência de arquivos: "Il est bon qu'il existe des archives de tout, afin qu'on puisse les consulter dans le besoin; et je regarde à présent tous les gros livres comme des dictionnaires". Mas, após o exame dos fatos e das informações, enfatizava a necessidade de destacar 'leis gerais' da história e do espírito humanos.

[1394] Denis HUISMAN, **Dicionário de obras filosóficas** (São Paulo: Martins Fontes, 2001): "Tem o *Essai*, aliás, metas pedagógicas, porque dedicado à Marquesa de CHÂTELET, que se sentia desapontada por não encontrar sistematicidade nos acontecimentos históricos. Trata-se, pois, de uma história do espírito humano, que prenuncia CONDORCET." Ver tb.: Max GALLO, ***'Moi, j'écris pour agir'* – Vie de Voltaire** (Paris: Fayard, 2008); Roger PEYREFITTE, **Voltaire – sa jeunesse et son temps** (Paris: Albin Michel, 1985, 2 tomos); Roger PEYREFITTE, **Voltaire et Frédéric II** (Paris: Albin Michel, 1992, 2 tomos); René POMEAU, **Voltaire** (orig. publ. 1955, Paris: Seuil, 1977).

[1395] Jacques-Bénigne BOSSUET, **Discours sur l'histoire universelle** (orig. publ. 1681, textes établis et annotés par l'Abbé VELAT et Yvonne CHAMPAILLER, Paris : Gallimard – Pléiade, © 1961, impr. 2006, p. 657-1027, seguido de notas e variantes, p. 1471-1524).

[1396] Vittorio ALFIERI (1749-1803), **Esboço do juízo final** (trad. Marco LUCCHESI, Rio de Janeiro: Lacerda, 1997).

[1397] Ver tb. Bruce Anthony HADDOCK, **Vico's political thought** (Brynmill, Inglaterra: Mortlake Press, 1986).

Com Giambattista VICO, nos **Princípios de uma ciência nova em torno à comum natureza das nações**, originalmente publicados em 1725 e, em edição definitiva em 1744, se lança nova perspectiva da história: o mundo histórico se põe como obra humana.[1398] Seu estudo mostra a existência de leis – a evolução histórica comporta o retorno de ciclos idênticos, de *corsi* e *ricorsi* – a recorrência de ciclos históricos é tese fascinante, e que ressurge várias vezes na história.

Essa é a mesma tese que, séculos antes, defende IBN KHALDUN,[1399] e antes deste, teria alcançado magnitude comparável na percepção e na apresentação do sentido do conjunto da história humana.[1400]

Há certa semelhança da concepção de VICO com os *ciclos* de PLATÃO. Ainda aqui, existem predecessores a serem levados em conta: se "as ideias-teses de IBN KHALDUN e VICO, entreabriram a porta para a secularização da visão do processo histórico, VOLTAIRE escancarou-a".[1401]

De certo modo VICO, pode-se dizer, teria prefigurado a concepção de COMTE,[1402] com sua lei dos três estados, na evolução histórica.[1403]

No esforço de construção de sistemas coesos, nesse mesmo século XVIII, se fazia o progressivo desenvolvimento do direito das gentes a partir de formulações do direito natural. Esse foi processo no qual muitos dos 'fundadores' do direito internacional moderno e clássico deixaram as suas marcas. Como etapas na evolução da disciplina.

Na Inglaterra, Robert SCHARROCK (1640-1682) escreveu e publicou a sua obra a respeito dos deveres – ou 'ofícios', na terminologia que

[1398] Giambattista VICO, **Principi d'una scienza nuova d'intorno alla commune natura delle nazioni** (1725, ed. definitiva 1744, in G. VICO, **Opere**, a cura di A. BATTISTINI, Milano: Mondadori, 1990, 2 vols., t. I, p. 409-971 e t. II, p. 975-1229).

[1399] Ibn KHALDUN, **Discours sur l'histoire universelle** (do original **Al-Muqaddima**, traduction nouvelle, préf. et. notes V. MONTEIL, Paris: Sindbad, 3 vols., 1978).

[1400] Ernest NYS, **Les origines du droit international** (Bruxelles: Alfred Chastaigne / Paris: Thorin & Fils, 1894, cap. VI – *Les causes de la guerre*, p. 95-139, cit. p. 108).

[1401] Acrísio TORRES, *Esclarecimentos necessários* (in VOLTAIRE, **A filosofia da história**, trad. Eduardo BRANDÃO, São Paulo: Martins Fontes, 2007, p. VII-XIII, cit. p. IX).

[1402] Auguste COMTE, **Discours sur l'ensemble du positivisme** (1848, présentation par Jean-François MATTÉI, édition, notes et bibliographie par Annie PETIT, Paris: Flammarion, 2008, cit. p. VII), como mencionado: "Sa philosophie voulait au contraire rompre avec le scientisme de son époque en subordonnant les constructions de la raison aux mouvements du cœur, et elle ambitionnait d'éliminer la conception de la divinité au profit de celle de l'humanité".

[1403] Prossegue o exame da matéria no **Tratado** (tomo 11 – **Direito internacional no tempo do iluminismo**).

remonta a CÍCERO –[1404] segundo o direito natural, **Hypotheses de officiis secundum ius naturae**. Nessa obra SCHARROCK se colocava contra o pensamento de HOBBES.

O capítulo XX da obra de SCHARROCK intitula-se "*de iure gentium*". Mas neste,[1405] cuida tão somente de apontar que os povos têm entre si leis distintas das que regem a vida de cada indivíduo, segundo a razão. E, assim, não se pode deduzir dessa obra um sistema de direito internacional.

Existe, assim, distância considerável entre a ousadia inovadora de filósofos, tais como HOBBES e ESPINOZA, em relação ao "ecletismo da escola do direito natural, que pratica mistura prudente de antiga escolástica tomista e de individualismo moderno".[1406] Nesse direito natural do tempo, se mesclam as premissas ainda mais conscientemente buscadas por LEIBNIZ ou por WOLFF.[1407]

A respeito da situação de HOBBES, na contraposição entre direito natural e razão de estado – *Naturrecht und Staatsräson*:

> Dado que as normas do direito natural somente apresentam um direito inútil – *ius inutile* –, ou seja, que somente vincula internamente, no âmbito da consciência, mas não obrigam externamente, no foro externo – *forum externum* – de verdadeiro tribunal, daí decorre a equiparação entre direito natural e direito internacional, em última análise, à configuração de ordem vinculante de direito internacional.[1408]

1404 CÍCERO, **De officiis** (with an English translation by Walter MILLER, Cambridge, Ma. / London: Harvard Univ. Press – LCL 30 – CICERO XXI, © 1913, reprinted 2005).

1405 Dietrich Heinrich Ludwig Von OMPTEDA, **Literatur des gesamten natürlichen und positiven Völkerrechts** ("Neudruck der Ausgabe Regensburg 1785", Aalen: Scientia Verlag, 1963, § 65, p. 265): "und man wird daher von selbst schon von ihm nichts besonders in eigentlichen Völkerrecht erwarten."

1406 Michel VILLEY, *Les fondateurs de l'école du droit naturel moderne* (in Archives de philosophie du droit, Paris, 1961, p. 73 ss.) observa "au terme de notre période, le Code civil [français] ne ressemble guère au Code prussien."

1407 Ver **Tratado** (tomo 10 – **Direito internacional no tempo de C. van Bynkershoek e Christian Wolff**, cap. 22, sobre WOLFF e, especificamente, item 22.1 – *direito segundo LEIBNIZ*).

1408 Wilhelm GREWE, **Epochen der Völkerrechtsgeschichte** (Baden-Baden: Nomos, 1984, cit. p. 409-410).

Daí decorreu o fato de HOBBES ser inscrito nesse grupo, bastante heterogêneo, dos assim chamados 'negadores do direito internacional' – *Leugner des Völkerrechts*.[1409]

Ainda mais contundente e radical do que HOBBES, seria a crítica de ESPINOZA, no **Tratado político**, de 1677, quando afirma: "os estados se põem, uns em relação aos outros, como os homens, como inimigos – *due civitates natura hostes sunt*".[1410] E "o direito chega exatamente até onde vai o poder de cada um – *quia unusquisque tantum juris habet, quantum potentia valet*".[1411] Ou seja, não haveria direito, somente relações de força.

São opostos os métodos e as conclusões de MONTESQUIEU e de ROUSSEAU, como já o eram, antes deles, as de HOBBES, PUFENDORF e de LOCKE. Como apontado,[1412] isso se reflete, em diferentes campos da atividade humana, e também terá reflexos significativos no direito internacional.

Foi grande a importância do período moderno, para a consolidação das noções básicas do direito privado, como se reflete na estrutura e conteúdo dos códigos civis, nos tratados de direito civil, como nossas noções de propriedade, e a teoria do contrato, são criações do espírito moderno, que tem origem no trabalho dos filósofos, do início da era moderna:[1413]

1409 W. GREWE (op. cit., 1984, p. 409-410): "Schärfer noch, und radikaler als HOBBES hat dieser Konsequenz der Leugnung des Völkerrechts SPINOZA gezogen".

1410 B. SPINOZA, **Tractatus politicus** (1677, ed. 1992, cap. III, §§ 11 e 13). Ver B. de SPINOZA, **Traité de l'autorité politique** (orig. publ. **Tractatus politicus**, notices par Madeleine FRANCÈS, in **Œuvres complètes**, Paris: Gallimard-Pléiade, © 1954, impr. 1992, pp. 909/1044); ___, **Traité des autorités théologique et politique** (orig. publ. **Tractatus theologico-politicus**, 1670, notice par Madeleine FRANCÈS e Raymond MISRAHI, in **Œuvres complètes**, Paris: Gallimard-Pléiade, © 1954, impr. 1992, pp. 597/908).

1411 B. SPINOZA, **Tractatus politicus** (1677, ed. 1992, cap. II, § 8).

1412 Alfred VERDROSS, **Abendländische Rechtsphilosophie ihre Grundlagen und Hauptprobleme in geschichtlicher Schau** (Viena: Springer Verlag, 1969); v. tb. de A. VERDROSS, *Das Völkerrecht im System von Spinoza* (no Zeitschrift für öffentliches Recht, 1928, vol. VII, esp. p. 100-106).

1413 Franz WIEACKER, **Privatrechtsgechichte der Neuzeit unter besonderen Berücksichtigung der deutscher Entwicklung** (Göttingen: Vandenhoeck-Ruprecht, 1967); ou tb., ___, **História do direito privado moderno** (com prefácio à edição portuguesa de F. WIEACKER, 1980, trad. A. M. Botelho HESPANHA, Lisboa, Fundação C. Gulbenkian, 4ª ed., 2010, entre outras passagens, p. 342-343).

Na hora do nascimento do jusracionalismo tiveram, portanto, influência fatores, quer de ordem prática, quer de ordem teórica. Por um lado, a tradição antiga foi utilizada, diretamente, na construção de uma nova ordem jurídica da guerra e do estado, das gentes e dos poderes públicos; ao mesmo tempo, o direito natural libertou-se da teologia moral e desenvolveu, como uma ética social mundana e autônoma, os seus princípios, a partir de premissas próprias – assim em HOBBES, PUFENDORF e Christian WOLFF.[1414]

Em sua longa vida e carreira, Thomas HOBBES foi contemporâneo de ZOUCH, de GRÓCIO, de RACHEL e de PUFENDORF.[1415] Sem esquecer que, embora incidentalmente, Thomas HOBBES também tratou de questões de direito internacional, no seu estudo sobre os elementos filosóficos do cidadão, **Elementa philosophica de cive**, muitas vezes somente referido **De cive**, "do cidadão".[1416]

Onde se inscreve o direito? HOBBES divide o direito em divino e humano. O primeiro, segundo ele, pode ser natural – *naturale* –, ou positivo – *positivum*. O segundo pode ser – em suas palavras:

> ou natural dos homens, que costuma ser chamado direito natural – *lex naturae* –, e natural às coletividades políticas – *civitatum* –, que pode ser chamado direito das gentes – *lex gentium, vulgo autem jus gentium appellatur*. Os preceitos de cada um destes são os mesmos; mas que as comunidades políticas – *civitates* – tinham entre si instaurado de modo semelhante, segundo as propriedades pessoais do homem – *induunt proprietates hominum personales*.
> A lei, assim criada, relativa aos deveres do homem, singularmente considerado, aplicada ao conjunto de todas as comunidades políticas, nações ou povos, é chamada direito das gentes. E os elementos desta lei e direito naturais – *legis et iuris naturalis elementa* –, tal como foram transmitidos, e foi adotada pelas comunidades políticas e povos 'civilizados' – *civitates et gentes integras* –, pode

1414 F. WIEACKER (op. cit., 1967, ed. 2010, cit. p. 299-300).

1415 A respeito, ver **Tratado** (tomo 6 – **Direito internacional no tempo de Suarez, Gentili e Zouch**, cap. 17 – Richard ZOUCH, tomo 7 – **Direito internacional no tempo de Hugo Grócio**, cap. 18 – Hugo GRÓCIO, tomo 9 – **Direito internacional no tempo de Samuel Pufendorf**, capítulos 19 – Samuel RACHEL e 20 – Samuel PUFENDORF).

1416 Thomas HOBBES (1588-1679), **Do cidadão** (trad., apres. e notas Renato Janine RIBEIRO, São Paulo: Martins Fontes, 2002).

ser deduzida como contendo os elementos da lei e do direito das gentes – *legum et iuris gentium elementis sumi possunt*.[1417]

HOBBES situa, adequadamente, o conceito de direito internacional, como parte do direito natural. Mas "não parecia compreender nada a respeito das fontes e partes do direito internacional" – e de tal modo: "não trata especificamente das questões de direito internacional, mas se limita a remeter às premissas do direito natural geral; e por esse motivo, não pode HOBBES ser considerado um dos mestres do direito internacional – *Lehrer des Völkerrechts insbesondere nicht ansehen kann*".[1418]

Até hoje, muito se especula sobre uma possível contribuição específica de HOBBES, para o direito internacional, e como este se teria colocado em relação ao conjunto da disciplina. Algo que poderia ter ocorrido, mas não aconteceu.

Parece-me que OMPTEDA, já no século XVIII, tinha adequadamente situado a situação de HOBBES, em relação ao direito internacional, e por isso a sua avaliação foi, aqui, reportada. Embora muita especulação, a respeito dessa matéria, tenha continuado a ocorrer, desde então.

Observava M. VILLEY esse referido ecletismo da escola do direito natural,[1419] que pratica mistura prudente, de antiga escolástica tomista e

[1417] Thomas HOBBES, **De cive** (cap. XIV, § 4) apresenta a sua definição de direito internacional: "vel naturale hominum, quod solum obtinuit dici lex naturae, et naturale civitatum, quod dici potest lex gentium, vulgo autem jus gentium appellatur. Praecepta utriusque eadem sunt; sed quia civitates semel institutae induunt proprietates hominum personales, lex quam loquentes de hominum singulorum officio naturalem dicimus, applicata totis civitatibus, nationibus sive gentibus, vocatur ius gentium. Et quae legis et iuris naturalis elementa hactenus tradita sunt, translata ad civitates et gentes integras, pro legum et iuris gentium elementis sumi possunt."

[1418] D. Von OMPTEDA (op. cit., 1785, § 62, p. 249-250): "HOBBES machet sich dennach zwar vom natürlichen Völkerrechte einen ganz richtigen Begriff, weiss aber von anderen Quellen und Theilen des Völkerrechts nichts, und handelt auch jenes nicht besonders ab, sondern verweiset bloss auf die Sätze des allgemeinen Naturrechts; daher man ihn denn als einen Lehrer des Völkerrechts insbesondere nicht ansehen kann."

[1419] Michel VILLEY (1914-1988), **A formação do pensamento jurídico moderno** (trad. Claudia BERLINER, rev. técnica Gildo Sá Leitão RIOS, São Paulo: Martins Fontes, 2ª ed., 2009), do original, **La formation de la pensée juridique moderne** ("texte établi, révisé et présenté par" Stéphane RIALS, notes revues par Eric DESMONS, Paris: P.U.F. – Leviathan, 2003). De M. VILLEY, ver ainda as suas, **Réflexions sur la philosophie et le droit** – les Carnets ("textes préparés et indexés par" Marie-Anne FRISON-ROCHE et Christophe JAMIN, préf. de Blandine KRIEGEL et François TERRÉ, Paris: P.U.F., 1995).

de individualismo moderno.[1420] Aduzia ser "curioso que essa maneira de pensar o direito, os planos, as noções e a técnica, tenham sobrevivido à filosofia, que lhes serviu de fundamento":

> Continuamos a tratar as questões de direito, como se ainda acreditássemos na soberania do estado, a pensar em termos de direito subjetivo, de direito real, de pessoa jurídica, ou de propriedade absoluta e assimilar as noções de direito e de lei.[1421]
> Por isso, os estudos de história da filosofia podem desempenhar função crítica, em relação ao direito. Como, no arsenal de funções, que ainda compõem a nossa técnica jurídica, muitas dentre elas deixaram de nos satisfazer, e que começamos a sentir a sua progressiva inadequação às tendências comuns do pensamento contemporâneo, não será inútil testá-las, no momento de sua primeira aparição, ao saírem de suas fontes filosóficas, onde se encontram os segredos de sua insuficiência.[1422]

Dois fatores, podem ser apontados como marcantes, no período 'clássico': o espírito laico e o individualismo. Por *espírito* laico, entenda-se que o direito moderno se opõe ao direito clerical, da alta Idade média, e ao que o direito medieval, como todo, tem de sacral.

A célebre 'fórmula ímpia' – retomada por GRÓCIO, que não a inventou – pode ser considerada marco inicial da doutrina moderna. Quando ousa GRÓCIO formular que o direito natural continuaria a existir como tal, mesmo que Deus não existisse – *etiamsi daremus* [...] *non esse Deum*.[1423]

Longo encadeamento histórico, em GRÓCIO, a 'fórmula ímpia' – *etiam si daremus ... non esse Deum, aut non curari ab eo negotia humana* –[1424] se inspi-

[1420] Ver tb. de Pierre-Yves QUIVIGER, seu ensaio, **Le secret du droit naturel** – ou Après VILLEY (Paris: Classiques Garnier – Bibliothèque de la pensée juridique, vol. 3, © 2012, impr. 2013).

[1421] M. VILLEY (op. cit., 2003, p. 182): "Esse descompasso entre teoria do direito e filosofia não deveria nos surpreender; constitui uma das constantes da história do direito, resultantes da rotina dos juristas, que sem cultivar, por si mesmos, a filosofia, frequentemente só recebem as lições com atraso, por canais indiretos, que as deformam e endurecem, e só lhes obedecem na altura em que deixaram de ser professadas pelos filósofos."

[1422] M. VILLEY (op. cit., 2003, loc. cit.).

[1423] H. GRÓCIO, **Direito da guerra e da paz** (1625, prolegômenos, n. XI). A respeito, ver **Tratado** (tomo 7 – **Direito internacional no tempo de Hugo Grócio**, item 18.8 – *GRÓCIO e os limites do direito da guerra*).

[1424] F. SUAREZ, **De Legibus** (II.CVI.3): "Licet Deus non esset, vel non uteretur ratione, vel non recte de rebus judicaret, si in homine esset idem dictamen rectae rationis dictandis, v.g.,

raria diretamente da formulação de SUAREZ,[1425] no **De Legibus ac Deo legislatore**, de 1612.

Quando SUAREZ assim se exprimiu, o fazia em linha direta, vinda de GREGÓRIO DE RIMINI, falecido em 1358. E GREGÓRIO, por sua vez, assim escreveu, rememorando a lição de HUGO DE SÃO VITOR que, por volta de 1135, insistia estarem os princípios de direito natural inscritos no coração dos homens, 'mesmo ante a impossibilidade que nem Deus nem a razão divina existissem' – *Nam si per impossibilie ratio divina sive Deus non esset, aut ratio illa esset errans, adhuc si quis ageret contra rectam rationem angelicam vel humanam aut aliam aliquam si qua esset; pecaret.*[1426]

malum esse mentiri, illud habiturum eamdem rationem legis, quam nunc habet, quia esset lex ostensiva malitiae, quae in objecto ab intrinseco existit".

1425 Francisco SUAREZ, **Tractatus de legibus ac Deo legislatore** in decem libros distributus (orig. publ. Conimbricae: apud Didacum Gomez de Loureyro, 1612); Franciso SUAREZ (S.J.), **Tractatus de legibus ac de Deo legislatore / Tratado de las leyes e de Dios legislador** en diez libros (facsimilar da editio princeps, Coimbra, 1612, com versão espanhola de J. R. EGUILOR Muñozguren (S.J.), intr. geral Luis VELA Sanchez (S.J.), Madri: Instituto de Estudios Políticos, 1967-68); VITORIA et SUAREZ, **Contribution des théologiens au droit international moderne**, préface par James Brown SCOTT, Introduction par Yves de la BRIÈRE, Paris: Pedone, 1939, "Deuxième partie: Conceptions majeures du droit des gens d'après Fr. Suarez S.J.", p. 147-208, originais em latim e tradução francesa); Fr. SUAREZ, **Selections from three works** (1944, contendo **De Legibus ac Deo legislatore**, 1612; **Defensio fidei catholicae et apostolicae adversus anglicanae sectae errores**, 1613; **De triplice virtute theologica, fide, spe, et charitate**, 1621, em dois volumes: vol. I. A Photographic Reproduction of the Selections from the original Editions; vol. II. An English version of the texts, prepared by G. L. WILLIAMS, A. BROWN, and J. WALDRON, with certain revisions by Henry DAVIS, S.J.; together with an Introduction by J. Brown SCOTT, an Analytical Table of Contents, Indexes and a Portrait of SUAREZ, Washington: Carnegie Endowment for International Peace – The Classics of International Law / Oxford: At the Clarendon Press / London: Humphrey Milford, 1944). Ver **Tratado** (tomo 6 – **Direito internacional no tempo de Suarez, Gentili e Zouch**, cap. 15)

1426 HUGHES DE SAINT VICTOR (1096-1141), **De sacramentis Christianae fidei / On the Sacraments of the Christian faith** (translated by Roy J. DEFERRARI, Cambridge, Ma.: Harvard Univ. Press, 1951); cit. lib. I, P. VI, C. VI-VII; na coleção MIGNE, **Patrologia latina**, t. 176); Michael T. GIROLIMON, *Hugh of St. Victor's De Sacramentis Christianae fidei: The Sacraments of Salvation* (Journal of Religious History, vol. 18, No. 2, December 1994 – online https://doi.org/10.1111/j.1467-9809.1994.tb00231.x) avalia: "The principal work of the early Scholastic theologian and mystic HUGH OF ST. VICTOR, **De Sacramentis Christianae fidei**, represents a watershed in the history of Christian sacramental theology. It gathers together much of the Western Church's prior understandings of the sacraments, especially those of AUGUSTINE and PSEUDO-DIONYSIUS the Aeropagite, systematizes and amplifies them, and betokens later developments by thirteenth-century scholars such as

A paternidade da formulação original da 'fórmula ímpia' não pode ser creditada a GRÓCIO.[1427] Mas, a partir dele, repercute, no século XVIII, em MONTESQUIEU: "mesmo se Deus não existisse, deveríamos sempre amar a Justiça, ou seja fazer nossos melhores esforços, para parecer com esse ser do qual temos tão bela ideia, e existindo seria necessariamente justo. Mesmo livres do jugo da religião, não estaríamos livres do jugo da equidade".[1428] E também ecoa em ROUSSEAU.[1429]

O dado relevante, nesse debate, é o direito natural fazer abstração de Deus e da *fé*. Em lugar da fé, elemento chave para a compreensão das teorias medievais do conhecimento, a idade moderna afirma a sua confiança na *razão*, seja esta ajudada pela experiência, ou somente sensível.[1430]

Assim são construídos os sistemas jurídicos, tanto de HOBBES, como de PUFENDORF ou de WOLFF. E, em cada um destes, se verifica o progressivo desligamento do direito internacional, como sistema autônomo, em relação a outras áreas do saber humano.[1431]

THOMAS AQUINAS and BONAVENTURE. It was written just after HUGH became prior of the influential Augustinian abbey of St. Victor, Paris, in 1133. In **De Sacramentis**, HUGH depicted the Christian experience as a process of restoration within human history situated in the Incarnation, effected by means of the sacraments, and ultimately completed in the union beyond history of the individual with God"; v. tb. P. FORIERS (cit., 1961, ed. 1987, p. 290).

1427 Cfr. **Tratado** (tomo 7 – **Direito internacional no tempo de Hugo Grócio**, item 18.8 – *GRÓCIO e os limites do direito da guerra*).

1428 C. L. de SÉCONDAT, Baron de La Brède et de MONTESQUIEU, **Lettres persanes** (1721, in **Œuvres complètes**, Paris: Gallimard-Pléiade, texte annoté et présenté par Roger CAILLOIS, 1949, impr. 1990, vol. I, lettre LXXXIII – Usbek à Rhed, p. 256-7): "quand il n'y auroit pas Dieu, nous devrions toujours aimer la Justice; c'est-à-dire faire nos efforts pour ressembler à cet être dont nous avons une si belle idée, et qui s'il existoit, seroit nécessairement juste. Libres que nous serions du joug de la Religion, nous ne devrions pas l'être de celui de l'Équité".

1429 T. TANAKA (in **A normative approach to war**: peace, war and justice in Hugo Grotius, ed. by Y. ONUMA, Oxford: Clarendon Press, 1993, cit. p. 28-29): "ROUSSEAU did not see GROTIUS as within the Scholastic tradition. MONTESQUIEU's expression '*We should love justice even if there is no God*', is modelled on GROTIUS even though it is not a mere hypothetical phrase since it asserts that justice is of supreme value to both the pagan and the atheist". [...] "MONTESQUIEU perhaps detected in GROTIUS's hypothetical proposition a desire, or at least a tendency, to turn divinity into a relative concept." Essa interpretação parece tanto arriscada quanto pouco fundamentada.

1430 O que prossegue no **Tratado** (tomo 11 – **Direito internacional no tempo do iluminismo**).

1431 A respeito, ver **Tratado** (tomo 9 – **Direito internacional no tempo de Samuel Pufendorf**, sobre PUFENDORF, cap. 20 e tomo 10 – **Direito internacional no tempo de C. van Bynkershoek e Christian Wolff**, sobre WOLFF, cap. 22).

No processo de construção da modernidade e das premissas intelectuais do tempo 'clássico' – tais como a ênfase na razão e a separação estrita, entre direito e religião –, podem ser apontadas exceções: como o que se poderia chamar de a 'doutrina do direito', em LUTERO,[1432] ou a 'política guiada pela divina Providência' de BOSSUET,[1433] supostamente tirada das **Escrituras**, quando este expunha o seu portentoso e por vezes tendencioso **Discurso sobre a história universal**, de 1681 –[1434] mas, apesar destes 'desvios' de rumo, a nota predominante é a ênfase na razão, e a fundamentação dos sistemas se empenha em ser puramente racional. A busca da racionalidade ressurge, como marco característico do tempo 'clássico', ainda que por vezes antes como anseio, do que como realidade.

Da mesma forma, os fins, assinalados para o direito e o estado, são puramente temporais. Assim, se poderia arriscar situar o 'utilitarismo' como um dos modos dominantes, dentre as formas da inteligibilidade intelec-

[1432] Para a contextualização histórica, desde "Martin LUTHER und der Beginn der Refomation" até "Evangelische Würdigung Luthers" Ulrich KÖPF (hrsg.), **Deutsche Geschichte in Quellen und Darstellung** Band 3: **Reformationszeit 1495-1555** (Stuttgart: Reclam – Univ. Bibl. Nr. 17003, (c) 2001, impr. 2001, p. 89-442); Egon FRIEDELL, **Kulturgeschichte der Neuzeit** – Die Krise der Europäischer Seele von der Schwarzen Pest bis zum Ersten Weltkrieg (orig. publ. 1927-31, Munique: Beck, Sonderausgabe, 2007, Livro I – Renascença e Reforma – da Peste Negra até a Guerra dos Trinta Anos, cap. 6 – *Die deutsche Religion*, p. 266-341 e cap. 7 – *Die Bartholomäusnacht*, p. 342-408), descrevendo o período das guerras de religião como a intolerância pan-europeia – *Paneuropäische Intoleranz*. V. tb. Michel VILLEY, *Bible et philosophie gréco-romaine de saint Thomas au droit moderne* (in **Dimensions religieuses du droit**, Paris: Sirey – CNRS – Archives de philosophie du droit, vol. XVIII, 1973, p. 22-57); b/c seus já ref. **A formação do pensamento jurídico moderno** (trad. C. BERLINER, rev. técnica G. Sá Leitão RIOS, São Paulo: Martins Fontes, 2ª ed., 2009), ___, **La formation de la pensée juridique moderne** (texte établi, révisé et présenté par S. RIALS, notes revues par E. DESMONS, Paris: P.U.F. – Leviathan, 2003); ___, **Réflexions sur la philosophie et le droit** – les Carnets (ed. par M.-A. FRISON-ROCHE et C. JAMIN, préf. B. KRIEGEL et F. TERRÉ, Paris: P.U.F., 1995); M. VILLEY, **Le droit et les droits de l'homme** (Paris: P.U.F., 1983).

[1433] Sobre uma das grandes controvérsias da época, que opõe BOSSUET e FENELON, ver, por exemplo, Michel TERESTCHENKO, *FÉNÉLON (1651–1715) et BOSSUET (1627-1704): la querelle sur le pur amour* (in **Histoire raisonnée de la philosophie morale et politique** – le bonheur et l'utile, dir. de Alain CAILLÉ, Michel SENELLART, Christian LAZZERI, tome I – De l'antiquité aux Lumières, orig. publ. 2001, Paris: Flammarion – Champs, 2007, p. 492-503).

[1434] Jacques-Bénigne BOSSUET, **Discours sur l'histoire universelle** (orig. publ. 1681, textes établis et annotés par l'Abbé VELAT et Yvonne CHAMPAILLER, Paris: Gallimard – Pléiade, © 1961, impr. 2006, pp. 657-1027, com notas e variantes, pp. 1471-1524).

tual ocidental.[1435] Pode ser questionado, se este movimento do 'utilitarismo' chega a ser tão marcante, em relação a toda a evolução intelectual ocidental, mas certamente foi relevante, na evolução intelectual da era clássica.[1436]

Mesmo que se possa criticar ter sido o princípio inadequadamente designado, BENTHAM colocou o *princípio de utilidade* no coração de sua filosofia, que ele mesmo qualificou de '*utilitarismo*'. Significou BENTHAM, desse modo, a doutrina que estabelece ser o único fim *próprio*, que devem visar o moralista e o legislador, justamente 'a maior felicidade do maior número possível', enquanto se reconhece ser o único meio *atual* ou efetivo, pelo qual se pode incitar um indivíduo a obrar, em conformidade com esse princípio, como a busca da felicidade desse mesmo indivíduo.

Mediante o cálculo dos prazeres e das penas, pode-se entender a 'lógica social' do direito. Apesar da acusação de seu intrínseco egoísmo, o princípio de utilidade pôde escapar à crítica do individualismo. Mesmo sem constituir uma lei em si mesmo, o princípio de utilidade,[1437] constitui, aos olhos de BENTHAM, o fundamento de todo sistema legislativo.[1438]

[1435] Alain CAILLÉ, **Qu'est-ce que l'utilitarisme?** – une énigme dans l'histoire des idées (Paris: Recherches / La Revue du M.A.U.S.S. semestrielle, no. 6, deuxième semestre 1995; 'Présentation' par A. CAILLÉ, p. 4-14, cit. p. 4-5): "L'utilitarisme constitue donc le mode dominant parmi les formes de l'intelligibilité occidentale." [...] "Nous qualifierons d'utilitaristes les doctrines qui, affirmant que la recherche du bonheur constitue la grande affaire des hommes et que celui-ci est susceptible d'être obtenu à la suite d'un calcul rationnel parce que les éléments qui le composent – les plaisirs, l'absence de peine, les intérêts, les utilités, les préférences, etc., sont réputés intrinsèquement calculables, se retrouvent tiraillés entre deux propositions, l'une positive, l'autre normative. / La proposition positive énonce que les Hommes tendent à rechercher le plaisir et à éviter la douleur et qu'ils calculent leurs actions en vue d'arriver à cette fin. La proposition normative affirme que peuvent être qualifiées de justes et vertueuses les actions qui contribuent à accroître le bonheur de tous ou du 'plus grand nombre'."

[1436] Cujos desdobramentos prosseguem no **Tratado** (tomo 11, em relação ao assim chamado **Direito internacional no tempo do iluminismo**).

[1437] Jean-Pierre CLÉRO, *Jeremy BENTHAM (1748-1832) et le principe d'utilité* (in **Histoire raisonnée de la philosophie morale et politique** – le bonheur et l'utile, sous la direction de Alain CAILLÉ, Michel SENELLART, Christian LAZZERI, tome II – Des lumières à nos jours, originalmente publicado em 2001, Paris: Flammarion – Champs, 2007, p. 124-132) conclui.

[1438] J.-P. CLÉRO, *Jeremy BENTHAM (1748-1832) et le principe d'utilité* (cap. cit., 2001, ed. 2007, cit. p. 124): "Le principe d'utilité, qui n'est pas par lui-même une loi, constitue pourtant, aux yeux de BENTHAM, le fondement de tout système législatif."

A recusa em considerar fins, espirituais ou transcendentais, seria a nota marcante do 'utilitarismo'.[1439] Tendo como figura paradigmática o já mencionado Jeremy BENTHAM.[1440] Este também formula um *Plano de paz universal e perpétua* (1786-89).[1441]

Para os filósofos do direito natural da era clássica, a utilidade e a felicidade não deixam de ser objetos de interrogação, quer tenham sido pensados como o fundamento do direito, como o seu conteúdo específico, ou como a simples consequência de sua aplicação.[1442] Assim, claramente aparece a extensão na qual,

[1439] Christian LAVAL, *Fiction et utilité chez Jeremy Benthham* (in **Qu'est-ce que l'utilitarisme?** – une énigme dans l'histoire des idées (Paris: Recherches / La Revue du M.A.U.S.S. semestrielle, no. 6, deuxième semestre 1995, pp. 95-105, cit. p. 96): "L'immense travail critique de BENTHAM sur les idoles, les mystères, les mythes du droit, de la religion, de la métaphysique, de la politique de même que les écrits variés sur la grammaire, la logique, l'ontologie qui supposent cette théorie des fictions ne sont pas des aspects marginaux chez cet auteur. BENTHAM, pour réformer le monde entend réaliser la reconstruction de la représentation du monde et pour atteindre cet objectif, il est conduit à penser l'institution en général comme un artifice de langage susceptible d'organiser la production du plaisir et de la douleur. Autrement dit, il s'est imposé une tâche de reconstruction institutionnelle qui l'a obligé à fourbir les outils théoriques pour penser les conditions qui la rendraient possible. Les fictions, chez BENTHAM, sont les matériaux primitifs à partir desquels se construit le monde des calculateurs rationnels, l'espace de l'utilité enfin reconnue et triomphant dans les pratiques humaines. [...] jamais avant BENTHAM, la catégorie de *fiction* n'avait été aussi centralement prise comme objet de réflexion et utilisée comme instrument de création politique."

[1440] Gunnhild HOOGENSEN, **International Relations, Security and Jeremy Bentham** (Londres e Nova York: Routledge, 2005, p. 195): "BENTHAM's work on international law brings him easily back into the liberal tradition, alongside GROTIUS, but their foundations for international law differ significantly: GROTIUS looks to ntaural law as the guide, a concept for which BENTHAM has no time. BENTHAM looks instead to self-interest, an approach which modern commentators such as Friedrich MEINEKE and Stanley HOFFMANN have great difficulty in associating with anything but realism."

[1441] Dominique GAURIER, *Cosmopolis and utopia* (in FASSBENDER e PETERS, **The Oxford Handbook of the History of International Law**, cit., 2012, p. 250-271, esp. 265-267); Marcel MERLE, **Pacifisme et internationalisme XVIIe-XXe siècle** (Paris: Armand Colin, 1966, nota 3, p. 7) refere BENTHAM e acrescenta: "Foi a criação da Primeira Internacional Operária, em 1864, que vulgarizou a terminologia".

[1442] Christian LAZZERI, *La théorie du droit naturel au XVIIe siècle: l'utilité comme enjeu du droit et du contrat* (in **Histoire raisonnée de la philosophie morale et politique** – le bonheur et l'utile, sous la direction de Alain CAILLÉ, Michel SENELLART, Christian LAZZERI, tome I – De l'antiquité aux lumières, originalmente publicado em 2001, Paris: Flammarion – Champs, 2007, p. 465-492).

As tensões, que se manifestam na diversidade de suas respostas, são as mesmas que, *mutatis mutandis*, veremos reaparecer no final do século XVIII, entre a corrente *deontológica* e a corrente *consequencialista*, e que ainda formam um divisor de águas, nas discussões filosóficas contemporâneas.[1443]

O laicismo jurídico e a ênfase no papel da razão não devem, contudo, fazer presumir atitude intrinsecamente antirreligiosa, no espírito moderno. Isso, ao menos, até o século XVII, com o advento de ESPINOZA, tanto na sua **Ética**, como no **Tratado político**.[1444]

Sobretudo, no curso do século XVIII, com os pensadores do assim chamado 'Iluminismo', far-se-á a ruptura aberta em relação à ortodoxia.[1445] Muitos dos pensadores modernos foram também teólogos, mais estritos entre os católicos, mais laxistas entre os protestantes. Não esqueçamos a considerável extensão que as discussões religiosas ocupam nas obras de GRÓCIO, de ESPINOZA, de PUFENDORF ou de LOCKE.[1446]

Para os seguidores do 'Iluminismo', colocava-se a busca da razão como único critério para determinação da verdade, a única instância, para determinar o 'certo' e o 'errado'. Com a convicção de que a razão faz parte da

1443 C. LAZZERI, *La théorie du droit naturel au XVIIe siècle: l'utilité comme enjeu du droit et du contrat* (op. cit., 2001, ed. 2007, cit. p. 490); ver, neste tomo, o item – *sobre a origem e o conteúdo do direito natural.*

1444 B. de SPINOZA, **Éthique démontrée selon la méthode géometrique** (notice, trad., prés. et annotée par R. CAILLOIS, in **Œuvres complètes**, Paris: Gallimard-Pléiade, © 1954, impr. 1992, pp. 301/596); B. de SPINOZA, **Traité des autorités théologique et politique** (do original latino **Tractatus theologico-politicus** publ. 1670, notice par Madeleine FRANCÈS e Raymond MISRAHI, in **Œuvres complètes**, Paris: Gallimard-Pléiade, © 1954, impr. 1992, pp. 597/908); B. de SPINOZA, **Traité de l'autorité politique** (notices par Madeleine FRANCÈS, in **Œuvres complètes**, Paris: Gallimard-Pléiade, © 1954, impr. 1992, pp. 909/1044).

1445 Ver tb. Peter GAY, **The Enlightenment** – an interpretation – The rise of modern paganism (orig. publ. 1966, New York & London: Norton, 1977); Peter GAY, **The Enlightenment** – an interpretation – The science of freedom (orig. publ. 1969, New York & London: Norton, 1977); Geoffrey HAWTHORN, **Enlightenment and despair** – a history of social theory (orig. publ. 1976, Cambridge: Univ. Press, 2nd ed., 1987, reprinted 1992); Klaus HERDING, **Im Zeichen der Aufklärung** – Studien zur Moderne (Frankfurt: Fischer, 1989); Werner SCHNEIDERS, **Das Zeitalter der Aufklärung** (orig. publ. 1997, Munique: Beck, 4a. ed., 2008).

1446 Michel VILLEY (op. cit., 2003, p. 185-186): "Tout le XVIIe siècle est rempli d'une ardente vie religieuse, pas seulement en France, mais aussi dans le monde protestant et les discussions religieuses ont tenu la place d'honneur dans les œuvres de GROTIUS, SPINOZA, PUFENDORF ou LOCKE."

natureza humana, e esta permite captar o mundo, construído o arcabouço intelectual e institucional deste de modo racional.[1447]

Com destaque para I. KANT, em seu ensaio introdutório sobre o que é o 'Iluminismo' – **Was ist Aufklärung?** em 1784 –, nesta corrente se combinariam a crença na bondade intrínseca da natureza humana, com a expectativa de que a sociedade poderia ser aperfeiçoada, mediante uso da razão, e que esta seria o caminho para o progresso.[1448] Essa matriz kantiana teve e tem numerosos desdobramentos.[1449]

Conceitos como 'sociedade', 'estado', 'natureza', 'Deus', 'homem' e os princípios morais fundamentais, até então, ao longo do tempo, tinham sido transmitidos com base em autoridades irracionais, como convicções, dogmas políticos, tradições e instituições políticas e societárias, a metafísica e imposição das diferentes igrejas. Daí advinha a convicção da missão, para os assim chamados 'Iluministas', da necessidade de livrar a sociedade de tais cargas não racionais, e permitir a construção de base racional, para cada um desses grandes temas da vida de cada indivíduo, como das sociedades – e também da interação entre estas.[1450]

Claramente exemplifica esse 'enfoque iluminista' do direito internacional a obra de Adam Friedrich GLAFEY (1752),[1451] considerando no título da obra todo um programa: o "direito internacional, ou as negociações entre os povos livres, entre si, em tempos de guerra e de paz, à luz da razão (*nach*

[1447] Como se examina, ulteriormente, no **Tratado** (tomo 11 – **Direito internacional no tempo do iluminismo**).

[1448] Immanuel KANT, *Was ist Aufklärung?* (1784, no volume **Was ist Aufklärung? Ausgewählte kleine Schriften**, Hamburgo: Felix Meiner – Philosophische Bibliothek, vol. 512, 1999).

[1449] A respeito, ver **Tratado** (tomo 11 – **Direito internacional no tempo do iluminismo**).

[1450] Com base no corte histórico do tempo 'clássico' até meados do século XVIII, os ulteriores desenvolvimentos são examinados no **Tratado** (tomo 11 – **Direito internacional no tempo do iluminismo**).

[1451] A respeito da obra de A. F. GLAFEY, ver **Tratado** (tomo 12 – **Direito internacional no tempo de Vattel e von Martens**, item – *ensaio de balanço do direito internacional no século XVIII*). A primeira edição da obra de GLAFEY data de 1723. Na edição de 1752, era clara a ênfase no papel da razão, para determinar o direito como as relações entre os povos, tanto em tempo de guerra, como de paz, como se depreende do título integral da obra: Adam Friedrich GLAFEY, **Völkerrecht, worinn die Handlungen freyer Völker gegen einander zu Kriegs- und Friedenszeiten nach dem Rechte der Vernunft betrachtet, und aus denen neueren Geschichten mit denen darüber vorgefallenen Streitigkeiten erläutert werden** (Nürnberg, Frankfurt und Leipzig, 1752).

dem Rechte der Vernunft), ilustrados pela história recente, com explicação de controvérsias ocorridas". Considerar o direito e as relações internacionais à luz da razão pode ser desejável, inquestionavelmente, mas nem sempre se mostra viável, na prática dos estados.

Os grandes filósofos do direito, do século XVII, SUAREZ, GRÓCIO,[1452] LOCKE e PUFENDORF – e, mesmo, de certo modo, também ESPINOZA –[1453] tiveram cuidado em acordar as suas respectivas doutrinas com a religião cristã. Citam extensamente as **Escrituras**, para dar respaldo às suas argumentações.

Outro dado marcante da era moderna é o tão decantado 'individualismo'. Em contraposição, não somente, ao mundo medieval, como também ao mundo antigo. Essa vertente permeia toda a modernidade. Se estenderia e se fortaleceria, até os nossos dias.

A escola 'moderna' do direito 'natural' procede a todas as suas construções raciocinando sobre a premissa de ser consentânea com a 'natureza do homem'. Nesse sentido, a teoria moderna do direito natural se caracteriza pela ideia, segundo a qual a autoridade pública, que se reveste dos atributos de poder soberano, deve sua origem e sua legitimidade a um acordo, de natureza contratual, entre os indivíduos, dispondo de direitos naturais, que eles se mostram dispostos, ou são obrigados, em razão de lei natural, a transferir, em seu próprio benefício, a indivíduos, instituídos como detentores do poder público.

E a construção de sociedade internacional organizada se exprimiria, como grau ulterior desse mesmo encadeamento. Depois de ordenadas as sociedades políticas, instaurar-se-ia a convivência organizada entre estas, como grau adicional, por meio do direito internacional.

[1452] A respeito de SUAREZ, de GRÓCIO e de PUFENDORF, ver **Tratado** (tomo 6 – **Direito internacional no tempo de Suarez, Gentili e Zouch**, cap. 15, tomo 7 – **Direito internacional no tempo de Hugo Grócio**, cap. 18, e tomo 9 – **Direito internacional no tempo de Samuel Pufendorf**, cap. 20).

[1453] B. de SPINOZA, **Éthique démontrée selon la méthode géometrique** (notice, trad., prés. et annotée par R. CAILLOIS, in **Œuvres complètes**, Paris: Gallimard-Pléiade, © 1954, impr. 1992, pp. 301/596); B. de SPINOZA, **Traité des autorités théologique et politique** (do original latino **Tractatus theologico-politicus** publ. 1670, notice par Madeleine FRANCÈS e Raymond MISRAHI, in **Œuvres complètes**, Paris: Gallimard-Pléiade, © 1954, impr. 1992, pp. 597/908); B. de SPINOZA, **Traité de l'autorité politique** (notices par Madeleine FRANCÈS, in **Œuvres complètes**, Paris: Gallimard-Pléiade, © 1954, impr. 1992, pp. 909/1044).

Tautologicamente, o marco referencial é o indivíduo: nesse sentido, já MONTAIGNE, ao descobrir em sua individualidade "a forma inteira da humana condição",[1454] foi um precursor dessa vertente marcante da modernidade. E isso explica muitos dos caminhos trilhados desde então. E a recorrente presença de MONTAIGNE.

Dentre as teses caracterizadoras do 'individualismo' do mundo moderno:

- existência de 'direitos naturais' do indivíduo, fundamento do sistema de HOBBES, acolhido por LOCKE, PUFENDORF, THOMASIUS, WOLFF, e se exprime nas solenes *Declarações de direitos do homem*,[1455] como também as reflete Emmanuel-Joseph SIEYÈS;[1456]
- concepção da construção do estado, por meio da ficção do 'contrato social', no interesse e para a utilidade dos indivíduos – e, aduzo, com grau ulterior de institucionalização de sociedade internacionalmente organizada, na qual a convivência pacífica entre os estados seguiria a mesma lógica do 'interesse' e da 'utilidade' dos indivíduos; mas também
- positivismo jurídico, no sentido original do termo, como corolário da tese do contrato social e do estado anárquico da vida do homem no estado de natureza: se o indivíduo é livre no estado de natureza, e se a natureza não regula as relações sociais, o direito somente existe quando posto pelo estado – isso, na formulação 'radical' do positi-

[1454] Michel de MONTAIGNE, **Essais** (in **Œuvres complètes**, textes établis par Albert THIBAUDET et Maurice RAT, introduction et notes par Maurice RAT, Paris: Gallimard / Pléiade, © 1962, impr. 1992).

[1455] Sobre PUFENDORF e WOLFF ver **Tratado** (tomo 9 – **Direito internacional no tempo de Samuel Pufendorf**, cap. 20 e tomo 10 – **Direito internacional no tempo de C. van Bynkershoek e Christian Wolff**, cap. 22). Ver tb. **Les déclarations des droits de l'homme de 1789** (textes réunis et présentés par Christine FAURÉ, Paris: Payot, 1988), para a contextualização do conjunto, com todos os textos preparatórios e os debates registrados.

[1456] Emmanuel-Joseph SIEYÈS (1748-1836), **Qu'est-ce que le Tiers État?** (1789, no volume **Les déclarations des droits de l'homme de 1789**, textes réunis et présentés par C. FAURÉ, Paris: Payot, 1988, p. 319-324) publica-se o *Manuscrit inédit de SIEYÈS sur les Déclarations des droits de l'homme*, com a menção expressa de se tratar de "document écrit de sa main en l'an III, révélateur de l'état d'esprit qui l'animait en juillet-août 1789 et des fondements de sa démarche philosophique et politique à l'époque". V. tb. Erwan SOMMERER, **Sieyès** – le révolutionnaire et le conservateur (Paris: Michalon, 2011)

vismo, porquanto algumas correntes 'atenuadas' deste contemplam o reconhecimento de camada superior de 'direito natural', que se manifestaria em graus distintos, até a Escola do direito natural; e enfim,
- o elemento primordial do sistema de direito (seja este positivo ou natural), que passa a ser a noção de direito subjetivo, do qual a teoria do contrato constitui o prolongamento – e o sucesso desta foi, afinal, universal.

Como em tantas outras coisas, para compreender a formulação 'moderna', é preciso atentar para as raízes desta, que mergulham em fontes mais antigas: o conceito de direito 'subjetivo', aparentemente 'moderno', na verdade remonta ao início do século XIV, com a escolástica franciscana e, sobretudo, com o nominalismo de GUILHERME DE OCKHAM.[1457] A matriz de algo que nos parece tão inovadoramente 'moderno', como a noção de direitos inerentes ao ser humano, é, na verdade, essencial e conceitualmente, 'medieval'.

A compreensão da filosofia jurídica da era moderna não pode, assim, dispensar a compreensão dos seus precursores medievais.[1458] Sob pena de cometer impropriedades conceituais e históricas, anacronismos e injustiças.

[1457] Ver **Tratado** (tomo 4 – **Direito internacional no tempo medieval**, cap. 9 – *MARSÍLIO DE PÁDUA e GUILHERME DE OCKHAM*). A respeito de OCKHAM e do espírito laico referência na matéria continua a ser a extensa e bem fundamentada obra de G. de LAGARDE **La naissance de l'esprit laïc au déclin du Moyen Âge** (Paris: Vrin, 2ᵉ éd., 1956, tomos 4, 5 e 6 *L'individualisme ockhamiste*). Linha direta de influência e herança, mais ou menos diretamente contínua, existe e pode ser apontada entre OCKHAM – em menor escala, também, em relação a DUNS SCOT – e os profetas, por excelência, do pensamento moderno, tais como LUTERO, DESCARTES, HOBBES e PUFENDORF.

[1458] Como se examinou no conjunto do **Tratado** (tomo 4 – **Direito internacional no tempo medieval**); ver tb. M. VILLEY (op. cit., 2003, p. 187): "o tomismo foi um dos dados capitais da vida escolar dos séculos XVI e XVII. Depois de ter experimentado importante renovação na Espanha do século XVI, e embora mais ou menos corrompido e transmitido através de intermediários, dominará o ensino até o final do antigo Regime [1789], e isso tanto nos países protestantes, como no mundo católico. Ao tomismo, o direito moderno parece dever sua segunda característica: seu caráter laico (*laïcité*), sua confiança nas forças da razão humana." M. VILLEY (op. cit., 2003, desenvolve inteiro capítulo sobre '*La modernité de la doctrine juridique de Saint Thomas*', p. 188-201), cujo propósito é o de mostrar santo TOMÁS como precursor dos modernos sistemas de direito. Observa (p. 189): "Mesmo ESPINOZA se apoia na teologia tomista quando, a cada instante, exalta, utilizando os mesmos argumentos e citações da Escritura que tinha usado santo TOMÁS, as 'luzes naturais' do homem. Da mesma forma LOCKE ou WOLFF, GRÓCIO, DOMAT, o Código prussiano ou o Código civil [francês] são

Esses são, em suma, alguns dos dados que se colhem na linguagem jurídica de WOLFF.[1459] E estes mesmos traços também estão presentes na filosofia de KANT.[1460] Como também se refletem nos **Códigos civis**, francês, no início do século XIX,[1461] e no Código civil alemão, no final do século XIX. O mesmo também se observa nas obras dos *Pandectistas*:

> Logo desde o início, a Pandectística começou a exercer influência mesmo para além do espaço linguístico e cultural alemão. O seu método e o seu sistema adquiriram uma influência dominadora sobre a Europa meridional, sobre a Hungria e mesmo na Grécia. Ainda mais rica em consequências é a sua influência nos antigos países nucleares da ciência jurídica europeia. O discípulo de SAVIGNY, WARNKÖNIG preparou a sua temporã introdução na Bélgica. Na Itália, ela não deixou de ter importância na unificação nacional de 1861-1870, sobretudo pelo brilhante renascimento da dogmática romanista e da história do direito romano. Mesmo em França, a sua influência menos intensa não foi impedida pelo confronto bélico das duas nações a partir de 1870. Sobre a Rússia e os países escandinavos produziram-se sobretudo influências de caráter metodológico. Mesmo na Inglaterra, onde apesar da participação em todos os movimentos culturais do continente, já desde a baixa Idade média se tinha

impensáveis sem santo TOMÁS." E conclui (p. 201): "o direito moderno não se constituiu somente *contra* santo TOMÁS, mas também *a partir* de santo TOMÁS."

1459 Como se examina no **Tratado** (tomo 10 – **Direito internacional no tempo de C. van Bynkershoek e Christian Wolff**, cap. 22), a respeito da contribuição de WOLFF para o direito internacional.

1460 Ver a respeito **Tratado** (tomo 11 – **Direito internacional no tempo do iluminismo**). Contrariamente à crítica quanto ao caráter excessivamente teórico de sua concepção do 'imperativo categórico', empenha-se Immanuel KANT em mostrar a aplicabilidade do princípio, no seu conhecido texto de 1793, **Über den Gemeinspruch: Das mag in der Theorie richtig sein, taugt aber nicht für die Praxis.** seguido do ainda mais conhecido ensaio sobre a paz perpétua, de 1795, **Zum ewigen Frieden: ein philosophischer Entwurf** (mit Einleitung und Anmerkungen, Bibliographie und Registern kritisch herausgegeben von Heiner F. KLEMME, Hamburgo: Felix Meiner – Philosophische Bibliothek Band Nr. 443, 1992); edição brasileira, I. KANT et al., **A paz perpétua** – um projeto para hoje (org. J. GUINSBURG, textos de KANT, DERRIDA, ROSENFELD e ROMANO, São Paulo: Perspectiva, 2004).

1461 M. VILLEY (op. cit., 2003, p. 190): "o Código civil [francês], mais que da vontade do povo, é obra de POTHIER, de DOMAT, em algumas passagens de PUFENDORF, fruto de doutrina durante muito tempo autônoma, capaz, por si só, de instaurar as soluções de direito, antes que o estado apusesse o seu selo – doutrina laica, independentemente de qualquer direção clerical, doutrina enxertada na doutrina anterior dos jurisconsultos romanos."

impedido o acesso à metodologia jurídica especializada do continente, ela acabou por se fazer sentir através da figura do importante franco-atirador científico-metodológico AUSTIN e, mais tarde, através dos historiadores ingleses do direito, como POLLOCK, MAITLAND e, ainda, HOLDSWORTH. Se já a partir do século XIX as codificações e projetos legislativos do centro europeu começaram a influir no Próximo e Extremo Oriente e na América Latina – e, assim, ao lado das famílias jurídicas 'francesa' e 'anglo-saxônica', passou a estar uma centro-europeia – isto é também um fruto das conquistas pacíficas com as quais a privatística alemã devolveu ou transmitiu o que ela tinha em tempos recebido das outras nações: no século XIII-XVI da Itália; nos séculos XVII e XVIII da Holanda; no século XVI e, de novo, no século XIX, da França.[1462]

Pode-se, igualmente, assinalar como dado caracteristicamente 'moderno' a considerável medida na qual, a partir de 1648, foi transformada a *religião institucional* em dado da *política*. Pode-se argumentar que a influência recíproca, entre estas duas esferas, sempre ocorreu. Mas a religião, tratada como questão de política pública, seria fenômeno intrinsecamente moderno.

Mas, precisamente, neste tempo, aqui examinado, do 'moderno' para o 'clássico', mais ainda, torna-se a *religião institucional* uma questão – de ordem institucional, dentre as *políticas públicas*.[1463] E esta, que pretendeu ser 'universal' – *katholikon* –, passa a ser de caráter estrita e institucionalmente nacional, ou mesmo abertamente 'nacionalista', sobretudo nas igrejas 'reformadas', enquanto igrejas nacionais, e isso é verdade sob vários pontos de vista – institucional, legal e economicamente. Mesmo se o termo 'nacionalista' tenha de ser usado com reservas em relação ao contexto dos séculos XVII e XVIII; parece[1464] mais familiar aos séculos XIX e XX, mas também ocorreu antes.

[1462] O papel da escola histórica do direito, dos *Pandectistas* e positivismo do estado nacional é examinado por Franz WIEACKER (1908-1994), em sua já referida obra, **História do direito privado moderno** (ed. portuguesa, 4ª ed., 2010, Quinta parte – *Escola histórica do direito, Pandectística e positivismo do estado nacional,* p. 397-589, § 23 – *A Pandectística e o positivismo científico,* p. 491-524, esp. III.3, p. 506-508).

[1463] Vasto e complexo tema. A respeito, ver, por exemplo: Robin DUNBAR, **How religion evolved and why it endures** (orig. publ. 2022, Londres: Pelican Books – Penguin – Random House, 2023); Émile DURKHEIM (1858-1917), **Le fait religieux** (préf. de Vincent GENIN, Paris: Payot – Rivages, 2022).

[1464] Como se examina no **Tratado** (tomo 13 – **Direito internacional no tempo do iluminismo**), item – 26.1 – *J. G. FICHTE (1762-1814) – racionalismo, direito natural e nacionalismo?*).

A adoção do princípio, de que a cada rei compete determinar a religião oficial do estado – *cuius regio ejus religio* – princípio, ademais, já antes solenemente sancionado pela *Paz Augusta*, traz a premissa para a identificação, entre a luta de confissões e a luta de estados, para o dado dramático da história,[1465] do século XVII.

Este, de modo bastante surpreendente, se pode transpor ao contexto, não menos dramático, do início deste século XXI, no qual está armado polo de conflito e tensão, entre religiões, que necessitará muito tempo e muito esforço para ser amainado.[1466] Não somente pela histórica incompreensão, recentemente acirrada, entre os mundos cristãos e os muçulmanos, como também entre judeus e muçulmanos, e mesmo entre conflitantes confissões cristãs.

A partir da "guerra dos trinta anos", causada pelas ambições políticas dos príncipes europeus, e que foi, em considerável medida, travada em nome da intolerância religiosa, põe-se, em muitos autores,[1467] o marco de surgimento do direito internacional, como ramo autônomo do direito: os tratados de Münster e de Osnabrück, que compõem o assim chamado *sistema* de Vestfália, de 1648. Estes tratados marcariam, segundo tal corrente de interpretação, o início de nova era na história política da Europa, e na

[1465] Frederic HOFFET, **Psychanalyse de l'Alsace** (texte de 1951, augmenté d'une préface de l'auteur et d'un avant-propos de Germain MULLER, Colmar: Editions Alsatia, 1973) mostra como a paz em 1648 traz o marco da crise e instaura institucionalmente a dualidade na Alsácia, com a passagem desta, em decorrência de acordo, para a França. A partir desse momento se insere na Alsácia o esforço de LUÍS XIV de integrá-la ao reino e esfera cultural e linguística francesas, depois de séculos de quase total integração da região entre os povos do império germânico, não somente da futura Alemanha, propriamente dita, como dos holandeses e flamengos, e dos suíços de língua alemã. É preciso ver também o outro lado, cf. por exemplo, analisa John A. LYNN, **The French Wars 1677-1714**: the Sun King at war (Oxford: Osprey, © 2002, second impression, 2009).

[1466] Com a assim chamada, *faute de mieux*, confrontação ou choque de civilizações, ver a divulgação feita por Samuel HUNTINGTON, **The clash of civilizations and the remaking of world order** (Londres: Simon & Schuster, 1998), edição bras., **O choque de civilizações e a recomposição da ordem mundial** (trad. M. H. C. CÔRTES, Rio de Janeiro: Objetiva, 1997), antes publicado como artigo, *The clash of civilizations* (Foreign Affairs, 1993, 72, n. 3, pp. 22 ss.), bem como *The West unique, not universal* (Foreign Affairs, 1996, 75, n. 6, pp. 28 ss.). Contraposição interessante, v. Octávio IANNI, **A sociedade global** (Rio de Janeiro: Civilização brasileira, 5ª ed., 1997).

[1467] Ver Heinz Dieter KITTSTEINER (1942-2008), **Die Stabilisierungsmoderne** – Deutschland und Europa 1618-1715 (Munique: Carl Hanser, 2010).

regulação desta pelo direito internacional. O que é bastante simplista, e precisa ser adotado com algumas reservas.[1468]

Mesmo que pareça haver acordo entre muitos autores de direito internacional sobre esse dado,[1469] praticamente as razões para a necessidade de estender o campo de análise histórica já foram apontadas.[1470] O sistema internacional moderno, pós 1648, é somente uma vertente do direito internacional, não pode servir para explicar o todo.[1471]

Como ilustram não somente as tradições internacionalistas extra europeias, e também as configurações de sistemas institucionais e normativos internacionais, precedentes aos pactos de 1648, não existe sistema internacional organizado somente após 1648, nem tampouco somente entre os países da Europa ocidental. Essa visão, restrita e reducionista, do fenômeno da internacionalidade organizada não pode ser aceito; é somente uma vertente, um exemplo possível de sistema institucional e normativo internacional.

É útil acrescentar, a esse dado de institucionalização do sistema internacional, amplamente aceito, a particularidade do sistema internacional institucionalmente organizado no *corpo germânico*, o Sacro império romano-germânico,[1472] no período de 1648 até a sua dissolução, oficialmente decla-

1468 Como considerado no **Tratado** (tomos 3 A – **Direito internacional no tempo antigo**, 3 B – **Gregos, romanos, chineses, indianos**, 4 – **Direito internacional no tempo medieval**, 5 – **Direito internacional no tempo de Francisco de Vitória**, 6 – **Direito internacional no tempo de Suarez, Gentili e Zouch**, 7 – **Direito internacional no tempo de Hugo Grócio**), bem como, no presente tomo, item – *além do paradigma vestfaliano*.

1469 David KENNEDY, *Images of religion in International Legal Theory* (in **Religion and International Law**, ed. by M. W. JANIS & C. EVANS, Leiden/Boston: M. Nijhoff, © 1999, nova ed., 2004, chap. 8, p. 145-153, cit. p. 151): "we would find in the origins of international law not a moment of tolerant generality, of liberality, but a well-articulated practice of social intolerance. For it was the law of peoples that worked to exclude the Jew, the homosexual, the heretic, and perhaps most crucially, worked to suppress the exuberance of spiritual fervor, displacing it with bureaucracy. The suppression of witchcraft, sorcery, but also of ecstatic millenarianism, whether of early Amaurians or late Anabaptists, and their displacement by the logic of state orthodoxy, was a collaborative practice of religious intersovereign action".

1470 Como considerado, neste tomo, item – *além do paradigma vestfaliano*.

1471 Cfr. **Tratado** (tomos anteriores) deste conjunto sobre o **Direito internacional no tempo**.

1472 Michel MISSOFFE, **Metternich (1773-1859)** (Paris: Fayard, 1959, ch. VII – *L'ambassade de Paris (4 août 1806-26 mai 1809)*, p. 91-109, cit. p. 94): "Le 6 août, c'est à dire le jour même de la remise des lettres de créance de son nouvel ambassadeur, FRANÇOIS II (rétrogradé, si l'on peut dire, en FRANÇOIS Ier.) déclarait déposer la couronne de ce Saint-Empire-romain germanique qui remontait à 962. / Le sceptre de CHARLEMAGNE changeait de main. / De fait [...] l'Autriche était exclue de l'Allemagne comme elle l'avait été de l'Italie."

rada, em 1806. Essa foi multissecular experiência de sistema internacional, no sentido propriamente dito do termo 'institucionalizado'.[1473]

Depois da extinção formal do Sacro império, em 1806, no vazio institucional criado entre os numerosos estados então existentes na Alemanha, se instaura a "Liga alemã" –[1474] *der deutsche Bund*, de 1815-1866. Esta estrutura transitória, de um lado, assegurou regime de relativa paz e desenvolvimento, enquanto, de outro lado, preparou o caminho para a unificação 'nacional' alemã. Com a unificação, se encerrou o experimento do precedente período 'imperial'. Durante séculos, neste existiram interessantes elementos de internacionalidade, nas instituições e na operação do sistema. Como examina Samuel PUFENDORF, notadamente em sua obra sobre a **Constituição do império alemão**, em 1667.[1475]

Cabe ponderar, a questão da "unificação jurídica da humanidade não é, em última análise, um problema de poder e de força".[1476] Felizmente:

> A unidade cosmopolita do poder nem pode ser colocada como princípio, nem legitimamente desejada como resultado de um programa de ação, até o momento em que se tenham esclarecido e reconhecido os elementos essenciais que deveriam resultar dessa unidade.[1477]

Foi o Sacro império romano germânico verdadeiro teste e laboratório de ensaio de receitas de convivência internacional. Este representou simultaneamente modelo político de uso 'interno' e sistema internacional institucionalizado.[1478] Por isso, o Sacro império permitiu conviverem dife-

1473 Ver **Tratado** (tomo 11 – **Direito internacional no tempo do iluminismo**, item – *império, estado moderno e ascensão do absolutismo*).

1474 Wolf D. GRUNER, **Der deutsche Bund** 1815-1866 (Munique: Beck, 2012).

1475 Sob pseudônimo de Severinus de MONZAMBANO de Verona, publica Samuel PUFENDORF, **Die Verfassung des deutschen Reiches** (orig. publ. 1667, Übersetzung, Anmerkungen und Nachwort von Horst DENZER, Stuttgart: Philipp Reclam – Univ. Bibliothek Nr. 966[3], ed. 1976, Durchgesehene Ausgabe, 1985). Sobre a contribuição de PUFENDORF ao direito internacional e a atuação deste como historiador, ver **Tratado** (tomo 9 – **Direito internacional no tempo de Samuel Pufendorf**, cap. 20 e item 20.2).

1476 Giorgio DEL VECCHIO, **La société des nations au point de vue de la philosophie du droit international** (RCADI, 1931, t. 38, pp. 541-650).

1477 G. DEL VECCHIO (op. cit., 1931, p. 562).

1478 Convém lembrar que esta experiência contribui para entender e explicar não somente as experiências subseqüentes, do federalismo alemão, como também do modelo adotado para

rentes sujeitos de direito internacional, em todo integrado, mesmo que se lhe criticasse, por vezes, a pouca efetividade de ação.

Esta experiência institucional 'imperial' na Europa moderna e clássica não foi somente experiência concreta de convivência internacional organizada, [1479] como também o marco que influenciaria, diretamente, as reflexões dos teóricos da paz: desde as **Reflexões** de 1670, de LEIBNIZ,[1480] ao contexto de intensa reordenação do sistema internacional, no início do século XVIII, em torno dos tratados de paz de 1713-1715 – Utrecht, e seus complementos, de Rastatt e Baden –[1481] na mesma altura em que Charles CHASTEL, o abade de SAINT PIERRE – dito 'o Irineu', do grego, *'amigo da paz'* –[1482] publica o seu **Projeto para tornar perpétua a paz na Europa**. Sua utopia, originalmente publicada em 1713, conclamava à instauração de uma sociedade das nações, cujo centro estaria em Utrecht, dotada de

a integração europeia, como examino em P. B. CASELLA, *Perspectivas da integração europeia – entre mito e operacionalidade?* (Revista FDUSP, 2014, vol. 109, p. 25-74).

1479 Mais pacífico, ou menos belicoso do que estados-nação como a França da época de LUÍS XIV, o Império continha modelo internacional institucionalizado. A respeito, ver **Tratado** (tomo 11 – **Direito internacional no tempo do iluminismo**, item – *império, estado moderno e ascensão do absolutismo*).

1480 G. W. LEIBNIZ, **Bedenken, welchergestalt Securitas publica interna et externa et Status praesens im Reich jetzigen Umständen nach auf festen Fuss zu stellen** (1670, in **Die Idee Europa 1300-1946** – Quellen zur Geschichte der politischen Einigung, hrsg. Rolf Hellmut FOERSTER, Munique, DTV, 1963, p. 73-78). A respeito ver **Tratado** (tomo 10 – **Direito internacional no tempo de C. van Bynkershoek e Christian Wolff**, item 22.1 – *direito segundo LEIBNIZ*).

1481 Lucien BÉLY, **Les relations internationales en Europe** – XVIIe-XVIIIe siècle (orig. publ. 1992, Paris: PUF – Thémis – Histoire, 4e éd., 2013, Cinquième partie – Les coalitions contre la France et la construction de l'équilibre européen, chap. 14 – *La paix de Utrecht: pour un nouvel ordre européen*, item 2 – *Le temps des traités*, cit. p. 433-434, e ver tb. item 3 – *La reconstruction européenne*, cit. n. 9 – *La paix en Europe*, p. 446-447): "Les traités de 1713-1715 furent contestés, aussitôt qu'ils furent signés. Pourtant ils fondaient un équilibre européen qui fut solide. Deux nouvelles monarchies étaient reconnues – Prusse et Piémont-Sicile – elles devaient servir d'intermédiaires entre les grandes puissances. [...] La paix d'Utrecht fut célébrée dans les formes traditionnelles, mais la joie ne fut pas manifeste en Hollande ou à Londres – HAENDEL y composa son *Te Deum d'Utrecht*. Pourtant, dans l'imaginaire collectif et chez les écrivains du XVIIIe siècle, ces traités marquèrent une stabilisation politique de l'Europe après les incessants conflits du XVIIe siècle comme une ère nouvelle."

1482 Charles 'Irénée' CHASTEL, Abbé de SAINT-PIERRE, **Projeto para tornar perpétua a paz na Europa** (trad. Sérgio DUARTE, pref. R. SEITENFUS, Brasília: Ed. UnB / IPRI, São Paulo: IOE, 1ª ed. bras., 2003).

força policial internacional, encarregada de impedir o surgimento de quaisquer conflitos.

A perquirição das bases sobre as quais seja possível construir sistema institucional e normativo internacional não é somente de hoje que se coloca como objeto de indagação. Essa mesma linha de projetos de paz passa pelos enciclopedistas DIDEROT e d'ALEMBERT, sem deixar de lembrar as formulações de Jean-Jacques ROUSSEAU[1483] e, sobretudo, de Immanuel KANT,[1484] para nos atermos aos mais conhecidos. Como se estende, ainda, aos herdeiros de KANT.[1485] E, desse modo, a partir da convivência, entre modelos históricos e concepções teóricas, teve a ideia de institucionalização da paz inúmeros desdobramentos na prática.[1486]

Ao lado dos projetos e candentes defesas destes, se colocam também as vozes críticas, quanto à própria viabilidade de alcançar a *paz perpétua* – como dito, sempre reconhecido como propósito nobre e útil, mas também considerado como remotamente passível de ser alcançado.

[1483] Ver tb. Alfred HIRSCH, **Rousseaus Traum vom ewigen Frieden** (Munique: Wilhelm Fink, 2012).

[1484] Immanuel KANT, **Zum ewigen Frieden: ein philosophischer Entwurf** (mit Einleitung und Anmerkungen, Bibliographie und Registern kritisch herausgegeben von Heiner F. KLEMME, Hamburgo: Felix Meiner – Philosophische Bibliothek Band Nr. 443, 1992, precedido de **Über den Gemeinspruch: Das mag in der Theorie richtig sein, taugt aber nicht für die Praxis**); I. KANT et al., **A paz perpétua** – um projeto para hoje (org. J. GUINSBURG, textos de KANT, DERRIDA, ROSENFELD e ROMANO, São Paulo: Perspectiva, 2004).

[1485] Essa temática abrange diversos autores, que se debruçaram sobre o tema, antes e depois, nos séculos XVII e XVIII, cf. o conjunto dos estudos reunidos no volume, **L'année 1796 – sur la paix perpétuelle** – de LEIBNIZ aux héritiers de KANT (dir. de Jean FERRARI e Simone GOYARD-FABRE, Paris: Vrin, 1998).

[1486] Para exame da evolução dos projetos de paz perpétua, em relação com a integração europeia, os textos coligidos em **Die Idee Europa 1300-1946** – Quellen zur Geschichte der politischen Einigung, hrsg. von Rolf H. FOERSTER, Munique: DTV, 1963), tb. examinado no **Tratado** (tomo 11 – **Direito internacional no tempo do iluminismo**, item – *império, estado moderno e ascensão do absolutismo*); CASELLA, **União europeia** – instituições e ordenamento jurídico (São Paulo: LTr, 2002, esp. item 1.2 – *Projetos e experiências de união europeia: antecedentes históricos*, p. 54-71); CASELLA, *Pax perpetua – a review of the concept from the perspective of economic integration* (in **Dimensão internacional do direito: estudos em homenagem a G.E. do NASCIMENTO E SILVA**, São Paulo: LTr, 2000, pp. 69-88); ver tb.: Jean-Pierre BOIS, **La paix** – histoire politique et militaire 1435-1878 (Paris: Perrin – histoire, 2012); Simone GOYARD-FABRE, **La construction de la paix** – ou le travail de Sisyphe (Paris: Vrin, 1994); Hans von HENTIG, **Der Friedensschluss** – Geist und Technik einer verlorenen Kunst (Munique: dtv – Deutscher Taschenbuch Verlag, 1965).

Sobre a construção da paz geral na Europa,[1487] LEIBNIZ nos descrevia, nesse seu texto, **Reflexões**, de 1670, por ele escrito aos vinte e quatro anos, a vantagem do império equitativo entre os participantes – *imperium aequabile in sócios* –, em relação à violência exercida sobre os vencidos – *violentum in victos* –,[1488] quando se dava a confrontação direta entre reinos rivais.

Este projeto de império central organizado contaria, inclusive, com tribunal internacional, para resolver as controvérsias entre os participantes (europeus). Exprimia LEIBNIZ a convicção da conveniência de que os europeus utilizassem as suas forças, não uns contra os outros, mas que voltassem essas mesmas forças sobre outros povos e continentes, com o que ele afirmava ser o "nobre propósito" de expandir os limites da cristandade:[1489] "não mais se suspeitarão de pensamentos monárquicos a França e a Espanha, pois na medida em que se organize a convivência entre os membros, desaparecerá toda desconfiança entre estes, como entre a cabeça e os membros".[1490]

O papel que LEIBNIZ atribuía a esse império central, institucionalmente organizado, parece ter alguma semelhança com o quadro atualmente existente, da União europeia,[1491] em curso de implementação:

> Da mesma forma, o império assim consolidado poderá compor os seus interesses em união com a Itália, a Suíça e a Holanda, e fazer a profissão, como a Holanda, em relação à água, em relação à terra, unindo todos os cristãos

[1487] LEIBNIZ, **Bedenken** (1670, ed. FOERSTER, 1963; I. 86, cit. p. 73): "Gewisslich, wer sein Gemüt etwas höher schwinget und gleichsam mit einem Blick den Zustand von Europa durchgehet wird mir Beifall geben, dass diese Allianz eines von den nützlichsten Vorhaben sei, so jemals zu allgemeinen Besten der Christenheit im Werk gewesen".

[1488] LEIBNIZ, **Bedenken** (1670, ed. FOERSTER, 1963; II. 22, cit. p. 78): "Daraus zu sehen, was für ein Unterschied sei inter *imperium aequabile in socios*, et *violentum in victos* oder inter *monarchiam* et *arbitrium rerum*. Denn ja doch endlich, wenn man's recht überlegt, vernunfmässiger Glimpf und Billigkeit die beste Staatsregel ist".

[1489] LEIBNIZ, **Bedenken** (1670, ed. FOERSTER, 1963; I. 98, cit. p. 77): "die Christen in ein Regiment zu ihrem Besten zu vereinigen im Vorschlag haben mag"; como antes já expusera LEIBNIZ, **Bedenken** (I. 86, cit. p. 73): "Gewisslich diese Allianz eines von den nützlichsten Vorhaben sei, so jemals zu allgemeinen Besten der Christenheit im Werk gewesen".

[1490] LEIBNIZ, **Bedenken** (1670, ed. FOERSTER, 1963; I. 92, cit. p. 75).

[1491] Cabe paralelo entre a matriz intelectual 'clássica' e a configuração institucional da presente experiência de construção da Europa integrada, cfr. P. B. CASELLA, *Perspectivas da integração europeia – entre mito e operacionalidade?* (Revista FDUSP, 2014, vol. 109, p. 25-74).

contra a injustiça, para conservar a tranquilidade na Europa, de tal modo que a cabeça temporal da cristandade esteja unida, em único propósito, com a cabeça espiritual, e que esta possa, de maneira efetiva, exercer o título de *advocati ecclesiae universalis*, que busque o melhor para todos.[1492]

Enfatizava LEIBNIZ a necessidade de evitar as guerras de religião, que tantos danos tinham causado ao conjunto da cristandade ocidental europeia: "pode-se, facilmente, compreender que ninguém sai ganhando, em meio a guerras de religião, que deixam acirrados os ânimos e ainda mais afastadas, umas das outras, as opiniões, estas que podem ser conhecidos em tempos de paz, e não deixar sujeitos aos afastamentos, os mais vergonhosos, a respeito das opiniões, uns dos outros":[1493]

> Esse interesse pacífico do Império e do papado pode ser conjugado com os príncipes e as repúblicas italianas, para que estes, por ambição, não se afastem do interesse comum, na paz e na tranquilidade, e bem sabem quanto, a cada vez que a espada é levantada por um contra os outros, como entregam as chaves da Itália a poderosos inimigos, para que dela se sirvam. [1494]

Em seu plano, para a construção da paz para a Europa, LEIBNIZ comentava uma certa 'especialização' de tarefas e missões, que poderiam desempenhar os diferentes estados, então existentes:

- naquela altura, a Espanha já se teria dado conta de "quanto custa, quanto é perigoso, quanto é odiado" pretender exercer domínio sobre outros: "quanto é difícil, e quanto é inútil pretender manter terras distantes sob a sua devoção, quantos milhões em prata, provenientes do continente americano, tiveram de ser lançados no 'oceano germânico' – *oceanum germanicum* –", e "quanto poderia ser feliz essa nação, se gozasse tranquilamente de seus tesouros indianos,

[1492] LEIBNIZ, **Bedenken** (1670, ed. FOERSTER, 1963; I. 93, cit. p. 75, prosseguia no I.94, p. 75-76): "assim em todos os tempos e não de outro modo agiram papas, de adequada compreensão e mentalidade, que não pouparam esforços nem custos, onde pudesse haver esperança de unir os potentados, e de os levar a combater o inimigo comum".

[1493] LEIBNIZ, **Bedenken** (1670, ed. FOERSTER, 1963; I.94, p. 75-76).

[1494] LEIBNIZ, **Bedenken** (1670, ed. FOERSTER, 1963; I. 95, cit. p. 76).

[e por outro lado] quanto infeliz e quão pobre em dinheiro e em gente, ela se tornou em razão de tais expedições [bélicas]";[1495]

- que a Inglaterra deveria se dedicar ao comércio, à navegação e à busca de suas colônias, mas ponderava: "a Inglaterra contudo não sabe qual extensão de domínio sobre o mar – *dominium maris* – deve arrogar-se a si mesma";[1496]
- da mesma forma deveria dedicar-se ao comércio, navegação e colônias a Holanda, mas, no caso desta, com a diferença de que os holandeses somente deveriam agir mediante persuasão e entendimento, e não por meio de violência, LEIBNIZ considerava serem aqueles, tempos nos quais Inglaterra e Holanda teriam todo o interesse em atuar, de maneira conjunta e ordenada – "que a Inglaterra, para o bem de ambas, deve compor-se com a Holanda", e que, com outras nações, "pudessem buscar, de maneira boa e barata, as suas fontes de alimentação, e aperfeiçoassem, segundo a arte, com outras nações, por meio do uso da arte e não da violência",[1497] as suas fontes de abastecimento – lindo plano, mas pouco realista, quando, exatamente, logo nessa altura, entrariam em guerra as duas potências, no assim chamado 'ano do desastre' – o *Rampjaar*, 1672 –, que não somente marca o início da terceira guerra anglo-holandesa, pelo domínio dos mares, como nesse mesmo ano, particularmente desastroso para as Províncias Unidas, um incidente banal leva à declaração de guerra pela França de LUÍS XIV,[1498] e coincide com a invasão franco-germânica do território da República;[1499]

1495 LEIBNIZ, **Bedenken** (1670, ed. FOERSTER, 1963; I. 96, cit. p. 76) admitia, ainda, LEIBNIZ que "Portugal pudesse voltar ao domínio da Espanha, mas por direito e sem guerra, caso viesse a se extinguir a casa de BRAGANÇA, sem deixar herdeiros". Ver **Tratado** (tomos 5 – **Direito internacional no tempo de Francisco de Vitória** e 6 – **Direito internacional no tempo de Suarez, Gentili e Zouch**, item – *outras vozes no direito internacional: Domingo de SOTO e VAZQUEZ DE MENCHACA*, b/c cap. 15 – *Francisco SUAREZ*).

1496 LEIBNIZ, **Bedenken** (1670, ed. FOERSTER, 1963; I. 97, cit. p. 76). A respeito da célebre controvérsia, ver **Tratado** (tomos 1 – **Direito internacional dos espaços**, cap. 9 – *domínio marítimo: evolução conceitual*, e 2, cap. 20 – *espaços internacionais: de res nullius a patrimônio comum da humanidade*, b/c tomo 3 – **Direito internacional no tempo antigo**, item 2.1 – *a controvérsia entre Hugo GRÓCIO e Serafim de FREITAS* e 6 – **Direito internacional no tempo de Suarez, Gentili e Zouch**, cap. 17 – *Richard ZOUCH*).

1497 LEIBNIZ, **Bedenken** (1670, ed. FOERSTER, 1963; I. 97, cit. p. 76).

1498 Charles-Édouard LEVILLAIN, *Stetit sol in caelo: les préparatifs de la guerre de Hollande à l'aune d'un incident diplomatique* (in **L'incident diplomatique – XVIe-XVIIIe siècle**, dir. de L. BÉLY et

– da França, se tinha sempre a suspeita de buscar a *monarquia universal* – no sentido de poder hegemônico – embora LEIBNIZ parecia acreditar que "o rei, como homem de compreensão e senhor generoso, vendo o estado de destruição da Europa, e o estado no qual poderia ainda ficar, concordaria em reunir tropas para compor regimento de todos os cristãos, unidos para o bem de todos.[1500] Não foi exatamente a consciência a respeito do bem de todos o que aconteceu.[1501]

G. POUMARÈDE, Paris: Pedone – Histoire de la diplomatie et des relations internationales, 2010, p. 261-280) expõe as circunstâncias de incidente diplomático, que teria servido de justificativa para a guerra da França contra as Províncias Unidas: a cunhagem na Holanda, de medalha antifrancesa, na qual figurava Josué detendo o curso do sol – em clara alusão à resistência holandesa contra o 'rei sol', e LEVILLAIN observa (op. cit., 2010, p. 262) ser essa a base para se caracterizar um 'incidente diplomático': "Tout incident diplomatique suppose une interaction entre deux politiques étrangères et et une interaction entre les différents acteurs de ces mêmes politiques étrangères." Justamente, nesse caso, considerou-se, na época, que o incidente envolvendo essa medalha, precisa ser situado no contexto diplomático geral, dos anos 1668-1670, ofendia rei poderoso e suscetível em questões de honra (*offensait un roi 'glorieux et délicat sur le point de l'honneur'*). Os desdobramentos desse incidente são ilustrativos do contexto do tempo: "il paraît aussi possible de prendre le problème à l'envers, en se demandant si un incident ponctuel n'est pas lui-même générateur d'un climat particulier qui reflète davantage les contradictions que les cohérences d'une politique étrangère."

1499 Paul ARBLASTER, **A History of the Low Countries** (orig. publ. 2006, New York: Palgrave-Macmillan, 2012, esp. – *The return of the stadholder (1672-1702)*, p. 159-161); Catherine DENYS e Isabelle PARESYS, **Les anciens Pays-Bas à l'époque moderne (1404-1815)** (Paris: Ellipses, 2007, esp. chap. 4 – *Les Pays-Bas, enjeu international (1609-1713)*, p. 79-95, e chap. 7 – *Un siècle de malheurs aux Pays-Bas méridionaux (1609-1715)*, p. 141-157); Simon SCHAMA, **The embarrassment of riches**: an interpretation of Dutch culture in the Golden Age (Berkeley and Los Angeles: Univ. of California Press, 1988).

1500 LEIBNIZ, **Bedenken** (1670, ed. FOERSTER, 1963; I. 98, cit. p. 77): "Dass er aber ihre wohl stabilierte Einigkeit, und mit ihm selbst zum gemeinen Besten, und Erweiterung der christlichen Macht konspiriende Gedanken allein, ohne sonderbaren Nutzen, mit grosser Gefahr, und wenn das Reich in Verfassung, apparenter vergeblich, verstören werde ist denn aller christlichen König nicht zuzutrauen".

1501 Mesmo historiador francês, que tem em alta conta LUÍS XIV, como Lucien BÉLY, autor de **Louis XIV, le fantôme et le maréchal-ferrant** (Paris: PUF, 2021); ___, **Louis XIV – le plus grand roi du monde** (Quintin: Jean-Paul Gisserot, 2005); ___, **Espions et ambassadeurs au temps de Louis XIV** (Paris: Fayard, 1990), reconhece que a construção do equilíbrio europeu exigiu coalizões contra a França, na sua obra **Les relations internationales en Europe** – XVIIe-XVIIIe siècle (orig. publ. 1992, Paris: PUF – Thémis – Histoire, 4e éd., 2013, Cinquième partie – Les coalitions contre la France et la construction de l'équilibre européen, chap. 12 – *de la guerre à la guerre (1688-1700)*, p. 355-381, esp. no. 2 – *La France isolée*, p. 357-359): "Depuis le 26 novembre 1688, les Provinces-Unies étaient en guerre contre la France. Le 12

Esse lindo plano teórico, combinado com sugestões práticas, segundo o entendimento do que LEIBNIZ considerava ser a 'vocação natural' de cada uma dessas potências, onde estas ordenariam as suas atividades, voltando em considerável extensão para fora do continente, os excessos de energia, que tantos danos tinham causado no passado recente dos europeus ocidentais, permitiria a institucionalização da paz na Europa. O que se mostrou excessivamente otimista.

Esta formulação teórica do jovem LEIBNIZ logo teve de ser deixada de lado, quando a Europa enfrentou a dura realidade das guerras de agressão, desencadeadas por LUÍS XIV, que mergulhariam boa parte, dessa mesma Europa ocidental, em sucessão quase ininterrupta de conflitos, durante décadas – em guerras que continuam até, literalmente, o final das vidas de ambos, tanto de LEIBNIZ, como de seu contemporâneo, o rei LUÍS XIV.

Essa linha de reflexão, sobre a construção da paz,[1502] por meio de mecanismos institucionais, LEIBNIZ a retomaria, décadas mais tarde,[1503] nas

mai 1689, les Hollandais signaient une alliance avec l'empereur par le traité de Vienne. Ils s'engageaient à revenir à la situation fixée par les traités de Westphalie et des Pyrénées, à restaurer CHARLES V de Lorraine et à annuler les réunions. [...] L'Angleterre était liée aux Provinces-Unies par le traité de 1678. [...] GUILLAUME d'Orange s'associa au traité de Vienne en décembre 1689 pour l'Angleterre"; b/c, ainda L. BÉLY (op. cit., 2013, chap. 14 – *La paix de Utrecht pour un nouvel ordre européen*, item 2 – *Le temps des traités*, e item 3 – *La reconstruction européenne*, cit. p. 434): "La paix n'était pas signée entre le roi d'Espagne et l'empereur, la guerre continuait au Nord, les souverains de Grande-Bretagne et de France allaient bientôt disparaître, laissant une situation incertaine: les traités n'avaient pas résolu tous les litiges et tous les problèmes de l'Europe."

1502 Ver: Jean-Pierre BOIS, **La paix** – histoire politique et militaire 1435-1878 (Paris: Perrin – histoire, 2012); P. B. CASELLA, *Pax perpetua – a review of the concept from the perspective of economic integration* (in **Dimensão internacional do direito**: estudos em homenagem a G.E. do NASCIMENTO E SILVA, São Paulo: LTr, 2000, pp. 69-88); ___, *Perspectivas da integração europeia – entre mito e operacionalidade?* (Revista FDUSP, 2014, vol. 109, p. 25-74); Simone GOYARD-FABRE, **La construction de la paix** – ou le travail de Sisyphe (Paris: Vrin, 1994); Hans von HENTIG, **Der Friedensschluss** – Geist und Technik einer verlorenen Kunst (Munique: dtv – Deutscher Taschenbuch Verlag, 1965); Marcel MERLE, **Pacifisme et internationalisme** – XVIIe – XXe siècles (Paris: Armand Colin, 1966); Kurt von RAUMER, **Ewiger Friede**: Friedensrüfe und Friedenspläne seit der Renaissance (Freiburg-Munique, 1953).

1503 Por sua coletânea de tratados e suas considerações a respeito. Ver LEIBNIZ, **Codex juris gentium diplomaticus** – in quo tabulae authenticae actorum publicorum, tractatum aliarumque rerum maiores momenti per Europa gestarum, pleraque inedita vel selecta, ipso verborum tenore expressae ac temporum serie digestae continentur; a fine seculi undecimi ad nostra usque tempora aliquot tomis comprehensus; quem ex manuscriptis praesertim

considerações introdutórias ao **Codex juris gentium**, em 1693. Pouco antes de morrer, em 1716, LEIBNIZ ainda volta ao tema, que lhe tinha sido tão caro,[1504] e comenta o então recém publicado trabalho do abade de SAINT-PIERRE, sobre a paz perpétua, de 1713.[1505]

Existe, assim reivindicação de autoria a fazer, em favor de LEIBNIZ.[1506] Tanto no estudo de 1670, como no estudo preliminar à codificação de tratados, no **Codex** de 1693, e ainda, vinte anos mais tarde, quando LEIBNIZ escreveu sobre esse célebre tema, tão difícil de ser implementado, pouco antes de morrer.

As contribuições de LEIBNIZ [1507] ao tema da construção da paz, ocorrem muito tempo antes do abade de St. PIERRE expor a sua visão da matéria, no início do século XVIII; mais ainda, antes de ROUSSEAU[1508] e VOLTAIRE, no curso desse mesmo século XVIII, e, portanto, mais de um século antes do "ensaio sobre a paz perpétua" de KANT, em 1795.[1509]

Bibliothecae Augustae Guelfebytanae Codicibus, ex monumentis regiorum aliorumque archivorum, ac propriis denique Collectaneis edidit G. G. L. [Gottf. Guil. LEIBNITZIUS] (Hannoverae: literis & impensis Samuelis Ammonii, MDCXCIII).

1504 G. W. LEIBNIZ, *Lettre de LEIBNIZ à l'abbé de Saint-Pierre, 7 février 1715* suivie de *Observations sur le Projet de paix perpétuelle* (in **Œuvres** de LEIBNIZ, publiées pour la première fois d'après les manuscrits originaux par A. FOUCHER DE CAREIL, tome quatrième – **Histoire et politique**, Paris: Firmin Didot Frères, 1862, p. 325-336, ed. facsimilar LEIBNIZ, **Observations sur le Projet de paix perpétuelle de l'abbé de Saint-Pierre**, Avant-propos de Simone GOYARD-FABRE, Caen: Univ. de Caen – Centre de philosophie politique et juridique – Bibliothèque de philosophie politique et juridique – Textes et documents, 1993, cit. p. 328): "je l'ai lu avec attention, et je suis persuadé qu'un tel projet en gros est faisable, et que son exécution seroit une des plus utiles choses du monde."

1505 Ver **Tratado** (tomo 10 – **Direito internacional no tempo de C. van Bynkershoek e Christian Wolff**, item 22.1 – *direito segundo LEIBNIZ*).

1506 Como se examina no **Tratado** (tomo 4 – **Direito internacional no tempo medieval**, cap. 10 – *Tomás de Aquino e Dante Alighieri*). Sem esquecer autores, como DANTE Alighieri e Pierre DUBOIS no século XIV, que anteriormente tinham escrito sobre o tema, até este ser por LEIBNIZ retomado, no século XVII, mais ou menos diretamente influenciando diversos autores do século XVIII, ao escreverem sobre o assunto. Ver tb. P. B. CASELLA, *Perspectivas da integração europeia – entre mito e operacionalidade?* (Revista FDUSP, 2014, vol. 109, p. 25-74).

1507 Cfr. **Tratado** (tomo 10 – **Direito internacional no tempo de C. van Bynkershoek e Christian Wolff**, item 22.1 – *direito segundo LEIBNIZ*).

1508 Alfred HIRSCH, **Rousseaus Traum vom ewigen Frieden** (Munique: Wilhelm Fink, 2012).

1509 Immanuel KANT, **Zum ewigen Frieden: ein philosophischer Entwurf** (mit Einleitung und Anmerkungen, Bibliographie und Registern kritisch hrsg. von Heiner F. KLEMME, Hamburgo: Felix Meiner – Philosophische Bibliothek Band Nr. 443, 1992, precedido de **Über**

E, ainda mais, em relação aos assim chamados "herdeiros de KANT", que prosseguem no tratamento do tema, fazendo eco ao opúsculo kantiano, de 1795, tais como os escritos sobre o tema, de autoria de Johann Gottlieb FICHTE e de Friedrich SCHLEGEL.[1510]

No pensamento ocidental 'clássico', a contraposição entre 'nacionalistas' e 'cosmopolitas' é recorrente. Com altos e baixos, de parte a outra.

A corrente cosmopolita,[1511] em sua vertente aplicada, parece ter passado por longo período de silêncio – depois de sua mais ampla formulação, por parte dos juristas romanos do século II d.C. Estes juristas romanos de então alcançam visão unificadora do conjunto humano – logicamente levando em consideração o 'mundo' até então conhecido, e na extensão praticada pelos romanos.

A corrente universalista romana encontra a sua expressão nas palavras do imperador filósofo, MARCO AURÉLIO.[1512] E essa herança prossegue, mesmo depois da morte deste.

Essa voz universalista romana, a partir de então, se cala, mas não se extingue – embora tenha permanecido dormente – até que se assista a renovado interesse em diferentes formulações de 'direito universal', ou no anseio, de longa duração, por um suposto 'direito natural'.[1513] Com todos os desdobramentos em torno da existência e do conteúdo deste direito natural, em vários internacionalistas, tanto 'modernos' quanto 'clássicos'.

den Gemeinspruch: Das mag in der Theorie richtig sein, taugt aber nicht für die Praxis); I. KANT et al., **A paz perpétua** – um projeto para hoje (org. J. GUINSBURG, textos de KANT, DERRIDA, ROSENFELD e ROMANO, São Paulo: Perspectiva, 2004).

1510 Ver o conjunto dos estudos reunidos no volume, **L'année 1796 – sur la paix perpétuelle** – de LEIBNIZ aux héritiers de KANT (sous la direction de Jean FERRARI e Simone GOYARD-FABRE, Paris: Vrin, 1998). Como assinala J. FERRARI (*'avant-propos'*, p. 9-10): "L'idée de paix perpétuelle n'appartient pas à KANT". Essa temática, cabe insistir, abrange diversos autores, que se debruçaram sobre o tema, antes e depois dele, nos séculos XVII e XVIII.

1511 Ver por exemplo: Jason D. HILL, **Becoming a Cosmopolitan** – what it means to be a human being in the new millennium (Lanhan, MD. / Plymouth, UK: Rowman & Littlefield, 2011); Garrett Wallace BROWN and David HELD (ed. by), **The Cosmopolitan reader** (Cambridge: Polity Press, 2010).

1512 De MARCO AURÉLIO – Marcus Aurelius VERUS, depois Marcus Aurelius ANTONINUS – (121-180 d. C.) se conservou a obra **Meditações** (original Τα εις εαυτον, trad. e notas de Jaime BRUNA, São Paulo: Abril, 1973, col. "Os Pensadores", vol. V, pp. 271-329).

1513 Como se examinou, e cabe remeter ao **Tratado** (tomo 4 – **Direito internacional no tempo medieval**, cap. 12 – *jus gentium, jus commune, jus europaeum – entre a teoria e a prática*).

Mesmo quando a voz cosmopolita silencia, por vezes durante longos períodos, nem por isso se extingue esse legado universalista. O mesmo ressurge, no tempo 'clássico', como busca de racionalidade, que poderia, esta também, almejar ser universal.[1514]

Esse renovado interesse, por algo que se possa denominar 'direito universal', ou cosmopolita, que se desenvolve – *grosso modo*, entre os marcos temporais de 1500 até 1800 –[1515] pode ser distinguido, em duas linhas distintas, mas que podem ser aproximadas, quanto aos seus propósitos:

> Esse renovado interesse procurou fazer o elo entre a moralidade universal e o direito internacional, e foi amplamente buscado por duas tradições distintas: uma contida na tradição do *direito natural*, e a outra no que é, normalmente, chamado de *projetos da paz perpétua*. Enquanto estudiosos do direito internacional, como Hugo GRÓCIO, Samuel PUFENDORF, Christian WOLFF e Emer de VATTEL personificam a tradição do direito natural, a segunda tradição se pode dizer representada pelos princípios normativos, associados com o Abbé de SAINT PIERRE, Jean-Jacques ROUSSEAU e Immanuel KANT.[1516]

O discurso de viés 'cosmopolita' pode, por vezes, assumir contornos bastante desabusados, como se mostrava no já referido Louis-Charles

[1514] E se renova e se desdobra no contexto do assim chamado **Direito internacional no tempo do iluminismo** (como se examina no **Tratado**, tomo 11).

[1515] Ver **Tratado** (tomo 6 – **Direito internacional no tempo de Suarez, Gentili e Zouch**, item – *existência e conteúdo do direito internacional moderno*).

[1516] Garrett Wallace BROWN and David HELD (ed. by), **The Cosmopolitan reader** (Cambridge: Polity Press, 2010, cit. p. 250): "Although the idea of applied cosmopolitan law suffered an extended period of silence after the death of MARCUS AURELIUS, a renewed interest in universal law developed between 1500 and 1800 AD. This renewed interest sought to make a link between universal morality and international law and was largely pursued by two distinct traditions: one embodied by the *natural law* tradition and the other by what is often referred to as *perpetual peace projects*. Whereas international legal scholars such as Hugo GROTIUS, Samuel PUFENDORF, Emeric de VATTEL and Christian WOLFF personify the natural law tradition, the second tradition can be said to be represented by the normative principles associated with Abbé de SAINT PIERRE, Jean-Jacques ROUSSEAU and Immanuel KANT." Ver tb. I. KANT et al., **A paz perpétua** – um projeto para hoje (org. J. GUINSBURG, textos de KANT, DERRIDA, ROSENFELD e ROMANO, São Paulo: Perspectiva, 2004).

FOUGERET DE MONBRON, **o Cosmopolita ou o cidadão do mundo**, de 1750:[1517] "todos os países são iguais para mim".[1518]

Há quem diga que o anseio de paz perpétua[1519] deva ser inscrito dentre as concepções utópicas.[1520] Outros mostram quanto isso é realista e necessário para a perpetuação da vida inteligente no planeta.

Em livro sobre arbitragens internacionais, explicava A. CORSI, em 1893, os motivos, para seu entendimento, ao considerar a arbitragem permanente entre estados, sob o prisma da paz universal, pondo nesta o ideal do direito internacional, e crendo que isso possa ser clausulado e assegurado, somente mediante obrigação recíproca, de submeter qualquer controvérsia à arbitragem:[1521]

> Quem tiver meditado, sem preconceitos, sobre a questão, me parece que deveria pensar:
> – que entre as nações como entre os cidadãos de qualquer nação, a paz perpétua não é possível, ou ao menos, é incompatível com o progresso do direito, que implica luta incessante pelo reconhecimento das obrigações respectivas;
> – que para desejá-la se precisaria, primeiro, que a humanidade conseguisse uma base de conformidade – *un assetto conforme* – para as aspirações de cada povo, ou uma organização tal para garantir, no futuro, a satisfação, e para tornar possível, sem ofender os direitos de terceiros, as mutações que se fizessem necessárias;
> – que nenhuma condição de coisas é durável, se não for assegurada por força coercitiva, pronta para entrar em ação;
> – que, em suma, essa mágica palavra é demasiadamente pouco humana para ter algum valor jurídico.[1522]

1517 Louis-Charles FOUGERET DE MONBRON, **Le Cosmopolite ou le citoyen du monde** (1750, préface de Cécile GUILBERT, Paris: Rivages, 2014).

1518 L.-C. FOUGERET DE MONBRON (1750, ed. 2014, p. 125): "Tous les pays me sont égaux".

1519 Charles 'Irénée' CHASTEL, Abbé de SAINT-PIERRE, **Projeto para tornar perpetua a paz na Europa** (trad. Sérgio DUARTE, pref. R. SEITENFUS, Brasília: Ed. UnB / IPRI, São Paulo: IOE, 1ª ed. bras., 2003).

1520 Ver tb. **L'année 1796 – sur la paix perpétuelle** – de LEIBNIZ aux héritiers de KANT (direction de Jean FERRARI e Simone GOYARD-FABRE, Paris: Vrin, 1998).

1521 Alessandro CORSI, **Arbitrati internazionali** – note di critica dottrinale e storica (Pisa: Tipografica Editrice Galileiana, 1893).

1522 A. CORSI (op. cit., 1893, § 2, p. 7-9): "Chiunque ha meditato senza preconcetti sull'argomento pare che dovrebbe pensare: – che fra le nazioni come fra i cittadini, di ogni

O tempo 'clássico' pode corresponder a período histórico, mas sobretudo a conteúdo definido, que precede a eclosão das identidades 'nacionais'.[1523] O nacional – e mais ainda, em sua forma mais exacerbada, o 'nacionalismo' – deve ser circunscrito temporalmente, porquanto este parece ter sido inventado como critério ordenador do sistema internacional, no século XIX.[1524]

Nesse longo e conturbado período, que se segue à guerra dos trinta anos, até a extinção formal do império – de 1648 a 1806 –, os alemães se organizam em formas políticas,[1525] muitas vezes consideradas híbridas. Com fortes e constantes elementos de internacionalidade institucionalmente organizada,[1526] nessa ordenação política 'imperial', no âmbito do Sacro império românico germânico da nação alemã.

nazione, pace perpetua non è possibile, o almeno è incompatibile col progresso del diritto, che implica lotta incessante per il riconoscimento degli obblighi rispettivi; – che per desiderarla bisognerebbe prima, che l'umanità conseguisse un assetto conforme alle aspirazioni di ciascun popolo o un'organizzazione tale da garantirme in avvenire il soddisfacimento e da rendere possibili, senza offesa ai diritti dei terzi, le mutazioni che si rendessero necessarie – che nessuna condizione di cose è durevole se non è sorretta da una forza coercitiva pronta all'azione – che insomma quella magica parola é troppo poco umana per avere un valore giuridico."

1523 Como se examina neste tomo, item – *direito internacional e o padrão clássico na cultura* b/c no **Tratado** (tomos 11 – **Direito internacional no tempo do iluminismo** e 13 – **Direito internacional no tempo do concerto europeu**).

1524 Jürgen OSTERHAMMEL, **Die Verwandlung der Welt** – Eine Geschichte des 19. Jahrhunderts (orig. publ. 2009, Munique: Beck, "Sonderausgabe", 2011) descreve a história do século XIX como a "metamorfose do mundo".

1525 Heinz Dieter KITTSTEINER (1942-2008), **Die Stabilisierungsmoderne** – Deutschland und Europa 1618-1715 (Munique: Carl Hanser, 2010); Rainer MÜLLER (Hrsg.), **Deutsche Geschichte in Quellen und Darstellung** – Band 4: **Gegenreformation und Dreissigjähriger Krieg 1555-1648**, Bernd ROECK (hrsg.) (Stuttgart: Reclam – Univ. Bibl. Nr. 17004, (c) 1996, impr. 2002); ___, ___ – Band 5 – **Zeitalter des Absolutismus, 1648-1789**, Helmut NEUHAUS (hrsg.) (Stuttgart: Reclam – Univ. Bibl. Nr. 17005, (c) 1997, impr. 2006); ___, ___ – Band 6 – **Von der Französischen Revolution bis zum Wiener Kongress, 1789-1815**, Walter DEMEL und Uwe PUSCHNER (hrsg.) (Stuttgart: Reclam – Univ. Bibl. Nr. 17006, (c) 1995, impr. 2008); Friedrich SCHILLER, **Geschichte des dreissigjährigen Kriegs** (Gütersloh: P. P. Kelen, s/d, posfácio de Herbert REINOSS, datado de 1964) e tb. Fred E. SCHRADER, **L'Allemagne avant l'État-nation**: le 'corps germanique' (1648-1806) (Paris: PUF, 1998); Joseph ROVAN, **Geschichte der Deutschen** – Von ihren Ursprungen bis heute (do original **Histoire de l'Allemagne** – des origines à nos jours, © 1994, aus dem Französischen von Enrico HEINEMANN, Reiner PFLEIDERER u. Reinhard TIFFERT, Munique: DTV, 3. Auflage, 2001, esp. caps. 11 a 15, p. 291-448) na análise do período da Paz de Augsburgo, em 1555, até as revoluções de 1848.

1526 P. B. CASELLA, *Perspectivas da integração europeia – entre mito e operacionalidade?* (Revista FDUSP, 2014, vol. 109, p. 25-74).

A experiência imperial germânica, no sentido de convivência institucionalmente organizada, entre unidades políticas, sem a supressão da identidade e da autonomia de cada um dos componentes desta constitui legado precioso. Viveu-se a combinação de prática e de teoria a respeito da soberania e da divisibilidade desta. Debates que ora ressurgem como decorrência do processo de integração econômica.

Alguns elementos deste conjunto imperial germânico são nitidamente 'medievais'. Outros elementos, presentes na experiência do Sacro império romano germânico, se caracterizariam como 'modernos'.[1527] E poder-se-ia dizer, mesmo, 'pós-modernos', no sentido do diálogo constante, entre a condição de sujeito de direito internacional, mas inserto em contexto institucional organizado internacionalmente, onde se conjugam a soberania com a interdependência.

Não existem ainda 'fronteiras', ou são estas escassas, no sentido contemporâneo do termo.[1528] Estas 'fronteiras' serão acentuadas, em relação direta, com a territorialização da expressão do poder do estado.[1529] Em certa medida, parecem ser invenção da diplomacia e da ideia de representação nacional, tal como emanaram da primeira modernidade[1530] e se consolidam na experiência da Revolução francesa, dentro da lógica da concepção da 'nação'.

[1527] Ver **Tratado** (tomo 11 – **Direito internacional no tempo do iluminismo**, item – *império, estado moderno e ascensão do absolutismo*); François FEJTÖ, **Réquiem pour un Empire défunt**: Histoire de la destruction de l'Autriche-Hongrie (Paris: Lieu commun, 1988); Béatrice NICOLLIER, **Le Saint Empire romain germanique (1495-1648)** (Paris: Ellipses, 2012); Francis RAPP, **Le Saint Empire romain germanique**: d'Otton le grand à Charles Quint (Paris: Tallandier, 2000, impr. 2003); Peter WILSON, **The Holy Roman Empire** – a thousand years of Europe's History (orig. publ. 2016, Londres: Penguin, 2017).

[1528] Para o exame das relações entre espaço e direito internacional ver **Tratado** (tomos 1 e 2 – **Direito internacional dos espaços**), mostrando mudanças conceituais e legais na regulação dos espaços, nacionais e internacionais.

[1529] Como se examina no **Tratado** (tomo 5 – **Direito internacional no tempo de Francisco de Vitória**, título I – *multipolarização da Europa na era moderna e advento do direito internacional como sistema* e cap. 13 – *estado como sujeito de direito internacional: a contribuição de MAQUIAVEL e BODIN*).

[1530] Ver Johannes WILLMS, **Talleyrand – Virtuose der Macht 1754-1838** – Eine Biographie (Munique: Beck, 2011); alguns dados sobre o desenvolvimento histórico da diplomacia, in G. E. do NASCIMENTO E SILVA, P. B. CASELLA, O. BITTENCOURT Neto, **Direito internacional diplomático** (São Paulo: Saraiva, 4ª ed., 2012).

Deve-se assinalar precedente de uso do termo 'coisas diplomáticas' – *re diplomática* –, no século XVII, como a ciência dos documentos, relacionada com 'diplomas' e documentos. Como na obra de Jean MABILLON, sobre as coisas diplomáticas, em seis livros, **De re diplomatica**, originalmente publicada em 1681.[1531]

Embora isso se reflita na prática das relações sociais, como nas relações entre os povos, o foco de MABILLON eram as fontes documentais –*veterum instrumentorum antiquitatem, materiam, scripturam et stilum* –,[1532] mais do que a prática de relações internacionais e diplomáticas, propriamente ditas, Nesse sentido, torna-se de uso corrente o termo, a partir do final do século XVIII, e como tal permanece até os nossos dias. Isso acontece, ademais com vários outros termos.

1531 Jean MABILLON (1632-1707), **De re diplomatica libri VI, in quibus quidquid ad veterum instrumentorum antiquitatem, materiam, scripturam et stilum; quidquid ad sigilla, monogrammata, subscriptiones ac notas chronologicas; quidquid inde ad antiquariam, historicam, forensemque disciplinam pertinet, explicatur et illustratur. Accedunt commentarius de antiquis regum Francorum palatiis, veterum scripturarum varia specimina, tabulis LX comprehensa, nova ducentorum et amplius monumentorum collectio. Opera et studio domni Johannis Mabillon, presbyteri et monachi ordinis S. Benedictii e congretatione S. Mauri** (escrita em 1679, originalmente publicada em Paris, 1681, foi reeditada em Paris, 1709, e terceira edição, publicada em Nápoles, **De re diplomatica ... tertio editio aMarchione Bumbae Iohanne Adinari**, 2 vols., Nápoles, 1789 – online https://x0b.de/mabillon/mabillon-inhalt.html); v. tb. Danilo Oliveira Nascimento JULIÃO, *De re diplomatica de Jean Mabillon: uma breve história da escrita* (in Labor histórico – v. 7, n. 3, 2021, DOI https://doi.org/10.24206/lh.v.7i3.53514 > Juliao).

1532 Dom Henri LECLERCQ d'ORNANCOURT (1869-1945), **Vie de Dom Mabillon** (© Letouzey & Ané, 1953, republicada em Dom MABILLON, **Oeuvres choisies**, précédées d'une biographie par dom Henri LECLERCQ, édition établie par Odilon HUREL, Paris: Robert Laffont, 2007, esp. chap. VIII – *Le traité* ***De re diplomatica***, p. 65-73, cit. p. 65-66) comentava a respeito dessa obra de Dom MABILLON: "Les premiers ouvrages de MABILLON avaient révélé de façon éclatante son aptitude pour la science historique, mais fondée sur une interprétation rigoureuse des sources documentaires. Ce qu'on nomme critique, en matière d'histoire, ne lui doit pas l'existence, mais des progrès qui en ont fait un instrument méthodique et nécessaire d'investigation et de contrôle, une science en un mot, avec ses règles certaines et immuables." E aduzia: "L'étude des monuments, les lois applicables à leur utilisation, attirèrent et retinrent son attention douée d'une si pénétrante lucidité qu'il fut reconnu et proclamé le législateur de la **Diplomatique**." E especificava ulteriormente, ainda na mesma passagem: "Ce terme s'applique à l'ensemble des documents publics et privés qui contiennent les transactions politiques, sociales, économiques dans des actes soulignés sous les noms de diplômes, chartes, contrats, testaments, actes judiciaires, cartulaires, rôles, registres, etc. Ceux qui s'arrogeaient le droit d'écrire l'histoire mirent longtemps à s'apercevoir de la valeur de ces pièces, qu'ils dédaignaient quand ils ne les ignoraient pas tout à fait."

Pode-se argumentar que 'diplomata' e 'diplomacia' sejam substantivos de tardia aparição, dado que nos séculos XVI e XVII eram ainda habitualmente referidos como 'negociadores' e 'emissários'. Como também ocorre com o uso do adjetivo 'internacional' – da mesma forma que os termos 'feudalismo' e 'ideologia', todos estes somente aparecem entre o final do século XVIII e início do XIX –[1533] mas o fenômeno 'diplomático', no sentido de enviar e receber missões e representantes políticos estrangeiros, bem como a prática das 'relações internacionais', se registram desde a Antiguidade, muito antes do surgimento das denominações ora correntes.

Estas práticas prosseguem durante toda a Idade média.[1534] E não somente prosseguem, como se institucionalizam a partir do início da era moderna.[1535] Existem os fenômenos, e estes são intrinsecamente os mesmos, embora ainda não se lhes atribuam as denominações atualmente correntes.

Com as cautelas, relativas ao uso dos termos que os designam, somente surgidos tardiamente, cumpre assinalar que, desde muito antes, os fenômenos estão presentes. Embora mesclados às relações de 'suserania' e 'vassalagem', características do contexto medieval.[1536]

[1533] Ver **Tratado** (tomo 11 – **Direito internacional no tempo do iluminismo**).

[1534] Como se examina no **Tratado** (tomo 4 – **Direito internacional no tempo medieval**); ressaltam Françoise AUTRAND e Philippe CONTAMINE, *Introduction : Y a-t-il des affaires étrangères dans la France médiévale?* (Première partie – Naissance de la France: naissance de sa diplomatie – Le Moyen Âge, no volume de F. AUTRAND, L. BÉLY, P. CONTAMINE e T. LENTZ, **Histoire de la diplomatie française** I. Du Moyen Âge à l'Empire (présentation de Dominique de VILLEPIN, Paris: Perrin – tempus, ed. orig. 2005, reimpr. 2007, p. 41-43): "Diplomatie, affaires étrangères, relations internationales, ne sont pas, en effet, des mots du Moyen Âge. Les noms – diplomate, diplomatie – ne font leur apparition dans la langue française qu'à la fin du XVIIIe siècle. L'adjectif 'international', plus récent encore, ne se rencontre pour la première fois qu'en 1802. Ces mots sont donc à manier avec prudence dans la mesure où ils n'expriment qu'imparfaitement les réalités médiévales." Ao mesmo tempo que claramente se verificava o fenômeno desde a lembrança dos embaixadores de Harum AL RASHID recebidos na corte de CARLOS MAGNO, no século IX e a intensa atividade 'internacional' ao tempo do rei São LUÍS. De tal modo: "Les relations de la France avec les puissances extérieures, sous les formes les plus variées, existent depuis les temps médiévaux les plus anciens." Ver tb. Verena STELLER, **Diplomatie von Angesicht zu Angesicht** – Diplomatische Handlungsformen in den deutsch-französischen Beziehungen 1870-1919 (Paderborn: Ferdinand Schöningh, 2011, cit. p. 7) começa o volume referido o comentário de Harold NICOLSON, **Peacemaking** (1919) (Londres, 1933) segundo o qual "a diplomacia é o Proteu das relações humanas".

[1535] Ver G. E. do NASCIMENTO E SILVA, P. B. CASELLA, Olavo BITTENCOURT NETO, **Direito internacional diplomático** (São Paulo: Saraiva, 4ª ed., 2012).

[1536] Cf. **Tratado** (tomo 4 – **Direito internacional no tempo medieval**); F. AUTRAND e P. CONTAMINE (op. cit. 2007, p. 42): "Un exemple suffira à faire apparaître la difficulté. En

A respeito de demarcação e delimitação territorial é interessante ressaltar que a estrita configuração espacial coincide com a primeira modernidade, a partir de 1500. Na mesma época em que se situa a definição de conceitos, que teriam longa carreira e múltiplos desdobramentos, como o 'estado' com MAQUIAVEL e a 'soberania', com Jean BODIN.[1537]

Ao "construir meios de adaptação às necessidades da modernidade com elementos antigos", cabe assinalar: que até o final do século XVIII, a 'fronteira' entre o reino e o Império "compreende toda uma região, de traçado incoerente – *une rayure incohérente* –, cheia de filamentos e de franjas".[1538] Não havia unidade territorial. E não era o que conta, antes a unidade, lógica e pessoal, dos feudos, reunidos na mão do soberano.[1539]

1154, HENRI Plantagenêt devient roi d'Angleterre. Il est déjà comte d'Anjou, du Maine et de la Touraine et duc de Normandie. Les possessions de sa femme, ALIÉNOR d'Aquitaine, avec le Poitou et la Guyenne, la Marche et le Limousin, le Périgord, la Saintonge et l'Angoumois, couvrent tout le Sud-ouest de la France. Maître d'un tiers du territoire du royaume, HENRI Plantagenêt est, pour ses seigneuries continentales, vassal du roi du France. Mais il est roi. Comment qualifier ses relations avec LOUIS VII, relations de roi à roi ou de seigneur à vassal? Affaires intérieures ou extérieures?"

[1537] Ver **Tratado** (tomo 1 – **Direito internacional dos espaços**, cap. 4 – *competências territoriais do estado* e cap. 5 – *demarcação e delimitação do território*, bem como tomo 5 – **Direito internacional no tempo de Francisco de Vitória**).

[1538] Fred E. SCHRADER, **L'Allemagne avant l'État-nation: le 'corps germanique' (1648-1806)** (Paris: PUF, 1998, cit. p. 77): "construire des moyens d'adaptation aux besoins de la modernité avec des éléments anciens". Ver tb. Béatrice NICOLLIER, **Le saint empire romain germanique** (Paris: Ellipses, 2012); Francis RAPP, **Le Saint Empire romain germanique**: d'Otton le grand à Charles Quint (Paris: Tallandier, 2000, impr. 2003); Peter H. WILSON, **The Holy Roman Empire** – a thousand years of Europe's History (orig. publ. 2016, Londres: Penguin, 2017).

[1539] F. SCHRADER (op. cit., 1998, *Introduction – le Saint Empire: problématique et questionnements*, p. 1-12, cit. p. 3); a questão já era examinada por S. PUFENDORF, **De statu imperii germanici**, liber unus (Latin edition, reprint Charleston: Nabu Press, 2013); ___, **Die Verfassung des deutschen Reiches** (Übersetzung, Anmerkungen und Nachwort von H. DENZER, Stuttgart: Reclam Verlag – Universal Bibliothek, vol. 966[3], 1985). A respeito, ver tb. **Tratado** (tomo 9 – **Direito internacional no tempo de Samuel Pufendorf**, item 20.2 – *PUFENDORF como historiador*); Luiz Felipe Netto de Andrade e Silva SAHD, *Sacro Império Romano de Severinus de Monzambano* (Fortaleza: Univ. Fed. do Ceará – Revista Sofia – Programa de pós-graduação em filosofia UFES, vol. 12(1), e12140722, publ. 11.05-2023 – online https://doi.org/10.47456/sofia.v12i1.40722) considera que "PUFENDORF estava fortemente interessado na questão da soberania, e que a complexa realidade do Sacro Império Romano exigia uma abordagem completamente nova para a questão de onde residia a soberania dentro do Império". O tipo de estado que PUFENDORF tinha em mente era o *estado composto*, representado pelo Sacro

Na interessante experiência do Sacro império convivem elementos de tradições antigas, que neste ainda sobreviviam, ao lado de inovações conceituais, que ali pioneiramente se experimentavam, no contexto europeu. Estes experimentos terão desdobramentos posteriores, de convivência entre graus ou patamares da soberania, como ensaiado pela União europeia, nas últimas décadas.[1540]

O vínculo, entre o imperador e os seus eleitores, exprimia-se como a manifestação do laço feudal, de natureza pessoal, entre o imperador e seu 'vassalo', o eleitor. Ao mesmo tempo em que aos eleitores cabia conferir a dignidade imperial ao novo soberano. Isso se refletia em concepção medieval da 'suserania', que em muito precede o surgimento da ideia moderna de 'soberania'.[1541] Mas existe relação direta entre os dois termos – em termos de direcionamento do exercício do poder.

A convivência institucionalizada e – mais ou menos – harmônica, entre distintos graus de poder político, permitia experimentar modelo inovador, contrastante com os estados nacionais absolutistas: com liberdades públicas e sistema de pesos e contrapesos, para equilibrar as funções do poder político, nesse complexo todo de principados, bispados, ducados, cidades-livres e tantas configurações concorrentes. Esses conjuntos conjugavam elementos de direito interno e de direito internacional.

Mesmo que tal relação de 'vassalidade' se tivesse tornado meramente simbólica, para os suseranos, permanecia, apesar disso, necessária, para todos aqueles que dependem, materialmente, da própria existência do império, tal como a massa dos cavaleiros.[1542] A ideia de império é arquétipo de longa duração –[1543] como notoriamente ilustra o Império romano.[1544]

Império Romano, consistindo em muitas comunidades diferentes, divididas por religião, mas compartilhando o mesmo soberano, o Sacro Imperador Romano católico.

1540 Cfr. P. B. CASELLA, *Perspectivas da integração europeia – entre mito e operacionalidade?* (Revista FDUSP, 2014, vol. 109, p. 25-74).

1541 Como se considerou no **Tratado** (tomo 4 – **Direito internacional no tempo medieval** e tomo 5 – **Direito internacional no tempo de Francisco de Vitória**, cap. 13 – *estado como sujeito de direito internacional*); e tb. Michael MITTERAUER, **Warum Europa?** – Mittelalterliche Grundlagen eines Sonderwegs (orig. publ. 2003, Munique: Beck, 5ª ed., 2009, cap. 4 – *Lehenswesen und Ständeverfassung: ein Sonderweg des Feudalismus*, p. 109-151) enfatiza a extensão na qual a relação entre feudalismo e igreja marca profundamente a configuração do cristianismo na Europa medieval ocidental.

1542 F. SCHRADER (op. cit., 1998, cap. III – *Fin de l'Empire allemand*, p. 71-91, cit. p. 73-74): "Normalement, un Grand Electeur de Brandebourg, comme roi de Prusse, se fait excuser

Roma personificava, para sempre, qualquer civilização, era ainda o parâmetro da humanidade. Mesmo tendo deixado de ser sede do império e das mais altas autoridades do estado, continuava a ser o centro ideal do império. O seu nome, venerado por todos os homens, era, em si, uma força. A ideia de Roma, de romano, exprimia a ordem, de todo o universo.[1545]

O Sacro império romano germânico, sobretudo em sua fase de 1648 até o seu triste término, em 1806, foi o espaço político e institucional, no qual se experimenta a transição do modelo 'medieval', para o 'moderno', e deste para o 'clássico'. Naquele espaço, se instaurou regime jurídico complexo, de caráter simultaneamente internacional e institucional.[1546]

A concepção de Christian WOLFF,[1547] quanto a ser desejável a institucionalização, que permitisse a solução de controvérsias, sem o recurso ao conflito armado – na sua concepção da *civitas maxima* – não foi desvario teórico, totalmente desligado da realidade. Pode-se dizer que WOLFF parte da realidade, existente no Sacro Império, do seu tempo, e extrapola

auprès de Vienne de ne pas venir personnellement au renouvellement de l'inféodation, lors du commencement de son règne, et l'excuse est acceptée. D'autre part, si le lien féodal est devenu symbolique pour une grande partie, cette imagerie se trouve, en même temps, systématisée et rationalisée. Elle est transformée en système cohérent de représentations juridiques."

[1543] A respeito, ver **Tratado** (tomo 3 A – **Direito internacional no tempo antigo**, item 3.2 – *conceito jurídico de império: I – da Antiguidade rumo à Idade média*, tomo 5 – **Direito internacional no tempo de Francisco de Vitória**, item 12.2 – *conceito jurídico de império: II – da Idade média à era moderna*, tomo 11 – **Direito internacional no tempo do iluminismo**, item – *império, estado moderno e ascensão do absolutismo*); P. B. CASELLA, *Empires, hegemony and cooperation* (in **Pravovie Aspekti Brics – Aspetti giuridici del BRICS – Legal aspects of BRICS**, ed. by T. A. ALEXEEVA & P. CATALANO, São Petersburgo: Univ. Nacional de Pesquisa, 2011, p. 27-48).

[1544] Cfr. **Tratado** (tomo 3 B – **Gregos, romanos, chineses, indianos**, cap. 6 – *na formação e no desenvolvimento de Roma*); magistralmente expunha essa concepção o erudito Ferdinand GREGOROVIUS (1821-1891), na sua **História da cidade de Roma na Idade média**, orig. publicada, em oito volumes, na ed. F. GREGOROVIUS **Storia della città di Roma nel Medioevo** (orig. publ. **Geschichte der Stadt Rom im Mittelalter** – von V. bis XVI. Jahrhundert, 1859-1873, intr. Waldemar KAMPF, trad. Andrea CASALEGNO, Torino: Einaudi, (c) 1973, ristampa, 2011, 3 vols.).

[1545] F. GREGOROVIUS (op. cit., ed. cit., 2011, I.III.2, p. 67).

[1546] O que foi considerado por PUFENDORF em seu **De statu imperii germanici**, liber unus (1667, Latin edition, reprinted Charleston: Nabu Press, 2013); ___, **Die Verfassung des deutschen Reiches** (Übersetzung. Anmerkungen und Nachwort von H. DENZER, Stuttgart: Reclam Verlag – Universal Bibliothek, vol. 966[3], 1985). Como se examina, no **Tratado** (tomo 9 – **Direito internacional no tempo de Samuel Pufendorf**, cap. 20).

[1547] Sobre WOLFF e a concepção da *civitas maxima*, ver **Tratado** (tomo 10 – **Direito internacional no tempo de C. van Bynkershoek e Christian Wolff**, cap. 22).

esse quadro, para alcance mundial – ou quase – os limites externos não são claros – mas o princípio seria o mesmo, já existente e implantado, levado a dimensão maior e mais extensa.

O medieval se pautara pelas relações feudais, enquanto ligação pessoal de homem a homem, como dever de fidelidade a compromisso de ordem pessoal, assumido entre 'suserano' e 'vassalo'. Tudo isso, era enfeixado em concepção hierarquizada da sociedade, a partir de centro de poder, que poderia oscilar entre o império e o papado, mas, ainda que idealmente, se punha como critério, ordenador do conjunto das relações sociais e políticas, do Ocidente medieval.[1548]

O 'moderno' – mesmo quando não se põe como equivalente de 'atual', mas de fase da história, entre os séculos XV e XVIII – se inscreve como expressão da 'idade moderna' na História. Apesar de alguma possível flutuação em tal delimitação, o período que se segue ao renascimento e precede a revolução francesa.[1549]

Essa fase 'moderna' se pauta pelo esforço de racionalização e de despersonalização do poder e dos seus símbolos: se vai do 'rei', ou do 'imperador', para a 'nação', ou a 'república',[1550] na busca de construção de sistemas coesos.

[1548] Como examinado no **Tratado** (tomo 4 – **Direito internacional no tempo medieval**).

[1549] Cujo exame prossegue no **Tratado** (tomo 11 – **Direito internacional no tempo do iluminismo**). Ver Michel ZIMMERMANN, **La crise de l'organisation internationale à la fin du Moyen âge** (RCADI, 1933, t. 44, p. 315-438, cit. p. 434) encerrava seu curso falando na "décomposition du système médiéval et l'avènement du nouveau droit international"; W. GREWE, **Epochen der Völkerrechtsgeschichte** (Baden-Baden: Nomos, 1984, Erster Teil – *Ius gentium*: Grundzüge der mittelalterlichen Völkerrechtsordnung, p. 55-162), seguida da fase 1491-1648, de hegemonia espanhola e da fase 1648-1815, de hegemonia francesa (W. GREWE, op. cit., 1984, parte II – *Ius inter gentes*: Die Völkerrechtsordnung des spanischen Zeitalters 1491-1648, p. 163-322, parte III – *Droit public de l'Europe* – Die Völkerrechtsordnung des französischen Zeitalters 1648-1815, p. 323-498); b/c os ensaios no volume **Avant le contrat social** – le contrat politique dans l'Occident médiéval XIIIe-XVe siècle, dir. de F. FORONDA (Paris: Publications de la Sorbonne, 2011); também Modesto FLORENZANO, *Sobre a formação do estado moderno no Ocidente* (orig. publ. 2007, in **Lições de história moderna** (séculos XV a XX), São Paulo: Intermeios, 2021, p. 47-67) situa a 'história moderna' nos séculos XV a XVIII.

[1550] Lucien BÉLY, **La France au XVIIe siècle** – puissance de l'état, contrôle de la société (Paris: PUF, 2009, p. 15): "Aujourd'hui, la distinction entre une république (où le peuple est souverain) et une monarchie paraît bien claire. À l'époque moderne, le mot 'république' a conservé son sens latin et signifie l'état, la chose publique. Et la monarchie peut revêtir des habits très divers. Souvent, en Europe, le prince trouve en face de lui des instruments censés représenter les populations du royaume, ou au moins les élites: états, *Stände* dans le monde germanique, Chambres des Communes et des Lords en Angleterre, *Cortes* en Castille".

O poder se despersonifica, procura se tornar 'racional' e 'nacional'.[1551] E se relacionam entre soberanias, também buscando a construção de sistemas coesos.

Essa transição, desde o 'medieval' até o 'moderno', foi bastante longa e se manifesta em muitos planos. Nem sempre ocorre, no mesmo momento, nem no mesmo contexto. Há espaçamentos e esgarçamentos, diacrônicos e sincrônicos. Projetam-se no tempo e no espaço. E se estendem entre as mais distantes e diferentes partes da Europa.

O Sacro império romano da nação alemã – literalmente – ocupa o centro da Europa, na era moderna. Isso se verifica não somente geográfica, quanto conceitualmente. Este é dado para a compreensão da passagem do modelo internacional 'medieval' para o 'moderno' e deste, para o modelo internacional 'clássico'. Ainda que com algumas modificações e ajustes, o 'medieval' teve enorme importância e foi tempo de elaboração de modelos e parâmetros que se conservam nas fases seguintes. Apesar de todas as avaliações negativas, feitas posteriormente, tanto pelos enciclopedistas franceses, na segunda metade do século XVIII, como pela historiografia de língua alemã, sobretudo prussiana, no século XIX.

O Império é o elo vital para entender a mudança da tônica e das premissas de ordenação do sistema internacional. É preciso entender que, nesse tempo, se faz a passagem, contra a obsessão absolutista, de representação

O que nem sempre teria como consequência impor o que hoje se denominam 'limitações constitucionais' ao exercício do poder absoluto pelo soberano: "Il y a bien des 'états' qui peuvent se réunir en France, mais le dialogue entre le monarque (et ses conseillers) et l'ensemble de ses sujets ne s'impose guère que dans les cas de grands périls".

[1551] A respeito da continuidade e mudança entre o 'medieval' e o 'moderno', ver **Tratado** (tomo **Direito internacional no tempo medieval**, itens 8.3 – *caminhos da instauração medieval*, e 8.4 – *continuidade e mudança do contexto medieval ao moderno*), bem como a evolução posterior, tal como examinada no **Tratado** (tomo II – **Direito internacional no tempo do iluminismo**); e ainda, os já referidos estudos de João BERNARDO, **Poder e dinheiro** – do poder pessoal ao estado impessoal no regime senhorial, séculos V-XV – t. I: Sincronia. Estrutura econômica e social do século VI ao século IX (Porto: Afrontamento/Biblioteca das Ciências do Homem, 1995); ___, ___ – t. II: Diacronia. Conflitos sociais do século V ao século XIV (Porto: Afrontamento/Biblioteca das Ciências do Homem, 1997); ___, ___– t. III: Sincronia. Família, dinheiro e estado do século XI ao século XIV (Porto: Afrontamento/ Biblioteca das Ciências do Homem, 2002), e de Jürgen HABERMAS, **Mudança estrutural da esfera pública** – investigações quanto a uma categoria da sociedade burguesa (orig. publ. **Strukturwandel der Öffentlichkeit**, 1961, trad. Flávio R. KOTHE, Rio de Janeiro: Tempo brasileiro, 2003).

mental da unidade política que, mesmo permanecendo no quadro feudal, se opõe à centralização regalista, dessa mesma unidade, que passará a ser chamada de 'nacional'.[1552]

O caminho, preparado pelos filósofos e ideólogos do 'Iluminismo', desemboca nas mudanças trazidas pela Revolução francesa, centrado em dois elementos: um esforço enorme de abstração, para criar a unidade política nos termos da república; e o poder repressivo que permita impor essa abstração à realidade.[1553] Depois do período revolucionário, a Restauração, com LUIS XVIII, e seus sucessores CARLOS X e LUÍS FELIPE, não é simplesmente o retorno ao Antigo regime.[1554] Em suma, não se faz de modo simples, nem unívoco, a despersonalização da ideia central da 'nação'.[1555] E, depois, se produz uma volta ao 'Império', sob versão caricata do 'Segundo império', com o golpe de NAPOLEÃO III.[1556]

[1552] Essa perspectiva se conclui com o item '*império, estado moderno e a ascensão do absolutismo*', no **Direito internacional no tempo do iluminismo**.

[1553] F. SCHRADER (op. cit., 1998, p. 3): "La guerre civile, la Terreur prouvent que le pays est encore loin d'accepter ce degré d'abstraction politique. Tout un processus fondamentalement controversé en découle. Il concerne les questions de la représentation de l'integrité territoriale, des frontières."

[1554] Como se considera no **Tratado** (tomo 13 – **Direito internacional no tempo do concerto europeu**). Ver Georges LEFEBVRE, **A revolução francesa** (orig. publ. **La révolution française**, 1951, trad. Ely B. de Melo PATI, São Paulo: Ibrasa, 1966); Eric HOBSBAWM, **A era das revoluções 1789-1848** (orig. publ. **The age of Revolution 1789-1848**, 1977, trad. Maria Tereza TEIXEIRA e Marcos PENCHEL, São Paulo: Paz e Terra, 25ª ed., 2ª reimpr., 2010); ___, **A era do capital 1848-1875** (orig. publ. **The age of capital 1848-1875**, 1977, trad. Luciano COSTA Neto, São Paulo: Paz e Terra, 15ª ed., 2ª reimpr., 2011); ___, **A era dos impérios 1875-1914** (orig. publ. **The age of empire 1875-1914**, 1988, trad. Sieni Maria CAMPOS e Yolanda S. de TOLEDO, São Paulo: Paz e Terra, 13ª ed., 2ª reimpr., 2011); tb. **Histoire de France** dir. de Joël CORNETTE, esp. Sylvie APRILE, **La révolution inachevée 1815-1870** (ouvrage dir. par Henry ROUSSO, orig. publ. 2010, Paris: Gallimard – histoire, 2020) e Vincent DUCLERT, **La république imaginée 1870-1914** (ouvrage dir. par Henry ROUSSO, orig. publ. 2010, Paris: Gallimard – histoire, 2021).

[1555] O que depois prossegue no **Direito internacional no tempo do iluminismo**. O quadro da monarquia francesa se esfacela e desaparece, como se assiste em relação à melancolica figura do assim chamado conde de CHAMBORD (1820-1883), ou HENRIQUE V, o "último rei da França". A respeito, ver Daniel de MONTPLAISIR, **Le comte de Chambord** – dernier roi de France (Paris: Perrin, © 2008, impr. 2012).

[1556] Eric ANCEAU, **Ils ont fait et défait le Second empire** (orig. publ. 2019, Paris: Tallandier – texto, 2021, *Avant-propos*, p. 7-9): "Le Second empire est um régime vertical et personnel incarné par un homme, NAPOLÉON III. [...] De fait, les partisans et les adversaires du régime ont tendance à présenter celui-ci exclusivement par sa figure dominante et les historiens

A unidade política é comparada a um corpo, é equiparada a um organismo. Essa imagem já aparece nas **Epístolas** de SÃO PAULO, onde cada membro tem a sua função, mas todos devem obedecer à cabeça.

Em toda unidade política existe uma cabeça, ou *caput*, o centro dirigente, que pode ser Roma, Praga ou Viena.[1557] A unidade está ligada à identidade. Primeiro em torno do monarca; depois em torno da ideia abstrata de nação.

As representações da unidade nacional se exprimem por meio de todo um mundo imaginário coletivo. Estas se concentram primeiro em uma pessoa; depois se tenta passar para uma instituição ou conjunto delas.[1558]

O contraste é ilustrativo e pode ser útil contrapor a experiência francesa,[1559] de LUIS XIV, passando por LUÍS XV, até se chegar a LUIS

n'échappent pas toujours à ce travers."; Xavier MAUDUIT, **Napoléon III** (Paris: PUF, 2023, *Introduction*, p. 7-11, cit. p. 9): "Il faut toujours se méfier d'une lecture téléologique de l'histoire ou, pour le dire plus simplement, d'un récit qui serait raconté parce que nous en connaissons l'issue, le coup d'état, la chute de l'empire et l'avènement puis la consolidation durable de la République. Pour les français et les françaises de 1852, la restauration d'une monarchie est le retour à une situation normale: sous la révolution puis de 1848-1852, les épisodes républicains semblent des anomalies. La grande majorité des pays d'Europe sont alors des monarchies et la république n'est pas une évidence, loin de là."

1557 Como examina, em relação a Roma, Jean DELUMEAU (1923-2020), **La seconde gloire de Rome** – XVe-XVIIe siècle (Paris: Perrin – histoire, 2013, *Préface*, p. 7-8) a reflexão histórica sobre a "remontée spectaculaire d'une ville qui semblait moribonde au sortir du Grand Schisme (1417) et qui, deux cents ans plus tard, apparaîtra comme la plus brillante ville d'Occident [...] une somptueuse capitale de rayonnement mondial dans la première moitié du XVIIe siècle."; em relação a Praga e Viena, Ève MENKE-BERTRAND, **L'image de Vienne et de Prague à l'époque baroque (1650-1740)** – Essai d'histoire des représentations (Estrasburgo: Presses Universitaires de Strasbourg, 2008); tb. Karel NEUBERT e Jan ROYT, **Praga Caput Regni** (trad. du tchèque par M. POGNAN, Praga: Odeon, 1991); Antoine MARÈS, **Histoire des tchèques et des slovaques** (Paris: Perrin, 2005, esp. chap. IX – *Du baroque aux Lumières*, p. 195-221); Richard SUCHENWIRTH, **Maria Theresia** – Ein Kaiserleben (orig. publ. 1975, Leipzig: Reprint Verlag, s/d); Dietmar PIEPER e Johannes SALTZWEDEL (Hg.), **Die Welt der Habsburger** – Glanz und Tragik eines europäischen Herrscherhauses (Munique: Wilhelm Goldmann, 2011); Henry BOGDAN, **Histoire des Habsbourg**: des origines à nos jours (Paris: Perrin, 2002, impr. 2005); Steven BELLER, **Histoire de l'Autriche** (orig. publ. **A concise History of Austria**, 2006, trad. Sylvie KLEINMAN-LAFON, Paris: Perrin, 2011, esp. chap. 2 – *AEIOU 1439-1740*, p. 40-88); François FEJTÖ, **Réquiem pour un Empire défunt**: Histoire de la destruction de l'Autriche-Hongrie (Paris: Lieu commun, 1988).

1558 Essa conexão se completa com o item – *império, estado moderno e a ascensão do absolutismo*, no **Tratado** (tomo 11 – **Direito internacional no tempo do iluminismo**).

1559 Inclusive no tocante às sucessivas guerras, como consideram, e.g., John A. LYNN, **The French Wars 1677-1714**: the Sun King at war (Oxford: Osprey, © 2002, second impression,

XVI, em relação ao contexto contemporâneo do vizinho Sacro Império. Nestes dois exemplos, estão também dois modelos, que se contrapõem.

LUIS XIV declara que "a nação não tem corpo na França; esta reside inteiramente na pessoa do rei". Essa concepção dos "dois corpos do rei" tem matriz que remonta à era medieval.[1560]

Isso ainda será exacerbado por LUÍS XV – com a malfadada frase que lhe é atribuída: "depois de mim, o dilúvio".[1561] O que se verificou, literalmente, com o 'dilúvio' da revolução de 1789, que arrastou o antigo regime e levou ao cadafalso o seu sucessor LUÍS XVI.[1562]

2009, esp. *The fighting – The campaigns for gloire*, p. 40-75); Lucien BÉLY, **Louis XIV, le fantôme et le maréchal-ferrant** (Paris: PUF, 2021); ___, **Louis XIV – le plus grand roi du monde** (Quintin: Jean-Paul Gisserot, 2005); ___, **Espions et ambassadeurs au temps de Louis XIV** (Paris: Fayard, 1990), reconhece que a construção do equilíbrio europeu exigiu coalizões contra a França, ___, **Les relations internationales en Europe** – XVIIe-XVIIIe siècle (orig. publ. 1992, Paris: PUF – Thémis – Histoire, 4e éd., 2013, Cinquième partie – Les coalitions contre la France et la construction de l'équilibre européen, chap. 12 – *de la guerre à la guerre (1688-1700)*, p. 355-381); Jacques WILHELM, **Paris no tempo do rei sol** (1660-1715) (orig. publ. **La vie quotidienne des parisiens au temps du Roi-soleil** (1660-1715), 1977, trad. Cássia R. da SILVEIRA e Denise M. PEGORIM, São Paulo: Companhia das letras – Círculo do livro, 1988).

1560 Como examinava Ernst KANTOROWICZ, em sua obra sobre **Les deux corps du roi** (do original **The Kings two bodies: a study in medieval political theology**, © 1957, trad. Jean-Philippe GENET e Nicole GENET, Paris: Gallimard – Quarto, 2000, **Kantorowicz œuvres**, pp. 643-1222, avec postface de Alain BOUREAU, "Histoires d'un historien, Kantorowicz", pp. 1223-1312); v. tb. Olaf B. RADER, **Friedrich II. Der Sizilianer auf dem Kaiserthron** – eine Biographie (orig. publ. 2010, Munique: C. H. Beck, 4a. ed., 2012).

1561 Pierre GAXOTTE, **Le siècle de Louis XV** (orig. publ. 1974 e 1987, Paris: Tallandier – Texto, 2013); Christian JOUHAUD, **Sauver le Grand-siècle?** – Présence et transmission du passé (Paris: Seuil 2007); Catherine SALLES, **Louis XV** – les ombres et les lumières (Paris: Réunion des musées nationaux / Tallandier, 2006); VOLTAIRE, **Précis du siècle de Louis XV** (in **Œuvres historiques**, édition présentée, établie et annotée par René POMEAU, Paris: Gallimard – Pléiade, © 1957, impr. 2010, p. 1297-1571); e Marc FUMAROLI (1932-2020), **Dans ma bibliothèque** – la guerre et la paix (préface de Pierre LAURENS, Paris: Gallimard – tel, 2023) comparava os dois LUÍSES – XIV e XV – e apontava que uma nova era, supostamente de paz e de vida mais tranquila se inaugura com o bisneto do falecido monarca, LUÍS XV (1710-1774), e embora tenham sido várias guerras durante o reinado de LUÍS XV, ficou dele a imagem de soberano 'amante da paz', que utilizou diplomacia e negociações, não somente a força e a ameaça de uso desta, como seu predecessor no trono da França.

1562 Matéria de exame no **Tratado** (tomo 11 – **Direito internacional no tempo do iluminismo**); Steffen MARTUS, **Aufklärung** – das deutsche 18. Jahrhundert – ein Epochenbild (Berlin: Rowohlt, 2015, esp. Teil I – *1680-1725: Die Anfänge der Aufklärung*, p. 21-255); tb. Paul HAZARD,

O mesmo esforço de caracterizar o corpo do rei como a personificação da 'identidade nacional', ainda será repetido, *in extremis*, por LUIS XVI, em 1789, face aos representantes da Assembleia nacional.[1563] Mas, o próprio rei não estaria muito seguro disso, naquela altura.

Enquanto isso, na Alemanha, o Sacro império romano da nação alemã – *nationis germanicae* – existe e se manifesta, sim, na pessoa do imperador, mas não se limita a este. O império, também, reside nas instituições.

O imperador não tem sua dignidade imperial como ínsita, mas esta é adquirida, em decorrência de escolha política e procedimento jurídico. O imperador é eleito: a dignidade lhe é conferida, como atribuição – *munus* – a ser exercido.

A dignidade imperial lhe é atribuída, em caráter gradual: primeiro, o imperador é eleito, pelos príncipes e demais eleitores; em seguida, ele é coroado. Assim, no Império, ao lado da 'pessoa física', existem também as instituições.

O Império reside, também, nos 'estados' – *Reichstände*, ou 'estamentos' – cujos representantes se reúnem, permanentemente, na Dieta de Ratisbona. Esse sistema da nação germânica seria, assim, ao mesmo tempo 'internacional' e 'institucional'.[1564]

Estaria já aí colocado o germe da concepção central do sistema internacional institucionalizado. Tanto em relação à Europa, na atual configuração da União europeia. Como no sistema institucional e normativo internacional, na sua acepção mais ampla, alcançada até agora, sob a égide da Organização das Nações Unidas.

E por isso também se pode explicar porque contra o Sacro império se manifestam tantos ataques, por este sofridos: sintomaticamente, isso se faz por parte dos franceses, como também, por parte dos prussianos – e isso porque ambos tinham interesse em 'deslegitimar' essa anterior experiência institucional internacional organizada. Que não se coadunava com

La crise de la conscience européenne 1680-1715 (Paris: Boivin et Cie., 1935; nova ed. Paris: Fayard, © 1961, impr. 1994).

1563 F. SCHRADER (op. cit., 1998, p. 4-5): "La politique absolutiste du monarque français, malgré toute la splendeur qui impressionne tant les princes de l'époque et les historiens des siècles suivants, échoue aussi bien sur le plan de la politique étrangère que sur celui de la gestion intérieure du pays. Et on connaît un grand nombre d'intellectuels français qui sont attirés par l'exemple des 'libertés allemandes' à travers et en fonction des institutions de l'Empire de nation germanique."

1564 Como se vê, ainda, no **Tratado** (tomo 11 – **Direito internacional no tempo do iluminismo**, item '*império, estado moderno e ascensão do absolutismo*).

as visões extremadamente nacionalistas de franceses e prussianos, que querem trazer, como mais 'modernas' e mais 'eficazes', seus modelos de estado nacional, que, na verdade, eram menos do que já conseguira institucionalizar o Sacro império.

São as agressões cometidas por LUIS XIV, nas custosas e inúteis guerras de conquista territorial,[1565] contra o Império – e estas serão reconquistadas, mais cedo ou mais tarde – e que levam à percepção da necessidade de sistema de coordenação internacional.[1566] E não se produziu o contrário, de deslegitimação desta experiência, por parte dos nacionalistas.

Posteriormente, recebe o Império ataques provenientes dos prussianos. Já a partir da segunda metade do século XVII, a política do Brandemburgo-Prússia foi dirigida contra a Áustria.[1567] Era preciso derrubar a ideia de 'império', para em lugar desta colocar a concepção de estado nacional alemão, consolidado a partir de matriz prussiana.

No processo de consolidação da própria Prússia, bem como do que viria a ser a identidade nacional alemã, se coloca a Prússia, contra a Áustria, em várias ocasiões. Notadamente na guerra de BISMARCK contra os HABSBURGO, em 1866.[1568]

1565 Várias dessas conquistas depois tiveram de ser devolvidas em ulteriores negociações de tratados de paz. Cf. L. BÉLY, **Les relations internationales en Europe** – XVIIe-XVIIIe siècle (op. cit., 4e éd., 2013, Cinquième partie – Les coalitions contre la France et la construction de l'équilibre européen, chap. 12 – *de la guerre à la guerre (1688-1700)*, p. 355-381, esp. no. 2 – *La France isolée*, p. 357-359, tb. chap. 14 – *la paix d'Utrecht pour un nouvel ordre européen*, no. 3 – *la reconstruction européenne*, p. 434-447); tb. o já referido John A. LYNN, **The French Wars 1677-1714**: the Sun King at war (Oxford: Osprey, © 2002, second impression, 2009).

1566 F. SCHRADER (op. cit., 1998, chap. III – *fin de l'Empire allemand*, p. 71-91, cit. p. 82): "Les puissances européennes et surtout les états allemands ont réussi non seulement à se défendre mais aussi à récupérer la plupart des conquêtes de LOUIS XIV, de sorte que malgré toute sa propagande et sa tactique diplomatique, et malgré tous les efforts historiographiques, les résultats réels obtenus apparaissent hors de proportion avec l'investissement financier et moral, pour ne pas parler des ressources humaines."

1567 F. SCHRADER (op. cit., 1998, chap. III – *fin de l'Empire allemand*, p. 71-91, cit. p. 82): "Une politique positive, qui se situerait dans le cadre de l'Empire et de ses institutions, n'est pas discernable. Au contraire, le contrat secret du Grand Electeur conclu en 1669 avec LOUIS XIV qui achète son appui contre l'empereur avec la somme coquette de 600.000 florins par an peut non seulement être considéré comme un acte de trahison envers l'Empire, à punir selon la constitution de 1648, mais met la Prusse en état de renforcer considérablement son armée qui fut d'emblée et qui restera dirigée contre la maison HABSBOURG."

1568 Klaus-Jürgen BREMM, **1866 Bismarcks Krieg gegen die Habsburger** (Darmstadt: Theiss – WBG, 2016, *Nationalstaat oder Föderation? – War Bismarcks militärische Reichsgründung*

Na opinião de FREDERICO II (1712-1786), isso provaria não se tratar de Império, justamente um sistema político, destinado justamente a evitar esse tipo de conflito.[1569] Para ele, contariam não somente a defesa e a conservação do seu estado, mas também e sobretudo sua ampliação territorial, por meio de conquistas militares.[1570]

Esse processo de autoafirmação tem a ver com as origens da Prússia, enquanto estado: esta se faz como conquista, e sua configuração estatal se estrutura, a partir de território 'colonizado'.[1571] Basta ver a sua história.[1572]

alternativlos?, p. 272-281) encerra seu livro com o exame da questão da convenirência de adoção pela Alemanha de configuração de estado unitário, nos moldes da França – *einheitlichen deutschen Staates nach dem Muster Frankreichs* – ou de federação – *einen stärkeren Deutschen Bund vorstellen, der die nationale Lebensbedürfnisse befriedigte*. E considera também se não teria havido alternativa para BISMARCK além da fundação 'militarizada' do Império alemão, de 1871.

1569 Jacob BURCKHARDT (1818-1897), **Das Zeitalter Friedrichs des Grossen** (conferências feitas em Basileia, em 1852-1853, aus dem Nachlass unter Mitwirkung von Bernd KLESMANN und Philipp MÜLLER, erstmals ediert und bearbeitet von Ernst ZIEGLER, mit einem Essay von Hans PLECHINSKI, Munique: C. H. Beck, 2012); Johannes KUNISCH, **Friedrich der Grosse** – der König und seine Zeit (orig. publ. 2004, Munique: C. H. Beck, Sonderausgabe, 2012); Theodor SCHIEDER (1908-1984), **Friedrich der Grosse** – ein Königtum der Widersprüche – Biographie (orig. publ. 1983, Munique: Propyläen, 2002).

1570 FRIEDRICH des GROSSEN, **Ausgewählte Werke** in deutsche Übersetzung – Erster Band – **Historische und militärische Schriften – Briefe** (hrsg. Gustav Berthold BOLZ, Berlin: Reimar Hobbing, Neue Ausgabe 61.-65. Tausend der Gesamtausgabe, s/d); ___, ___ – Zweiter Band – **Politische und philosophische Schriften – Gedichte** (hrsg. Gustav Berthold BOLZ, Berlin: Reimar Hobbing, Neue Ausgabe 61.-65. Tausend der Gesamtausgabe, s/d); FRÉDÉRIC II roi de Prusse, **Œuvres philosophiques** (texte revu par Jean-Robert ARMOGATHE et Dominique BOUREL, Paris: Fayard – Corpus des œuvres de philosophie en langue française, 1985).

1571 Sobre os Cavaleiros teutônicos: Henry BOGDAN, **Les chevaliers teutoniques** (orig. publ. 1995, Paris: Perrin – tempus, 2009); William URBAN, **The Teutonic Knights** – a military history (London: Greenhill Books/Mechanicsburg, PA.: Stackpole Books, 2003). Ver tb. Henry BOGDAN, **Histoire des pays de l'Est** – des origines à nos jours (orig. publ. 1991, Paris: Perrin – tempus, edição atualizada, 2008); Henry BOGDAN, **Histoire des peuples de l'ex-URSS** – du IXe siècle à nos jours (Paris: Hachette – pluriel, 1995); Francis CONTE, **Les Slaves** – aux origines des civilisations d'Europe centrale et orientale (Paris: Albin Michel, 1e éd., 1986, nova ed., 1996); Jerzy LUKOWSKI e Hubert ZAWADZKI, **Histoire de la Pologne** (do original **A concise History of Poland** © 2001, 2006, trad. Eric CHÉDAILLE, Paris: Perrin, 2010, esp. chap. 2 – La Pologne jagellonienne 1386-1572, p. 69-113).

1572 Ver Michel KERAUTRET, em sua **Histoire de la Prusse** (orig. publ. 2005, Paris: Seuil, 2010). Assinala SCHRADER (op. cit., 1998) a extensão na qual a Prússia, propriamente dita, nunca fez parte do Santo Império, suas populações polonesa e judaica não integram a 'unidade tribal', que caracterizaria outros componentes do conjunto imperial. Mas estas populações

E o papel desempenhado pelos cavaleiros teutônicos, na formação do estado prussiano.[1573]

A respeito do limite entre povos germânicos e eslavos,[1574] a resposta dependerá do momento, escolhido como marco de referência:

> Os partidários da fronteira Oder-Neisse invocam o 'exemplo' de BOLESLAS, e da Polônia ao tempo dos PIAST; mas, como a fronteira ocidental dos Eslavos variou da foz do rio Elba (no século V), até Stalingrado (por um instante, em 1942), seja qual for a linha intermediária, sobre a qual a política de força estabilizará, momentaneamente, essa fronteira, encontraremos para tanto um 'precedente' e uma 'justificação' históricas![1575]

faziam parte da Prússia há séculos: contava na época, e tinha favorecido os huguenotes – fugidos da França, depois da Revogação do Edito de Nantes, em 1685 – e a integração dos judeus bem sucedidos na 'boa sociedade' prussiana era a devoção pessoal ou comunal ao príncipe, a identificação com a figura do monarca, como instituição nacional.

[1573] Como se examina no **Tratado** (tomo 4 – **Direito internacional no tempo medieval**, cap. 11, esp. itens 11.1 e 11.2) foi decisiva a contribuição de várias dessas ordens confessionais militares – como os Templários, os Hospitaleiros, os de Avis, de Calatrava, de Santiago e de Alcântara; P. CONTAMINE, **La guerre au Moyen âge** (op. cit., 6ᵉ éd., 2003); F. GARCÍA FITZ, **La edad média** – guerra e ideología, justificaciones reliigosas y jurídicas (Madri: Sílex, 2003, segunda parte – La justificación religiosa de la guerra – el concepto de la guerra santa, esp. La guerra sacralizada, p. 119-164, e Guerras justas y santas: Cruzada y Reconquista, p. 165-217); D. J. KAGAY e L. J. A. VILLALON (ed.), **The circle of war in the Middle Ages** (op. cit., 1999); E. MANZANO Moreno, **Historia de las sociedades musulmanas en la Edad média** (Madri: Síntesis, 1992, esp. cap. 8 – El mundo musulmán en la época de las Cruzadas, p. 157-170); C. NADEAU e J. SADA, **Guerre juste, guerre injuste**: histoire, théories et critiques (op. cit., 2009); N. OFFENSTADT, **Faire la paix au Moyen Âge**: discours et gestes de paix pendant la guerre de Cent ans (op. cit., 2007); J. PERINO-ROUX, **Les Templiers** (op. cit. 2015, esp. – Dans la péninsule Ibérique, p. 281-303); P. SÉNAC, **L'Occident médiéval face à l'Islam** – L'image de l'autre (Paris: Flammarion, 2ª ed., 2000); J. VALDÉON, J. PÉREZ, S. JULIÁ, **História de Espanha** (op. cit., ed. 2014, Idade média, esp. caps. 3 – A resistência cristã, p. 43-54 a cap. 10 – O século XV. Os contrastes da coroa de Aragão, p. 139-151).

[1574] Francis CONTE, **Les Slaves**: aux origines des civilisations d'Europe centrale et orientale – VIᵉ – XIIIᵉ siècles (publ. originalmente em 1986, Paris: Albin Michel, 1996); Henry BOGDAN, **Histoire des pays de l'Est** – des origines à nos jours (publicado originalmente 1991, Paris: Perrin – tempus 236, ed. atualizada, 2008, primeira parte, chap. IV – *L'Europe de l'Est entre les Habsbourg, les Turcs et la Russie*, p. 99-119).

[1575] Henri-Ireénée MARROU, **De la connaissance historique** (orig. publ. 1954; Paris: Seuil, 6ᵉ ed. rev. e aumentada, 1973, Introduction: la philosophie critique de l'histoire, p. 9-27, cit. p. 15): "les partisans de la frontière Oder-Neisse invoquent l'"exemple' de BOLESLAS le Vaillant et de la Pologne au temps des PIAST; mais comme la frontière occidentale des Slaves

No século XVIII, FREDERICO II, de maneira coerente, se considerado a partir da perspectiva da Prússia, descreve o Santo império como algo vazio e destituído de sentido.[1576] O que é perfeitamente compreensível, tomado do ponto de vista da Prússia, porquanto esta queria se afirmar como potência e consolidar a sua presença e legitimidade de ação, nos planos interno e internacional. Nessa lógica, o Império só poderia representar, um domínio dos HABSBURGO,[1577] que procuravam impor a sua preponderância.[1578] E esse risco tinha de ser afastado – inclusive mediante o uso da força militar. Em cujo treinamento e desenvolvimento os prussianos se especializaram.

Os políticos e os historiadores de escola prussiana, ao enfatizarem o papel de 'força' desempenhado pela Prússia, no processo que leva à 'unificação' alemã, em 1870, e a instalação do (segundo) Império, em 1871, criticavam a 'fraqueza' do antigo império. Menos positiva, mas absolutamente compatível com a lógica da coisa, a partir da unificação do novo *Reich*, em 1870-71, desenvolve-se danosa vertente nacionalista, de esforço

a varié des Bouches de l'Elbe (vers le Ve siècle) à Stalingrad (un instant en 1942), quelle que soit la ligne intermédiaire sur laquelle la politique de force stabilisera momentanément cette frontière, nous lui trouverons un 'précédent' et une 'justification' historiques!"

1576 Ver, dentre outros, os já citados: J. BURCKHARDT, **Das Zeitalter Friedrichs des Grossen** (hrsg. Ernst ZIEGLER, mit einem Essay von Hans PLESCHINSKI, Munique: Beck, 2012); J. KUNISCH, **Friedrich der Grosse** – Der König unz seine Zeit (Munique: Beck, ed. 2012); T. SCHIEDER, **Friedrich der Grosse** – Ein Königtum der Widersprüche (1983, Berlim – Munique: Propyläen, 2002).

1577 F. SCHRADER (op. cit., 1998, p. 83): "Lorsque MARIE-THÉRÈSE, lors du sacre à Francfort-sur-le-Main, éclate de rire en voyant son époux porter la couronne impériale, cela peut paraître significatif de la perte de fonction des symboles de l'Allemagne, au cours des derniers cent ans. Mais c'est aussi le signe du fait que la *praxis* de la politique allemande restait intacte et servait toujours comme référence primordiale, les arguments de la *Hofburg* contre FRÉDÉRIC à l'appui." Ver tb. Richard SUCHENWIRTH, **Maria Theresia** – Ein Kaiserleben (orig. publicado, 1975, Leipzig: Reprint Verlag, s/d); Dietmar PIEPER e Johannes SALTZWEDEL (Hg.), **Die Welt der Habsburger** – Glanz und Tragik eines europäischen Herrscherhauses (Munique: Wilhelm Goldmann, 2011).

1578 F. SCHRADER (op. cit., 1998, chap. III – *fin de l'Empire allemand*, p. 71-91, cit. p. 83): "Plus Prussien que Grand Electeur de Brandebourg, par conséquent centré hors des limites de l'Empire, les institutions allemandes ne l'intéressent pas. Si avec l'alliance des princes de 1785, FRÉDÉRIC se présente comme défenseur de la constitution de l'Empire, avec les petits États et contre l'Autriche de JOSEPH II, qui néglige totalement la politique impériale pour renforcer la position autrichienne, en Allemagne comme en Europe, ce n'est qu'un prétexte né de l'isolation de la Prusse. On remarqua tout de suite la tournure maladroite de la politique prussienne qui ne connaissait plus et ne devait plus jamais reconnaître la logique de la politique allemande."

de 'purificação tribal', no sentido de distanciamento, em relação aos dinamarqueses, aos poloneses, aos judeus e aos franceses, no sentido de 'ocupação', e também no sentido da administração militar, até a expulsão, em massa, de cidadãos poloneses, na década de 1890.[1579] Tudo isso sem falar do antissemitismo, já mais ou menos latente, antes do final do século XIX, cada vez mais abertamente manifestado, e que terá frutos amargos, no terceiro *Reich*. Ao menos em parte, alguns elementos prenunciadores deste já poderiam ser encontrados, ainda nos últimos anos da era Guilhermina, antes da primeira guerra mundial.[1580]

Apesar das resenhas negativas, o papel do Sacro império romano da nação alemã se põe aqui, como marco precursor de sistema internacional moderno, organizado segundo tratados, e também conjunto de práticas costumeiras, algumas vindas de longa data. Desde o seu marco inicial – conjunto de tratados – este se pauta pela internacionalidade e pelo caráter institucional, que lhe são inerentes. Esta é a peça, que permite compreender a passagem do mundo feudal, para as concepções modernas, de ordenação de sistema internacional.[1581]

Há necessidade de afastar todo preconceito 'prusso-cêntrico' (*prusso-centrique*) para compreender a construção do processo de 'convergência alemã', na Idade moderna, que se traduziu na constante busca de equilíbrio, que permitisse estruturar a unidade política. Não mais a partir do 'império', mas a partir da identidade 'nacional' alemã, de matriz e motor prussianos. A existência e operação deste novo modelo 'imperial' alemão, no século XIX, deixa de lado o Sacro império, que relegado para o passado histórico, depois de 1806, representara esforço de regulação jurídica internacional, que se mantivera relevante durante cerca de mil anos.[1582]

1579 Wolf D. GRUNER, **Der deutsche Bund** 1815-1866 (Munique: Beck, 2012); Sebastian HAFFNER (1907-1999), **Preussen ohne Legende** (orig. publ. 1979, Munique: Siedler, 9a. ed., 1998); Sebastian HAFFNER, **Geschichte eines Deutschen** – Die Erinnerungen 1914-1933 (seguido de **Als Engländer maskiert** – ein Gespräch mit Jutta KRUG über das Exil, Munique: Deutsche Verlags-Anstalt, Sonderausgabe, 2006); Monika WIENFORT, **Geschichte Preussens** (Munique: Beck, 2008).

1580 Embora já tenha algumas décadas, continua a ser válida e instigante a análise feita por Fritz FISCHER (1908-1999), em seu **Griff nach der Weltmacht** – Die Kriegszielpolitik des kaiserlichen Deutschland (1914-1918) (orig. publ. 1961, Düsseldorf: Droste, 2009).

1581 O que se completa com o item – *império, estado moderno e ascensão do absolutismo*, no **Tratado** (tomo 11 – **Direito internacional no tempo do iluminismo**).

1582 Como se considera, ainda, no **Tratado** (tomo 11 – **Direito internacional no tempo do iluminismo**, item – *império, estado moderno e ascensão do absolutismo*); Béatrice NICOLLIER, **Le**

A construção do Sacro império combinou elementos de caráter 'internacional' e de caráter 'constitucional'. Este teve também dimensão relevante, como estabilizador do centro da Europa.[1583] A existência e operação, desse grande conjunto político, no centro da Europa ocidental, durante séculos, não pode ser menosprezada nem negligenciada. Mesmo se, frequentemente, se imputa ter sido o Sacro império progressivamente esvaziado de sentido político e de eficácia institucional, representou estrutura jurídica, política e institucional, que operou durante séculos, e marcou não somente os seus componentes, como os demais estados circunstantes.

Ao lado desse conjunto, floresce e se amplia toda uma curiosa literatura sobre as razões e os modelos para a construção e manutenção do sistema de *equilíbrio na Europa*.[1584] Desse vasto conjunto se podem destacar alguns exemplos – aqui considerados como ilustrativos para a compreensão do fenômeno jurídico-político-institucional da época – e estes esforços, de certo modo, se inscrevem como tentativas de construção do direito internacional em relação ao padrão clássico na cultura – como se considera a seguir.

A construção do padrão *'clássico'* é questão mais vasta e mais complexa que permeia tais escritos.[1585] Aqui se considera essa questão sob a ótica do que pode ser chamado o direito internacional 'clássico'. Como dados na busca da construção de sistemas internacionais coesos.[1586] Sistemas esses fechados, de tentativas de ordenação do mundo, que se mostraram ilusórios, quando postos à prova da história.

Saint Empire romain germanique au temps des confessions (1495-1648) (Paris: Ellipses, 2012, *Introduction*, p. 3-7, cit. p. 3) – parece esquecer o Império romano – quando observa: "o centro da Europa conheceu três impérios: o primeiro foi o Santo Império romano germânico, que durou quase mil anos, ou seja, durante toda a Idade média e o Antigo regime, e desapareceu em 1806. O segundo império, fruto da unidade alemã, existiu de 1871 a 1918, sob o reinado de GUILHERME II de Hohenzollern. O terceiro enfim, o de HITLER, acarretou, para essas regiões, de 1933 a 1945, uma catástrofe de grandes proporções. Todos os três se estenderam sobre vastos territórios, dentre os quais a Alemanha, termo que, neste livro, será utilizado exclusivamente em seu sentido geográfico". V. tb. Henry BOGDAN, **Les Hohenzollern** – la dynastie qui a fait l'Allemagne (1061-1918) (orig. publ. 1999, Paris: Perrin, 2010).

1583 O que se retoma no **Tratado** (tomo 11 – **Direito internacional no tempo do iluminismo**, item – *império, estado moderno e ascensão do absolutismo*).

1584 Como se considera no item seguinte, neste tomo.

1585 Por isso se desenvolveram as considerações no precedente item específico a respeito – *o que é e como é o 'clássico'?*

1586 Ainda objeto de ulterior consideração no **Tratado** (tomo 9 – **Direito internacional no tempo de Samuel Pufendorf**, item – *sistemas internacionais coesos*).

Literatura sobre o sistema de o equilíbrio da Europa

Creio, portanto, que estou em condições de concluir que se a sociedade europeia, agora proposta, é capaz de proporcionar, a todos os soberanos cristãos, segurança suficiente da perpetuidade da paz, dentro e fora de seus estados, não há nenhum, dentre eles, para quem não existam muito mais vantagens em assinar o tratado de estabelecimento dessa sociedade, do que em não o assinar; e essa é a proposição, que me propus demonstrar neste discurso.

Abade de SAINT PIERRE, **Projeto para tornar perpétua a paz na Europa** (1713-17, ed. 2003)[1587]

Todas as potências da Europa tomam armas, cedo ou tarde, quando uma delas se agita demais – *quand il y a une qui remue*: não se veem senão ligas e contra ligas, sustentadas por numerosos exércitos. Já é muito poder conservar, na conjuntura dos tempos, uma província conquistada.

VOLTAIRE (1768, ed. 2010)[1588]

A palavra 'universal' [...] não designará nunca a posse de uma história universal, no sentido que se rejeitou. Essa história se transforma em fumaça, no mundo das ilusões, assim como as utopias análogas, como foram, dentre outras, a arte exemplar para todos os tempos, ou o direito universal e válido para todos os tempos.

Benedetto CROCE, *A história como história do universal e crítica da história universal* (1912-1913, ed., 2007)[1589]

1587 Charles 'Irénée' CHASTEL, Abbé de SAINT-PIERRE (1658-1743), **Projeto para tornar perpétua a paz na Europa** (orig. publ. em Utrecht, por Antoine Schouten, em três tomos: os dois primeiros, em 1713, e o terceiro, em 1717; trad. Sérgio DUARTE, Brasília: Ed. UnB/IPRI. São Paulo: IOE, 1ª ed. bras., 2003, *Terceiro discurso*, p. 91-151, cit. p. 151): "A sociedade europeia, agora proposta, será capaz de proporcionar a todos os soberanos cristãos segurança suficiente da perpetuidade da paz, dentro e fora de seus estados". Aduzia (quarto discurso – artigos fundamentais, *Esclarecimento* ao artigo I, p. 158): "Se proponho que a sociedade seja numerosa, é porque já demonstrei que se ela não for bastante grande não poderá ser inalterável."

1588 VOLTAIRE, **Précis du siècle de Louis XV** (orig. publ. 1768, in **Œuvres historiques**, édition présentée, établie et annotée par René POMEAU, Paris: Gallimard – Pléiade, © 1957, impr. 2010, p. 1297-1571, cit. p. 1395).

1589 B. CROCE, *La storia come storia dell'universale. Crítica della storia universale* (in **Teoria e storia della storiografia**, orig. publ. 1912-1913, a cura di Edoardo MASSIMILLA e Teodoro

O sistema de equilíbrio de poder não pretendeu evitar crises, nem mesmo guerras. Quando funcionou adequadamente, servia para limitar tanto a capacidade dos estados de se dominarem, uns aos outros, como também a natureza dos conflitos. Seu propósito não era a paz, mas antes a estabilidade e a moderação. Por definição, um esquema de equilíbrio de poder não pode satisfazer, completamente, a cada um dos membros do sistema internacional; ele opera melhor quando mantém a insatisfação abaixo do nível, no qual a parte agravada prefira derrubar a ordem internacional.

Henry KISSINGER (1994)[1590]

Adotando o ponto de vista de uma constitucionalização do direito das gentes – *Konstitutionalizierung des Völkerrechts* –, o qual, para além do *status quo*, aponta, com KANT, para um futuro estado jurídico cosmopolita – *kosmopolitischer Rechtszustand* –, gostaria de apresentar em seguida uma interpretação nova, mais convincente: a União Europeia pode ser concebida, como um passo decisivo, no caminho para uma sociedade mundial, constituída politicamente.

Jürgen HABERMAS, *A crise da Europa â luz da constitucionalização do direito das gentes – Um ensaio sobre a constituição da Europa* (2011, ed. bras. 2012)[1591]

Caracteriza-se o sistema do equilíbrio europeu por combinação empírica, na qual o principal é a vontade de poder de estado, de cada uma das partes, sempre que isso não atente contra os direitos vitais.[1592] [...] As consequências do

TAGLIAFERRI, con una nota al testo di Fulvio TESSITORE, Napoli: Bibliopolis / Edizione Nazionale delle Opere di B.C. / Filosofia come scienza dello spirito IV, 2007, tomo primo, cap. III, p. 43-53, cit. p. 50): "la parola universale [...] non designerà mai il possesso di una storia universale nel senso che si è rigettato. Questa storia sfuma nel mondo delle illusioni insieme con le utopie analoghe, quali eranno, tra le altre, l'arte esemplare per tutti i tempi, o il dirittto universale e valido per tutti i tempi".

1590 Henry KISSINGER, **Diplomacy** (New York: Simon & Schuster, 1994, chap. one – *The new world order*, p. 17-28, cit. p. 21).

1591 Jürgen HABERMAS, *A crise da Europa â luz da constitucionalização do direito das gentes – Um ensaio sobre a constituição da Europa* (no volume **Sobre a constituição da Europa – um ensaio**, orig. publ. **Zur Verfassung Europas – Ein Essay**, 2011, trad. Denílson Luis Werle, Luiz REPA e Rúrion MELO, São Paulo: Ed. UNESP, 2012, cit. p. 39-40); ver tb. Jürgen HABERMAS, **Ach, Europa** (Frankfurt: Suhrkamp, 2008, 4ª ed., 2012).

1592 Juan Bautista RIVAROLA PAOLI, **Derecho internacional público** (Asunción, Paraguay: ed. Juan Bautista Rivarola Paoli, 6ª ed., 2013, *La teoria del equilíbrio europeo*, p. 157-158, cit. p. 157): "se caracteriza el sistema del equilibrio europeo por una combinación empírica, en la

equilíbrio europeu: 1) é sistema de alianças mutáveis, flutuantes; e 2) a ação necessária, inevitável, imprescindível da diplomacia.

Juan Bautista RIVAROLA PAOLI (2013)[1593]

Na literatura sobre a construção e a manutenção do equilíbrio da Europa – entre o direito internacional, a história geral, e o que, em lugar de 'história diplomática', por força de modismo, passou a ser chamado de 'relações internacionais' – se exprimem, desde longa data, as preocupações e os anseios sobre a institucionalização e a juridicização das relações políticas entre estados modernos. Esse movimento não passou de precário 'equilíbrio', instavelmente construído, pela força das armas, fragilmente mantido, por alianças conjunturais, antes de existirem processos institucionais internacionais, mais desenvolvidos.

Conceitualmente, tratava-se não de buscar a 'paz' – como almejavam SAINT PIERRE e outros,[1594] defensores de "projetos para tornar perpétua a paz na Europa" – mas antes, cuidava-se de manter a 'estabilidade'. Por definição, o estado de alternância entre guerras e tréguas, mais ou menos duradouras, como de alianças, ofensivas e defensivas, de tratados e outros entendimentos, muitos dos quais eram mantidos secretos.

Indagava SAINT PIERRE, se a institucionalização da paz, entre os soberanos cristãos da Europa poderia se estender, além de tais limites:

cual lo principal es la voluntad de poder de estado de las partes, siempre que no atente contra los derechos vitales." Especificava a seguir as modalidades de operação deste: "Sus formas de aplicación son las siguientes: 1) apoyo a la secunda potencia contra la primera; 2) coalición de estados secundarios contra la primera potencia y, luego, 3) finalmente, pretensión de ser fiel de la balanza, que es la política tradicional inglesa".

1593 J. B. RIVAROLA PAOLI (op. cit., 2013, p. 158): "Porque en este sistema de alianzas y contra-alianzas, de marchas y contramarchas, de acción y reacción, de cambios de equilibrio en todo momento y en todas las circunstancias, la diplomacia es la que desempeña, tiene que desempeñar, necesariamente, el papel principal. De alli que aparezca lo que se llama la diplomacia clásica que, en sus rasgos, en sus supuestos y en sus métodos, va a dar nacimiento al derecho diplomático moderno, por la regulación necesaria tanto del método como de sus características".

1594 Charles CHASTEL, Abade de SAINT-PIERRE (1658-1743), **Projeto para tornar perpétua a paz na Europa** (orig. publ. 1713 e 1717; ed. bras., 2003). Tema de indagação, em rica e variada vertente de estudos sobre a 'paz perpétua', cf. ref. em P. B. CASELLA, **União europeia: instituições e ordenamento jurídico** (orig. publ. 1994, São Paulo: LTr, 2ª ed., 2002, item 1.2 – *projetos e experiências de União europeia: antecedentes históricos*, p. 54-71).

> Quanto aos maometanos vizinhos da Europa, aos tártaros, turcos, tunisinos, tripolitanos, argelinos e marroquinos, dizem-me que não seria avisado que participassem do congresso, e que talvez não aceitassem. Mas a união, com o objetivo de manter a paz e o comércio com eles, poderia celebrar um tratado, que lhes desse as mesmas seguranças, e permitir que cada país possua um representante na cidade da paz.
> Se recusassem tal tratado, a união poderia então declará-los inimigos, obrigando-os, pela força, a dar segurança suficiente, da conservação da paz. Seria, então, fácil obter diversos artigos, em favor de seus súditos cristãos.[1595]

O que expunha SAINT PIERRE caracteriza visão bastante centrada na Europa, como eixo de ordenação de sistema internacional por ele concebido: "uma sociedade, uma união permanente e perpétua entre os soberanos abaixo assinados, e se possível entre todos os soberanos cristãos, com o objetivo de tornar inalterável a paz na Europa".[1596] A participação de outros estados seria contingente, em relação ao núcleo central europeu: "e para isso ela [a união] celebrará, *se possível*, tratados de ligas ofensivas e defensivas com os soberanos maometanos e seus vizinhos, a fim de que cada qual se mantenha em paz, nos limites de seus territórios, recebendo deles e dando-lhes todas as seguranças recíprocas possíveis".[1597]

Esse 'eurocentrismo' ainda se exacerbará depois – com o incremento da expansão colonial.[1598] Desse modo, o que vem a ser depois o 'concerto

[1595] SAINT-PIERRE, **Projeto para tornar perpétua a paz na Europa** (1713 e 1717; ed. bras., 2003, quarto discurso – Proposição a demonstrar, p. 153-157, cit. p. 156-157) completava a passagem: "Penso que existam dois tipos de artigos em que os soberanos poderiam convir para formar a sociedade europeia: os artigos fundamentais, nos quais todos poderiam estar seguros de que não haveria jamais modificação, exceto por unanimidade, e outros que são importantes para conseguir-se segurança suficiente da conservação da paz. Esses últimos sempre poderiam ser modificados por três quartos dos votos".

[1596] SAINT-PIERRE, **Projeto para tornar perpétua a paz na Europa** (1713 e 1717; ed. bras., 2003, quarto discurso – Artigos fundamentais, artigo I, p. 157).

[1597] SAINT-PIERRE, **Projeto para tornar perpétua a paz na Europa** (1713 e 1717; ed. bras., 2003, quarto discurso – Artigos fundamentais, artigo I, p. 157, e a seguir, p. 158): "Os turcos e os moscovitas, unidos a um membro da sociedade, poderiam criar dificuldades para o resto da Europa, perturbando sua tranquilidade; porém se todos forem membros ou aliados da união, gozando consequentemente das imensas vantagens de uma paz perpétua, seria necessário que os três fossem insensatos, privando-se de bens reais, a fim de dedicar-se a uma quimera. Ora, não é possível imaginar que três soberanos ficassem loucos ao mesmo tempo".

[1598] Como se examina no **Tratado** (tomos 14 a 17 – **Direito internacional no tempo do colonialismo**).

europeu' perpetua, no século XIX, a mesma lógica de esquema de 'equilíbrio de poder', construída nos séculos XVII e XVIII, no contexto do direito internacional 'clássico'.[1599] O 'sistema de equilíbrio' partia da premissa não de satisfazer completamente a cada um dos integrantes desse sistema, mas de manter a insatisfação em nível aceitável, para assegurar a manutenção do *status quo* em relação a cada um dos participantes dessa ordem internacional.

Por sua vez, algumas décadas mais tarde, em 1768, VOLTAIRE caracterizava, de maneira breve, porém expressiva, o 'equilíbrio de poder' europeu:[1600] considerava-se perigoso ser demasiadamente conquistador – *aujourd'hui il est dangereux d'être trop conquérant*.[1601] Essas oscilações de alianças eram dados intrínsecos ao funcionamento do 'sistema' de equilíbrio. Como aparece, em numerosos autores, que se debruçam sobre o tema – e tentam fazer 'sistema' a partir dessas conjunturas.

Existe conjunto de reflexões em autores que examinaram o tema do 'equilíbrio na Europa'.[1602] Este se inscreve dentre tentativas, mais ou menos fundamentadas, de se enxergar e de se compreender o mundo, o que constitui anseio permanentemente presente na natureza humana.

Anseio esse, que muito antes dos séculos 'clássicos' – aqui compreendendo a segunda metade do século XVII e a primeira do XVIII – se estenderia, pelo menos, desde o século II antes da era cristã, com a reflexão de POLÍBIO sobre os efeitos mundiais da edificação do Império romano,[1603] quando este enfatizava que "o homem encontra no conhecimento do passado a mais instrutiva das lições".[1604]

Essa linha de pensamento vem, de certo modo, desde POLÍBIO, até as reflexões de HABERMAS, sobre a corrente 'crise da Europa',[1605] a partir

[1599] Como se examina no **Tratado** (tomos 11 – **Direito internacional no tempo do iluminismo** e 13 – **Direito internacional no tempo do concerto europeu**).

[1600] VOLTAIRE, **Précis du siècle de Louis XV** (1768, ed. 2010, p. 1297-1571, cit. p. 1395).

[1601] VOLTAIRE, **Précis du siècle de Louis XV** (ed. 2010, p. 1395):

[1602] Como faz tb. Wilhelm GREWE, **Epochen der Völkerrechtsgeschichte** (Baden-Baden: Nomos, 1984, da parte III – *Droit public de l'Europe – Die Völkerrechtsordnung des französischen Zeitalters (1648-1815)*, esp. o cap. II – *Die Grundlagen der Völkerrechtsgemeinschaft: Europäisches Gleichgewicht, dynastische Solidarität, koloniale Expansion*, p. 332-368).

[1603] POLÍBIO (ca. 202 – ca. 120 a. C.), na edição POLYBE, **Histoire** (texte traduit, présenté et annoté par Denis ROUSSEL, Paris: Gallimard – Pléiade, 1970).

[1604] POLÍBIO (op. cit., ed. 1970, livro I, Prefácio, p. 1).

[1605] Como exemplificam, dentre vasta literatura disponível, os dois já referidos ensaios de Jürgen HABERMAS, **Sobre a constituição da Europa – um ensaio**, do original **Zur**

de 2008. Sempre norteados, um e outro, pela mesma motivação de entender o mundo e situar a nossa inserção neste.

Guardadas algumas nuanças, temos recorrência de linhas semelhantes, caracterizadoras do fenômeno, desde a Antiguidade, até a crise da semana passada.[1606] Aí se pode, igualmente, inserir a reflexão de Benedetto CROCE, em 1912-1913, sobre a "história como história do universal" e a sua "crítica da história universal".[1607] O que CROCE já condenava, como superficialidade e generalizações apressadas, somente se acentuou com a corrente da assim chamada '*world history*', mortalmente eivada de etnocentrismo.[1608]

Nessa avaliação, a respeito da possível universalidade da história, se contrapõem as visões de POLÍBIO, de AGOSTINHO e de HEGEL.[1609]

Verfassung Europas – Ein Essay, 2011, trad. Denílson Luis Werle, Luiz REPA e Rúrion MELO, São Paulo: Ed. UNESP, 2012) e tb. Jürgen HABERMAS, **Ach, Europa** (Frankfurt: Suhrkamp, 2008, 4ª ed., 2012).

1606 Como ilustram Patrick BOUCHERON, Antonio NEGRI, Thomas PIKETTY, Myriam REVAULT D'ALLONNES, Élisabeth ROUDINESCO, **Une certaine idée de l'Europe** (Paris: Flammarion – champs, 2019); Emmanuelle LOYER, **Une brève histoire culturelle de l'Europe** (Paris: Flammarion – champs – histoire, 2017); Yanis VAROUFAKIS, **Conversations entre adultes** – dans les coulisses secrètes de l'Europe (orig. publ. **Adults in the room – my battle against Europe's deep establishment**, 2017, trad. Cécile Dutheil de LA ROCHÈRE et Abel GERSCHENFELD, Arles: Babel – Actes Sud, 2019).

1607 B. CROCE, *La storia come storia dell'universale. Crítica della storia universale* (op. cit., 1912-1913, ed. cit., 2007, tomo primo, cap. III, p. 43-53, cit. p. 48): "la storia universale, invocata e attuata da POLÍBIO, era quella storia più larga, più complessa, più politica e grave, che l'egemonia romana e la formazione dell'orbe romano richiedevano, e perciò abbracciava quei popoli soli che vennero in relazione e conflito con Roma, e, conformemente alle dispozioni spirituali dell'autore, si restringeve quasi del tutto nella storia degli istituti politici e degli ordinamenti militari".

1608 Como examina Daniel WOOLF, **A global history of history** (Cambridge: Univ. Press, 2011, *Epilogue*, p. 509-514, cit. p. 512): "The summons back to relevance echoes the ancient Ciceronian notion of history's role as *magister vitae* while urging a greater sense of ethical responsibility on the part of historians, of the Crocean 'duties of the living to the dead', and of an obligation to protect the past from interference and manipulation. It is also a call to put history into service anew to rectify the world's evils, which in a world of genocides, terrorist attacks and rampant commercial greed ought to be just as compelling a reason as it was for our ancestors."

1609 A respeito das concepções de AGOSTINHO e de HEGEL, ver **Tratado** (tomo 4 – **Direito internacional no tempo medieval**, item 8.1 – *Agostinho de Hipona (354-430 A.D.)* e tomo 13 – **Direito internacional no tempo do concerto europeu**, item – *HEGEL e o direito internacional*).

Para CROCE "negar a história universal não significa negar o conhecimento do universal, na história".[1610] Nem tampouco, dos modos de ser esta tratada, para a compreensão do fenômeno humano, de tentar se situar no tempo e no espaço, e de 'entender' de alguma maneira, o mundo, no qual estamos insertos: "a história é pensamento, e como tal, pensamento do universal, do universal na sua concretude, e por isso, sempre particularmente determinado":[1611]

> Na sua forma mais simples, o que quer dizer na sua forma essencial, a história se exprime por meio de juízos, sínteses que não podem ser cindidas, entre individual e universal. Por velha tradição terminológica das escolas, que talvez convenha conservar, o *individual*, se diz do objeto do juízo, e o *universal*, do predicado. Mas, para quem domine as palavras com o pensamento, o verdadeiro objeto da história é, justamente, o predicado, e o verdadeiro predicado o objeto; ou seja, no juízo, se determina o *universal*, ao individuá-lo.[1612] [...] Assim como a história, corretamente compreendida, abole a ideia de uma história universal, também a filosofia, imanente e identificada com a história, abole a ideia de uma filosofia universal, ou seja de um sistema fechado: as duas negações se correspondem, e no fundo, são somente uma coisa, porque os sistemas fechados (*i sistemi chiusi*) como as histórias universais, são romances cosmológicos, e ambos recebem conformação empírica, na tendência dos melhores engenhos de nossos tempos, de abster-se 'histórias universais' e de 'sistemas definitivos', deixando uns e outros aos compiladores, ou aos crentes e crédulos de todas as espécies.[1613]

Existe preocupação institucional e busca de modelo de ordenação das relações internacionais, em toda uma vasta vertente de escritos variados, sobre o equilíbrio da Europa, nos séculos XVII e XVIII, tais como:

[1610] B. CROCE (op. cit., 1912-1913, ed., 2007, p. 50) descreve o movimento intelectual como buscar *"l'universale in quella sua forma particolare"*.

[1611] B. CROCE (op. cit., 1912-1913, ed., 2007, p. 50-51): *"non c'è fatto, per piccolo che si dica, che si possa altrimenti concepire (realizzare e qualificare), se non come universale"*.

[1612] B. CROCE (op. cit., 1912-1913, ed., 2007, p. 51).

[1613] B. CROCE (op. cit., 1912-1913, ed., 2007, p. 52-53) menciona como última tentativa de uma grande filosofia, *"la hegeliana, ma contrastata nel senso suo stesso da vecchiumi e affatto tradita nell'esecuzione, per modo che quella filosofia si convertì anch'essa in un romanzo cosmologico"*.

- o ensaio sobre "as justas relações de poder entre os príncipes da Europa", de Iust. Vollrad. BODINI, **Bilanx iustae potestatis inter principes et status imperii** (Rintel., 1689);[1614]
- na mesma linha, o ensaio de João Jacob LEHMANN, sobre o "equilíbrio na Europa", ou **Trutina vulgo Bilanx Europae** (Jena, 1716),[1615] com extenso e descritivo título, no qual LEHMANN fazia menção expressa ao papel do direito internacional, na construção desse equilíbrio, entre as potências da Europa: cujas fontes se desenvolvem, a partir dos fundamentos, da doutrina e dos deveres do genuíno direito das gentes – *cuius fundamentum, doctrina et officia ex genuinis iuris gentium fontibus evolvuntur*;
- de Georg Ludwig Erasmus ad HULDENBERG, a "dissertação sobre o equilíbrio e o papel do direito internacional na solução de controvérsias entre os povos", ou **Dissertatio de equilibrio alioque legali iuris gentium arbitrio in gentium controversiis pacis tuendae causa interposito** (Helmst., 1720; novamente editado em 1748);[1616]
- o ensaio, publicado sem nome de autor, sobre ser possível que um príncipe, em razão do crescente poder de um vizinho faça uso – hoje diríamos, 'preventivo' – das armas, ou **Untersuchung ob ein Fürst wegen erwachsender Macht seines Nachbaren den Degen entblössen könne** (Leipzig, 1721) –[1617] como se vê, a doutrina política da alegada "legítima defesa preventiva", que nem é 'legítima', nem é 'defesa', somente é 'preventiva', não data de nossos tempos;[1618]

1614 Iust. Vollrad. BODINI, **Bilanx iustae potestatis inter principes et status imperii** (Rintel. 1689).

1615 Ioh. Iac. LEHMANNI, **Trutina vulgo Bilanx Europae, norma belli pacisque hactenus a summis imperantibus habita, cuius fundamentum, doctrina et officia ex genuinis iuris gentium fontibus evolvuntur, atque iis quae in pace nuperrima Ultraiectina aliisque huius generis pactionibus acta sunt, illustrantur. Accessit Praef. de iustitia belli ac Aug. nostro Imperatore Turcis inferendi** (Jena, 1716).

1616 Ge. Lud. Erasm. ad HULDENBERG, **Dissertatio de equilibrio alioque legali iuris gentium arbitrio in gentium controversiis pacis tuendae causa interposito** (Helmst., 1720; novamente editado em 1748)

1617 ANÔNIMO, **Untersuchung ob ein Fürst wegen erwachsender Macht seines Nachbaren den Degen entblössen könne** (Leipzi. 1721).

1618 Prática condenada por Samuel PUFENDORF, como se examina no **Tratado** (tomo 9 – **Direito internacional no tempo de Samuel Pufendorf**, cap. 20).

- o livro sobre como construir o equilíbrio da Europa, de Ioh. Friedr. KAYSER, **De tuendo aequilibrio Europae** (Giess. 1723);
- a dissertação sobre o equilíbrio das potências, de Ioh. Ge. WAGNER, **Dissertatio de aequilibrio potestatum** (Lignit. 1737);
- o ensaio, publicado sem nome de autor, contendo as reflexões sobre o equilíbrio da Europa, **Réflexions touchant l'equilibre de l'Europe** (1743);
- sobre o equilíbrio da Europa, e as normas da paz e da guerra, o ensaio de Lud. Mart. KAHLII, **Dissertatio de trutina Europae, quae vulgo appellatur *Die Balance von Europa*, praecipua belli et pacis norma** (Goett., 1744) – e sobre este opinava OMPTEDA (1785);[1619]
- na mesma linha, as reflexões sobre o equilíbrio da Europa, de STISSERS, **Freymüthige und bescheidene Erinnerungen wider Herrn D. KAHLE Abhandlung von der Balance Europens; in einem Sendschreiben an einen Gelehrten von Adel vorgetragen** (Leipz. 1745), no qual criticava a opinião de KAHLE sobre a construção do equilíbrio na Europa, seguido da continuação,
- **Fortsetzung der freymüthigen und bescheidenen Erinnerungen wider Herrn D. KAHLE Abhandlung von der Balance Europens; in einem Sendschreiben an einen Gelehrten von Adel vorgetragen** (Leipz. 1746), ainda contendo adicionais críticas contra a posição expressa no ensaio de KAHLE; e, mais uma vez,
- as novas explicações sobre o equilíbrio na Europa, **Neue Erläuterungen der europäischen Balance Europens, als der vornehmsten Richtschnur des Krieges und des Friedens, worinn des Herrn D. KAHLENS Abhandlung bestätiget und vertheidiget wird** (Hannov. 1746);

[1619] Sobre este texto de Ludwig Martin KAHLE, também grafado KAHL, ou na forma 'latinizada', KAHLII, observava OMPTEDA (op. cit., 1785, § 192, p. 486): ter sido também inserido no volume de ensaios do mesmo Ludwig Martin KAHLE, **Opuscula minor** (tomo I, Frankfurt, 1751), e que o mesmo também tinha sido traduzido para o francês, pelo Conselheiro FORMEY, de Berlim, com o título **La bellance de l'Europe considérée comme la règle de la paix et de la guerre** (1744). Foi também FORMEY o tradutor de WOLFF para o francês, como se menciona no **Tratado** (tomo 10 – **Direito internacional no tempo de C. van Bynkershoek e Christian Wolff**, cap. 22).

- buscando fundamentar, no direito natural, a construção do justo equilíbrio entre as potências, o livro de Ioh. Ge. NEUREUTER, **Specimen iuris naturae de iustis aequilibrii finibus** (Mogunt. 1746);
- ensaio publicado sem nome do autor, na mesma linha, como "meditação sobre o equilíbrio político", **Meditatio de aequilibrio politico** (Vienn. 1747);
- em sua introdução à assim chamada "ciência do estado", desenvolvia considerações sobre o equilíbrio da Europa, J. J. SCHMAUSS, na segunda parte de seu livro **Einleitung zur Staatswissenschaft** (2. Theile, Leipzig, 1748); e sobre este se manifestava também von OMPTEDA (1785);[1620]
- no ensaio de Joh. Heinr. Gottl. von JUSTI, a ideia do equilíbrio de poder entre os estados da Europa era apresentada como ilusória, ou quimera, no seu **Chimäre des Gleichgewichts von Europa** (Altona, 1758), e
- o mesmo von JUSTI publicaria, no ano seguinte, a quimera do equilíbrio de poder, no comércio e navegação, ou **Chimäre des Gleichgewichts der Handlung und Schiffahrt** (Altona, 1759) – como segunda parte do ensaio anterior;
- mais outro ensaio, publicado sem nome de autor, igualmente contendo "reflexões relativas ao equilíbrio da Europa", ou **Reflexions touchant l'équilibre de l'Europe** (1760);
- desse ensaio anônimo (1760) fez tradução e comentário D. G. STRUBEN, **Prüfung der ans Licht getrettenen *Reflexions touchant l'équilibre de l'Europe*** (s/d, s/ local ed.); e sobre este se manifestava von OMPTEDA (1785);[1621] e ainda,
- na dissertação sobre as causas da guerra, desenvolvia reflexões sobre o equilíbrio da Europa, Gottl. Aug. TITTEL, na sua **Dissertatio Opes gentis cuiusdam, quantumvis crescentes, in causis belli non esse numerandas** (Carolsruh. 1771).

[1620] Sobre este texto de J. J. SCHMAUSS, **Einleitung zur Staatswissenschaft** (em duas partes, Leipzig, 1748), observava OMPTEDA (op. cit., 1785, § 178 e § 192, p. 487): que a inteira primeira parte era dedicada ao exame do equilíbrio na Europa.

[1621] Sobre este texto de D. G. STRUBEN, **Prüfung der ans Licht getrettenen *Reflexions touchant l'Equilibre de l'Europe***, observava OMPTEDA (op. cit., 1785, § 192, p. 487 e 488): "Man findet eine teutsche Uebersetzung dieser kleinen Schrift im 98ten. Stücke der neuen Europ. Sammlung" e aduz "In dessen Nebenstunden 2ten. Theils, die 8te. Abhandlung".

Em torno do conceito de equilíbrio na Europa central se construiu, assim, como jogo político, uma mutante conjuntura, de alianças ofensivas e defensivas. Este se desenvolve, em lugar do anterior sistema institucional, na medida em que progressivamente se enfraqueceram primeiro os dois eixos de poder do tempo medieval – o papado e o império – bem como as estruturas que tinham regido, na primeira modernidade, o Sacro império romano germânico. Embora fosse este sistema de equilíbrio, por vezes, precário, e sujeito ao peso dos interesses, desta ou daquela potência, suscitando numerosas intervenções externas, em território do Império – muitas vezes, por parte da França, desde as "guerras de LUIS XIV", de 1677-1714, até as guerras do período revolucionário e napoleônico, de 1792-1814.[1622]

Pode ser feito paralelo, com a distância de alguns séculos, entre o que se deu, por parte da dinastia HABSBURGO, a partir da Áustria, colocando-se como centro em relação ao Império germânico, como foi feito, no século XIX, por parte da Prússia, com a dinastia HOHENZOLLERN e a atuação do chanceler BISMARCK, no processo de consolidação da nova hegemonia, que leva à unificação do Império alemão, em 1870-71. Com exclusão da Áustria.[1623]

[1622] Cujo exame prossegue no **Tratado** (tomos 11 – **Direito internacional no tempo do iluminismo** e 13 – **Direito internacional no tempo do concerto europeu**).

[1623] Como resultado da guerra austro-prussiana de 1866 e da guerra franco-prussiana de 1870. A construção do padrão clássico da cultura teve e tem papel central na identidade alemã. E além do interesse especificamente alemão nesta temática, teve e tem também relevância para a construção de padrão 'ocidental' da cultura – e isso não somente na Europa, mas se estende a outros continentes. A respeito, v. Jürgen OSTERHAMMEL, **Die Verwandlung der Welt** – eine Geschichte des 19. Jahrhunderts (orig. publ. 2009, Munique: Beck, Sonderausgabe, 2011); enfoques mais específicos em: Klaus-Jürgen BREMM, **1866 Bismarcks Krieg gegen die Habsburger** (Darmstadt: Theiss – WBG, 2016); Ulf DIRLMEISTER, Andreas GESTRICH, Ulrich HERRMANN, Ernst HINRICHS, Konrad H. JARAUSCH, Christoph KLESSMANN, Jürgen REULECKE, **História alemã** – do século VI aos nossos dias (orig. publ. **Deutsche Geschichte**, 1995 e 2013, trad. Marian TOLDY e Teresa TOLDY, Lisboa: Ed. 70, 2020); Wolf D. GRUNER, **Der Deutsche Bund 1815-1866** (Munique: Beck, 2012); Rainer MÜLLER (Hrsg), **Deutsche Geschichte in Quellen und Darstellung** – Band 5 – **Zeitalter des Absolutismus, 1648-1789**, Helmut NEUHAUS (hrsg.) (Stuttgart: Reclam – Univ. Bibl. Nr. 17005, (c) 1997, impr. 2006); ___, ___ – Band 6 – **Von der Französischen Revolution bis zum Wiener Kongress, 1789-1815**, Walter DEMEL und Uwe PUSCHNER (hrsg.) (Stuttgart: Reclam – Univ. Bibl. Nr. 17006, (c) 1995, impr. 2008); ___, ___ e – Band 7 – **Vom Deutschen Bund zum Kaiserreich 1815-1871**, Wolfgang HARDTWIG e Helmut HINZE (hrsg.) (Suttgart: Reclam – Univ. Bibl. Nr. 17007, (c) 1997, ed. 2007); François ROTH, **La guerre de 1870** (orig. publ. 1990, Paris: Fayard-pluriel, 2010); Joseph ROVAN, **Geschichte der Deutschen** – Von ihren

A linha de base do sistema de equilíbrio, entre as potências da Europa ocidental, no tempo clássico, estava reduzida a uma confluência de interesses 'nacionais'.[1624] Por isso, o Sacro império romano germânico, apesar das agudas diferenças confessionais, se destaca como uma ordem jurídica comum, que criou laços duradouros, entre as componentes do sistema, como abrangendo potências europeias, lastreados na ideia do equilíbrio europeu, da solidariedade entre as dinastias, e também se projeta da pior maneira, na expansão colonial.[1625]

De tal modo, "ao buscar, cada um, a consecução egoísta dos seus respectivos interesses, se presumia que cada estado contribuísse para o progresso, como se uma mão invisível garantisse a liberdade de escolha de cada estado, assegurando assim o bem estar de todos" e, "por mais de um século, essa expectativa pareceu ser alcançada".[1626] Ainda cabe ponderar:

> A Europa, a única parte do mundo moderno a ter operado um sistema de múltiplos estados, inventou os conceitos de estado-nação, de soberania e de equilíbrio de poder. Essas ideias dominaram as relações internacionais, durante a maior parte dos últimos trezentos anos. Mas nenhum dos antigos praticantes europeus da razão de estado – *raison d'état* – é agora forte o bastante para agir como protagonista, da ordem internacional emergente.[1627]

Ursprungen bis heute (do original **Histoire de l'Allemagne** – des origines à nos jours, © 1994, aus dem Französischen von Enrico HEINEMANN, Reiner PFLEIDERER u. Reinhard TIFFERT, Munique: DTV, 3. Auflage, 2001); Fred E. SCHRADER, **L'Allemagne avant l'État-nation**: le 'corps germanique' (1648-1806) (Paris: PUF, 1998); David WILLIAMSON, **Germany since 1789** – a Nation forged and renewed (orig. publ. 2005, Londres: Palgrrave-Macmillan, 2nd ed., 2016) e tb. se considerou no precedente título II – *da construção de sistemas coesos: de Vestfália (1648) até a guerra dos sete anos (1756-1763).*

[1624] Ver tb. Wilhelm GREWE, **Epochen der Völkerrechtsgeschichte** (Baden-Baden: Nomos, 1984, da parte III – *Droit public de l'Europe – Die Völkerrechtsordnung des französischen Zeitalters (1648-1815)*, esp. o cap. II – *Die Grundlagen der Völkerrechtsgemeinschaft: Europäisches Gleichgewicht, dynastische Solidarität, koloniale Expansion*, p. 332-368).

[1625] Cf. **Tratado** (tomos 14 a 17 – **Direito internacional no tempo do colonialismo**).

[1626] H. KISSINGER (op. cit., 1994, p. 22). V. tb. L. BÉLY, **Les relations internationales en Europe** (op. cit., 2013, sixième partie – *L'Europe des despotes éclairés*, p. 485-606).

[1627] H. KISSINGER (op. cit., 1994, p. 22): "They are attempting to compensate for this relative weakness by creating a unified Europe, an effort which absorbs much of their energies. But even if they were to succeed, no automatic guidelines for the conduct of a unified Europe on the global stage would be at hand, since such a political entity has never existed before."

Partindo da experiência histórica do Sacro império, se pode observar:

> De um lado, o império exerce suficientemente as funções de natureza estatal para que os estamentos – *Reichstände* – não se tornem estados autônomos; de outro lado, e inversamente, a existência dos *Reichstände* é um obstáculo à formação de um grande estado, centralizador e hierárquico. O Santo Império forma, assim, um único corpo, do qual o imperador é a 'cabeça', e os estados – *Stände* – são os 'membros'.[1628]

Essa unidade do conjunto imperial europeu moderno, nem é estritamente 'estatal', nem 'nacional', no sentido que assumirão, um e outro termo, no curso do século XIX. Mas congrega elementos 'constitucionais' e 'internacionais', nesse extenso conjunto, no centro da Europa. Assim se pode compreender a extensão e a complexidade do debate, que pauta boa parte da vida intelectual e política da Alemanha, ainda durante o século XIX, oscilando entre a teoria, que fundamenta a unidade política da Alemanha, na "forma política" do Império, e a outra linha, que se desenvolve a partir desta, ao longo do século, no sentido de que a identidade alemã repousaria sobre sentido compartilhado de história coletiva – que guarda semelhanças com a situação, tanto das antigas cidades-estado da Grécia, quanto das cidades-estado renascentistas italianas. E, da mesma forma, também a 'história coletiva' germânica se manifestaria, simultaneamente, em várias dimensões: cultural, linguística, literária e etnológica. Por isso cabe considerar a forte componente germânica, na formação do que se poderia denominar 'padrão clássico' na cultura.

A construção do padrão clássico da cultura teve –[1629] em tempos anteriores, com autores como BELLI e GENTILI –[1630] e ainda tem papel central, para a configuração do direito internacional, entre a segunda metade do século XVII e a primeira do século XVIII – com autores tais como PUFENDORF, BYNKERSHOEK, WOLFF e VATTEL.[1631]

1628 F. SCHRADER (op. cit., 1998, p. 72).

1629 A respeito de Pierino BELLI (1502-1575) e a sua contribuição para o direito internacional ver **Tratado** (tomo 4 – **Direito internacional no tempo medieval**, item 11.6.2).

1630 A respeito do papel de Alberico GENTILI (1552-1608) no direito internacional, ver **Tratado** (tomo 6 – **Direito internacional no tempo de Suarez, Gentili e Zouch**, cap. 16).

1631 Como se examina, no **Tratado** (tomo 9 – **Direito internacional no tempo de Samuel Pufendorf**, cap. 20, tomo 10 – **Direito internacional no tempo de C. van Bynkershoek e**

O direito internacional sempre foi e continua a ser parte de conjunto mais amplo de bagagem cultural. Esta 'bagagem cultural', como característico produto do seu tempo 'clássico' e do seu contexto de civilização, faz parte da história. Constitui substrato relevante para a construção do que vem a seguir. Por isso se menciona especificamente a seguir o 'direito internacional e o padrão clássico da cultura'.

Além do interesse especificamente jurídico desta temática, teve e tem também relevância a época 'clássica', para a construção do que se pode chamar de padrão 'ocidental' da cultura – e isso é marcado por inteiras novas áreas do conhecimento, que surgem e se consolidam, justamente nesse tempo clássico – como se deu, por exemplo, com a estética, com a história da arte, ou com a filosofia da história, enquanto disciplinas autônomas. Estas inovações acontecem, concomitantemente, ao desenvolvimento institucional e conceitual do direito internacional 'clássico'.

E esse fenômeno de desenvolvimento e de aperfeiçoamento de vários ramos do saber – que se manifestou não somente na Europa, mas a partir desta se estendeu a outros continentes – exprime um sentido de busca de 'universalidade' e de 'racionalidade', mesmo quando se volta para o que passa a ser chamado de 'europeu', ou mesmo para o 'nacional'. A ambiguidade entre 'universalidade' e a mais restrita concepção de 'europeidade' – ou mesmo de 'nacionalidade' – sempre se manifesta.

Christian Wolff, respectivamente nos caps. 21 e 22 e a contribuição de VATTEL é examinada no tomo 12 – **Direito internacional no tempo de Vattel e von Martens**, cap. 24).

DIREITO INTERNACIONAL E O PADRÃO CLÁSSICO NA CULTURA

Deve-se evitar confundir o abuso com o direito.

Emer de VATTEL, **Direito das gentes** (1758, ed. 2004)[1632]

Os preceitos da moral e da política, que têm aceitação entre os homens, derivam, quase sempre, de três fontes: a revelação, a lei natural e as convenções sociais. Entre a primeira e as duas últimas não há comparação possível, considerados os seus fins principais; completam-se, contudo, quando tendem, de modo igual, a tornarem os homens felizes na terra.

Cesare BECCARIA, **Dos delitos e das penas** (1764)[1633]

Quanto mais se examina a antiga História do mundo, com seus deslocamentos de povos, línguas, concepções morais, descobertas e tradições, tanto mais se torna verossímil esclarecer novas descobertas, como a origem de inteiros novos desenvolvimentos.

Johann Gottfried HERDER, **Uma filosofia da historia para a educação da humanidade** (1774, ed. 1990)[1634]

[1632] Emer de VATTEL, **O direito das gentes** (orig. publ. 1758, trad. Vicente Marotta RANGEL, Brasília: UnB-IPRI, 2004, livro IV, § 119). A respeito de VATTEL, ver **Tratado** (tomo 12 – **Direito internacional no tempo de Vattel e von Martens**, cap. 24).

[1633] Cesare BECCARIA (1738-1794), **Dos delitos e das penas** (orig. publ. **Dei delitti e delle pene**, Livorno, 1764, trad. Torrieri GUIMARÃES, São Paulo: Hemus, s/d, *Prefácio do autor*, p. 8). V. tb. P. B. CASELLA, *Cesare Beccaria e o padrão clássico* (in **Estudos em homenagem a Ivette Senise Ferreira**, org. Renato M. J. SILVEIRA e Mariângela G. M. GOMES, São Paulo: Liber Ars, 2015, p. 393-414).

[1634] Johann Gorrfried HERDER, **Auch eine Philosophie der Geschichte zur Bildung der Menschheit** (1774, hrsg. von Hans Dietrich IRMSCHER, Stuttgart: Reclam – Universal Bibliothek Nr. 4460, 1990, reimpr. 2007, cit. p. 5).

A consolidação do padrão 'clássico' na cultura ocidental constitui complexo e tortuoso encadeamento entre o legado característico da antiguidade grega e romana – com ênfase na educação e nas artes, na poesia e na retórica, como na filosofia – toda essa concepção retomada, posteriormente, pelo humanismo renascentista.[1635] Esse conjunto servirá de modelo para a formação – *Bildung* alemã – paradigmaticamente ilustrada por GOETHE, SCHILLER e WINCKELMANN – enquanto visão de cultura, respeitosa da totalidade harmônica,[1636] inspirando-se dos legados grego e romano antigos, mas também com forte viés renascentista, dentre os elementos agregados pelos homens do século XVIII, quando estes, a seu modo, releram e reinterpretaram o passado.

Como ilustram os 'clássicos de Weimar' – *Weimarer Klassik* – com GOETHE e SCHILLER, ao lado de outros contemporâneos.[1637] Ou, como mencionado, se pode aceitar um *conteúdo* 'clássico', sem necessariamente aceitar a configuração de um *período* 'clássico', como apontado para definir a linguagem musical: "a existência de linguagem musical 'clássica', compartilhada por HAYDN e MOZART, e também em certa medida por BEETHOVEN, é mais amplamente aceita que a existência de 'período clássico'."[1638]

Esses criadores exprimiam a sua interpretação do ideal 'clássico' nas artes e em diferentes campos do conhecimento.[1639]

O padrão 'clássico' na cultura ocidental constitui, assim, legado importante para a subsequente evolução intelectual desta parte do mundo. Isso tanto mais porque esta contribuição se refletiu também sobre outros povos e continentes, em razão da expansão mundial europeia naquela fase da história: o 'clássico', e o neoclássico, europeus se projetaram e se espar-

[1635] Como considerado no **Tratado** (tomos 3 A – **Direito internacional no tempo antigo** 3 B – **Gregos, romanos, chineses, indianos**, 4 – **Direito internacional no tempo medieval** e 5 – **Direito internacional no tempo de Francisco de Vitória**, esp. *Introdução*), com considerações sobre o período do 'Renascimento'. V. tb. Jean DELUMEAU (1923-2020), **A civilização do Renascimento** (orig. publ. **La civilisation de la Renaissance**, 1984, trad. Pedro E. DUARTE, 2020); Eugenio GARIN (dir. de), **O homem renascentista** (orig. publ. **L'uomo del Rinascimento**, 1988, trad. Maria J. V. de FIGUEIREDO, Lisboa: Presença, 1991).

[1636] Cujo desenvolvimento prossegue no **Tratado** (tomo 11 – **Direito internacional no tempo do iluminismo**).

[1637] Cfr. Bernd LEISTNER, *Im Zeichen des Grossen Anspruchs – Goethes Entwicklung zum Weimarer Klassik* (in **Spielraum des Poetischen**, Berlim e Weimar: Aufbau, 2a. ed., 1989, cap. I, p. 7-58).

[1638] D. HEARTZ, *Classical* (in **The GROVE Dictionary**, ed. 1980, vol. 4, *The Viennese Classical Idiom*, p. 450-451).

[1639] Como extensamente se considerou, no item precedente – *o que é e como é o clássico?*

ramaram, sobre outros continentes – basta ver o padrão dominante da arquitetura, entre o final do século XIX e início do século XX – antes da irrupção do 'modernismo' – mesmo em cidades do novo mundo. Como ilustram construções dessa época, remanescentes no Rio de Janeiro, em São Paulo e em outras cidades brasileiras – o padrão 'neoclássico', com releitura francesa, transposto para os trópicos – permanece, por exemplo, nos teatros municipais de São Paulo e do Rio de Janeiro! Ou em outras cidades da América Latina, como Buenos Aires, mas também na Austrália, Nova Zelândia e outros países 'colonizados' pelos europeus.

Na caracterização do padrão 'clássico', não se pode deixar de lado o sentido estritamente normativo da 'cultura', com enorme relevância da *Bildung* – formação, educação – no contexto idealista e racionalista alemão – com HUMBOLDT, HERDER, SCHILLER, HEGEL e outros –[1640] e que se prolonga, com os pensadores posteriores, como o primeiro NIETZSCHE, e sua compreensão do filósofo como intérprete da cultura. E isso permanece válido, mesmo quando se colocam como críticos dessa herança.

A ênfase na educação faz parte desse momento histórico de afirmação do papel da racionalidade e de crença na possibilidade do progresso humano, mediante o uso da razão. E este movimento intelectual terá impacto sobre os tempos subsequentes.[1641]

O 'padrão clássico' também desempenha papel na configuração do direito. Assim se deu no chamado 'direito internacional clássico'. Como se dá a formação de padrão clássico no direito internacional?

Isso se estende por considerável lapso de tempo – que pode chegar a alguns séculos, e abranger ao menos uma dúzia de autores, tidos como 'fundadores' do direito internacional –[1642] como também pode ser circunscrito

[1640] O que justamente prossegue no **Tratado** (tomo 11 – **Direito internacional no tempo do iluminismo**).

[1641] E terá continuidade no **Tratado** (tomo 11 – **Direito internacional no tempo do iluminismo).**

[1642] Como examinado no **Tratado** (tomos 3 A – **Direito internacional no tempo antigo**, 3 B – **Gregos, romanos, chineses, indianos**, 4 – **Direito internacional no tempo medieval**, 5 – **Direito internacional no tempo de Francisco de Vitória**, 6 – **Direito internacional no tempo de Suarez, Gentili e Zouch**, 7 – **Direito internacional no tempo de Hugo Grócio**), prossegue no **Tratado** (tomo 9 – **Direito internacional no tempo de Samuel Pufendorf**, caps. 19 e 20, com o exame das contribuições para o direito internacional de Samuel RACHEL e Samuel PUFENDORF, tomo 10 – **Direito internacional no tempo de C. van Bynkershoek e Christian Wolff**, cap. 21 – Cornelius van BYNKERSHOEK, cap. 22 – Christian WOLFF, e

a período de pouco mais de cem anos – de meados do século XVII até o final do século XVIII. Daí a utilidade do paralelo feito acima com a música: é possível aceitar um *conteúdo* 'clássico', sem necessariamente aceitar a configuração de *período* 'clássico'. E, como apontado, a existência de linguagem musical 'clássica', é mais amplamente aceita que a existência de 'período clássico'. O mesmo vale para o direito internacional 'clássico' – seu conteúdo 'clássico' pode se prolongar além de período determinado. A ponto de ainda existir quem defenda um direito internacional como estritamente interestatal!

Diversamente se deu, por exemplo, a fixação do padrão 'clássico', no direito penal. O que se constrói basicamente com *um* autor, Cesare BECCARIA, e sua *única* obra, nessa matéria. Este, ademais, sequer teve o direito penal como central na sua atividade intelectual, ao longo da vida.

Caberia fazer ilustrativo paralelo com o padrão 'clássico', como também ocorreu, no direito penal, de maneira lapidar, definitiva e quase irreversível, com a obra de Cesare BECCARIA, **dos delitos e das penas**, em 1764. Esta obra[1643] foi, de tal modo, marcante na evolução da disciplina, que pode ser útil como paralelo, para se ilustrar a configuração do padrão 'clássico', nesse campo do direito:

> Se, por sustentar os direitos do gênero humano e da imbatível verdade, contribuí para arrancar de morte atroz algumas das trêmulas vítimas da tirania, ou da ignorância, igualmente prejudicial, as bençãos e as lágrimas de apenas um inocente, recambiado aos sentimentos da alegria e da ventura, me confortariam do desprezo do resto dos homens.[1644]

BECCARIA se inscreve no espírito do tempo, de propor o aperfeiçoamento das coisas humanas, mediante o uso da razão. Ele expõe a sua convicção da perfectibilidade, mesmo diante das coisas, que estão muito longe de serem adequadas:

cap. 23 – J.-J. BURLAMAQUI, tomo 12 – **Direito internacional no tempo de Vattel e von Martens**, cap. 24 – Emer de VATTEL e se completa com o exame da contribuição de G. F. von MARTENS, cap. 25).

1643 Cesare BECCARIA, **Dos delitos e das penas** (orig. publ. **Dei delitti e delle pene**, Livorno, 1764, trad. Torrieri GUIMARÃES, São Paulo: Hemus, s/d).

1644 BECCARIA, **Dos delitos e das penas** (1764, trad. Torrieri GUIMARÃES, § I – *Introdução*, p. 11-13, cit. p. 13): "Eu seria muito feliz se não tivesse outro merecimento além do de ter sido o primeiro a apresentar, na Itália, com maior clareza, o que outras nações tiveram a coragem de escrever e já começam a pôr em prática".

> Poder-se-á crer, então, que as luzes que iluminam o povo são mais perigosas do que as trevas? E que filósofo haverá, que se persuada de que a noção perfeita das relações, que ligam os objetos entre si, possa ser prejudicial ao gênero humano?
> Se o meio saber é mais perigoso que a completa ignorância, porque aos malefícios que a ignorância produz acrescentam os erros incontáveis que advém inevitavelmente de uma visão limitada, aquém dos limites da verdade.[1645]

O ocorrido, com a obra de BECCARIA, paradigma do direito penal, seria exceção em relação a outros campos do conhecimento, como o direito internacional. Esses processos de fixação de parâmetros 'clássicos', não se fizeram sentir de uma só vez, nem somente de único modo. Houve lenta acumulação de contribuições, que permitem deduzir a progressiva construção da disciplina, depois de transcorrido tempo mais ou menos longo.

Debate de eco pascaliano,[1646] BECCARIA situava a necessária linha divisória, entre conceitos básicos, tais como a distinção a ser observada, pelos estudiosos do direito, entre *direito*, *força* e *justiça*:

> Observe-se que o termo 'direito' não contradiz com a palavra 'força'. O 'direito' é 'força' submetida a 'leis', em proveito da maioria. Compreendo por 'justiça' os liames que prendem de modo estável os interesses particulares. Se tais liames se partissem, não haveria sociedade. É preciso que se evite ligar a palavra 'justiça' à ideia de uma 'força' física ou de um ser existente.[1647]

[1645] BECCARIA, **Dos delitos e das penas** (1764, trad. Torrieri GUIMARÃES, § XLI – *Dos meios de prevenir os crimes*, p. 92-97, cit. p. 95).

[1646] Esse necessário encadeamento entre direito, força e justiça, como um século antes advertira Blaise PASCAL (1623-1662), **Pensées** (in **Œuvres complètes**, texte établi, présenté et annoté par Jacques CHEVALIER, Paris: Gallimard-Pleiade, © 1954, impr. 1991, p. 1081-1345); ed. brasileira, PASCAL, **Pensamentos** (introdução e notas de Ch.-M. des GRANGES, trad. Sérgio MILLIET, São Paulo: Abril – Os pensadores, vol. XVI, 1973), em célebre passagem, já referida, PASCAL (op. cit., n. 298, p. 117). "É justo que o justo seja seguido. É necessário que o que é mais forte seja seguido. A justiça sem a força é impotente; a força, sem a justiça, é tirânica. A justiça sem a força será contestada, porque há sempre maus; a força sem a justiça será acusada. É preciso, pois, reunir a justiça e a força; e, dessa forma, fazer com que o que é justo seja forte, e o que é forte seja justo".

[1647] BECCARIA, **Dos delitos e das penas** (1764, trad. Torrieri GUIMARÃES, *Notas de BECCARIA*, p. 115-117, nota 1) completava o seu entendimento a respeito da *justiça*: "A justiça é pura e simplesmente o ponto de vista debaixo do qual os homens olham as coisas morais

Levantava BECCARIA a sua voz contra a intolerância religiosa e o fanatismo:[1648] "os homens de mente clara verão que o país onde moro, o século em que vivo e o assunto de que trato não me permitiram constatar a natureza desse crime".[1649] E completava:

> Seria necessário demonstrar, ainda, como certas crenças dessas, fazendo-se mais claras pela fermentação dos espíritos, podem originar do entrechoque das opiniões a verdade, que então sobrepaira, após ter destruído o erro, enquanto outras seitas, pouco estáveis em seus fundamentos, tem necessidade, para se fixarem, de se apoiarem na força.[1650]

Em tempos de recrudescimento do fundamentalismo, oriundo de leituras errôneas e distorcidas de todas as religiões, e de alegada necessidade de defesa da 'família' e dos valores tradicionais desta, oportuno resgatar a lição, quando advertia, igualmente, BECCARIA contra o perigo de se deixar o espaço público ser contaminado pelo que ele chamava de 'espírito de família': "o espírito de família é outra fonte geral de injustiças na legislação".[1651] E explicava os motivos, para a sua reprovação, pela contaminação do espaço público pelos particularismos: "o espírito de família é o de minúcia limitada pelos mais insignificantes pormenores; enquanto que o espírito público, preso a normas gerais, vê os fatos com visão segura, coordena-os nos lugares certos e sabe tirar deles efeitos úteis ao bem da maioria".[1652]

para o bem estar de cada qual. Não pretendo dizer aqui de justiça de Deus, que é de outra natureza, tendo relação imediata com os castigos e as recompensas de uma vida futura".

1648 BECCARIA, **Dos delitos e das penas** (1764, trad. Torrieri GUIMARÃES, § XXXVII – *De uma espécie particular de crime*, p. 84-85). V. tb. Manuella UTRILLA ROBLES, **Le fanatisme dans la psychanalyse** – Quand les institutions se déchaînent ... (orig. publ. **Convulsiones en las instituciones psicoanalíticas** (II). **El fanatismo en psicoanálisis** (Madri, 2010) e **Upheavals in the institutions** (II) **Fanaticism in psychoanalysis** (Londres, 2013), trad. de l'anglais et de l'espagnol par Agathe LAROUCHE, présentation de Milagros CID SANZ, préface de Marilia AISENSTEIN, Paris: Éd. d'Ithaque, 2023).

1649 BECCARIA, **Dos delitos e das penas** (1764, trad. Torrieri GUIMARÃES, § XXXVII, p. 84-85).

1650 BECCARIA, **Dos delitos e das penas** (1764, trad. Torrieri GUIMARÃES, § XXXVII, p. 84-85).

1651 BECCARIA, **Dos delitos e das penas** (1764, trad. Torrieri GUIMARÃES, § XXXIX – *Do espírito de família*, p. 87-90).

1652 BECCARIA, **Dos delitos e das penas** (1764, trad. Torrieri GUIMARÃES, § XXXIX, p. 87-90). Como consideramos, P. B. CASELLA e Alex S. OLIVEIRA, em *Proteção internacional*

A distinção tem de permanecer clara, entre o espaço público e o âmbito privado: "Tal oposição, entre as leis básicas dos estados políticos e as leis de família, é fonte de muitas outras contradições, entre a moral pública e a moral privada, que se combatem incessantemente, no espírito de cada homem".[1653]

Como tem de permanecer claramente estipulada a distinção entre o que é 'crime' e o que é 'pecado': um pode e deve ser coibido pela esfera pública de regulação da vida em sociedade; o outro é questão estrita de consciência pessoal e se julga, tão somente, no foro íntimo. É tarefa do legislador tipificar crimes e contravenções. Não é tarefa do legislador cuidar dessa vertente, estritamente pessoal, da intimidade da vida de cada um, o pecado.

Ao mesmo tempo, em que se dá a acumulação de conhecimentos no tempo, também se produz a propagação destes, a outros quadrantes do mundo, a partir do que se produzia no Ocidente. Porque deste espaço – europeu, cristão e ocidental – se expande o direito moderno. Como também o direito internacional 'clássico' se expandiu para outros quadrantes do mundo, de um modo ou de outro: quer como implantação 'colonial' mais ou menos direta e forçada – em grandes extensões, primeiramente da América, a seguir da África e da Ásia, e doravante também da Oceania – mas também por adoção, mais ou menos livre, por outros povos, a partir do contato com os europeus.[1654]

Depois da implantação colonial europeia, no conjunto do continente americano, quando os vínculos coloniais, ao menos formalmente, cessam entre o final do século XVIII e primeiro quarto do século XIX, muda a natureza desse direito internacional 'clássico' – europeu, cristão e ocidental – porque ocorrem as independências, e a posterior inserção destes países, no sistema internacional, que passa a ser conjunto abrangendo o *direito internacional europeu e americano*.[1655]

dos direitos das minorias por orientação sexual e identidade de gênero e o ativismo judicial brasileiro (no volume **Tratado de proteção da diversidade**, coord. T. PAVINATTO, São Paulo: Almedina, 2023, p. 405-447).

[1653] BECCARIA, **Dos delitos e das penas** (1764, trad. Torrieri GUIMARÃES, § XXXIX, cit. p. 88).

[1654] Como se considera no **Tratado** (tomos 14 a 17 – **Direito internacional no tempo do colonialismo**).

[1655] Como se examina no **Tratado** (tomo 13 – **Direito internacional no tempo do concerto europeu**).

A fixação do padrão *'clássico'* é tema recorrente, em diferentes culturas e contextos históricos.[1656] Para ser útil, a noção deve ser precisa, e deve ser situada, a partir do campo, no qual isso se faz, quer de maneira fulgurante com uma obra, como BECCARIA – embora seja esta parte de movimento das ideias e de mudança de mentalidades, a respeito de reforma do direito penal, de supressão da tortura e da pena de morte, no contexto do assim chamado *iluminismo* –[1657] como ampla mutação civilizacional,[1658] ou quer de maneira progressiva, fracionária, ao longo de tempo histórico razoavelmente longo, e combinando a contribuição de pelo menos uma dúzia de fundadores, além de dezenas de outras influências, como se deu no caso do direito internacional 'clássico'.

O procedimento, de valorizar o legado pela sua suposta antiguidade ou universalidade, se fez e se faz em muitas culturas. Por vezes, chega-se a mais ou menos 'esconder' os textos, sob a forma de tesouros. Ou mediante processos mais ou menos claros de 'mitificação' das origens.

Essa tendência à mitificação das origens parece ter sido marcante entre os romanos antigos.[1659] E destes nossos ancestrais, os antigos romanos, essa mesma tendência se teria transferido para o conjunto das tradições nacionais, mais ou menos diretamente influenciadas por Roma,[1660] onde "os eventos foram inteiramente recobertos, ou antes reconstruídos, pela

[1656] O que justamente foi examinado no item precedente – *o que é e como é o clássico?*

[1657] Cujo exame prossegue no **Tratado** (tomo 11 – **Direito internacional no tempo do iluminismo**).

[1658] Peter GAY, **The Enlightenment** – an interpretation – The rise of modern paganism (orig. publ. 1966, New York & London: Norton, 1977); Peter GAY, **The Enlightenment** – an interpretation – The science of freedom (orig. publ. 1969, New York & London: Norton, 1977); Geoffrey HAWTHORN, **Enlightenment and despair** – a history of social theory (orig. publ. 1976, Cambridge: Univ. Press, 2nd ed., 1987, reprinted 1992); Klaus HERDING, **Im Zeichen der Aufklärung** – Studien zur Moderne (Frankfurt: Fischer, 1989); Immanuel KANT, *Was ist Aufklärung?* (1784, no volume **Was ist Aufklärung? Ausgewählte kleine Schriften**, Hamburgo: Felix Meiner – Philosophische Bibliothek, vol. 512, 1999); Steffen MARTUS, **Aufklärung** – das deutsche 18. Jahrhundert – ein Epochenbild (Berlin: Rowohlt, 2015); Werner SCHNEIDERS, **Das Zeitalter der Aufklärung** (orig. publ. 1997, Munique: Beck, 4a. ed., 2008).

[1659] A respeito, no **Tratado** (tomo 3 B – **Gregos, romanos, chineses, indianos**, esp. cap. 6 – *na formação e no desenvolvimento de Roma*).

[1660] Georges DUMÉZIL, **La religion romaine archaïque** ("avec un appendice sur la religion des Étrusques", © 1974, Paris: Payot, deuxième édition, revue et corrigée, 2008, cit. p. 9): "Les événements ont été entièrement recouverts, ou plutôt reconstruits par l'idéologie traditionnelle et par les affabulations qu'elle a produites dans l'annalistique".

ideologia tradicional, e pelas fabulações, que esta produziu, nos anais históricos".[1661]

Esse processo de mitificação das origens não ocorreu, contudo, somente no Ocidente – como se exprime na continuação do uso do latim litúrgico, pela igreja católica, embora fosse língua que fugia à compreensão de grande parte dos fiéis. E tanto mais, que se perpetua até passar a ser limitado o uso do latim litúrgico, depois do concílio Vaticano II, somente na segunda metade do século XX. Ainda que o latim continue como 'língua oficial' em documentos solenes da igreja católica.

Também tem precedentes a prática de reservar, como segredo reservado aos 'iniciados', o conhecimento direto dos textos sagrados, nas tradições do budismo, tanto indiano como chinês e tibetano.[1662] E essa tendência à mitificação se manifesta, sob as formas as mais variadas, também na tradição ocidental.

A fixação de padrão '*clássico*' não se fez sem percalços e numerosas indagações, quanto às bases e quanto às premissas, para tal configuração. Existiria sentido de equilíbrio, tanto no tocante à forma como ao conteúdo, na arquitetura, como nas artes visuais e na música 'clássicas',[1663] e no propósito de contenção no discurso, dentro de parâmetros supostamente 'clássicos'. Ou, como hoje diríamos, parâmetros de 'autorregulação'.

O polígrafo Abbé DINOUART, no seu ensaio, de 1771, sobre "a arte de se calar", expunha essa concepção: "Não basta regular o seu silêncio e o

1661 G. DUMÉZIL (op. cit., 2008, cit. p. 9) aduzia, logo a seguir: "Et surtout le désaccord dans lequel se trouvent actuellement, quant aux origines, les plus notables représentants de l'archéologie romaine, prouvent assez que les spéculations que certains, dans cette discipline, appellent hardiment des 'faits' ont encore besoin de beacoup d'épreuves avant de mériter ce grand nom "

1662 Como mostram os ensinamentos do **Livro tibetano dos mortos** a contenção se aprende como regra de vida. E se aplica de maneira bastante concreta. Assinala sua santidade o XIV Dalai LAMA: "A compreensão budista da continuidade da experiência pessoal, incluindo as nossas memórias pode ser aqui considerada. Na visão budista, a continuidade da experiência pessoal primariamente se funda na capacidade de retenção, que pode ser ulteriormente desenvolvida durante a prática de meditação de cada um, nesta vida." (ver a edição, em inglês denominada **The Tibetan book of the dead**, ou **The great liberation by hearing in the intermediate states**, no título tibetano, composed by PADMASANBHAVA, revealed by TERTON KARMA LINGPA, translated by GYURME DORJE, ed. by Graham COLEMAN with THUUTEN JINPA, introductory commentary by his Holiness the DALAI LAMA, Londres: Penguin, 2005, new ed., 2008, cit. p. XVII). E a contenção se põe como ensinamento prático, para a condução da vida depois de aprender uma lição, sugere-se seja esta repetida pelo menos 100 mil vezes!

1663 Conforme se examinou no item – *o que é e como é o clássico?*

seu discurso, com relação a si mesmo; deve-se ainda regulá-los, em relação aos outros homens, e particularmente, aqueles sobre os quais se tenha alguma autoridade".[1664] Ou ainda: "A reserva, que é necessária para bem se calar, na condução da vida, não é menor que a habilidade e a aplicação, em bem se falar; e não existe mais mérito, em se explicar o que se sabe, do que em se calar, o que se ignora".[1665]

Esse ideal *'clássico'* do equilíbrio, como os elogios da contenção e da discrição,[1666] podem parecer distantes, da prática e do que se considera corrente e aceitável, em nossos tempos pós-modernos: vivemos, antes, a exacerbação descontrolada da exposição e o frenesi da celebridade.[1667] Qualquer um, por vezes pode parecer prestes a vender a sua alma, a sua reputação, a qualquer preço, e comprometer irreversivelmente o conjunto da trajetória vital, por meros quinze minutos de fama, pela aparição nas notícias do dia. Mas os sintomas já eram expostos por DINOUART, no século XVIII – e apesar do tempo desde então transcorrido, estes nos parecerão muito familiares:

> A doença de falar, de escrever, sobre a religião ou sobre o governo, como uma epidemia, tem atingido grande número de cabeças entre nós. Os ignorantes, como os filósofos do dia, caíram numa espécie de delírio. Qual outro nome dar a todas essas publicações, que nos sobrecarregam, de onde a verdade e a razão estão proscritas, e que somente contém sarcasmos, críticas, relatos mais ou menos escandalosos? A permissividade foi levada a tal ponto, que não se pode passar por belo espírito, e por filósofo, se não se falar e não se escrever, contra a religião, os costumes e o governo. [...] A filosofia, hoje, não passa de um abuso do termo.[1668]

[1664] Abbé DINOUART, Joseph Antoine Toussaint (1716-1786), **L'art de se taire** – surtout en matière de religion (1771, Paris: Payot, 2011); anteriormente publicado ___, ___ (apresentação de Jean-Jacques COURTINE e Claudette HAROCHE, Grenoble: Jerôme Millon, 1996). Abbé DINOUART (op. cit., 1771, ed., 2011, parte I, chap. X – *Remèdes aux défauts des grands*, p. 67-69, cit. p. 68).

[1665] Abbé DINOUART (op. cit., 1771, ed., 2011, parte I, cap. XII – *Remèdes aux défauts du peuple*, p. 75-77, cit. p. 76).

[1666] Conforme elementos de várias artes, examinados no item – *o que é e como é o clássico?*

[1667] Ver a respeito, por exemplo, Leo BRAUDY, **The Frenzy of Renown** – Fame and its History ('with a new afterword', New York: Vintage, © 1986, new ed., 1997).

[1668] DINOUART (ed. 2011, *Avant-propos*, p. 25-27) prosseguia, na mesma passagem: "Comme il y a deux voies pour s'expliquer, l'une par les paroles, l'autre par les écrits et par les livres,

Mais ou menos na mesma época, se dá a fixação do paradigma *'clássico'*, no caso alemão. Esta pode ser significativa, não somente em si mesma, como também pela sua importância histórica, para a fixação do padrão ocidental.

São enormes os desdobramentos, que teve o modelo *'clássico'*, difundido a partir da Alemanha, sobre outros povos e culturas. Inclusive sobre a geração seguinte dos *philosophes* franceses do iluminismo – embora estes muitas vezes pareçam 'se esquecer' de reconhecer os empréstimos feitos e a inspiração anterior, das fontes alemãs e também inglesas – especificamente da escola platônica de Cambridge.

O 'esquecimento' ocorre, em relação aos expoentes da escola platônica de Cambridge, como SHAFTESBURY, e pensador como LOCKE, que teve enorme influência sobre LEIBNIZ – como este extensamente reconhece – mas, também, mais tarde, de ambos sobre VOLTAIRE – mas este parece menos propenso a admitir.

Na fixação do padrão 'clássico', na cultura alemã, mais uma vez, aparece a importância da obra de Gottfried Wilhelm LEIBNIZ, como precursor que influenciou, mais ou menos diretamente, as gerações seguintes,[1669] com impacto não somente sobre pensadores, como LESSING e HERDER, bem como sobre tantos outros 'iluministas' de língua alemã.

A percepção de que a identidade alemã repousa sobre sentido de história coletiva: cultural, linguística, literária e etnológica é apresentada por Johann Gottfried von HERDER (1744-1803). Nesse sentido, merecem menções específicas os seus ensaios sobre "uma filosofia da história para a educação da humanidade" (1774),[1670] bem como o "ensaio sobre a origem das línguas" (1772),[1671] então bastante elogiado pela Academia de Berlim, e teria desempenhado valioso papel, na evolução da literatura alemã.

il y a aussi deux manières de se taire: l'une en retenant sa langue, et l'autre en retenant sa plume. C'est ce qui me donne lieu de faire des remarques sur la manière dont les écrivains doivent demeurer dans le silence, ou s'expliquer en public par leurs livres, selon cet avis du sage: *'Il y a un temps pour se taire et un temps pour parler'*."

1669 A respeito de Gottfried Wilhelm LEIBNIZ (1646-1716), ver **Tratado** (tomo 10 – **Direito internacional no tempo de C. van Bynkershoek e Christian Wolff**, item 22.1 – *direito segundo LEIBNIZ*); b/c o conjunto dos ensaios no volume **Leibniz, nature and freedom** (ed. by Donald RUTHERFORD and J. A. COVER, Oxford: Univ. Press, 2005).

1670 Johann Gottfried von HERDER (1744-1803), **Auch eine Philosophie des Geschichte zur Bildung der Menschheit** (orig. publ. 1774; ed. cit. 1990; reimpressão 2007).

1671 Johann Gottfried von HERDER, **Abhandlung über den Ursprung der Sprache** (orig. publ. Berlim: bey Christian Friedrich Voss, 1772; Hg. von Hans Dietrich IRMSCHER,

As investigações de HERDER, sobre "a filosofia da história, como meio de educação da humanidade" (1774), sobre a "origem das línguas" (1772), e sobre a filosofia da história,[1672] o põem, ao lado de Christoph Martin WIELAND (1733-1813), de Friedrich von SCHILLER (1759-1805), e de Johann Wolfgang von GOETHE (1749-1832), como um dos 'quatro pilares' da vigorosa expressão literária da Weimar clássica – *Weimarer Klassik*. Este padrão clássico tem caráter formador, não somente para a cultura alemã, mas também como referência civilizacional, mais ampla, relevante para todo o conjunto do Ocidente – sendo arriscado pretender generalizar para o conjunto da Humanidade.

Papel, não menos relevante, exerceu Johann Gottlieb FICHTE,[1673] como um dos principais expoentes do idealismo alemão, entre as imensas construções filosóficas de Immanuel KANT,[1674] e de Georg Wilhelm Friedrich

Stuttgart: Reclam – Universal Bibliothek Nr. 8729, ed. de 1966, com bibliografia completada em 2001, reimpressão 2011).

1672 HERDER, **Histoire et cultures** – une autre philosophie de l'histoire (trad. et notes par Max ROUCHE, présentation, bibliographie et chronologie par Alain RENAULT, Paris: GF-Flammarion, ed. de 1964, nova ed. 2000).

1673 Johann Gottlieb FICHTE (1762-1814), **Die Bestimmung des Menschen** (1800, hrsg. und mit einem Nachwort versehen von Theodor BALLAUFF und Ignaz KLEIN, Stuttgart: Philippe Reclam, Univ. Bibliothek Nr. 1201, ed. de 1962, bibliographisch ergänzte Ausgabe 1981, impressão 2003); J. G. FICHTE, **Beitrag zur Berichtigung der Urteile des Publikums über die französische Revolution** (orig. publ. 1793, beigefügt die Rezension von Friedrich von GENTZ, 1794, hrsg. von Richard SCHOTTKY, Hamburgo: Felix Meiner, 1973); J. G. FICHTE, **Reden an die deutsche Nation** (orig. publ. 1808, mit einer Einletung hrsg. von Alexander AICHELE, Hamburgo: Felix Meiner, 2008). Sobre J. G. FICHTE ver tb. **Tratado** (tomo 13 – **Direito internacional no tempo do concerto europeu**, item – *J. G. FICHTE (1762-1814) – racionalismo, direito natural e nacionalismo?*).

1674 Immanuel KANT (1724-1804), **Werke** (hrsg. von Wilhelm WEISCHEDEL, Frankfurt: Suhrkamp, 12 vols., ed. de 1956, 1974, com reimpressões: **Vorkritische Schriften bis 1768 – I**, stw 186, **Vorkristische Schriften bis 1768 – II**, stw 187, **Kritik der reinen Vernunft – I**, stw 55, **Kritik der reinen Vernunft – II** ,stw 55, **Schriften zur Metaphysik und Logik – I**, stw 188, **Schriften zur Metaphysik und Logik – II**, stw 189, **Kritik der praktischen Vernunft. Grundlegung zur Metaphysik der Sitten**, stw 56, **Die Metaphysik der Sitten**, stw 190, **Schriften zur Naturphilosophie**, stw 191, **Kritik der Urteilskraft**, stw 57, **Schriften zur Anthropologie. Geschichtsphilosophie, Politik und Pädagogik**, stw 192, **Schriften zur Anthropologie. Geschichtsphilosophie, Politik und Pädagogik**, stw 193); I. KANT et al., **A paz perpétua** – um projeto para hoje (org. J. GUINSBURG, textos de KANT, DERRIDA, ROSENFELD e ROMANO, São Paulo: Perspectiva, 2004). V. tb. **Tratado** (tomo 11 – **Direito internacional no tempo do iluminismo**, item – *o que é o iluminismo?*).

HEGEL.[1675] Cada um dos quais poderia merecer extensos desenvolvimentos específicos.[1676]

Ao lado do exercício da docência da filosofia, em Berlim, com os seus discursos à nação alemã, **Reden an die deutsche Nation**,[1677] durante o período de ocupação francesa de Berlim, em 1807 e 1808, FICHTE encontrou tal repercussão, a ponto de se tornar o primeiro reitor (eleito), da então fundada Universidade de Berlim (1810). Se isso foi positivo para a sua obra, como pensador, é outra questão, que não cabe aqui indagar.

As teorias de FICHTE colocam o estado e as responsabilidades do estado, sob nova luz: o estado funciona como o parâmetro 'objetivo', que permite a confluência, dos vários pontos de vista subjetivos dos cidadãos. A perspectiva universalista do 'iluminismo', com a sua convicção na existência e aplicabilidade de valores políticos universais, foi assim abalada. O que viria a dar lugar para o 'historismo' – ou 'historicismo' –, como resultado das catástrofes vividas pela intelectualidade alemã, no período de 1792 até 1815.[1678]

1675 Georg Wilhelm Friedrich HEGEL (1770-1831), **Werke** (auf den Grundlage der ***Werke***, von 1832-1845, neu edierte Ausgabe Redaktion Eva MOLDENHAUER und Karl Markus MICHEL, Frankfurt: Suhrkamp, 20 vols., ed. de 1971-1986, com reimpressões: **Frühe Schriften**, stw 601, **Jenaer Schriften 1801-1807**, stw 602; **Phänomenologie des Geistes**, 1807, Colonia: Anaconda, 2010; **Nürnberger und Heidelberger Schriften 1808-1817**, **Wissenschaft der Logik – I**, stw 605, **Wissenschaft der Logik – II**, stw 606, **Grundlinien der Philosophie des Rechts**, stw 607, **Enzyklopädie der philosophischen Wissenschaften – I, II e III**, stw 608, stw 609 e stw 610, **Berliner Schriften**, stw 611, **Vorlesungen über die Philosophie der Geschichte**, mit einer Einführung von Theodor LITT, Stuttgart: philipp Reclam, (c) 1961, impr. 2002, **Vorlesungen über die Ästhetik**, stw 613, stw 614 e stw 615, **Vorlesungen über die Philosophie der Religion**, stw 616, stw 617 (c) 1969, 1986, **Vorlesungen über die Geschichte der Philosophie – I, II e III**, stw); G. W. F. HEGEL, **Philosophie der Kunst** – Vorlesung von 1826 (hrsg. von Annemarie GETHMANN-SIEFERT, JEONG-IM Kwon e Karsten BERR, Frankfurt: Suhrkamp, stw 1722, erste Auflage, 2005).

1676 O que, necessariamente, tem de ser ainda considerado no **Tratado** (tomo 11 – no contexto do **Direito internacional no tempo do iluminismo**, item – *o que é o iluminismo?* e tomo 13 – **Direito internacional no tempo do concerto europeu**, item – *HEGEL e o direito internacional*).

1677 Johann Gottlieb FICHTE, **Reden an die deutsche Nation** (orig. publ. 1808, mit einer Einleitung hrsg. von Alexander AICHELE, Hamburgo: Felix Meiner, 2008); v. tb. a respeito, Adolf LASSON **Johann Gottlieb Fichte in Verhältnis zu Kirche und Staat** (orig. publ. Berlim, 1863, reimpr. Aalen: Scientia, 1968).

1678 Como se examina no **Tratado** (tomo 11 – **Direito internacional no tempo do iluminismo**); ponderava Reinhart KOSELLECK (1923-2006), **Uma latente filosofia do tempo** (org. Hans Ulrich GUMBRECHT e Thamara de O. RODRIGUES, com textos do volume **Von Sinn und**

Mesmo se as classes médias educadas alemãs tinham, inicialmente, visto com bons olhos a Revolução francesa, crescente mal estar passa a predominar, diante dos excessos cometidos durante o "regime do terror".[1679] Isso, não somente pela violência revolucionária, nessa fase, não por acaso, denominada 'do terror', mas, sobretudo, por solapar bases civilizacionais e conceituais, até então compartilhadas, o que leva, por exemplo, a crescentes dúvidas, a respeito da doutrina do direito natural e da construção da convivência pacífica entre estados.

São, assim, abaladas não somente as convicções a respeito dos fundamentos das sociedades nacionais. Como também as premissas, sobre as quais se dava a convivência institucional entre estas.

Esse mal estar foi, a seguir, intensificado pela ocupação militar de NAPOLEÃO, reforçando sentimentos nacionalistas, até então incipientes, e levando à identificação dos valores, propugnados pelo 'iluminismo',[1680] com a crescente rejeição à cultura e aos métodos do invasor estrangeiro. Esse contexto repercutiu na Alemanha e causou mudanças das atitudes alemãs diante da história, de três maneiras:

- primeiro, a opinião alemã passava, então, a considerar que todos os valores tinham origem e conteúdo vinculados à história e a origem nacional, e que instituições estrangeiras, assim como as ideias, provenientes 'de fora', nem sempre seriam passíveis de transplante e de

Unsinn der Geschichte – Aufsätze und Vorträge aus vier Jahrzenten, 2010, trad. Luiz COSTA LIMA, *Ficção e realidade histórica*, p. 109-129, cit. p. 120): "a realidade histórica nunca coincide com verbalmente se articula com ela e a respeito dela. [...] A própria realidade histórica, contudo, primeiramente se constitui entre, antes ou depois das articulações verbais que apontam para ela". Deste, v. tb. **Vergangene Zukunft** – zur Semantik geschichtlicher Zeiten (1979, Frankfurt: Suhrkamp, 1989, esp. p. 17-37 "*Vergangene Zukunft der frühen Neuzeit*" e p. 38-66 "*Historia magistra vitae*").

1679 Tema estudado de maneira obsessiva pela historiografia francesa – que chega a manter cátedras universitárias dedicadas ao estudo da "revolução francesa" – e perde a visão de conjunto da história do mundo nessa mesma altura, de enormes transformações. Dentre outros, ver: Georges LEFEBVRE, **A revolução francesa** (orig. publ. **La révolution française**, 1951, trad. Ely Bloem de Melo PATI, São Paulo: Ibrasa, 1966, especificamente, *O terror*, p. 360-367); ver tb. Eric HOBSBAWM, **A era das revoluções 1789-1848** (do original **The age of Revolution 1789-1848**, © 1977, trad. Maria Tereza TEIXEIRA e Marcos PENCHEL, São Paulo: Paz e Terra, 25ª ed., 2ª. reimpr., 2010).

1680 Cujo exame caberá prosseguir no **Tratado** (tomo 11 – **Direito internacional no tempo do iluminismo**).

adaptação em solo alemão, e assim, a 'História', e não a 'Razão' (abstrata), tal como apontada pelos Iluministas franceses, seria a chave;

- segundo, o conceito de 'nação' foi transformado, e isso se pode constatar ao comparar HERDER – ainda bastante cosmopolita, vendo a riqueza da vida, no modo como diferiam, entre si, as nações – enquanto FICHTE, nos **Discursos à nação alemã**, em 1808, apresentava os alemães como nação única e original, e diversamente dos franceses, não tinham ainda perdido o contato com seu espírito vital, seu ímpeto inicial; os franceses passam a ser vistos como "nação superficial", na qual, segundo as palavras de Wilhelm von HUMBOLDT, faltaria "o anseio pelo divino"; e
- terceiro, o papel do estado também foi transformado: HERDER ainda dispensava os estados, que entendia como entidades artificiais, e "prejudiciais" à felicidade e à realização humanas;[1681] mas, a partir dele, mais e mais os estados passam a ser vistos como expressões da política de poder:[1682] FICHTE chega a argumentar, em ensaio de 1807, a respeito de MAQUIAVEL, que nas tratativas entre estados "não existe 'direito', nem 'certo' ou 'errado', exceto como expressão da vontade do mais forte" – o que, na esteira dessa formulação inicial de FICHTE, algum tempo depois von RANKE formularia de modo ainda mais conciso, como a legitimação do poder pela força.[1683] E, somando aos argumentos anteriores os ressentimentos, decorrentes das humilhações impostas após a primeira guerra mundial, as mais nefastas consequências dessa concepção são alcançadas pelo regime do "terceiro império", de HITLER (1932-1945).[1684]

[1681] Ver tb. **Tratado** (tomo 11 – **Direito internacional no tempo do iluminismo**, item – *império, estado moderno e ascensão do absolutismo*).

[1682] O que pode também ser ilustrado pela mutação ocorrida na maneira de conduzir a guerra, que passa de exércitos profissionais para exércitos nacionais, como se examina no **Tratado** (item – *mutações do direito internacional no século XVIII, ilustradas pelo tema da guerra*, no tomo 11 – **Direito internacional no tempo do iluminismo**).

[1683] Peter WATSON, **The German Genius** (orig. publ. 2010, Londres: Simon & Schuster, 2011, chap. 12 – German Historicism: a unique event in the history of ideas, p. 261-270).

[1684] Adolf HITLER, **Mein Kampf** (orig. publ. 1925, eine kritische Edition, hrsg. von Christian HARTMANN, Thomas VORDEMAYER, Othmar PLÖCKINGER, Roman TÖPPEL, unter Mitarbeit von Pascal TREES, Angelika REIZLE, Martina SEEWALD-MOOSER, Munique – Berlim: im Auftrag des Institut für Zeitgeschichte, 2016, 2 vols., *Zum Entstehungsgeschichte von Mein Kampf*, p. 13-20, cit. p. 15): "Hatte HITLER ursprünglich eine *Abrechnung* mit seinen politischen Gegner geplant, die er für das Scheitern seines Putschversuchs verantwortlich

A contribuição de FICHTE era analisada por Ruy BARBOSA, na célebre conferência de Buenos Aires, em 1916, "nas **Mensagens à nação alemã**, que escrevia, em 1808, entre as dolorosas provações de sua pátria, FICHTE apelava do poder da força, para o poder do espírito":[1685]

> É da força, para o espírito, que nós apelamos também; e não o poderíamos fazer, em expressões mais sentidas ou verdadeiras: 'Não luteis', dizia ele, 'por conquistar, com armas corpóreas; mas tendo-vos firmes e eretos na dignidade do espírito, ante os vossos antagonistas. Vosso é o destino superior, de fundar o império do espírito e da razão, destruindo aos rudes poderes da matéria, o seu domínio de regedores do mundo ... Sim: em todas as nações há inteligências, nas quais não calará jamais a crença de que as grandes promessas, feitas à espécie humana, de um reino do direito, da razão e da verdade, sejam ilusões vãs. Essas inteligências nutrem a convicção de que este regime de ferro é apenas uma transição, para um estado mais bem constituído. Em vós confiam esses e, com eles, as raças mais novas da humanidade. Em soçobrando vós, convosco soçobraria, na humanidade, a esperança de uma regeneração futura.' Estas palavras, reiteradas agora, cento e cinco anos depois, não têm senão que variar de endereço. O filósofo tinha razão. O patriota não tinha. As raças mais novas confiam em si mesmas. É em si própria, que a humanidade espera. A ela é que nos dirigimos. E quando o reino do espírito vier, será pelo enlace da liberdade europeia com a liberdade americana, em uma comunhão hostil à guerra e armada contra ela, de garantias inquebrantáveis.[1686]

machte, so entwickelte er im Juni 1924 ein völlig neues Konzept: Aus einer blossen Rechtfertigungsschrift sollte ein umfassendes politisches Manifest im biographischen Gewand werden. [...] Hinzu kamen ideologische und politische Ausführungen, die dann vor allem in die Kapitel *Ursachen des Zusammenbruches* und *Volk und Rasse* einflossen."

1685 Johann Gottlieb FICHTE, **Reden an die deutsche Nation** ("mit einer Einleitung hrsg. von" Alexander AICHELE, Hamburgo: Felix Meiner, 2008).

1686 Ruy BARBOSA, *Problemas de direito internacional* (conferência proferida na Faculdade de direito de Buenos Aires, em 14 de julho de 1916, orig. publ. em Londres: Jas Truscott & Son. Ltda., 1916, reproduzido in Ruy BARBOSA, **A grande guerra**, Rio de Janeiro: Guanabara ed., 1932, tb. publ. Ruy BARBOSA, **Escritos e discursos seletos**, seleção, organização e notas de Virgínia C. de LACERDA, intr. geral Américo J. LACOMBE, João MANGABEIRA, Oswald de ANDRADE e Carlos CHIACCHIO, Rio de Janeiro: Aguilar, 1966, pp. 81-123, cit. p. 123 e p. 102): "Não, não há duas morais. Para os estados como para os indivíduos, repetirei, na paz e na guerra, a moral é uma só."

Às instituições, lastreadas no direito e sobre a ficção de corpo político – *corpus fictum* –, na tradição de juristas como PUFENDORF,[1687] opõe-se para FICHTE e os seus contemporâneos, o espírito do povo – *Volksgeist*. Isso é bem mostrado pela história, com a lenta construção do que se tornará, em 1870-1871, o (segundo) império alemão, de sucessão hereditária. Alguns alegarão, ter sido este 'império' ordenado estritamente em função dos interesses da Prússia.[1688]

A forma do estado-nação teria, assim, rompido o frágil equilíbrio do Santo Império – na pessoa do imperador, designado pelos príncipes-eleitores; a assembleia da Dieta, o conjunto das liberdades germânicas, enquanto sistema jurídico. Nesse modelo, em seus séculos de funcionamento – desde a sua criação no ano 800, até a sua extinção em 1806 – se teria elaborado a ideia espiritual da unidade alemã, associando a liberação de único estado, a Prússia, ao destino germânico, em sua totalidade. [1689]

Para essas mudanças contribuíram, também, as agressões externas, de caráter hegemônico, primeiro da França de LUÍS XIV – até hoje as ruínas do castelo de Heidelberg lá estão como lembrança da passagem dos invasores franceses, no século XVII – e depois, também, pelas tropas de NAPOLEÃO, no início do século XIX. Este, vitorioso na guerra, leva a ser feita a declaração de reconhecimento do fim do Sacro império, em 1806, por FRANCISCO II, para evitar a usurpação do título.[1690]

Algumas décadas transcorreram entre o fim de um modelo e o estabelecimento de outro novo. Isso não se fez sem consideráveis esforços, em diferentes sentidos. Entre a dissolução do Santo Império, em 1806, até a

[1687] Ver **Tratado** (tomo 9 – **Direito internacional no tempo de Samuel Pufendorf**, cap. 20), a respeito de Samuel PUFENDORF (1632-1694) e sua contribuição para o direito internacional.

[1688] Como examina Fritz FISCHER (1908-1999), em seu **Griff nach der Weltmacht** – Die Kriegszielpolitik des kaiserlichen Deutschland (1914-1918) (orig. publ. 1961, Düsseldorf: Droste, 2009).

[1689] Ver, também, **Tratado** (tomo 11 – **Direito internacional no tempo do iluminismo**, item – *império, estado moderno e ascensão do absolutismo*)..

[1690] Peter H. WILSON, **The Holy Roman Empire** – a thousand years of Europe's history (orig. publ. 2016, Londres: Penguin, 2017, *Chronology*, p. 699-753, cit. p. 753): July 1806 – Sixteen princes renounced allegiance to the Empire and formed the Confederation of the Rhine in alliance with NAPOLEON. August 1806 – FRANCIS II abdicated to prevent NAPOLEON usurping the Holy Roman Imperial title and its associations. O exame da matéria prossegue no **Tratado** (tomo 11 – **Direito internacional no tempo do iluminismo**).

unificação do Império alemão,[1691] seguindo-se à guerra franco-prussiana, de 1870-1871.

O elemento antifrancês na cultura alemã foi cultivado, em decorrência das agressões francesas: foi alimentado, no final do século XVII, pelas guerras de LUÍS XIV, e no início do século XIX, pelas guerras de NAPOLEÃO I. Este foi, assim, o impulsionador direto da unificação alemã. Como seu sobrinho, NAPOLEÃO III, pode ser considerado o impulsionador da unificação italiana. Em decorrência das agressões feitas contra esses dois povos, que reagem com consolidações nacionalistas.

Nessa trajetória histórica, o Parlamento de Frankfurt, que se reúne em 1848-49, congrega essencialmente altos funcionários, homens de letras e professores universitários, e entende que a constituição de estado-nação alemão é a premissa indispensável para qualquer reforma. Esta assembleia opta, no final de 1848, por um projeto de "pequena Alemanha", reunida em torno da Prússia, comportando a exclusão da Áustria.

Em abril de 1849, ante a recusa do rei FREDERICO-GUILHERME IV, em aceitar a coroa imperial, fracassa a ideia da união restrita. Com grande decepção dos parlamentares liberais de 1848. Esse momento marca o fim da ideia de 'império' na Alemanha!

Com o tratado de Olmütz, de dezembro de 1850, a Prússia renuncia à sua política de unificação alemã. O quadro volta à sua situação, anterior a 1848.

No curso da década de 1860, BISMARCK, nomeado ministro-presidente da Prússia, em 1862, se engaja em três grandes conflitos externos: primeiro, contra a Dinamarca, em 1864, pela questão do Schleswig-Holstein, a seguir, contra a Áustria, em 1866, que se vê, doravante, excluída do processo de unificação alemã, e, finalmente, contra a França, em 1870-1871, de tal modo que a afasta da possibilidade de exercer qualquer influência contra a unificação alemã. Ao mesmo tempo, BISMARCK levava a opinião pública a se mobilizar em torno da questão nacional, questão essa que, nessa altura, somente a Prússia estaria em condições de conduzir.

Os potenciais opositores ao processo de unificação alemã são, assim, sucessivamente afastados e neutralizados. A partir daí, o modelo que emerge será muito diverso do contemplado, com base em modelo polí-

[1691] Por ultrapassar os limites temporais do presente direito internacional no tempo 'clássico', o exame da matéria prossegue no **Tratado** (tomo 11 – **Direito internacional no tempo do iluminismo**).

tico, construído a partir do anterior movimento parlamentar, lastreado em unidade de língua e de cultura.

A nova Constituição de 1871 consagra a existência oficial de um novo império alemão – *Deutsches Reich* –, doravante império hereditário, e resultante de ação militar, e não de processo parlamentar e político, e do qual BISMARCK se empenha em reforçar a unidade, sobre fundamentos mais militaristas, que políticos e culturais.[1692]

Retornando ao marco temporal do direito internacional 'clássico', depois desta excursão até o surgimento do segundo império alemão, em 1870-1871, cumpre situar a emergência e a consolidação do padrão clássico na cultura em relação a tópico característico, como a indagação a respeito do 'direito natural'. E a evolução na construção de parâmetros de 'justiça' nessa era.

Sobre a origem e o conteúdo do direito natural

Neste tópico, sobre o direito internacional e o padrão clássico na cultura, se inscreve a discussão sobre a origem e o conteúdo, do que poderia ser considerado 'lei natural'. Ou o direito 'natural' – este a respeito do qual todos falam, mas as opiniões podem consideravelmente oscilar:[1693] o que é, em suma, o 'direito natural'?

Indagação que parece acontecer até hoje. E não somente como debate característico do contexto – europeu cristão ocidental – de momento histórico determinado. Ao lado de séculos de indagação sobre o conteúdo e o papel do direito internacional e a relação deste com o direito natural.

Seria o direito que WOLFF, como mencionado, em 1758, definia:[1694] "uma obrigação natural é aquela à qual todos os homens estão obriga-

1692 Pascal PAYEN, *Johann Gustav DROYSEN et l'histoire de l'Hellénisme: l'époque hellénistique entre ALEXANDRE et la Prusse* (in Johann Gustav DROYSEN, **Histoire de l'Hellénisme (édition intégrale)**, trad. de l'allemand sous la direction d'Auguste BOUCHÉ-LECLERCQ, préface, note sur la traduction, bibliographie Pascal PAYEN, Grenoble: Éd. Jérôme Millon, 2005, 2 vols., vol. I, pp. 5-82, cit. p. 33).

1693 Ver, por exemplo, Simone GOYARD-FABRE, **Les embarras philosophiques du droit naturel** (Paris: Vrin, 2002); e Pierre-Yves QUIVIGER, **Le secret du droit naturel** – ou Après VILLEY (Paris: Classiques Garnier – Bibliothèque de la pensée juridique, vol. 3, © 2012, impr. 2013).

1694 Christian WOLFF, **Principes du droit de la nature et des gens** ("extrait du grand ouvrage latin de Mr. de WOLFF par Mr. [Jean-Henri Samuel] FORMEY", Amsterdam: chez Marc

dos, pelo fato de ser homem".[1695] Para ele, "o direito natural ou nascido conosco é aquele que deriva de uma obrigação natural, de tal sorte que colocada tal obrigação, é preciso que esse direito exista. Ora, a natureza, ou a essência do homem, comporta certas obrigações. Ela estabelece assim certos direitos".[1696]

A respeito, cabe lembrar a advertência de Lambert van VELTHUYSEN, um século antes, em 1651, sobre os princípios do 'justo' e do 'conveniente',[1697]

> Quão diversos podem ser os motivos, daqueles que experimentam a necessidade de expor as suas ideias ao público: uns são levados pelo ardor e pelo desejo de merecer o favor do público; outros, por desejo de vingança; outros, ainda, pelo cuidado de uma honesta glória. Alguns são movidos pela necessidade e pelo dever de velar pela reputação e pela estima, que lhes devota o público, e afastar deles as suspeitas que o público possa ter, em relação a eles, ou ainda de se desculpar de vícios que se lhes atribuem, e que os impedem de ser admitidos na sociedade das pessoas de bem, ou ainda para se defender de nutrir opiniões que, se fossem seguidas, muito longe afastariam da verdadeira piedade.[1698]

Michel Rey, 1758, 3 vols. edição facsimilar Caen: Centre de philosophie politique et juridique, 1990). Este seria resumo em francês da grande obra de WOLFF em oito volumes. A seguir, WOLFF publicaria as suas **Institutiones iuris naturae et gentium** (Halle 1750), compêndio no qual resumia a sua grande obra sobre o direito natural e internacional. Esta também traduzida para o alemão, logo a seguir publicada em outras edições: Christian WOLFF, **Grundsätze des Natur- und Völkerrechts** (Halle, 1754 e depois 1769), teria ainda contado com outra tradução francesa, Christian WOLFF, **Institutions du droit de la nature et des gens** – "traduites du latin de Mr. de WOLFF, avec des notes par Elie LUZAC, tomes VI" (Leide, 1772). A respeito da contribuição de WOLFF para a evolução do direito internacional ver **Tratado** (tomo 10 – **Direito internacional no tempo de C. van Bynkershoek e Christian Wolff**, cap. 22).

1695 C. WOLFF, **Principes du droit naturel** (1758, ed. 1990, Livre premier – *De l'obligation et du droit naturel des hommes,* chapitre premier – *De l'obligation et du droit universel des hommes en général,* p. 1-16, cit. p. 1).

1696 C. WOLFF (1758, ed. 1990, I.I.X, p. 4-5).

1697 Lambert van VELTHUYSEN (1622-1685), **Des principes du juste et du convenable** – une apologie du **De Cive** de HOBBES (1651-1680) (orig. publ. **Epistolica Dissertatio de Principiis Justi et Decori, continens Apologiam pro tractatu clarissimi Hobbaei De Cive**, em Amsterdam: Elzevier, 1651, trad. et présenté par Catherine SECRETAN, Caen: Univ. de Caen – Centre de philosophie morale et politique / Bibliothèque de philosophie morale et politique / textes et documents, 1995).

1698 L. van VELTHUYSEN (op. cit., 1651, ed. 1995, *Préface*, p. 45-52, cit. p. 45, acrescentava, p. 49): "Pouco numerosos são aqueles que não proclamam a sua opinião, antes mesmo de

Insistia van VELTHUYSEN na necessidade de nos abrirmos para novos modos de alcançar a compreensão do mundo, e de inovar, pois, mesmo correndo riscos, é melhor fazê-lo, do que perseverar sempre nas mesmas opiniões: "em lugar de sempre navegar, pelas mesmas costas, e continuar preso às ideias comuns, das quais muito poucas são as que merecem ser examinadas":[1699]

> A América ainda nos seria desconhecida, e teríamos sido privados de imensos tesouros se a audácia do gênero humano não nos tivesse levado além dos limites habituais da navegação. Ninguém desaprova a empreitada, embora essa navegação tenha sido manchada por tantos naufrágios.[1700]

De maneira perfeita, para situar a questão da relação entre o direito internacional e o padrão clássico na cultura, a lição de VELTHUYSEN é oportuna, quando este insistia na necessidade de não confundirmos o acordo, entre aqueles que chamava de "povos civilizados", quanto ao estabelecimento da verdade, sobre matérias tais como a justiça e a equidade.[1701] E isso – de modo bastante lúcido e objetivo – se deve fazer levando em conta a base sobre a qual se estabelece tal determinação: "se o direito natural se faz conhecer a nós, a partir do consenso dos povos civilizados, quem, eu perguntaria, determinará quais são esses povos civilizados?"[1702] Considerava van VELTHUYSEN "não existir no espírito dos homens instintos naturais ou noções comuns, que permitam distinguir o bem e o mal".[1703]

abordarem o exame minucioso de uma questão". O que continua a ser frequente em debates intelectuais.

1699 L. van VELTHUYSEN (op. cit., 1651, ed. 1995, *Introduction*, p. 52-55, cit. p. 53).

1700 L. van VELTHUYSEN (op. cit., 1651, ed. 1995, p. 53, aduzia, p. 53-54): "parece-me que pecam, contra os bons costumes e a utilidade pública, aqueles que por suas maldições, desviam da busca da verdade a indústria dos homens sábios. Pois, quando atinge os seus propósitos, o labor desses homens se transforma em bem público; se, ao contrário, fracassam, o erro não ficará muito tempo escondido, antes que a indústria de outros não o revele às claras. Se isso se faz com moderação, o labor do pesquisador perecerá sem dúvida, mas a sua reputação e a estima que lhe é tributada permanecerão intocadas. Por isso, não condeno o trabalho daqueles que se lançam na refutação dos autores com os quais não concordam".

1701 L. van VELTHUYSEN (op. cit., 1651, ed. 1995, XX – *L'accord des peuples civilisées ne doit pas servir de mesure dans les controverses sur la justice et l'équité*, p. 80-87).

1702 L. van VELTHUYSEN (op. cit., 1651, ed. 1995, XX, p. 80).

1703 L. van VELTHUYSEN (op. cit., 1651, ed. 1995, XXI – *Il n'y a pas dans l'esprit de l'homme d'instincts naturels ou de notions communes qui permettent de distinguer le bien du mal*, p. 87-91).

Ainda Lambert van VELTHUYSEN, em 1651, ponderava: o conhecimento de nossa impotência, em evitar certos males e o medo, resultante desse conhecimento, faz que os homens admitam que exista certa divindade, e esta, de longe superior a nós, mais poderosa, pode afastar o mal. A distribuição das punições e recompensas, considerada entre os homens como coisa mui necessária, leva a crer que haverá julgamento universal, pois acontece a homens muito maus e celerados, de viverem felizes.

Os inconvenientes que todos encontram, em decorrência de violação da lei natural, ensinam a todos que é preciso viver segundo os ditames da lei natural. Mas, se a alma não tivesse conhecimento desses males, pela instrução ou pela experiência, a maioria dos homens ignoraria o que é justo e injusto, pois somente a pequeno número é concedido ir buscar mais longe a origem da justiça e da injustiça, ou penetrar o conhecimento dessas demonstrações, que utilizam os filósofos, para comprovar a existência de Deus.

Os homens chamam 'lei natural' princípios desse gênero, pois nunca a condição do homem – que se considere como pessoa individual ou como parte da sociedade – é tal, que não tenha, quotidianamente, relação com alguma coisa que o obrigue a admitir, como justo e equitativo, o que se diz, vulgarmente, se produzir segundo mandamento da lei natural. É, com certeza, preciso admitir essa força do hábito, que aparece, aqui como alhures, e que faz os homens julgarem o que é justo ou injusto, sem poderem, o mais das vezes, dar as razões para tal julgamento.[1704]

De todas essas questões, cabe, sobretudo, ter presente a necessidade de aliar a justiça e a força e determinar, em qual grau e qual medida, fazer essa combinação. Aí está a grande questão, para todo sistema de regulação da convivência social. E, especialmente, no caso do sistema institucional e normativo internacional.[1705]

1704 Lambert van VELTHUYSEN (op. cit., 1651, ed. 1995, XXI, p. 89-90): "Nous reconnaissons que par une propriété de son tempérament, l'homme est enclin à embrasser certaines choses et à en fuir d'autres, dans la mesure où cette propriété le rend apte à faire certaines choses auxquelles il est de lui-même spontanément porté lorsque l'occasion s'en présente."

1705 Como se assinala nos **Fundamentos do direito internacional pós-moderno** (2008, esp. XI – *creatio ex nihilo: justiça e força*, p. 831-876): "O quadro presente poderia parecer pouco animador, seja internamente como em âmbito internacional. Logo a seguir, pode-se ter melhor dimensionamento para avaliar as coisas, na medida em que se faça a comparação em relação a outros tempos e contextos. Nisso o trabalho intelectual e acadêmico se distingue da ação direta ou da ação política: certo distanciamento. Perde-se impacto sobre a prática, mas tem-

No limite do marco temporal, abrangido por este direito internacional no tempo clássico, na sua relação com a fixação do padrão clássico na cultura temos, ainda, outra vertente a ser assinalada, com a obra do marquês Cesare BECCARIA (1738-1794), sobre os delitos e as penas, **Dei delitti e delle pene** (1764): [1706]

> A moral política não pode oferecer à sociedade qualquer vantagem perdurável, se não estiver baseada em sentimentos indeléveis do coração do homem, e também qualquer lei que não estiver fundada nessa base achará sempre uma resistência, que a constrangerá a ceder. [1707]

Com a obra de BECCARIA se construiu paradigma 'clássico' para a matéria – e serve, como exemplo, de campo do direito, diuturna e relevantemente influenciado por obra de doutrina e de crítica, inspirada no momento de renovação das ideias e dos modelos sociais, enfeixados, em ampla generalização, sob a rubrica do 'Iluminismo':

> Fragmentos da legislação de antigo povo conquistador, reunidos por ordem de um príncipe que reinou em Constantinopla, há doze séculos, juntados depois aos costumes dos lombardos e amortalhados em volumoso calhamaço de comentários pouco inteligíveis, são o antigo acervo de opiniões, que uma grande parte da Europa prestigiou, com o nome de leis.[1708]

BECCARIA (1764) não somente assenta as bases da moderna dogmática penal, aplicando ao sistema punitivo os princípios filosóficos que inspiravam a ilustração francesa:

se perspectiva que vá além do estrito necessário para as próximas eleições. Compara-se para relativizar e ter consciência dos limites da qualidade de implementação."

[1706] Cesare BECCARIA, **Dos delitos e das penas** (orig. publ. **Dei delitti e delle pene**, Livorno, 1764, trad. Torrieri GUIMARÃES, São Paulo: Hemus, s/d).

[1707] BECCARIA, **Dos delitos e das penas** (1764, trad. Torrieri GUIMARÃES, § II – *Origem das penas e do direito de punir*, p. 14-15, cit. p. 14): "Façamos uma consulta, portanto, ao coração humano; encontraremos nele os preceitos essenciais do direito de punir".

[1708] BECCARIA, **Dos delitos e das penas** (1764, trad. Torrieri GUIMARÃES, *Prefácio do autor*, p. 7): "É esse código sem forma, produto monstruoso de séculos mais bárbaros, que desejo examinar nesta obra. Ficarei limitado, contudo, ao sistema criminal, cujos abusos terei a ousadia de apontar aos encarregados de velar pela felicidade pública, sem me preocupar em impor ao meu estilo o encanto que faz a sedução dos leitores comuns".

> Um amor da humanidade, mal compreendido, poderá condenar, de saída, essa presteza [de que "o castigo deve acompanhar de perto o delito"], a qual, contudo, será aprovada, pelos que houverem meditado sobre os inúmeros perigos que as prolongadas procrastinações da legislação fazem correr a inocência.[1709]

E prosseguia, nesse sentido enfatizando a necessidade *da publicidade e da presteza das penas*: "quanto mais rápida for a aplicação da pena e mais de perto acompanhar o crime, tanto mais justa e útil será".[1710]

As suas ideias permaneceram atuais, e configuram até os nossos dias o substrato ideológico do direito penal, quando insistia: "a evidência de que o fim das penalidades não é torturar e afligir um ser sensível, nem desfazer um crime que já está praticado".[1711] Ou também, quando condenava a aplicação da pena de morte: "a pena de morte, pois, não se apóia em nenhum direito".[1712]

Ou igualmente atual e ainda relevante, quando BECCARIA distinguia entre a punição aplicável ao crime consumado em relação à tentativa:

> Ainda que não possam as leis castigar a intenção, não deixa de ser verdadeiro que uma ação, que seja o princípio de um crime, e que atesta a vontade de o cometer, merece ser castigada, porém castigo mais brando, do que o que deveria aplicar-se se o crime tivesse se efetivado.[1713]

Por isso, boa parte das ideias de BECCARIA não perdeu o viés revolucionário que tinham e mantém desde que vieram à luz.[1714]

[1709] BECCARIA, **Dos delitos e das penas** (1764, trad. Torrieri GUIMARÃES, § XIII – *Da duração do processo e da sua prescrição*, p. 37-40).

[1710] BECCARIA, **Dos delitos e das penas** (1764, trad. Torrieri GUIMARÃES, § XIX, p. 54-56) e por isso, na seção seguinte, acrescentava (§ XX – *Da inevitabilidade das pena; das graças*, p. 56-58): "O rigor dos suplícios não é que previne os delitos com maior segurança, porém a certeza da punição, o zelo vigilante do juiz e essa severidade inalterável que somente é uma virtude no magistrado quando as leis são suaves".

[1711] BECCARIA, **Dos delitos e das penas** (1764, trad. Torrieri GUIMARÃES, § XV – *Da moderação das penas*, p. 42-45).

[1712] BECCARIA, **Dos delitos e das penas** (1764, trad. Torrieri GUIMARÃES, § XVI – *Da pena de morte*, p. 45-51).

[1713] BECCARIA, **Dos delitos e das penas** (1764, trad. Torrieri GUIMARÃES, § XIV – *Dos crimes iniciados: dos cúmplices, da impunidade*, p. 40-42).

[1714] Pablo LÓPEZ Alvarez, *BECCARIA, Cesare* (in **Diccionario Espasa Filosofía**, dir. por Jacobo MUÑOZ, Madri: Espasa-Calpe, 2003, p. 61-62). Ver tb. José J. Berto FREIRE, **Medicina legal**:

Desde que esses preceitos divinos, ainda que imutáveis, de mil maneiras foram desnaturados nos espíritos corruptos, seja pela maldade humana, seja pelas falsas religiões, seja pelas ideias arbitrárias de virtude e de vício, parece que é necessário verificar (deixando de lado quaisquer considerações estranhas) os resultados das simples convenções humanas, quer tenham sido realmente realizadas essas convenções, quer se suponha que sejam vantajosas para todos.[1715]

Depois de se doutorar em direito pela Universidade de Pavia, em 1758, BECCARIA primeiro se interessou por questões de economia política. Seu primeiro trabalho publicado dizia respeito "à desordem e aos remédios para as moedas no estado de Milão" – **Dei disordini e delle monete nello stato di Milano** (1762).

Ele expunha tendência constante em todas as sociedades humanas:

As vantagens da sociedade devem ser distribuídas, equitativamente, entre todos os seus membros. Entretanto, numa reunião de homens, percebe-se a tendência contínua, para concentrar no menor número os privilégios, o poder e a ventura, e restando à maioria, miséria e debilidade.
Apenas através de boas leis, se podem impedir esses abusos. Mas, frequentemente os homens deixam a leis provisórias e à prudência ocasional o cuidado de organizar os negócios mais importantes, quando não os confiam à vontade dos que tem interesse, em se oporem a melhores instituições e às leis sábias. [...]
Percorramos a história e constataremos que as leis, que deveriam constituir convenções, estabelecidas livremente entre homens livres, quase sempre, não foram mais do que o instrumento das paixões da minoria, ou fruto do acaso e do momento, e jamais a obra de um prudente observador da natureza humana, que tenha sabido orientar todas as ações da sociedade, com esta finalidade única: *todo o bem estar possível para a maioria.*[1716]

fundamentos filosóficos (São Paulo: Pillares, 2010, esp. cap. I – *Sucinto painel histórico das obras produzidas em medicina legal (1525-2008)*, p. 23-79, e cap. II – *Considerações sobre a doutrina*, p. 81-196).

1715 BECCARIA, **Dos delitos e das penas** (1764, trad. Torrieri GUIMARÃES, *Prefácio do autor*, p. 8): "Todas as opiniões e os sistemas de moral, todos, devem obrigatoriamente reunir-se nesse ponto, e jamais seriam bastante enaltecidos os louváveis esforços feitos para recambiar os mais obstinados e os mais incréus aos preceitos que levam os homens a viver em sociedade".

1716 BECCARIA, **Dos delitos e das penas** (1764, trad. Torrieri GUIMARÃES, § I – '*introdução*', p. 11-13, cit. p. 11, e a seguir, p. 12): "Venturosas as nações (se algumas existem) que não aguardaram que revoluções lentas e vicissitudes incertas fizessem do exceder-se do mal uma norma para o bem, e que, por meio de leis sábias, apressaram a passagem de um a outro".

Nessa mesma altura de sua vida, BECCARIA começa a ler entusiasmado os 'filósofos' franceses, sobretudo, como ele o designava, "o imortal MONTESQUIEU",[1717] mas também estudou ROUSSEAU, HELVÉTIUS, D'ALEMBERT, BUFFON e DIDEROT. Já, então, passava BECCARIA a dirigir a sua atenção para a legislação e a prática penal em Milão, e participa da fundação da agremiação chamada "Accademia dei pugni".

> O imortal MONTESQUIEU apenas ocasionalmente pode abordar essas importantes questões. Se eu me encaminhei pelas pegadas luminosas desse grande homem, é porque a verdade é uma e a mesma em toda parte. [...] Este seria, quiçá, o instante de examinar e diferençar as diversas espécies de delitos e a maneira de os punir.[1718]

Nessa altura escreve a sua obra. E, no verão de 1764, foi publicada em Livorno a primeira edição de seu **Dos delitos e das penas**: "a repercussão da obra em toda a Europa foi imediata e superou não somente as expectativas mas também a capacidade de resposta de seu próprio autor, que se viu, aos vinte e cinco anos, elevado à categoria de referência intelectual".[1719]

> As verdades filosóficas, que através da imprensa, tem sido divulgadas em toda parte, mostraram, finalmente, as reais relações, que unem os soberanos

[1717] Pierre GAUTIER, *Philosophie des lumières et privation de liberté – le cas de MONTESQUIEU* (in **Enferment et sécurité pénale**, na coleção **Essais de philosophie pénale et de criminologie**, vol. 6, 2007, p. 39-53, cit. p. 52): "Il ne me semble pas que l'on puisse imputer au hasard l'absence de référence à la peine d'emprisonnement chez les penseurs des Lumières. Par leurs critiques des supplices ils ont sans doute grandement préparé le terrain pour un nouveau système pénal, mais certainement pas pour celui de la prison pénale." No mesmo volume, ver tb: Stamatios TZITZIS, *Les limites de la liberté et la sanction: les anciens et les modernes* (in **Enferment et sécurité pénale**, na coleção **Essais de philosophie pénale et de criminologie**, vol. 6, 2007, p. 23-38)

[1718] BECCARIA, **Dos delitos e das penas** (1764, trad. Torrieri GUIMARÃES, § I, cit. p. 12-13).

[1719] P. LÓPEZ Alvarez, *BECCARIA* (in **Diccionario Espasa Filosofia**, 2003, p. 61-62): "BECCARIA, superado por las circunstancias, acepta con resignación la aparición de ediciones no oficiales o alteradas, y en particular la edición francesa del 1766, donde el abbé MORELLET revisa y modifica el orden y el contenido del libro, con la pretensión según VENTURI, de convertir en un tratado dogmático lo que en su origen había sido una pequeña obra de provocación social. Bien fuera por la dificultad de superar el éxito, bien fuera por alejarse de lo que había sido un excurso en su carrera y en sus inquietudes jurídicas, lo cierto es que BECCARIA nunca volvió a escribir sobre derecho penal".

> aos seus súditos, e os povos entre si. O comércio ganhou incentivo, e entre as nações declarou-se uma guerra industrial, a única digna de homens sábios e povos organizados.
>
> Contudo, se as luzes de nosso século já conseguiram algum resultado, ainda estão muito distantes de terem dissipado todos os prejuízos, que alimentávamos. Não houve quem se ocupasse em reformar a irregularidade dos processos criminais, essa parte da legislação, tão importante quão pouco cultivada, em toda a Europa. Pouquíssimas vezes se procurou desarraigar, em seus fundamentos, as séries de erros acumulados há muitos séculos; e raras pessoas procuraram reprimir, pela força das verdades estáveis, os abusos de um poder ilimitado, e extirpar os exemplos, bem comuns, dessa fria atrocidade, que os homens poderosos julgam um de seus direitos.[1720]

Desse grupo de estudos e debates, a chamada "Accademia dei pugni", participaram também os irmãos Alessandro e Pietro VERRI.[1721] Este, como BECCARIA, seu irmão Alessandro VERRI e mais um grupo de intelectuais, adeptos do 'Iluminismo', por meio dessa agremiação, mantinham a sua publicação periódica, intitulada *Il caffè*, por meio da qual combatiam o atraso e a desumanidade do sistema legal vigente, propondo mudanças substanciais, para que prevalecessem o progresso e a razão.

> Ninguém faz, graciosamente, o sacrifício de uma parte de sua liberdade, apenas visando ao bem público. [...] As leis foram as condições, que agruparam os homens, no início independentes e isolados, à superfície da terra.[1722]
>
> A soma dessas partes de liberdade, assim sacrificadas ao bem geral, constituiu a soberania na nação; e o encarregado pelas leis, como depositário dessas liberdades e dos trabalhos da administração, foi proclamado o soberano do povo.[1723] [...]

[1720] BECCARIA, **Dos delitos e das penas** (1764, trad. Torrieri GUIMARÃES, § I, cit. p. 12).

[1721] Pietro VERRI (1728-1797), **Observações sobre a tortura** (escritas entre 1770-1777, somente publicadas em 1804, **Osservazioni sulla tortura**, trad. Frederico CAROTTI, pref. Dalmo de Abreu DALLARI, São Paulo: Martins Fontes, 1992). Observa DALLARI, no prefácio (ed. cit., 1992, p. XIV-XV): "Entre outras coisas, propunham que fossem separadas as atividades legislativa e judiciária, para que esta não ficasse subordinada às conveniências políticas. Era a luta da razão contra a barbárie, os preconceitos, as superstições".

[1722] BECCARIA, **Dos delitos e das penas** (1764, trad. Torrieri GUIMARÃES, § II – *Origem das penas e do direito de punir*, p. 14-15, cit. p. 14).

[1723] BECCARIA, **Dos delitos e das penas** (1764, trad. Torrieri GUIMARÃES, § II, cit. p. 14): "Não era suficiente, contudo, a formação desse depósito; era necessário protegê-lo contra as

> A experiência comprovou quanto a maioria está longe de subscrever os princípios estáveis de conduta. Percebe-se, em todas as partes do mundo físico e moral, um princípio universal de dissolução, a ação do qual somente pode ser impedida em seus efeitos sobre a sociedade através de meios que causem imediata impressão nos sentidos e que se fixem nos espíritos, para contrabalançar por impressões fortes a força das paixões particulares, em geral opostas ao bem comum. [...] Somente a necessidade obriga os homens a ceder uma parcela de sua liberdade.[1724] [...]
> A consequência, que se tira desses princípios, é que apenas as leis podem indicar as penas, de cada delito, e que o direito de estabelecer leis penais não pode ser senão da pessoa do legislador, que representa toda a sociedade, ligada por um contrato social.[1725]

Em 1766, coincidem a inclusão da obra de BECCARIA no **Index** de livros proibidos pela igreja católica, e a sua tradução para o francês. Logo após a sua publicação na França, a obra de BECCARIA é recebida com verdadeiro assombro pelos enciclopedistas. Teve grande repercussão a obra, pelo seu conteúdo – mas, também, em decorrência de sua condenação. Mesmo se, curiosamente, BECCARIA nunca mais voltaria a escrever sobre direito penal, seu nome ficou irreversivelmente ligado ao tema.[1726]

> Três espécies de virtudes e de vícios, a fonte dos quais está do mesmo modo na religião, na lei natural e nas convenções políticas. Nunca essas três espécies devem estar em contradição entre si; não atingem, entretanto, os mesmos resultados e não obrigam aos mesmos deveres.
> A lei natural é menos exigente que a revelação, e as contravenções na sociedade, menos que a lei natural. Desse modo, é de fundamental importân-

usurpações de cada particular, pois a tendência do homem é tão forte para o despotismo que ele procura, incessantemente, não só retirar da massa comum a sua parte de liberdade, como também usurpar a dos outros".

1724 BECCARIA, **Dos delitos e das penas** (1764, trad. Torrieri GUIMARÃES, § II – *Origem das penas e do direito de punir*, p. 14-15, cit. p. 15): "A reunião de todas essas pequenas parcelas de liberdade constitui o fundamento do direito de punir".

1725 BECCARIA, **Dos delitos e das penas** (1764, trad. Torrieri GUIMARÃES, § III – *Consequências desses princípios*, p. 15-16).

1726 Cesare BECCARIA foi designado, em 1771, membro do Conselho supremo de economia de Milão e, em 1778, foi nomeado magistrado provincial da Ceca. Faleceu em Milão, em 1794, aos 58 anos.

> cia distinguir, com cuidado, os efeitos dessas convenções, isto é, dos pactos expressos ou tácitos, que os homens fizeram entre eles, pois nisso é que deve residir o exercício legítimo da força, em tais relações, entre homem e homem, que não requerem a missão especial do Ser supremo.[1727] [...]
> A justiça divina e a justiça natural são, essencialmente, constantes e imutáveis, pois as relações, que existem entre dois objetos da mesma natureza, não podem jamais mudar. A justiça humana, porém, ou se se preferir, a justiça política, não sendo senão relação que se estabelece, entre uma ação e o estado mutável da sociedade, pode igualmente variar, à proporção que essa ação se torne vantajosa ou imprescindível ao estado social. Só é possível determinar, com exatidão, a natureza dessa justiça, se se examinar, atentamente, as relações complicadas das inconstantes combinações que governam os homens.[1728] [...]
> É atribuição dos teólogos fixar os limites entre o justo e o injusto, de acordo com a maldade ou a bondade intrínsecas da ação. Ao publicista, incumbe-lhe estabelecer esses limites em política, quer dizer, em função das relações do bem e do mal que a ação possa fazer à sociedade.[1729]

Assinalava BECCARIA os desenvolvimentos da matéria na Inglaterra: "tais princípios foram adotados na Inglaterra, nação que atesta a excelência de suas leis, pelos progressos alcançados nas ciências, pela superioridade de seu comércio, pelo crescimento de suas riquezas, pelo seu poderio e renovados exemplos de coragem e de virtude política".[1730]

BECCARIA registrava que a Suécia já tinha abolido o uso da tortura: "A Suécia, que também se convenceu da injustiça da tortura, não mais permite seu uso. Esse uso infame está abolido por um dos mais sábios soberanos da Europa, que elevou ao trono a filosofia e que, legislador benevolente, amigo de seus súditos, os tornou livres e iguais perante as leis".[1731]

[1727] BECCARIA, **Dos delitos e das penas** (1764, trad. Torrieri GUIMARÃES, *Prefácio do autor*, p. 8-9): "Pode-se dizer, pois, com razão, que as ideias da virtude política variam. Seriam sempre límpidas e exatas as da virtude natural se as debilidades e as paixões humanas não ofuscassem a sua pureza".

[1728] BECCARIA, **Dos delitos e das penas** (1764, trad. Torrieri GUIMARÃES, *Prefácio do autor*, p. 9): "Se esses princípios todos, em sua essência diversos, chegam a se confundir, já não se pode raciocinar com clareza a propósito dos assuntos políticos".

[1729] BECCARIA, **Dos delitos e das penas** (1764, trad. Torrieri GUIMARÃES, *Prefácio do autor*, p. 9).

[1730] BECCARIA, **Dos delitos e das penas** (1764, trad. Torrieri GUIMARÃES, § XII – *Da tortura*, p. 31-37, cit. p. 36).

[1731] BECCARIA, **Dos delitos e das penas** (1764, trad. Torrieri GUIMARÃES, § XII, cit. p. 36).

Em 1776, a imperatriz MARIA TERESA decretou a abolição da tortura em todos os estados integrantes do Sacro império romano germânico. Foi solicitado ao senado da Lombardia que acolhesse a nova disposição e formalizasse, por lei própria, a proibição da tortura em seu território:

> O relator da matéria no senado foi Gabriele VERRI – pai de Pietro e Alessandro –, tendo ele opinado *contra* a abolição, por entender conveniente manter a tortura legal no ducado. A maioria dos senadores acolheu o relatório, mantendo-se essa forma bárbara de punição-inquirição, na mesma cidade em César BECCARIA, apoiado pelos companheiros do *Caffè*, dera ao mundo a sua obra monumental **Dos delitos e das penas**, aclamada em Paris, por sua modernidade e seu humanismo.[1732]

Esta breve obra, **dos delitos e das penas**, escrita por BECCARIA quando ele contava vinte e cinco anos, marcou toda a evolução da disciplina do direito penal. E tornou-se clássico, até hoje lembrado, dentre as referências fundamentais deste campo jurídico.[1733] Esta lição merece ser meditada, também por sua dimensão humana e humanista.

No espírito do tempo, **Dos delitos e das penas** é uma veemente defesa da dignidade humana. Pela primeira vez se insere o conceito de pessoa na então nascente disciplina do direito penal.

> Não há nada mais perigoso do que o axioma comum de que é necessário consultar o espírito da lei. Adotar esse axioma é quebrar todos os diques e deixar que as leis voguem à torrente das opiniões. [...] Todos os nossos conhecimentos, todas as nossas ideias se conservam. Quanto mais complicadas, tanto maiores as suas relações e consequências.[1734] [...]

1732 Dalmo DALLARI ('prefácio' a P. VERRI, **Observações sobre a tortura**, ed. cit., 1992, p. XV-XVI): "Esse fato contribuiu para que as **Observações sobre a tortura**, de Pietro VERRI, só fossem publicadas em 1804, sete anos depois de sua morte. Certamente, VERRI não quis tornar pública, de modo agressivo, a divergência com o pai, procurando também evitar uma situação de conflito com as famílias mais importantes da Lombardia. / Mas deixou o livro para publicação póstuma, e isso foi muito importante, não só para que as gerações futuras conhecessem pormenores do atrasado e desumano processo criminal lombardo do século XVII, mas também para identificação de fatores negativos da história, que ainda perduram em muitas partes do mundo, ou retornam quando as condições políticas e sociais são propícias."

1733 Basileu GARCIA, **Instituições de direito penal** (São Paulo: Max Limonad, s/d, 2 vols.).

1734 BECCARIA, **Dos delitos e das penas** (1764, trad. Torrieri GUIMARÃES, § IV – *Interpretação das leis*, p. 16-19, cit. p. 17): "Cada homem tem a sua maneira de ver; e o mesmo

> Quando as leis forem fixas e literais, quando apenas confiarem ao magistrado a missão de examinar os atos dos cidadãos, para indicar se esses atos são conformes à lei escrita, ou se a contrariam. [...] Sendo as leis penais cumpridas à letra, qualquer cidadão pode calcular, exatamente, os inconvenientes de uma ação reprovável; e isso é útil, pois esse conhecimento poderá fazer com que se desvie do crime. Gozará, com segurança, de sua liberdade e de seus bens; e isso é justo, pois que esse é o fim que leva os homens a se reunirem em sociedade.[1735]

Além de odiosa, também a considerava ineficaz, pois "a tortura é frequentemente um meio certo de condenar um inocente débil e absolver o criminoso forte".[1736] Em BECCARIA se estrutura o discurso, contra a pena de morte e contra a tortura:[1737]

> É uma barbárie, que o uso consagrou, na maioria dos governos, fazer torturar um acusado, enquanto se faz o processo, seja para que ele confesse a autoria do crime, seja para esclarecer as contradições, em que tenha caído, seja para descobrir os cúmplices ou outros crimes, de que não é acusado, porém dos quais poderia ser culpado, seja finalmente porque sofistas incompreensíveis pretenderam que a tortura purgava a infâmia.[1738]

homem, em épocas distintas, vê de maneira diversa os mesmos objetos. O espírito de uma lei deve ser, pois, o resultado da boa ou má lógica de um juiz, de uma digestão fácil ou difícil, da debilidade do acusado, da violência das paixões do magistrado, de suas relações com o ofendido, enfim da reunião de pequenas causas que modificam as aparências e transmudam a natureza dos objetos no espírito mutável do homem".

1735 BECCARIA, **Dos delitos e das penas** (1764, trad. Torrieri GUIMARÃES, § IV – *Interpretação das leis*, p. 16-19, cit. p. 18) BECCARIA advertia a seguir, a respeito de dificuldade adicional a ser evitada (op. cit., 1764, ed. cit., s/d, § V – *Da obscuridade das leis*, p. 19-20): "Se a arbitrária interpretação das leis constitui um mal, a sua obscuridade o é igualmente, visto como precisam ser interpretadas".

1736 BECCARIA, **Dos delitos e das penas** (1764, trad. Torrieri GUIMARÃES, § XII – *Da tortura*, p. 31-37, cit. p. 33).

1737 Edward PETERS, **Tortura** – uma visão sistemática do fenômeno da tortura em diferentes sociedades e momentos da história (orig. publ. **Torture**, 1985, trad. Lia SPINELLI, São Paulo: Ática, 1989)

1738 BECCARIA, **Dos delitos e das penas** (1764, trad. Torrieri GUIMARÃES, § XII – *Da tortura*, p. 31-37, cit. p. 31; ver tb. § XVII – *Do banimento e das confiscações*, p. 52-53, e § XVIII – *Da infâmia*, p. 53-54).

Longo caminho teve de ser trilhado, desde a primeira menção expressa a tortura, contida no parágrafo 16 das *Instruções para a conduta de exércitos dos Estados Unidos em campo* – o assim chamado Código LIEBER, de 1863 –, estipulava que necessidades militares não admitiam crueldade, inclusive proibindo "tortura para extorquir confissões".[1739] Algumas décadas mais tarde, a Convenção da Haia sobre leis e costumes da guerra terrestre, de 1907, embora não mencione expressamente a tortura, estipula, em seu art. 4º, que prisioneiros de guerra devem ser tratados com humanidade.[1740]

Até a condenação da tortura passar a integrar o direito internacional pós-moderno.[1741] Com destaque para a Convenção contra a tortura e outros tratamentos ou penas cruéis, desumanos ou degradantes, de 1984.[1742]

> Um homem não pode ser tido como culpado até que a sentença do juiz o declare; e a sociedade apenas lhe pode retirar a proteção pública, depois que seja decidido, que ele tenha violado as normas, em que tal proteção lhe foi dada. Apenas o direito da força pode, portanto, dar autoridade a um juiz, para

[1739] David KRETZMER, *Torture, Prohibition of* (in **The Max Planck Encyclopedia of Public International Law**, 2012, vol. IX, p. 950-964, cit. § 1): *Instructions for the Government of Armies of the United States in the field* of 1863 – the so-called LIEBER Code.

[1740] O princípio de humanidade é princípio fundamental do direito dos conflitos armados – ou Direito internacional humanitário –, que se reflete em numerosos dispositivos de tratados, na interpretação destes, por tribunais internacionais e nacionais, bem como na prática dos estados, durante a realização de operações militares. Cfr. Geoffrey S. CORN, *Humanity, Principle of* (in **The Max Planck Encyclopedia of Public International Law**, 2012, vol. V, p. 72-75, cit. § 1 e § 2): "the principle of humanity provides an essential counter-balance to the equally fundamental principle of military necessity".

[1741] **Declaração contra a tortura**, adotada pela Assembleia geral da Organização das Nações Unidas, em 9 de dezembro de 1975, artigo 1º: "Para o propósito desta declaração, *tortura* significa qualquer ato por meio do qual se inflige a uma pessoa dor aguda ou sofrimento, tanto físico quanto mental, intencionalmente ou por instigação de encarregado público, com a finalidade de obter dela ou de terceira pessoa alguma informação ou confissão; de puni-la por um ato que tenha cometido; de intimida-la ou a outras pessoas. Não estão incluídos neste caso a dor ou o sofrimento decorrentes – inerentes ou incidentais – das sanções legais, contanto que se atenham ao padrão mínimo exigido para o tratamento de prisioneiros".

[1742] **Convenção contra a tortura e outros tratamentos ou penas cruéis, desumanos ou degradantes** (assinada em Nova York, em 10 de dezembro de 1984, no Brasil, Dec. n. 40, de 15 de fevereiro de 1991) e a **Convenção interamericana para prevenir e punir a tortura** (assinada em Cartagena das Índias, em 9 de dezembro de 1985, no Brasil, Dec. n. 98.386, de 9 de novembro de 1989).

> cominar uma pena a um cidadão, quando ainda se está em dúvida, se ele é inocente ou culpado.
> Aí está uma proposição muito simples: ou o crime é certo, ou é incerto. Se é certo, apenas deve ser punido, com a pena que a lei fixa, e a tortura é inútil, porque não se tem mais precisão das confissões do réu. Se o crime é incerto, não é hediondo atormentar um inocente? Efetivamente, perante as leis é inocente aquele cujo delito não está provado.[1743]

Em sua breve e revolucionária obra 'clássica', BECCARIA reconstitui desde os seus fundamentos o "direito de castigar", como prerrogativa do estado. Suas conclusões continuam a ser os três pilares do direito penal: o conceito de delito, o procedimento penal e a pena.

O 'delito' é por ele apontado como o dano causado à sociedade por um de seus membros. A sociedade, composta de homens livres, que cedem parte de sua liberdade, para viver em comunidade, se dota de mecanismos para defender-se de tais danos.

Ao definir o 'delito', BECCARIA o afasta da ideia de 'pecado': o delito não é comportamento contrário à moral, mas o comportamento contrário à vida em sociedade, contrário ao bem público, que a sociedade qualifica como danoso e se decide a reprimir e a punir.

Depois de considerar o costume de purgar a infâmia por meio de tortura, como algo decorrente da influência das práticas religiosas, "que tanta influência tem sobre a mente dos homens de todos os países e de todos os tempos",[1744] BECCARIA comentava:

> Acredito que se pode dar origem quase idêntica ao costume, que seguem alguns tribunais, de exigir as confissões do culpado, como imprescindíveis à sua condenação. Esse costume parece tirado do misterioso tribunal da penitência, onde a confissão dos pecados é parte necessária dos sacramentos.[1745]

[1743] BECCARIA, **Dos delitos e das penas** (1764, trad. Torrieri GUIMARÃES, § XII – *Da tortura*, p. 31-37, cit. p. 31-32): "Qual a finalidade política dos castigos? O terror que imprimem nos corações com tendências ao crime". [...] "Um delito já cometido, para o qual não há mais remédio, apenas pode ser punido pela sociedade política para obstar que os outros homens incidam em outros idênticos pela esperança de ficarem impunes".

[1744] BECCARIA, **Dos delitos e das penas** (1764, trad. Torrieri GUIMARÃES, § XII – *Da tortura*, p. 31-37, cit. p. 36).

[1745] BECCARIA, **Dos delitos e das penas** (1764, trad. Torrieri GUIMARÃES, § XII, cit. p. 36).

Somente por meio de lei, se pode determinar o que é e o que não é delito. Nenhum poder tem autoridade, para punir comportamento, que não tenha sido previamente tipificado por lei, como delito, o ato imputado a suposto culpado.

O procedimento penal tem de ser conduzido segundo a legalidade. E a legalidade tem como pressuposto a igualdade: a lei é uma para todos, sem diferenciação de classes, e devem ser unificados os tribunais, as penas e as regras de cumprimento destas. Não há delito sem danos. Para BECCARIA, o que até hoje se discute, ao caracterizar a gravidade do delito e a resposta penal ao mesmo, não há que se levar em conta a intenção do agente, ou as suas circunstâncias específicas, mas a efetividade do dano causado.

Com relação à pena, BECCARIA defende o princípio básico da humanidade, a partir de reflexão sobre a finalidade do castigo: a pena serve para que o delinquente não volte a cometer delito, e se reintegre à comunidade dos homens livres, e simultaneamente, para que outros não sigam o exemplo do delinquente. Não se busca a eliminação do sujeito, mas a proporcionar-lhe a capacidade de viver em liberdade.

A pena deve ser a mínima necessária, para conseguir os seus objetivos.[1746] BECCARIA defende a necessária proporcionalidade, entre delito e castigo: se a pena é um mal, nunca deve superar o dano causado pelo delito.

A pena se aplica sempre a um membro da sociedade, e por isso a pena, ainda que justa, não deixa de ser um mal, que a sociedade inflige a si mesma. Nesse sentido, a pena de morte é completamente excluída, como injusta, ineficaz e desumana.

Enfatizava BECCARIA, que o procedimento penal deve ser público, para permitir alcançar o efeito dissuasório, sobre outros possíveis delinquentes. E deve ser o mesmo para todos os cidadãos. Não devem ser permitidas nem denúncias anônimas nem acusações secretas. O procedimento deve ser rápido, porque o próprio fim da pena exige que esta não tarde demasiado, depois de ter sido cometido o delito.

Diversamente do procedimento inquisitorial,[1747] ainda vigente em seu tempo, BECCARIA defende procedimento penal, que afasta o uso da

[1746] Louis GRUEL, **Pardons et châtiments** (Paris: Nathan, 1991, esp. première partie – *L'ordre pénal face aux acquittements scandaleux*, p. 15-35).

[1747] G. TESTAS e J. TESTAS, **A inquisição** (orig. publ. **L'inquisition**, s/d, trad. Alfredo NASCIMENTO e Maria Antônia NASCIMENTO, São Paulo: Difel, 1968, esp. cap. III – *O processo inquisitorial*, p. 34-46); João Bernardino GONZAGA, **A inquisição em seu mundo**

tortura, como meio de investigação, de onde decorre que se respeite a presunção de inocência, e que do imputado não se exija juramento de dizer a verdade, liberando-o de incriminar-se a si mesmo.

Não se eximia BECCARIA em condenar "os duelos":[1748] "a honra, que não é mais do que a necessidade dos votos populares, deu origem aos combates singulares, que apenas se puderam firmar na desordem das leis más". Nessa mesma linha, BECCARIA considerava:

> Não é demais repetir, aqui, o que já foi dito certa ocasião: que o mais eficiente meio de obstar o duelo é castigar o agressor, quer dizer, aquele que provocou a querela, e declarar inocente aquele que, sem tentar tirar a espada, foi obrigado a defender a própria honra, isto é, a opinião que as leis não defendem de modo suficiente, e demonstrar aos seus compatriotas que pode respeitar as leis, porém que não teme os homens.[1749]

Depois deste breve exame da fixação do padrão clássico na cultura, tendo em vista especificamente o direito internacional, em relação com o direito natural, se pode avançar para o exame do **Direito internacional no tempo de Samuel Pufendorf**, e a concepção de sistemas internacionais coesos como paradigma para a regência e a ordenação do contexto internacional. O que, se renova e se multiplica em diferentes formulações, ainda que, em considerável extensão, se mostre antes como anseio do que como realidade, efetivamente alcançada, em termos de efetivo sistema internacional.[1750]

(São Paulo: Saraiva, 2ª ed., 1993, esp. cap. XI – *O procedimento inquisitorial*, p. 119-130, e cap. XII – *O sistema penal da inquisição*, p. 131-141); v. ainda, Alberto DINES, **Vínculos do fogo** I – Antonio José da SILVA, o judeu, e outras histórias da Inquisição em Portugal e no Brasil (São Paulo: Companhia das letras, 1992); Charles DELLON, **A inquisição de Goa** (orig. publ. **L'inquisition de Goa** – la relation de Charles DELLON, 1687, estudo, edição e notas de Charles AMIEL e Anne LIMA, trad. Bruno FEITIER, São Paulo: Phoebus, 2014); Alexandre HERCULANO [CARVALHO DE ARAÚJO], **História da origem e estabelecimento da Inquisição em Portugal** (Lisboa: Bertrand 11x17, 3 tomos); Michael BAIGENT e Richard LEIGH, **A Inquisição** (orig. publ. **The Inquisition**, 1999, trad. Marcos SANTARRITA, Rio de Janeiro: Imago, 2001).

1748 C. BECCARIA, **Dos delitos e das penas** (1764, trad. Torrieri GUIMARÃES, § XXIX – *Dos duelos*, p. 72-73).

1749 C. BECCARIA, **Dos delitos e das penas** (1764, trad. Torrieri GUIMARÃES, § XXIX, p. 73).

1750 Cujo exame prossegue no **Tratado** (tomo 9 – **Direito internacional no tempo de Samuel Pufendorf**, tomo 10 – **Direito internacional no tempo de C. van Bynkershoek e Christian Wolff** e tomo 11 – **Direito internacional no tempo do iluminismo**).

CONCLUSÃO

> O modo como recordamos a história faz diferença.
>
> Ali KHAN (1996)[1751]

> O que transforma o mundo é o conhecimento. Nada além do conhecimento, tome nota. Só ele tem poderes para transformar o mundo, mantendo-o ao mesmo tempo imutável, tal como é. Aos olhos do conhecimento, o mundo é eternamente imutável e ao mesmo tempo eternamente mutável. [...] Conhecimento é para os homens um mar, um extenso prado, é a condição geral da existência humana.
>
> Yukio MISHIMA (1949, ed. bras. 2010)[1752]

A construção do direito internacional é processo que se desenvolve no tempo, desde as mais remotas eras, que nos legaram registros históricos, em variados contextos culturais, nos quais interagiram unidades políticas independentes – hoje, diríamos, estados – que, dado não poderem impor a sua vontade, uma a outra, ou umas às outras, fizeram entendimentos, regulando essa convivência, para poder sair de estado de guerra e de incerteza

[1751] Ali KHAN, **The extinction of nation-states: a world without borders** (Haia: Kluwer, 1996, cit. p. 35): "The way in which we recall history makes a difference".

[1752] Yukio MISHIMA (1925-1970), **O pavilhão dourado** (orig. publ. **Kinkakuji**, 1949, trad. do japonês e glossário Shintaro HAYASHI, São Paulo: Companhia das Letras, 2010, p. 231-232, e p. 233) prosseguia: "E do casamento da beleza com o conhecimento nasce algo – evanescente como espuma, perfeitamente inútil, mas nasce. É o que o mundo costuma chamar de Arte".

permanentes, para estados de – relativa – paz e estabilidade. A convivência normalmente se alinha entre semelhantes, mesmo quando desiguais em forças humanas e recursos materiais.

Porque se uma unidade política independente impõe sua vontade à outra e se estabelece governo unificado se instaura regime político 'interno' – não mais será 'internacional'; ou também, quando se instauram relações de subordinação, praticamente deixa de existir direito 'internacional' – e somente parcialmente ocorrem 'protetorados' ou regimes de atuação internacional restrita ou inexistente, pela unidade política subordinada ao relação à hegemônica.

Quem propõe governo mundial, propõe assim o fim do direito internacional. O que se mostra não somente utópico, como francamente indesejável. Embora ainda haja quem sustente tais argumentos...

Celebrar tratados, enviar e receber representantes – que depois seriam chamados 'diplomáticos' e 'consulares' e aos quais se atribuem prerrogativas de voltar vivos e indenes para casa, depois chamadas 'imunidades' e especificadas como 'imunidades de jurisdição' e 'imunidades de execução' – bem como algumas normas básicas de convivência entre comunidades independentes, se consolidaram desde que existem registros escritos – ou seja remontam à Antiguidade.

No curso da história, aprendemos ser a reciprocidade princípio basilar para reger as relações humanas. Como aponta I. KANT, no século XVIII e muitos o repetem, sem lembrar de citar a fonte. Porque sim, a reciprocidade também é princípio basilar do direito internacional, mas não somente neste campo do conhecimento e da atividade humana se aplica.

Em meio a esse processo no tempo multimilenar e que se desenvolve em contextos culturais os mais diversificados, destacar um momento pode distorcer a visão do conjunto: é o que muitas vezes ocorre quando se isola a celebração dos tratados de paz de Münster e de Osnabrück, que juntos compõem a assim chamada 'paz de Vestfália', e assinala o fim da guerra dos trinta anos, em 1648. E se pretende colocar esse momento como marco fundador do sistema internacional moderno.

Obviamente teve a paz de Vestfália, de 1648, sua importância na história europeia e representa passo relevante na ordenação da convivência interconfessional – depois da paz religiosa de Augsburgo, de 1555, para pôr fim à matança entre comunidades católicas e protestantes, como entre diferentes confissões protestantes – notadamente luteranos e calvinistas:

contribuiu para estes deixarem de se matar, por alegada razão da diversidade confessional. Mas, passo relevante nesse sentido de pacificação interconfessional já tinha sido dado, quase um século antes de Vestfália, com a paz religiosa de Augsburgo, em 1555.

Por isso, é importante 'situar o direito internacional no contexto do século XVII', como também, adiante, fazer 'ensaio de balanço do direito internacional no século XVII'. Destacando temas característicos da época, como breve exame de questões 'sobre dignidade e precedência entre estados e povos', a 'construção da neutralidade no direito internacional moderno e os tratados de NEWMAYR VON RAMSLA' e, com destaque, os desenvolvimentos aqui colocados 'sob o signo do Leviatã'.

No foco do presente volume, 'além do paradigma vestfaliano' visa mostrar como além de Augsburgo, 1555 e Vestfália, 1648, terão relevância também outros instrumentos, que visam permitir a convivência – mais ou menos – pacífica entre confissões religiosas distintas, tais como se deu com as capitulações, que desde o século XV até as últimas serem encerradas no século XX, regularam a existência e as liberdades – relativas e com algum grau de subordinação – de comunidades cristãs em territórios governados por muçulmanos. Isso se deu principalmente no Império otomano, mas também no Egito que, na época, nominalmente integrava o mesmo império, mas na prática tinha governo próprio e atuação independente no plano internacional, bem como em outros países governados por dirigentes islâmicos.

As capitulações, pode-se dizer tenham tanta importância quanto a paz de Vestfália na história do direito internacional. Porquanto, sob o regime destes acordos, mesmo como cidadãos de segunda classe, impedidos de exercer determinadas profissões, proibidos de portar armas e de usar a cor verde sagrada do Profeta, pagando tributos por conta de não serem fiéis islâmicos e passando por discriminações diversas, muitos cristãos protegidos pelas capitulações conseguiram sobreviver e até prosperar economicamente. Mesmo sem esquecer que algumas inteiras comunidades cristãs foram massacradas ao longo dos séculos – como os búlgaros, no século XIX, os armênios, dos séculos XIX até o presente XXI e tantos outros ainda são, como os yazidis. Genocídios e crimes contra a humanidade se perpetuam e se multiplicam, apesar dos avanços na tipificação de delitos internacionais.

A vida de minorias muçulmanas e judaicas em territórios governados por príncipes ditos cristãos nesses mesmos séculos não foi mais tranquila nem mais promissora. Para não falar, no momento, sobre a ferocidade com a qual foram tratadas – e, por vezes, literalmente exterminadas – as dissidências entre cristãos, desde a Antiguidade, como os pelagianos, os nestorianos, ou na era medieval, como os cátaros, os albigenses, os hussitas e tantos outros dissidentes.

Na parte dedicada ao exame da matéria 'além do paradigma vestfaliano' se apontam o 'reducionismo na obsessão vestfaliana' e o risco deste encobrir 'a longa gestação do direito internacional clássico', construída com 'intercâmbio cultural, ruptura e renovação no direito internacional clássico'. Em meio a tantas guerras e sucessivos tratados e alianças, cabe destacar período de 'três décadas de paz', no final do século.

Sucessivamente, no período aqui considerado – da segunda metade do século XVII à primeira metade do século XVIII –, dentre outras, foram travadas 'a guerra da sucessão espanhola', 'a guerra da sucessão polonesa', 'a guerra russo-turca de 1736', 'a guerra da sucessão austríaca' e a 'a guerra dos sete anos'. Para destacar somente algumas, dentre as ocorridas nesse tempo. Também pelas consequências que tiveram os respectivos tratados de paz.

Além do paradigma vestfaliano tem o propósito de enfatizar a continuidade e o encadeamento entre diferentes fases da evolução do direito internacional no tempo e os riscos decorrentes de se privilegiar excessivamente um momento, em detrimento de outros tantos, anteriores, contemporâneos e posteriores – como mostram breves referências a 'algumas coletâneas de atos internacionais', que se inscrevem concomitantemente à paz de Vestfália, na construção do direito internacional moderno. Como a paz dos Pirineus, em 1659, a paz de Oliva, em 1660, a paz franco-espanhola de Aquisgrana, em 1668, a paz de Nijmegen, de 1679, a paz de Ryswick, em 1697, a paz da Haia, em 1698, renovada em 1700, a paz de Carlowitz, em 1699, a paz de Utrecht, em 1713 e sua complementação, a paz de Rastatt, em 1714, a paz de Nystadt, em 1721, a paz de Belgrado, em 1739, a paz de Aquisgrana, em 1748, a paz de Paris, de 1763, que põe fim à guerra dos sete anos, e tantas outras. Sem falar de tantos outros tratados e alianças, que configuram o direito e o sistema internacional da época. Que contribuem para a progressiva 'construção de sistemas internacionais coesos' – aqui considerada no período de tempo desde Vestfália, em 1648, até a guerra dos sete anos, de 1756 a 1763. Esta que pode ser considerada a primeira guerra mundial da história, pelas repercussões que teve em vários continentes – além da Europa, na Ásia e na América.

Quase todos esses tratados e alianças se aplicam somente em relação a uma parte ocidental da Europa. Sem esquecer outras regiões da própria Europa, bem como de outros continentes, que também tiveram direito internacional e relações internacionais, antes, durante e depois dessa fase.

A partir desta fase moderna na Europa ocidental, prossegue a evolução do direito internacional e terá outros desdobramentos. Que caberá examinar a seguir, em seus principais aspectos, rumo ao assim chamado direito internacional clássico – ou direito internacional no tempo clássico e, por isso, 'o que é e como é o clássico? – este reage ao direito internacional moderno como, nas artes, na literatura e na arquitetura o 'clássico' reage ao 'barroco', para ser depois suplantado o clássico pelo romantismo. Por isso se examinou brevemente o 'direito internacional e o padrão clássico na cultura'.

Mesmo se a estrita determinação do marco temporal 'clássico' pode apresentar dificuldades e incongruências – assim como a música, dita 'clássica' – pode ser mais viável e mais útil determinar o conteúdo 'clássico', como modelo de direito internacional extensamente praticado e, não obstante os avanços na condição do ser humano, como sujeito de direitos e obrigações no plano internacional, ainda há quem defenda ser este o modelo de direito internacional... Diversamente de tal visão reducionista, entendo ser o direito internacional relevante em período determinável da história – notadamente na segunda metade do século XVII e primeira metade do século XVIII – e configuração estritamente interestatal que o caracteriza. Mas o direito internacional como um todo, não se reduz a esse modelo temporal e institucionalmente restrito, e superado pela evolução posterior.